Bernd Held, Sandra Seifert

Microsoft Excel VBA – Das Praxisbuch

Bernd Held, Sandra Seifert

Microsoft Excel VBA – Das Praxisbuch

Microsoft Press

Bernd Held, Sandra Seifert: Microsoft Excel VBA – Das Praxisbuch
Microsoft Press Deutschland, Konrad-Zuse-Str. 1, 85716 Unterschleißheim

Kommentare und Fragen können Sie gerne an uns richten:

Microsoft Press Deutschland
Konrad-Zuse-Straße 1
85716 Unterschleißheim
E-Mail: *mspressde@oreilly.de*

15 14 13 12 11 10 9 8 7 6 5 4 3 2 1
16 15 14

Druck-ISBN 978-3-86645-693-8
EPUB-ISBN 978-3-8483-0223-9
MOBI-ISBN 978-3-8483-1200-9
PDF-ISBN 978-3-8483-3064-5

Lektorat: René Majer
Fachlektorat: Uwe Thiemann
Korrektorat: Karin Baeyens, Siegen
Layout und Satz: Gerhard Alfes, mediaService, Siegen (www.mediaservice.tv)
Umschlaggestaltung: Hommer Design GmbH, Haar (www.HommerDesign.com)
Gesamtherstellung: Kösel, Krugzell (www.KoeselBuch.de)

Inhaltsverzeichnis

Vorwort

In diesem Vorwort:

Wir schreiben das Jahr 2013. Die neueste Excel-Version ist schon seit Monaten auf dem Markt. Wir haben diese wie auch die etwas älteren Versionen durchleuchtet und stellen Ihnen in diesem Buch neuere Techniken, bewährte Techniken, Automatisierungsmakros und viele praktische Beispiele aus unserer Programmierpraxis vor.

Sie halten ein Buch in Händen, das mit sehr viel Aufwand und intensiver Recherche erstellt worden ist. Über Monate hinweg wurde dieses Buch geschrieben. Es enthält viele Inhalte – ca. 400 Prozeduren aus unseren Projekten, Schulungen und Veranstaltungen.

Die Datenmengen, die in Unternehmen verarbeitet werden müssen, werden immer größer. Seit Excel 2007, mit dem die Zeilenkapazität über eine Million Zeilen pro Tabelle erweitert wurde, kann die Software zwar rein theroretisch viel mehr Daten verarbeiten, doch leidet die Performance ganz gewaltig darunter. Es sind also neue Techniken gefragt, die die alten Techniken ergänzen bzw. erweitern. Excel soll dabei nach wie vor als »Haupttool« eingesetzt werden, nur die Datenhaltung sollte bei Massendaten in Datenbanken stattfinden. Dies ermöglicht den zeitgleichen Zugriff auf einheitliche Daten, die zentral abgelegt sind.

Auch Techniken wie die Berechnung von Daten im Arbeitsspeicher zur Entlastung von Excel sind ein Thema dieses Buchs. Hier können sehr große Performancegewinne erzielt werden. Auswertungen mithilfe der ADO-Zugriffsmethode und dem Einsatz von SQL-Statements bringen ebenfalls einen gewaltigen Schwung an Zeitersparnis und Eleganz.

Selbstverständlich bieten auch die standardmäßigen Excel-Funktionen in Bezug auf Massendatenverarbeitung einen enormen Nutzen, sofern sie vernünftig eingesetzt werden. Dies wird ebenfalls in diesem Buch behandelt.

Im Großen und Ganzen wurde intensiv versucht, über den breiten Tellerrand von Excel zu schauen und auch neue, zukunftsträchtige Themen abzuhandeln. Auch Themenbereiche wie XML, Klassenprogrammierung, Dictionary, reguläre Ausdrücke und der Austausch von Excel mit anderen Anwendungen wie Access, SQL-Server, Word und Outlook werden anhand praktischer Beispiele demonstriert und erklärt.

Dieses Buch ist nicht für den Einsteiger in VBA geeignet. Einsteigern empfehle ich stattdessen mein Buch »Richtig einsteigen – Excel-VBA-Programmierung« von Microsoft Press.

Der Grobaufbau

Dieses Buch ist in drei Buchteile gegliedert:

Teil 1: Importrelevante Themen (**E** wie Eingabe)

Teil 2: Verarbeitungsrelevante Themen (**V** wie Verarbeitung)

Teil 3: Exportrelevante Themen (**A** wie Ausgabe)

= **EVA** (Eingabe – Verarbeitung – Ausgabe)

Der Detailaufbau

Der erste Teil des Buchs (Eingabe/Import) besteht aus genau fünf Kapiteln.

Im **ersten** Kapitel werden unter anderem Daten aus anderen Excel-Arbeitsmappen sowie Text- und CSV-Dateien importiert. Neuere Techniken, wie beispielsweise XML-Dateien knotenweise einzulesen und ADO-Anweisungen zu benutzen, um gezielt Daten aus Excel-Mappen und Textdateien zu importieren, werden anhand praxisnaher Beispiele erklärt. Auch die Programmierung von Pfaden und die Nutzung Excel-eigener Dialogfelder sind in diesem Kapitel ein weiteres Thema.

Das **zweite** Kapitel ist fest in der Hand der Datenzugriffsmethode ADO (Active Date Objects). In diesem Kapitel erfahren Sie, wie Sie von Excel aus auf Datenbanken wie Access, MySQL und Oracle importieren. Des Weiteren erhalten Sie in diesem Kapitel eine Einführung in die wichtigsten SQL-Anweisungen anhand praxisnaher Beispiele, um beispielsweise Duplikate zu entfernen und Daten zu gruppieren und zu sortieren.

Im **dritten** Kapitel geht es um das große Thema wie Sie Daten aus dem Internet importieren können. Sie erfahren, wie Sie eine Verknüpfung zwischen einer Internettabelle und einem Excel-Tabellenblatt herstellen. Auch die Nutzung der sogenannten Webservices wird in diesem Kapitel beschrieben.

Das **vierte** Kapitel dreht sich darum, wie Sie Daten über Dialogfelder (Benutzerformulare) in Excel schnell und sicher erfassen können. Auch wie Sie auf Benutzereingaben schnell reagieren und damit Fehler minimieren können, ist ein Thema dieses Kapitels.

Das **fünfte** Kapitel verrät, wie Sie Operatoren und Prüfungen in der Programmierung einsetzen können. In diesem Kapitel werden beispielsweise mehrere Möglichkeiten vorgestellt, Duplikate zu finden. Ein interessantes Thema in diesem Kapitel sind die regulären Ausdrücke, über die Sie bestimmte Daten identifizieren und prüfen können.

Der zweite Teil des Buchs (Verarbeitung) beinhaltet die Kapitel sechs bis zehn.

Im **sechsten** Kapitel werden interessante Techniken vorgestellt, über die Sie sehr große Datenmengen verarbeiten können. Über den Einsatz von Arrays werden dabei riesige Datenbestände innerhalb weniger Sekunden verarbeitet. Unter anderem werden dabei bestimmte Zeilen aus Tabellen gelöscht, Daten aus Tabellen gefiltert, Daten konvertiert, Daten gesucht, ersetzt und dokumentiert sowie Berechnungen im Arbeitsspeicher durchgeführt. Über den Einsatz des Dictionary-Objekts lassen sich Standardaufgaben wie die Verdichtung und Konsolidierung von Daten, das Extrahieren von Unikaten sowie die Ermittlung von Duplikaten sehr elegant programmieren. Auch die Programmierung von sogenannten Auflistungen (engl. Collections) ist ein weiteres Thema in diesem Kapitel.

Im **siebten** Kapitel wird die Datenverarbeitung mithilfe der Zugriffsmethode ADO vorgestellt. Dabei wird unter anderem auf Excel-Arbeitsmappen zugegriffen, ohne diese zu öffnen. Bestimmte Daten werden somit aus geschlossenen Mappen blitzschnell gezogen und in einer Tabelle zur Ansicht gebracht. Auch das Löschen und Ändern von Daten aus Arbeitsmappen via ADO sowie die Extraktion unikater bzw. konsolidierter Werte sind weitere Themen in diesem Kapitel.

Das **achte** Kapitel demonstriert häufig durchgeführte Verarbeitungsaufgaben aus der Praxis. Dabei werden unter anderem Daten aus einer Tabelle über einen Schlüssel auf viele andere Tabellen verteilt. Auch das Zusammenstellen von Daten aus mehreren Tabellen mit Ausgabe in einer einzigen Tabelle ist ein oft genutztes Praxisbeispiel. Die Erstellung von Reports auf Knopfdruck und das automatische Bereinigen und Konvertieren von Daten sowie die Suche, Kennzeichnung und das Auflisten von Daten sind weitere Themen dieses Kapitels.

Im **neunten** Kapitel erfahren Sie, wie Sie Excel-Arbeitsmappen mit Bordmitteln wie Tabellenfunktionen und Matrixformeln verarbeiten können. Auch der Einsatz von Datenfiltern sowie die Verwendung von Teilergebnissen werden in diesem Kapitel demonstriert. Am Ende des Kapitels erstellen Sie Pivot-Tabellen auf Knopfdruck und fügen Datenschnitte ein.

Im **zehnten** Kapitel lernen Sie einige wichtige Automatisierungs-Makros kennen, die Ihnen sehr viel Zeit sparen. Unter anderem sind dies das Automatische Sperren von Formelzellen in einer Tabelle sowie der Schutz aller Tabellen einer Arbeitsmappe. Weitere Makros aus diesem Kapitel: Sortieren von Tabellenblättern, Abspeichern aller Tabellen als separate Mappe, ein Inhaltsverzeichnis aller Tabellen einer Mappe erstellen und vieles mehr. Am Ende des Kapitels lernen Sie Prüffunktionen kennen, die Sie in vielen Projekten einsetzen können.

Der dritte Teil des Buchs (Ausgabe) beinhaltet die Kapitel elf bis vierzehn.

Im **elften** Kapitel finden Sie eine ganze Reihe von praktischen Lösungen, bei denen Inhalte aus Excel-Mappen in andere Mappen exportiert werden. Dabei werden unter anderem bestimmte Tabellen in einer neuen Arbeitsmappe beispielsweise über den Einsatz eines Arrays abgelegt. Auch gefilterte Daten und Tabellen, die zu einem bestimmten Zeitpunkt automatisch exportiert werden, sind Thema dieses Kapitels. Ein weiteres Thema ist der Export von Diagrammobjekten aus Excel und deren Ablage als Grafikdateien.

Im **zwölften** Kapitel werden Textdateien aller Art erstellt. Dabei werden Techniken wie beispielsweise die Nutzung des Filesystem-Objekts besprochen, über das Sie Zugriff auf das komplette Dateisystem von Windows bekommen. Auch der Export von Daten über ein Array sowie das Exportieren von gefilterten Daten in Textdateien sind weitere Themen in diesem Kapitel.

Das Kapitel **dreizehn** enthält Lösungen, wie Sie Daten aus Excel in diverse andere Office-Anwendungen wie PowerPoint, Word oder Outlook exportieren können. Auch das Zusammenspiel von Excel mit Datenbanken wie Access und SQL-Server wird in diesem Kapitel demonstriert. Dazu sind für diese beiden Datenbanksysteme fertige Lösungen verfügbar, über die Sie Daten komplett in Excel verarbeiten und in den Datenbanken verwalten können.

Im abschließenden Kapitel **vierzehn** wird beschrieben, wie Sie PDF-Daten auf Knopfdruck erstellen können. Ein weiteres Thema in diesem Kapitel ist der automatische Export von XML-Dateien.

Beispieldateien

Die Dateien mit dem Beispielcode stellen wir Ihnen online zur Verfügung. Sie finden sie auf der Support-Seite von Microsoft Press Deutschland

www.microsoft-press.de/support/9783866456938

und direkt bei O'Reilly

msp.oreilly.de/support/2410/867.

Sonstige Angebote rund um VBA

Erlauben Sie mir im Vorwort einige interessante Dinge im Umfeld von VBA kurz anzureißen.

Die Repository 2013

Sehr beliebt und aus unserem Hause ist das Personal-VBA-Repository. In dieser wertvollen, ständig erweiterten Makro-Code-Datenbank finden Sie derzeit 4.770 VBA-Lösungen zu Excel, Access, Word, PowerPoint, Outlook und übergreifenden VBA-Themen. Über ausgefeilte Suchfunktionen und eine professionelle Oberfläche finden Sie in sekundenschnelle die gewünschte Prozedur. Ich verbringe jede freie Minute damit, das VBA-Repository noch weiter auszubauen. Einen herzlichen Dank auch an meine Kunden, die mir oft neue Prozeduren für unser Produkt für Sie zur Verfügung stellen. Die Inhalte der Datenbank stammen in erster Linie direkt aus unseren Projekten, Büchern und Vorträgen. Es handelt sich also um in der Praxis erprobte Lösungen und Code-Schnippsel. Testen Sie einfach einmal unsere Gratis-30-Tageversion. Viele Projekte können damit einfach schneller erledigt werden. Auch der E-Mail-Service wird bei Abonnenten sehr gern genutzt. Dazu stehen Ihnen mein Team und ich gerne zur Verfügung.

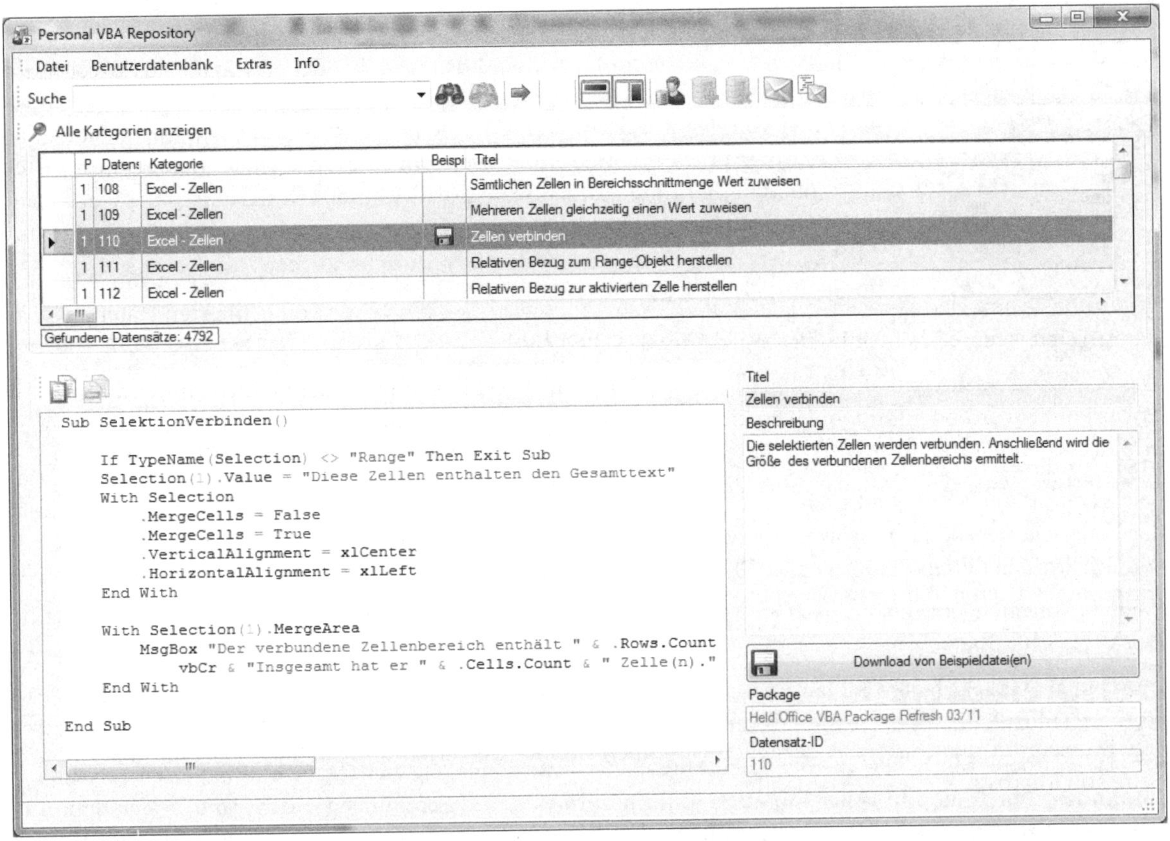

Mehr Informationen zu diesem Produkt, welches Sie als Leser dieses Buchs mit einer Kostenersparnis von 30% erwerben können, finden Sie auf meiner Homepage unter *www.Held-Office.de*.

VBA-Entwicklertage

Jedes Jahr veranstalten wir im September die sogenannten VBA-Entwicklertage, die vielleicht auch für Sie von Interesse sind. Dort referieren namhafte VBA-Profis über interessante Themen rund um VBA. Auch hier darf ich Sie auf unsere Webseite *held-office.de* verweisen, um weitere Informationen darüber zu erhalten.

XING-Gruppe – VBA-Entwickler Treff

In der Kommunikationsoberfläche XING haben wir vor gut zwei Jahren den VBA-Entwickler Treff eingerichtet, ein Forum, indem wir uns austauschen. Hier können Sie gerne auch Fragen stellen. In dieser Gruppe sind schon mehrere hundert Teilnehmer. Werden Sie einer von uns und treten Sie uns bei.

Über die Autoren

Mein Name ist **Bernd Held**. Ich wurde am 02.04.1969 geboren, bin verheiratet und Vater von zwei Kindern. Während meines Abiturs und in der Zeit danach war ich Leistungssportler, wurde unter anderem zwei Mal Deutscher Jugendmeister über 400 Meter Hürden und nahm an Europa- und Weltmeisterschaften teil. Nach meiner sportlichen Laufbahn habe ich mich ins Berufsleben gestürzt und mich auf die Themen Excel/Access, individuelle VBA-Schulungen/VBA-Kurse sowie VBA-Programmierung spezialisiert.

Von Haus aus bin ich gelernter Informatiker. Zunächst war ich zwei Jahre bei einer kleinen Softwarefirma in der Entwicklung und danach sechs Jahre bei T-Systems im Controlling beschäftigt. Dort war ich verantwortlich für das Berichtswesen, die Leistungsverrechnung, das Erstellen von betrieblichen Auswertungen und Wirtschaftlichkeitsrechnungen sowie für die Erstellung neuer Controlling-Tools auf Basis von Microsoft Office. Im Januar 2002 folgte dann der Schritt in die Selbstständigkeit. Seit dieser Zeit konzentriere ich mich auf die Auftragsprogrammierung, die Unternehmensberatung sowie das Schreiben von Fachartikeln und Computerbüchern. Einige Bücher von mir wurden bereits ins Russische, Tschechische und Englische übersetzt.

Weitere Aufgabengebiete sind das fachliche Überarbeiten von Computerbüchern sowie die Durchführung von VBA-Schulungen.

Zu meinen Spezialgebieten zählen Excel, VBA-Programmierung und Access. Acht Jahre in Folge wurde ich als MVP (Most Valuable Professional) für den Bereich Excel von Microsoft ausgezeichnet.

Seit 2008 arbeite ich neben meinen drei Angestellten mit einem eigenen Team aus Experten erfolgreich zusammen. Wir führen in erster Linie Programmierprojekte und Schulungen durch, sind in der Beratung tätig und schreiben Bücher sowie Artikel für Verlage wie Markt+Technik, Addison-Wesley, Microsoft Press, Galileo Press, Franzis, Haufe, vmi und vnr.

Mein Name ist **Sandra Seifert**. Geboren bin ich am 20.08.1981 im schönen Sachsen, zwischenzeitlich aber Wahl-Baden-Württemberger. Ich bin verheiratet und Mutter eines kleinen Sohnes.

Nach meinem Realschulabschluss habe ich zunächst eine Ausbildung zur Bankkauffrau absolviert. Meine Vorliebe für Zahlen hat mich dann dazu veranlasst, eine zweite Ausbildung zur Steuerfachangestellten zu machen. Danach war ich einige Jahre im Bereich Personal und Personal-Controlling tätig.

Berufsbegleitend habe ich bei der ILS eine Weiterbildung zur Anwendungsentwicklerin mit Fokus auf VB.Net gemacht. Es ergaben sich erste Berührungspunkte mit Visual Basic for Applications und relativ schnell ein großes Interesse für die Erweiterung und Automatisierung der MS-Office-Produkte über VBA.

Seit meinem Wechsel zu Held-Office im Jahr 2011 bin ich hauptberuflich im Bereich der Entwicklung professioneller Office-Lösungen tätig. Daneben schreibe ich Artikel für Fachzeitschriften, gebe Kurse zum Thema VBA-Entwicklung und betreue unser Forum bei Xing.

Zu meinen Spezialgebieten zählen Datenbanklösungen mit Access und Excel, Ribbon-Programmierung und Outlook- und Word-VBA.

Sollten Sie Fragen/Anregungen haben, dann scheuen Sie sich nicht, die Autoren unter der E-Mail-Adresse *info@held-office.de* zu kontaktieren.

Vielen Dank auch an Erich Nirschl für die Mitarbeit an Kapitel 13.

Kapitel 1

Daten aus verschiedenen Quell-Dateien einlesen

In diesem Kapitel:

Daten aus anderen Excel-Mappen importieren

Je nach Art Ihres Projekts werden Sie Daten aus den verschiedensten Quellen einlesen. Häufig sind das Extrakte aus Anwendungen wie SAP. Diese liegen dann oftmals bereits als Excel-Mappe vor. Im ersten Teil dieses Kapitels erfahren Sie, welche Möglichkeiten Sie haben, auf diese Daten zuzugreifen.

Daten aus einem Tabellenblatt kopieren

Wenn Sie Daten eins zu eins aus einem Tabellenblatt einer Excel-Mappe kopieren möchten, nutzen Sie dazu die Copy-Methode. Im folgenden Beispiel gehen wir davon aus, dass die zu importierende Datei relativ zur Makrodatei abgespeichert ist. Sie befindet sich eine Ebene tiefer im Unterordner *Importdateien*. Die Datei *Excel_Import.xlsm*, die das Makro enthält, sowie den Unterordner mit unserer einzulesenden Datei finden Sie in den Begleitdateien im Ordner *Buch\Kap01*.

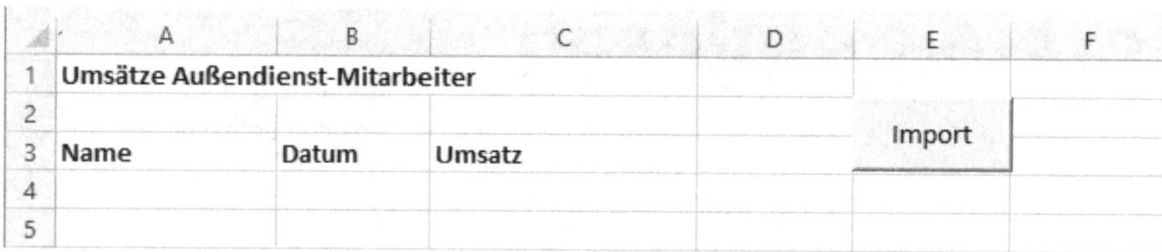

Abbildung 1.1 Das noch leere Blatt. Ab Zeile 4 sollen die Umsatzdaten eingefügt werden.

```
Sub Excel_Import()

    Dim Pfad As String
    Dim Quelle As Worksheet
    Dim letzteZeile As Long

    Pfad = ThisWorkbook.Path & "\ImportDateien\Umsätze.xlsx"

    Set Quelle = Workbooks.Open(Pfad).Worksheets(1)

    With Quelle
        letzteZeile = .Range("A" & .Rows.Count).End(xlUp).Row
        .Range("A2:C" & letzteZeile).Copy Destination:=tabUmsätze.Range("A4")
        .Parent.Close False
    End With

End Sub
```

Listing 1.1 Daten aus einer Excel-Mappe importieren

Zunächst brauchen wir den Pfad der Importdatei. Da diese relativ zur Makrodatei abgespeichert ist, können wir die Eigenschaft ThisWorkbook.Path verwenden. Sie enthält den Pfad der Makrodatei ohne Dateinamen. An diesen werden ein Backslash und der Unterordner und Dateiname der zu öffnenden Datei angehängt.

Anschließend können Sie die Datei mit der Workbooks.Open-Methode öffnen.

TIPP Deklarieren Sie, wenn Sie mit mehreren Mappen arbeiten, am besten immer Objektvariablen vom Typ Workbook, denen Sie die geöffnete Mappe direkt zuweisen. So können Sie die Eingabeunterstützung von IntelliSense nutzen und laufen nicht Gefahr, die einzelnen Mappen im Code durcheinanderzubringen, was bei der Verwendung von ActiveWorkbook (das Objekt, das die Arbeitsmappe im derzeit aktiven Fenster repräsentiert) recht schnell passieren kann.

Sie können statt der Workbook-Variablen auch direkt eine Objektvariable vom Typ Worksheet deklarieren, wenn Sie mit nur einem Tabellenblatt arbeiten. So steht Ihnen die Eingabeunterstützung auch ab dieser Ebene noch zur Verfügung.

Wenn Sie dann die Mappe wieder schließen, referenzieren Sie über Worksheet.Parent direkt auf die übergeordnete Arbeitsmappe und können diese damit schließen.

Wir weisen also im nächsten Schritt der Variablen Quelle das Tabellenblatt zu, aus dem wir die Daten kopieren wollen. Das können wir direkt mit der Workbooks.Open-Methode tun, die uns als Rückgabewert die geöffnete Mappe liefert. Deren erstes Blatt wird der Objektvariablen zugewiesen.

Nun muss ermittelt werden, wie groß der zu kopierende Bereich ist. Dafür wird die letzte gefüllte Zelle ermittelt.

HINWEIS Sie können hier mit UsedRange.SpecialCells(xlCellTypeLastCell).Row arbeiten. Allerdings gibt es immer wieder Konstellationen, in denen geleerte, aber nicht gelöschte Zeilen noch als benutzt gelten und in UsedRange enthalten sind. Um dies zu vermeiden, nutzen Sie die folgende Syntax:

```
Tabelle.Range("A" & Tabelle.Rows.Count).End(xlUp).Row
```

Dafür benötigen Sie eine Spalte, die garantiert in allen Zeilen befüllt ist – z.B. eine ID-Spalte oder Ähnliches. Dieser Befehl springt von der letzten Zeile (Tabelle.Rows.Count) nach oben in die nächste befüllte Zelle – die gleichzeitig von oben gesehen, die letzte gefüllte Zelle ist.

Dieser Befehl ist zugegebenermaßen weniger sprechend als die SpecialCells-Variante, liefert aber garantiert immer das gewünschte Ergebnis.

Da wir einen bestimmten Aufbau der Importdaten voraussetzen, lesen wir die letzte Zeile aus Spalte A aus und kopieren den Bereich von Zelle *A2* bis zur letzten Zeile und Spalte *C*.

Der Copy-Methode können wir im Parameter Destination auch gleich das Ziel mitgeben.

TIPP Wenn Sie Daten aus einer Excel-Tabelle übertragen, die mit Formeln und Formaten versehen ist, wollen Sie oftmals nur die Formelergebnisse und keinerlei Zellformate kopieren. In diesem Fall lassen Sie den Parameter Destination weg und führen als nächsten Befehl in der Zielzelle PasteSpecial aus. Dort können Sie als Parameter angeben, was denn alles kopiert werden soll. Sind dies nur die Werte der Zellen, dann nutzen Sie dafür beispielsweise xlPasteValues.

Nach dem Kopieren kann dann die Importdatei auch schon geschlossen werden. Über Quelle.Parent greifen Sie auf die Arbeitsmappe zu, zu der das Tabellenblatt gehört, und können sie schließen. Der erste Parameter der Close-Methode ist SaveChanges und gibt an, ob etwaige Änderungen gespeichert werden sollen. Der Wert False an dieser Stelle sagt, dass Änderungen verworfen werden – so verhindern Sie, dass der Benutzer beim Ausführen des Imports eine entsprechende Rückfrage von Excel erhält.

ACHTUNG Wenn Sie immer wieder in denselben Bereich kopieren, denken Sie daran, vorher den Zielbereich zu leeren, da sonst ggf. Daten aus dem vorherigen Import stehen bleiben könnten.

	A	B	C	D	E	F
1	**Umsätze Außendienst-Mitarbeiter**					
2					Import	
3	**Name**	**Datum**	**Umsatz**			
4	Beier	01.06.2013	162.884,00 €			
5	Ritter	01.06.2013	475.936,00 €			
6	Zerche	01.06.2013	857.280,00 €			
7	Arndt	02.06.2013	630.880,00 €			
8	Müller	02.06.2013	451.576,00 €			
9	Müller	02.06.2013	283.050,00 €			
10	Wilhelm	02.06.2013	523.140,00 €			
11	Beier	03.06.2013	657.616,00 €			

Abbildung 1.2 Die importierten Daten

Daten selektiv aus einer Excel-Mappe übertragen

Wenn Sie aus der zu importierenden Datei nur bestimmte Datensätze brauchen, haben Sie jede Menge Möglichkeiten, wie Sie dies bewerkstelligen können.

Für unser Beispiel soll im zweiten Blatt »Umsätze Mitarbeiter« der Name eines Mitarbeiters in Zelle *B2* eingetragen werden. Aus der Umsatz-Datei sollen dann nur die Datensätze übertragen werden, die zum jeweiligen Mitarbeiter gehören.

	A	B	C	D	E	F
1	**Mitarbeiter:**	Müller				
2				Import zeilenweise		
3	**Name**	**Datum**	**Umsatz**			
4						
5				Import per Autofilter		
6						
7				Import über Array		
8						

Abbildung 1.3 In dieses Blatt sollen nur die Umsätze eines Mitarbeiters importiert werden

Daten zeilenweise übertragen

Die erste und naheliegendste Möglichkeit ist, sich zeilenweise durch die Importdatei zu arbeiten und nur die benötigten Zeilen zu übertragen.

```
Sub Import_Mitarbeiter_1()

    Dim Pfad As String
    Dim Quelle As Worksheet
    Dim Zeile As Long
    Dim letzteZeile As Long
    Dim Schreibzeile As Long

    Pfad = ThisWorkbook.Path & "\ImportDateien\Umsätze.xlsx"
    Schreibzeile = 4
```

Listing 1.2 Zeilenweises Übertragen der gewünschten Datensätze

```
    tabUmsätzeMA.Range("A4:C" & tabUmsätze.UsedRange.SpecialCells(xlCellTypeLastCell).Row).Clear

    Set Quelle = Workbooks.Open(Pfad).Worksheets(1)

    With Quelle
        letzteZeile = .Range("A" & .Rows.Count).End(xlUp).Row
        For Zeile = 2 To letzteZeile
            If .Range("A" & Zeile).Value = tabUmsätzeMA.Range("Mitarbeiter").Value Then
                .Range("A" & Zeile & ":C" & Zeile).Copy Destination:=tabUmsätzeMA.Range("A" & Schreibzeile)
                Schreibzeile = Schreibzeile + 1
            End If
        Next Zeile
        .Parent.Close False
    End With

End Sub
```

Listing 1.2 Zeilenweises Übertragen der gewünschten Datensätze *(Fortsetzung)*

In Listing 1.2 leeren wir zunächst den Datenbereich ab Zeile 4. Das danach folgende Grundgerüst sieht genauso aus, wie beim kompletten Import: Bestimmen des Pfads, Öffnen der Datei und Ermitteln der letzten Zeile sowie am Ende das Schließen der Datei. Nur wird nun nicht komplett kopiert, sondern wir setzen eine Schleife auf, die sich zeilenweise durch den Datenbereich arbeitet. Dafür haben wir zusätzlich die Variable Zeile deklariert, die wir nun als Zähler verwenden können.

Innerhalb dieser Schleife wird jeweils der Name in Spalte *A* auf Übereinstimmung mit dem gewünschten Mitarbeiternamen geprüft und gegebenenfalls werden die Spalten *A:C* kopiert.

TIPP Wenn Sie in einem Makro Parameter oder ähnliches aus einer Zelle auslesen, vergeben Sie für diese am besten einen Namen. So können Sie sprechender darauf zugreifen und müssen bei eventuellen Änderungen im Aufbau der Tabelle die Zelladressen nicht anpassen.

Da jetzt aber kein kompletter Bereich mehr kopiert wird, muss bei jedem Kopiervorgang das Ziel angegeben werden. Um nicht jedes Mal die nächste freie Zeile auslesen zu müssen, führen wir die Variable Schreibzeile mit, die wir nach dem Kopieren jeweils inkrementieren.

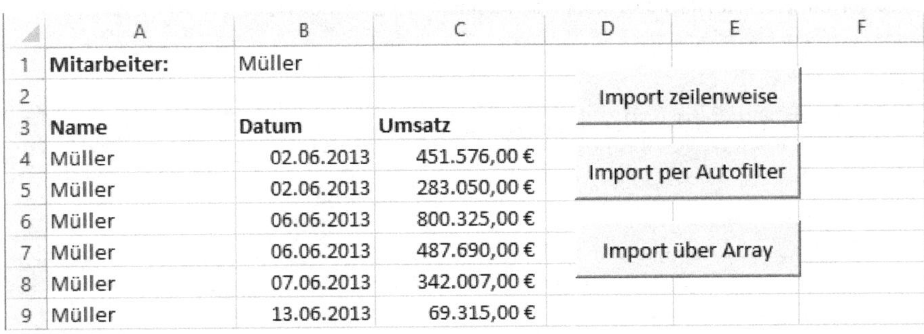

	A	B	C	D	E	F
1	**Mitarbeiter:**	Müller				
2						
3	**Name**	**Datum**	**Umsatz**			
4	Müller	02.06.2013	451.576,00 €			
5	Müller	02.06.2013	283.050,00 €			
6	Müller	06.06.2013	800.325,00 €			
7	Müller	06.06.2013	487.690,00 €			
8	Müller	07.06.2013	342.007,00 €			
9	Müller	13.06.2013	69.315,00 €			

Abbildung 1.4 Es wurden nur die Datensätze des Mitarbeiters Müller importiert

Daten per Autofilter filtern

Eine zweite Möglichkeit, nur bestimmte Datensätze zu importieren, bietet der Autofilter. Da es sich bei der Importdatei um eine Excel-Mappe handelt, können wir dort direkt einen Datenfilter setzen und dann nur die sichtbaren Zellen übertragen.

```
Sub Import_Mitarbeiter_2()

    Dim Pfad As String
    Dim Quelle As Worksheet
    Dim letzteZeile As Long
    Dim Schreibzeile As Long

    Pfad = ThisWorkbook.Path & "\ImportDateien\Umsätze.xlsx"
    Schreibzeile = 4

    tabUmsätzeMA.Range("A4:C" & _
        tabUmsätze.UsedRange.SpecialCells(xlCellTypeLastCell).Row).Clear

    Set Quelle = Workbooks.Open(Pfad).Worksheets(1)

    With Quelle
        letzteZeile = .Range("A" & .Rows.Count).End(xlUp).Row
        .AutoFilterMode = False
        .Range("A1").AutoFilter field:=1, Criteria1:=tabUmsätzeMA.Range("Mitarbeiter").Value
        On Error Resume Next
        .Range("A2:C" & letzteZeile).SpecialCells(xlCellTypeVisible).Copy _
                Destination:=tabUmsätzeMA.Range("A4")
        On Error GoTo 0
        .Parent.Close False
    End With

End Sub
```

Listing 1.3 In diesem Makro wird die Importdatei gefiltert und dann werden nur die sichtbaren Zeilen importiert

Auch hier bleibt das Grundgerüst wieder gleich.

ACHTUNG Wenn Sie nicht sicher sind, ob im zu filternden Blatt schon ein Filter existiert, deaktivieren Sie zuerst alle Autofilter, indem Sie die Eigenschaft AutoFilterMode auf False setzen.

Nach dem Entfernen eines ggf. vorhandenen Datenfilters setzen wir ihn neu. Dafür kommt die AutoFilter-Methode zum Einsatz. Als erster Parameter wird die Spalte innerhalb des gefilterten Bereichs erwartet – im aktuellen Fall ist dies gleich die erste Spalte. Der Parameter Criteria1 erwartet als Zeichenfolge den zu filternden Wert. Das ist hier der Name des Mitarbeiters.

TIPP Sie können beim Kriterium auch mit Wildcards arbeiten. Wollen Sie beispielsweise alle Mitarbeiter, deren Name mit »M« beginnt, dann müssten Sie mit Criteria1:="M*" filtern.

Nun sind alle nicht benötigten Datensätze durch die Filterung ausgeblendet und es müssen nur noch die sichtbaren Zellen kopiert werden. Hier kommt die SpecialCells-Methode zum Einsatz. Bekommt diese als Parameter xlCellTypeVisible übergeben, liefert sie nur die sichtbaren Zellen zurück.

ACHTUNG Wenn es in dem Bereich, auf den SpecialCells(xlCellTypeVisible) angewendet wird, keine sichtbaren Zellen gibt, dann löst die Methode den Laufzeitfehler 1004 »Keine Zellen gefunden.« aus. Um dies zu verhindern, aktivieren Sie vorher die Fehlerbehandlung On Error Resume Next und schalten Sie sie danach mit On Error GoTo 0 wieder ab.

Daten über ein Array einlesen

Eine weitere Möglichkeit des selektiven Imports ist das Einlesen in ein Array, das dann komplett in das Arbeitsblatt geschrieben wird. Der Vorteil dieser Variante besteht darin, dass nur ein einziger Schreibvorgang notwendig ist.

Das Schreiben in eine Excel-Zelle ist sehr rechenintensiv, was sich bei sehr vielen Datensätzen, die nach der ersten Variante verarbeitet werden, äußerst negativ auf die Performance auswirkt. Importiert man nicht aus einem Excel-Blatt oder ist es aus anderen Gründen nicht möglich, den Datenfilter zu nutzen, ist das zeilenweise Durcharbeiten der Importdatei aber nicht vermeidbar.

Hier können Sie dann die zu importierenden Zeilen zunächst im Arbeitsspeicher vorhalten, indem Sie diese in ein zweidimensionales Array einlesen. Dieses kann dann mit nur einem Befehl komplett in den Zielbereich geschrieben werden.

```
Sub Import_Mitarbeiter_3()

    Dim Pfad As String
    Dim Quelle As Worksheet
    Dim Zeile As Long
    Dim letzteZeile As Long
    Dim arrZwischenspeicher
    Dim Anzahl As Long

    Pfad = ThisWorkbook.Path & "\ImportDateien\Umsätze.xlsx"

    tabUmsätzeMA.Range("A4:C" & tabUmsätze.UsedRange.SpecialCells(xlCellTypeLastCell).Row).Clear

    Set Quelle = Workbooks.Open(Pfad).Worksheets(1)

    With Quelle
        letzteZeile = .Range("A" & .Rows.Count).End(xlUp).Row
        ReDim arrZwischenspeicher(2, 0)
        For Zeile = 2 To letzteZeile
            If .Range("A" & Zeile).Value = tabUmsätzeMA.Range("Mitarbeiter").Value Then
                Anzahl = UBound(arrZwischenspeicher, 2)
                arrZwischenspeicher(0, Anzahl) = .Range("A" & Zeile).Value
                arrZwischenspeicher(1, Anzahl) = .Range("B" & Zeile).Value
                arrZwischenspeicher(2, Anzahl) = .Range("C" & Zeile).Value
                ReDim Preserve arrZwischenspeicher(2, Anzahl + 1)
            End If
        Next Zeile
        tabUmsätzeMA.Range("A4:C" & Anzahl + 4).Value = WorksheetFunction.Transpose(arrZwischenspeicher)
        .Parent.Close False
    End With

End Sub
```

Listing 1.4 In diesem Makro werden die Importdaten zunächst im Arbeitsspeicher abgelegt und dann gesammelt in die Zieltabelle geschrieben

Vom grundlegenden Aufbau her entspricht der Code wieder dem aus Listing 1.2. Schleife und If-Verzweigung sind gleich. Innerhalb der Verzweigung wird nun aber nicht kopiert, sondern in das Array übertragen. Das wurde noch ohne Größe deklariert und wird mit jeder Zeile neu dimensioniert. Vorher wird es zum ersten Mal mit zwei Dimensionen eingerichtet (2, 0) für drei Spalten und eine Zeile.

In der Schleife ermittelt die Variable Anzahl zunächst, wie groß die zweite Dimension des Arrays bereits ist – diese ist für die zu importierenden Zeilen vorgesehen und muss mit jedem Datensatz vergrößert werden. Dafür kommt die Funktion UBound zum Einsatz. Sie bekommt als ersten Parameter das Array und als zweiten die Dimension. Rückgabewert ist der höchste Index der angegebenen Dimension. Der wird um 1 erhöht und damit das Array redimensioniert.

ACHTUNG Damit die bereits geschriebenen Daten beim Redimensionieren nicht verloren gehen, müssen wir den Befehl Redim Preserve nutzen. Er erhält die bereits geschriebenen Daten im Array.

Beachten Sie unbedingt, dass Sie so nur die letzte Dimension eines Arrays erhöhen können. Die anderen müssen so bleiben wie bei der ersten Dimensionierung angegeben.

Anschließend werden die Daten in die drei »Spalten« des Arrays übertragen. Nach der Schleife muss dann nur noch das Array einmal komplett in den Zielbereich geschrieben werden. Wenn Sie den Bereich gleich in der richtigen Größe angeben, wird das komplette Array dort ausgegeben.

Für die Bestimmung des Bereichs können wir wieder die Variable Anzahl, mit deren Hilfe die letzte Zeile ermittelt wird, nutzen. Diese muss mit 4 addiert werden: Der Kopierbereich beginnt erst in Zeile 4 und unser Array ist ja nullbasiert. Beim Einfügen muss das Array noch transponiert werden. Dafür greifen wir auf die entsprechende Tabellenfunktion über WorksheetFunction.Transpose zurück.

ACHTUNG Da wir das Array als Variant deklariert haben, weil es sowohl Texte als auch Zahlen und Datumswerte aufnehmen soll, wird beim Ausgeben alles als Text behandelt. Sie müssen in einem solchen Mischfall also ggf. noch einmal nachformatieren.

Daten per ADO aus einer Excel-Mappe importieren

Der Datenimport aus einer Excel-Mappe lässt sich aber auch per ADO-Zugriff realisieren. ADO steht für »ActiveX Data Objects« und ist eine Schnittstelle, über die Sie Verbindungen zu verschiedensten Datenbanken, aber auch zu einer Excel-Mappe aufbauen können.

Da es sich bei ADO um eine externe Bibliothek handelt, muss entweder ein Verweis auf die entsprechende Bibliothek gesetzt werden (Early Binding) – dann können Sie direkt ADO-Objekte deklarieren – oder Sie definieren die benötigten Objektvariablen als Object und initialisieren dann per CreateObject das entsprechende Objekt.

Um die Eingabeunterstützung von IntelliSense nutzen zu können, verwenden wir hier zunächst die Variante des Early Bindings. Dazu benötigen wir einen Verweis auf die Bibliothek *Microsoft ActiveX Data Objects 6.1 Library* (Menübefehl *Extras* | *Verweise* im VBA-Editor). Sollten Sie die Version 6.1 nicht haben, nutzen Sie einfach eine frühere Version.

Den Code zu den folgenden Beispielen finden Sie in der Datei *Excel_Import.xlsm* im Ordner *Buch/Kap01* im Begleitmaterial.

Daten aus einem Excel-Blatt komplett per ADO importieren

Der Zugriff auf eine Excel-Mappe via ADO bietet eine ganze Menge Vorteile:

- Die zu importierende Excel-Mappe muss nicht geöffnet werden
- Der Zugriff erfolgt generell um ein vielfaches schneller, als das Kopieren von Daten aus einer Zelle
- Sie können die importierten Daten in einem Rutsch in den Zielbereich schreiben, es gibt also nur einen einzigen Schreibvorgang
- Sie sind unabhängig vom genauen Aufbau der Mappe: Die Spalten werden einfach über deren Spaltenüberschriften angesprochen
- Sie haben die Möglichkeit, die Daten direkt beim Abruf schon aufzubereiten

Nun schauen wir uns das Ganze einmal anhand eines praktischen Beispiels an. Der Import ist noch immer derselbe wie bei den vorhergehenden Beispielen.

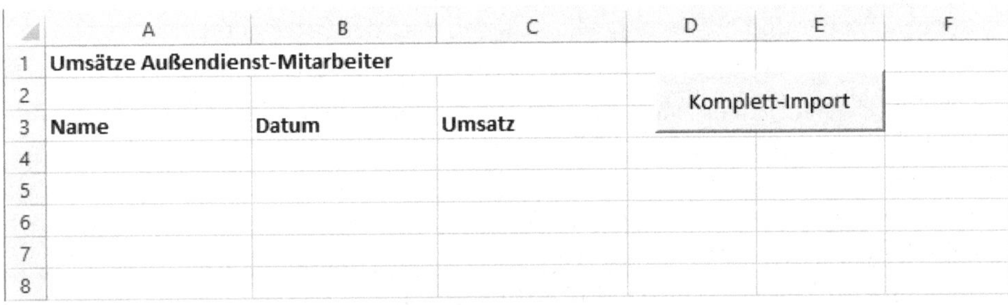

Abbildung 1.5 Der Import soll jetzt per ADO erfolgen

Im ersten Beispiel wollen wir uns die Syntax und den Umgang mit den ADO-Objekten genauer anschauen und bilden deshalb einfach nur das Beispiel aus Listing 1.1 nach.

```
Sub KomplettImport()

    Dim conn As New ADODB.Connection
    Dim rs As New ADODB.Recordset
    Dim Pfad As String

    Pfad = ThisWorkbook.Path & "\ImportDateien\Umsätze.xlsx"

    tabUmsätzeMA.Range("A4:C" & tabUmsätze.UsedRange.SpecialCells(xlCellTypeLastCell).Row).Clear

    conn.Open "Driver={Microsoft Excel Driver (*.xls, *.xlsx, *.xlsm, *.xlsb)}; DBQ=" & Pfad

    With rs
        .ActiveConnection = conn
        .CursorType = adOpenForwardOnly
        .Open "[Umsätze$]"
        tabImportADO.Range("A4").CopyFromRecordset rs
        .Close
    End With

    conn.Close
End Sub
```

Listing 1.5 Import der kompletten Daten einer Tabelle per ADO

HINWEIS Es gibt ein paar kleine Regeln beim Aufbau der Quelldateien zu beachten, wenn diese beim ADO-Import richtig interpretiert werden sollen.

- Es ist irrelevant, in welcher Spalte oder Zeile die Daten beginnen – leere Zeilen und Spalten **vor** den eigentlichen Daten werden ignoriert
- Die erste gefüllte Zeile muss eine Überschriftenzeile sein. Haben Sie beispielsweise in Zelle A1 der Importdatei einen kurzen Titel oder Ähnliches stehen und die eigentliche Überschrift kommt erst weiter unten, wird dieser direkt als Überschrift interpretiert und der Import geht schief
- Befinden sich in den Daten leere Zeilen oder Spalten, werden diese trotzdem mit importiert – nur sind sie dann halt leer

Wir brauchen für den Import jetzt zwei neue Objektvariablen: eine vom Typ ADODB.Connection und ein ADODB.Recordset.

Die Connection ist dafür zuständig, die Verbindung zur Datenbank – oder in unserem Fall zur Excel-Datei – herzustellen. Sie braucht dafür die sogenannte Verbindungszeichenfolge (engl. Connection String), die unter anderem den zu verwendenden Treiber und die Datenquelle, also den Pfad der Datei, enthält.

Je nachdem, auf welchen Typ Datei Sie zugreifen möchten, ist die Verbindungszeichenfolge unterschiedlich aufgebaut. Eine Übersicht über verschiedene Varianten finden Sie unter anderem im Internet unter *www.connectionstrings.com* – hier werden Sie auch feststellen, dass es für jeden Datentyp verschiedene Treiber gibt, die Sie wählen können.

Die Verbindungszeichenfolge wird der Methode Open des Connection-Objekts übergeben, die damit dann eine Verbindung zur Excel-Datei herstellt. Dann kommt das zweite ADO-Objekt zum Einsatz: Das Recordset. Es wird verwendet, um auf die Daten zuzugreifen. Es kann entweder Daten aus einer SQL-Abfrage enthalten oder auch eine komplette Tabelle.

TIPP Über das Recordset können Sie Daten übrigens nicht nur abfragen, sondern auch verändern, löschen oder neu hinzufügen. Wie das funktioniert lernen Sie im Teil »Ausgabe«.

Das Recordset braucht zunächst eine Verbindung – unsere vorher geöffnete Connection – und den CursorType. Letzterer gibt an, wie die Daten aus der Quelle abgefragt werden und wie man sich durch die Datensätze bewegen kann. Wenn Sie lediglich Daten abrufen und komplett einfügen wollen, dann genügt hier der Cursor adOpenForwardOnly. Er lässt ein schrittweises Vorwärtsblättern durch die einzelnen Datensätze zu. Da wir die abgefragten Daten aber einfach nur in Excel »auskippen« werden, ist er vollkommen ausreichend für diesen Zweck.

Eine Übersicht über die möglichen Cursor-Typen finden Sie in Tabelle 1.1.

Bezeichnung	Erläuterung
adOpenForwardOnly	Durch ein Recordset, das Sie mit diesem CursorType abfragen, können Sie sich nur schrittweise vorwärts bewegen. Dies ist der schnellste und ressourcenschonendste Cursor.
adOpenStatic	Hier wird von den Daten eine Kopie angelegt, die Sie dann weiter verwenden können. Änderungen in den Ausgangsdaten sind damit nicht möglich.

Tabelle 1.1 Mögliche Werte für *CursorType*

Bezeichnung	Erläuterung
adOpenKeyset	Bei diesem Cursor wird eine Art Verweis auf die tatsächlichen Datensätze in der Quelle erstellt. So können Sie auch Daten ändern, löschen und hinzufügen, und bekommen Änderungen, die andere Benutzer an den angefragten Datensätzen vorgenommen haben, auch angezeigt und umgekehrt. Lediglich neu angefügte Datensätze werden nicht angezeigt. Außerdem können Sie sich damit frei durch die Datensätze bewegen.
adOpenDynamic	Dieser Cursor ist ähnlich dem adOpenKeyset, zeigt aber neu angefügte Datensätze auch mit an

Tabelle 1.1 Mögliche Werte für *CursorType (Fortsetzung)*

Nachdem die beiden hier wichtigen Eigenschaften des Recordset-Objekts festgelegt sind, werden die gewünschten Daten abgeholt. Dafür kommt die Open-Methode zum Einsatz. Ihr übergeben Sie nur noch die Info, welche Daten Sie denn möchten. Das kann ein SQL-Statement sein, oder wie in unserem Fall eine komplette Tabelle. Der Datenbereich wird dabei automatisch anhand der Überschriften ermittelt.

HINWEIS Wenn Sie eine komplette Tabelle einer Datenbank abfragen, geben Sie hier einfach den Tabellennamen an. Bei Excel-Tabellen müssen Sie darauf achten, dass Sie den Namen der Tabelle in eckige Klammern setzen und am Ende mit einem Dollarzeichen abschließen.

Um die Daten nun an die gewünschte Stelle in unserer Excel-Tabelle zu schreiben, nutzen wir eine Methode des Range-Objekts: CopyFromRecordset. Sie bekommt als Parameter ein Recordset-Objekt übergeben, das dann direkt in den passend großen Bereich eingefügt wird. Sie müssen also nicht vorher feststellen, wie viele Datensätze Sie importieren. Wenden Sie diese Methode einfach auf die Zelle an, die im Zielbereich ganz oben links steht und den Rest übernimmt die Methode für Sie.

Anschließend müssen noch sowohl Recordset als auch Connection geschlossen werden. Wenn Sie die Laufzeit dieses Makros mit den vorherigen vergleichen, werden Sie den enormen Laufzeitunterschied feststellen.

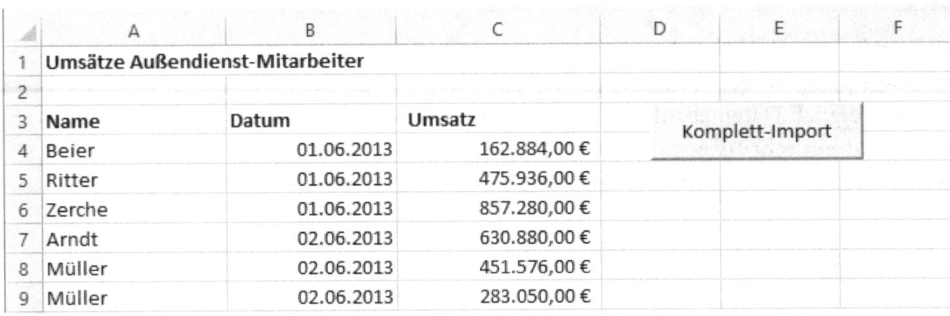

	A	B	C	D	E	F
1	Umsätze Außendienst-Mitarbeiter					
2						
3	Name	Datum	Umsatz	Komplett-Import		
4	Beier	01.06.2013	162.884,00 €			
5	Ritter	01.06.2013	475.936,00 €			
6	Zerche	01.06.2013	857.280,00 €			
7	Arndt	02.06.2013	630.880,00 €			
8	Müller	02.06.2013	451.576,00 €			
9	Müller	02.06.2013	283.050,00 €			

Abbildung 1.6 Die importierten Daten

Daten beim Import aus einem Excel-Blatt filtern, verdichten und sortieren

Neben der viel kürzeren Laufzeit ist der größte Vorteil des ADO-Zugriffs auf eine Excel-Mappe aber die Möglichkeit, SQL-Statements beim Import zu nutzen. Sie können so bereits direkt beim Import die Daten aufbereiten.

Daten sortiert importieren

Im ersten Beispiel sollen die Daten nur sortiert werden. Zum einen sollen die Spalten in einer anderen Reihenfolge erscheinen, aber auch die Sortierung der Daten soll nicht mehr nach Datum aufsteigend, sondern nach Umsatz absteigend erfolgen – es soll eine Art Rangliste werden.

Abbildung 1.7 Die Spaltenaufteilung soll diesmal eine andere sein – ebenso die Sortierung

```
Sub ImportSortiert()

    Dim conn As New ADODB.Connection
    Dim rs As New ADODB.Recordset
    Dim Pfad As String

    Pfad = ThisWorkbook.Path & "\ImportDateien\Umsätze.xlsx"

    tabUmsätzeMA.Range("A4:C" & tabUmsätze.UsedRange.SpecialCells(xlCellTypeLastCell).Row).Clear

    conn.Open "Driver={Microsoft Excel Driver (*.xls, *.xlsx, *.xlsm, *.xlsb)}; DBQ=" & Pfad

    With rs
        .ActiveConnection = conn
        .CursorType = adOpenForwardOnly
        .Open "SELECT Betrag, Name, Datum FROM [Umsätze$] ORDER BY Betrag DESC"
        tabImportADOsortiert.Range("A4").CopyFromRecordset rs
        .Close
    End With

    conn.Close

End Sub
```

Listing 1.6 Die Prozedur sortiert die Daten schon in der Abfrage um

Dieses Makro unterscheidet sich nur geringfügig vom vorhergehenden. Einzig die Quellangabe in der Open-Methode des Recordset-Objekts hat sich verändert. Es wird nicht mehr einfach nur die Tabelle Umsätze abgefragt, sondern nun wird ein SQL-Statement angewendet.

Dabei handelt es sich um eine sogenannte Auswahlabfrage. Die beginnt mit dem Schlüsselwort SELECT. Danach werden erst einmal die Spaltenüberschriften in der Reihenfolge angegeben, wie sie in der Ausgabe gewünscht ist.

ACHTUNG Wenn Sie in einer Überschrift Sonderzeichen oder Leerzeichen haben, setzen Sie diese in der Auflistung der abzufragenden Spalten in eckige Klammern, sonst wird ein Fehler ausgelöst.

Jetzt folgt das Schlüsselwort FROM und die Angabe, aus welcher Tabelle die Daten abgefragt werden sollen. Auch hier muss der Tabellenname gefolgt von einem Dollarzeichen wieder in eckige Klammern gesetzt werden.

Zuletzt kommt die Sortier-Anweisung ORDER BY, danach die Spalte (Sie könnten theoretisch auch mehrere Sortierspalten angeben) und ein DESC für »descending« absteigend.

Das Abgreifen der Daten erfolgt noch genauso schnell wie in Listing 1.5.

	A	B	C	D	E	F
1	**Umsätze Außendienst-Mitarbeiter**					
2						
3	**Umsatz**	**Name**	**Datum**		Import sortiert	
4	994.888,00 €	Müller	27.06.2013			
5	993.373,00 €	Zerche	03.06.2013			
6	987.482,00 €	Beier	22.06.2013			
7	967.299,00 €	Wilhelm	04.06.2013			
8	962.945,00 €	Sailer	13.06.2013			
9	961.128,00 €	Schmidt	22.06.2013			

Abbildung 1.8 Der Import erfolgt nun mit anderer Spaltenreihenfolge und nach Betrag sortiert

Daten gefiltert importieren

Im zweiten Beispiel soll derselbe Fall wie in Listing 1.2 bearbeitet werden. In Zelle *B1* soll ein Mitarbeitername eingetragen werden und dann sollen nur die Umsätze mit Datum dieses Mitarbeiters importiert werden.

	A	B	C	D	E	F
1	**Mitarbeiter:**	Müller				
2						
3	**Datum**	**Umsatz**		Import gefiltert		
4						
5						
6						
7						
8						

Abbildung 1.9 Nur die Daten des Mitarbeiters »Müller« sollen abgefragt werden

Der Code verändert sich auch hier nur geringfügig.

```
Sub ImportGefiltert()

    Dim conn As New ADODB.Connection
    Dim rs As New ADODB.Recordset
    Dim Pfad As String
```

Listing 1.7 Importiert werden nur Datensätze, bei denen der Name mit dem Wert in der Zelle *MitarbeiterName* übereinstimmt

```
    Pfad = ThisWorkbook.Path & "\ImportDateien\Umsätze.xlsx"

    tabUmsätzeMA.Range("A4:C" & tabUmsätze.UsedRange.SpecialCells(xlCellTypeLastCell).Row).Clear

    conn.Open "Driver={Microsoft Excel Driver (*.xls, *.xlsx, *.xlsm, *.xlsb)}; DBQ=" & Pfad

    With rs
        .ActiveConnection = conn
        .CursorType = adOpenForwardOnly
        .Open "SELECT Datum, Betrag FROM [Umsätze$] WHERE Name = '" & _
                tabImportADOgefiltert.Range("MitarbeiterName").Value & "'"
        tabImportADOgefiltert.Range("A4").CopyFromRecordset rs
        .Close
    End With

    conn.Close

End Sub
```

Listing 1.7 Importiert werden nur Datensätze, bei denen der Name mit dem Wert in der Zelle *MitarbeiterName* übereinstimmt *(Fortsetzung)*

Die einzige Veränderung findet auch hier wieder beim SQL-Statement statt. Im SELECT-Teil stehen diesmal nur Datum und Betrag. Der Name soll zwar als Filterkriterium dienen, aber nicht in den abgefragten Daten erscheinen.

Nach der FROM-Anweisung erfolgt die Filterung. Dafür wird das Schlüsselwort WHERE eingesetzt, gefolgt von der Bedingung. Hier soll der Wert im Feld »Name« mit dem Wert in der Zelle »MitarbeiterName« übereinstimmen.

HINWEIS Wenn in einem Kriterium ein Text angegeben wird – wie z.B. der Mitarbeitername – müssen Sie diesen in einfache Anführungszeichen setzen. Bei Zahlenwerten ist das nicht notwendig. Bei Datumswerten müssen Sie ein ganz bestimmtes Format verwenden. Mehr dazu erfahren Sie im zweiten Kapitel.

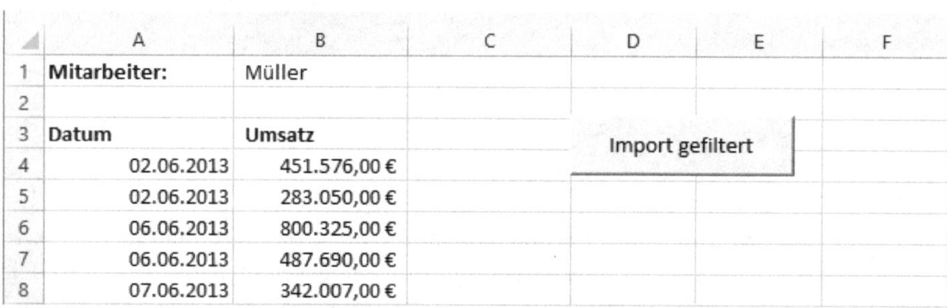

	A	B	C	D	E	F
1	**Mitarbeiter:**	Müller				
2						
3	**Datum**	**Umsatz**		Import gefiltert		
4	02.06.2013	451.576,00 €				
5	02.06.2013	283.050,00 €				
6	06.06.2013	800.325,00 €				
7	06.06.2013	487.690,00 €				
8	07.06.2013	342.007,00 €				

Abbildung 1.10 Hier kommen nur die Datensätze des Mitarbeiters *Müller* an

Daten verdichtet importieren

Im dritten und letzten Beispiel möchten wir für jeden Mitarbeiter eine Zeile mit Name und Summe aller Umsätze.

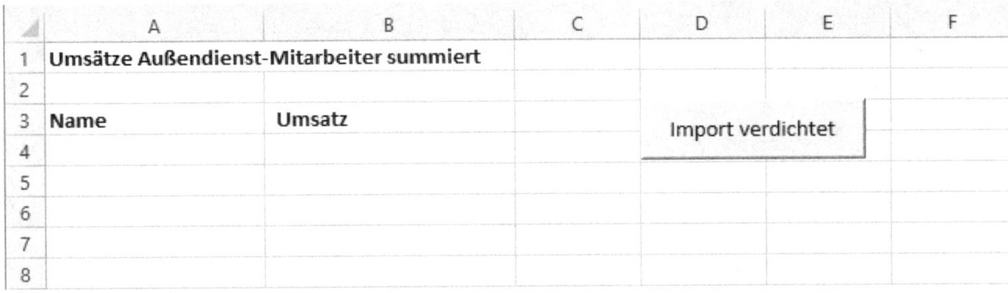

Abbildung 1.11 Hier sollen nur noch die Umsatzsummen der Mitarbeiter erscheinen

Diese Aufgabe wäre beim zeilenweisen Übertragen nur sehr umständlich zu lösen. Mit einer SQL-Abfrage hingegen wird das ganz einfach.

```
Sub ImportVerdichtet()

    Dim conn As New ADODB.Connection
    Dim rs As New ADODB.Recordset
    Dim Pfad As String

    Pfad = ThisWorkbook.Path & "\ImportDateien\Umsätze.xlsx"

    tabUmsätzeMA.Range("A4:C" & tabUmsätze.UsedRange.SpecialCells(xlCellTypeLastCell).Row).Clear

    conn.Open "Driver={Microsoft Excel Driver (*.xls, *.xlsx, *.xlsm, *.xlsb)}; DBQ=" & Pfad

    With rs
        .ActiveConnection = conn
        .CursorType = adOpenForwardOnly
        .Open "SELECT Name, SUM(Betrag) FROM [Umsätze$] GROUP BY Name"
        tabImportADOverdichtet.Range("A4").CopyFromRecordset rs
        .Close
    End With

    conn.Close

End Sub
```

Listing 1.8 Das Verdichten der Daten erfolgt über eine sogenannte Gruppierung

Das Makro weicht von den vorhergehenden Beispielen erneut nur hinsichtlich des SQL-Statements ab. In diesem Fall werden nur die Felder `Name` und `Betrag` abgefragt, aber die Datensätze werden dabei gruppiert. Die Gruppierung erfolgt über die Anweisung `GROUP BY` gefolgt von dem Feld, das gruppiert werden soll – im aktuellen Fall ist das der Name.

Wenn Sie eine solche Gruppierung anwenden, müssen Sie für alle nicht gruppierten Felder angeben, wie diese verdichtet werden sollen. Die Möglichkeiten entsprechen denen, die Sie auch in einer Pivot-Tabelle haben. In unserem Fall brauchen wir beim Betrag die Summe. Mit der Anweisung `SUM(Betrag)` geben wir an, dass dieses Feld aufsummiert werden soll.

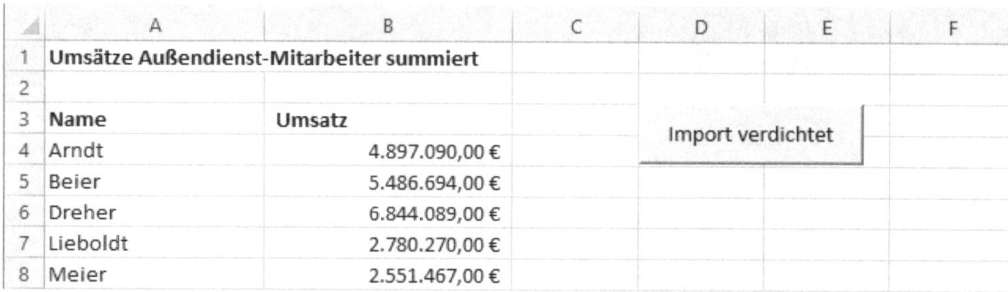

	A	B	C	D	E	F
1	**Umsätze Außendienst-Mitarbeiter summiert**					
2						
3	**Name**	**Umsatz**		Import verdichtet		
4	Arndt	4.897.090,00 €				
5	Beier	5.486.694,00 €				
6	Dreher	6.844.089,00 €				
7	Lieboldt	2.780.270,00 €				
8	Meier	2.551.467,00 €				

Abbildung 1.12 Die aufsummierten Mitarbeiterumsätze

Text- und CSV-Dateien einlesen

Oft liegen Daten, die Sie weiterverarbeiten müssen, als Textdatei vor. Gerade bei Extrakten aus anderen Programmen wird sehr oft das CSV-Format genutzt, aber auch beispielsweise Kontoauszüge oder Rechnungen von Onlineshops werden häufig in diesen Formaten zum Download angeboten. Sie lernen nun verschiedene Varianten kennen, wie Sie solche Daten in Excel importieren können.

Für die folgenden Beispiele werden die Textdateien im Verzeichnis */Buch/Kap01/ImportDateien* verwendet. Die Beispiel-Codes finden Sie in der Datei *ReiseDaten.xlsm* im Ordner */Buch/Kap01*.

Text- und CSV-Dateien als Tabellenblatt öffnen

Am häufigsten werden Sie in der Praxis mit Extrakten aus anderen Programmen zu tun bekommen, die Sie dann aufbereiten und weiterverarbeiten. Das können Exporte aus SAP sein oder auch aus diversen Abrechnungs-, Buchhaltungs- oder Warenwirtschaftsprogrammen.

Die Spalten in solchen Textdateien werden durch Trennzeichen oder eine feste Spaltenbreite simuliert. Beim CSV-Format ist das Trennzeichen meist ein Semikolon, bei TXT-Dateien kommt der Tabstopp am häufigsten vor. Sie haben mehrere Möglichkeiten, diese Daten abzugreifen. Beschäftigen wir uns zunächst mit dem einfachen Öffnen einer Textdatei als Excel-Mappe.

In den folgenden Beispielen werden dieselben Daten in drei verschiedenen Formaten geöffnet. Es handelt sich um Buchungen in einem Reisebüro im ersten Halbjahr 2013. Die Beispiele dieses Kapitels finden Sie im Modul mdlTXTOeffnen.

Eine mit Semikolon getrennte CSV-Datei öffnen

Wenn Ihre Datei ein Trennzeichen hat, ist das Öffnen sowohl manuell, als auch per VBA ganz einfach. Manuell führen Sie einfach einen Rechtsklick auf der Datei aus, und wählen im Kontextmenü *Öffnen mit* und anschließend *Excel* aus, oder Sie gehen in Excel den Weg über das *Öffnen*-Dialogfeld. Ähnlich einfach ist auch das Öffnen per VBA. Hier zunächst die Textdatei, wie sie im Editor aussieht:

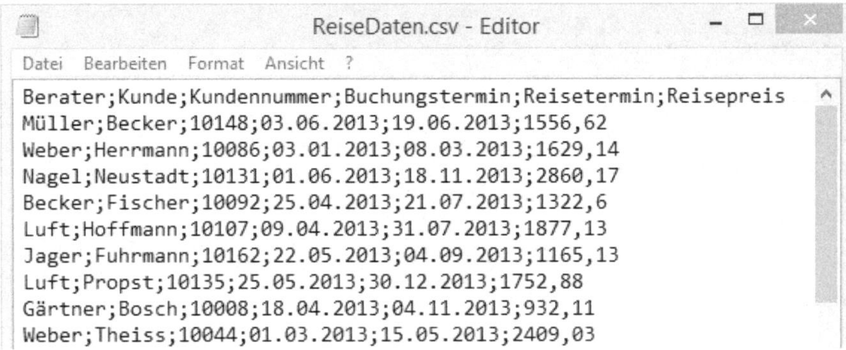

Abbildung 1.13 Die CSV-Datei bei Ansicht im Editor

Wir wollen diese Datei nun als Excel-Mappe öffnen und direkt einem Worksheet-Objekt übergeben, mit dem Sie dann bequem weiterarbeiten können.

```
Sub CSVOeffnen()

    Dim Pfad As String
    Dim Quelle As Worksheet

    Pfad = ThisWorkbook.Path & "\ImportDateien\ReiseDaten.csv"

    Set Quelle = Workbooks.Open(FileName:=Pfad, Local:=True).Worksheets(1)

End Sub
```

Listing 1.9 Öffnen einer CSV-Datei

Wie Sie sehen, hat die Open-Prozedur neben der Angabe, welche Datei denn zu öffnen ist, noch einen weiteren Parameter mitbekommen: Local. Dieser Parameter gibt an, dass bei der Spracheinstellung der Datei auf die Sprache der Excel-Applikation zurückgegriffen werden soll.

Spracheinstellung bedeutet in diesem Fall, dass beim Öffnen als Standard-Trennzeichen das Semikolon aus der deutschen (sofern Sie mit einer deutschen Excel-Installation arbeiten) Spracheinstellung verwendet werden soll.

ACHTUNG Lassen Sie diesen Parameter weg, wird das englische Trennzeichen – das Komma – verwendet. Da in unserer CSV-Datei Beträge mit Komma enthalten sind, würde genau an dieser Stelle eine Spaltentrennung stattfinden.

Local sorgt also dafür, dass die lokale Einstellung für das Trennzeichen verwendet wird. Beachten Sie aber unbedingt, dass das Trennzeichen auf einem PC mit englischer Sprache wieder das Komma ist.

	A	B	C	D	E	F
1	Berater	Kunde	Kundennum	Buchungster	Reisetermin	Reisepreis
2	Müller	Becker	10148	03.06.2013	19.06.2013	1556,62
3	Weber	Herrmann	10086	03.01.2013	08.03.2013	1629,14
4	Nagel	Neustadt	10131	01.06.2013	18.11.2013	2860,17
5	Becker	Fischer	10092	25.04.2013	21.07.2013	1322,6
6	Luft	Hoffmann	10107	09.04.2013	31.07.2013	1877,13
7	Jager	Fuhrmann	10162	22.05.2013	04.09.2013	1165,13
8	Luft	Propst	10135	25.05.2013	30.12.2013	1752,88

Abbildung 1.14 Die korrekt getrennte Datei nach dem Öffnen in Excel

Eine mit Tabstopp getrennte Textdatei öffnen

Bei einer Datei, die mit Tabstopps getrennt ist, reicht das reine Öffnen meist aus, um die Datei direkt richtig in Spalten aufgeteilt zu bekommen. Sie sollten aber trotzdem immer das Trennzeichen – auch bei anderen Trennzeichen als dem Tabstopp – mit angeben.

Hier unsere Datei, die geöffnet werden soll:

ReiseDatenTab.txt - Editor

Datei Bearbeiten Format Ansicht ?

```
Berater Kunde   Kundennummer    Buchungstermin  Reisetermin     Reisepreis
Müller  Becker  10148   03.06.2013      19.06.2013      1556,62
Weber   Herrmann        10086   03.01.2013      08.03.2013      1629,14
Nagel   Neustadt        10131   01.06.2013      18.11.2013      2860,17
Becker  Fischer 10092   25.04.2013      21.07.2013      1322,6
Luft    Hoffmann        10107   09.04.2013      31.07.2013      1877,13
Jager   Fuhrmann        10162   22.05.2013      04.09.2013      1165,13
Luft    Propst  10135   25.05.2013      30.12.2013      1752,88
Gärtner Bosch   10008   18.04.2013      04.11.2013      932,11
Weber   Theiss  10044   01.03.2013      15.05.2013      2409,03
Pabst   Löwe    10237   28.05.2013      12.06.2013      1043,26
```

Abbildung 1.15 Die mit Tabstopp getrennte Textdatei

```
Sub TXTTabstoppOeffnen ()

    Dim Pfad As String
    Dim Quelle As Worksheet

    Pfad = ThisWorkbook.Path & "\ImportDateien\ReiseDatenTab.txt"

    Set Quelle = Workbooks.Open(FileName:=Pfad, Delimiter:=vbTab).Worksheets(1)

End Sub
```

Listing 1.10 Das Öffnen einer mit Tabstopps getrennten Textdatei

Hier wird beim Öffnen neben dem Dateipfad noch der Parameter Delimiter übergeben. In unserem Beispiel ist das der Tabstopp, für den direkt die VB-Variable vbTab verwendet werden kann. Das funktioniert für andere Trennzeichen ganz ähnlich. Sie können druckbare Zeichen auch direkt als Zeichenfolge übergeben. Bei einem Punkt als Trennzeichen also beispielsweise Delimiter:=".".

HINWEIS Wenn Sie eine mit Semikolon getrennte CSV-Datei auf diese Art öffnen wollen, werden Sie nicht das erhoffte Ergebnis erhalten: Excel versucht dann, trotz Delimiter:= ";" nach Komma zu trennen und nicht nach Semikolon.

Eine Textdatei mit festen Spaltenbreiten öffnen

Wenn Ihre Textdatei keine Trennzeichen, sondern feste Spaltenbreiten hat, wird das Ganze etwas komplizierter. Excel erkennt die Spalten nicht automatisch, sodass Sie für jede Spalte die Breite angeben müssen – bzw. die Position des ersten Zeichens.

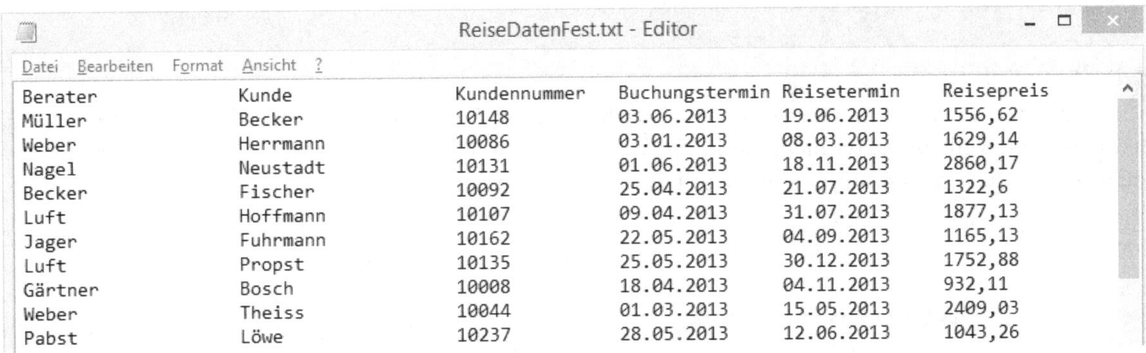

Berater	Kunde	Kundennummer	Buchungstermin	Reisetermin	Reisepreis
Müller	Becker	10148	03.06.2013	19.06.2013	1556,62
Weber	Herrmann	10086	03.01.2013	08.03.2013	1629,14
Nagel	Neustadt	10131	01.06.2013	18.11.2013	2860,17
Becker	Fischer	10092	25.04.2013	21.07.2013	1322,6
Luft	Hoffmann	10107	09.04.2013	31.07.2013	1877,13
Jager	Fuhrmann	10162	22.05.2013	04.09.2013	1165,13
Luft	Propst	10135	25.05.2013	30.12.2013	1752,88
Gärtner	Bosch	10008	18.04.2013	04.11.2013	932,11
Weber	Theiss	10044	01.03.2013	15.05.2013	2409,03
Pabst	Löwe	10237	28.05.2013	12.06.2013	1043,26

Abbildung 1.16 Die Textdatei hat feste Spaltenbreiten

```
Sub TXTFesteBreiteOeffnen()

    Dim Pfad As String
    Dim Quelle As Worksheet

    Pfad = ThisWorkbook.Path & "\ImportDateien\ReiseDatenFest.txt"

    Workbooks.OpenText Filename:=Pfad, _
                       DataType:=xlFixedWidth, _
                       FieldInfo:=Array(Array(0, 2), _
                         Array(20, 2), _
                         Array(40, 2), _
                         Array(55, 4), _
                         Array(70, 4), _
                         Array(85, 1))

    Set Quelle = ActiveWorkbook.Worksheets(1)

End Sub
```

Listing 1.11 Der Code zum Öffnen einer Textdatei mit festen Spaltenbreiten

In diesem Fall können wir mit der Methode Workbooks.Open leider nichts mehr anfangen. Es gibt eine weitere Methode mit Namen Workbooks.OpenText. Sie bekommt als ersten Parameter wieder den Dateipfad übergeben. Danach folgt das Spaltenformat im Parameter DataType. Hier wird angegeben, ob es sich um eine Datei mit Trennzeichen (xlDelimited) oder mit festen Spaltenbreiten (xlFixedWidth) handelt. Sie könnten also auch die beiden ersten Beispiele mit dieser Methode öffnen.

Der letzte Parameter, der hier benötigt wird, ist FieldInfo. Das Konstrukt sieht etwas seltsam aus, ist aber schnell erklärt: FieldInfo erwartet für jede Spalte ein Array, das die Position des ersten Zeichens und den

Datentyp enthält. Aus diesen vielen Arrays wird wieder ein Array gebildet – also ein zweidimensionales Datenfeld sozusagen.

WICHTIG Etwas abweichend ist hier die Vorgehensweise beim Zuweisen an die Variable Quelle. Im Gegensatz zur Methode Workbooks.Open liefert Workbooks.OpenText kein Workbooks-Objekt zurück. Wir können also nicht den zurückgegebenen Wert direkt zuweisen.

Stattdessen wird im Anschluss über ActiveWorkbook auf die gerade geöffnete Mappe zugegriffen. Wenn Sie eine Arbeitsmappe öffnen, wird diese nämlich automatisch zur aktiven Mappe und kann darüber dann angesprochen werden – solange nicht eine andere Mappe aktiviert wird.

Textdateien importieren

Sie können zu einer Textdatei auch eine Art Datenverbindung herstellen. Die Datenverbindung wird dann dauerhaft gespeichert und Sie müssen nicht jedes Mal, wenn neue Daten vorliegen, den Import erneut starten. Dazu stellen Sie zunächst eine Verbindung her. Sie finden die folgenden Listings im Modul mdlDatenverbindung.

Eine Datenverbindung zu einer Textdatei mit Trennzeichen herstellen

Wie auch beim Öffnen von Textdateien, so ist auch beim Herstellen der Datenverbindung die Vorgehensweise für Dateien mit fester Spaltenbreite und solchen mit Trennzeichen unterschiedlich. Hier zunächst der Code für eine Verbindung mit einer per Semikolon getrennten CSV-Datei:

```
Sub DatenverbindungCSV()

    Dim Verbindung As QueryTable
    Dim Pfad As String

    Pfad = ThisWorkbook.Path & "\ImportDateien\ReiseDaten.csv"

    For Each Verbindung In tabVerbindungCSV.QueryTables
        Verbindung.ResultRange.Delete
        Verbindung.Delete
    Next Verbindung

    Set Verbindung = tabVerbindungCSV.QueryTables.Add( _
                        Connection:="TEXT;" & Pfad, _
                        Destination:=tabVerbindungCSV.Range("A1"))

    With Verbindung
        .TextFilePromptOnRefresh = False
        .RefreshStyle = xlInsertDeleteCells
        .TextFileParseType = xlDelimited
        .TextFileSemicolonDelimiter = True
        .Refresh
    End With

End Sub
```

Listing 1.12 Herstellen einer Verbindung zu einer CSV-Datei

Zunächst werden eventuell noch vorhandene Verbindungen gelöscht, da wir in diesem Fall den Import aus der Quelldatei komplett neu durchführen wollen. Dafür kommt eine Objektschleife mit einer Objektvariablen vom Typ QueryTable zum Einsatz, die alle Elemente der Auflistung Worksheet.QueryTables abarbeitet. Sie löscht zunächst den Datenbereich, auf den Sie mit einem Range-Objekt über QueryTable.ResultRange zugreifen können. Würden Sie das unterlassen und nur die Verbindung selbst löschen, blieben die Daten bestehen. Mit QueryTable.Delete wird dann die Verbindung selbst gelöscht.

Danach muss eine neue Verbindung zur CSV-Datei hergestellt werden. Das erfolgt mithilfe der Methode Worksheet.QueryTables.Add. Sie bekommt als ersten Parameter die Connection. Dort wird angegeben, dass es sich um eine Textdatei handelt und unter welchem Pfad sie zu finden ist. Pflichtargument Nummer zwei ist die Destination, die die Zelle angibt, ab der das Ergebnis eingefügt werden soll.

Jetzt ist die Verbindung zwar erstellt, aber es sind noch keine Daten da. Bevor wir die über die Refresh-Methode importieren, sind noch einige Einstellungen am QueryTable-Objekt ratsam. Zuerst wird die Eigenschaft TextFilePromptOnRefresh auf False gestellt. Das gibt an, dass nicht bei jedem Aktualisieren der Daten die Quelldatei neu ausgewählt werden muss. Würden wir diese Eigenschaft auf True gesetzt lassen, würde der Benutzer bei jeder Aktualisierung einen Dateiauswahl-Dialog angezeigt bekommen und müsste die Datenquelle dort neu auswählen.

Als Nächstes wird der RefreshStyle eingestellt. Der gibt an, was mit den vorhandenen Daten im Ergebnisbereich beim Aktualisieren passieren soll. Sie können die vorhandenen Daten komplett überschreiben lassen, dann bleiben aber eventuell alte Datensätze ganz unten stehen. Darum entscheiden wir uns für den Wert xlInsertDeleteCells, der angibt, dass je nach Bedarf unten Zeilen eingefügt oder Zeilen gelöscht werden. Damit ist der Ergebnisbereich immer genau so groß, wie die Daten, die aus der Importdatei kommen.

Die beiden nächsten Eigenschaften beschreiben die Art der Textdatei näher: TextFileParseType gibt an, ob die Textdatei Trennzeichen oder feste Spaltenbreiten hat. Für die Trennzeichen gibt es jeweils eine eigene Eigenschaft, deren Standardwerte durchweg False sind. Sie stellen dann einfach die passende Eigenschaft auf True. Da wir ein Semikolon als Trennzeichen in der CSV-Datei haben, ist das die Eigenschaft TextFileSemicolonDelimiter. Die Tabstopp-Alternative schauen wir uns im nächsten Beispiel an.

Zuletzt wird durch Aufruf der Refresh-Methode eine Aktualisierung der Ergebnisdaten durchgeführt. Erst jetzt erscheinen auch die Daten im Tabellenblatt.

	A	B	C	D	E	F	G
1	Berater	Kunde	Kundennummer	Buchungstermin	Reisetermin	Reisepreis	
2	Müller	Becker	10148	03.06.2013	19.06.2013	1556,62	
3	Weber	Herrmann	10086	03.01.2013	08.03.2013	1629,14	
4	Nagel	Neustadt	10131	01.06.2013	18.11.2013	2860,17	
5	Becker	Fischer	10092	25.04.2013	21.07.2013	1322,6	
6	Luft	Hoffmann	10107	09.04.2013	31.07.2013	1877,13	
7	Jager	Fuhrmann	10162	22.05.2013	04.09.2013	1165,13	
8	Luft	Propst	10135	25.05.2013	30.12.2013	1752,88	
9	Gärtner	Bosch	10008	18.04.2013	04.11.2013	932,11	

Abbildung 1.17 Die importierten Daten

Wenn Sie die Verbindung zu einer Tabstopp-getrennten Textdatei herstellen wollen, ändert sich lediglich die Eigenschaft, die das Trennzeichen angibt (siehe Listing 1.13).

```
Sub DatenverbindungTXTTab()

    Dim Verbindung As QueryTable
    Dim Pfad As String

    Pfad = ThisWorkbook.Path & "\ImportDateien\ReiseDatenTab.txt"

    For Each Verbindung In tabVerbindungTXTtab.QueryTables
        Verbindung.ResultRange.Delete
        Verbindung.Delete
    Next Verbindung

    Set Verbindung = tabVerbindungTXTtab.QueryTables.Add( _
                         Connection:="TEXT;" & Pfad, _
                         Destination:=tabVerbindungTXTtab.Range("A1"))

    With Verbindung
        .TextFilePromptOnRefresh = False
        .RefreshStyle = xlInsertDeleteCells
        .TextFileParseType = xlDelimited
        .TextFileTabDelimiter = True
        .Refresh
    End With

End Sub
```

Listing 1.13 Datenverbindung mit einer Tabstopp-getrennten Textdatei

Eine Datenverbindung zu einer Textdatei mit festen Spaltenbreiten herstellen

Bei einer Verbindung mit einer Textdatei mit fester Spaltenbreite statt Trennzeichen verändert sich nur sehr wenig am Code.

```
Sub DatenverbindungTXTFest()

    Dim Verbindung As QueryTable
    Dim Pfad As String

    Pfad = ThisWorkbook.Path & "\ImportDateien\ReiseDatenFest.txt"

    For Each Verbindung In tabVerbindungTXTFest.QueryTables
        Verbindung.ResultRange.Delete
        Verbindung.Delete
    Next Verbindung

    Set Verbindung = tabVerbindungTXTFest.QueryTables.Add( _
                         Connection:="TEXT;" & Pfad, _
                         Destination:=tabVerbindungTXTFest.Range("A1"))

    With Verbindung
        .TextFilePromptOnRefresh = False
        .RefreshStyle = xlInsertDeleteCells
        .TextFileParseType = xlFixedWidth
        .TextFileFixedColumnWidths = Array(20, 20, 15, 15, 15, 15)
        .Refresh
    End With

End Sub
```

Listing 1.14 Datenverbindung mit einer Textdatei mit fester Spaltenbreite herstellen

Der komplette Code bis zur Einstellung der Eigenschaften entspricht dem des vorherigen Beispiels. Für die Eigenschaft TextFileParseType wird nun ein anderer Wert benötigt. Hier geben wir mit xlFixedWidth an, dass die Textdatei feste Spaltenbreiten aufweist. Danach müssen die Spaltenbreiten bekanntgegeben werden. Die Eigenschaft dazu heißt TextFileFixedColumnWidths und erwartet ein Array mit den Spaltenbreiten.

TIPP Anders als bei der Workbooks.OpenText-Methode werden die Spaltentypen hier nicht mit angegeben. Bei Bedarf können Sie dafür die Eigenschaft TextFileColumnDataTypes verwenden, die ebenfalls wieder ein eindimensionales Array mit den Spaltentypen erwartet.

Textdateien zeilenweise einlesen

Sie können Textdateien auch Zeile für Zeile einlesen. Dafür gibt es mehrere Möglichkeiten über externe Bibliotheken, aber am einfachsten nutzen Sie die, die schon in VBA integriert ist. Für dieses Beispiel soll im Blatt *Reisedaten* eine Art Stammblatt für ein bestimmtes Reiseziel erstellt werden. Den Code zum Beispiel finden Sie im Modul mdlZeilenweise.

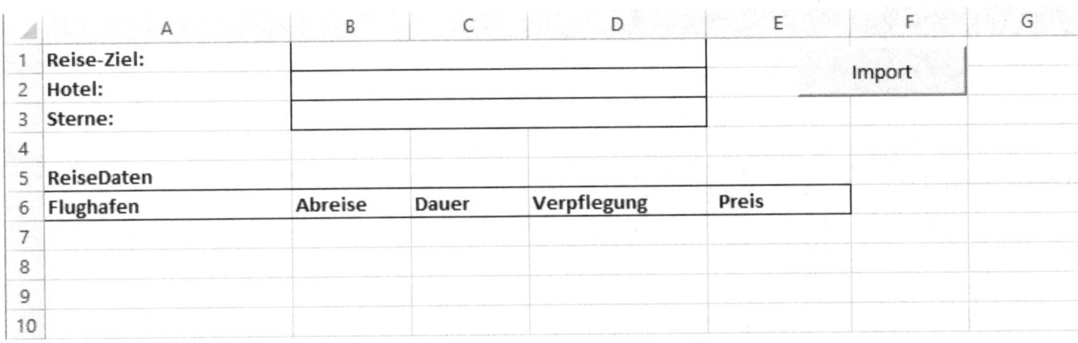

Abbildung 1.18 Das leere Stammblatt soll mit Daten aus einer Textdatei gefüllt werden

Als Daten für dieses Formular soll eine standardisierte Textdatei mit Angeboten vom Reiseveranstalter eingelesen werden. Die hat nun keinen Aufbau mehr, den man einfach eins zu eins importieren kann, deshalb müssen die Zeilen einzeln ausgelesen werden.

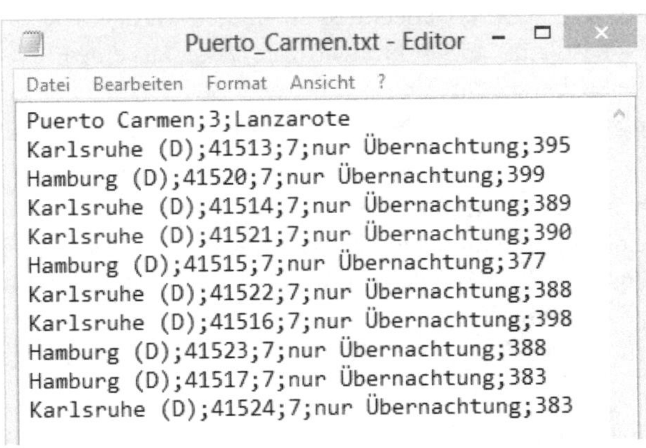


```
Puerto Carmen;3;Lanzarote
Karlsruhe (D);41513;7;nur Übernachtung;395
Hamburg (D);41520;7;nur Übernachtung;399
Karlsruhe (D);41514;7;nur Übernachtung;389
Karlsruhe (D);41521;7;nur Übernachtung;390
Hamburg (D);41515;7;nur Übernachtung;377
Karlsruhe (D);41522;7;nur Übernachtung;388
Karlsruhe (D);41516;7;nur Übernachtung;398
Hamburg (D);41523;7;nur Übernachtung;388
Hamburg (D);41517;7;nur Übernachtung;383
Karlsruhe (D);41524;7;nur Übernachtung;383
```

Abbildung 1.19 Die Rohdaten zum Reisestammblatt

Der Aufbau dieser standardisierten Datei ist also immer so, dass in der ersten Zeile die Daten zum Hotel mit Hotelname, Sterneanzahl und Reiseziel stehen, darunter die einzelnen Angebote. Getrennt sind die Informationen innerhalb einer Zeile durch Semikolon.

```
Sub ReiseStammdaten()

    Dim Pfad As String
    Dim ZS As String
    Dim Zeile As Long

    Pfad = ThisWorkbook.Path & "\ImportDateien\Puerto_Carmen.txt"
    Zeile = 7

    Open Pfad For Input As #1

    With tabReisedaten

        .Range("A7:E" & .UsedRange.Rows.Count).EntireRow.Delete

        Line Input #1, ZS
        .Range("ReiseZiel").Value = Split(ZS, ";")(2)
        .Range("Hotel").Value = Split(ZS, ";")(0)
        .Range("Sterne").Value = Split(ZS, ";")(1)

        Do Until EOF(1)
            Line Input #1, ZS
            .Range("A" & Zeile).Value = Split(ZS, ";")(0)
            .Range("B" & Zeile).Value = CDate(Split(ZS, ";")(1))
            .Range("C" & Zeile).Value = Split(ZS, ";")(2) & " Tage"
            .Range("D" & Zeile).Value = Split(ZS, ";")(3)
            .Range("E" & Zeile).Value = Split(ZS, ";")(4) * 1
            Zeile = Zeile + 1
        Loop
    End With

    Close #1

End Sub
```

Listing 1.15 Zeilenweiser Import der Textdatei

Die Datei wird mit der Open-Methode einem E/A-Puffer zugewiesen. Dabei muss angegeben werden, wie auf die Datei zugegriffen wird. Der Zugriffsmodus For Input wird zum reinen Einlesen von Daten aus einer Textdatei verwendet. Es gibt noch andere Zugriffsmodi, die Sie beim Schreiben von Daten in die Textdatei brauchen. Mehr dazu erfahren Sie im Teil *Ausgabe von Daten*. Dem Puffer wird dann mit As #1 noch ein Handle zugewiesen, über das Sie darauf zugreifen können.

Nach dem Öffnen wird zunächst der alte Datenbereich geleert. Anschließend wird die erste Zeile mit den Grunddaten zum Hotel eingelesen. Line Input erwartet zuerst das Handle des Puffers, aus dem eingelesen wird und als zweiten Parameter eine Variable vom Typ String oder Variant. Sie liest nun genau eine Zeile – also bis zum nächsten Zeilenumbruch – aus der Datei aus und übergibt diese an die Variable. Der Zeiger im Puffer wird dann automatisch auf die nächste Zeile weitergerückt, sodass die nächste Line Input-Anweisung die zweite Zeile zurückgibt.

Die Daten müssen nun auseinandergenommen und in die drei entsprechenden Zellen verteilt werden. Dafür sind die Zellen im Stammblatt bereits entsprechend benannt worden. Um die Werte voneinander zu trennen, wird die Zeile – also der Inhalt der Variablen ZS – mit der Split-Funktion nach Semikolon getrennt. Das Resultat von Split ist ein eindimensionales Array – in diesem Fall mit drei Elementen, die über ihren Index an die entsprechenden Zellen verteilt werden.

Danach folgen die einzelnen Angebote. Dafür wird eine Schleife aufgesetzt, die so lange immer wieder eine Zeile ausliest, bis sie am Ende der Textdatei angekommen ist. Diesen Zustand können wir mithilfe der Funktion EOF ermitteln. Sie gibt True zurück, sobald die letzte Zeile eingelesen wurde.

Innerhalb der Schleife wird die nächste Zeile in die Variable ZS eingelesen und dann an die fünf Spalten verteilt. Das könnten Sie auch in einer Zeile bewerkstelligen, indem Sie folgenden Befehl verwenden:

```
.Range("A" & Zeile & ":E" & Zeile).Value = Split(ZS, ";")
```

Da die Textdatei allerdings auch Zahlen- und Datumswerte enthält, müssen diese entsprechend formatiert werden, sonst kommen sie falsch im Stammblatt an. Deshalb wird bei der Zuweisung an Spalte B die CDate-Funktion auf das Split-Ergebnis angewendet und in Spalte E wird der eingelesene Wert einfach mit 1 multipliziert – dadurch wird er in eine Zahl konvertiert.

Der letzte Befehl in der Schleife erhöht die Variable Zeile, die die Zeile im Zielbereich angibt, um 1. Zu guter Letzt muss dann nur noch die Datei wieder geschlossen werden, wofür die Anweisung Close gefolgt vom Handle verwendet wird.

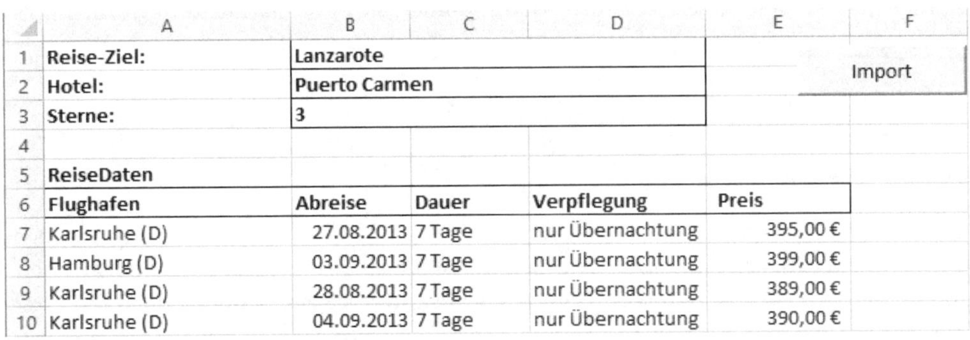

	A	B	C	D	E	F
1	**Reise-Ziel:**	**Lanzarote**				Import
2	**Hotel:**	**Puerto Carmen**				
3	**Sterne:**	**3**				
4						
5	**ReiseDaten**					
6	**Flughafen**	**Abreise**	**Dauer**	**Verpflegung**	**Preis**	
7	Karlsruhe (D)	27.08.2013	7 Tage	nur Übernachtung	395,00 €	
8	Hamburg (D)	03.09.2013	7 Tage	nur Übernachtung	399,00 €	
9	Karlsruhe (D)	28.08.2013	7 Tage	nur Übernachtung	389,00 €	
10	Karlsruhe (D)	04.09.2013	7 Tage	nur Übernachtung	390,00 €	

Abbildung 1.20 Das ausgefüllte Stammblatt

Per ADO auf Textdateien zugreifen

So, wie Sie per ADO auf Excel-Dateien zugreifen können, ist dies auch für Textdateien möglich. Dafür sind wieder eine Menge verschiedener Treiber geeignet, am häufigsten verwendet wird aber der Microsoft Jet OLE DB 4.0-Treiber.

Bei Textdateien kann man der Verbindungszeichenfolge nicht direkt mitteilen, um welche Art Datei es sich handelt und welche Spaltenbreiten verwendet werden. Bei getrennten Dateien könnte das Trennzeichen in der Windows-Registrierung angepasst werden, was aber in den seltensten Fällen ratsam ist. Sie können jedoch im selben Verzeichnis eine Art Spezifikationsdatei mit Infos ablegen. Auf die wird dann beim Import automatisch zugegriffen.

Um die verschiedenen Varianten besser zu verdeutlichen, arbeiten wir hier wieder mit den drei Text-/CSV-Dateien im Verzeichnis */Buch/Kap01/ImportDateien*. Den Code finden Sie in der Datei *ReiseDaten.xlsm* im Modul mdlADOZugriff. Es sollen jeweils die Umsatzsummen der einzelnen Berater ausgegeben werden.

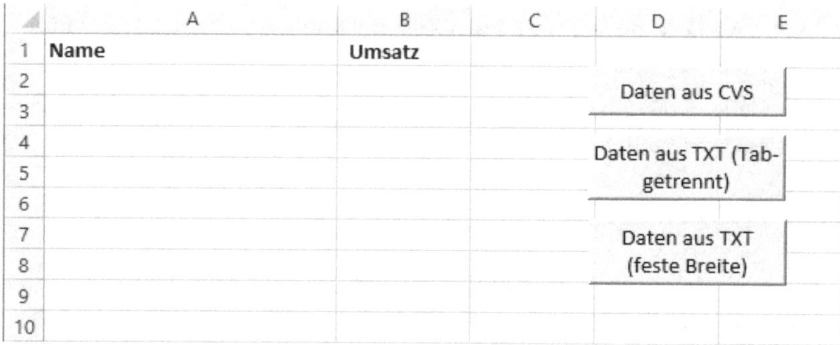

Abbildung 1.21 Die Vorlage für den Import der Beraterauswertung

Auf Textdateien mit Semikolon-Trennzeichen per ADO zugreifen

Als Beispiel für den Import aus einer Datei mit Trennzeichen verwenden wir erneut die *ReiseDaten.csv*. Zunächst muss in der Schemadatei ein Eintrag für diese Textdatei angelegt werden. Da wir noch nicht über eine Schemadatei verfügen, muss diese angelegt werden. Dafür können Sie ein einfaches Textverarbeitungsprogramm verwenden – z.B. den Editor.

```
[ReiseDaten.csv]
Format=Delimited(;)
```

Listing 1.16 Der Eintrag für die CSV in der Schema-Datei

In einer Zeile wird in eckigen Klammern der Name der Textdatei – inklusive Erweiterung – angegeben. Darunter folgen Informationen zum Aufbau. In unserem Beispiel ist dies nur eine Zeile, die das Format definiert. Sie legt fest, dass *ReiseDaten.csv* eine Datei mit Trennzeichen ist. In der Spalte wird dann das Trennzeichen selbst angegeben.

Die Datei muss dann im selben Ordner wie die CSV unter dem Namen *Schema.ini* abgelegt werden. Nun kann per ADO ohne weitere Spezifikationen darauf zugegriffen und auch SQL-Statements können angewendet werden.

```
Sub ADO_CSV()

    Dim rs As New ADODB.Recordset
    Dim conn As New ADODB.Connection
    Dim Pfad As String

    Pfad = ThisWorkbook.Path & "\ImportDateien\"

    conn.Open "Provider=Microsoft.Jet.OLEDB.4.0;Data Source=" & Pfad & _
            ";Extended Properties=""text;HDR=Yes"";"

    With tabBuchungenADO
```

Listing 1.17 Der ADO-Zugriff auf eine CSV-Datei

```
        .Range("A2:B" & .UsedRange.Rows.Count).Clear
        .Range("A1").Value = "Name"
        .Range("B1").Value = "Umsatz"
    End With

    With rs
        .ActiveConnection = conn
        .CursorType = adOpenKeyset
        .LockType = adLockOptimistic
        .Open "SELECT Berater, SUM(Reisepreis) FROM [ReiseDaten.csv] GROUP BY Berater"
        tabBuchungenADO.Range("A2").CopyFromRecordset rs
        .Close
        End With
    conn.Close

End Sub
```

Listing 1.17 Der ADO-Zugriff auf eine CSV-Datei *(Fortsetzung)*

In der Verbindungszeichenfolge wird als Provider der Treiber Microsoft Jet OLE DB 4.0 verwendet. Im Parameter Source muss diesmal nicht die Datei selbst, sondern der Ordner, in dem sie liegt, angegeben werden. Die Textdatei selbst wird wie eine Tabelle in einer Datenbank behandelt.

Der dritte Parameter in der Verbindungszeichenfolge kennzeichnet erweiterte Eigenschaften (Extended Properties). Der Wert besteht aus einer Zeichenfolge, die den Dateityp angibt – also text –, und der Angabe, ob die Datei eine Überschriftenzeile enthält. Nachdem der Datenbereich geleert und die passenden Überschriften gesetzt wurden, wird das Recordset mit den bereits bekannten Parametern eingerichtet und geöffnet.

Im SQL-Statement wird in der FROM-Klausel diesmal der Dateiname in eckigen Klammern angegeben. Für den aktuellen Fall werden die Daten mit GROUP BY Berater nach Berater gruppiert und die Umsätze – also der Reisepreis – mit der Funktion SUM(Reisepreis) je Berater aufsummiert. Das Ergebnis wird dann wieder mit der Methode Range.CopyFromRecordset in den Zielbereich kopiert, und die Verbindung wird geschlossen.

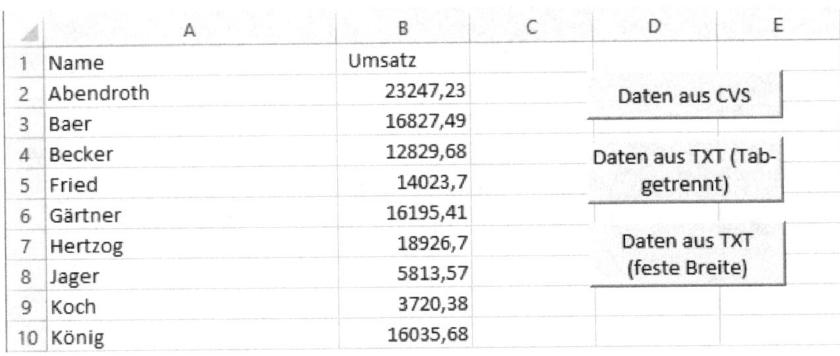

	A	B	C	D	E
1	Name	Umsatz			
2	Abendroth	23247,23			
3	Baer	16827,49			
4	Becker	12829,68			
5	Fried	14023,7			
6	Gärtner	16195,41			
7	Hertzog	18926,7			
8	Jager	5813,57			
9	Koch	3720,38			
10	König	16035,68			

Abbildung 1.22 Die Umsatzsummen der Berater werden importiert

Auf Textdateien mit Tabstopp-Trennzeichen per ADO zugreifen

Wenn der Zugriff auf eine Tabstopp-getrennte Datei erfolgen soll, erfolgt die Angabe in der Schemadatei ein klein wenig anders als im vorherigen Beispiel.

```
[ReiseDatenTab.txt]
Format=TabDelimited
```

Listing 1.18 Der Eintrag in der Schemadatei für die Tabstopp-getrennte Textdatei

Als Format wird hier TabDelimited angegeben. Der Zugriff geschieht weitgehend wie zuvor, außer dass wir diesmal die Umsätze pro Monat aufsummiert haben möchten.

```
Sub ADO_Tab()

    Dim rs As New ADODB.Recordset
    Dim conn As New ADODB.Connection
    Dim Pfad As String

    Pfad = ThisWorkbook.Path & "\ImportDateien\"

    conn.Open "Provider=Microsoft.Jet.OLEDB.4.0;Data Source=" & Pfad & _
              ";Extended Properties=""text;HDR=Yes"";"

    With tabBuchungenADO
        .Range("A2:B" & .UsedRange.Rows.Count).Clear
        .Range("A1").Value = "Monat"
        .Range("B1").Value = "Umsatz"
    End With

    With rs
        .ActiveConnection = conn
        .CursorType = adOpenKeyset
        .LockType = adLockOptimistic
        .Open "SELECT MONTH(Buchungstermin), SUM(Reisepreis) " & _
              "FROM [ReiseDatenTab.txt] GROUP BY MONTH(Buchungstermin)"
        tabBuchungenADO.Range("A2").CopyFromRecordset rs
        .Close
        End With
    conn.Close

End Sub
```

Listing 1.19 Abruf der monatlich aufsummierten Umsätze

Außer den Überschriften in *A1* und *B1* und dem SQL-Statement muss nichts angepasst werden – das übernimmt *Schema.ini*. Im SQL-Statement steht nun in der FROM-Klausel die *ReiseDatenTab.txt*. Die Gruppierung erfolgt nach dem Monat des Buchungstermins. Der wird über die SQL-Funktion MONTH ermittelt.

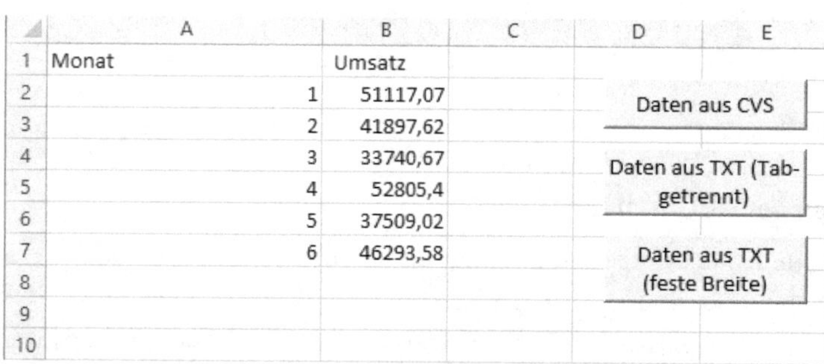

Abbildung 1.23 Die Umsätze werden pro Monat aufsummiert

Auf Textdateien mit fester Spaltenbreite per ADO zugreifen

Der Eintrag in der Schemadatei für die Textdatei mit fester Spaltenbreite ist etwas umfangreicher.

```
[ReiseDatenFest.txt]
Format=FixedLength
Col1=Berater Text Width 20
Col2=Kunde Text Width 20
Col3=Kundennummer Text Width 15
Col4=Buchungstermin Date Width 15
Col5=Reisestart Date Width 15
Col6=Reisepreis Currency Width 15
```

Listing 1.20 Eintrag in der Schemadatei für die Textdatei

Als Format wird FixedLength angegeben. Danach folgt eine Zeile mit näheren Angaben zu jeder Spalte. Als erster Wert muss hier der Spaltenname angegeben werden. Wenn die Textdatei eine Überschriftenzeile hat, kann der hier angegebene Wert auch von der Überschrift abweichen. Im Recordset wird dann der hier angegebene Name verwendet.

Die zweite Angabe ist der Datentyp, also z.B. Text, Date, Integer oder Currency. Danach folgt die Breite der Spalte. Am Zugriff selbst ändert sich wieder wenig.

```
Sub ADO_FesteBreite()

    Dim rs As New ADODB.Recordset
    Dim conn As New ADODB.Connection
    Dim Pfad As String

    Pfad = ThisWorkbook.Path & "\ImportDateien\"

    conn.Open "Provider=Microsoft.Jet.OLEDB.4.0;Data Source=" & Pfad & _
            ";Extended Properties=""text;HDR=Yes"";"

    With tabBuchungenADO
        .Range("A2:B" & .UsedRange.Rows.Count).Clear
        .Range("A1").Value = "Kunde"
        .Range("B1").Value = "Umsatz"
    End With

    With rs
        .ActiveConnection = conn
        .CursorType = adOpenKeyset
        .LockType = adLockOptimistic
        .Open "SELECT Kunde, SUM(Reisepreis) FROM [ReiseDatenFest.txt] " & _
            "GROUP BY Kunde ORDER BY SUM(Reisepreis) DESC"
        tabBuchungenADO.Range("A2").CopyFromRecordset rs
        .Close
        End With
    conn.Close

End Sub
```

Listing 1.21 Zugriff auf die Textdatei mit fester Breite

Die Überschriften sind wieder andere, denn diesmal soll eine Liste aller Kunden mit der Summe ihrer Umsätze ausgegeben werden.

Im SQL-Statement wird mit ORDER BY SUM(Reisepreis) DESC noch angegeben, dass eine absteigende Sortierung nach Reisepreissumme erfolgen soll.

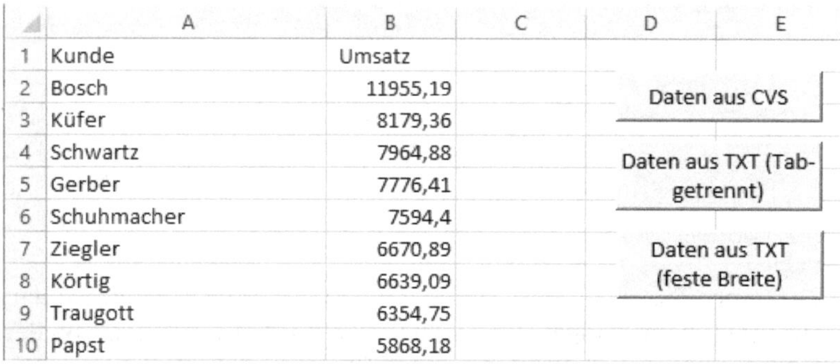

	A	B	C	D	E
1	Kunde	Umsatz			
2	Bosch	11955,19			
3	Küfer	8179,36			
4	Schwartz	7964,88			
5	Gerber	7776,41			
6	Schuhmacher	7594,4			
7	Ziegler	6670,89			
8	Körtig	6639,09			
9	Traugott	6354,75			
10	Papst	5868,18			

Abbildung 1.24 Die Umsätze werden nach Kunde aufsummiert und sortiert ausgegeben

XML-Dateien einlesen

Wenn Sie mit XML-Dateien arbeiten wollen, haben Sie grundsätzlich drei Möglichkeiten:

- Nutzung der Mittel, die Excel zum direkten Öffnen bereits mitbringt
- Erstellen eigener XML-Verknüpfungen
- Automatisiertes Auslesen per VBA mithilfe der MSXML-Bibliothek

ONLINE Sie finden die Makros aus diesem Abschnitt in der Datei *\Buch\Kap01\XML.xlsm*.

Eine XML-Datei als Mappe öffnen

Sie können mit einer Öffnen-Methode eine XML-Datei wie eine Arbeitsmappe öffnen und dann damit weiterarbeiten. Für die Art und Weise wie geöffnet werden soll – sprich, wie Excel die Daten aufbereitet und präsentiert – gibt es verschiedene Optionen.

Die folgenden Beispiele finden Sie im Modul mdlXMLOeffen und auf dem Tabellenblatt *XML Öffnen*. Dort gibt es zwei Optionsfelder, die festlegen, welche der mitgelieferten XML-Dateien geöffnet wird. *KundenEinfach.xml* hat eine ganz einfach gehaltene und unverschachtelte Struktur. *Kunden.xml* weist eine verzweigte Struktur auf, die die Probleme der Darstellung beim Öffnen von XML-Dateien veranschaulichen soll.

Eine XML-Datei schreibgeschützt öffnen

Diese Option gibt es eigentlich nur noch aus Kompatibilitätsgründen. Sie öffnet die XML-Datei selbst – schreibgeschützt – und stellt die einzelnen Elemente in einem Tabellenblatt dar. Bei verschachtelten oder mehrfach vorkommenden Elementen werden die übergeordneten Werte in mehreren Zeilen dargestellt.

```
Sub XMLOeffnenSchreibgeschuetzt()

    Dim Pfad As String
```

Listing 1.22 Die XML-Datei wird schreibgeschützt geöffnet

```
    Dim Quelle As Worksheet

    If tabXMLOeffnen.Range("H2").Value = 1 Then
        Pfad = ThisWorkbook.Path & "\ImportDateien\KundenEinfach.xml"
    Else
        Pfad = ThisWorkbook.Path & "\ImportDateien\Kunden.xml"
    End If

    Set Quelle = Workbooks.OpenXML(Filename:=Pfad, LoadOption:=xlXmlLoadOpenXml).Worksheets(1)

End Sub
```

Listing 1.22 Die XML-Datei wird schreibgeschützt geöffnet *(Fortsetzung)*

Mithilfe der Methode Workbooks.OpenXML können Sie eine XML-Datei wie eine Excel-Arbeitsmappe öffnen. Als Pflichtargument muss hier der Dateiname (Filename) angegeben werden. Der Pfad wird abhängig von der im Optionsfeld gewählten Datei festgelegt (der Wert ist mit Zelle H2 verknüpft).

Der zweite interessante Parameter ist LoadOption, der angibt, wie geöffnet werden soll. Wird dieser Wert nicht übergeben, wird xlXmlLoadOpenXml als Vorgabe verwendet, sodass wir im Beispiel auch auf die Angabe dieses Werts verzichten könnten.

	A	B	C	D	E	F
1	/Kundenliste					
2	**/Kunde/Anrede**	**/Kunde/Geburtsdatum**	**/Kunde/Kundennummer**	**/Kunde/Kundennummer/#agg**	**/Kunde/Nachname**	**/Kunde/Vorname**
3	Frau	15.07.1952	10001	10001	Lang	Jessica
4	Herr	17.08.1923	10003	10003	Weiss	Marko
5	Herr	14.02.1964	10004	10004	Maurer	Tobias
6	Frau	17.04.1987	10005	10005	Eichel	Jennifer
7	Frau	19.06.1923	10006	10006	Muller	Petra
8	Herr	22.08.1987	10007	10007	Drescher	Dominik
9	Frau	27.08.1934	10008	10008	Bosch	Klaudia
10	Herr	19.08.1990	10027	10027	Kunze	Dirk
11	Herr	11.12.1963	10028	10028	Nagel	Wolfgang
12	Herr	15.10.1959	10029	10029	Freitag	Dominik
13	Frau	05.11.1960	10030	10030	Hofmann	Yvonne

Abbildung 1.25 Schreibgeschützt geöffnete Datei *KundenEinfach.xml*

Mit dem Ergebnis können Sie – je nach Struktur Ihrer XML-Daten – direkt weiterarbeiten, sie pivotieren oder filtern. Nur Änderungen an der XML-Datei selbst sind nicht möglich.

Wie Sie sehen, werden die Argumente von der Reihenfolge her umsortiert – nämlich alphabetisch. Die Kundennummer taucht doppelt auf. Die Spalte *#agg* wird bei verschachtelten Strukturen, bei denen für jeden Hauptzweig mehrere Zeilen in Excel erscheinen, nur einmal auftauchen. Vergleichen Sie dazu die Darstellung, die Sie sehen, wenn Sie *Kunden.xml* öffnen.

	A	B	C	D	E	F
1	**/Kundenliste**					
2	**/@xsd:NoNamespace!**	**/Kunde/#id**	**/Kunde/**	**/Kunde/Anschrift/Hausnummer**	**/Kunde/Anschrift/Hausnummer/#agg**	**/Kunde/Anschrift/Ort**
3	Kundenliste.xsd	1	Frau	40	40	Bad Abbach
4	Kundenliste.xsd	2	Herr	69	69	Glattbach
5	Kundenliste.xsd	3	Herr	24	24	Zimmerschied
6	Kundenliste.xsd	3	Herr	24		Zimmerschied
7	Kundenliste.xsd	4	Herr	36	36	Sprockhövel
8	Kundenliste.xsd	4	Herr	36		Sprockhövel
9	Kundenliste.xsd	5	Frau	57	57	Tirschenreuth
10	Kundenliste.xsd	6	Frau	21	21	Sommerhausen
11	Kundenliste.xsd	7	Herr	35	35	Reutlingen Mittelstadt
12	Kundenliste.xsd	7	Herr	35		Reutlingen Mittelstadt

Abbildung 1.26 Darstellung von *Kunden.xml*

In der Struktur gibt es unter dem Kundenelement eine weitere Struktur für die Anschrift mit vier weiteren Elementen. Außerdem kann es bis zu zwei Telefonnummern geben. Für jede dieser Telefonnummern wird nun beim Öffnen eine eigene Zeile angelegt. Alle als Zahl interpretierbaren Werte erscheinen in zwei Spalten: in der Spalte *#agg* erscheint immer nur in der ersten Zeile der entsprechende Wert.

Diese Darstellung resultiert aus dem Versuch, die nicht unbedingt zweidimensionalen XML-Daten in einer Tabellenstruktur abzubilden.

Eine XML-Datei in eine XML-Tabelle importieren

Sie haben über den Parameter LoadOption weiterhin die Möglichkeit, die Daten in eine XML-Tabelle zu importieren. Dabei wird zunächst eine Verknüpfung zur XML-Quelle hergestellt. Excel versucht gegebenenfalls selbst ein Schema für die Datei zu erstellen, das dann als Schemazuordnung hinterlegt wird. Daraus wiederum wird eine Tabelle mit allen enthaltenen Elementen erstellt und die Daten aus der angegebenen XML-Datei importiert.

```
Sub XMLTabelleOeffnen()

    Dim Pfad As String
    Dim Quelle As Worksheet

    If tabXMLOeffnen.Range("H2").Value = 1 Then
        Pfad = ThisWorkbook.Path & "\ImportDateien\KundenEinfach.xml"
    Else
        Pfad = ThisWorkbook.Path & "\ImportDateien\Kunden.xml"
    End If

    Set Quelle = Workbooks.OpenXML(Filename:=Pfad, LoadOption:=xlXmlLoadImportToList).Worksheets(1)

End Sub
```

Listing 1.23 Öffnen der XML-Datei als Import in eine XML-Tabelle

Bei dieser Variante werden die Daten einer einfachen XML-Datei sehr ansprechend dargestellt und es erfolgt auch direkt eine passende Formatierung der Zellen.

	A	B	C	D	E
1	Kundennummer	Anrede	Nachname	Vorname	Geburtsdatum
2	10001	Frau	Lang	Jessica	15.07.1952
3	10003	Herr	Weiss	Marko	17.08.1923
4	10004	Herr	Maurer	Tobias	14.02.1964
5	10005	Frau	Eichel	Jennifer	17.04.1987
6	10006	Frau	Muller	Petra	19.06.1923
7	10007	Herr	Drescher	Dominik	22.08.1987
8	10008	Frau	Bosch	Klaudia	27.08.1934
9	10027	Herr	Kunze	Dirk	19.08.1990
10	10028	Herr	Nagel	Wolfgang	11.12.1963
11	10029	Herr	Freitag	Dominik	15.10.1959
12	10030	Frau	Hofmann	Yvonne	05.11.1960

Abbildung 1.27 Die als XML-Tabelle dargestellte Datei *KundenEinfach.xml*

Aber auch hier ist die Darstellung der verschachtelten und/oder mehrfach vorkommenden Elemente nicht optimal. Zum Vergleich die Datei *Kunden.xml*:

	A	B	C	D	E	F	G	H	I
1	ns1:NoNamespaceShemaLocation	Kundennummer	Anrede	Nachname	Vorname	Strasse	Hausnummer	PLZ	Ort
2	Kundenliste.xsd	10001							
3	Kundenliste.xsd		Frau						
4	Kundenliste.xsd			Lang					
5	Kundenliste.xsd				Jessica				
6	Kundenliste.xsd					Esplanade	40	93075	Bad Abbach
7	Kundenliste.xsd								
8	Kundenliste.xsd								
9	Kundenliste.xsd								
10	Kundenliste.xsd	10002							
11	Kundenliste.xsd		Herr						
12	Kundenliste.xsd			Mahler					
13	Kundenliste.xsd				Swen				
14	Kundenliste.xsd					Rudolstädter Strasse	69	63864	Glattbach

Abbildung 1.28 Auch beim Import in eine XML-Tabelle werden mehrere Zeilen je Hauptelement angelegt

HINWEIS Es gibt weiterhin die Methode Workbook.XmlImport, die die XML-Quelle nicht in einer neuen Arbeitsmappe öffnet, sondern in eine bestehende Mappe importiert. Hier geben Sie den Pfad der XML-Datei im Parameter URL und gegebenenfalls das Ziel im Parameter Destination an. Das Ergebnis dieses Imports ist dasselbe wie oben, nur eben nicht in einer neuen Arbeitsmappe.

Für den Parameter LoadOption gibt es noch zwei weitere Werte:

- xlXmlLoadMapXml: Hier wird nur die Schemazuordnung erstellt. Danach wird der Aufgabenbereich *XML-Quelle* geöffnet. Dort wird das Schema als Baumstruktur dargestellt und Sie können sich die gewünschten Elemente per Drag&Drop ins Excel-Blatt ziehen
- xlXmlLoadPromptUser: Hier wird ein Dialogfeld angezeigt, in dem der Benutzer zwischen den bisher beschriebenen drei Optionen wählen kann.

XML-Verknüpfungen erstellen und nutzen

Sie können, anstatt die komplette XML-Datei zu importieren, auch nur bestimmte Daten in einer von Ihnen gewünschten Anordnung extrahieren. Dazu haben Sie die Möglichkeit, ein Listenobjekt zu erstellen, das alle Elemente – also gewissermaßen alle Zeilen – der XML-Datei darstellt. Oder Sie verknüpfen einzelne Zellen. Welche der beiden Möglichkeiten Sie nutzen, hängt in erster Linie von der Art der Daten ab.

XML-Daten in ein Listenobjekt importieren

In diesem Beispiel sollen die Daten aus *Kunden.xml* in eine Liste importiert und die Reihenfolge der Spalten individuell dargestellt werden. Sie finden die Makros im Modul mdlKundenliste und die Daten dazu im Blatt *Kundenliste.*

Die Verbindung herstellen und das Listenobjekt einrichten

Zunächst muss eine Verbindung mit dem XML-Schema hergestellt werden, auf dem dann unser Listenobjekt aufgebaut wird. Im vorliegenden Beispiel verfügen wir bereits über eine entsprechende XML-Schemadatei mit dem Namen *Kundenliste.xsd.* Sollten Sie über keine Schemadatei verfügen, können Sie hier auch die XML-Datei selbst verwenden – Excel ermittelt das Schema dann anhand der XML-Struktur.

Da bei jeder Ausführung der Prozedur zur Listengenerierung eine neue Verbindung hergestellt und ein neues Listenobjekt angelegt wird, wird zuerst alles gelöscht, was mit der Kundenliste zu tun hat. Dafür wird die Prozedur KundenlisteBereinigen aufgerufen.

```
Sub KundenlisteBereinigen()

    Dim objMap As XmlMap
    Dim objList As ListObject

    For Each objMap In ThisWorkbook.XmlMaps
        If objMap.Name = "Verbindung_Kundenliste" Then
            objMap.Delete
            Exit For
        End If
    Next objMap

    For Each objList In tabKundenliste.ListObjects
        objList.Delete
    Next objList

End Sub
```

Listing 1.24 Löschen von gegebenenfalls noch vorhandenen Verbindungen und Listenobjekten

Hier wird mit zwei Objektschleifen gearbeitet. Bei der Verbindung wird der Name abgefragt, denn sie ist Teil der Arbeitsmappe und in ihr können noch weitere Verbindungen enthalten sein, die nicht gelöscht werden sollen.

Nun kann das Arbeitsblatt für den XML-Import eingerichtet werden.

```
Sub XMLVerbindungErstellen()

    Dim Pfad As String
    Dim objMap As XmlMap
    Dim objList As ListObject

    Pfad = ThisWorkbook.Path & "\ImportDateien\Kundenliste.xsd"

    Call KundenlisteBereinigen

    Set objMap = ThisWorkbook.XmlMaps.Add(Schema:=Pfad)

    objMap.Name = "Verbindung_Kundenliste"

    tabKundenliste.Range("A5").Select
    Set objList = tabKundenliste.ListObjects.Add

    With objList
        .ListColumns(1).XPath.SetValue objMap, "/Kundenliste/Kunde/Kundennummer"
        .ListColumns.Add.XPath.SetValue objMap, "/Kundenliste/Kunde/Vorname"
        .ListColumns.Add.XPath.SetValue objMap, "/Kundenliste/Kunde/Nachname"
        .ListColumns.Add.XPath.SetValue objMap, "/Kundenliste/Kunde/Anschrift/PLZ"
        .ListColumns.Add.XPath.SetValue objMap, "/Kundenliste/Kunde/Anschrift/Ort"

        .ListColumns(1).Name = "Kd-Nr."
        .ListColumns(2).Name = "Vorname"
        .ListColumns(3).Name = "Nachname"
        .ListColumns(4).Name = "PLZ"
        .ListColumns(5).Name = "Ort"
    End With

End Sub
```

Listing 1.25 Die Spalten für die Darstellung werden einzeln angelegt

Nach dem Aufruf der Prozedur KundenlisteBereinigen wird in der Mappe eine sogenannte *XML-Map* erstellt. Sie importiert das Schema und stellt die einzelnen Elemente für die Bindung an Zellen bereit. Dazu kommt die Methode Workbook.XmlMaps.Add zum Einsatz. Sie bekommt die Schemadatei oder auch eine XML-Datei übergeben. Anschließend erhält die XML-Map einen Namen, unter dem Sie dann künftig angesprochen werden kann.

Im nächsten Schritt wird das Listenobjekt angelegt. Da die Methode Worksheet.ListObjects.Add mit der derzeit aktiven Zelle arbeitet, wird zuvor die Zelle *A1* selektiert. Nun müssen noch die einzelnen Spalten eingefügt werden. Die erste Spalte ist bereits vorhanden, für die restlichen vier Spalten muss jeweils die Methode ListObject.ListColumns.Add aufgerufen werden.

Über die Methode ListColumn.XPath.SetValue kann dann direkt die Datenherkunft festgelegt werden. Sie bekommt als ersten Parameter die zu nutzende XML-Map und anschließend den Pfad des gewünschten Elements übergeben.

HINWEIS Wer XPath aus anderen Anwendungsgebieten kennt, wird evtl. die vielen Möglichkeiten der Selektion von Daten kennen. Die stehen hier leider nicht zur Verfügung. Beispielsweise ist eine Darstellung der privaten und dienstlichen Telefonnummer in gesonderten Spalten nicht möglich. Wie Sie dies bewerkstelligen, erfahren Sie im Abschnitt »Eine XML-Datei per VBA auslesen«.

Wenn Sie die Prozedur ausführen lassen, verfügen Sie zunächst über eine vorbereitete Struktur, in die dann beliebige XML-Dateien mit dem passenden Schema importiert werden können.

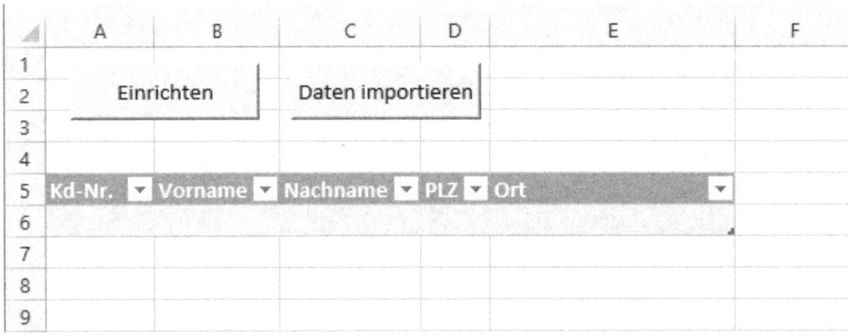

Abbildung 1.29 Das vorbereitete Listenobjekt

Eine XML-Datei in ein bestehendes Listenobjekt importieren

Nachdem das Gerüst nun steht, fehlt noch der Datenimport. Der erfolgt über die XML-Map.

```
Sub KundendatenImportieren()

    Dim Pfad As String

    Pfad = ThisWorkbook.Path & "\ImportDateien\Kunden.xml"

    ThisWorkbook.XmlMaps("Verbindung_Kundenliste").Import URL:=Pfad

End Sub
```

Listing 1.26 Die XML-Datei wird über das Schema importiert

Quelldatei kann nun eine beliebige XML-Datei sein, die dasselbe Schema verwendet, wie das, mit dem die XML-Map erstellt wurde. Die Methode Workbook.XMLMaps.Import ruft die Daten aus der im Parameter URL angegebenen Datei ab und stellt sie in den verknüpften Spalten des Listenobjekts dar.

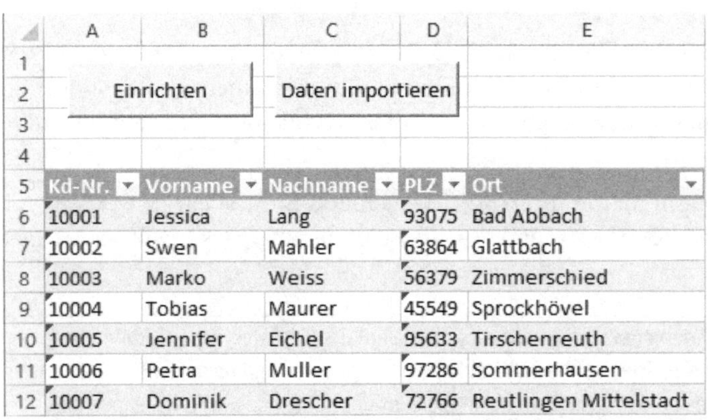

Abbildung 1.30 Die importierten Daten aus der XML-Datei

XML-Daten in einzelne Zellen importieren

Genauso, wie Sie über XPath eine Verknüpfung in Listenspalten hinterlegen, können Sie das auch für einzelne Zellen tun. Im folgenden Beispiel soll aus einer XML-Datei, die für jede Buchung in einem Reisebüro erstellt wird, eine Art Stammblatt in Excel erzeugt werden. Das Muster dafür finden Sie im Blatt *Buchung* und die Makros im Modul mdlBuchung. Die Vorgehensweise ist ähnlich wie im vorhergehenden Abschnitt: Erst wird das Blatt mit den Zuordnungen eingerichtet, und dann wird eine XML-Datei importiert.

Die Verbindung herstellen und die Zuordnungen einrichten

Zunächst wird wieder eine Prozedur benötigt, die gegebenenfalls vorhandene XML-Maps löscht. Der Ablauf entspricht dem des vorhergehenden Abschnitts.

```
Sub BuchungBereinigen()

    Dim objMap As XmlMap
    Dim objList As ListObject

    For Each objMap In ThisWorkbook.XmlMaps
        If objMap.Name = "Verbindung_Buchung" Then
            objMap.Delete
            Exit For
        End If
    Next objMap

    For Each objList In tabBuchungen.ListObjects
        objList.Delete
    Next objList

End Sub
```

Listing 1.27 Eventuell noch vorhandene XML-Maps und Listenobjekte werden gelöscht

Anschließend erfolgen die Erstellung einer neuen XML-Map und die Zuordnung der einzelnen Zellen. Außerdem wird ein Listenobjekt für Passagiere angelegt.

```
Sub BuchungEinrichten()

    Dim Pfad As String
    Dim objMap As XmlMap
    Dim objList As ListObject

    Pfad = ThisWorkbook.Path & "\ImportDateien\Buchung.xsd"

    Call BuchungBereinigen

    Set objMap = ThisWorkbook.XmlMaps.Add(Schema:=Pfad)

    With objMap
        .Name = "Verbindung_Buchung"
        .AdjustColumnWidth = False
    End With

    With tabBuchungen
        .Range("B2").XPath.SetValue objMap, "/Buchung/Reise/Ziel"
```

Listing 1.28 Das Einrichten des Buchungsstammblatts

```
        .Range("B3").XPath.SetValue objMap, "/Buchung/Reise/Hotel"
        .Range("B4").XPath.SetValue objMap, "/Buchung/Reise/Verpflegung"
        .Range("F2").XPath.SetValue objMap, "/Buchung/Reise/Flughafen"
        .Range("F3").XPath.SetValue objMap, "/Buchung/Reise/Abreise"
        .Range("F4").XPath.SetValue objMap, "/Buchung/Reise/Rückflug"

        .Range("B7").XPath.SetValue objMap, "/Buchung/Kunde/Nachname"
        .Range("B8").XPath.SetValue objMap, "/Buchung/Kunde/Vorname"
        .Range("B9").XPath.SetValue objMap, "/Buchung/Kunde/Kundennummer"

        .Range("A15").Select
        Set objList = .ListObjects.Add
    End With

    Application.DisplayAlerts = False
    With objList
        .ShowHeaders = False
        .TableStyle = ""
        .ListColumns(1).XPath.SetValue objMap, "/Buchung/Passagiere/Passagier/Nachname"
        .ListColumns.Add.XPath.SetValue objMap, "/Buchung/Passagiere/Passagier/Vorname"
        .ListColumns.Add.XPath.SetValue objMap, "/Buchung/Passagiere/Passagier/Geburtsdatum"
    End With
    Application.DisplayAlerts = True

End Sub
```

Listing 1.28 Das Einrichten des Buchungsstammblatts *(Fortsetzung)*

Erneut wird mithilfe der Methode Workbook.XmlMaps.Add das Schema zugeordnet, das einen sprechenden Namen erhält. Mit der Eigenschaft AdjustColumnWidth wird noch eingestellt, dass beim Import die Spaltenbreiten nicht automatisch an die importierten Daten angepasst werden. Das ist wichtig, weil in Spalte A im Bereich *Passagiere* XML-Daten ankommen werden, die vermutlich kürzer sein werden, als die Überschriften, die sich ebenfalls in Spalte A befinden, und die Breite sonst an die Länge dieser Daten angepasst würde.

Jetzt können die einzelnen Zellen mit den Pfaden im XML-Dokument verknüpft werden. Dafür kommt wieder XPath zum Einsatz, nur diesmal für das Range-Objekt: Range.XPath.SetValue heißt hier die Methode. Für den Bereich der Passagiere – hier können mehrere Passagiere auftauchen – wird ein Listenobjekt angelegt.

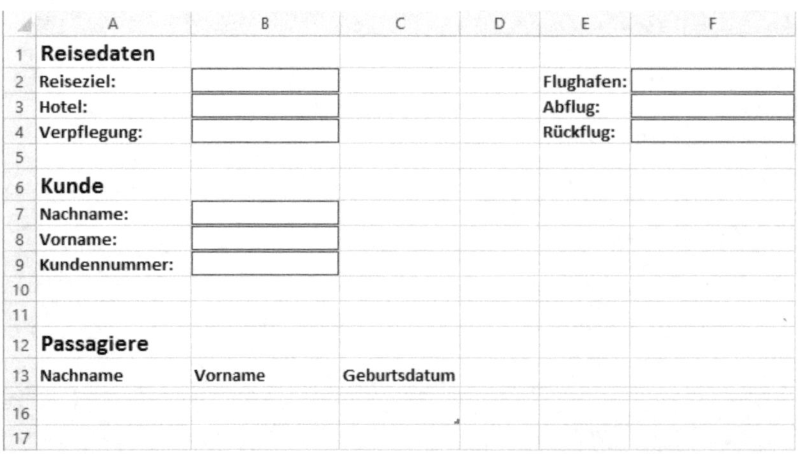

Abbildung 1.31 Die vorbereitete Vorlage für die Buchungsdaten

Vor der Festlegung der einzelnen Spalten werden mit Application.DisplayAlerts = False die Hinweise abgeschaltet. Der Grund hierfür ist, dass im Schema das Geburtsdatum ein festes Format hat, das gegebenenfalls vom Format im Tabellenblatt abweicht. Das wiederum würde eine Rückfrage an den Benutzer auslösen, die wir allerdings unterdrücken möchten.

Vor dem Einrichten der drei Spalten werden noch die Spaltenköpfe ausgeblendet – die haben wir bereits in der Vorlage –, und die automatisch zugeordnete Formatvorlage wird entfernt. Das Ergebnis lässt dann zumindest anhand der Rahmen schon die Zuordnungen in den Zellen erkennen.

Eine XML-Datei in die Vorlage importieren

Der Import von Daten erfolgt genauso, wie auch im vorherigen Abschnitt. Lediglich die Pfade und der Name der XML-Map ändern sich:

```
Sub BuchungImportieren()
    Dim Pfad As String
    Pfad = ThisWorkbook.Path & "\ImportDateien\Buchung_Lang.xml"
    ThisWorkbook.XmlMaps("Verbindung_Buchung").Import URL:=Pfad
End Sub
```

Listing 1.29 Import der Datei *Buchung_Lang.xml*

Im Ergebnis werden die Daten dann wie gewünscht in den zugeordneten Zellen dargestellt.

Abbildung 1.32 Das Stammblatt wird mit den Daten aus der gewählten XML-Datei gefüllt

Eine XML-Datei mit VBA auslesen

Weitaus flexibler, als mit den Excel-eigenen Mitteln, sind Sie, wenn Sie eine XML-Datei komplett mit VBA auslesen. Voraussetzung dafür ist zum einen, dass Sie die Bibliothek *Microsoft XML* einbinden. Meist liegt diese in der Version 3.0 oder 6.0 vor – wir arbeiten in den folgenden Beispielen mit der Letzteren. Der Hauptvorteil bei dieser Variante des Zugriffs auf XML-Dateien ist, dass Sie auch Daten manipulieren oder komplett neue XML-Dateien erstellen können – mehr dazu lernen Sie im dritten Teil dieses Buchs.

Zweite Voraussetzung ist, dass Sie den Aufbau der einzulesenden XML-Datei kennen, da nun nicht mehr automatisch ein Schema erstellt wird. Im ersten Beispiel lernen Sie jedoch, wie Sie eine XML-Datei mit sämtlichen Zweigen und Attributen in einer Art Baumstruktur darstellen. Sie finden die folgenden Makros im Modul mdlMSXML.

Eine komplette XML-Datei auslesen

In diesem Beispiel soll die XML-Datei *Kunden.xml* zunächst als Baumstruktur dargestellt werden, damit Sie sehen, wie die einzelnen Elemente in einer Schleife ausgelesen werden können. Mithilfe dieser Prozedur können Sie auch jede beliebige andere XML-Datei einlesen – sie ist komplett flexibel.

Das Makro arbeitet mit einem sogenannten rekursiven Aufruf. Dies bedeutet, dass sich eine Unterprozedur während der Laufzeit selbst aufruft. Darum besteht unser Makro auch aus zwei Prozeduren.

```
Sub Baumstruktur()

    Dim Pfad As String
    Dim Spalte As Long
    Dim Zeile As Long
    Dim objDOMDoc As New MSXML2.DOMDocument60
    Dim objKnoten As MSXML2.IXMLDOMNode

    Pfad = ThisWorkbook.Path & "\ImportDateien\Kunden.xml"
    Spalte = 1
    Zeile = 5

    tabXMLBaum.Cells.Clear

    objDOMDoc.Load xmlSource:=Pfad

    For Each objKnoten In objDOMDoc.ChildNodes
        Call KnotenAuslesen(objKnoten, Spalte, Zeile)
    Next objKnoten

End Sub
```

Listing 1.30 Die Hauptprozedur zum Auslesen einer XML-Datei

Das Verzeichnis und der Name der auszulesenden XML-Datei wird wieder in der Variablen Pfad gespeichert. Für die Baumstruktur werden die Variablen Spalte und Zeile benötigt. Danach werden zwei Objektvariablen aus der MSXML2-Bibliothek deklariert: DOMDocument60 und IXMLDOMNode. Das DOM-Document ist eine Art Container, in den eine XML-Datei geladen wird. Den Begriff *Node* können Sie wörtlich mit *Knoten* übersetzen. Ein Knoten ist jede Verzweigung im XML-Dokument.

Nach dem Deklarationsteil werden zunächst die Variablen Spalte und Zeile vorbelegt: Die Baumstruktur soll in Zelle *A5* beginnen – jede Ebene tiefer in der Struktur soll dann eine Spalte nach rechts rücken – dazu mehr in der zweiten Prozedur.

Eventuell vorhandene Daten im Blatt *XML Baum* werden gelöscht. Danach wird die XML-Datei in die DOMDocument60-Variable geladen. Dafür ist die Methode DOMDocument60.Load zuständig. Sie bekommt im Parameter xmlSource den Pfad der zu ladenden Datei übergeben.

TIPP Die Methode DOMDocument60.Load liefert einen booleschen Wert zurück, der angibt, ob das Laden erfolgreich war. Ist der Rückgabewert False, liegt das meist daran, dass die angegebene Quelle nicht existiert. Sie könnten über den Rückgabewert also prüfen, ob die Datei tatsächlich geladen wurde und gegebenenfalls die Prozedur verlassen.

Anschließend wird eine Objektschleife aufgesetzt, die alle Kindelemente des Dokuments durchläuft. Die Kindelemente sind Knoten, also vom Typ IXMLDOMNode, und allesamt in der Auflistung DOMDocument60.ChildNodes enthalten. Innerhalb der Schleife wird nun mit jedem dieser Knoten und den beiden Variablen Spalte und Zeile die Unterprozedur zum Auslesen des Knotens aufgerufen.

```
Sub KnotenAuslesen(objKnoten As MSXML2.IXMLDOMNode, ByRef Spalte As Long, ByRef Zeile As Long)

    Dim objKnoten2 As MSXML2.IXMLDOMNode
    Dim objAttribut As MSXML2.IXMLDOMAttribute
    Dim Att As String

    If objKnoten.NodeType = NODE_TEXT Then
        Zeile = Zeile - 1
        tabXMLBaum.Cells(Zeile, Spalte).Value = objKnoten.NodeValue
        Zeile = Zeile + 1
    ElseIf objKnoten.NodeType = NODE_ELEMENT Then
        For Each objAttribut In objKnoten.Attributes
            Att = Att & objAttribut.Name & ": '" & objAttribut.Value & "'; "
        Next objAttribut
        If Len(Att) > 0 Then
            Att = Left(Att, Len(Att) - 2)
            tabXMLBaum.Cells(Zeile, Spalte).Value = objKnoten.nodeName & " (" & Att & ")"
        Else
            tabXMLBaum.Cells(Zeile, Spalte).Value = objKnoten.nodeName
        End If
        Zeile = Zeile + 1
    End If

    If objKnoten.HasChildNodes Then
        For Each objKnoten2 In objKnoten.ChildNodes
            Spalte = Spalte + 1
            Call KnotenAuslesen(objKnoten2, Spalte, Zeile)
            Spalte = Spalte - 1
        Next objKnoten2
    End If

End Sub
```

Listing 1.31 Rekursive Prozedur zum Auslesen der einzelnen Knoten

Die Unterprozedur bekommt einen XML-Knoten als Objekt sowie die Variablen Spalte und Zeile als Referenz, also ByRef, übergeben. Die Spalten- und Zeilenposition wird innerhalb dieser Prozedur verändert, im rekursiven Aufruf weitergegeben und danach wieder weiterverwendet. Daneben benötigen wir noch eine weitere Objektvariable als Knoten.

Zum Auslesen der Attribute wird eine Variable vom Typ IXMLDOMAttribute verwendet, die ein Attribut eines Elements darstellt. Auch sie wird wieder für eine Objektschleife verwendet. Als Zwischenspeicher für die Namen und Werte der Attribute soll die String-Variable Att dienen.

Im ersten Teil der Unterprozedur wird der als Parameter übergebene Knoten ausgelesen. Ein Knoten kann verschiedene Arten von XML-Elementen darstellen – von denen interessieren uns aber nur zwei, die über eine Verzweigung abgearbeitet werden.

Den Typ eines Knotens kann man über die Eigenschaft NodeType ermitteln. Der Wert NODE_TEXT gibt an, dass es sich um den Wert eines Elements handelt. Betrachten Sie beispielsweise diesen XML-Zweig:

```
<Nachname>Meier</Nachname>
```

Hier gibt es zwei Knoten: das Element Nachname und dessen Wert Meier. Letzterer ist vom Typ NODE_TEXT.

In unserer Schleife werden wir beim rekursiven Aufruf zuerst im Element Nachname landen und danach direkt im Wert dazu. Die beiden sollten nicht verschachtelt, sondern nebeneinander dargestellt werden, deshalb wird die Variable Zeile, die nach jedem Auslesen um 1 erhöht wird, wieder um 1 verringert. Danach wird ihr Wert, der über die Eigenschaft Value ausgelesen wird, in das Tabellenblatt übertragen und Zeile um 1 erhöht.

Etwas umfangreicher ist der Code zum Auslesen eines Elements – hier ist der Typ NODE_ELEMENT. Zunächst sollen alle Attribute mit Namen und Wert in Klammern hinter dem Namen des Elements in unserem Excel-Blatt erscheinen. Wieder ein Beispiel zur Verdeutlichung:

```
<Telefon Typ="privat" Art="mobil">0123 456789</Telefon>
```

Hier soll das Element wie folgt im Excel-Blatt angezeigt werden:

Telefon (Typ: ‚privat'; Art: ‚mobil')

Dafür nutzen wir eine Objektschleife, die mithilfe der Auflistung Attributes alle Attribute des Knotens durchläuft. Die Eigenschaft Name liefert uns den Namen des Attributs und Value den Wert. Beide werden verknüpft und der Variablen Att zugewiesen. Da die Variable ein Semikolon und ein Leerzeichen zu viel enthält – sofern es überhaupt Attribute gab – wird sie am Ende um zwei Zeichen gekürzt, und wir geben sie zusammen mit dem Namen des Knotens im Excel-Blatt aus. Den können wir der Eigenschaft NodeName entnehmen.

Im Anschluss an das Auslesen des aktuellen Knotens erfolgt der rekursive Aufruf. Anhand der Eigenschaft HasChildNodes können wir ermitteln, ob der Knoten noch Kindelemente hat. Falls ja, sind diese in der Auflistung ChildNodes enthalten, die in einer Objektschleife abgearbeitet wird.

Da es nun eine Ebene tiefer geht, wird Spalte um eins erhöht und mit diesen Werten dann die eigene Prozedur wieder aufgerufen. Danach wird die Spalte wieder um eins verringert. Das Ergebnis für *Kunden.xml* sehen Sie in Abbildung 1.33.

	A	B	C	D	E	F
1						
2	XML einlesen					
3						
4						
5	Kundenliste(xmlns:xsd: 'http://www.w3.org/2001/XMLSchema';xsd:NoNamespaceShemaLocation: 'Kundenliste.xsd')					
6		Kunde				
7			Kundennummer	10001		
8			Anrede	Frau		
9			Nachname	Lang		
10			Vorname	Jessica		
11			Anschrift			
12				Strasse	Esplanade	
13				Hausnummer	40	
14				PLZ	93075	
15				Ort	Bad Abbach	
16			Telefon(Typ: 'privat')	09405 21 87 40		
17			Mail	JessicaLang@einrot.com		
18			Geburtsdatum	15.07.1952		
19		Kunde				
20			Kundennummer	10002		

Abbildung 1.33 Die XML-Datei in der Baumstruktur

Einzelne Zweige einer XML-Datei gezielt auslesen

Nachdem wir eine XML-Datei vollständig mit allen Zweigen ausgelesen haben, sollen nun nur bestimmte Werte importiert werden. Dafür wollen wir das Beispiel des Buchungsstammblatts nachstellen, das Sie im Tabellenblatt *Buchung 2* finden. Der Aufbau ist derselbe wie zuvor, jedoch erfolgt der Zugriff hier nicht über per Schema verknüpfte Zellen, sondern die Werte werden einzeln aus der XML-Datei ausgelesen.

```
Sub Buchung()

    Dim objDOMDOC As New MSXML2.DOMDocument60
    Dim objKnoten As MSXML2.IXMLDOMNode
    Dim Zeile As Long
    Dim Pfad As String

    Pfad = ThisWorkbook.Path & "\ImportDateien\Buchung_Lang.xml"
    objDOMDOC.Load xmlSource:=Pfad

    With tabBuchung2
        .Range("B2").Value = objDOMDOC.SelectSingleNode("/Buchung/Reise/Ziel").Text
        .Range("B3").Value = objDOMDOC.SelectSingleNode("/Buchung/Reise/Hotel").Text
        .Range("B4").Value = objDOMDOC.SelectSingleNode("/Buchung/Reise/Verpflegung").Text
        .Range("F2").Value = objDOMDOC.SelectSingleNode("/Buchung/Reise/Flughafen").Text
        .Range("F3").Value = objDOMDOC.SelectSingleNode("/Buchung/Reise/Abreise").Text
        .Range("F4").Value = objDOMDOC.SelectSingleNode("/Buchung/Reise/Rückflug").Text
        .Range("B7").Value = objDOMDOC.SelectSingleNode("/Buchung/Kunde/Nachname").Text
        .Range("B8").Value = objDOMDOC.SelectSingleNode("/Buchung/Kunde/Vorname").Text
        .Range("B9").Value = objDOMDOC.SelectSingleNode("/Buchung/Kunde/Kundennummer").Text

        .Range("A14:C" & .UsedRange.Rows.Count).Clear
```

Listing 1.32 Die gewünschten Werte werden gezielt aus den entsprechenden Knoten ausgelesen

```
        Zeile = 14
        For Each objKnoten In objDOMDOC.SelectNodes("/Buchung/Passagiere/Passagier")
            .Range("A" & Zeile).Value = objKnoten.SelectSingleNode(".//Nachname").Text
            .Range("B" & Zeile).Value = objKnoten.SelectSingleNode(".//Vorname").Text
            .Range("C" & Zeile).Value = objKnoten.SelectSingleNode(".//Geburtsdatum").Text
            Zeile = Zeile + 1
        Next objKnoten
    End With

End Sub
```

Listing 1.32 Die gewünschten Werte werden gezielt aus den entsprechenden Knoten ausgelesen *(Fortsetzung)*

Der erste Schritt ist auch hier wieder das Laden der XML-Datei in das DOM-Document. Danach werden die einzelnen Zellen gezielt aus den zugehörigen Knoten befüllt. Um einen bestimmten Knoten auszuwählen, wird die Methode SelectSingleNode verwendet. Sie bekommt den Pfad des gewünschten Elements übergeben und liefert den (gegebenenfalls ersten) passenden Knoten zurück. Aus dem zurückgelieferten Objekt kann dann direkt der Text über die gleichnamige Eigenschaft ausgelesen werden. Die Eigenschaft Text enthält immer den kompletten Inhalt eines Knotens, also auch die Werte in den Kindelementen.

Im Knoten Passagiere können mehrere Elemente Passagier auftauchen, darum müssen wir hier mit einer Schleife arbeiten. Zunächst wird der Zellbereich, der die Passagierdaten enthält, geleert, da evtl. noch Daten von früheren Importen vorhanden sein können. Danach wird die Variable Zeile mit Zeile 14 – der ersten Zeile im Passagier-Bereich – vorbelegt.

Eine Auflistung passender Knoten erhalten wir mit einer ähnlichen Methode, wie bei der Selektion eines einzelnen Zweigs. Die Methode hierfür heißt SelectNodes. Sie liefert eine Auflistung vom Typ IXMLDOMNodeList zurück, die ein oder mehrere IXMLDOMNode-Elemente enthalten kann und die wir mit einer Objektschleife abarbeiten.

HINWEIS Wichtig bei der Methode SelectNodes ist, dass Sie direkt den Pfad des gewünschten Elements und nicht der darüberliegenden Ebene angeben. Die Methode liefert alle Elemente mit dem angegebenen Pfad zurück.

Innerhalb der Schleife wird dann um eine Ebene nach unten navigiert, um die einzelnen Daten der Passagiere auszulesen. Um innerhalb des in der Variablen objKnoten enthaltenen Zweigs eine Ebene tiefer zu navigieren, wird die Zeichenfolge .// gefolgt vom Namen des gewünschten Elements verwendet. objKnoten.SelectSingleNode(".//Nachname") bedeutet also so viel wie »gehe innerhalb von objKnoten in den untergeordneten Zweig Nachname«.

Nach dem Auslesen der gewünschten Daten wird die Variable Zeile noch um 1 erhöht, um im nächsten Schleifendurchlauf in der nächst tieferen Zeile zu landen. Das Ergebnis im Buchungsblatt sehen Sie in Abbildung 1.34.

	A	B	C	D	E	F
1	**Reisedaten**					
2	**Reiseziel:**	Lanzarote			**Flughafen:**	Hamburg
3	**Hotel:**	Puerto Carmen			**Abflug:**	03.09.2013
4	**Verpflegung:**	nur Übernachtung			**Rückflug:**	11.09.2013
5						
6	**Kunde**					
7	**Nachname:**	Lang				
8	**Vorname:**	Jessica				
9	**Kundennummer:**	10001				
10						
11						
12	**Passagiere**					
13	**Nachname**	**Vorname**	**Geburtsdatum**			
14	Lang	Jessica	15.07.1952			
15	Lang	Jonathan	11.04.1950			
16						

Abbildung 1.34 Das ausgefüllte Stammblatt

Filtern mit XPath

Beim Selektieren von Knoten können Sie auch auf XPath-Anweisungen zurückgreifen. Dabei können Sie nach bestimmten Werten oder auch Werten von Attributen suchen und nur die dazu passenden Knoten selektieren.

Für unser Beispiel sollen Kunden nach Postleitzahlbereichen im Blatt *Kundensuche MSXML* gesucht und aufgelistet werden. Erstmals werden wir hier auch die beiden Telefonnummern in getrennten Spalten aufführen. Das Makro finden Sie im Modul mdlXPath.

```
Sub KundenNachPLZ()

    Dim Pfad As String
    Dim objDOMDOC As New MSXML2.DOMDocument60
    Dim objTreffer As MSXML2.IXMLDOMNodeList
    Dim objKnoten As MSXML2.IXMLDOMNode
    Dim Zeile As Long
    Dim PLZ As String

    PLZ = tabKundensuche.Range("D1").value
    If PLZ = "" Or Not IsNumeric(PLZ) Then Exit Sub

    Pfad = ThisWorkbook.Path & "\ImportDateien\Kunden.xml"
    Zeile = 5
    objDOMDOC.Load Pfad

    Set objTreffer = objDOMDOC.SelectNodes("/Kundenliste/Kunde[starts-with(Anschrift/PLZ, '" & PLZ & "')]")

    With tabKundensuche
        .Range("A5:I" & .UsedRange.Rows.Count).Clear
```

Listing 1.33 Selektion der Knoten per XPath

```
        For Each objKnoten In objTreffer
            .Range("A" & Zeile).value = objKnoten.SelectSingleNode(".//Kundennummer").Text
            .Range("B" & Zeile).value = objKnoten.SelectSingleNode(".//Anrede").Text
            .Range("C" & Zeile).value = objKnoten.SelectSingleNode(".//Nachname").Text
            .Range("D" & Zeile).value = objKnoten.SelectSingleNode(".//Vorname").Text
            .Range("E" & Zeile).value = objKnoten.SelectSingleNode(".//Geburtsdatum").Text
            .Range("F" & Zeile).value = objKnoten.SelectSingleNode(".//Anschrift/Ort").Text
            If Not objKnoten.SelectSingleNode(".//Telefon[@Typ = 'privat']") Is Nothing Then _
            .Range("G" & Zeile).value = objKnoten.SelectSingleNode(".//Telefon[@Typ = 'privat']").Text
            If Not objKnoten.SelectSingleNode(".//Telefon[@Typ = 'dienstlich']") Is Nothing Then _
            .Range("H" & Zeile).value = objKnoten.SelectSingleNode(".//Telefon[@Typ = 'dienstlich']").Text
            .Range("I" & Zeile).value = objKnoten.SelectSingleNode(".//Anschrift/Ort").Text
            Zeile = Zeile + 1
        Next objKnoten
    End With

End Sub
```

Listing 1.33 Selektion der Knoten per XPath *(Fortsetzung)*

Zuerst muss geprüft werden, ob überhaupt eine PLZ in der vorgesehenen Zelle eingegeben wurde. Sie sollte möglichst auch numerisch sein. Nach dem Laden der XML-Datei werden nun alle zur gesuchten Postleitzahl passenden Kundenzweige abgefragt. Die Bedingung wird in eckigen Klammern direkt hinter dem zu selektierenden Pfad angegeben.

In diesem Fall benötigen wir alle Postleitzahlen, die mit der eingegebenen Zeichenfolge beginnen. Das wird über die XPath-Funktion starts-with realisiert. Die bekommt als ersten Parameter den zu vergleichenden Wert – in unserem Fall ist dies unter unserem Kunden der Knoten Adresse/PLZ – und als zweites die Zeichenfolge übergeben, mit der der Wert beginnen muss. Im ersten Parameter könnten Sie auch ein Argument, statt eines Knotens angeben. In diesem Fall müsste ein @ als Präfix verwendet werden. Das Ergebnis wird der Variablen objTreffer zugewiesen, die eine Sammlung mehrerer Knoten darstellt und die anschließend in einer Objektschleife abgearbeitet wird.

Das Auslesen der einzelnen Werte erfolgt ähnlich wie im vorhergehenden Beispiel: mithilfe der Zeichenfolge .// wird der aktuelle Knoten referenziert und von dort aus nach unten zu den Personendaten und der Anschrift navigiert.

	A	B	C	D	E	F	G	H	I	J
1	Suche		PLZ:	5						
2										
3										
4	KdNr	Anrede	Nachname	Vorname	Geburtsdatum	PLZ	Ort	Telefon privat	Telefon dienstlich	Mail
5	10003	Herr	Weiss	Marko	17.08.1923	56379	Zimmerschied	02608 50 36 92	09405 21 87 40	Zimmerschied
6	10029	Herr	Freitag	Dominik	15.10.1959	56077	Koblenz Arzhei	0261 35 61 00	06641 79 78 72	Koblenz Arzheim
7	10032	Frau	Berg	Tanja	30.09.1979	56290	Uhler	06762 82 78 87		Uhler
8	10037	Frau	Schwartz	Marie	08.04.1960	56254	Moselkern	02672 23 89 52	06268 49 64 86	Moselkern
9										

Abbildung 1.35 Nur die zum Postleitzahlenbereich passenden Zweige werden ausgegeben

Die private und die dienstliche Telefonnummer sollen nun in getrennten Spalten aufgeführt werden. Dafür kommt wieder XPath zum Einsatz. Mithilfe der Methode SelectSingleNode wird zum Telefoneintrag navigiert. Hier kann ein einzelner Knoten selektiert werden, weil jeweils nur maximal eine dienstliche und eine private Telefonnummer in der XML-Datei stehen. Eingeschränkt wird diese Selektion dann noch durch die Angabe in eckigen Klammern: @Typ = 'privat'. Das bedeutet, dass nur der Telefonknoten mit dem Wert privat im Typ-Attribut selektiert wird.

Da es sein kann, dass keine private Telefonnummer vorliegt, muss vor dem Auslesen des Textes noch auf Nothing geprüft werden. Die Vorgehensweise für die dienstliche Telefonnummer ist dieselbe.

TIPP Sie können auf diese Weise natürlich auch Zahlenwerte filtern. Nutzen Sie dafür die Vergleichsoperatoren =, < und >.

Datei-Pfade bestimmen

Bisher haben wir in allen Beispielen einen festen Dateipfad verwendet. In der Praxis ist dieser Fall eher selten. Stattdessen müssen komplette Verzeichnisse durchforstet werden, oder der Benutzer muss eine Dateiauswahl vornehmen.

Verzeichnisse und Dateien vom Benutzer wählen lassen

In den meisten Fällen wird der Benutzer eine Datei oder einen Ordner über ein Auswahldialogfeld vorgeben. Es gibt mehrere Möglichkeiten, um diese Dialogfelder zu realisieren. Die naheliegendste ist das in Excel »eingebaute« Datei-Auswahldialogfeld.

ONLINE Sie finden die folgenden Beispiele in der Datei *Buch\Kap01\Dateiauswahl.xlsm.*

Eine einzelne Datei auswählen

Zum Öffnen einer Datei bietet das Application-Objekt die Methode GetOpenFilename.

```
Sub EinzelneDatei()

    Dim Pfad As Variant

    Pfad = Application.GetOpenFilename( _
        FileFilter:="Excel Dateien (*.xls*), *.xls*", _
        Title:="Wählen Sie eine Datei aus")

    If Not TypeName(Pfad) = "Boolean" Then
        tabDateiwahl.Range("A:A").Clear
        tabDateiwahl.Range("A1").Value = Pfad
    End If

End Sub
```

Listing 1.34 Eine einzelne Datei wird vom Benutzer ausgewählt

Der Rückgabewert der Methode Application.GetOpenFilename ist entweder vom Typ String, sofern der Benutzer eine Auswahl getroffen hat, oder aber vom Typ Boolean, wenn im Dialogfeld die *Abbrechen*-Schaltfläche angeklickt wurde. Aus diesem Grund sollte Ihr Rückgabewert vom Typ Variant sein. In diesem Fall können Sie TypeName prüfen und gegebenenfalls die Prozedur verlassen.

Das Argument FileFilter gibt an, welche Dateitypen zur Auswahl stehen. Das sind in diesem Fall alle Dateien, deren Endung mit *xls* beginnt. Es können also *.xls*-, *.xlsm*- und auch *.xlsx*-Dateien ausgewählt werden.

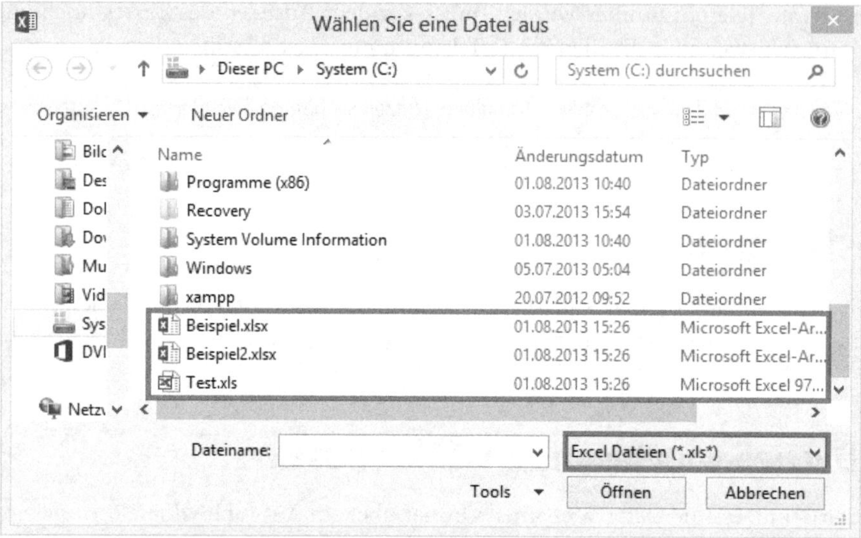

Abbildung 1.36 Es können nur Excel-Dateien ausgewählt werden

Mehrere Dateien auswählen

Manchmal sollen mehrere Dateien gleichzeitig ausgewählt werden. Dafür bietet die Methode Application.GetOpenFilename den Parameter MultiSelect an.

```
Sub MehrereDateien()

    Dim Pfad As Variant
    Dim i As Long
    Dim Zeile As Long

    Zeile = 6
    Pfad = Application.GetOpenFilename( _
        FileFilter:="Excel Dateien (*.xls*), *.xls*", _
        Title:="Wählen Sie eine oder mehrere Dateien aus", _
        MultiSelect:=True)

    If Not TypeName(Pfad) = "Boolean" Then
        tabDateiwahl.Range("A:A").Clear
        For i = LBound(Pfad) To UBound(Pfad)
            tabDateiwahl.Range("A" & Zeile).Value = Pfad(i)
            Zeile = Zeile + 1
        Next i
    End If

End Sub
```

Listing 1.35 Es dürfen mehrere Dateien selektiert werden

Ist der Parameter MultiSelect nicht angegeben, wird er standardmäßig als False angenommen. Nach der Dateiauswahl liefert die Methode im Fall einer Mehrfachauswahl ein Array mit den einzelnen Dateipfaden zurück. Das wird anschließend in einer Schleife durchlaufen und im Excel-Blatt ausgegeben.

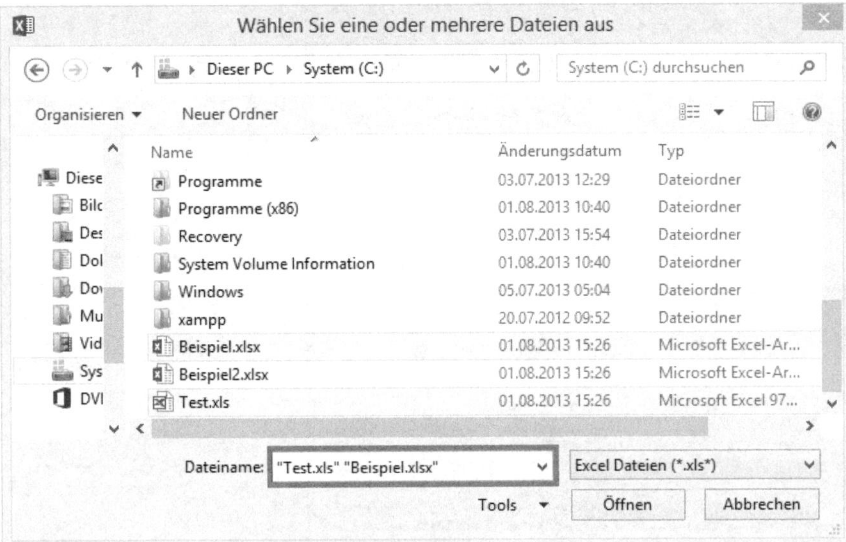

Abbildung 1.37 Hier ist eine Mehrfachauswahl zugelassen

Mehrere Dateitypen zur Auswahl zulassen

Wenn Sie mehrere verschiedene Dateitypen zur Auswahl stellen wollen, können Sie diese im Argument FileFilter mit Komma voneinander getrennt angeben. Der Benutzer kann dann im entsprechenden Dropdown-Listenfeld zwischen diesen Filtern wählen.

```
Sub MehrereDateitypen()
    Dim Pfad As Variant

    Pfad = Application.GetOpenFilename( _
        FileFilter:="Excel Dateien (*.xls*), *.xls*,Text-Dateien (*.txt), *.txt", _
        FilterIndex:=2, _
        Title:="Wählen Sie eine Datei aus")

    If Not TypeName(Pfad) = "Boolean" Then
        tabDateiwahl.Range("A:A").Clear
        tabDateiwahl.Range("A6").Value = Pfad
    End If
End Sub
```

Listing 1.36 Es können Excel- oder Textdateien gewählt werden

Der FileFilter wird in diesem Beispiel um Textdateien erweitert. Im Parameter FilterIndex können Sie angeben, welcher der Filter beim Öffnen des Dialogfelds ausgewählt sein soll. In unserem Beispiel ist dies der Filter für Textdateien.

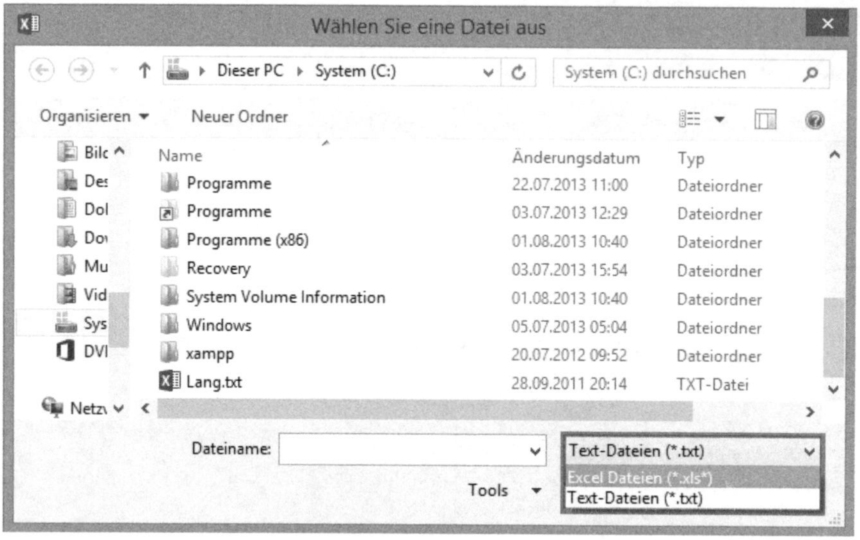

Abbildung 1.38 Es gibt mehrere Dateifilter zur Auswahl

Startordner festlegen

Das Öffnen-Dialogfeld zeigt immer das aktuell eingestellte Standardverzeichnis als Startverzeichnis an. Wenn Sie vorher die Anweisung ChDir ausführen, können Sie das Standardverzeichnis wechseln.

```
Sub Startordner()

    Dim Pfad As Variant

    ChDir "C:/"

    Pfad = Application.GetOpenFilename( _
        FileFilter:="Excel Dateien (*.xls*), *.xls*", _
        Title:="Wählen Sie eine Datei aus")

    If Not TypeName(Pfad) = "Boolean" Then
        tabDateiwahl.Range("A:A").Clear
        tabDateiwahl.Range("A6").Value = Pfad
    End If

End Sub
```

Listing 1.37 Hier wird vor dem Anzeigen des Dialogfelds der Standardordner gewechselt

Der Anweisung ChDir wird das Verzeichnis übergeben, das als neues Standardverzeichnis gelten soll. Fall es sich auf einem anderen Laufwerk befindet, müssen Sie vorher noch ChDrive aufrufen.

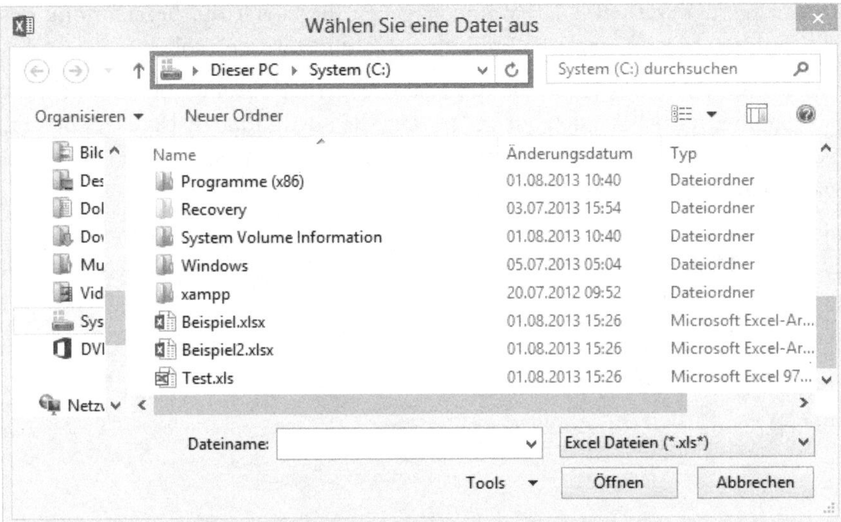

Abbildung 1.39 Hier wird direkt das Verzeichnis *C:* beim Öffnen angezeigt

Nur bestimmte Dateinamen zur Auswahl geben

Sie können auch den Dateinamen selbst filtern. Dafür müssen Sie allerdings zu einer anderen Methode greifen und das Objekt FileDialog verwenden.

```
Sub NurBestimmteNamen()

    Dim objDialog As FileDialog

    Set objDialog = Application.FileDialog(msoFileDialogFilePicker)

    With objDialog
        .AllowMultiSelect = False
        .Filters.Clear
        .Filters.Add "Beispiel-Dateien", "*.xls*"
        .InitialFileName = "Beispiel*.xls*"
        .Show

        If .SelectedItems.Count > 0 Then
            tabDateiwahl.Range("A:A").Clear
            tabDateiwahl.Range("A6").Value = .SelectedItems(1)
        End If
    End With

End Sub
```

Listing 1.38 Das Objekt *FileDialog* stellt mehr Möglichkeiten zum Filtern zur Verfügung

Es gibt verschiedene Typen von FileDialog-Objekten. Um eine Datei auszuwählen, nutzen Sie hier msoFileDialogFilePicker.

Das Objekt bietet noch einige Einstellungsmöglichkeiten mehr als GetOpenFilename. Die Dateifilter bestehen hier aus einer ganzen Auflistung. Wenn Sie nur bestimmte Dateitypen zulassen möchten, dann leeren Sie diese erstmal durch Aufruf der Methode FileDialog.Filters.Clear. Danach können mithilfe der Add-Methode ein oder auch mehrere neue Filter hinzugefügt werden. Als Parameter geben Sie zuerst die Bezeichnung des Dateityps an – die können Sie frei wählen – und danach die Endung, die gefiltert werden soll.

In der Eigenschaft InitialFileName wird angegeben, was innerhalb des Dialogfelds im Kombinationslistenfeld für den Dateinamen stehen soll. Das hat aber natürlich auch zur Folge, dass die auswählbaren Dateien entsprechend gefiltert werden. In unserem Beispiel werden nur Dateien angezeigt, deren Name mit »Beispiel« anfängt. Mit der Anweisung Show zeigen Sie anschließend das Dialogfeld an.

Die ausgewählten Dateien finden sich nach dem Schließen in der Auflistung FileDialog.SelectedItems. Ob der Benutzer ohne Auswahl einer Datei das Dialogfeld geschlossen hat, können Sie herausfinden, indem Sie prüfen, ob FileDialog.SelectedItems.Count größer als 0 ist.

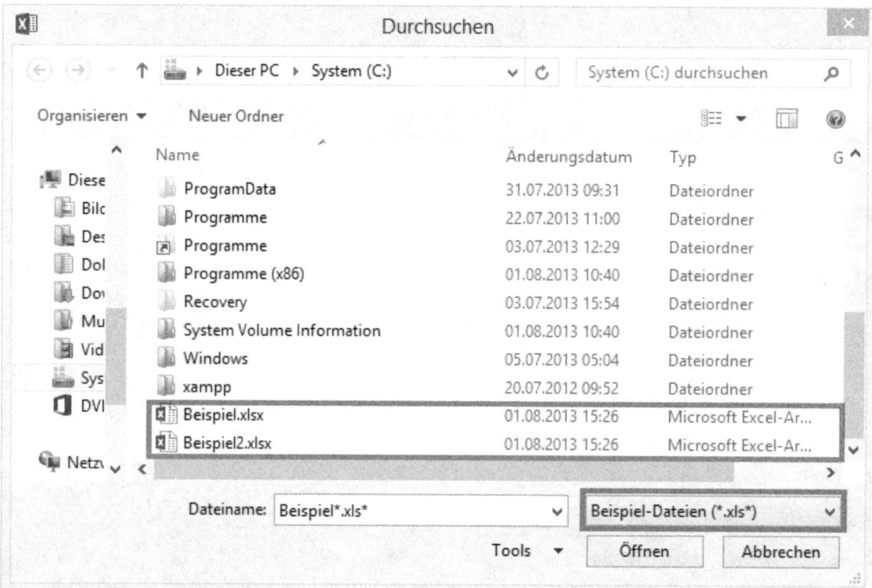

Abbildung 1.40 Hier stehen nur Excel-Dateien zur Auswahl, deren Name mit *Beispiel* beginnt

Einen Ordner auswählen

Um einen Ordner auszuwählen, können Sie ebenfalls auf das Objekt FileDialog zurückgreifen. Als Typ wählen Sie dafür msoFileDialogFolderPicker.

```
Sub OrdnerWaehlen()

    Dim objDialog As FileDialog

    Set objDialog = Application.FileDialog(msoFileDialogFolderPicker)
```

Listing 1.39 Das Objekt *FileDialog* kann auch zur Auswahl eines Ordners verwendet werden

```
    With objDialog
        .InitialFileName = "C:\"
        .Show
        If .SelectedItems.Count > 0 Then
            tabDateiwahl.Range("A:A").Clear
            tabDateiwahl.Range("A6").Value = .SelectedItems(1)
        End If
    End With

End Sub
```

Listing 1.39 Das Objekt *FileDialog* kann auch zur Auswahl eines Ordners verwendet werden *(Fortsetzung)*

In diesem Fall wird nur die Eigenschaft FileDialog.InitialFileName mit dem gewünschten Startordner vorbelegt.

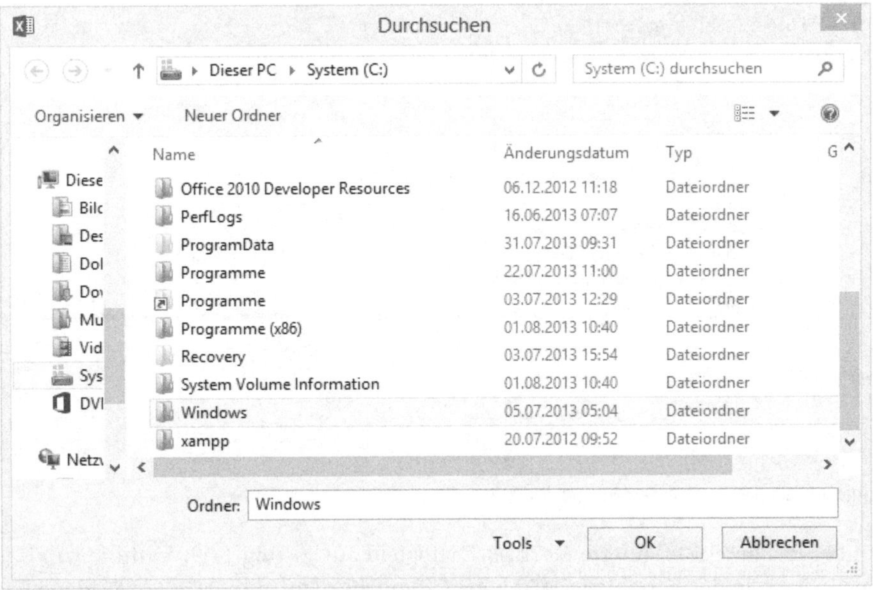

Abbildung 1.41 *FileDialog* für die Auswahl eines Ordners, statt einer Datei

Verzeichnisse automatisiert abarbeiten

Wenn Sie automatisch alle in einem Verzeichnis enthaltenen Dateien abarbeiten, also z.B. importieren wollen, bietet Ihnen FileSystemObject umfangreiche Möglichkeiten. Sie finden die dazugehörigen und nachfolgend aufgeführten Beispiele im Modul mdlFileSystemObject und auf dem Tabellenblatt *Verzeichnisse*. Damit Sie FileSystemObject wie in den hier gezeigten Beispielen nutzen können, müssen Sie einen Verweis auf die Bibliothek *Microsoft Scripting Runtime* setzen.

Alle in einem Ordner enthaltenen Dateien verarbeiten

In diesem Beispiel werden alle in einem gewählten Ordner enthaltenen Dateien im Blatt *Verzeichnisse* mit einigen Dateieigenschaften aufgelistet. So könnten Sie beispielsweise vom Benutzer ein Importverzeichnis auswählen lassen und alle enthaltenen Excel-Dateien ab einem bestimmten Erstelldatum importieren.

```
Sub DateienAuslesen()

    Dim objFSO As New Scripting.FileSystemObject
    Dim objOrdner As Scripting.Folder
    Dim objDatei As Scripting.File
    Dim objDialog As FileDialog
    Dim Zeile As Long

    Set objDialog = Application.FileDialog(msoFileDialogFolderPicker)

    With objDialog
        .InitialFileName = "C:\"
        .Show
        If .SelectedItems.Count = 0 Then
            Exit Sub
        End If
        Set objOrdner = objFSO.GetFolder(.SelectedItems(1))
    End With

    With tabVerzeichnisse
        .Range("A:D").Clear
        Zeile = 7
        .Range("A6:D6").Value = Array("Dateiname", "Erstelldatum", "zuletzt geändert", "Größe")
        For Each objDatei In objOrdner.Files
            .Range("A" & Zeile).Value = objDatei.Name
            .Range("B" & Zeile).Value = objDatei.DateCreated
            .Range("C" & Zeile).Value = objDatei.DateLastModified
            .Range("D" & Zeile).Value = objDatei.Size
            Zeile = Zeile + 1
        Next objDatei
        .Range("A:D").Columns.AutoFit
    End With

End Sub
```

Listing 1.40 Alle im gewählten Ordner enthaltenen Dateien werden aufgelistet

Die Ordnerauswahl erfolgt über das bereits erläuterte FileDialog-Dialogfeld aus Listing 1.39. Mithilfe von FileSystemObject, von dem wir eine Instanz in der Variablen objFSO haben, kann aus dem ausgewählten Pfad ein Folder-Objekt erstellt werden. Die Methode heißt GetFolder und bekommt den Pfad des Ordners als Zeichenfolge übergeben.

Das Folder-Objekt enthält unter anderem eine Auflistung Folder.Files, die sämtliche enthaltenen Dateien enthält. Nachdem der Ausgabebereich im Tabellenblatt geleert und die Überschriften neu geschrieben wurden, kann in einer Objektschleife nun diese Auflistung abgearbeitet werden.

Dazu nutzen wir die Variable objDatei, die wir vom Typ File deklariert haben. Sie stellt einige Standardeigenschaften wie Erstelldatum, Größe usw. zur Verfügung, die im Blatt *Verzeichnisse* aufgelistet werden.

	A	B	C	D	E
1					
2	Dateien	Unter-			
3	auslesen	verzeichnisse			
4					
5					
6	Dateiname	Erstelldatum	zuletzt geändert	Größe	Typ
7	Buchung.xsd	30.07.2013 11:01	30.07.2013 16:54	1676	XSD-Datei
8	Buchungsliste.xsd	01.08.2013 20:39	01.08.2013 10:38	933	XSD-Datei
9	Buchungsreport.xml	01.08.2013 20:39	01.08.2013 11:38	76222	XML-Datei
10	Buchung_Lang.xml	30.07.2013 11:41	30.07.2013 16:56	901	XML-Datei
11	Kunden.xml	26.07.2013 11:21	30.07.2013 13:22	10213	XML-Datei
12	KundenEinfach.xml	29.07.2013 13:54	30.07.2013 13:12	2280	XML-Datei
13	KundenEinfach.xsd	29.07.2013 10:55	29.07.2013 13:59	882	XSD-Datei
14	Kundenliste.xsd	29.07.2013 10:03	29.07.2013 13:59	1690	XSD-Datei
15	Puerto_Carmen.txt	25.07.2013 12:21	25.07.2013 12:21	459	Textdokument

Abbildung 1.42 Die Dateien werden mit einigen wichtigen Eigenschaften aufgelistet

Alle Unterordner auslesen

Sie können auch Unterverzeichnisse eines Orders abarbeiten. Im vorliegenden Beispiel soll ein Ordner für das Jahr 2012 durchgearbeitet werden, der wiederum Unterordner für alle zwölf Monate enthält. Dort könnten beispielsweise Textdateien abgelegt sein, die importiert werden sollen. Um das Beispiel nicht unnötig aufzublähen, werden hier lediglich die enthaltenen Dateinamen im Blatt *Verzeichnisse* aufgelistet. Den Ordner *2012* finden Sie in den Begleitmaterialien im Ordner *Buch/Kap01/ImportDateien.*

```
Sub Unterverzeichnisse()

    Dim objFSO As New Scripting.FileSystemObject
    Dim objOrdner As Scripting.Folder
    Dim objUnterOrdner As Scripting.Folder
    Dim objDatei As Scripting.File
    Dim Zeile As Long

    Set objOrdner = objFSO.GetFolder(ThisWorkbook.Path & _
                        "\ImportDateien\2012")

    With tabVerzeichnisse
        .Range("A:E").Clear
        Zeile = 6
        For Each objUnterOrdner In objOrdner.SubFolders
            .Range("A" & Zeile).Value = objUnterOrdner.Name
            .Range("B" & Zeile).Value = objUnterOrdner.Files.Count & " Dateien"
            Zeile = Zeile + 1
            For Each objDatei In objUnterOrdner.Files
                .Range("B" & Zeile).Value = objDatei.Name
                Zeile = Zeile + 1
            Next objDatei
        Next objUnterOrdner
        .Range("A:E").Columns.AutoFit
    End With

End Sub
```

Listing 1.41 Auslesen der Unterverzeichnisse eines Ordners

Zum Erstellen des Folder-Objekts kommt wieder die Methode FileSystemObject.GetFolder zum Einsatz. Die Unterverzeichnisse eines Ordners werden über die Auflistung Folder.SubFolders dargestellt, die wiederum aus Folder-Objekten besteht. Diese werden per Schleife durchlaufen und ihre Namen und die Anzahl der enthaltenen Dateien (Folder.Files.Count) im Blatt Verzeichnisse ausgegeben.

Danach werden wie im vorhergehenden Beispiel die im Unterordner enthaltenen Dateien aufgelistet. So könnten Sie beispielsweise alle enthaltenen Excel-Dateien importieren, indem Sie vorher den Typ des File-Objekts überprüfen.

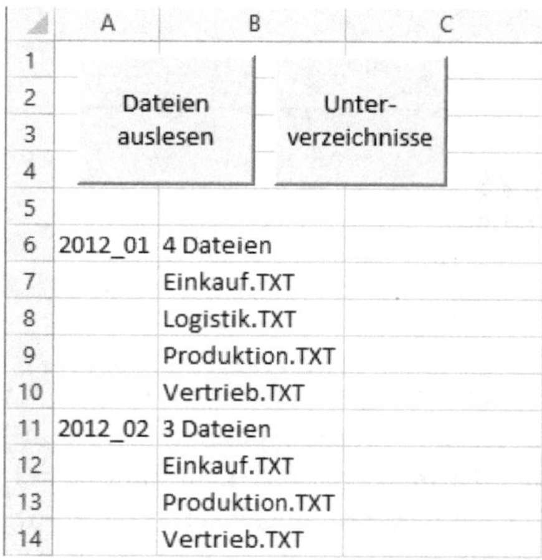

Abbildung 1.43 Die Unterordner des Verzeichnisses *2012* mit den enthaltenen Dateien

Kapitel 2

Datenbanken anzapfen

In diesem Kapitel:

ADO und DAO

Wenn es um den Zugriff auf Datenbanken geht, stehen Ihnen dafür grundsätzlich zwei Möglichkeiten zur Verfügung: ADO und DAO. Die Abkürzungen stehen für ActiveX Data Objects und Data Access Objects. Beides sind Objektbibliotheken, die eine Sammlung von Objekten und Methoden bereitstellen, mithilfe derer Sie Verbindungen zu verschiedenen Datenbanken aufbauen und deren Inhalte abfragen und manipulieren können.

DAO baut speziell auf die Struktur einer Access-Datenbank auf. Sie ist für den Zugriff auf Daten via Jet Engine konzipiert. Das ist eben die Technologie, die Access selbst für die Verwaltung der Daten verwendet. ADO hingegen greift per OLE DB auf Datenbanken aller Art zu. Damit wird beispielsweise auch ein Zugriff auf Textdateien, wie er im ersten Kapitel erläutert wurde, möglich. Es wurde später als DAO entwickelt, ist aber nicht als direkter Nachfolger zu sehen, da es viel allgemeiner gehalten ist. Da wir von extern, also von Excel aus, auf verschiedenste Datenbanktypen zugreifen wollen, werden wir uns in diesem Buch ausschließlich auf ADO konzentrieren.

Im ersten Teil dieses Kapitels werden Sie lernen, wie Sie mit ADO arbeiten und welche Möglichkeiten die Bibliothek bietet. Das alles geschieht am Beispiel der mitgelieferten Datenbank *Reisebuero.accdb*. Anschließend lernen Sie den Zugriff auf andere Datenbanken an den Beispielen MySQL und Oracle kennen. Wir arbeiten dabei mit denselben Tabellen, wie Sie sie in der Access-Datenbank finden. Im letzten Teil des Kapitels finden Sie eine Einführung in die Abfragesprache SQL, die Sie für den Zugriff auf Datenbanken zwingend benötigen.

Auf Datenbanken per ADO zugreifen

Mithilfe von ADO können Sie auf verschiedene Datenbanktypen zugreifen. In den Begleitdateien finden Sie die Beispieldatenbank *Reisebuero.accdb* im Ordner *Buch\Kap02*. Damit werden wir in den nächsten Beispielen arbeiten.

Da wir gern die Unterstützung durch IntelliSense nutzen wollen, muss zunächst die für den Datenbankzugriff benötigte Bibliothek eingebunden werden. Sie werden vermutlich mehrere Versionen der *Microsoft ActiveX Data Objects* in der Liste der verfügbaren Verweise finden. Das liegt daran, dass ADO nicht nur zusammen mit Access installiert wird, sondern auch als Teil von Windows jeweils in der aktuellsten Version mitgeliefert wird.

Wir arbeiten hier mit Version 6.1. Wenn Ihr Tool auch an anderen Arbeitsplätzen laufen soll, stellen Sie vorher sicher, dass dort auch die passende Version von ADO verfügbar ist. Können Sie dies nicht sicherstellen, wählen Sie lieber eine frühere Version. Wenn auf dem Zielrechner Windows XP oder höher installiert ist, können Sie getrost mit Version 2.8 arbeiten. Inhaltlich unterscheiden sich die Versionen nicht allzu sehr. Alle Beispiele, die wir in diesem Buch behandeln, funktionieren genauso mit Version 2.8.

HINWEIS Der Zugriff auf eine Access-Datenbank per ADO von Excel aus funktioniert übrigens auch ohne dass Access installiert ist. Alles, was Sie brauchen, ist die Datenbankdatei. Die können Sie ohne Access zwar nicht direkt öffnen und bearbeiten, aber alle in diesem Kapitel vorgestellten Zugriffe von Excel aus funktionieren trotzdem.

ADO bietet eine Vielfalt an Objekten und Methoden zur Arbeit mit Datenbanken. Die alle detailliert zu beleuchten würde den Rahmen dieses Buchs sprengen. Aus diesem Grund werden wir uns hier nur mit den wichtigsten praxisrelevanten Möglichkeiten beschäftigen.

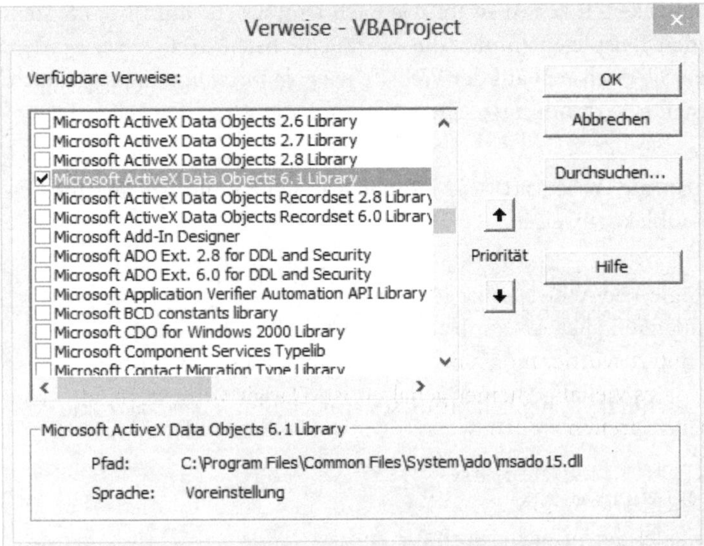

Abbildung 2.1 Die ADO-Bibliothek wird eingebunden

Eine Verbindung zur Access-Datenbank aufbauen

Eins der drei Hauptobjekte des ADO-Objektmodells ist das Connection-Objekt. Es stellt die Verbindung zur Datenbank dar. Mithilfe der Methode Open wird die Verbindung hergestellt. Die Methode hat vier Parameter, von denen der wichtigste die Verbindungszeichenfolge (ConnectionString) ist. Die können Sie sich wie eine Art aneinandergereihte Auflistung der verschiedenen Eigenschaften einer Verbindung vorstellen. Das folgende Beispiel für das Verbinden mit einer Datenbank finden Sie in den Begleitdaten in der Datei *Buch\Kap02\ADO.xlsm* im Modul *mdlADO.*

```
Sub VerbindungHerstellen()

    Dim conn As ADODB.Connection

    Set conn = New ADODB.Connection

    conn.Open "Provider=Microsoft.ACE.OLEDB.12.0;Data Source=" & ThisWorkbook.Path & "\Reisebuero.accdb;"

    If conn.Errors.Count = 0 Then
        MsgBox "Verbindung hergestellt."
    End If

    conn.Close

End Sub
```

Listing 2.1 Eine Verbindung zur Datenbank wird hergestellt

Zunächst wird ein Connection-Objekt benötigt. Instanziiert wird es hier erst im Verlauf des Codes, das kann aber auch direkt bei der Deklaration mithilfe des Schlüsselworts New erfolgen. Die erste Zeile würde dann entfallen. Danach wird versucht, mithilfe der Methode Connection.Open eine Verbindung zur Datenbank *Reisebuero.accdb* herzustellen. Ihr wird der ConnectionString übergeben. Der enthält hier den Treiber (Provider), der zum Verbinden genutzt werden soll, und die Datenquelle – also Dateiname und Pfad der Access-Datei.

Bei den Treibern haben Sie jede Menge Möglichkeiten zur Auswahl – je nachdem, welche auf Ihrem System installiert sind. Wir werden in den folgenden Beispielen immer die gebräuchlichsten Treiber verwenden. Wenn Sie Alternativen interessieren, schauen Sie doch mal auf der Website *www.connectionstrings.com* nach. Dort haben Sie bereits fertig zusammengestellte Verbindungszeichenfolgen für die verschiedensten Datenquelltypen und -treiber.

Alternativ zur Übergabe von ConnectionString an die Connection.Open-Methode können Sie die Verbindungszeichenfolge auch vorher direkt dem Connection-Objekt zuweisen:

```
conn.ConnectionString = "Provider=Microsoft.ACE.OLEDB.12.0; " & _
      "Data Source=" & ThisWorkbook.Path & "\Reisebuero.accdb;"
conn.Open
```

Wenn Ihre Datenbank mit einem Passwort geschützt ist, hängen Sie dieses einfach hinter Data Source an:

```
conn.ConnectionString = "Provider=Microsoft.ACE.OLEDB.12.0;Data Source=" & _
   ThisWorkbook.Path & "\Reisebuero.accdb;Jet OLEDB:Database" & _
   "Password=MyDbPassword;"
```

Geht beim Verbindungsaufbau etwas schief, dann erhalten Sie entweder direkt einen Laufzeitfehler (z.B., wenn die angegebene Datenquelle nicht existiert) oder aber, die Verbindungsfehler werden in der Connection.Errors-Auflistung aufgeführt. Die enthält zu jedem einzelnen aufgetretenen Fehler – das können durchaus auch mehrere sein – detaillierte Information, die Sie z.B. im Rahmen einer Fehlerbehandlungsroutine auslesen können. Wenn alle Transaktionen mit der Datenbank abgeschlossen sind, wird die Verbindung mithilfe der Methode Connection.Close wieder geschlossen.

Eine Verbindung zur Datenbank hat eine ganze Reihe von Parametern, von denen Sie im ConnectionString aber nur diejenigen angeben müssen, die vom Standard abweichen. Wie eine komplette Verbindungszeichenfolge aussieht, zeigt das folgende Makro.

```
Sub VerbindungConnectionString()

    Dim conn As ADODB.Connection

    Set conn = New ADODB.Connection

    conn.Open "Provider=Microsoft.ACE.OLEDB.12.0;Data Source=" & ThisWorkbook.Path & "\Reisebuero.accdb;"

    MsgBox conn.ConnectionString

    conn.Close

End Sub
```

Listing 2.2 Die komplette Verbindungszeichenfolge wird ausgelesen

Im Ergebnis sehen Sie, dass die eigentliche Verbindungszeichenfolge viel umfangreicher ist als das, was Sie beim Öffnen angegeben haben. Die fehlenden Angaben werden aus den Standardwerten des jeweiligen Providers übernommen.

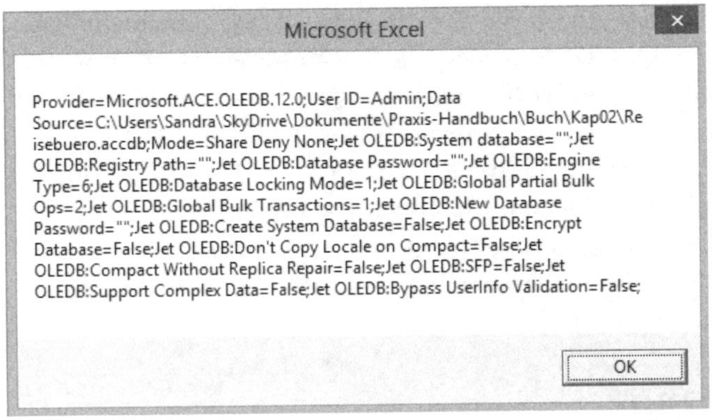

Abbildung 2.2 Die komplette Verbindungszeichenfolge

Eine Verbindungszeichenfolge erstellen

Es gibt auch eine einfache Möglichkeit, eine Verbindungszeichenfolge von einem Windows-Tool erstellen zu lassen. Das Tool nennt sich *OLE DB Core Services* und ist als Standardprogramm für Microsoft-Datenverknüpfungsdateien hinterlegt.

Um eine Verbindungszeichenfolge mit einem selbst gewählten Provider zu erstellen, gehen Sie folgendermaßen vor:

1. Erstellen Sie – am besten auf dem Desktop – eine einfache Textdatei. Sie können dafür den entsprechenden Eintrag im Kontextmenü nutzen.
2. Ändern Sie die Dateierweitung in *.udl*. Das Icon verändert sich daraufhin.

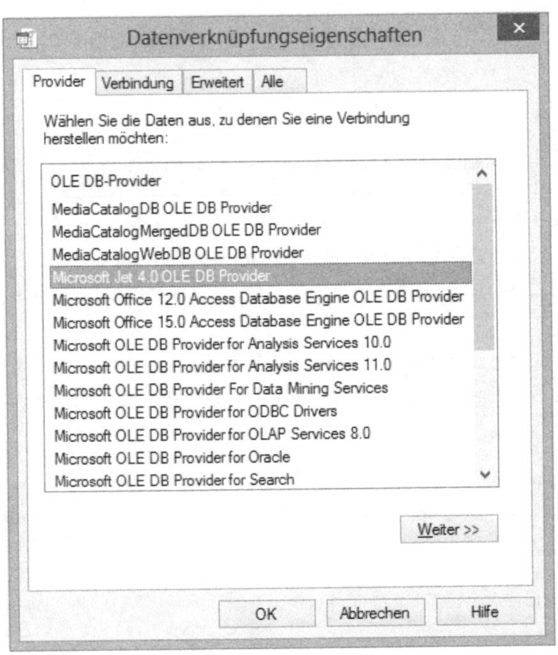

Abbildung 2.3 Auswahl des Providers in den Datenverknüpfungseigenschaften

3. Öffnen Sie die Datei nun mit einem Doppelklick. Wechseln Sie in dem Fester, das sich öffnet zur Registerkarte *Provider.* Wählen Sie den gewünschten OLE DB-Provider aus. In Abbildung 2.3 haben wir das beispielhaft für eine Access-Datei im Altformat *.mdb* gemacht und dafür den Microsoft Jet 4.0 OLE DB Provider gewählt.
4. Bestätigen Sie Ihre Wahl mit einem Klick auf die Schaltfläche *Weiter* oder mit einem Doppelklick auf den gewünschten Eintrag. Sie werden automatisch zur Registerkarte *Verbindung* weitergeleitet.
5. Die Angaben, die Sie bei *Verbindung* machen müssen, sind vom Provider abhängig. Wählen Sie z.B. einen Treiber für Oracle, muss ein Server angegeben werden. Bei unserer Auswahl geben Sie hier den Speicherort der Datenquelle an und ggf. Benutzer und Kennwort.

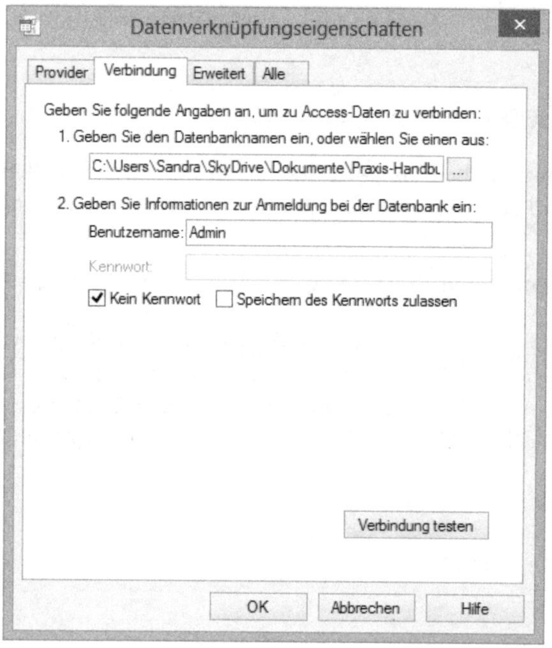

Abbildung 2.4 Angaben zur Verbindung

6. Mithilfe der Schaltfläche *Verbindung testen* können Sie nun noch überprüfen, ob eine Verbindung mit den gemachten Angaben hergestellt werden kann. Sofern Sie Änderungen an den Zugriffsberechtigungen auf die Datenbank vornehmen wollen, können Sie dies noch auf der Registerkarte *Erweitert* tun. Bestätigen Sie anschließend mit *OK.*
7. Öffnen Sie die *.udl*-Datei nun mit einem Texteditor. In der dritten Zeile finden Sie die Verbindungszeichenfolge, die Sie in Ihren Code kopieren können. Die Datei kann anschließend wieder gelöscht werden.

```
[oledb]
; Everything after this line is an OLE DB initstring
Provider=Microsoft.Jet.OLEDB.4.0;Data Source=C:\Users\Sandra\SkyDrive\Dokumente\Praxis-Handbuch
\Buch\Kap02\Reisebuero.mdb;Persist Security Info=False
```

Abbildung 2.5 Aus der Datei kann nun die erstellte Verbindungszeichenfolge entnommen werden

Abfragen mithilfe des Connection-Objekts ausführen

Das Connection-Objekt verfügt über eine Methode, mit der Sie direkt Abfragen an die geöffnete Datenbank schicken können. Sie heißt Connection.Execute.

```
Sub ConnectionAbfrage()

    Dim conn As ADODB.Connection
    Dim rs As ADODB.Recordset

    Set conn = New ADODB.Connection

    conn.Open "Provider=Microsoft.ACE.OLEDB.12.0;Data Source=" & ThisWorkbook.Path & "\Reisebuero.accdb;"

    tabVerbindung.UsedRange.Clear

    Set rs = conn.Execute("SELECT Vorname, Nachname, Geburtsdatum FROM tabMitarbeiter")
    tabVerbindung.Range("A1").CopyFromRecordset rs

    conn.Close

End Sub
```

Listing 2.3 Daten werden über die *Connection.Execute*-Methode abgefragt

Hier wird wieder zunächst die Verbindung geöffnet. Danach wird die Methode Execute mit einer SQL-Anweisung aufgerufen, die direkt als String übergeben wird. Rückgabewert der Methode ist ein Objekt vom Typ Recordset, zu dem Sie später noch mehr erfahren werden. Dieses Objekt wird einer entsprechenden Objektvariablen zugewiesen. Der Cursor für das Recordset ist immer ein Vorwärtscursor – mehr dazu im Abschnitt zum Recordset selbst.

	A	B	C
1	Diana	Baer	28.04.1976
2	Lena	Pabst	07.09.1981
3	Stephanie	Fried	12.10.1984
4	Florian	Schmitt	20.03.1980
5	Luca	Maier	30.12.1967
6	Manuela	Pfeiffer	02.07.1962
7	Ulrich	Lehrer	24.02.1984
8	Doreen	Nagel	10.06.1986
9	Dieter	Koch	22.11.1960
10	Ulrich	Luft	03.02.1977
11	Alexander	Weber	25.01.1977
12	Johanna	Müller	06.07.1990
13	Jan	Lemann	19.08.1968
14	Jessika	Becker	24.07.1977
15	Sophie	Jager	14.10.1972
16	Ursula	Hertzog	05.09.1990
17	Sebastian	Abendroth	10.08.1983
18	Angelika	Gärtner	22.05.1962
19	Maria	König	05.12.1963
20			

Abbildung 2.6 Die Mitarbeiterliste aus der Datenbank

Zur Ausgabe der Daten verwenden wir eine Methode des Range-Objekts: CopyFromRecordset. Sie übernimmt ein Recordset-Objekt und gibt dessen Inhalt in Tabellenform aus. Die Zelle, mit der diese Methode aufgerufen wird, ist dabei die erste Zelle (oben links) im Ausgabebereich. Sie können die Execute-Methode aber nicht nur dafür nutzen, SQL-Abfragen direkt an die Datenbank zu schicken. Wenn es sich um eine Microsoft SQL Server-Datenbank handelt, können Sie beispielsweise dort auch gespeicherte Prozeduren aufrufen.

Im Falle unserer Access-Datenbank kann damit auch eine dort gespeicherte Abfrage ausgeführt werden. In der *Reisebuero.accdb* befindet sich eine solche Abfrage mit dem Namen *aFilialliste*. Diese wird im folgenden Listing aufgerufen.

```
Sub ConnectionAbfrageAusDB()

    Dim conn As ADODB.Connection
    Dim rs As ADODB.Recordset

    Set conn = New ADODB.Connection

    conn.Open "Provider=Microsoft.ACE.OLEDB.12.0;Data Source=" & ThisWorkbook.Path & "\Reisebuero.accdb;"

    tabVerbindung.UsedRange.Clear

    Set rs = conn.Execute("aFilialliste")
    tabVerbindung.Range("A1").CopyFromRecordset rs

    conn.Close

End Sub
```

Listing 2.4 Aufruf einer Abfrage, die direkt in der Datenbank gespeichert ist

Die Vorgehensweise ist die gleiche, nur dass statt des SQL-Statements der Name der aufzurufenden Abfrage angegeben wird.

	A	B	C
1	1001	Stuttgart Bahnhof	
2	1002	Stuttgart Flughafen	
3	1003	Stuttgart City	
4	1004	Ludwigsburg City	
5	1005	Heilbronn City	
6			

Abbildung 2.7 Das Ergebnis der Abfrage mit allen Filialen

Abfragen mit Parametern mithilfe des Command-Objekts ausführen

Mit der Execute-Methode des Connection-Objekts können Sie schon einen Großteil aller Abfragen und auch Aktionsabfragen an eine Datenbank abdecken. Das Command-Objekt bietet Ihnen noch ein paar Möglichkeiten mehr. Die wichtigste davon ist, Abfragen mit Parametern, die in der Datenbank hinterlegt sind, aufzurufen.

In der Datenbank *Reisebuero.accdb* gibt es eine Abfrage *aMitarbeiterFilialen*. Sie hat einen Parameter, der eine Filialnummer erwartet und gibt dann alle Mitarbeiter mit Vor- und Nachnamen zurück, die dieser Filiale zugeordnet sind. Die Aufgabe wäre mit der Execute-Methode des Connection-Objekts nicht zu lösen. Hier das Listing, das die Daten im Tabellenblatt *Command* ausgibt.

```
Sub AbfrageMitParameter()

    Dim Conn As New ADODB.Connection
    Dim cmd As New ADODB.Command
    Dim rs As ADODB.Recordset
    Dim strFilialnummer As String

    strFilialnummer = InputBox("Bitte geben Sie die gewünschte Filialnummer (1001 - 1005) an.")

    Conn.Open "Provider=Microsoft.ACE.OLEDB.12.0;Data Source=" & ThisWorkbook.Path & "\Reisebuero.accdb;"

    With cmd
        .ActiveConnection = Conn
        .CommandText = "aMitarbeiterFiliale"
        Set rs = .Execute(Parameters:=strFilialnummer)
    End With

    With tabCommand
        .UsedRange.Clear
        .Range("A5").CopyFromRecordset rs
    End With

    Conn.Close

End Sub
```

Listing 2.5 Aufruf einer Abfrage mit Parameter

Die gewünschte Filialnummer wird mithilfe von InputBox vom Benutzer entgegengenommen und in einer entsprechenden Variablen zwischengespeichert. Anschließend wird die Verbindung zur Datenbank aufgebaut. Die muss an das Command-Objekt in der Eigenschaft Command.ActiveConnection übergeben werden.

Was das Command-Objekt machen soll, wird in der Eigenschaft CommandText festgelegt. Das kann, wie bei Connection.Execute, ein SQL-Statement oder auch der Name eines in der Datenbank hinterlegten View bzw. einer Abfrage sein.

Mithilfe der Methode Command.Execute wird die Anweisung dann an die Datenbank abgeschickt. Im Gegensatz zur Execute-Methode von Connection können beim Command-Objekt aber noch Parameter angegeben werden. In diesem Fall ist das unsere vorher abgefragte Filialnummer.

HINWEIS Wenn die Abfrage mehrere Parameter hat, müssen diese als Array in derselben Reihenfolge, wie sie in der Abfrage definiert sind, übergeben werden.

Auch hier liefert die Execute-Methode wieder ein Recordset-Objekt zurück, das genau wie in den vorangegangenen Beispielen im Tabellenblatt ausgegeben wird.

Mit dem Recordset-Objekt arbeiten

Das ADO-Objekt, mit dem Sie vermutlich am meisten arbeiten werden, ist das Recordset-Objekt. Ein Recordset ist eine Sammlung von Daten aus der Datenbank. Es kann auch für Aktionsabfragen genutzt werden, aber in der Praxis brauchen Sie es am häufigsten, um Daten aus einer Datenbank abzuholen, zu bearbeiten und wieder in die Datenbank zurückzuschreiben.

Mithilfe des Recordsets können auch einzelne Datensätze aus der Datenbank gelöscht, verändert oder angehängt werden. In diesem Kapitel beschäftigen wir uns aber zunächst nur mit den Möglichkeiten der Datenabfrage. Sie finden die folgenden Beispiele im Modul mdlRecordset.

Daten mithilfe eines Recordsets abfragen

Ein Recordset funktioniert genauso wie das Command-Objekt nur im Zusammenspiel mit einem Connection-Objekt, das eine Datenbankverbindung repräsentiert. Die wird ebenfalls an das Recordset weitergegeben und von diesem sozusagen als Tunnel zur Datenbank verwendet.

Die wichtigste Methode ist zweifelsohne Recordset.Open. Ihr können Sie direkt die Verbindung (Connection) übergeben. Daneben brauchen Sie noch unbedingt das auszuführende Kommando. Das kann wie bei Connection.Execute ein SQL-Statement, aber auch der Name einer definierten Abfrage sein. Hier nun ein kurzes Listing, das Ihnen den Ablauf verdeutlichen soll:

```
Sub RecordsetErstellen()

    Dim conn As New ADODB.Connection
    Dim rs As New ADODB.Recordset

    conn.Open "Provider=Microsoft.ACE.OLEDB.12.0;Data Source=" & ThisWorkbook.Path & "\Reisebuero.accdb;"

    With rs
        .ActiveConnection = conn
        .Open Source:="SELECT Kundennummer, Nachname, Vorname FROM tabKunden"
        tabRecordset.UsedRange.Clear
        tabRecordset.Range("A1").CopyFromRecordset rs
        .Close
    End With

    conn.Close

End Sub
```

Listing 2.6 Aus der Datenbank werden bestimmte Kundendaten per Recordset abgefragt

Zuerst wird wieder die Verbindung zur Datenbank aufgebaut. Das Connection-Objekt wird dann an die ActiveConnection unseres Recordset weitergegeben. Mithilfe der Methode Open wird anschließend ein SQL-Befehl an die Datenbank abgeschickt – die Datensätze landen schließlich als Ergebnis im Recordset-Objekt.

TIPP Sie können auch eine komplette Tabelle mit sämtlichen Inhalten abfragen. Dafür geben Sie einfach nur den Tabellennamen als Source an.

Wie bereits in den vorhergehenden Beispielen wird der Inhalt des Recordset-Objekts, also das Ergebnis der Abfrage, einfach in das Tabellenblatt *Recordset* ausgegeben. Wenn das Recordset nicht mehr benötigt wird, wird es genau wie Connection mit der Methode Close geschlossen.

Das Recordset ausgeben

Bisher haben wir den Inhalt des Recordset immer mit CopyFromRecordset in einen Zellbereich geschrieben. Es gibt aber noch weitere Möglichkeiten, die Datensätze auszulesen.

Inhalt des Recordsets als formatierten Text ausgeben

Wenn Sie Ihr Abfrageergebnis gleich an eine Textdatei weiterreichen oder im Direktfenster schnell überprüfen wollen, bietet sich die Methode Recordset.GetString an. Sie gibt den kompletten Inhalt als Zeichenfolge mit Zeilen- und Spaltentrennung aus. Standardmäßig werden die Zeilen mit einem Zeilenumbruch und die Spalten mit einem Tabulator voneinander getrennt. Sie können aber über die Parameter ColumnDelimeter und RowDelimiter auch eigene Trennzeichen festlegen.

Mithilfe des Parameters NumRows können Sie die Anzahl der auszugebenden Datensätze begrenzen. Das folgende Listing gibt die ersten zehn Datensätze in einem Meldungsfeld mit Semikolon als Spaltentrenner aus.

```
Sub DatenAusgebenGetString()

    Dim conn As New ADODB.Connection
    Dim rs As New ADODB.Recordset

    conn.Open "Provider=Microsoft.ACE.OLEDB.12.0;Data Source=" & ThisWorkbook.Path & "\Reisebuero.accdb;"

    With rs
        .ActiveConnection = conn
        .Open Source:="SELECT Kundennummer, Nachname, Vorname FROM tabKunden"
        MsgBox .GetString(columnDelimeter:=";", NumRows:=10)
        .Close
    End With

    conn.Close

End Sub
```

Listing 2.7 Ausgabe des Abfrageergebnisses als formatierter Text im Direktfenster

Die Vorgehensweise zum Öffnen der Verbindung und des Recordsets bleibt die gleiche. Für die Ausgabe wird die Methode Recordset.GetString aufgerufen. Sie bekommt in diesem Beispiel als Spaltentrennzeichen das Semikolon übergeben.

Abbildung 2.8 Ausgabe der ersten zehn Datensätze als Text mit Trennzeichen

Den Inhalt des Recordsets an ein Array übergeben

Eine weitere Methode zur Ausgabe des Inhalts ist Recordset.GetRows. Es liefert ein zweidimensionales Array zurück.

```
Sub DatenAusgebenGetRows()

    Dim conn As New ADODB.Connection
    Dim rs As New ADODB.Recordset
    Dim arrDaten()

    conn.Open "Provider=Microsoft.ACE.OLEDB.12.0;Data Source=" & ThisWorkbook.Path & "\Reisebuero.accdb;"

    With rs
        .ActiveConnection = conn
        .Open Source:="SELECT Kundennummer, Nachname, Vorname FROM tabKunden"
        arrDaten = .GetRows
        MsgBox UBound(arrDaten, 2) + 1 & " Datensätze gefunden"
        .Close
    End With

    conn.Close

End Sub
```

Listing 2.8 Der Inhalt des Recordsets wird in ein Array überführt

Die Variable arrDaten wurde direkt als Array deklariert. Die Größe wird später durch die Methode GetRows festgelegt. Nach dem Abholen der Daten wird die Methode Recordset.GetRows aufgerufen und das Ergebnis der Variablen arrDaten übergeben. Um zu zeigen, dass die Daten tatsächlich im Array angekommen sind, wird die Zeilenanzahl, die nun über die Funktion UBound ermittelt werden kann, in einem Meldungsfeld ausgegeben.

ACHTUNG Das Array enthält die Daten nicht in der Form, wie man sie erwarten würde, sondern genau umgekehrt: Die erste Dimension sind die Spalten und die zweite die Zeilen – also genau umgekehrt zur Darstellung in einer typischen Excel-Tabelle. Sofern erforderlich können Sie diese Daten transponieren, indem Sie das Array der Funktion WorksheetFunction.Transpose übergeben.

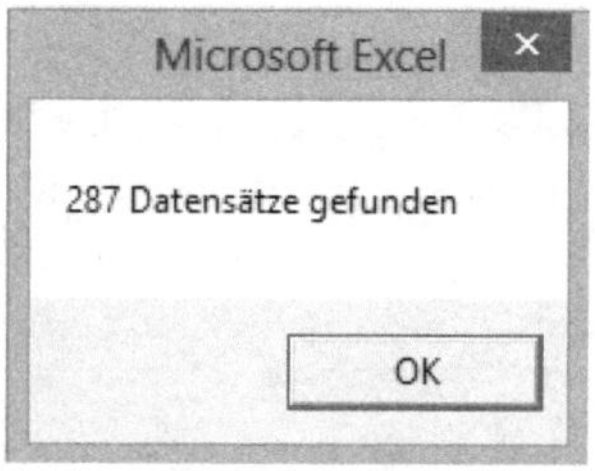

Abbildung 2.9 Die Anzahl der Datensätze wurde ermittelt

Einzelne Felder auslesen

Sie können statt des kompletten Recordsets auch nur einzelne Zeilen und Spalten – Datensätze und Felder im Datenbank-Jargon – ausgeben. Wie Sie sich durch die einzelnen Zeilen in einem Recordset bewegen, erfahren Sie später. Wir arbeiten in diesem Beispiel nur mit dem ersten Datensatz, da es vorerst nur um den Zugriff auf die Spalten/Felder geht.

```
Sub DatenAusgebenFields()

    Dim conn As New ADODB.Connection
    Dim rs As New ADODB.Recordset

    conn.Open "Provider=Microsoft.ACE.OLEDB.12.0;Data Source=" & ThisWorkbook.Path & "\Reisebuero.accdb;"

    With rs
        .ActiveConnection = conn
        .Open Source:="SELECT Kundennummer AS KdNr, Nachname, Vorname FROM tabKunden"
        tabRecordset.UsedRange.Clear
        tabRecordset.Range("A1").Value = .Fields("Nachname")
        tabRecordset.Range("B1").Value = .Fields(2)
        tabRecordset.Range("C1").Value = .Fields("KdNr")
        .Close
    End With

    conn.Close

End Sub
```

Listing 2.9 Auslesen einzelner Felder aus dem Recordset

Wenn das Recordset geöffnet wird, steht der Zeiger auf dem ersten Datensatz. Dieser wird nun spaltenweise ausgegeben. Der Nachname wird über den Namen des Felds in der Datenbank abgegriffen. In diesem Fall über die Bezeichnung *Nachname*. Der Vorname wird über den numerischen Index des Felds ausgelesen. Die Felder, die aus der Abfrage resultieren, werden nullbasiert durchnummeriert. Das dritte Feld ist laut SQL-Statement der Vorname und hat somit den Index 2.

Wenn Sie im Statement einen Alias verwenden – also wie in diesem Fall bei der Kundennummer – dann trägt auch das Feld im Recordset diesen Alias als Bezeichnung. Sie können im obigen Beispiel also nicht mehr über den Namen Kundennummer auf das entsprechende Feld zugreifen, sondern es trägt im Recordset den Namen KdNr.

Durch das Recordset navigieren

Es nützt natürlich nicht allzu viel, nur den ersten Datensatz auszulesen, sondern es werden fast immer alle benötigt. Dafür muss durch die Zeilen des Recordsets navigiert werden. Im Recordset-Objekt gibt es einen sogenannten Cursor. Er ist eine Art Zeiger – ähnlich dem Datensatzmarkierer in Access – der immer auf einem bestimmten Datensatz steht.

Es gibt verschiedene Arten von Zeigern, die Sie vor oder direkt beim Öffnen des Recordsets angeben. Sie legen zum einen fest, in welchen Richtungen Sie sich durch die Daten bewegen können, zum anderen aber auch, wie auf die Daten zugegriffen wird. Es gibt Cursortypen, die stellen eine Art Referenz auf die eigentlichen Daten dar und ermöglichen damit auch Änderungen direkt in der Datenbank. Andere stellen nur eine Kopie der Daten zum Zeitpunkt der Abfrage dar.

CursorType	Beschreibung
adOpenForwardOnly	Dieser Cursortyp wird immer dann verwendet, wenn Sie keinen speziell angeben. Er weist die beste Performance auf. Änderungen an den Daten können vorgenommen werden, sind aber für andere User nicht direkt in der Datenbank sichtbar. Mit diesem Cursor können Sie sich nur vorwärts durch das Recordset bewegen.

CursorType	Beschreibung
adOpenKeyset	Mit diesem Cursor können Sie sich frei in den Datensätzen bewegen und auch Änderungen vornehmen. Änderungen, die andere User an den von Ihrer als Source übergebenen Abfrage betroffenen Datensätzen vornehmen, werden allerdings nicht in Ihrem Recordset angezeigt.
adOpenDynamic	Dieser Cursor verhält sich ähnlich wie adOpenKeyset. Unterschied: Die zugrunde liegenden Daten werden regelmäßig aktualisiert, sodass auch Änderungen von anderen Usern berücksichtigt werden. Dieser Cursortyp ist besonders ressourcenhungrig.
adOpenStatic	Hier wird nur eine Kopie der eigentlichen Datensätze abgerufen. Somit sind keine Änderungen in der Datenbank möglich. Sie können sich mit diesem Cursor aber frei durch die Datensätze bewegen.

Das Recordset-Objekt stellt vier Methoden zur Verfügung, mit denen Sie sich durch die Datensätze bewegen können:

- MoveFirst zum ersten Datensatz
- MoveLast zum letzten Datensatz
- MoveNext zum nächsten Datensatz
- MovePrevious zum vorherigen Datensatz

Wenn Sie mit dem Cursor auf dem ersten Datensatz stehen und die Methode MovePrevious ausführen oder auf dem letzten Datensatz die Methode MoveNext, erreichen Sie den Anfang bzw. das Ende des Recordsets. In diesem Moment wird die Eigenschaft BOF – Begin of File – bzw. EOF – End of File – auf True gesetzt.

Damit können Sie, wenn Sie das Recordset in einer Schleife abarbeiten sicherstellen, dass Sie nicht über das Ende hinausschießen. Typischerweise verwenden Sie für solch eine Aufgabe eine Do...Loop-Schleife.

```
Sub RecordsetPerSchleife()

    Dim conn As New ADODB.Connection
    Dim rs As New ADODB.Recordset
    Dim Zeile As Long

    conn.Open "Provider=Microsoft.ACE.OLEDB.12.0;Data Source=" & ThisWorkbook.Path & "\Reisebuero.accdb;"

    With rs
        .ActiveConnection = conn
        .Open Source:="SELECT Kundennummer AS KdNr, Nachname, Vorname FROM tabKunden"

        tabRecordset.UsedRange.Clear
        Do While Not .EOF
            Zeile = Zeile + 1
            tabRecordset.Range("A" & Zeile).Value = .Fields("Vorname")
            tabRecordset.Range("B" & Zeile).Value = .Fields("Nachname")
            tabRecordset.Range("C" & Zeile).Value = .Fields("KdNr")
            .MoveNext
        Loop
        .Close
    End With

    conn.Close

End Sub
```

Listing 2.10 Das Recordset wird per *Do...Loop*-Schleife durchlaufen

Für die Zeile im Tabellenblatt wird eine Variable benötigt, die in der Schleife hochgezählt wird. Das Einrichten der Verbindung und Öffnen des Recordsets gestaltet sich wie in den vorherigen Beispielen.

Die Schleife ist hier eine kopfgesteuerte Do While...Loop-Schleife, die Not .EOF als Do-Kriterium heranzieht. Die Schleife wird also solange ausgeführt, wie das Recordset-Ende (End of File) noch nicht erreicht ist. Innerhalb der Schleife wird der Cursor mit der Methode MoveNext weitergeführt.

ACHTUNG Schreiben Sie am besten immer direkt nach dem Aufsetzen der Schleife den MoveNext-Befehl. Sollten Sie dies vergessen, haben Sie eine Endlosschleife programmiert, aus der Sie unter Umständen nicht so leicht wieder herauskommen.

Vorher werden die Werte der aktuellen Cursorposition noch in das Blatt *Recordset* geschrieben. Wie Sie sehen, muss kein Index für die Zeile im Recordset angegeben werden – es wird sich immer auf die aktuelle Position des Cursors bezogen.

Die Anzahl der gefundenen Datensätze ermitteln

Hin und wieder müssen Sie ermitteln, wie viele Datensätze sich im Recordset befinden. Dafür stellt Ihnen das Objekt die Eigenschaft RecordCount zur Verfügung. Hier sollten Sie allerdings wissen, dass das nicht bei allen Cursortypen funktioniert. Nachfolgend ein Listing, um die Problematik zu veranschaulichen:

```
Sub CursortypeRecordcount()

    Dim conn As New ADODB.Connection
    Dim rs As New ADODB.Recordset
    Dim strAusgabe As String

    conn.Open "Provider=Microsoft.ACE.OLEDB.12.0;Data Source=" & ThisWorkbook.Path & "\Reisebuero.accdb;"

    With rs
        .ActiveConnection = conn
        .Open "SELECT Nachname FROM tabKunden", CursorType:=adOpenForwardOnly
        .MoveNext
        strAusgabe = "adOpenForwardOnly: " & .RecordCount & vbCrLf
        .Close
        .Open "SELECT Nachname FROM tabKunden", CursorType:=adOpenKeyset
        strAusgabe = strAusgabe & "adOpenKeyset: " & .RecordCount & vbCrLf
        .Close
        .Open "SELECT Nachname FROM tabKunden", CursorType:=adOpenDynamic
        strAusgabe = strAusgabe & "adOpenDynamic: " & .RecordCount & vbCrLf
        .Close
        .Open "SELECT Nachname FROM tabKunden", CursorType:=adOpenStatic
        strAusgabe = strAusgabe & "adOpenStatic: " & .RecordCount
        .Close
    End With

    MsgBox strAusgabe

    conn.Close

End Sub
```

Listing 2.11 Ausgabe des Ergebnisses von *RecordCount* für die verschiedenen Cursortypen

Als Ausgabe im Meldungsfeld erhalten wir Folgendes:

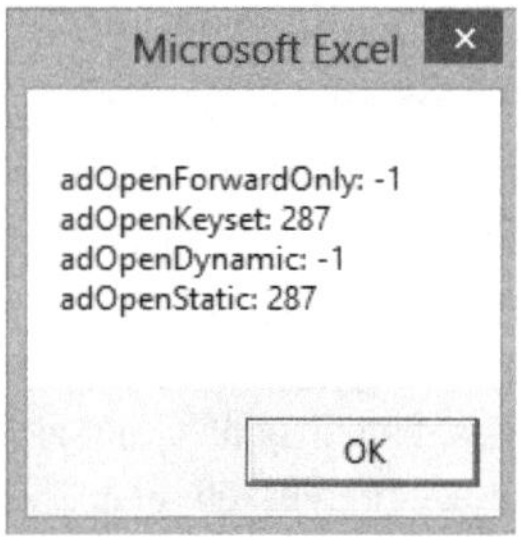

Abbildung 2.10 *RecordCount* ermittelt nicht immer die richtige Anzahl

Bei den Cursortypen adOpenForwardOnly und adOpenDynamic erhalten wir als Rückgabewert -1, obwohl die Datengrundlage dieselbe ist. Das hängt mit der Art und Weise zusammen, wie die Daten abgefragt werden. Der Cursor adOpenForwardOnly fragt immer nur eine Zeile ab und adOpenDynamic aktualisiert die Datengrundlage immer wieder, deshalb kann auch hier keine feste Anzahl ermittelt werden.

Sie können das Ganze umgehen, indem Sie einen sogenannten clientseitigen Cursor verwenden. Das können Sie beim Einrichten des Recordsets beispielsweise direkt nach dem Setzen von ActiveConnection tun. Der Befehl dafür lautet dann:

```
Recordset.CursorLocation = adUseClient
```

Wenn Sie diesen Befehl in Listing 2.11 ergänzen, erhalten Sie für alle vier Varianten die korrekte Datensatzzahl:

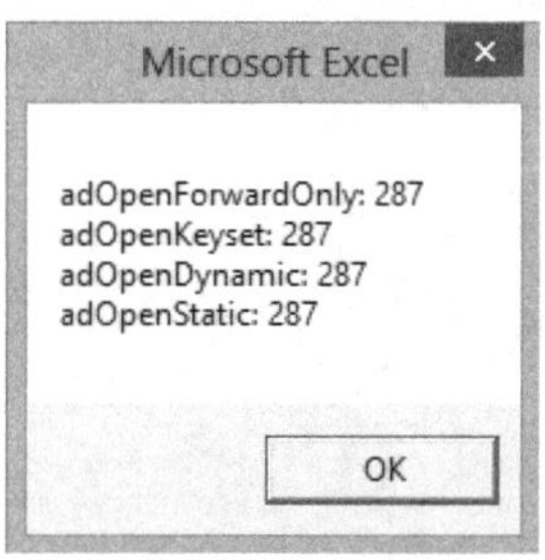

Abbildung 2.11 Nun wird bei allen Cursortypen die richtige Anzahl an Datensätzen ermittelt

Das Recordset sortieren

Sie können ein Recordset schon im Rahmen der Abfrage durch Angabe einer ORDER BY-Klausel sortieren. Wenn Sie aber später umsortieren wollen, können Sie die Methode Recordset.Sort nutzen. Im folgenden Beispiel wird das Recordset nach Nachname absteigend und nach Vorname aufsteigend umsortiert.

```
Sub Sortieren()

    Dim conn As New ADODB.Connection
    Dim rs As New ADODB.Recordset

    conn.Open "Provider=Microsoft.ACE.OLEDB.12.0;Data Source=" & ThisWorkbook.Path & "\Reisebuero.accdb;"

    With rs
        .ActiveConnection = conn
```

Listing 2.12 Sortieren eines Recordsets

```
        .CursorLocation = adUseClient
        .Open "SELECT Kundennummer, Vorname, Nachname FROM tabKunden"
        .Sort = "Nachname DESC, Vorname ASC"
        tabRecordset.UsedRange.Clear
        tabRecordset.Range("A1").CopyFromRecordset rs
        .Close
    End With

    conn.Close

End Sub
```

Listing 2.12 Sortieren eines Recordsets *(Fortsetzung)*

Wichtig ist, auch hier wieder einen clientseitigen Cursor zu verwenden. Die Schlüsselworte DESC und ASC können Sie auch weglassen, dann wird automatisch aufsteigend sortiert.

Das Recordset durchsuchen

Sie können das Recordset auch nach bestimmten Werten durchsuchen. Dabei wird ab der aktuellen Cursorposition gesucht und der Cursor auf den ersten übereinstimmenden Datensatz gesetzt.

```
Sub Suchen()

    Dim conn As New ADODB.Connection
    Dim rs As New ADODB.Recordset

    conn.Open "Provider=Microsoft.ACE.OLEDB.12.0;Data Source=" & ThisWorkbook.Path & "\Reisebuero.accdb;"

    With rs
        .ActiveConnection = conn
        .Open "SELECT Kundennummer, Vorname, Nachname FROM tabKunden", CursorType:=adOpenKeyset
        .Find criteria:="Nachname = 'Theiss'"
        If Not .EOF Then
            MsgBox .Fields("Vorname") & " " & .Fields("Nachname") & _
                        " gefunden bei Position " & .AbsolutePosition
        Else
            MsgBox "Nicht gefunden."
        End If
        .Close
    End With

    conn.Close

End Sub
```

Listing 2.13 Suche nach dem Namen Theiss

Die Methode, die hier zum Einsatz kommt, heißt Recordset.Find. Sie hat mehrere Parameter, von denen der wichtigste Criteria heißt. Hier geben Sie an, wonach gesucht werden soll. Und zwar zuerst das Feld und dann den Suchwert – genauso wie Sie auch eine WHERE-Klausel in einer SQL-Anweisung formulieren würden.

Gesucht wird ab der aktuellen Cursorposition. Wenn Sie das Recordset rückwärts durchsuchen wollen, geben Sie noch den Parameter SearchDirection mit adSearchBackward an. Standardmäßig wird vorwärts gesucht. Wollen Sie nicht ab der aktuellen Position, sondern ab dem Anfang – also im kompletten Recordset – suchen, übergeben Sie dem Parameter Start eine 1.

Wenn ein übereinstimmender Datensatz gefunden wurde, wird der Cursor auf diesen gesetzt. Ein erneuter Aufruf der Find-Methode würde dann ab dieser Position suchen. Wird nichts gefunden, dann wird der Cursor bei einer Vorwärtssuche auf EOF und bei einer Rückwärtssuche auf BOF gesetzt.

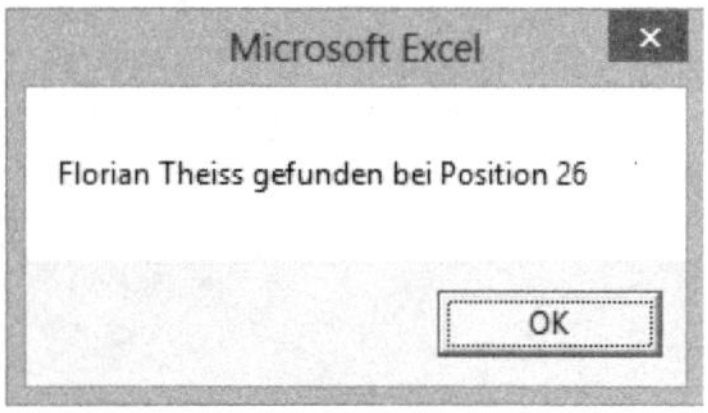

Abbildung 2.12 Der erste gefundene Datensatz

Das Recordset filtern

Zu guter Letzt schauen wir uns noch an, wie Sie den Inhalt eines Recordsets filtern können. Das folgende Listing filtert das Recordset nach allen Datensätzen, bei denen der Nachname mit dem Buchstaben B beginnt.

```
Sub Filtern()

    Dim conn As New ADODB.Connection
    Dim rs As New ADODB.Recordset

    conn.Open "Provider=Microsoft.ACE.OLEDB.12.0;Data Source=" & ThisWorkbook.Path & "\Reisebuero.accdb;"

    With rs
        .ActiveConnection = conn
        .Open "SELECT Kundennummer, Vorname, Nachname FROM tabKunden"
        .Filter = "Nachname LIKE 'B*'"
        tabRecordset.UsedRange.Clear
        tabRecordset.Range("A1").CopyFromRecordset rs
        .Close
    End With

    conn.Close

End Sub
```

Listing 2.14 Filtern des Recordsets nach Nachnamen, die mit B beginnen

Die Methode Filter, die wir hier anwenden, bekommt ein Filterkriterium in derselben Form, wie Sie es in der WHERE-Klausel einer SQL-Anweisung angeben würden. Es funktionieren also auch teilweise Vergleiche mithilfe von Wildcards, wie oben im Listing gezeigt.

Das Recordset gibt nun nur noch die zum Filter passenden Datensätze zurück. Auch RecordCount gibt die Anzahl der gefilterten Datensätze zurück. Im Hintergrund werden aber trotzdem – auch beim Cursortyp adOpenStatic – alle abgefragten Datensätze vorgehalten. Sie können damit erst nach dem einen Wert filtern, dann nach einem anderen.

TIPP Wenn Sie den Filter wieder komplett entfernen wollen, übergeben Sie ihm einfach einen Leerstring:

```
Recordset.Filter = ""
```

Auf andere Datenbanktypen zugreifen

Wie Sie mit ADO umgehen wissen Sie jetzt. Bisher haben wir in unseren Beispielen immer mit einer Access-Datenbank gearbeitet. Häufig müssen Daten aber auch aus anderen Quellen importiert werden. Wir werden uns in diesem Teil beispielhaft mit einer MySQL- und einer Oracle-Datenbank befassen. Für beide Beispiele gehen wir von einer Datenbank mit der gleichen Struktur wie bei *Reisebuero.accdb* aus. Die Beispiele beziehen sich nur auf die Tabelle *tabKunden*, sodass Sie nur diese auf Ihrem Server anlegen müssen, um die Codes testen zu können.

Daten aus einer MySQL-Datenbank abfragen

Eine MySQL-Datenbank läuft in der Regel auf einem Server, für den Zugangsdaten benötigt werden. Um die Beispiele besser nachvollziehen zu können, arbeiten wir hier mit einer lokal installierten MySQL-Version und somit mit dem Server *localhost*. Ersetzen Sie diesen in Ihrem Code durch den Servernamen, auf dem Ihre Datenbank läuft. Den Beispielcode finden Sie im Modul mdlMySQL.

```
Sub ZugriffMySQL()

    Dim conn As New ADODB.Connection
    Dim rs As New ADODB.Recordset
    Dim Zeile As Long
    Dim spalte As Long

    conn.Open "DRIVER={MySQL ODBC 5.2 Unicode Driver};" & _
                 "Server=localhost;" & _
                 "Port=3306;" & _
                 "Option=;" & _
                 "Stmt=;" & _
                 "Database=reisebuero;" & _
                 "UID=root;"
    With rs
        .ActiveConnection = conn
        .CursorType = adOpenKeyset

        .Open Source:="SELECT Kundennummer AS KdNr, Nachname, Vorname FROM tabKunden"

        tabMySQL.UsedRange.ClearContents
        tabMySQL.Range("A1").CopyFromRecordset rs

        .Close
    End With

    conn.Close

End Sub
```

Listing 2.15 Import der Kundendaten aus einer MySQL-Datenbank

Wie Sie sehen, verändert sich am Code nicht viel gegenüber dem Zugriff auf die Access-Datenbank. Lediglich die Verbindungszeichenfolge muss geändert werden. Einen gegebenenfalls angelegten User geben Sie bei UID anstelle von root an. Das Passwort dazu wird dann in der Form PWD=Passwort; an die Verbindungszeichenfolge angehängt. Der MySQL-Treiber ist allerdings nicht auf jedem Gerät installiert. Er kann kostenlos im Internet heruntergeladen werden. Unter *http://dev.mysql.com/downloads/connector/* finden Sie immer die aktuellsten Versionen.

Daten aus einer Oracle-Datenbank abfragen

Die folgenden Beispiele finden Sie im Modul mdlOracle. Der Zugriff auf eine Oracle-Datenbank ist etwas anders, was der speziellen Struktur geschuldet ist. Oracle arbeitet mit sogenannten Datenbank-Usern, über die dann auf die jeweils berechtigten Tabellen zugegriffen werden kann.

Damit gibt es auch zwei Möglichkeiten, um auf eine Oracle-Datenbank zuzugreifen. Melden Sie sich in der Verbindungszeichenfolge als User *SYSTEM* an, haben Sie Zugriff auf die gesamte Datenbank. In dem Fall müssen Sie den jeweiligen Usernamen in der SQL-Anweisung vor dem Namen der Tabelle angeben, die diesem User zugeordnet ist.

```
Sub ZugriffOracle1()
 Dim conn As New ADODB.Connection
 Dim rs As New ADODB.Recordset
 Dim strSQL As String

 conn.Open "Driver={Microsoft ODBC for Oracle};Server=localhost;Uid=SYSTEM;Pwd=Test;"

   With rs
       .ActiveConnection = conn
       .CursorType = adOpenKeyset
       .Open "SELECT * FROM reisebuero.TABFILIALEN"

       tabOracle.UsedRange.ClearContents
       tabOracle.Range("A1").CopyFromRecordset rs

       .Close
   End With

   conn.Close

End Sub
```

Listing 2.16 Zugriff auf eine Oracle-Datenbank als SYSTEM-User

Auch hier wird in der Verbindungszeichenfolge als Source der Server angegeben – für das Beispiel läuft die Datenbank wieder lokal, darum taucht auch hier erneut localhost auf. Der Treiber sollte unter Windows bereits vorinstalliert sein. Sollten Sie unsicher sein, erstellen Sie einfach eine Datenquelle, wie im Abschnitt »Eine Verbindungszeichenfolge erstellen« beschrieben.

Wenn Sie in der Verbindungszeichenfolge den jeweiligen Tabellen-User – in unserem Fall heißt er *reisebuero* – angeben, greifen Sie auf diese Tabelle zu, ohne den User-Namen voranzustellen.

```
Sub ZugriffOracle2()
  Dim conn As New ADODB.Connection
  Dim rs As New ADODB.Recordset
  Dim strSQL As String


  conn.Open "Provider=MSDAORA;" & _
```

Listing 2.17 Zugriff auf eine Oracle-Datenbank über einen User

```
        "Data Source=localhost;user id=reisebuero;password=Test"

    With rs
        .ActiveConnection = conn
        .CursorType = adOpenKeyset
        .Open "SELECT * FROM TABFILIALEN"

        tabOracle.UsedRange.ClearContents
        tabOracle.Range("A1").CopyFromRecordset rs

        .Close
    End With

    conn.Close

End Sub
```

Listing 2.17 Zugriff auf eine Oracle-Datenbank über einen User *(Fortsetzung)*

Dies sind zwei sehr einfach gehaltene Beispiele. Der Zugriff auf eine Oracle-Datenbank ist immer abhängig von der jeweiligen Implementierung. Diese beiden Listings sollen dabei als Einstieg und Orientierungshilfe dienen.

Grundlegende SQL-Kommandos anwenden

SQL – Structured Query Language – ist die Grundlage aller Abfragen, die wir via ADO bereits durchgeführt haben. SQL ist aber bei Weitem leistungsfähiger, als Sie es in den bisherigen Beispielen gesehen haben. Um eine gute Grundlage für Datenbankabfragen mit ADO zu schaffen, haben wir hier die wichtigsten praxisrelevanten Befehle zusammengestellt.

Im ersten Teil geht es um das Abfragen von Daten. Sie lernen, wie Sie Daten filtern und gruppieren, wie Sie einfache Berechnungen schon direkt in der Abfrage ausführen und mehrere Tabellen miteinander verknüpfen. Im zweiten Teil geht es darum, Daten zu aktualisieren, neue Datensätze anzulegen oder auch Daten zu löschen. Wenn Sie danach noch tiefer in SQL einsteigen wollen, gibt es Unmengen an Literatur, die sich ausschließlich und detailliert mit diesem Thema befasst.

Daten mit SQL abfragen

In den meisten Fällen werden Sie bestehende Daten aus einer Datenbank abfragen wollen. Gegebenenfalls sollen diese noch nach bestimmten Kriterien gefiltert oder verdichtet werden. Wie Sie dies alles bewerkstelligen können, lernen Sie in diesem Abschnitt.

Wir haben sämtliche SQL-Kommandos im Tabellenblatt *SQL* in der Datei *SQL.xlsm* zusammengefasst, die Sie im Verzeichnis *Buch\Kap02* finden. Markieren Sie einfach die Zelle mit dem SQL-Statement und klicken Sie auf die Schaltfläche *Abfrage starten.* Im Modul mdlSQL finden Sie die Prozedur SQLAbfrage, die jeweils das gewählte Statement verwendet und das Ergebnis der Abfrage im Tabellenblatt ausgibt.

```
Sub SQLAbfrage()

    Dim rs As New ADODB.Recordset
    Dim conn As New ADODB.Connection
    Dim strSQL As String

    On Error GoTo fehler

    If Intersect(ActiveCell, tabSQL.Range("Statements")) _
        Is Nothing Then Exit Sub

    strSQL = ActiveCell.Value
    tabSQL.Range("C:M").Clear

    conn.Open "Provider=Microsoft.ACE.OLEDB.12.0;Data Source=" & ThisWorkbook.Path & "\Reisebuero.accdb;"

    rs.Open strSQL, conn, adOpenKeyset
    tabSQL.Range("C1").CopyFromRecordset rs
    rs.Close

    conn.Close

    Exit Sub

fehler:

End Sub
```

Listing 2.18 Listing zum Ausführen der einzelnen Abfragen

Das Listing ist ähnlich aufgebaut, wie die Datenbankabfragen im vorhergehenden Kapitel. Zuerst wird hier noch geprüft, ob sich die aktive Zelle im Bereich der Statements befindet. Falls nicht, wird die Prozedur verlassen. Eine Fehlerbehandlung stellt sicher, dass selbst bei einem Laufzeitfehler das Makro korrekt beendet wird.

Die Source für das Recordset kommt diesmal aus der ausgewählten Zelle und wird in einer Variablen zwischengespeichert. Anschließend wird der Ausgabebereich geleert, die Verbindung zur Datenbank hergestellt und per Recordset die gewählte Abfrage an die Datenbank geschickt. Das Ergebnis wird wieder mithilfe der Funktion CopyFromRecordset im Tabellenblatt ausgegeben. Mithilfe dieser Prozedur werden alle im Blatt *SQL* aufgelisteten Statements an die Datenbank geschickt.

Alle Daten einer Tabelle abfragen

Grundlage aller Abfragen einer Datenbank ist das Schlüsselwort SELECT. Sie können via ADO zwar auch den kompletten Inhalt einer Tabelle abfragen, indem Sie als Source für das Recordset nur den Tabellennamen angeben, aber sobald Sie die Spalten in einer anderen Reihenfolge wünschen, filtern oder gruppieren kommt eine SELECT-Abfrage zum Einsatz.

Das Listing zum Abfragen aller Daten einer Tabelle ist recht kurz:

```
SELECT * FROM tabMitarbeiter
```

Mit dem Schlüsselwort SELECT beginnt jede Abfrage. Der Stern bedeutet, dass alle Datensätze und alle Felder ausgewählt werden sollen. Es folgt die sogenannte FROM-Klausel, die angibt, aus welcher/welchen Tabelle/n die Daten ausgewählt werden sollen. In diesem Beispiel ist das zunächst nur eine einzelne Tabelle, später erfahren Sie, wie Sie Daten aus mehreren Tabellen miteinander verknüpfen können. Als Ergebnis erhalten Sie hier also alle Daten der Tabelle tabMitarbeiter (siehe Abbildung 2.13).

C	D	E	F	G	H	I	J	K
1	Baer	Diana	28.04.1976	101	2750	01.09.2000		1
2	Pabst	Lena	07.09.1981	102	1890	01.01.2001		2
3	Fried	Stephanie	12.10.1984	103	3000	01.01.2001		2
4	Schmitt	Florian	20.03.1980	104	2120	01.08.2001		1
5	Maier	Luca	30.12.1967	105	2050	01.08.2001		1

Abbildung 2.13 Es werden alle Felder der Tabelle *tabMitarbeiter* ausgegeben

Einzelne Felder einer Tabelle abfragen

Wenn Sie nur einzelne Felder – also Spalten – abfragen wollen, dann geben Sie die Namen der Felder einfach in der gewünschten Reihenfolge nach dem Schlüsselwort SELECT an.

In unserem Beispiel soll eine Personalliste mit Personalnummer, Name und Vorname erstellt werden.

```
SELECT Personalnummer, Nachname, Vorname FROM tabMitarbeiter
```

In diesem Fall liefert Ihnen die Abfrage nur die gewünschten Spalten zurück.

C	D	E	F
101	Baer	Diana	
102	Pabst	Lena	
103	Fried	Stephanie	
104	Schmitt	Florian	

Abbildung 2.14 Es werden nur die angegebenen Spalten ausgegeben

TIPP Die Reihenfolge der Felder muss nicht der Reihenfolge in der Datenbank entsprechen. Die können Sie frei festlegen.

Felder zu einem Feld zusammenfassen

Wenn Sie zwei Felder zu einem zusammenfassen wollen oder auch sonst mit irgendwelchen Zeichen erweitern, funktioniert das ähnlich einfach, wie Sie es von VBA gewöhnt sind. Im folgenden Beispiel sollen dieselben Daten wie vorher abgefragt werden, allerdings sollen Vor- und Nachname in einer Spalte von einem Leerzeichen getrennt erscheinen.

```
SELECT Personalnummer, Vorname & ' ' & Nachname FROM tabMitarbeiter
```

Zum Verketten verwenden Sie einfach denselben Operator, wie in VBA: das kaufmännische Und (&). Damit werden nun Vor- und Nachname als eine Spalte angezeigt.

C	D	E
101	Diana Baer	
102	Lena Pabst	
103	Stephanie Fried	
104	Florian Schmitt	

Abbildung 2.15 Vor- und Nachname werden verkettet

ACHTUNG Das Leerzeichen, das zwischen Vor- und Nachname eingefügt wird, können Sie auch in doppelte Anführungszeichen setzen. Wenn Sie das SQL-Statement aber innerhalb von VBA-Code verwenden, müssen Sie darauf achten, zwei aufeinanderfolgende doppelte Anführungszeichen zu verwenden, da VBA andernfalls das Ende der SQL-Anweisung annehmen würde.

Datensätze bei der Abfrage filtern

In den allermeisten Fällen brauchen Sie aus einer Tabelle nicht alle Datensätze, sondern nur ganz bestimmte. Hier muss gefiltert werden. Dafür kommt die WHERE-Klausel zum Einsatz. Die ist unheimlich leistungsfähig, wie Sie an den folgenden Beispielen sehen werden. Zuerst möchten wir alle Kunden ermitteln, die mit Nachnamen Freitag heißen.

```
SELECT Kundennummer, Nachname, Vorname FROM tabKunden WHERE Nachname = 'Freitag'
```

Die WHERE-Klausel ist so aufgebaut, dass erst der Feldname kommt, dann ein Vergleichsoperator und schließlich das Kriterium.

C	D	E
10029	Freitag	Dominik
10053	Freitag	Dominik
10302	Freitag	Ralf

Abbildung 2.16 Nur Kunden mit dem Nachnamen Freitag werden angezeigt

Wenn Sie Texte als Kriterium angeben, müssen diese wie oben in Anführungszeichen geschrieben werden. Datumswerte müssen in Rauten eingefasst und mit Schrägstrichen statt Punkten als Trennung zwischen Tag, Monat und Jahr geschrieben werden.

ACHTUNG Die Reihenfolge Tag, Monat, Jahr wird nur dann richtig interpretiert, wenn der Tag größer als 12 ist. Verwenden Sie deshalb immer die Schreibweise *Monat/Tag/Jahr.*

Im folgenden Beispiel sollen alle Kunden angezeigt werden, die am 05.06.1921 geboren sind.

```
SELECT Nachname, Vorname FROM tabKunden WHERE Geburtsdatum = #6/5/1921#
```

Zahlen als Kriterium können ohne einschließende Zeichen geschrieben werden. Achten Sie aber darauf, dass statt Komma ein Punkt verwendet werden muss. Sie können auch nach mehreren Kriterien filtern. Diese müssen mit den Schlüsselworten AND oder OR verknüpft werden. Im folgenden Beispiel sollen alle Kunden angezeigt werden, deren Nachname entweder »Bohm« oder »Böhm« lautet.

```
SELECT Nachname, Vorname FROM tabKunden WHERE Nachname = 'Bohm' OR Nachname = 'Böhm'
```

C	D
Bohm	Janina
Bohm	Christian
Böhm	Kristin

Abbildung 2.17 Nur Kunden mit den Nachnamen Bohm und Böhm werden ausgegeben

Die verknüpften Kriterien müssen sich nicht auf dasselbe Feld beziehen. Sie können beispielsweise auch eine Überprüfung von Nachname und Geburtsdatum in der WHERE-Klausel mit einem Operator verknüpfen.

Sie können auch andere Vergleichsoperatoren nutzen. Neben den einfachen Operatoren >, <, >=, <= und <> können Sie auch die Operatoren IN und BETWEEN nutzen. So können Sie beispielsweise Kunden einer bestimmten Altersgruppe abfragen. In dem folgenden Beispiel sollen alle zwischen 1953 und 1972 geborenen Kunden ausgewählt werden.

```
SELECT Kundennummer, Nachname, Vorname FROM tabKunden WHERE Geburtsdatum BETWEEN #01/01/1953# AND #12/31/1972#
```

Achten Sie darauf, dass beim Operator BETWEEN immer zwei Werte durch den Operator AND miteinander verknüpft werden müssen.

Wenn Sie eine Liste bestimmter Werte abfragen wollen, nutzen Sie den Operator IN. Ihm wird eine Liste mit Werten übergeben, die ausgewählt werden sollen. Im folgenden Beispiel sollen alle Filialmitarbeiter mit der Filial-ID 1, 3 oder 5 angezeigt werden.

```
SELECT Nachname, Vorname FROM tabMitarbeiter WHERE Filiale IN  (1, 3, 5)
```

Platzhalter einsetzen

In den Kriterien können Sie auch mit sogenannten Wildcards arbeiten. Dabei können Sie Platzhalter für ein einzelnes oder beliebig viele Zeichen verwenden. Der Platzhalter für genau ein Zeichen ist der Unterstrich (_).

```
SELECT Nachname, Vorname FROM tabKunden WHERE Nachname LIKE 'Ma_er'
```

Die Abfrage liefert Ihnen aus dem mitgelieferten Datenbestand der Beispieldatenbank folgendes Ergebnis:

C	D
Maier	Max
Mayer	Patrick
Mayer	Kevin

Abbildung 2.18 Abfrage mit Platzhalter für einzelnes Zeichen

Als Platzhalter für beliebig viele Zeichen dient in ADO das Prozentzeichen.

```
SELECT Nachname, Vorname FROM tabKunden WHERE Nachname LIKE 'Ma%er'
```

Hier werden auch Nachnamen mit mehr als einem Buchstaben zwischen »Ma« und »er« berücksichtigt.

C	D
Mahler	Swen
Maurer	Tobias
Maurer	Nadine
Maier	Max
Mahler	Mathias
Mayer	Patrick
Mayer	Kevin

Abbildung 2.19 Abfrage mit Platzhalter für mehrere Zeichen

ACHTUNG Die Wildcards variieren je nach SQL-Implementierung. Bei ADO sind die Platzhalter der Unterstrich und das Prozentzeichen, in anderen Zusammenhängen werden Ihnen aber auch das Sternchen (*) für beliebig viele und das Fragezeichen (?) für ein einzelnes Zeichen begegnen.

Ein Datum mit den Funktionen DAY, MONTH, YEAR zerlegen

Die Funktionen DAY, MONTH und YEAR extrahieren die einzelnen Datumsteile aus einem Datumswert. Dazu zwei Beispiele. Im ersten Beispiel sollen alle Kunden ermittelt werden, die im August geboren wurden.

```
SELECT Nachname, Vorname, Geburtsdatum FROM tabKunden WHERE MONTH(Geburtsdatum) = 8
```

Alle anderen Datumsteile bleiben beim Kriterium außen vor.

C	D	E
Weiss	Marko	17.08.1923
Drescher	Dominik	22.08.1987
Bosch	Klaudia	27.08.1934
Kunze	Dirk	19.08.1990
Schwartz	Marie	04.08.1960
Papst	Phillipp	18.08.1978

Abbildung 2.20 Liste der Kunden, die im August geboren wurden

Den Geburtstag können Sie über ein zweites Kriterium genauer eingrenzen.

```
SELECT Nachname, Vorname, Geburtsdatum FROM tabKunden WHERE MONTH(Geburtsdatum) = 8 AND DAY(Geburtsdatum) = 27
```

So können Sie eine genaue Geburtstagsliste erstellen.

C	D	E
Bosch	Klaudia	27.08.1934
Schuhmacher	Marko	27.08.1985
Lehrer	Sophia	27.08.1959

Abbildung 2.21 Geburtstagsliste für den 27.08.

Daten sortieren

Sie können die von einer Abfrage zurückgegebenen Datensätze auch direkt sortieren lassen. Die Klausel ORDER BY übernimmt das für Sie.

```
SELECT Nachname, Vorname FROM tabKunden ORDER BY Nachname ASC, Vorname DESC
```

In dieser Abfrage werden die Kunden zuerst aufsteigend nach Nachname und dann absteigend nach Vorname sortiert.

C	D
Abt	Marie
Abt	Barbara
Ackerman	Sara
Ackerman	Maria
Ackermann	Leon

Abbildung 2.22 Die Daten werden bei der Ausgabe sortiert

Daten gruppieren

Sie haben in SQL unzählige Möglichkeiten, Daten zu verdichten und zu gruppieren. Wenn Sie eine Gruppierung anwenden, müssen Sie immer auch sämtliche Felder mit einer Aggregatfunktion verdichten. Als Beispiel wollen wir aus der Tabelle tabBuchungen für alle Reiseziele die Gesamtbuchungszahl und die Summe des Reisepreises ermitteln.

```
SELECT Reiseziel, COUNT(ID), SUM(Preis) FROM tabBuchungen GROUP BY Reiseziel
```

Die Klausel GROUP BY gibt an, welche Felder gruppiert werden sollen. Es werden also alle Datensätze, die in diesem Feld gleiche Werte aufweisen, zusammengezogen. Dabei werden die in der SELECT-Klausel angegebenen Aggregatfunktionen angewendet.

COUNT zählt einfach nur die Datensätze je Gruppe durch. Die Spalte ist dabei unerheblich – nutzen Sie am besten immer die ID-Spalte, denn die sollte es in jeder Tabelle geben.

SUM summiert die Werte des in Klammern angegebenen Felds – in diesem Fall den Preis – je Gruppe. Für das Reiseziel muss keine Aggregat-Funktion angegeben werden, da danach ja gruppiert wird.

Weitere häufig verwendete Funktionen sind MIN und MAX, die jeweils den kleinsten bzw. größten Wert zurückliefern und AVG, die den Durchschnitt ermittelt.

B	C	D	E
	Alanya	25	83990
	Antalya	11	38259
	Athen	17	47757
	Barcelona	24	73953
	Bayrischer Wa	14	44004
	Berlin	20	67322
	British Columk	23	74778

Abbildung 2.23 Die Buchungen werden nach Reiseziel gruppiert

Berechnungen ausführen

Sie können auch direkt in einer SQL-Abfrage rechnen. Dafür können Sie in der einfachsten Form die Grundrechenoperationen verwenden. Für unser Beispiel soll der gesamte Reisepreis aller Reisen inklusive Mehrwertsteuer (zur Zeit der Drucklegung dieses Buchs 19%) ausgewiesen werden – dabei soll nach Reiseziel gruppiert werden. Es handelt sich also um eine ähnliche Abfrage wie bei der Gruppierung, die jedoch um eine Berechnung erweitert wurde.

```
SELECT Reiseziel, SUM(Preis) * 1.19 FROM tabBuchungen GROUP BY Reiseziel
```

Die Berechnung könnte auch in die Klammer geschrieben werden, was denselben Effekt hätte.

B	C	D	E
	Alanya	99948,1	
	Antalya	45528,21	
	Athen	56830,83	
	Barcelona	88004,07	
	Bayrischer Wa	52364,76	
	Berlin	80113,18	
	British Columk	88985,82	

Abbildung 2.24 Für alle Reiseziele wird die Summe der Preise aller Buchungen inklusive Mehrwertsteuer ermittelt

Im Recordset wird für das berechnete Feld ein Pseudonym als Name verwendet, das bei Access beispielsweise als "Expr" für Expression (Ausdruck) und einer Zahl besteht. Sofern Sie im Recordset auf dieses Feld zugreifen wollen, ist es ratsam, einen sprechenderen Namen zu vergeben.

Dafür gibt es das Schlüsselwort AS, das Sie an einen Abfrageausdruck – ein einzelnes Feld oder eine Berechnung oder auch Verkettung – anhängen. Dahinter vermerken Sie den gewünschten Namen. Der kann auch Leerzeichen enthalten, sollte in dem Fall aber in eckige Klammern gesetzt werden.

```
SELECT Reiseziel, SUM(Preis) * 1.19 AS Bruttopreis FROM tabBuchungen GROUP BY Reiseziel
```

Duplikate entfernen

Mit einem ganz einfachen Schlüsselwort können Sie auch Duplikate bei der Ausgabe entfernen. Das Zauberwort heißt DISTINCT und erscheint direkt nach SELECT. Es filtert alle doppelten Datensätze im Ausgabeergebnis heraus, sodass alle Zeilen, die in allen Spalten der Ausgabe gleiche Werte aufweisen, nur einmal erscheinen. Auf diese Weise könnten Sie beispielsweise anhand der Buchungstabelle eine Unikatsliste aller Reiseziele erstellen.

```
SELECT DISTINCT Reiseziel FROM tabBuchungen
```

B	C	D
	Alanya	
	Antalya	
	Athen	
	Barcelona	
	Bayrischer Wald	
	Berlin	
	British Columbia	

Abbildung 2.25 Es wird eine Unikatsliste aller gebuchten Reiseziele erstellt

Daten aus mehreren Tabellen abfragen

In den allerwenigsten Fällen reicht es aus, Daten aus nur einer Tabelle in eine Abfrage zu ziehen. Relationale Datenbanken haben die Angewohnheit, Daten auf möglichst viele Tabellen zu verteilen, um eine doppelte Speicherung von Daten (Datenredundanz) zu minimieren. Nehmen wir als Beispiel unsere Tabelle *tabBuchungen*: Wenn Sie diese in Access öffnen, sehen Sie zwar, dass der Nachname des Kunden in der Tabelle angezeigt wird, genauso wie das Land beim Reiseziel, aber tatsächlich verknüpft sind nur die jeweiligen IDs aus den Tabellen *tabKunden* und *tabLand*. Deutlich wird das mit folgender Abfrage:

```
SELECT Kunde, Reiseziel, Land FROM tabBuchungen
```

B	C	D	E
	208	Nordsee	1
	160	Antalya	4
	46	Nil	6
	278	Ostküste	9
	99	Hurgada	6
	155	Ostsee	1
	47	Rundreise	8

Abbildung 2.26 Für Kunde und Land werden lediglich die IDs zurückgeliefert

Es werden nicht die Namen des Kunden und des Landes, sondern nur die IDs der Felder in den Tabellen zurückgeliefert, in denen sich diese Informationen befinden. Um nun an die entsprechenden Daten aus den beiden anderen Tabellen zu kommen, müssen diese in die Abfrage mit einbezogen werden und die Felder mit Tabellennamen referenziert werden. Es reicht aber nicht, alle drei beteiligten Tabellen in die FROM-Klausel aufzunehmen, man muss auch deren Verknüpfung angeben.

Standardmäßig kommt dafür der sogenannte INNER JOIN zum Einsatz. Er gibt an, über welche beiden Felder zwei Tabellen miteinander verknüpft sind. Unterbleibt dies, bekommt man für jede mögliche Kombination aus den Datensätzen aller drei Tabellen einen Datensatz zurück, egal, ob diese Kombinationen in der Tabelle *tabBuchungen* vorliegen oder nicht.

Die Syntax von INNER JOIN ist recht einfach:

```
SELECT … FROM Tabelle1 INNER JOIN Tabelle2 ON Tabelle1.Fremdschlüssel = Tabelle2.Primärschlüssel
```

In unserem Fall ist Tabelle1 die Tabelle tabBuchungen und Tabelle2 die Tabelle tabKunden. In Tabelle1 erscheint ein Wert im Feld Kunde, der dem Primärschlüssel des zugehörigen Kundendatensatzes von Tabelle2 (tabKunden) entspricht. Die Reihenfolge darf auch umgekehrt sein, wichtig ist, dass die Felder bei der Verknüpfung mit der richtigen Tabelle angegeben werden.

```
SELECT tabKunden.Nachname, tabBuchungen.Reiseziel FROM tabBuchungen INNER JOIN tabKunden ON tabKUnden.ID =
tabBuchungen.Kunde
```

Wie Sie sehen, werden die einzelnen Felder nun zusätzlich über den Tabellennamen referenziert. Sofern die Feldnamen nur in einer der abgefragten Tabellen vorkommen, können Sie den Tabellennamen davor auch weglassen.

B	C	D
	Baumgartner	Nordsee
	Grünewald	Antalya
	Maurer	Nil
	Faber	Ostküste
	Baum	Hurgada
	Vogler	Ostsee
	Hertzog	Rundreise

Abbildung 2.27 Bei den Kunden wird nun der Name ausgegeben

Wenn nun noch als dritte Tabelle tabLänder ins Spiel kommt, wird es etwas komplizierter. Stellen Sie sich am besten eine virtuelle Tabelle vor, zu der die beiden im JOIN angegebenen Tabellen verschmolzen werden. Kommt eine dritte hinzu, wird diese virtuelle Tabelle wiederum mit der dritten verschmolzen. Die Syntax sieht dann in etwa wie folgt aus – wobei auch hier wieder die Reihenfolge, in der die dritte Tabelle angegeben wird (vor oder nach dem ersten JOIN) keine Rolle spielt.

```
SELECT … FROM (Ergebnis erster JOIN) INNER JOIN Tabelle3 ON Tabelle1.Fremdschlüssel = Tabelle3.Primärschlüssel
```

In unserem Beispiel ist Tabelle1 wieder tabBuchungen und der Fremdschlüssel diesmal die ID des Landes in der Tabelle tabLänder. Die Abfrage sieht nun wie folgt aus:

```
SELECT tabKunden.Nachname, tabBuchungen.Reiseziel, tabLänder.Bezeichnung FROM (tabKunden INNER JOIN tabBuchungen
ON tabKunden.ID = tabBuchungen.Kunde) INNER JOIN tabLänder ON tabLänder.ID = tabBuchungen.Land
```

Der im vorhergehenden Beispiel gebildete INNER JOIN steht hier in Klammern, wird also zuerst ausgewertet und dann über den zweiten JOIN mit tabLänder zusammengeführt. Weitere Tabellen können mit weiteren Klammern nach diesem Prinzip ergänzt werden.

B	C	D	E
	Schweitzer	Ostsee	Deutschland
	Schuhmacher	Nordsee	Deutschland
	Bäcker	Berlin	Deutschland
	Pfaff	Ostsee	Deutschland
	Vogt	Nordsee	Deutschland
	Nacht	Bayrischer Wald	Deutschland
	Maurer	Ostsee	Deutschland

Abbildung 2.28 Mit dem zweiten *JOIN* erscheint nun auch der Ländername

Es gibt noch weitere über den INNER JOIN hinausreichende Möglichkeiten, um Tabellen miteinander zu verknüpfen. Darauf im Einzelnen einzugehen, würde den Rahmen dieses Buchs bei weitem sprengen und der Großteil aller Abfragen ist auch mit dem INNER JOIN zu bewerkstelligen. Sollten Sie einmal nicht sicher sein, wie die Verknüpfung zwischen zwei Tabellen aussehen muss, spricht natürlich auch nichts dagegen, wenn Sie sich die benötigte Abfrage einfach im Abfrage-Designer von Access zusammenstellen und dort aus der SQL-Ansicht einfach das Statement herauskopieren.

Komplexere Abfragen

Abfragen lassen sich auch verschachteln. So können Sie beispielsweise den Operator IN, den wir bereits weiter oben angesprochen hatten, mit dem Negierungsoperator NOT verknüpfen, um eine Liste aller Kunden zu erstellen, die zwar in der Kundenkartei geführt werden, aber noch nie eine Reise gebucht haben.

Dafür wird zunächst als Unterabfrage ermittelt, welche Kunden eine Reise gebucht haben. Von denen brauchen wir nur die ID, die ja als Fremdschlüssel im Feld Kunde in der Tabelle tabBuchungen erscheint. Mit dem Schlüsselwort DISTINCT wird daraus eine Unikatsliste erstellt.

```
SELECT DISTINCT Kunde FROM tabBuchungen
```

Diese Liste enthält also alle Kunden-IDs, die schon einer Buchung zugeordnet sind. Was wir für unsere Abfrage brauchen, ist der ganze Rest aus der Tabelle tabKunden. Von denen wünschen wir uns die Kundennummer, den Namen und den Vornamen. Über die WHERE-Klausel legen wir fest, dass wir diese Daten nur von denjenigen Datensätzen haben wollen, deren ID nicht in der Datenmenge unserer vorherigen Unterabfrage enthalten ist.

```
SELECT Nachname, Vorname, Kundennummer FROM tabKunden WHERE ID NOT IN (SELECT DISTINCT Kunde FROM tabBuchungen)
```

B	C	D	E
	Drescher	Dominik	10007
	Kästner	Sara	10031
	Kaufmann	Simone	10034
	Kirsch	Ursula	10041
	Bär	Daniel	10043
	Gerber	Matthias	10048
	Jager	Ulrike	10050

Abbildung 2.29 Hier werden nur noch die Kunden angezeigt, die noch keiner Buchung zugeordnet sind

Daten mit SQL manipulieren

Sie können per SQL-Anweisung nicht nur Daten von einer Datenbank abholen, sondern auch manipulieren. Es ist möglich, neue Datensätze per SQL-Statement anzulegen, bestehende zu verändern oder gar zu löschen. Wenn Sie mit ADO arbeiten, bietet Ihnen das Recordset-Objekt dafür auch eigene Methoden an. Der Vollständigkeit halber wollen wir Ihnen hier aber noch den Weg per SQL-Anweisung vorstellen. Sie finden die folgenden Beispiele im Tabellenblatt *Daten manipulieren.*

Neue Datensätze anfügen

Einen neuen Datensatz können Sie in einer Tabelle mit der INSERT INTO-Anweisung einfügen. Die Syntax lautet wie folgt:

```
INSERT INTO Tabelle FIELDS (Feldname1, Feldname2, …) VALUES (Wert1, Wert2, …)
```

Es wird also zunächst angegeben, in welche Tabelle der neue Datensatz eingefügt wird. Anschließend folgt das Schlüsselwort FIELDS und in Klammern eine Liste der Feldnamen. Die Reihenfolge muss dabei nicht unbedingt der in der Datenbanktabelle entsprechen.

Hinter dem Schlüsselwort VALUES werden letztlich die einzelnen Werte angegeben – in der Reihenfolge, in der zuvor die Feldnamen aufgeführt sind. Achten Sie auch hier auf die korrekte Syntax bei Texten und Datumswerten. Autowerte, wie in unserem Beispiel die ID, werden einfach weggelassen, da diese von der Datenbank automatisch angelegt werden. Als Beispiel soll ein neuer Kunde in der Tabelle tabKunden eingefügt werden.

```
INSERT INTO tabKunden (Nachname, Vorname, Geburtsdatum) VALUES ('Tester', 'Toni', #07/15/1982#)
```

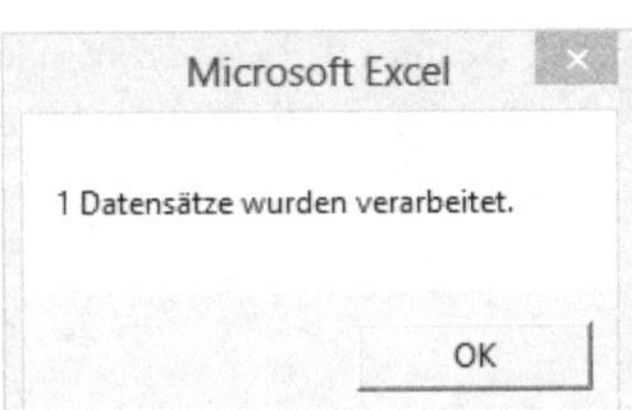

Abbildung 2.30 Ein neuer Datensatz wurde angelegt

Abbildung 2.31 Mit jedem Ausführen des Statements wird ein neuer Satz mit automatischer ID erzeugt

Sie können diese Anweisung beliebig oft ausführen. Es wird jedesmal ein neuer Datensatz mit einer neuen ID eingefügt.

Datensätze ändern

Beim Ändern von Daten können Sie im Gegensatz zum Einfügen gleich mehrere Datensätze abarbeiten. Diese können über eine WHERE-Klausel definiert werden. Die Syntax ist wie folgt:

```
UPDATE Tabelle SET Feldname = Wert WHERE Bedingung
```

Nach dem Schlüsselwort UPDATE wird also zunächst der Tabellenname angegeben. Danach folgt SET und die Änderung, die vorgenommen werden soll, mit Feldname und dem neuen Wert. Änderungen in mehreren Feldern werden einfach mit Kommata aneinandergereiht.

In der WHERE-Klausel können die zu bearbeitenden Datensätze näher definiert werden. Für unser Beispiel sollen alle in dem vorhergehenden Beispiel angelegten Personen namens Toni Muster eine Straße und einen Ort zugewiesen bekommen. Wie viele Datensätze geändert werden hängt davon ab, wie oft Sie das INSERT INTO Statement ausgeführt haben.

```
UPDATE tabKunden SET Ort = 'Musterhausen', Strasse = 'Beispielweg' WHERE Nachname = 'Tester' AND Vorname = 'Toni'
```

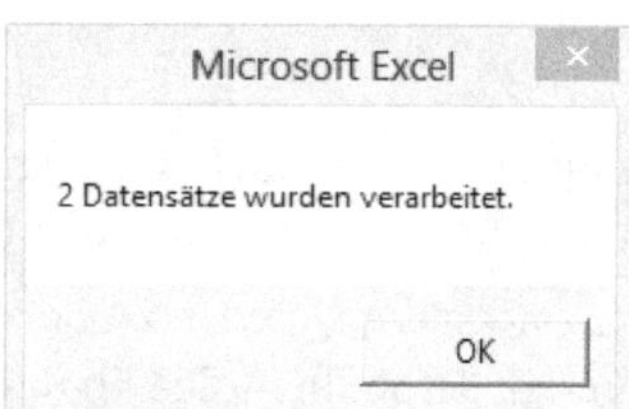

Abbildung 2.32 Beide neu angelegten Datensätze wurden geändert

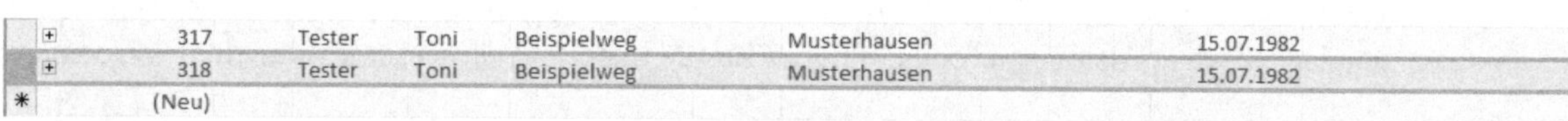

Abbildung 2.33 Die beiden vorher neu erzeugten Datensätze wurden geändert

Der Wert, der zugewiesen werden soll, kann durchaus auch aus einer Berechnung bestehen, beispielsweise dann, wenn in einer Artikeltabelle alle Preise um 5% erhöht werden sollen. Angenommen, Sie haben eine Tabelle tabArtikel mit einem Feld Preis, in dem ein Preis steht, der um eben jene 5 % erhöht werden soll. Das Statement dazu könnte dann wie folgt lauten:

```
UPDATE tabArtikel SET Preis = Preis * 1.05
```

Datensätze löschen

Auch das Löschen ganzer Datensätze aus einer Tabelle funktioniert mit einem SQL-Statement. Das Schlüsselwort hierfür heißt DELETE FROM. Es wird der Name der betroffenen Tabelle angegeben und eine WHERE-Klausel, die die zu löschenden Datensätze festlegt. Die Syntax lautet also wie folgt:

```
DELETE FROM Tabelle WHERE Bedingung
```

In unserem Beispiel sollen alle angelegten Kunden mit dem Namen Toni Tester wieder gelöscht werden.

```
DELETE FROM tabKunden WHERE Nachname = 'Tester' AND Vorname = 'Toni'
```

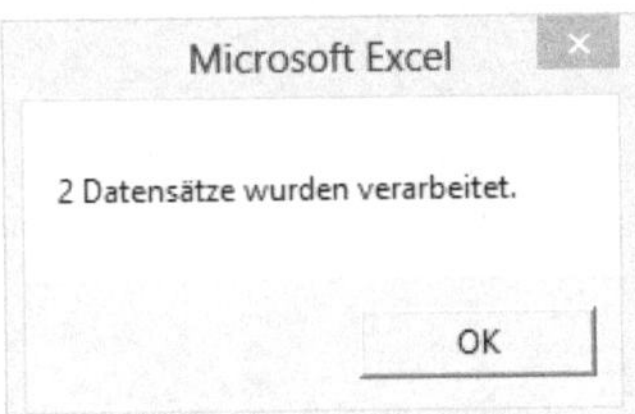

Abbildung 2.34 Die neuen Datensätze wurden wieder gelöscht

Wenn Sie die Access-Tabelle gerade geöffnet haben, werden Sie nach dem Löschen bemerken, dass die Datensätze noch angezeigt, aber als gelöscht gekennzeichnet werden. Ähnlich verhalten sich auch mit entsprechendem Cursortyp definierte Recordsets.

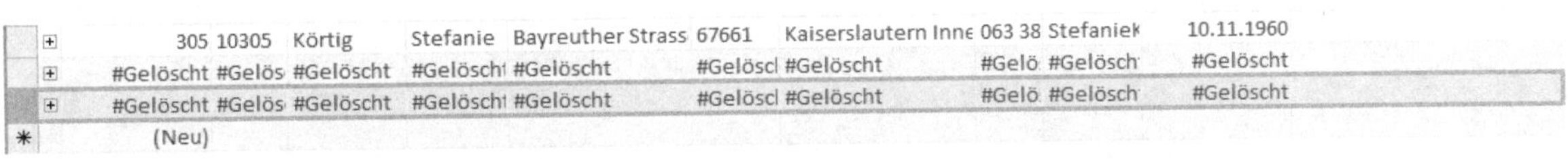

⊞	305	10305	Körtig	Stefanie	Bayreuther Strass	67661	Kaiserslautern Inne	063 38	Stefaniek	10.11.1960
⊞	#Gelöscht	#Gelös	#Gelöscht	#Gelöscht	#Gelöscht	#Gelöscl	#Gelöscht	#Gelö	#Gelösch	#Gelöscht
⊞	#Gelöscht	#Gelös	#Gelöscht	#Gelöscht	#Gelöscht	#Gelöscl	#Gelöscht	#Gelö	#Gelösch	#Gelöscht
*	(Neu)									

Abbildung 2.35 Die betroffenen Datensätze werden bei geöffneter Tabelle zunächst als gelöscht markiert

Wenn die Tabelle nach dem Löschen neu geöffnet oder aktualisiert wird, verschwinden die Datensätze ganz. Gleiches gilt für entsprechend deklarierte Recordsets.

⊞	304	10304	Neumann	Marko	Kurfürstenstraße	74321	Bietigheim-Bissing	07147	MarkoNe	03.09.1936
⊞	305	10305	Körtig	Stefanie	Bayreuther Strass	67661	Kaiserslautern Inne	063 38	Stefaniek	10.11.1960
*	(Neu)									

Abbildung 2.36 Nach dem Aktualisieren sind die Datensätze verschwunden

TIPP Abschließend bleibt noch zu sagen, dass die vorgestellten Techniken nur einen Teil des Potenzials von SQL abbilden. Wenn Sie viel mit Datenbankabfragen arbeiten, lohnt es sich auf jeden Fall, tiefer in das Thema vorzudringen. Neben diversen Tutorials im Internet gibt es auch Unmengen an guten Büchern zum Thema SQL.

Kapitel 3

Daten aus dem Internet importieren

In diesem Kapitel:

In den letzten Jahren werden zunehmend Daten aus dem Internet genutzt. Sei es, um eigene Daten anzureichern, Daten komplett neu abzugreifen – beispielsweise Börsenkurse – oder weil die eigene Datenhaltung über einen Webservice ausgelagert wurde.

All das ist – teilweise mit Bordmitteln, teilweise über zusätzliche Bibliotheken – per Excel-VBA realisierbar. Für die folgenden Beispiele sollen verschiedene Wetterdaten für das Reisebüro aus den vorangegangenen Beispielen importiert werden. Bitte beachten Sie bei allen Beispielen, dass die Nutzung solcher Daten meist nur in begrenztem Umfang und/oder unter bestimmten Voraussetzungen kostenlos ist.

Bei der Website *www.wetter.com* und der zugehörigen Schnittstelle *openweather* ist es momentan so, dass bei nicht-kommerzieller Nutzung ein Logo oder Link zur Website eingebunden werden müssen. Die Regelungen sind bei jedem Dienst unterschiedlich.

Internetdaten mithilfe einer Webabfrage importieren

Die erste Möglichkeit, auf Daten aus einer Internetseite zuzugreifen, ist eine Webabfrage. Dafür wird ein QueryTable-Objekt verwendet, mit dem auch Daten aus anderen Quellen wie Datenbanken oder Textdateien importiert werden können.

In unserem Beispiel soll eine Möglichkeit geschaffen werden, anhand bestimmter Daten mögliche Reiseziele für den Kunden unseres Reisebüros zu finden. Dafür bietet der Dienst *www.wetter.com* den Urlaubsplaner an. Hier kann anhand eines Wunschkontinents, des Reisemonats und von Mindest- und Maximaltemperaturen ermittelt werden, welche Reiseziele diesen Vorgaben entsprechen.

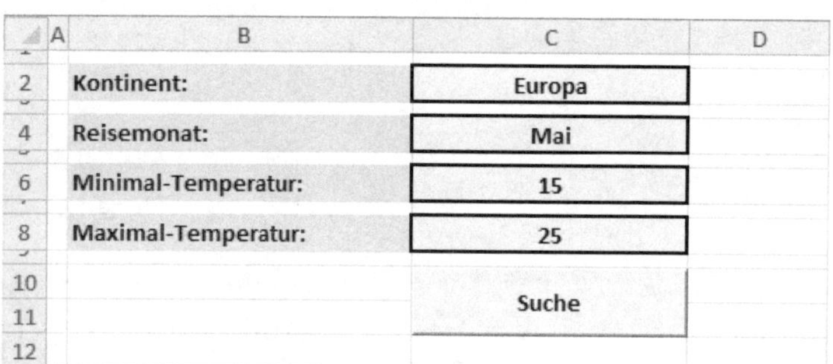

Abbildung 3.1 Der Eingabebereich mit den Wunsch-Wetterdaten

Um die Webseite korrekt aufrufen zu können, brauchen wir zunächst die möglichen Parameter und auch die Bezeichnung der Tabelle, die ausgelesen werden soll. Rufen Sie dafür am besten die Webseite einmal manuell auf, nehmen Sie mehrmals eine Auswahl vor, die Sie für Ihre Abfrage auch übernehmen möchten und schauen Sie sich die daraus resultierende URL in der Adresszeile an. Im Beispiel des Urlaubsplaners bei *www.wetter.com* finden Sie an die eigentliche Adresse – *www.wetter.com/reise/urlaubsplaner* – mit einem Fragezeichen angehängt die Parameter für Reisemonat, Kontinent usw. Diese müssen in die URL für die QueryTable übernommen werden. Die jeweiligen Werte dazu werden aus dem Tabellenblatt *Reiseziele* ausgelesen.

```
Sub Reiseziele()

    Dim queryReise As QueryTable
    Dim Bereich As Range

    With tabReiseziele
        'Alles ausgefüllt?
        If .Range("Kontinent").Value = "" Or _
            .Range("Monat").Value = "" Or _
            .Range("MinTemp").Value = "" Or _
            .Range("MaxTemp").Value = "" Then
            MsgBox "Bitte füllen Sie alle Felder aus."
            Exit Sub
        End If

        'alte Daten entfernen
        If .ListObjects.Count > 0 Then _
            .ListObjects(1).Delete

        Set queryReise = .QueryTables.Add( _
            Connection:="URL;" & GetURL, _
            Destination:=.Range("B14"))
    End With

    With queryReise
        .Name = "Wetterdaten"
        .AdjustColumnWidth = False
        .RefreshOnFileOpen = False
        .RefreshStyle = xlOverwriteCells
        .WebSelectionType = xlSpecifiedTables
        .WebTables = "holidayTable"
        .WebFormatting = xlWebFormattingNone
        .Refresh BackgroundQuery:=False

        Set Bereich = .ResultRange
        .Delete
    End With

    tabReiseziele.ListObjects.Add _
        SourceType:=xlSrcRange, Source:=Bereich, _
        XlListObjectHasHeaders:=xlYes, _
        TableStyleName:="TableStyleMedium13"

End Sub
```

Listing 3.1 Abrufen der Daten von *www.wetter.com*

Zunächst muss überprüft werden, ob alle Felder vom Benutzer ausgefüllt wurden. Die Plausibilität der Daten wird durch entsprechende Datengültigkeitsregeln in den vier Zellen gewährleistet.

Das Ergebnis der Abfrage wird jeweils in ein ListObject umgewandelt, weshalb zunächst ein gegebenenfalls von einer vorherigen Abfrage noch vorhandenes ListObject gelöscht wird. Zu diesem Objekt erfahren Sie weiter unten mehr. Nun wird die Abfrage erstellt. Dafür nutzen wir die QueryTables.Add-Methode des Worksheet-Objekts. Sie benötigt zwei Parameter: Connection und Destination. Connection stellt die Datenquelle dar. Im Falle einer Webabfrage beginnt diese immer mit "URL;" gefolgt von der aufzurufenden URL, diese haben wir in unserem Beispiel in eine Funktion ausgelagert:

```
Function GetURL() As String

    With tabReiseziele
        'URL zusammensetzen
        GetURL = "http://www.wetter.com/reise/urlaubsplaner/?"
        GetURL = GetURL & "planning%5Bmonth%5D=" & _
                 Month("01. " & .Range("Monat").Value)
        GetURL = GetURL & "&planning%5Bcontinent%5D=" & _
                 GetZiel(.Range("Kontinent").Value)
        GetURL = GetURL & "&planning%5BminTemp%5D=" & _
                 .Range("MinTemp").Value
        GetURL = GetURL & "&planning%5BmaxTemp%5D=" & _
                 .Range("MaxTemp").Value
    End With

End Function
```

Listing 3.2 Zusammensetzen der URL für die Webabfrage

Der erste Teil der Adresse ist immer gleich. Danach folgen die vier Parameter. Der Monat liegt in der Zelle als Monatsname vor. Indem "01. " vorangestellt wird, wird der Monatsname implizit in ein Datum konvertiert, aus dem mithilfe der Funktion Month die Monatsnummer ausgelesen werden kann – denn der entsprechende Parameter erwartet hier eine Zahl. Der Kontinent muss ebenfalls konvertiert werden, da der Parameter in der URL ein Kürzel aus zwei Buchstaben erwartet. Auch das ist in eine Funktion ausgelagert.

```
Function GetZiel(Ziel As String) As String

    Select Case Ziel
        Case "Afrika": GetZiel = "AF"
        Case "Asien": GetZiel = "AS"
        Case "Europa": GetZiel = "EU"
        Case "Nordamerika": GetZiel = "NA"
        Case "Ozeanien": GetZiel = "OC"
        Case "Südamerika": GetZiel = "SA"
    End Select

End Function
```

Listing 3.3 Der Kontinent wird in das vom Parameter erwartete Kürzel konvertiert

Als Destination für die QueryTable.Add-Methode in der Hauptprozedur wird die Zelle angegeben, die ganz oben links im Ausgabebereich liegen soll. Als Ergebnis liefert die Methode ein Objekt vom Typ QueryTable zurück, das wir in eine Objektvariable übernehmen. Anschließend werden einige Einstellungen daran vorgenommen. Die Eigenschaft Name enthält den Namen des QueryTable. AdjustColumnWidth legt fest, ob die Spaltenbreiten nach dem Import der Daten automatisch angepasst werden sollen.

Die beiden folgenden Eigenschaften sollen nur der Vollständigkeit dienen – in unserem Beispiel kommen sie nicht zum Tragen. RefreshOnFileOpen gibt an, ob die Daten jedesmal beim Öffnen der Excel-Mappe neu abgerufen werden. Die Verbindung bleibt im Hintergrund der QueryTable bestehen und kann somit jederzeit aktualisiert werden. RefreshStyle legt fest, was mit ggf. im Ausgabebereich vorhandenen Daten geschieht. Standard ist xlInsertDeleteCells. Folgende Werte sind hier möglich:

Konstante	Beschreibung
xlInsertDeleteCells	Benötigte Zeilen und Spalten werden eingefügt oder gelöscht, damit der Ausgabebereich wieder genau der neuen Datenmenge entspricht
xlOverwriteCells	Alle Daten im Ausgabebereich werden überschrieben
xlInsertEntireRows	Es werden nur neue Zeilen eingefügt, sofern die neue Datenmenge größer ist, als der alte Bereich. Es werden allerdings keine Zeilen gelöscht, wenn weniger Daten ankommen.

Tabelle 3.1 Mögliche Werte für *RefreshStyle*

Die nächste Eigenschaft legt fest, was von der Website importiert werden soll: WebSelectionType. Auch hier sind mehrere Ausprägungen möglich. Standard ist xlAllTables.

Konstante	Beschreibung
xlEntirePage	Ruft den kompletten Seiteninhalt ab
xlAllTables	Ruft alle enthaltenen Tabellen ab
xlSpecifiedTables	Ruft nur eine oder mehrere bestimmte Tabellen ab. Diese werden in der Eigenschaft WebTables angegeben.

Tabelle 3.2 Mögliche Werte für *WebSelectionType*

Da wir nur eine einzelne Tabelle abrufen wollen, bekommt der WebSelectionType den Wert xlSpecifiedTable. Nun muss die Tabelle, die abgerufen werden soll, angegeben werden. Dafür kann man eine Art Index nutzen, der einfach alle Tabellen im HTML-Code der Seite von oben nach unten durchnummeriert. Die erste Tabelle könnte dann folgendermaßen abgegeben werden:

```
.WebTables = "1"
```

Alternativ kann die Bezeichnung verwendet werden, die im table-Tag im Attribut id angegeben wird.

TIPP Die id einer HTML-Tabelle bekommen Sie relativ schnell heraus. Rufen Sie dazu einfach die Seite im Browser auf. Alle gängigen Browser bieten inzwischen einen kleinen Debugger an, der Ihnen direkt nähere Informationen zu bestimmten Elementen auf einer Webseite liefert. Rufen Sie dazu einfach mit Rechtsklick auf die Tabelle das Kontextmenü auf. Die Bezeichnung des Befehls lautet in den meisten Browsern *Element untersuchen*. Er unterteilt das Browserfenster und zeigt im unteren Bereich den Debugger mit dem HTML-Code der Seite an. Der Cursor steht auf dem Element, auf das Sie rechts geklickt haben – in diesem Fall auf dem table-Tag.

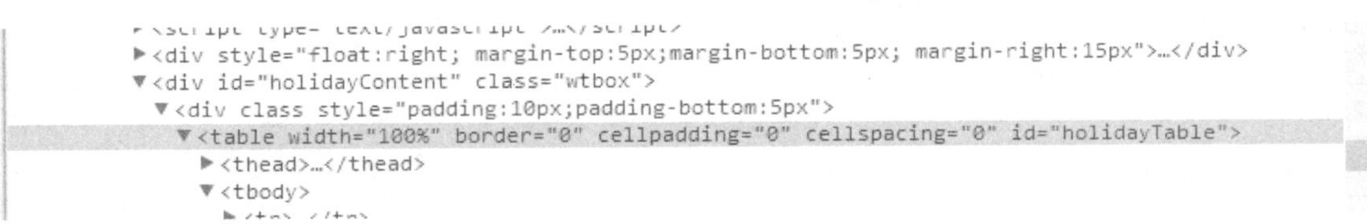

Abbildung 3.2 Das table-Tag mit der ID der Tabelle

Sie können auch mehr als eine Tabelle abrufen. In diesem Falle geben Sie die Namen oder Indizes aller Tabellen mit Komma getrennt an.

Der nächste Parameter WebFormatting gibt an, inwiefern Formatierungen von der Webseite übernommen werden sollen. Standardmäßig werden alle Formatierungen übernommen.

Konstante	Beschreibung
xlWebFormattingAll	Es werden alle Formatierungen von der Webseite übernommen
xlWebFormattingNone	Es werden keinerlei Formate, sondern nur Werte importiert
xlWebFormattingRTF	Es werden nur RTF-kompatible Formatierungen übernommen

Tabelle 3.3 Mögliche Werte für WebFormatting

Da wir die Formatierung von einem ListObject erledigen lassen, verwenden wir hier den Wert xlWebFormatting-None.

Nun ist das QueryTable-Objekt fertig eingestellt. Daten sind zu diesem Zeitpunkt noch keine im Tabellenblatt angekommen. Dafür muss erst noch die Methode QueryTable.Refresh aufgerufen werden. Sie hat den Parameter BackgroundQuery, der festlegt, ob das Abrufen der Daten im Hintergrund erfolgt. Das wollen wir nicht, da wir mit dem Abfrageergebnis weiterarbeiten möchten. Dafür müssen erst alle Daten vorliegen, bevor das Makro weiterläuft.

Ist das Abfrage-Ergebnis dann im Tabellenblatt angekommen, kann der Ergebnisbereich über QueryTable.Result-Range angesprochen werden. Über diesen Bereich wollen wir im nächsten Schritt ein ListObject erstellen, deshalb wird er in einer entsprechenden Variablen zwischengespeichert.

Ein ListObject kann nicht im Bereich eines bestehenden QueryTable-Objekts eingefügt werden. Deshalb wird das zunächst gelöscht. Zuständig dafür ist die Methode QueryTable.Delete. Sie löscht nur das QueryTable-Objekt, die importierten Daten bleiben aber erhalten.

Zu guter Letzt erstellen wir aus dem vorher zwischengespeicherten Ergebnisbereich ein ListObject. ListObjects sind Excel-Tabellen – eine Art »intelligente Tabellen«, die unter anderem eine bequeme Formatierung ermöglichen. Hinzugefügt wird ein solches ListObject mithilfe der Methode ListObjects.Add des Worksheet-Objekts. Sie hat einige Parameter, von denen wir hier die wichtigsten erörtern.

Der erste Parameter ist SourceType. Er gibt an, aus welcher Art von Daten die Excel-Tabelle erstellt werden soll. In unserem Fall ist das ein Zellbereich: xlSrcRange. Es sind aber auch andere Quellen möglich.

Konstante	Beschreibung
xlSrcExternal	Excel-Tabelle wird aus externen Daten erstellt
xlSrcQuery	Excel-Tabelle wird aus einer Abfrage erstellt
xlSrcRange	Excel-Tabelle wird aus einem Zellbereich erstellt
xlSrcXml	Excel-Tabelle wird aus XML-Daten erstellt

Tabelle 3.4 Mögliche Datenquellen für ein *ListObject*

Entsprechend der Auswahl bei SourceType muss nun im Parameter Source die Datenquelle angegeben werden. In unserem Fall ist das der vorher als Variable gespeicherte Ergebnisbereich der QueryTable.

Wichtig ist weiterhin die Angabe, ob die Quelldaten über eine Überschriftenzeile verfügen. Voreingestellt ist hier xlGuess, bei dem Excel versucht, anhand der Datentypen zu ermitteln, ob es eine Überschriftenzeile gibt oder nicht. Da wir aber wissen, dass es eine solche in den ermittelten Daten gibt, geben wir hier xlYes an – das Pendant dazu ist xlNo, wenn es definitiv keine Überschriften gibt.

Der für unser Vorhaben wichtigste Parameter ist TableStyleName. Er gibt an, mit welchem Stil die Excel-Tabelle formatiert werden soll. Hier muss die jeweilige Bezeichnung als String angegeben werden.

TIPP Die Namen der Formatvorlagen finden Sie im entsprechenden Menü als Tooltip, im Register *Entwurf* der *Tabellentools* – leider nur die deutschen Bezeichnungen. Über einen kleinen Umweg kommen Sie aber auch an die gewünschte Bezeichnung, wie sie im Parameter TableStyleName angegeben wird. Gehen Sie dazu wie folgt vor:

1. Erstellen Sie ein neues Tabellenblatt oder wählen Sie ein leeres Blatt aus.
2. Erstellen Sie dort mithilfe der Tastenkombination `Strg`+`T` eine neue Excel-Tabelle.
3. Bestätigen Sie das Dialogfeld *Tabellen erstellen* ohne weitere Änderungen mit `OK`.
4. Wählen Sie im Register *Entwurf* der *Tabellentools* im Bereich *Formatvorlagen* das gewünschte Layout aus.
5. Wechseln Sie in die Entwicklungsumgebung.
6. Geben Sie im Direktfenster die Befehlsfolge ?ActiveSheet.ListObjects(1).TableStyle ein und bestätigen Sie diese mit der Taste `↵`.

Der Name der Formatvorlage wird daraufhin im Direktfenster ausgegeben. Die angelegte Excel-Tabelle und ggf. das Tabellenblatt können Sie anschließend wieder löschen.

	A	B	C	D	E	F
2		**Kontinent:**	**Europa**			
4		**Reisemonat:**	**Mai**			
6		**Minimal-Temperatur:**	**15**			
8		**Maximal-Temperatur:**	**25**			
10			**Suche**			
11						
12						
13						
14		Stadt	Ø °C min	Ø °C max	Tage >0.1 mm Regen	Ø Sonnenscheindauer
15		Gando (Spanien)	16,7 °C	23 °C	1 Tag	8,3 h
16		Gibraltar (Gibraltar)	15,4 °C	22,6 °C	3 Tage	9,3 h
17		Hierro/aeropuerto (Spanien)	16,2 °C	22 °C	0 Tage	7 h
18		Lanzarote/aeropuerto (Spanien)	15,8 °C	24 °C	0 Tage	9,1 h
19		Las Palmas De Gran Canaria/gan	18,3 °C	22,3 °C	1 Tag	8,3 h
20		Messina (Italien)	16,1 °C	22,4 °C	4 Tage	8,3 h
21		Paphos Airport (Zypern)	15,6 °C	24,4 °C	1 Tag	10,9 h
22		Rhodes (Airport) (Griechenland)	15,8 °C	24,3 °C	2 Tage	10,1 h
23		Split/marjan (Kroatien)	15,1 °C	22,4 °C	6 Tage	8,7 h
24		Sta. Cruz De Tenerife (Spanien)	17,3 °C	23,7 °C	1 Tag	8,8 h
25		Tenerife Sur (Spanien)	17,1 °C	23,5 °C	0 Tage	7,5 h

Abbildung 3.3 Die abgerufenen Daten werden übersichtlich im gewählten Layout dargestellt

Wenn die Parameter Ihrer Abfrage immer gleich sind oder es gar keine gibt, können Sie ein QueryTable-Objekt im Blatt belassen und bei Bedarf durch Aufruf der Methode Refresh immer wieder aktualisieren.

Webservices nutzen

Viele Anbieter stellen ihre Daten auch außerhalb ihrer Webseiten über sogenannte Webservices zur Verfügung. Ein Webservice ist eine Möglichkeit, direkt mit einem entfernten Server zu kommunizieren – eine Schnittstelle sozusagen. Die Kommunikation erfolgt zumeist über standardisierte Aufrufe und liefert in den allermeisten Fällen ein XML-Dokument mit den angefragten Daten zurück. Das erfolgt fast immer über das Internetprotokoll HTTP. Welche Programmiersprache dafür verwendet wird, ist damit nicht von Belang. Beim Webservice wird die Anfrage direkt auf dem entfernten Server ausgeführt. An den Client wird nur das Ergebnis – also z.B. die XML-Daten – zurückgeliefert.

Es gibt verschiedene Formen von Webservices. Zum einen sind da die zu nennen, die für jedermann und meist auch innerhalb eines bestimmten Rahmens kostenfrei zugänglich sind. Beispiele hierfür sind z.B. die *Amazon Web Services*, die es unter anderem ermöglichen, Daten aus den Produktkatalogen von Amazon abzufragen – z.B. den Abruf eines Titels, Autors und einer Menge weiterer Daten zu einem Buch über eine ISBN-Nummer. Ein anderer Webservice, den wir hier als Beispiel nutzen wollen, ist die *openweather*-Schnittstelle von *www.wetter.com*.

Auf der anderen Seite stehen Webservices, die nicht öffentlich zugänglich sind. Sie dienen zumeist dem Auslagern von Daten auf einem zentralen Server, auf den dann von außen zugegriffen wird. Um beim Beispiel unseres Reisebüros zu bleiben, sind hier die Dienste der Fluggesellschaften zu nennen, die über solche Webservices ihre Flugdaten dem Reisebüro zur Verfügung stellen.

Aber wie kann man diese Services nun konkret nutzen? Dafür sind einige Vorkehrungen notwendig. Für Anbieter von Webservices stellt die Sicherheit einen wichtigen Aspekt dar. Dies ist auch der Grund dafür, dass für die allermeisten frei verfügbaren Services eine Registrierung erforderlich ist. Das Verfahren ist bei jedem Anbieter anders. Für das Beispiel *openweather* wird lediglich ein sogenannter API-Key benötigt. Bei *Amazon* beispielsweise sind ein zusätzlicher Schlüssel und auch eine Verschlüsselung der Anfrage selbst notwendig.

Sofern Sie noch nicht über ein Nutzerkonto bei *www.wetter.com* verfügen, müssen Sie zunächst eines anlegen. Andernfalls melden Sie sich – sofern nicht bereits erfolgt – über den Button *Einloggen* an. Den API-Key erhalten Sie nach einer Registrierung auf *www.wetter.com*. Momentan finden Sie diese im Menü *Apps & Mehr*. Die Navigation kann sich bei Umstellung der Seite aber ändern.

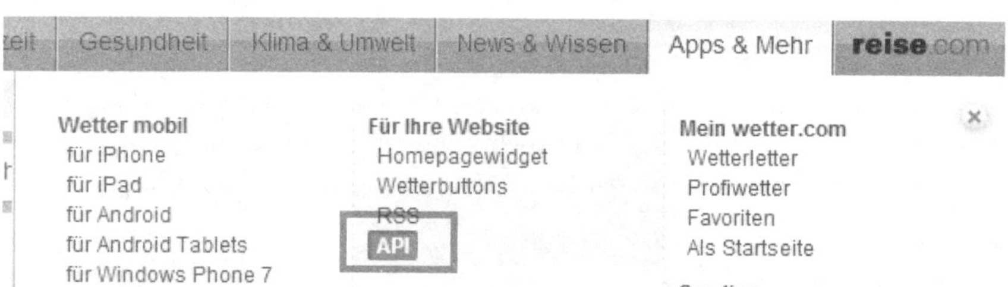

Abbildung 3.4 Anmeldung für den Webservice von *www.wetter.com*

Auf der Seite, auf die Sie nun weitergeleitet werden, gibt es einen Bereich *Übersicht* mit dem Eintrag *Projektverwaltung*, den Sie bitte auswählen.

Abbildung 3.5 In der Projektverwaltung können Sie ein eigenes Projekt anlegen

Hier wählen Sie nun bitte das Register *Neues Projekt* aus. Es sind einige Angaben zur Anwendung notwendig, die Sie erstellen möchten. Lesen Sie sich auf jeden Fall auch die AGB durch. Hier sind Bedingungen für die Nutzung der Schnittstelle angegeben. Unter anderem auch, dass Sie in der Anwendung einen Link zu *www.wetter.com*, das Logo der Website und einen Hinweis in der Form »powered by wetter.com« einbauen müssen und dass die Nutzung für kommerzielle Zwecke einer extra Genehmigung bedarf. Diese Bedingungen sind auch wieder für jeden Webservice unterschiedlich definiert.

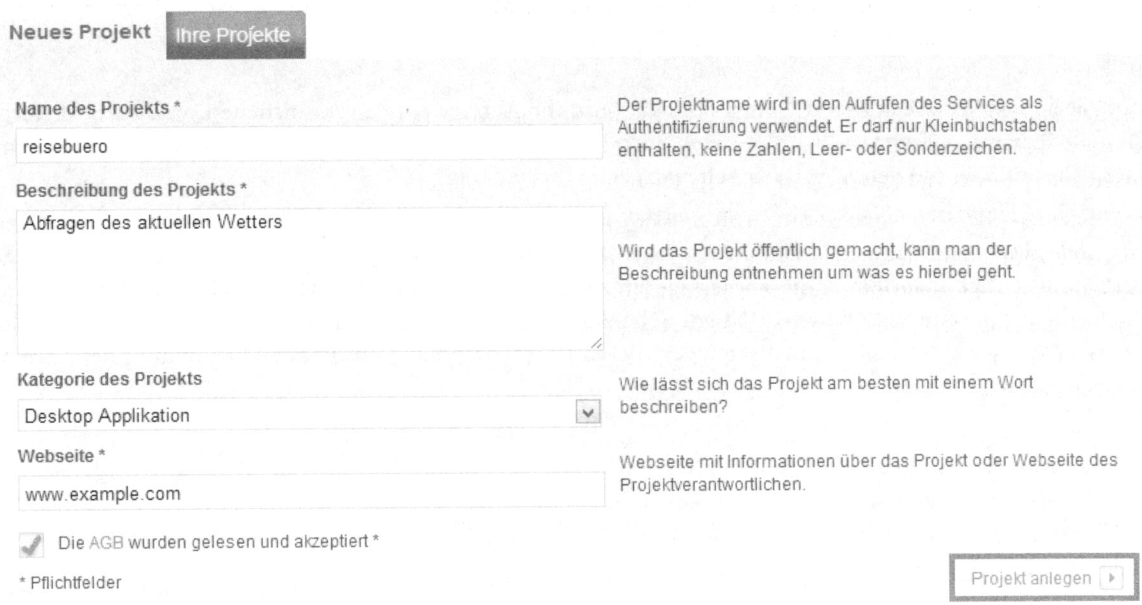

Abbildung 3.6 Anlegen eines neuen Projekts

Nach einem Klick auf *Projekt anlegen* können Sie auf der Registerkarte *Ihre Projekte* den *Projekt API Key* ablesen. Der Projektname ist mit einem Link hinterlegt, über den Sie noch weitere Einstellungsmöglichkeiten für das Projekt erreichen. Dort können Sie auch eine kleine Statistik über die getätigten Aufrufe finden.

Mit dem *API Key* bewaffnet kann nun die Anwendung erstellt werden. Allein mit Excel-Bordmitteln funktioniert das aber nicht. Zum Auslesen des XML-Ergebnisses verwenden wir die Bibliothek *Microsoft XML*. Beachten Sie hier, dass nicht auf jedem Gerät, auf dem Ihr Tool ausgeführt wird, die neueste Version dieser Bibliothek installiert sein muss. Wir wählen hier deshalb die Version 3.0.

Die Bibliothek enthält ein Objekt `DOMDocument`, das nicht nur zum Auslesen von XML-Dokumenten geeignet ist, sondern auch eine Abfrage an einen Webservice absetzen kann. Aber zunächst sollten wir uns darum kümmern, wie diese Abfrage aussehen muss. Das ist bei jedem Webservice dokumentiert. Auch bei *wetter.com* finden Sie im Bereich *Übersicht* einen Verweis auf die Dokumentation zur *openweather*-Schnittstelle.

Hier ist sehr anschaulich erläutert, welche Arten von Anfragen Sie an den Webservice stellen können und wie diese aufgebaut sind.

Wir möchten gern für den Urlaubsort des Kunden das aktuelle Wetter abfragen.

	A	B	C	D	E
1	Ort:	Auckland	Suchen		
2					
3	Wetter heute				
4	Uhrzeit	Vorhersage	Min. Temperatur	Max. Temperatur	Niederschlags-risiko
5					
6					
7					
8					

Abbildung 3.7 Hier sollen die ermittelten Wetterdaten angezeigt werden

Wie Sie an der Vorlage schon erkennen können, wird die Abfrage einige verschiedene Daten zurückliefern. Deshalb haben wir das eigentliche Auslesen auch in eine gesonderte Prozedur ausgelagert. Zunächst kümmern wir uns aber um den Aufruf der Seite.

Ein Blick in die Dokumentation zu *openweather*-API verrät uns, dass wir für die Vorhersage erst den *city_code* des Ortes brauchen. Sie haben zwei Möglichkeiten, den zu ermitteln. Haben Sie nur eine bestimmte Menge an Orten für die Vorhersage zur Auswahl, können Sie eine Steuertabelle dafür anlegen und die Codes dort eintragen. Ohne API-Nutzung bekommen Sie den Code heraus, indem Sie einfach über die Webseite die Vorhersage für den betreffenden Ort aufrufen. Den *city_code* können Sie dann in der Adresszeile des Browsers ablesen.

Abbildung 3.8 Der *city_code* kann in der Adressleiste des Browsers abgelesen werden

Möglichkeit Nummer zwei ist eine Suchanfrage über den Webservice. In der Dokumentation erfahren wir, dass es drei Möglichkeiten für die entsprechende Suchanfrage gibt. Es kann nach Ortsname, Postleitzahl oder nach beidem gesucht werden. Letztere Suche ist als *Gemischte Suche* dokumentiert. Die URL, die den Webservice aufruft, muss in diesem Fall wie folgt aufgebaut sein:

```
http://api.wetter.com/location/index/search/<Suchbegriff>/project/<Projektname>/cs/<Checksumme>
```

Die Werte mit spitzen Klammern stellen Variablen dar, die mit eigenen Werten befüllt werden müssen. Zuerst kommt hier der Suchbegriff. Der wird aus dem Tabellenblatt ausgelesen und an unsere ausgelagerte Funktion als Parameter übergeben. Der zweite Parameter in der URL ist der Projektname, den Sie beim Anlegen des Projekts angegeben haben.

Nicht ganz so einfach ist der dritte Parameter: die Checksumme. Jede Suchanfrage muss mit dieser Checksumme sozusagen signiert werden. In der Dokumentation finden Sie im Bereich *Authentifizierungsverfahren* genaue Informationen dazu. Grob gesagt ist die Checksumme ein MD5-Hash, der aus Projektname, API-Key und Suchbegriff erzeugt wird.

MD5 ist eine Funktion, die genutzt wird, um Texte zu verschlüsseln. In Programmiersprachen wie PHP gehört diese Funktion zum Standardsprachumfang. VBA bietet leider keine entsprechende Funktion an, weshalb sie nachgebaut werden muss. Auf die genaue Funktionsweise werden wir hier nicht eingehen. Da Sie diese – und andere sogenannte Hash-Funktionen – aber für fast jeden Webservice benötigen, haben wir ein Klassenmodul mit den notwendigen Funktionen in das Projekt eingefügt.

Alternativ könnten Sie sich auch eine Programmbibliothek (*.dll*) mit den notwendigen Funktionen in einer anderen Sprache erstellen und ins Projekt einbinden. Nun wissen wir alles, was zum Ermitteln des *city_code* über den Webservice erforderlich ist. Zunächst werden die beiden Konstanten mit API-Key und Projektname auf Modulebene deklariert.

```
Const Projekt = "projektname"
    'hier kommt der Name Ihres angelegten Projekts rein
Const APIKey = "xxxxxxxxxxxxxxxxxxxxxxxxxxxxxxxx"
    'hier muss Ihr API-Key für das Projekt rein
```

Listing 3.4 Deklaration der Konstanten für Projektname und API-Key

Die Konstanten können nun in der Funktion weiterverwendet werden.

```
Function GetCityCode(Ort As String) As String

    Dim objXML As New MSXML2.DOMDocument
    Dim Checksumme As String
    Dim Hash As New clsHash

    On Error GoTo Fehler:

    With objXML
        .async = False

        'Abfrage des City-Codes
        Checksumme = LCase(Hash.MD5_string(Projekt & APIKey & Ort))
        Anfrage = "http://api.wetter.com/location/index/search/" _
                  & Ort & "/project/" & Projekt & "/cs/" & Checksumme

        If .Load(Anfrage) = True Then
            GetCityCode = .SelectSingleNode("/search/result/item/city_code").Text
        End If
    End With

    Exit Function

Fehler:

End Function
```

Listing 3.5 Funktion zum Ermitteln von *city_code*

Die Funktion übernimmt den Suchbegriff im Parameter Ort. Die Fehlerbehandlung stellt sicher, dass die Funktion bei einem Laufzeitfehler sicher verlassen wird. Dieser kann auftreten, wenn z.B. der API-Key nicht richtig ist. Den Aufruf des Webservice erledigt ein Objekt vom Typ DOMDocument aus der Microsoft-XML-Bibliothek, die wir vorher eingebunden haben.

DOMDocument.async legt fest, ob ein asynchroner Download erlaubt ist. Wir setzen den Wert auf False, um sicherzustellen, dass der Download der rückgelieferten Daten erst abgeschlossen wird, bevor mit dem Auslesen begonnen wird. Danach wird für die URL zunächst die Checksumme gebildet. Das erfolgt durch Aufruf der Funktion MD5_String aus unserer Klasse. Die haben wir vorher mit der Variablen Hash initialisiert. Da die URL nur Kleinbuchstaben enthalten darf, wird das Ergebnis noch an die Funktion LCase übergeben, die Großbuchstaben in kleine umwandelt.

Nach dem in der Dokumentation abgelesenen Muster wird nun der Abfragestring zusammengesetzt. Anschließend wird diese URL an die Methode DOMDocument.Load übergeben. Sie schickt die Anfrage an den Webservice und nimmt das XML-Ergebnis entgegen. Wenn alles geklappt hat, findet sich der city_code im Ergebnis im Zweig /search/result/item/city_code. Falls einer der Parameter falsch war, gibt es diesen Zweig nicht. Es wird also ein Fehler ausgelöst und die Fehlerbehandlung führt aus der Funktion heraus.

TIPP Sie können die Funktion nun auch schon testen. Geben Sie dazu im Direktbereich folgenden Code ein und bestätigen Sie mit [↵].

```
?GetCityCode("Berlin")
```

Sie bekommen den *city_code* für Berlin zurück.

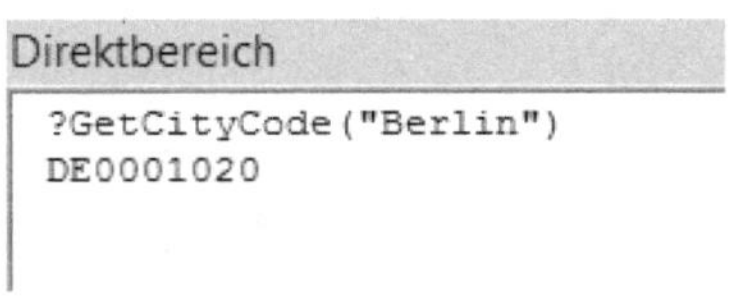

Abbildung 3.9 Testen der Funktion *GetCityCode* im Direktfenster

Wenn Sie sich das XML-Ergebnis ansehen möchten, setzen Sie einfach einen Haltepunkt in die Zeile mit der If-Verzweigung, wenn die Variable Abfrage bereits befüllt ist. Danach können Sie im Direktbereich mit der Befehlsfolge ?Abfrage die URL anzeigen lassen. Kopieren Sie diese und fügen Sie sie in die Adressleiste Ihres Browsers ein. Danach bekommen Sie das Ergebnis direkt im Browser angezeigt.

Sie werden hier feststellen, dass es für Berlin natürlich nicht nur ein Ergebnis gibt. In unserem Beispiel übernehmen wir einfach das erstbeste Ergebnis. Sie können natürlich auch alle Ergebnisse aus dem XML-Code auflisten und dem User zur Auswahl stellen.

Bewaffnet mit dem *city_code* kann nun die Wetterabfrage gestartet werden. In der Dokumentation finden wir folgende Vorlage für die Abfrage-URL:

http://api.wetter.com/forecast/weather/city/<CityCode>/project/<Projektname>/cs/<Checksumme>

Also muss auch hier wieder mit der Checksumme gearbeitet werden. Das Verfahren bleibt das gleiche wie in der Funktion für den city_code.

```
Sub WetterAbfrage()

    Dim Anfrage As String
    Dim Citycode As String
    Dim Checksumme As String

    Dim Hash As New clsHash

    Dim objXML As New MSXML2.DOMDocument
```

Listing 3.6 Abfrage der aktuellen Wetterdaten

```
    If tabReisewetter.Range("Ort").value = "" Then Exit Sub

    Citycode = GetCityCode(tabReisewetter.Range("Ort").value)
    If Citycode = "" Then
        MsgBox "Ort konnte nicht ermittelt werden"
        Exit Sub
    End If

    With objXML
        .async = False

        'Anfrage Wetterdaten
        Checksumme = LCase(Hash.MD5_string(Projekt & APIKey & Citycode))
        Anfrage = "http://api.wetter.com/forecast/weather/city/" _
                  & Citycode & "/project/" & Projekt & "/cs/" & Checksumme

        If .Load(Anfrage) = True Then
            Auslesen objXML
        Else
            MsgBox "Fehler beim Abfragen der Wetter-Daten"
            Exit Sub
        End If
    End With

End Sub
```

Listing 3.6 Abfrage der aktuellen Wetterdaten *(Fortsetzung)*

In dieser Hauptprozedur wird zunächst geprüft, ob überhaupt ein Ort erfasst wurde, und gegebenenfalls wird das Makro verlassen. Der Ort wird dann an die Funktion GetCityCode weitergegeben, um city_code zu ermitteln. Liefert sie einen Leerstring zurück, heißt das, dass beim Ermitteln von city_code etwas schief gegangen ist, und die Prozedur wird entsprechend direkt verlassen. Danach wird wieder eine Objektvariable vom Typ DOMDocument eingerichtet. Das Verfahren zum Zusammensetzen der Abfrage-URL unterscheidet sich nur in den Parametern von unserer Funktion GetCityCode.

Anschließend wird wieder die URL über das DOMDocument an den Webservice geschickt. Schlägt der Aufruf fehl, wird dem User eine entsprechende Meldung ausgegeben. Andernfalls erfolgt das Auslesen der benötigten XML-Daten. Da wir hier mehr als nur einen Zweig auslesen, ist das in eine gesonderte Prozedur ausgelagert. Diese bekommt als Parameter die Variable mit dem DOMDocument übergeben und ist dafür zuständig, die Daten der einzelnen Zweige auszulesen.

```
Sub Auslesen(objXML As MSXML2.DOMDocument)

    Dim Knoten As MSXML2.IXMLDOMNode
    Dim Kind As MSXML2.IXMLDOMNode
    Dim Zeile As Long

    On Error GoTo Fehler

    With objXML
        Zeile = 5
        For Each Knoten In .SelectSingleNode("city/forecast/date").ChildNodes
            If Knoten.nodeName = "time" Then
            tabReisewetter.Range("A" & Zeile).value = Knoten.Attributes(0).Text
            For Each Kind In Knoten.ChildNodes
```

Listing 3.7 Prozedur zum Auslesen der XML-Daten

```
                Select Case Kind.nodeName
                    'Text - z.B. "wolkig", "klar", "bedeckt" etc.
                    Case "w_txt": tabReisewetter.Range("B" & Zeile).value = Kind.Text
                    'Tiefsttemperatur
                    Case "tn": tabReisewetter.Range("C" & Zeile).value = Kind.Text
                    'Höchsttemperatur
                    Case "tx": tabReisewetter.Range("D" & Zeile).value = Kind.Text
                    'Niederschlagsrisiko
                    Case "w": tabReisewetter.Range("E" & Zeile).value = Kind.Text
                End Select
            Next Kind
            Zeile = Zeile + 1
            End If
        Next Knoten
    End With

    Exit Sub

Fehler:
    MsgBox "Das XML-Ergebnis konnte nicht ausgelesen werden."

End Sub
```

Listing 3.7 Prozedur zum Auslesen der XML-Daten *(Fortsetzung)*

Zunächst sorgt eine Fehlerbehandlung dafür, dass bei einem Laufzeitfehler die Prozedur mit einer entsprechenden Meldung an den User verlassen wird. Ein solcher Fehler kann auftreten, wenn beispielsweise der Aufbau des Ergebnis-XML-Codes verändert wird. Danach wird die Variable Zeile mit der Nummer der ersten Ergebniszeile im Blatt *Reisewetter* vorbelegt.

In einer For Each-Schleife werden alle Kindknoten des Knotens city/forecast/date abgearbeitet. Das XML-Ergebnis enthält genau vier davon für verschiedene über den Tag verteilte Uhrzeiten, die durch den Zweig time abgebildet werden. Dementsprechend wird nun geprüft, ob der Knoten den Namen time hat. Die zugehörige Uhrzeit steht in diesem Element im ersten (und einzigen) Attribut.

Unterhalb finden wir als Kindelemente die einzelnen Wetterdaten. Die Namen der Knoten sind leider nicht sehr sprechend gehalten, können aber in den Einstellungen der Projekte auf der *wetter.com*-Seite nachgelesen werden. Dort können Sie auch einstellen, welche Daten abgerufen werden sollen – es stehen noch einige mehr zur Verfügung als die, mit denen wir uns in diesem Beispiel befassen.

Damit wäre dann das Ergebnis komplett ausgelesen und in das Tabellenblatt *Reisewetter* übertragen.

	A	B	C	D	E
1	Ort:	Auckland	Suchen		
2					
3	Wetter heute				
4	Uhrzeit	Vorhersage	Min. Temperatur	Max. Temperatur	Niederschlags-risiko
5	06:00	mäßiger Regen	11	11	63
6	11:00	leichter Regen - Schauer	12	14	80
7	17:00	leichter Regen - Schauer	10	10	80
8	23:00	leicht bewölkt	9	9	10

Abbildung 3.10 Das Ergebnis der Wetterabfrage

TIPP In diesem Beispiel fragen wir nur das Wetter für einen Tag ab. In den Einstellungen des Projekts auf der Website von *wetter.com* können Sie aber auch eine Vorhersage bis zu drei Tage einstellen.

Kapitel 4

Benutzeroberflächen für die Datenerfassung erstellen

In diesem Kapitel:

Daten werden nicht immer aus externen Quellen importiert. Oftmals müssen sie erst vom User erfasst und dann in eine Datei geschrieben werden. Das kann eine Excel-Mappe sein, eine Datenbank oder auch eine Textdatei. Die Dateneingabe direkt in eine dieser Dateien ist oft sehr fehleranfällig. Datentypen können nur schwer überprüft, einzelne Eingaben nur beschränkt validiert werden. Darüber hinaus ist die Erfassung oft auch sehr aufwendig. In solchen Fällen kann man eine eigene Eingabemaske erstellen und dem User für die Datenerfassung bereitstellen. Hier ist es sehr viel einfacher, bestimmte Eingaben zu prüfen oder auch Auswahlfelder zur Verfügung zu stellen.

In diesem Kapitel lernen Sie zunächst die einzelnen Steuerelemente kennen, die Sie in einem solchen Erfassungsdialogfeld (auch als Benutzerformular oder Userform bezeichnet) einsetzen können. Sie erfahren, wie Sie sie befüllen, auslesen und auf Eingaben des Users reagieren können. Danach beschäftigen wir uns damit, wie Sie Eingaben des Benutzers überprüfen und gegebenenfalls auch einschränken können. Anschließend lernen Sie, wie die erfassten Daten in diverse Dateitypen übernommen werden.

Zu guter Letzt erfahren Sie dann noch, wie Sie gleichartige Steuerelemente mithilfe von Klassen mit ein und demselben Code behandeln und somit Codierarbeit sparen können. Auch in diesem Kapitel werden wir die einzelnen Inhalte anhand eines Praxisbeispiels erarbeiten. In diesem Fall handelt es sich um ein Zeiterfassungs-Tool, mit dem Mitarbeiter ihre Arbeitszeiten dokumentieren.

Die einzelnen Steuerelemente richtig einsetzen

Um einem VBA-Projekt eine UserForm – also ein Formularfenster – hinzuzufügen, gibt es im VBA-Editor mehrere Möglichkeiten. Eine davon ist das Kontextmenü im Projekt-Explorer. Klicken Sie dazu mit der rechten Maustaste auf das Projekt und wählen Sie im Kontextmenü *Einfügen | UserForm*.

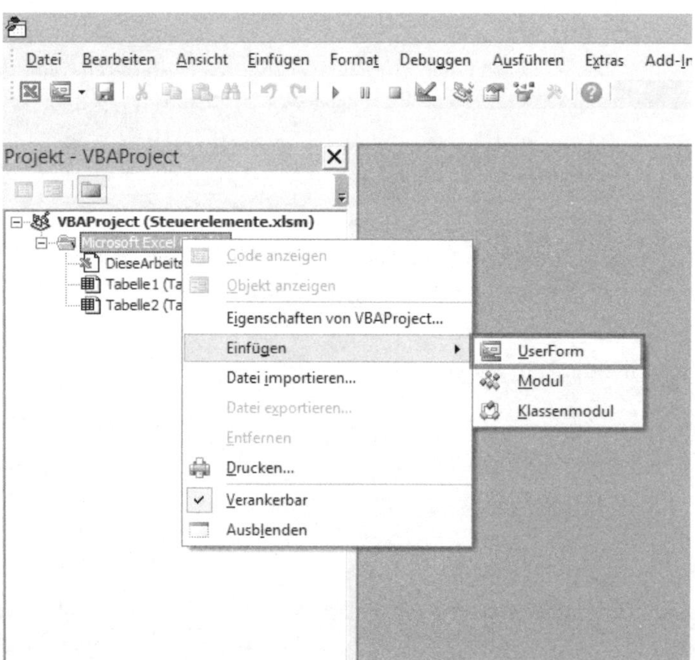

Abbildung 4.1 Hinzufügen einer UserForm zum VBA-Projekt

Daraufhin wird im Projekt-Explorer ein neuer Ordner mit der Bezeichnung *Formulare* angelegt und darin die neue UserForm. Sie bekommt, ähnlich wie die Tabellenblätter, einen Namen mit einer fortlaufenden Nummer.

TIPP Es empfiehlt sich, den Namen der UserForm immer gleich nach dem Anlegen im Eigenschaftenfenster anzupassen. Gerade, wenn Sie mehrere UserForms in einem Projekt haben, können Sie sonst sehr schnell durcheinanderkommen.

Die neu eingefügte UserForm wird mit einer Standardgröße angelegt und im Bereich des Codefensters angezeigt.

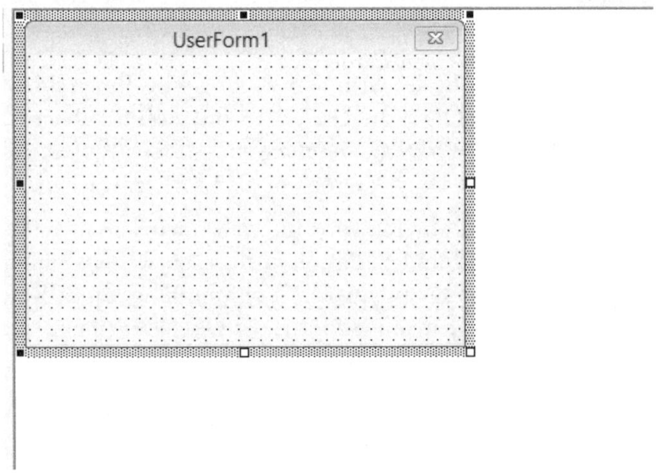

Abbildung 4.2 Die grafische Ansicht der neu eingefügten UserForm

Jede UserForm hat zwei Ansichten: die standardmäßig angezeigte grafische Ansicht und die Codeansicht. Letztere enthält sämtlichen Programmcode, den Sie zur UserForm und den enthaltenen Steuerelementen erstellen.

Wenn Sie im Projektexplorer auf die UserForm doppelklicken, wird sie standardmäßig in der grafischen Ansicht geöffnet. Sie können mit [F7] in die Codeansicht wechseln und von dort mit [⇧]+[F7] zurückkehren.

Die Größe des Formularbereichs können Sie verändern, indem Sie eines der Kästchen an den Ecken anklicken und mit gedrückter Maustaste in die gewünschte Größe ziehen. Die Breite und Höhe lässt sich aber auch über das Eigenschaftenfenster einstellen.

Die wichtigsten Eigenschaften einer UserForm finden Sie in Tabelle 4.1.

Eigenschaft	Beschreibung
Caption	Die Beschriftung der UserForm, die im Fensterkopf angezeigt wird
BackColor	Die Hintergrundfarbe der UserForm
ForeColor	Die Vordergrundfarbe – also Schriftfarbe. Die UserForm selbst enthält keine Schrift-Elemente, diese Einstellung wird aber automatisch für alle neu eingefügten Steuerelemente übernommen.

Tabelle 4.1 Die wichtigsten Eigenschaften der UserForm

Eigenschaft	Beschreibung
Font	Die Schrift. Bei Änderungen öffnet sich ein Fenster, in dem Schriftart, -farbe, -grad und -größe eingestellt werden. Auch diese Eigenschaft überträgt sich auf neu eingefügte Steuerelemente.
ScrollBars	Gibt an, ob Bildlaufleisten unten und rechts angezeigt werden sollen
ShowModal	Diese Eigenschaft legt fest, ob die UserForm modal angezeigt wird. Ist sie mit true eingestellt, kann der User nur in dieser UserForm arbeiten und Code, der evtl. in der Prozedur, die die UserForm geladen hat, noch folgt, wird erst ausgeführt, wenn sie geschlossen oder verborgen wird.
StartUpPosition	Gibt an, wo das Formular beim Öffnen angezeigt wird (z.B. in der Bildschirmmitte). Wenn Sie hier manual wählen, können Sie die genaue Position mithilfe der Eigenschaften Top und Left festlegen.

Tabelle 4.1 Die wichtigsten Eigenschaften der UserForm *(Fortsetzung)*

Die UserForm kann nun mit Steuerelementen bestückt werden. In der Grundeinstellung wird Ihnen direkt ein Fenster mit der Bezeichnung *Toolsammlung* angezeigt, sobald Sie die UserForm ausgewählt haben. Ist dies nicht der Fall, blenden Sie es über den Menübefehl *Ansicht* | *Werkzeugsammlung* ein. Aus der Toolsammlung können Sie sich die gewünschten Steuerelemente einfach per Drag & Drop auf die UserForm ziehen.

Widmen wir uns nun den wichtigsten Steuerelementen. Standardmäßig wird mit dem Erstellen einer der ersten UserForms in einem Projekt die Bibliothek *MSForms* eingebunden. Es gibt noch einige weitere Bibliotheken, die Steuerelemente zur Verfügung stellen. Über das Kontextmenü der Toolsammlung können Sie mithilfe des Befehls *Zusätzliche Steuerelemente* weitere Steuerelemente hinzufügen. Wir beschäftigen uns hier aber nur mit den Elementen von *MSForms* und auch da nur mit den gebräuchlichsten.

Das Label-Steuerelement

Das Label ist das einfachste der Steuerelemente. Es handelt sich hier um ein Beschriftungsfeld, das eigentlich nur aus einem Text besteht. Der Text kann zur Laufzeit geändert und ausgelesen werden. Meist wird es verwendet, um andere Steuerelemente zu benennen.

Sofern Sie zur Laufzeit mit dem Beschriftungsfeld weiterarbeiten wollen, sollten Sie direkt nach dem Einfügen einen sprechenden Namen vergeben. Nutzen Sie dabei am besten auch immer ein passendes Präfix. Wir verwenden hier lbl und direkt danach eine möglichst aussagekräftige Bezeichnung. Die wichtigsten Eigenschaften eines Labels sind in Tabelle 4.2 aufgeführt.

Eigenschaft	Beschreibung
BackColor / ForeColor / BorderColor	Die Farbe von Hintergrund, Schrift bzw. Rahmen. Standardmäßig wird beim Einfügen die Farbe der UserForm übernommen.
BorderStyle	Diese Eigenschaft legt fest, ob ein Rahmen um das Label erscheinen soll
SpecialEffect	Legt fest, wie das Label dargestellt wird. Es sind verschiedene Stile, wie eine Reliefdarstellung möglich.
Font	Die Schrift. Zur Bearbeitung steht ein eigenes Fenster zur Verfügung.
TextAlign	Legt die horizontale Ausrichtung des Textes fest
WordWrap	Legt fest, ob lange Texte mehrzeilig dargestellt werden

Tabelle 4.2 Wichtige Eigenschaften des Label-Steuerelements

Eigenschaft	Beschreibung
Caption	Der im Label angezeigte Text
ControlTipText	In dieser Eigenschaft wird der Text festgelegt, der angezeigt wird, wenn der Mauszeiger über dem Label steht
Enabled	Gibt an, ob das Label aktiv ist. Ist der Wert False, erscheint der Text des Labels ausgegraut.
Visible	Gibt an, ob das Label zur Laufzeit angezeigt wird
Height / Width	Hier können Sie die genaue Höhe und Breite des Labels festlegen
Left / Top	Mit diesen beiden Eigenschaften können Sie die genaue Position des Labels innerhalb der UserForm festlegen
Picture / PictureAlignment / PictureSize-Mode	Sie können einem Label auch ein Bild zuweisen. Das erfolgt in der Picture-Eigenschaft über ein Dateiauswahldialogfeld – das Bild wird dann in der Excel-Datei gespeichert. Mit den beiden anderen Eigenschaften können Sie die Ausrichtung und gegebenenfalls die Größenanpassung des Bilds festlegen.
TabIndex	Hier wird der Rang innerhalb der Aktivierungsreihenfolge festgelegt
Tag	Mit dieser Eigenschaft können Sie zusätzliche Informationen zum Steuerelement erfassen

Tabelle 4.2 Wichtige Eigenschaften des Label-Steuerelements *(Fortsetzung)*

TIPP Die Eigenschaft Tag lässt sich hervorragend zur Gruppierung von Steuerelementen verwenden. Geben Sie zusammengehörigen Elementen das gleiche Tag – z.B. »auszublenden«. Dann können Sie mit der folgenden Schleife alle so gekennzeichneten Elemente unsichtbar machen:

```
Dim contr As Control

For Each contr In Me.Controls
    If contr.Tag = "auszublenden" Then
        contr.Visible = False
    End If
Next contr
```

Als praktisches Beispiel fügen wir unserer neuen UserForm ein Label hinzu. Es soll dem User beim Erfassen das aktuelle Datum anzeigen, muss also auch zur Laufzeit befüllt werden. Wie Abbildung 4.3 zeigt, haben wir als Namen lblDatum vergeben, die Formatierung etwas angepasst und einen ersten Blindtext in der Eigenschaft Caption erfasst.

Abbildung 4.3 Das Label in der grafischen Bearbeitungsoberfläche der UserForm

Nun soll beim Öffnen des Formulars statt der Raute-Zeichen das aktuelle Datum angezeigt werden. Zur Laufzeit muss somit die Eigenschaft Caption angepasst werden. Beim Öffnen einer UserForm wird das Ereignis UserForm_Initialize ausgelöst. In diesem Ereignis müssen alle Anpassungen erfolgen, die der User beim Anzeigen des Formulars bereits sehen soll.

Wechseln Sie mit F7 in die Codeansicht der UserForm. Sie können auch einfach einen Doppelklick auf dem Formularbereich ausführen. In diesem Fall landen Sie in einem bereits angelegten Ereignis der UserForm, oder es wird das Standardereignis angelegt. Das ist in den meisten Fällen das Click-Ereignis. Da uns das hier nichts nützt, wählen Sie bitte aus den beiden Kombinationslistenfeldern am oberen Rand des Codefensters links den Eintrag UserForm und rechts Initialize. Wenn es noch kein Ereignis für die UserForm gibt, wird gegebenenfalls zunächst das Click-Ereignis angelegt. Das können Sie dann nach dem Erstellen der Prozedur für das Initialize-Ereignis direkt wieder löschen.

Der Code zum Ändern des Textes unseres Labels ist ein einfacher Einzeiler.

```
Private Sub UserForm_Initialize()

    lblDatum.Caption = "Datum " & Format(Date, "dd.mm.yyyy")

End Sub
```

Listing 4.1 Einstellen des angezeigten Textes zu Laufzeit

Dem Label wird über die Caption-Eigenschaft also ein neuer Text mit dem – formatierten – aktuellen Datum zugewiesen. Mit der Taste F5 können Sie das Ergebnis direkt testen.

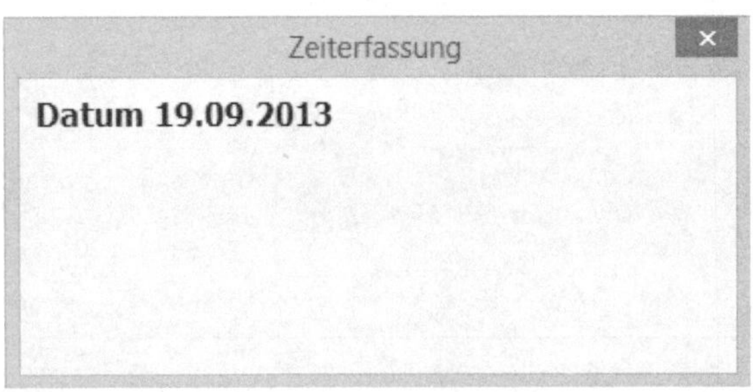

Abbildung 4.4 Der zur Laufzeit angepasste Text

Über die Caption-Eigenschaft können Sie natürlich auch zur Laufzeit den Text eines Labels auslesen.

TIPP Übrigens: Unsichtbare (Visible = False) Textfelder lassen sich hervorragend verwenden, um zur Laufzeit Informationen in der UserForm zu speichern, ohne dass sie für den User sichtbar sind.

Das Textfeld

Eines der wichtigsten Steuerelemente ist das Textfeld. In ihm kann der User Eingaben vornehmen, es kann aber auch gesperrt und lediglich zur Anzeige von Informationen verwendet werden. Die wichtigsten Eigenschaften eines Textfelds entnehmen Sie bitte Tabelle 4.3.

Eigenschaft	Beschreibung
BackColor / ForeColor / BorderColor	Die Farbe von Hintergrund, Schrift bzw. Rahmen. Standardmäßig wird beim Einfügen die Farbe der UserForm übernommen.
BorderStyle	Diese Eigenschaft legt fest, ob ein Rahmen um das Textfeld erscheinen soll
SpecialEffect	Legt fest, wie das Textfeld dargestellt wird. Es sind verschiedene Stile, wie z.B. eine Reliefdarstellung möglich.
Font	Die Schrift. Zur Bearbeitung steht ein eigenes Fenster zur Verfügung.
TextAlign	Legt die horizontale Ausrichtung des Textes fest
WordWrap	Legt fest, ob lange Texte mehrzeilig dargestellt werden
MaxLength	Gibt die maximale Länge des Textes an, der in das Textfeld eingegeben werden darf
AutoTab	Gibt an, ob automatisch zum nächsten Steuerelement gesprungen werden soll, sobald die in der Eigenschaft MaxLength angegebene Zahl an Zeichen erreicht ist
PasswordChar	Wenn der eingegebene Text in einem Textfeld nicht als Klartext angezeigt werden soll, geben Sie in dieser Eigenschaft das Platzhalterzeichen an, z.B. * oder #
MultiLine	Diese Eigenschaft gibt an, ob der User mehrzeilige Texte erfassen darf. Ist sie True, kann mit ⇧+↵ ein Zeilenumbruch erzeugt werden.
EnterKeyBehaviour	Mit dieser Eigenschaft können Sie einstellen, dass bei einem Textfeld, dessen MultiLine-Eigenschaft auf True gesetzt ist, die Taste ↵ einen Zeilenumbruch erzeugt. Dabei bedeutet True, dass ein Zeilenumbruch eingefügt wird und False, dass zum nächsten Steuerelement gesprungen wird, wenn der User im Feld die ↵-Taste drückt.
ControlTipText	In dieser Eigenschaft wird der Text festgelegt, der angezeigt wird, wenn der Mauszeiger über dem Textfeld steht
Enabled	Gibt an, ob das Textfeld aktiv ist. Ist der Wert False, erscheint der Text des Labels ausgegraut.
Locked	Diese Eigenschaft sperrt das Textfeld für Eingaben des Users. Dabei wird es aber nicht ausgegraut dargestellt, wie bei der Eigenschaft Enabled, sondern behält die normale Formatierung. Es behält auch seinen Platz in der Aktivierungsreihenfolge.
Visible	Gibt an, ob das Textfeld zur Laufzeit angezeigt wird
Text / Value	Die Eigenschaften speichern den Inhalt eines Textfelds. Bei mehrspaltigen Steuerelementen – wie z.B. dem Listenfeld, zu dem Sie weiter unten noch mehr erfahren – können diese beiden Werte voneinander abweichen. Beim Textfeld sind die Inahlte der beiden Eigenschaften aber identisch.
ControlSource	Mithilfe dieser Eigenschaft können Sie ein Textfeld direkt mit einer Zelle verknüpfen. Damit wird beim Aufruf der UserForm der Inhalt der Zelle direkt in das Textfeld geladen, und Änderungen am Textfeld werden sofort in der Zelle gespeichert. Geben Sie die verknüpfte Zelle in folgender Form an: Tabelle1!C3. Wichtig: Verwenden Sie den Codenamen der Tabelle, nicht den Namen, der in der Excel-Oberfläche angezeigt wird.
Height / Width	Hier können Sie die genaue Höhe und Breite des Textfelds festlegen
Left / Top	Mit diesen beiden Eigenschaften können Sie die genaue Position des Textfelds innerhalb der UserForm festlegen
TabIndex	Hier wird der Rang innerhalb der Aktivierungsreihenfolge festgelegt
Tag	Mit dieser Eigenschaft können Sie zusätzliche Informationen zum Steuerelement erfassen

Tabelle 4.3 Die Eigenschaften eines Textfelds

Als Beispiel fügen wir unserer UserForm für die Zeiterfassung drei Textfelder hinzu. In denen sollen das Datum, die Anfangsuhrzeit und die Enduhrzeit erfasst werden. Als Präfix verwenden wir hier txt, damit ergeben sich folgende Namen für die Textfelder: txtDatum, txtBeginn und txtEnde. Mit jeweils einem Label darüber weiß der User auch direkt, was dort zu erfassen ist.

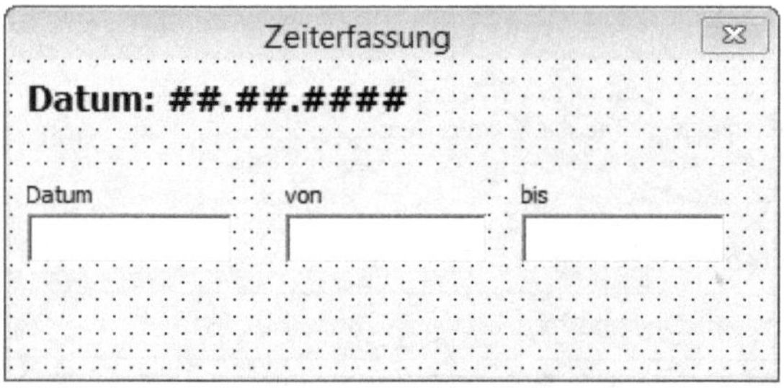

Abbildung 4.5 Textfelder für Datum und Beginn und Ende

Als Datum soll beim Öffnen auch das jeweils aktuelle Datum vorerfasst sein. Das wird im bereits angelegten Initialize-Ereignis der UserForm ergänzt. Mit einem Doppelklick auf eine freie Fläche der UserForm landen Sie in der Codeansicht nun auch direkt in der richtigen Prozedur aus Listing 4.2.

```
Private Sub UserForm_Initialize()

    lblDatum.Caption = "Datum " & Format(Date, "dd.mm.yyyy")
    txtDatum.Value = Format(Date, "dd.mm.yyyy")

End Sub
```

Listing 4.2 Das *Initialize*-Ereignis wird ergänzt

Damit wird auch hier beim Starten der UserForm das aktuelle Datum angezeigt. Es kann aber vom User beliebig geändert werden.

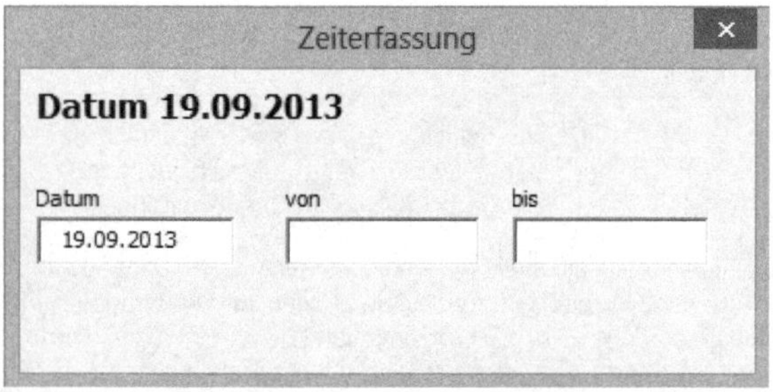

Abbildung 4.6 Auch im Textfeld wird das aktuelle Datum angezeigt

Im zweiten Teil dieses Kapitels werden Sie erfahren, wie Sie bei Änderungen des Users sicherstellen, dass noch immer ein Datum im Textfeld steht und wie Sie die Eingaben entsprechend formatieren können.

Das Optionsfeld

Optionsfelder werden gemeinhin immer dann verwendet, wenn der User aus einer bestimmten Anzahl an Varianten eine einzige auswählen soll. Soll eine Mehrfachauswahl möglich sein, wird in der Regel zum Kontrollkästchen gegriffen, das Sie weiter unten noch kennenlernen werden.

Das Optionsfeld wird über eine kleine kreisrunde Fläche dargestellt, die bei Auswahl mit einem Punkt gefüllt wird. Daneben bringt es auch eine Art Label zur Bezeichnung des Steuerelements mit. Hier zunächst die wichtigsten Eigenschaften des Optionsfelds.

Eigenschaft	Beschreibung
BackColor / ForeColor	Die Farbe von Hintergrund bzw. Schrift. Standardmäßig wird beim Einfügen die Farbe der UserForm übernommen.
SpecialEffect	Legt fest, wie das Optionsfeld dargestellt wird. Es sind verschiedene Stile, wie z.B. eine Reliefdarstellung möglich.
Font	Die Schrift. Zur Bearbeitung steht ein eigenes Fenster zur Verfügung.
Alignment	Gibt an, ob der Bezeichnungstext links oder rechts vom Optionsfeld dargestellt wird
TextAlign	Legt die horizontale Ausrichtung des Bezeichnungstextes fest
WordWrap	Legt fest, ob lange Texte im Bezeichnungsfeld mehrzeilig dargestellt werden
Caption	Der im Bezeichnungsfeld angezeigte Text
ControlTipText	Mit dieser Eigenschaft wird der Text festgelegt, der angezeigt wird, wenn der Mauszeiger über dem Optionsfeld steht
Enabled	Gibt an, ob das Optionsfeld aktiv ist. Ist der Wert False, erscheint das Steuerelement ausgegraut.
Locked	Diese Eigenschaft sperrt das Optionsfeld für Änderungen des Users. Dabei wird es aber nicht ausgegraut dargestellt, wie bei der Eigenschaft Enabled, sondern behält die normale Formatierung. Es behält auch seinen Platz in der Aktivierungsreihenfolge.
Visible	Gibt an, ob das Optionsfeld zur Laufzeit angezeigt wird
Value	Der Wert des Optionsfelds (True oder False), der verrät, ob es vom Benutzer ausgewählt wurde
TripleState	Diese Eigenschaft wurde vom Kontrollkästchen (siehe Abschnitt zum Kontrollkästchen) übernommen, ist beim Optionsfeld aber ohne Wirkung
GroupName	Der Gruppenname des Optionsfelds. Optionsfelder mit demselben Gruppennamen schließen sich gegenseitig aus, d.h. es kann immer nur eins davon den Wert True haben.
Picture / PictureAlignment / PictureSizeMode	Sie können einem Optionsfeld auch ein Bild zuweisen. Das erfolgt in der Picture-Eigenschaft über ein Dateiauswahldialogfeld – das Bild wird dann in der Excel-Datei gespeichert. Mit den beiden anderen Eigenschaften können Sie die Ausrichtung und gegebenenfalls die Größenanpassung des Bilds festlegen.
ControlSource	Mithilfe dieser Eigenschaft können Sie ein Optionsfeld direkt mit einer Zelle verknüpfen. Damit wird beim Aufruf der UserForm der Inhalt der Zelle direkt auf das Optionsfeld angewendet, und eine vom Benutzer am Optionsfeld vorgenommene Änderung wird sofort in der Zelle gespeichert. Geben Sie die verknüpfte Zelle in folgender Form an: Tabelle1!C3. Wichtig: Verwenden Sie den Codenamen der Tabelle, nicht den Namen, der in der Excel-Oberfläche angezeigt wird.
Height / Width	Hier können Sie die genaue Höhe und Breite des Optionsfelds festlegen
Left / Top	Mit diesen beiden Eigenschaften können Sie die genaue Position des Optionsfelds innerhalb der UserForm festlegen
TabIndex	Hier wird der Rang innerhalb der Aktivierungsreihenfolge festgelegt
Tag	Mit dieser Eigenschaft können Sie zusätzliche Informationen zum Steuerelement erfassen

Tabelle 4.4 Die wichtigsten Eigenschaften des Optionsfelds

Als Beispiel werden wir mehrere Optionsfelder in unsere Erfassungshilfe für die Zeitwirtschaft einfügen. Der User soll, sofern er nicht anwesend war, den Grund seiner Abwesenheit aus einer vorgegebenen Anzahl an Möglichkeiten auswählen.

Fügen Sie dazu vier Optionsfelder ein. Wir haben hier für die Namen den Präfix opt gewählt, sodass sich die Namen optUrlaub, optZeitausgleich, optWeiterbildung und optKrank ergeben.

TIPP Wenn Sie nur eine Gruppe Optionsfelder in einer UserForm verwenden, können Sie darauf verzichten, einen Gruppennamen zu vergeben. Die Felder bilden dann automatisch eine Gruppe. Falls Sie Optionsfelder nachträglich einer Gruppe zuordnen möchten, müssen Sie das nicht für jedes Feld einzeln tun. Selektieren Sie einfach die zusammengehörenden Optionsfelder und tragen Sie dann im Eigenschaftenfenster bei *GroupName* den gewünschten Namen ein. Er wird dann für alle selektierten Elemente übernommen. Das funktioniert übrigens auch für alle anderen Eigenschaften und Steuerelemente.

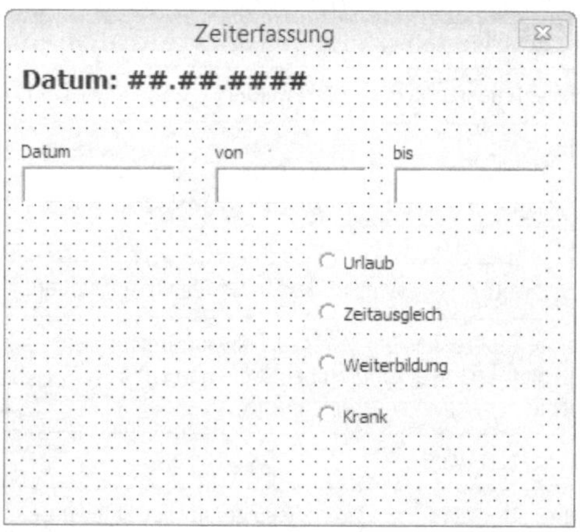

Abbildung 4.7 Die neu eingefügten Optionsfelder

Egal, ob Sie nun für alle Optionsfelder einen Gruppennamen erfasst haben oder nicht, Sie werden beim Starten der UserForm mit [F5] feststellen, dass automatisch immer nur eins der Optionsfelder angewählt werden kann.

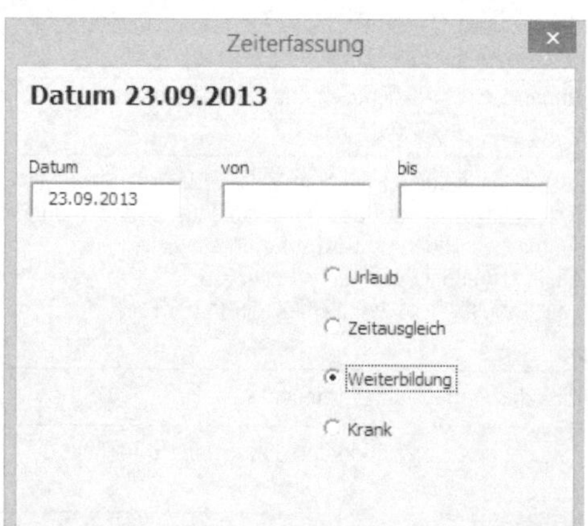

Abbildung 4.8 Es kann nur eins der Optionsfelder selektiert werden

Übrigens lassen sich Optionsfelder auch gut mit einem sogenannten Rahmen zusammenfassen. Die automatische Gruppierung ohne den Gruppennamen gilt nämlich für jeden *Container*. Solche Container, die weitere

Steuerelemente enthalten können, sind neben der UserForm der gerade erwähnte Rahmen und sogenannte Registerseiten. Beide lernen Sie im Laufe des Kapitels noch kennen.

Der Rahmen

Ein Rahmen ist ein Container, der weitere Steuerelemente aufnehmen kann. Für die Darstellung gibt es verschiedene Möglichkeiten: eine Reliefdarstellung (Linien, die als Vertiefung oder Erhebung erscheinen) oder mit einem einfachen Rahmen – oder auch ganz ohne Rahmen. Daneben kann – muss aber nicht – noch eine Beschriftung angegeben werden.

Rahmen werden sehr häufig nur als grafisches Element verwendet. Dabei können sie viel mehr. Beispielsweise können Sie Rahmen nutzen, um zusammengehörige Optionsfelder zu gruppieren. Ein Rahmen kann auch mehr Steuerelemente enthalten, als in den sichtbaren Bereich passen: Er wird dann mit Bildlaufleisten dargestellt. So können Sie ihn also auch verwenden, um das Formular selbst etwas kleiner zu halten und weniger wichtige Elemente auszublenden.

Hier zunächst die wichtigsten Eigenschaften des Rahmens.

Eigenschaft	Beschreibung
BackColor / ForeColor / BorderColor	Die Farbe von Hintergrund, Schrift bzw. Rahmen. Standardmäßig wird beim Einfügen die Farbe der UserForm übernommen.
BorderStyle	Diese Eigenschaft legt fest, wie der Rahmen dargestellt werden soll
SpecialEffect	Legt fest, wie der Rahmen dargestellt wird. Es sind verschiedene Stile, wie eine Reliefdarstellung möglich.
Font	Die Schrift. Zur Bearbeitung steht ein eigenes Fenster zur Verfügung.
ControlTipText	In dieser Eigenschaft wird der Text festgelegt, der angezeigt wird, wenn der Mauszeiger über dem Rahmen steht
Caption	Der als Überschrift angezeigte Text
Enabled	Gibt an, ob der Rahmen aktiv ist. Ist der Wert False, erscheint der Text des Labels ausgegraut.
Visible	Gibt an, ob der Rahmen – und sein Inhalt – zur Laufzeit angezeigt wird
Picture / PictureAlignment / PictureSizeMode	Sie können dem Rahmen auch ein Bild zuweisen, das dann als Hintergrundbild dargestellt wird. Das erfolgt in der Picture-Eigenschaft über ein Dateiauswahldialogfeld – das Bild wird dann in der Excel-Datei gespeichert. Mit den beiden anderen Eigenschaften können Sie die Ausrichtung und gegebenenfalls die Größenanpassung des Bilds festlegen.
Height / Width	Hier können Sie die genaue Höhe und Breite des Rahmens festlegen
Left / Top	Mit diesen beiden Eigenschaften können Sie die genaue Position des Rahmens innerhalb der UserForm festlegen
TabIndex	Hier wird der Rang innerhalb der Aktivierungsreihenfolge festgelegt. Die enthaltenen Steuerelemente bekommen dann innerhalb des Rahmens einen eigenen Rang. Das heißt, wenn der Rahmen in der Tab-Reihenfolge angesprungen wird, werden zunächst alle enthaltenen Steuerelemente aktiviert, bevor das nächste Steuerelement in der eigentlichen UserForm aktiv wird.
Tag	Mit dieser Eigenschaft können Sie zusätzliche Informationen zum Steuerelement erfassen

Tabelle 4.5 Wichtige Eigenschaften des Rahmens

TIPP Nutzen Sie die Eigenschaften Visible und Enabled, um kontextabhängig mehrere – also die im Rahmen enthaltenen – Steuerelemente auszublenden oder zu deaktivieren. Wenn der Rahmen unsichtbar ist, werden auch sämtliche enthaltenen Elemente mit ausgeblendet.

Weiterhin kann der Rahmen verwendet werden, um Steuerelemente codeseitig zu gruppieren. Alle im Rahmen enthaltenen Elemente finden Sie in der Auflistung Controls, die ein Member des Rahmens ist. Wie genau das funktioniert, erfahren Sie im Abschnitt »Die Schaltfläche«, wo die Vorgehensweise für unser Zeiterfassungsbeispiel erläutert wird.

Für unser Zeiterfassungstool wird auch ein Rahmen benötigt. Der User soll die Möglichkeit bekommen, zwischen geleisteten Arbeitszeiten oder Abwesenheiten zu wählen. Diese Auswahl werden wir im übernächsten Abschnitt noch mithilfe eines Kontrollkästchens realisieren. Damit bei entsprechender Auswahl nicht jedes Optionsfeld einer Gruppe einzeln unsichtbar gemacht werden muss, fassen wir die Optionsfelder hier in einem Rahmen zusammen. Dann genügt es, den Rahmen ein- und auszublenden.

Dafür zeichnen Sie zunächst an einer freien Stelle der UserForm einen Rahmen, weisen ihm eine passende Größe zu, sodass er die Optionsfelder aufnehmen kann, und geben ihm eine entsprechende Überschrift. Als Präfix für den Namen haben wir fra gewählt (Abkürzung für *Frame*). Der Name lautet somit fraAbwesenheiten.

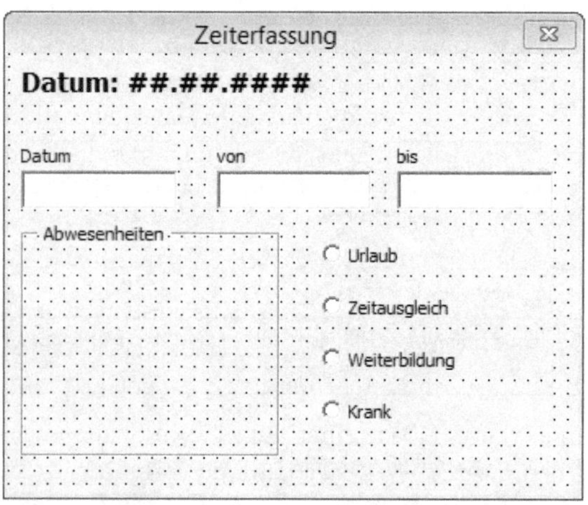

Abbildung 4.9 Der neu hinzugefügte Rahmen

Nun markieren Sie die vier Optionsfelder – am besten, indem Sie mit gedrückter Maustaste einen Auswahlrahmen darüber ziehen. Danach können Sie sie per Drag & Drop in den Rahmen ziehen. Sie werden bemerken, dass die gestrichelten Rahmen beim Ziehen zum Teil verschwinden, sobald sie teilweise im Bereich des Rahmens liegen. In diesem Moment sind die Optionsfelder schon Teil des Rahmens. Ziehen Sie sie so in den Rahmenbereich, sodass sie dort vollständig sichtbar sind.

Alternativ können Sie die Optionsfelder auch nach dem Selektieren mit `Strg`+`X` aus der UserForm ausschneiden, dann den Rahmen selektieren und dort mit `Strg`+`V` einfügen. In dem Fall werden die Felder automatisch oben links im Rahmen ausgerichtet. Danach können Sie einfach den Rahmen an die gewünschte Position ziehen – die enthaltenen Steuerelemente werden mit verschoben.

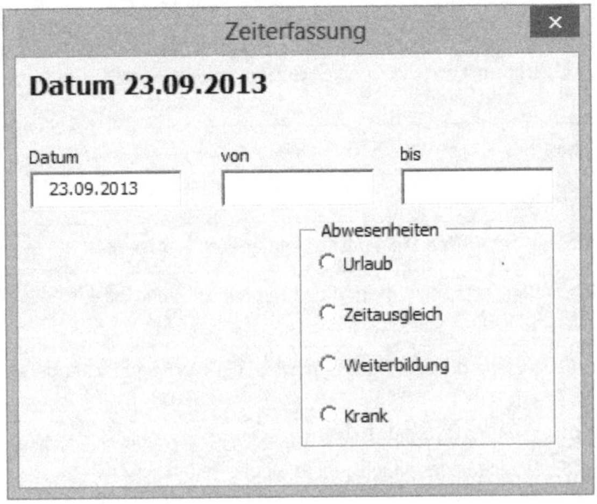

Abbildung 4.10 Die Optionsfelder sind nun im Rahmen gruppiert

Das Kombinationsfeld (ComboBox)

Ein ebenfalls sehr häufig zum Einsatz kommendes Steuerelement ist das Kombinationsfeld. Es ähnelt im Erscheinungsbild zunächst einem Textfeld, enthält aber am rechten Rand eine kleine Schaltfläche, mit der eine Liste an Einträgen aufgeklappt werden kann. Der User hat die Möglichkeit, entweder einen eigenen Eintrag im oberen Textfeld einzugeben oder per Klick einen Eintrag aus der Liste auszuwählen. Die Möglichkeit der freien Eingabe kann auch abgeschaltet werden – mithilfe der Style-Eigenschaft. Dann wird aus dem Kombinationsfeld ein einfaches Dropdownlistenfeld, bei dem nur noch aus den vorhandenen Einträgen ausgewählt werden kann.

Bei der Darstellung ist das Kombinationsfeld erstaunlich flexibel. Es kann in der Auswahlliste mehrere Spalten enthalten – dafür ist die Eigenschaft Columns zuständig. Die Spalten können unterschiedliche Breiten (Eigenschaft ColumnWidths) besitzen – und mit einer Breite von 0 sogar unsichtbar werden.

Im Eingabebereich des Kombinationsfelds wird jedoch immer nur der Wert einer festgelegten Spalte angezeigt – das können Sie mit der Eigenschaft TextColumn einstellen. Dieser Wert wird dann der Eigenschaft Text zugewiesen. Abweichend davon kann eine andere Spalte den Rückgabewert für die Eigenschaft Value – also den Wert des Steuerelements – liefern. Das wiederum kann über BoundColumn eingestellt werden. Keine Sorge, wenn Sie das alles noch nicht verstehen: Wir werden unserem Praxisbeispiel ein mehrspaltiges Kombinationsfeld hinzufügen und diese Eigenschaften dort anschaulich erörtern.

Darüber hinaus können Sie in einem Kombinationsfeld die ausgewählten Elemente mit Optionsfeldsymbolen deutlicher hervorheben. Mehr dazu entnehmen Sie bitte der folgenden Tabelle mit den wichtigsten Eigenschaften des Kombinationsfelds.

Eigenschaft	Beschreibung
BackColor / ForeColor / BorderColor	Die Farbe von Hintergrund, Schrift bzw. Rahmen. Standardmäßig wird beim Einfügen die Farbe der UserForm übernommen.
BorderStyle	Diese Eigenschaft legt fest, ob ein Rahmen um das Kombinationsfeld erscheinen soll

Tabelle 4.6 Die wichtigsten Eigenschaften des Kombinationsfelds

Eigenschaft	Beschreibung
SpecialEffect	Legt fest, wie das Kombinationsfeld dargestellt wird. Es sind verschiedene Stile, wie eine Reliefdarstellung möglich.
Font	Die Schrift. Zur Bearbeitung steht ein eigenes Fenster zur Verfügung.
TextAlign	Legt die horizontale Ausrichtung des Textes fest
MaxLength	Gibt die maximale Länge des Textes an, der im Kombinationsfeld eingegeben werden darf
AutoTab	Gibt an, ob automatisch zum nächsten Steuerelement gesprungen werden soll, sobald die in der Eigenschaft MaxLength angegebene Zahl an Zeichen erreicht ist
ControlTipText	In dieser Eigenschaft wird der Text festgelegt, der angezeigt wird, wenn der Mauszeiger über dem Kombinationsfeld steht
DropButtonStyle	Hier können Sie einstellen, wie die Schaltfläche zum Öffnen der Auswahlliste aussehen soll. Neben dem nach unten weisenden Pfeil stehen Ihnen noch einige andere Möglichkeiten zur Auswahl.
ListStyle	Hier haben Sie die Möglichkeit, links neben den einzelnen Zeilen kleine Optionsfeldsymbole einblenden zu lassen, die die Auswahl etwas deutlicher hervorheben. Der Wert für diese Einstellung ist frmListStyleOption.
Style	In dieser Eigenschaft können Sie einstellen, ob es sich um ein Kombinationsfeld mit der Möglichkeit, einen eigenen Text zu erfassen, handelt oder aber um ein Dropdownlistenfeld, bei dem nur aus der Auswahlliste gewählt werden kann
ControlSource	Mithilfe dieser Eigenschaft können Sie ein Kombinationsfeld direkt mit einer Zelle verknüpfen. Hier wird die Value-Eigenschaft verknüpft, d.h. der Wert in der angegebenen Zelle erscheint beim Laden als Value – nicht als Text – im Kombinationsfeld, und bei Änderungen wird der jeweilige Wert der Value-Eigenschaft in diese Zelle zurückgeschrieben. Geben Sie die verknüpfte Zelle in folgender Form an: Quellblatt!A1. Wichtig: Verwenden Sie nicht den Codenamen der Tabelle, sondern den Namen, der in der Excel-Oberfläche angezeigt wird.
RowSource	Wenn Sie die Auswahlliste des Kombinationsfelds aus einem Zellbereich befüllen wollen, geben Sie diesen hier an. Die Zellinhalte dieses Bereichs werden beim Öffnen der UserForm automatisch in die Auswahlliste geladen. Geben Sie die verknüpften Zellen in folgender Form an: Quellblatt!A1:A10. Wichtig: Verwenden Sie nicht den Codenamen der Tabelle, sondern den Namen, der in der Excel-Oberfläche angezeigt wird.
BoundColumn	Gibt an, welche Spalte den Wert (Value) des Kombinationsfelds enthält. Erfassen Sie hier die Nummer der Spalte beginnend bei 1.
TextColumn	Gibt an, welche Spalte den Text des Kombinationsfelds enthält. Erfassen Sie hier die Nummer der Spalte beginnend bei 1.
ColumnCount	Hier geben Sie die Anzahl der Spalten in der Auswahlliste an
ColumnWidths	Hier stellen Sie die Breiten der einzelnen Spalten in der Einheit Punkt ein, getrennt durch Semikola. Standardmäßig werden die Spaltenbreiten gleichmäßig verteilt. Wenn Sie die Breite in einer anderen Einheit als Punkt angeben möchten, dann schreiben Sie diese dahinter. Also z.B. 2 cm. Wenn Sie nur einzelne Spalten angeben möchten, lassen Sie die Plätze in der Liste für die Spalten frei, die automatisch eingestellt werden sollen. Wenn Sie beispielsweise ;50;;50 angeben, werden die zweite und fünfte Spalte auf 50 Punkt eingestellt und die Breiten der restlichen Spalten gleichmäßig verteilt.
ColumnHeads	Hier wird angegeben, ob die erste Zeile der angegebenen RowSource aus Überschriften besteht. Diese werden dann auch in der Auswahlliste als Überschriften angezeigt.
ListRows	Hier geben Sie an, wie viele Zeilen in der Auswahlliste angezeigt werden sollen. Durch den Rest kann dann per Bildlaufleiste navigiert werden.

Tabelle 4.6 Die wichtigsten Eigenschaften des Kombinationsfelds *(Fortsetzung)*

Eigenschaft	Beschreibung
ListWidth	Hier geben Sie die Gesamtbreite der Auswahlliste an. Diese kann durchaus von der Breite des Kombinationsfelds selbst abweichen. Gerade bei mehrspaltigen Auswahllisten empfiehlt es sich, das Kombinationsfeld schmal zu halten und nur die Auswahlliste breiter anzuzeigen.
MatchEntry	Diese Eigenschaft gibt an, inwiefern bei einer Eingabe ins Textfeld ein Abgleich und eine Auto-Vervollständigung aus der Auswahlliste erfolgen soll. Bei der Einstellung fmMatchEntryFirstLetter erfolgt nur ein Abgleich des ersten Buchstabens der Listeneinträge, bei fmMatchEntryComplete wird die komplette Eingabe des Users verglichen und bei fmMatchEntryNone erfolgt gar kein Abgleich.
MatchRequired	Diese Eigenschaft gibt an, ob der im Eingabebereich erfasste Text mit einem Eintrag aus der Liste übereinstimmen muss, oder ob der User auch davon abweichende Werte erfassen darf
Enabled	Gibt an, ob das Kombinationsfeld aktiv ist. Ist der Wert False, erscheint der Text des Labels ausgegraut.
Locked	Diese Eigenschaft sperrt das Kombinationsfeld für Änderungen des Users. Dabei wird es aber nicht ausgegraut dargestellt, wie bei der Eigenschaft Enabled, sondern behält die normale Formatierung. Es behält auch seinen Platz in der Aktivierungsreihenfolge.
Visible	Gibt an, ob das Kombinationsfeld zur Laufzeit angezeigt wird
Text / Value	Die Eigenschaften speichern den Inhalt eines Kombinationsfelds
Height / Width	Hier können Sie die genaue Höhe und Breite des Kombinationsfelds festlegen
Left / Top	Mit diesen beiden Eigenschaften können Sie die genaue Position des Kombinationsfelds innerhalb der UserForm festlegen
TabIndex	Hier wird der Rang innerhalb der Aktivierungsreihenfolge festgelegt
Tag	Mit dieser Eigenschaft können Sie zusätzliche Informationen zum Steuerelement erfassen

Tabelle 4.6 Die wichtigsten Eigenschaften des Kombinationsfelds *(Fortsetzung)*

Für unser Praxisbeispiel soll der User – sofern er nicht abwesend war – angeben, an welchem Projekt er gearbeitet hat. Dafür fügen Sie zunächst aus der Werkzeugsammlung ein Kombinationsfeld ein. Für den Namen verwenden wir das Präfix cbo (Abkürzung für ComboBox), damit ergibt sich der Name cboProjekt. Ergänzen Sie außerdem ein entsprechendes Label, um dem User zu verdeutlichen, was er hier auswählen soll.

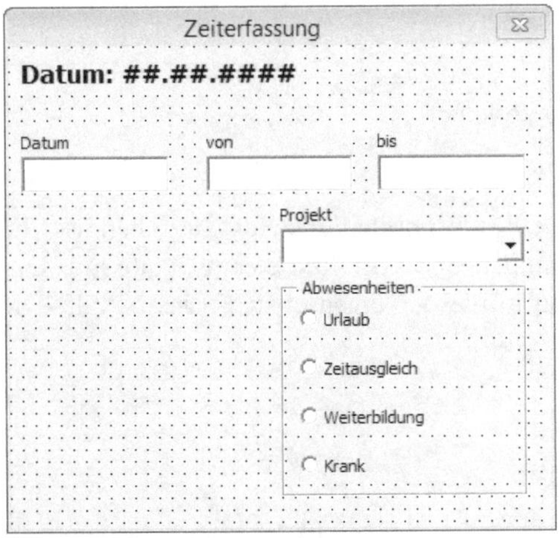

Abbildung 4.11 Die erweiterte UserForm

Zunächst sollten wir uns Gedanken darum machen, welche Daten hier zur Auswahl stehen sollen. Die Kunden und die zugehörigen Projekte sind alle in der Tabelle *Steuerung* in den Spalten *A* bis *C* aufgelistet.

	A	B	C
1	Projekt-Nr.	Kunde	Projekt
2	1	Müller Bau	Controlling-DB
3	2	Müller Bau	Monatliches Berichtswesen
4	3	Maler Maier	Bestell-Tool
5	4	Bäcker Beier	Personal-Planung
6	5	Bäcker Beier	Auswertung aus WaWi-Datenbank
7	6	Unternehmensberatung Unger	Inhouse-Seminar
8	7	Ärztehaus Angstmann	Termin-Planer

Abbildung 4.12 Die Datengrundlage, anhand der das Kombinationsfeld gefüllt werden soll

Um die Daten in die Auswahlliste zu bekommen, gibt es mehrere Möglichkeiten:

1. Nutzung der Eigenschaft RowSource

   Wenn der Bereich, in dem sich die Daten befinden, in der Größe immer gleich bleibt und auch nicht die Position verändert, können Sie diesen direkt im Eigenschaftenfenster in der Eigenschaft RowSource festlegen. In unserem Fall wäre der Wert dieser Eigenschaft dann: Steuerung!A2:C8.

2. Befüllen über die Eigenschaft List

   Im Kombinationsfeld können Sie zur Laufzeit die Eigenschaft List einstellen. Die übernimmt ein ein- oder zweidimensionales Array und gibt es als Auswahlliste zurück. Bei diesem Weg können Sie die Länge der Liste im Blatt *Steuerung* beim Start der UserForm dynamisch auslesen und entsprechend übergeben.

   Der entsprechende Code für unser Beispiel würde folgendermaßen aussehen:

```
Private Sub UserForm_Initialize()

    Dim arr
    Dim letzteZeile As Long

    With tabSteuerung
        letzteZeile = .Range("A" & .Rows.Count).End(xlUp).Row
        arr = .Range("A2:C" & letzteZeile).Value
    End With

    cboProjekt.List = arr

End Sub
```

Listing 4.3 Befüllen der Auswahlliste eines Kombinationsfelds mithilfe der Eigenschaft *List*

3. Nutzen der Methode AddItem

   Die bei weitem flexibelste Möglichkeit, die Auswahlliste eines Kombinationsfelds zu füllen ist die Methode AddItem. Sie legt quasi eine neue Zeile in der Auswahlliste an und füllt die erste Spalte mit dem als Parameter angegebenen Wert. Weitere Spalten werden mithilfe der Eigenschaft Column befüllt. Die genaue Vorgehensweise finden Sie im folgenden Listing.

```
Private Sub UserForm_Initialize()

    Dim letzteZeile As Long
    Dim Zeile As Long

    With tabSteuerung
        letzteZeile = .Range("A" & .Rows.Count).End(xlUp).Row
        For Zeile = 2 To letzteZeile
            cboProjekt.AddItem .Range("A" & Zeile).Value
            cboProjekt.Column(1, cboProjekt.ListCount- 1) = _
                .Range("C" & Zeile).Value
            cboProjekt.Column(2, cboProjekt.ListCount- 1) = _
                .Range("B" & Zeile).Value
        Next Zeile
    End With
    ...

End Sub
```

Listing 4.4 Zeilenweises Befüllen des Kombinationsfelds

Zunächst wird auch hier die letzte Zeile im Tabellenbereich für die Projekte ermittelt. Danach wird eine Schleife aufgesetzt, die alle Zeilen ab Zeile zwei durchläuft. Innerhalb der Zeile wird durch Aufruf der Methode AddItem eine neue Zeile zum Kombinationsfeld hinzugefügt. Der übergebene Parameter wird dann als Inhalt der ersten Spalte dieser Zeile übernommen. Die beiden weiteren Spalten werden über die Eigenschaft Column befüllt. Column erwartet die Angabe der zu befüllenden Spalte und Zeile. Die Spalten sind nullbasiert – die Angabe 1 in der ersten Codezeile nach Aufruf der AddItem-Methode bedeutet also, dass es sich um die zweite Spalte handelt.

Bei den Zeilen verhält es sich ebenso. Zunächst muss ermittelt werden, wie viele Zeilen das Kombinationsfeld enthält. Dafür nutzen wir die Eigenschaft ListCount, die die Anzahl der enthaltenen Zeilen zurückliefert – die gerade neu angelegte Zeile ist dabei die letzte. Da auch die Zeilennummern nullbasiert sind, muss von dem Ergebnis von ListCount noch 1 abgezogen werden, um den Index der letzten Zeile zu ermitteln.

Auf den ersten Blick sieht diese Variante weitaus aufwendiger aus. Ihre Stärke liegt in der Flexibilität. Wir haben in diesem Beispiel die Spalten B und C vertauscht in die Auswahlliste eingelesen. Genauso können auch Spalten weggelassen oder Zeilen beim Einlesen gefiltert oder Werte vor dem Einlesen formatiert werden. Das alles ist weder über die Variante mit RowSource noch über das Befüllen mithilfe der List-Eigenschaft möglich.

Sie können nun auch schon testen, wie das Ganze zur Laufzeit aussieht. Beim Aufklappen des Kombinationsfelds ergibt sich folgendes Bild:

Abbildung 4.13 Die befüllte Auswahlliste des Kombinationsfelds

Das ist noch nicht das Ergebnis, das wir uns wünschen. Das Kombinationsfeld muss noch in Spalten aufgeteilt werden. Da die Projektnummer für den User nicht von Interesse ist, diese aber in dem vom Tool erzeugten Zeiterfassungsdatensatz erscheinen soll, muss diese Spalte zwar in der Auswahlliste bleiben, aber unsichtbar gemacht werden.

Das erreichen wir, indem wir zunächst die Eigenschaft ColumnCount auf denWert 3 setzen. Anschließend legen wir mit dem Wert 0 bei ColumnWidths fest, dass die erste Spalte unsichtbar wird (Breite = 0) und die beiden anderen Spalten gleichmäßig verteilt werden.

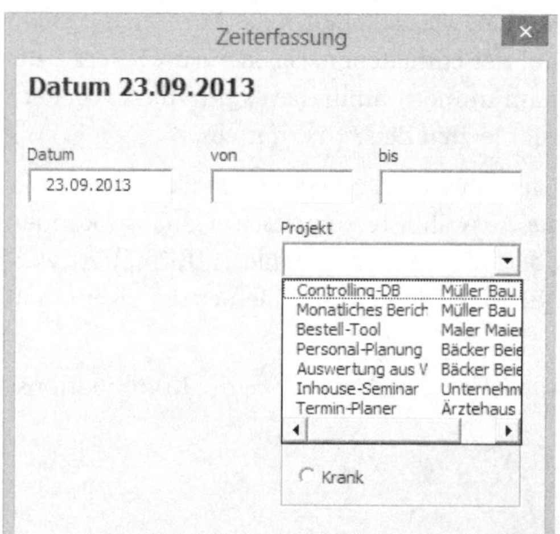

Abbildung 4.14 Die Darstellung erfolgt in zwei Spalten und die erste Spalte ist nun unsichtbar

Das ist allerdings noch immer nicht ganz optimal, da die Spaltenbreiten insgesamt zu klein sind. Das ganze Kombinationsfeld soll nicht vergrößert werden. Aber die Listenbreite kann mithilfe der Eigenschaft ListWidth festgelegt werden. Wenn wir diese auf 300 einstellen, können die Texte vollständig dargestellt werden.

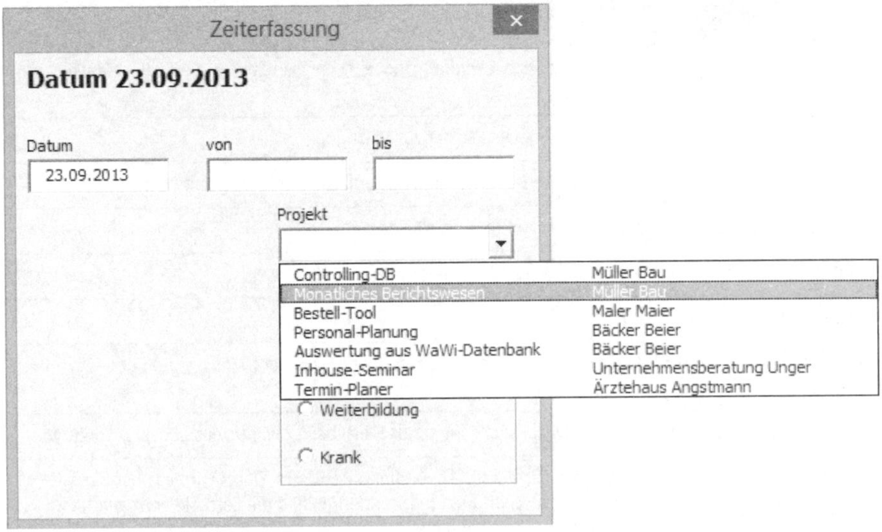

Abbildung 4.15 Die Auswahlliste wird nun größer dargestellt als das Kombinationsfeld selbst

Nun fehlen lediglich Überlegungen dazu, was am Ende in dem Zeiterfassungsdatensatz landen soll. Welche Spalte der ausgewählten Zeile angezeigt werden soll, können Sie über die Eigenschaft TextColumn beeinflussen. Standardmäßig ist dort -1 hinterlegt, was bedeutet, dass die erste sichtbare Spalte als Text übernommen wird.

Das Kombinationsfeld hat aber noch eine zweite Eigenschaft, die das gewählte Element kennzeichnet: Value. Value speichert den Wert der Spalte, die in der Eigenschaft BoundColumn angegeben ist. Dort steht beim Anlegen des Kombinationsfelds standardmäßig eine 1. Das können wir für unser Beispiel so belassen. Damit wird in Value immer die Projektnummer gespeichert.

ACHTUNG Die Werte für die Angaben in den Eigenschaften TextColumn und BoundColumn sind – im Gegensatz zur Eigenschaft Column, die wir zum Befüllen zur Laufzeit genutzt haben – eins und nicht nullbasiert. Der Wert 1 bei BoundColumn kennzeichnet also tatsächlich die erste Spalte.

Das Kontrollkästchen (CheckBox)

Ein relativ einfaches Steuerelement ist das Kontrollkästchen. Es handelt sich um ein kleines quadratisches Kästchen, das auch gleich eine eigene Beschriftung mitbringt. Als Wert kann es nur True oder False zurückgeben, je nachdem, ob der User – oder Sie per Code – ein Häkchen gesetzt hat oder nicht. Ein Kontrollkästchen wird in der Praxis meist angewendet, um einen Zustand als wahr oder falsch zu kennzeichnen oder um mehrere Elemente auswählbar zu machen. Im Gegensatz zum Optionsfeld, das Sie im nächsten Teil noch kennenlernen, kommt hier eine Mehrfachauswahl sehr häufig vor.

In Tabelle 4.4 finden Sie zunächst die wichtigen Eigenschaften eines Kontrollkästchens.

Eigenschaft	Beschreibung
BackColor / ForeColor	Die Farbe von Hintergrund bzw. Schrift. Standardmäßig wird beim Einfügen die Farbe der UserForm übernommen.

Tabelle 4.7 Wichtige Eigenschaften des Kontrollkästchens

Eigenschaft	Beschreibung
SpecialEffect	Legt fest, wie das Kontrollkästchen dargestellt wird. Es sind verschiedene Stile, wie eine Reliefdarstellung möglich.
Font	Die Schrift. Zur Bearbeitung steht ein eigenes Fenster zur Verfügung.
Alignment	Gibt an, ob der Bezeichnungstext links oder rechts vom Kontrollkästchen dargestellt wird
TextAlign	Legt die horizontale Ausrichtung des Bezeichnungstextes fest
WordWrap	Legt fest, ob lange Texte mehrzeilig dargestellt werden
Caption	Der im Bezeichnungsfeld angezeigte Text
ControlTipText	In dieser Eigenschaft wird der Text festgelegt, der angezeigt wird, wenn der Mauszeiger über dem Kontrollkästchen steht
Enabled	Gibt an, ob das Kontrollkästchen aktiv ist. Ist der Wert False, erscheint der Text des Labels ausgegraut.
Locked	Diese Eigenschaft sperrt das Kontrollkästchen für Änderungen des Users. Dabei wird es aber nicht ausgegraut dargestellt, wie bei der Eigenschaft Enabled, sondern behält die normale Formatierung. Es behält auch seinen Platz in der Aktivierungsreihenfolge.
Visible	Gibt an, ob das Kontrollkästchen zur Laufzeit angezeigt wird
Value	Der Wert des Kontrollkästchens. Standardmäßig ist hier nur True oder False möglich. Hat die (weiter unten erläuterte) Eigenschaft TripleState jedoch den Wert True, ist auch der Wert Null möglich.
TripleState	Diese Eigenschaft ermöglicht es, dass das Kontrollkästchen einen dritten Wert – Null – annehmen kann. Er wird dargestellt, indem das Kontrollkästchen mit gesetztem Häkchen, aber ausgegraut angezeigt wird. Achtung: Der Wechsel zum Wert Null löst **nicht** das Change-Ereignis aus.
GroupName	Der Gruppenname des Kontrollkästchens. Diese Eigenschaft hat für Kontrollkästchen keine Auswirkung. Bei Optionsfeldern lassen sich damit zusammengehörige, sich gegenseitig ausschließende Steuerelemente zusammenfassen. Das Kontrollkästchen hat diese Eigenschaft zwar auch, die Wirkung wie bei den Optionsfeldern fehlt jedoch.
Picture / PictureAlignment / PictureSizeMode	Sie können einem Kontrollkästchen auch ein Bild zuweisen. Das erfolgt in der Picture-Eigenschaft über ein Dateiauswahldialogfeld – das Bild wird dann in der Excel-Datei gespeichert. Mit den beiden anderen Eigenschaften können Sie die Ausrichtung und gegebenenfalls die Größenanpassung des Bilds festlegen.
ControlSource	Mithilfe dieser Eigenschaft können Sie ein Kontrollkästchen direkt mit einer Zelle verknüpfen. Damit wird beim Aufruf der UserForm der Inhalt der Zelle direkt auf das entsprechende Kontrollkästchen angewendet, und eine vom Benutzer am Kontrollkästchen durchgeführte Änderung wird sofort in der Zelle gespeichert. Geben Sie die verknüpfte Zelle in folgender Form an: Tabelle1!C3. Wichtig: Verwenden Sie den Codenamen der Tabelle, nicht den Namen, der in der Excel-Oberfläche angezeigt wird.
Height / Width	Hier können Sie die genaue Höhe und Breite des Kontrollkästchens festlegen
Left / Top	Mit diesen beiden Eigenschaften können Sie die genaue Position des Kontrollkästchens innerhalb der UserForm festlegen
TabIndex	Hier wird der Rang innerhalb der Aktivierungsreihenfolge festgelegt
Tag	Mit dieser Eigenschaft können Sie zusätzliche Informationen zum Steuerelement erfassen

Tabelle 4.7 Wichtige Eigenschaften des Kontrollkästchens *(Fortsetzung)*

Auch ein Kontrollkästchen soll im Rahmen eines praktischen Beispiels in unsere Zeiterfassungsmaske einfließen. Wir haben zwei Zeitarten, die der User erfassen kann: Abwesenheiten und Arbeitszeit. Damit nicht versehentlich beides erfasst wird – also eine Auswahl aus den Optionsfeldern und eine aus dem Kombinationsfeld – soll der jeweils nicht zutreffende Bereich ausgeblendet werden. Das soll ein Kontrollkästchen übernehmen, das angibt, ob es sich um eine Abwesenheit handelt oder nicht. Dafür fügen wir zunächst ein Kontrollkästchen aus der Werkzeugsammlung ein und geben ihm einen sprechenden Namen. Mit dem Präfix chk (Abkürzung für CheckBox) ergibt sich dann chkAbwesend.

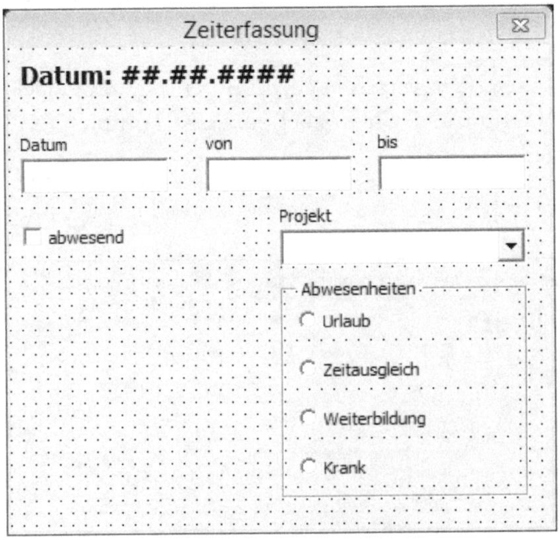

Abbildung 4.16 Die UserForm mit Kontrollkästchen

Nun soll das Kontrollkästchen jedesmal, wenn es geändert wird, entweder das Kombinationsfeld oder den Rahmen mit den Optionsfeldern einblenden. Dafür nutzen wir das Change-Ereignis des Kontrollkästchens. Führen Sie dazu einen Doppelklick auf dem Kontrollkästchen aus. Es wird eine Ereignisbehandlung für das Click-Ereignis angelegt. Die könnten wir auch verwenden, aber sauberer ist die Behandlung des Change-Ereignisses, da die auch ausgelöst wird, wenn der Wert der Checkbox durch anderen Programmcode geändert wird. Also wählen Sie im rechten Dropdownlistenfeld den Eintrag *Change* und löschen die Prozedur zum Click-Ereignis.

```
Private Sub chkAbwesend_Change()

    fraAbwesenheiten.Visible = chkAbwesend.Value
    cboProjekt.Visible = Not chkAbwesend.Value

End Sub
```

Listing 4.5 Die Ereignisbehandlung zum *Change*-Ereignis des Kontrollkästchens

Da das Kontrollkästchen als Wert einen booleschen Ausdruck zurückgibt, können wir diesen direkt an die Eigenschaft Visible weitergeben. Wenn das Kontrollkästchen aktiviert ist, soll auch der Rahmen mit den Abwesenheiten sichtbar sein und umgekehrt. Bei dem Kombinationsfeld mit den Projekten verhält es sich genau umgekehrt.

Beim Starten der UserForm sind nun noch beide Bereiche sichtbar – Kombinationsfeld und Rahmen. Sie haben mehrere Möglichkeiten, um dies zu ändern. Wenn wir davon ausgehen, dass das Kontrollkästchen beim Aufruf der UserForm immer erst einmal den Wert False hat, könnten wir die Visible-Eigenschaft des Rahmens im Eigenschaftenfenster mit False angeben. Wir nutzen jedoch eine andere Möglichkeit: beim Laden der UserForm lösen wir die Change-Ereignisbehandlung manuell aus.

```
Private Sub UserForm_Initialize()
    ...
    Call chkAbwesend_Change
End Sub
```

Listing 4.6 Aufruf des *Change*-Ereignisses beim Laden der UserForm

Nun können Sie auch den Rahmen in der UserForm etwas nach oben verschieben, damit er sich auf derselben Höhe wie das Kombinationsfeld befindet. Das Kombinationsfeld wird dabei zunächst komplett verdeckt, wird aber wieder sichtbar, wenn der Rahmen ausgeblendet wird.

Nun ist es an der Zeit, die Funktion der Checkbox einmal zu testen.

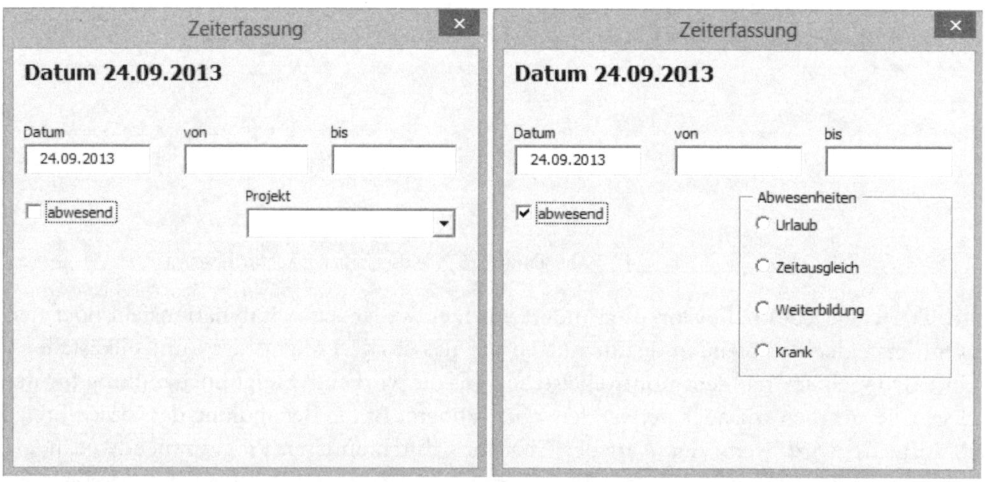

Abbildung 4.17 Die UserForm bei nicht aktiviertem und aktivem Kontrollkästchen

ACHTUNG Bei den Change-Ereignissen müssen Sie sehr bedacht vorgehen. Sobald mehrere Steuerelemente in Ihrer UserForm miteinander interagieren und sich gegenseitig ändern, kann das unter Umständen zu unerwünschten Nebeneffekten führen. Beispielsweise wird beim Neubefüllen von Kombinationsfeldern auch das Change-Ereignis ausgelöst – das kann in manchen Situationen gewünscht sein, in anderen wieder nicht. Planen Sie daher von vornherein ganz genau, wie die Steuerelemente zusammenspielen sollen.

Eine Möglichkeit, die Ereignisse vorübergehend komplett abzuschalten, gibt es von Seiten der VBA-Umgebung nicht. Was Excel-Objektereignisse betrifft, kennen Sie vielleicht die Anweisung Application.EnableEvents = False. Das gibt es für UserForms leider nicht.

Sie können aber eine solche Lösung nachbauen, indem Sie innerhalb des Codemoduls der UserForm eine modulweite boolesche Variable definieren. In jeder jeweiligen Ereignisprozedur würden Sie diese dann abfragen (= True) und die Prozedur gegebenenfalls verlassen. Nun müssten Sie immer dann, wenn die Ereignisbehandlung ausgeschaltet werden soll, die Boolean-Variable auf True setzen. Sollte dann die Behandlung wieder aktiviert werden, müsste die Variable zurück auf False gesetzt werden.

Das Listenfeld (ListBox)

Das Listenfeld kann – genauso wie das Kombinationsfeld in seiner Auswahlliste – Daten in Zeilen und Spalten darstellen. Im Gegensatz zum Kombinationsfeld wird es allerdings in einer festen Größe angezeigt und kann nicht auf- oder zugeklappt werden. Die Ereignisse, Eigenschaften und die Art und Weise, wie die Liste befüllt wird, ähneln jedoch denen des Kombinationsfelds. Ein zusätzliches Feature ist hier die Mehrfachauswahl: Sie können festlegen, ob der User nur einen oder mehrere Einträge auswählen darf.

Hier nun die wichtigsten Eigenschaften der Listbox als Übersicht.

Eigenschaft	Beschreibung
BackColor / ForeColor / BorderColor	Die Farbe von Hintergrund, Schrift bzw. Rahmen. Standardmäßig wird beim Einfügen die Farbe der UserForm übernommen.
BorderStyle	Diese Eigenschaft legt fest, ob ein Rahmen um das Listenfeld erscheinen soll
SpecialEffect	Legt fest, wie das Listenfeld dargestellt wird. Es sind verschiedene Stile, wie eine Reliefdarstellung möglich.
Font	Die Schrift. Zur Bearbeitung steht ein eigenes Fenster zur Verfügung.
TextAlign	Legt die horizontale Ausrichtung des Textes fest
MaxLength	Gibt die maximale Länge des Textes an, der im Listenfeld eingegeben werden darf
ControlTipText	In dieser Eigenschaft wird der Text festgelegt, der angezeigt wird, wenn der Mauszeiger über dem Listenfeld steht
ListStyle	Hier haben Sie die Möglichkeit, links neben den einzelnen Zeilen kleine Optionsfeldsymbole einblenden zu lassen, die die Auswahl etwas deutlicher hervorheben. Der Wert für diese Einstellung ist frmListStyleOption.
ControlSource	Mithilfe dieser Eigenschaft können Sie ein Listenfeld direkt mit einer Zelle verknüpfen. Hier wird die Value-Eigenschaft verknüpft, d.h. der Wert in der angegebenen Zelle erschein beim Laden als Value – nicht als Text – im Listenfeld, und bei einer Änderung der Listenfeldauswahl durch den Benutzer wird der jeweilige Wert der Value-Eigenschaft in die Zelle zurückgeschrieben. Geben Sie die verknüpfte Zelle in folgender Form an: Quellblatt!A1. Wichtig: Verwenden Sie nicht den Codenamen der Tabelle, sondern den Namen, der in der Excel-Oberfläche angezeigt wird.
RowSource	Wenn Sie die Auswahlliste des Listenfelds aus einem Zellbereich befüllen wollen, geben Sie diesen hier an. Die Zellinhalte dieses Bereichs werden beim Öffnen der UserForm automatisch in die Auswahlliste geladen. Geben Sie die verknüpften Zellen in folgender Form an: Quellblatt!A1:A10. Wichtig: Verwenden Sie nicht den Codenamen der Tabelle, sondern den Namen, der in der Excel-Oberfläche angezeigt wird.
MultiSelect	Diese Eigenschaft legt fest, ob der User mehrere Einträge auswählen darf
BoundColumn	Gibt an, welche Spalte den Value des Listenfelds enthält. Erfassen Sie hier die Nummer der Spalte beginnend bei 1.
TextColumn	Gibt an, welche Spalte den Text des Listenfelds enthält. Erfassen Sie hier die Nummer der Spalte beginnend bei 1.
ColumnCount	Hier geben Sie die Anzahl der Spalten in der Auswahlliste an

Tabelle 4.8 Die wichtigsten Eigenschaften des Listenfelds

Eigenschaft	Beschreibung
ColumnWidths	Hier stellen Sie die Breiten der einzelnen Spalten in der Einheit Punkt, getrennt durch Semikola ein. Standardmäßig werden die Spaltenbreiten gleichmäßig verteilt. Wenn Sie die Breite in einer anderen Einheit als Punkt angeben möchten, dann schreiben Sie diese dahinter. Also z.B. 2 cm. Wenn Sie nur einzelne Spalten angeben möchten, lassen Sie die Plätze in der Liste für die Spalten, die automatisch eingestellt werden sollen, einfach frei. Wenn Sie beispielsweise ;50;;50 angeben, werden die zweite und fünfte Spalte auf 50 Punkt eingestellt, und die Breiten der restlichen Spalten werden gleichmäßig verteilt.
ColumnHeads	Hier wird angegeben, ob die erste Zeile der angegebenen RowSource aus Überschriften besteht. Diese werden dann auch in der Auswahlliste als Überschriften angezeigt.
TopIndex	Gibt den Index des Listeneintrags an, der im Listenfeld ganz oben angezeigt werden soll. So kann bereits beim Laden des Steuerelements zu einem bestimmten Eintrag geblättert werden.
Enabled	Gibt an, ob das Listenfeld aktiv ist. Ist der Wert False, erscheint der Text des Labels ausgegraut.
Locked	Diese Eigenschaft sperrt das Listenfeld für Änderungen des Users. Dabei wird es aber nicht ausgegraut dargestellt, wie bei der Eigenschaft Enabled, sondern es behält die normale Formatierung. Es behält auch seinen Platz in der Aktivierungsreihenfolge.
Visible	Gibt an, ob das Listenfeld zur Laufzeit angezeigt wird
Text / Value	Die Eigenschaften speichern den Inhalt eines Listenfelds
Height / Width	Hier können Sie die genaue Höhe und Breite des Listenfelds festlegen
Left / Top	Mit diesen beiden Eigenschaften können Sie die genaue Position des Listenfelds innerhalb der UserForm festlegen
TabIndex	Hier wird der Rang innerhalb der Aktivierungsreihenfolge festgelegt
Tag	Mit dieser Eigenschaft können Sie zusätzliche Informationen zum Steuerelement erfassen

Tabelle 4.8 Die wichtigsten Eigenschaften des Listenfelds *(Fortsetzung)*

Als praktisches Beispiel wollen wir unserem Erfassungstool ein Listenfeld hinzufügen, das die bereits erfassten Zeiten für den Tag anzeigt, der in dem Datumstextfeld steht. Dafür fügen wir zunächst ein Listenfeld unterhalb der anderen Steuerelemente ein. Für Listenfelder verwenden wir das Präfix lst und damit in unserem Beispiel den Namen lstZeiten.

Das Listenfeld soll lediglich Start und Ende und das Projekt bzw. die Abwesenheit anzeigen. Das heißt, sie braucht drei Spalten – die Eigenschaft ColumnCount bekommt also den Wert 3. Da in den ersten beiden Spalten nur Uhrzeiten stehen werden, können sie recht schmal sein. Die letzte Spalte soll einfach den Rest der verfügbaren Breite einnehmen. Damit ergibt sich für die Eigenschaft ColumnWidths der Eintrag 35;35. Die beiden ersten Spalten werden 35 Punkt breit (die Einheit wird nach der Eingabe automatisch ergänzt) und die letzte Spalte wird automatisch in der Breite eingestellt.

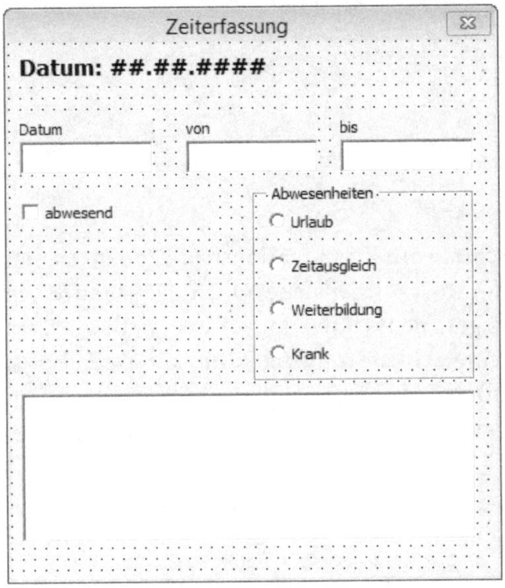

Abbildung 4.18 Die erweiterte UserForm mit Listenfeld

Nun müssen wir uns noch um das Befüllen des Listenfelds kümmern. Da der Inhalt davon abhängig ist, welches Datum im Textfeld txtDatum eingetragen wurde, sollte das Füllen des Listenfelds bei jeder Änderung des Datums erfolgen.

ACHTUNG In solchen Fällen können Sie nicht das Change-Ereignis des Textfelds nutzen, denn das wird bei jedem erfassten Zeichen ausgelöst. Greifen Sie stattdessen auf das Ereignis AfterUpdate zurück. Das wird beim Verlassen des Textfelds ausgelöst, nachdem eine Änderung vorgenommen wurde.

Legen Sie also eine Ereignisbehandlungs-Prozedur für das AfterUpdate-Ereignis an. Darin wird nun der Code zum Befüllen des Listenfelds wie in Listing 4.7 erfasst.

```
Private Sub txtDatum_AfterUpdate()

    Dim letzteZeile As Long
    Dim Zeile As Long

    lstZeiten.Clear

    With tabZeiterfassung
        letzteZeile = .Range("A" & .Rows.Count).End(xlUp).Row
        For Zeile = 2 To letzteZeile
            If .Range("A" & Zeile).Value = CDate(txtDatum.Value) Then
                lstZeiten.AddItem .Range("B" & Zeile).Text
                lstZeiten.Column(1, lstZeiten.ListCount - 1) = _
                    .Range("C" & Zeile).Text
                If .Range("E" & Zeile).Value <> "" Then
                    lstZeiten.Column(2, lstZeiten.ListCount - 1) = _
                        .Range("E" & Zeile).Value
                Else
                    lstZeiten.Column(2, lstZeiten.ListCount - 1) = _
                        .Range("G" & Zeile).Value
```

Listing 4.7 Prozedur zum Befüllen des Listenfelds

```
                End If
            End If
        Next Zeile
    End With

End Sub
```

Listing 4.7 Prozedur zum Befüllen des Listenfelds *(Fortsetzung)*

Auch hier arbeiten wir wieder mit der Methode AddItem, die Sie schon vom Kombinationsfeld kennen. Da wir aber hier nicht nur einmal Daten in die Liste einlesen, sondern immer wieder neue andere Daten anzeigen wollen, muss jedes Mal zunächst die Liste geleert werden. Das geschieht durch Aufruf der Methode Clear. Danach wird die letzte Zeile des Datenbereichs ermittelt und eine Schleife aufgesetzt, die alle Datenzeilen durchläuft. Den Aufbau der Datengrundlage sehen Sie in Abbildung 4.19.

	A	B	C	D	E	F	G	H	I
1	Datum	von	bis	Zeit	Abwesenheit	Projekt-Nr.	Projekt		
2	23.09.2013	08:00	16:00	8	Weiterbildung				
3	24.09.2013	08:00	09:30	1,5		4	Personal-Planung		
4	24.09.2013	09:30	10:15	0,75		5	Auswertung aus WaWi-Datenbank		
5	24.09.2013	10:15	12:45	2,5		4	Personal-Planung		

Abbildung 4.19 Die Datengrundlage für das Listenfeld

Innerhalb der Schleife wird geprüft, ob der Wert in Spalte *A* der aktuellen Zeile mit dem Datum in txtDatum übereinstimmt.

TIPP Achten Sie bei Vergleichen zwischen Zellinhalten und Textfeldern immer auf den Datentyp. Die Zellen, mit denen wir hier einen Vergleich anstellen, enthalten Werte vom Typ Date – das wird auch später beim Speichern der Daten nochmal sichergestellt. In den Textfeldern finden sich aber generell Werte vom Typ String. Diese müssen explizit in den zu vergleichenden Datentyp konvertiert werden, sonst kann keine Übereinstimmung festgestellt werden.

Nun wird zuerst eine neue Zeile im Listenfeld angelegt und die erste Spalte mit der Uhrzeit aus Spalte *B* des Blatts *Zeiterfassung* gefüllt. Hier greifen wir nicht auf die Value-Eigenschaft der Zelle zu, sondern auf Text. Der Grund dafür ist, dass eine Zelle, die eine Uhrzeit enthält, einen Double-Wert zurückliefert, der dieser Uhrzeit entspricht. Um auch die angezeigte Formatierung mit übernehmen zu können, verwenden wir hier also die Eigenschaft Text.

Danach wird wieder mit der Eigenschaft Column die zweite Spalte mit der Enduhrzeit gefüllt. Auch hier muss aus der Zelle der Text und nicht der Value ausgelesen werden. Zuletzt wird geprüft, ob es sich um eine Abwesenheit oder Arbeitszeit handelt. Ist die Spalte mit den Abwesenheitsbezeichnungen gefüllt, wird deren Wert für die dritte Spalte des Listenfelds übernommen, andernfalls kommt der Wert aus der Spalte mit den Projektnamen.

Nun können Sie auch direkt testen, ob die Prozedur das tut, was sie soll. Das funktioniert natürlich erst, wenn Sie auch ein paar Daten im Blatt *Zeiterfassung* gepflegt haben.

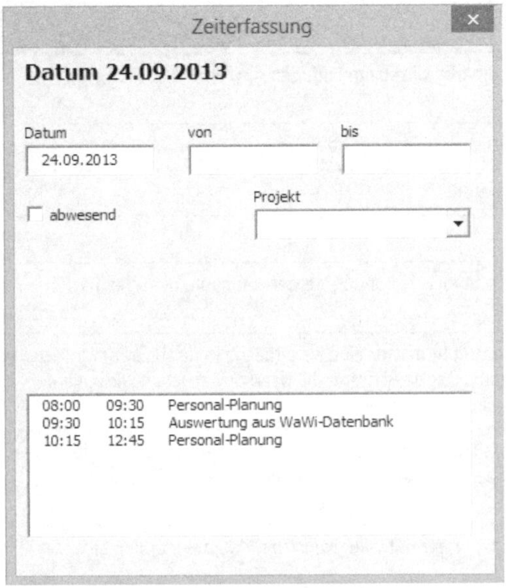

Abbildung 4.20 Die Daten zum erfassten Datum werden in das Listenfeld eingelesen

Nun ist das Listenfeld aber beim Starten noch leer, obwohl ein Datum im Textfeld txtDatum steht. Das liegt daran, dass das Zuweisen eines Werts per Code kein AfterUpdate-Ereignis auslöst. Deshalb muss dieses im Initialize-Ereignis manuell ausgelöst werden.

```
Private Sub UserForm_Initialize()

    ...
    Call chkAbwesend_Change
    Call txtDatum_AfterUpdate

End Sub
```

Listing 4.8 Aufruf des *AfterUpdate*-Ereignisses beim Laden der UserForm

Damit wäre unsere UserForm so gut wie fertig. Es fehlt nur noch eine Schaltfläche, die die erfassten Eingaben auch im Blatt *Zeiterfassung* speichert. Falls Sie sich fragen, was denn eigentlich passiert, wenn der User im Datumsfeld gar keinen Datumswert erfasst: Damit werden wir uns im zweiten Abschnitt dieses Kapitels beschäftigen.

Die Schaltfläche (Button)

Eines der wichtigsten Steuerelemente überhaupt ist die Schaltfläche. Sie besteht eigentlich nur aus einem Rechteck mit Beschriftung. Schaltflächen dienen aber in erster Linie dazu, den Benutzer Aktionen initiieren zu lassen. Ganz typisch ist eine Schaltfläche zum Schließen des Formulars – das muss in unserem Zeiterfassungstool noch über das Schließen-Symbol oben rechts erfolgen.

Die Eigenschaftenliste der Schaltfläche ist recht kurz. Hier finden Sie die wichtigsten:

Eigenschaft	Beschreibung
BackColor / ForeColor	Die Farbe von Hintergrund bzw. Schrift. Standardmäßig wird beim Einfügen die Farbe der UserForm übernommen.
Font	Die Schrift. Zur Bearbeitung steht ein eigenes Fenster zur Verfügung.
WordWrap	Legt fest, ob lange Texte mehrzeilig dargestellt werden
Caption	Der im Label angezeigte Text
Accelerator	Legt die Taste fest, die in Kombination mit der Taste [Alt] genutzt werden kann, um die Schaltfläche anzuwählen. Dabei wird das Click-Ereignis ausgelöst.
Default	Wenn Sie diese Eigenschaft mit True angeben (das geht nur für eine Schaltfläche in der UserForm), dann hat diese Schaltfläche beim Laden direkt den Fokus. Das heißt, wenn die UserForm geladen wird und der User drückt [↵], wird das Click-Ereignis dieses Buttons ausgelöst.
Cancel	Einer Schaltfläche in der UserForm kann der Wert True für die Eigenschaft Cancel zugewiesen werden. Diese Schaltfläche wird dann als Abbruchschaltfläche festgelegt und beim Betätigen der Taste [Esc] ausgelöst.
ControlTipText	Mit dieser Eigenschaft wird der Text festgelegt, der angezeigt wird, wenn der Mauszeiger über der Schaltfläche steht
Enabled	Gibt an, ob die Schaltfläche aktiv ist. Ist der Wert False, erscheint die Beschriftung der Schaltfläche ausgegraut
Visible	Gibt an, ob die Schaltfläche zur Laufzeit angezeigt wird
Height / Width	Hier können Sie die genaue Höhe und Breite der Schaltfläche festlegen
Left / Top	Mit diesen beiden Eigenschaften können Sie die genaue Position der Schaltfläche innerhalb der UserForm festlegen
Picture / PicturePosition	Sie können einer Schaltfläche auch ein Bild zuweisen. Das erfolgt in der Picture-Eigenschaft über ein Dateiauswahldialogfeld – das Bild wird dann in der Excel-Datei gespeichert. Mit PicturePosition legen Sie die Ausrichtung des Bilds auf der Schaltfläche fest.
TabIndex	Hier wird der Rang innerhalb der Aktivierungsreihenfolge festgelegt
Tag	Mit dieser Eigenschaft können Sie zusätzliche Informationen zum Steuerelement erfassen

Tabelle 4.9 Wichtige Eigenschaften der Schaltfläche

Für unser Zeiterfassungstool brauchen wir zwei Schaltflächen: eine zum Schließen und eine zum Speichern. Für die Buttons nutzen wir das Präfix btn und somit die Namen btnSchliessen und btnSpeichern. Beim *Speichern*-Button geben wir noch als Accelerator das S an und beim *Schließen*-Button wird die Eigenschaft Cancel auf True gestellt. Damit können wir dem User die Erfassung komplett über die Tastatur ermöglichen.

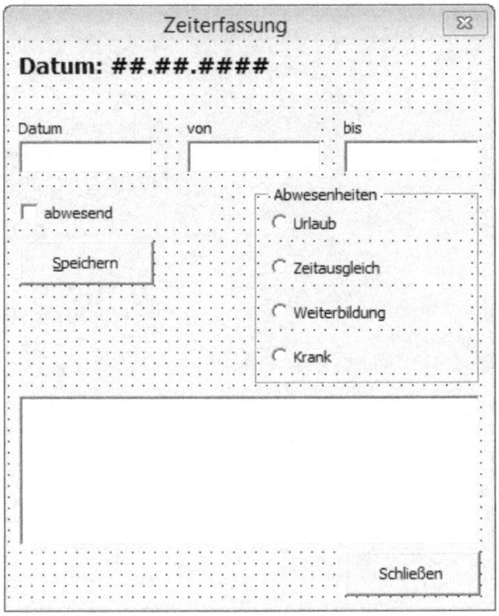

Abbildung 4.21 Die beiden Schaltflächen vervollständigen das Zeiterfassungstool

Nun müssen beide Buttons noch mit Leben – also Code – gefüllt werden. Beim *Schließen*-Button ist das recht einfach. Er soll nichts weiter tun, als die UserForm zu schließen. Die entsprechende Ereignisprozedur aus Listing 4.9 legen Sie durch einen Doppelklick auf die Schaltfläche an.

```
Private Sub btnSchliessen_Click()

    Unload Me

End Sub
```

Listing 4.9 Die Prozedur zum Schließen des Formulars

Ja, es handelt sich tatsächlich um einen winzigen Einzeiler. Die Methode Unload bekommt als Argument lediglich die zu schließende UserForm übergeben. Da es sich bei der UserForm um nichts anderes als eine Klasse handelt, können Sie innerhalb des eigenen Codemoduls mit dem Schlüsselwort Me darauf zugreifen.

Etwas umfangreicher wird die Prozedur zum Speichern aus Listing 4.10.

```
Private Sub btnSpeichern_Click()

    Dim Zeile As Long
    Dim objControl As Control

    With tabZeiterfassung
        Zeile = .Range("A" & .Rows.Count).End(xlUp).Row + 1
        .Range("A" & Zeile).Value = CDate(txtDatum.Value)
        .Range("B" & Zeile).Value = CDate(txtBeginn.Value)
        .Range("C" & Zeile).Value = CDate(txtEnde.Value)
        .Range("D" & Zeile).Value = _
            (CDate(txtEnde.Value) - CDate(txtBeginn.Value)) * 24
        If chkAbwesend.Value = True Then
```

Listing 4.10 Die Prozedur zum Speichern der Eingaben

```
            For Each objControl In fraAbwesenheiten.Controls
                If objControl.Value = True Then
                    .Range("E" & Zeile).Value = objControl.Caption
                    Exit For
                End If
            Next objControl
        Else
            .Range("F" & Zeile).Value = cboProjekt.Value
            .Range("G" & Zeile).Value = cboProjekt.Text
        End If
    End With

    txtBeginn.Value = ""
    txtEnde.Value = ""
    chkAbwesend.Value = False
    cboProjekt.ListIndex = -1

    Call txtDatum_AfterUpdate

End Sub
```

Listing 4.10 Die Prozedur zum Speichern der Eingaben *(Fortsetzung)*

Zuerst muss die nächste freie Zeile im Blatt *Zeiterfassung* ermittelt werden. In dieser Zeile werden nun die einzelnen Werte in die jeweiligen Spalten übernommen. Für das Datum, die Anfangs- und die Endzeit muss der Wert aus dem dazugehörigen Textfeld jeweils noch in einen Datumswert formatiert werden, da die Textfelder ja String-Werte enthalten. Anschließend wird die Zeit als Dezimalzahl ermittelt. Dafür wird die Startzeit von der Endzeit abgezogen. Da Uhrzeiten als Bruchteile von Tagen gespeichert werden, muss das Ergebnis noch mit 24 multipliziert werden, damit wir einen Stundenwert und keinen Tageswert erhalten.

Danach muss noch geprüft werden, ob es sich um eine Abwesenheit handelt oder eine Arbeitszeit. Das lässt sich am einfachsten anhand des Werts des entsprechenden Kontrollkästchens feststellen. Wenn es sich um eine Abwesenheit handelt, muss festgestellt werden, welches der Optionsfelder gewählt wurde. Dafür setzen wir eine Schleife auf, die alle Steuerelemente im Rahmen fraAbwesenheiten durchläuft. Die sind alle in der Auflistung Controls enthalten. Ist das gewählte Optionsfeld gefunden, wird dessen Beschriftung in die entsprechende Spalte im Blatt *Zeiterfassung* übernommen und die Schleife verlassen.

Wenn es sich nicht um eine Abwesenheit handelt, wird das Kombinationsfeld cboProjekt ausgelesen. In der Eigenschaft Value steht dank der Einstellung von BoundColumn die Projektnummer aus der versteckten Spalte in der Auswahlliste. Die Eigenschaft Text liefert dagegen den angezeigten Text zurück. Anschließend wird noch das Formular zurückgesetzt. Dazu werden die Textfelder für Beginn und Ende geleert – das Datum bleibt stehen, falls der User noch weitere Zeiten erfassen will.

Der Wert des Kontrollkästchens wird auf False gesetzt, und die Auswahl im Kombinationsfeld wird aufgehoben. Das geschieht, indem der ListIndex, der den Index des selektierten Eintrags enthält, auf -1 gesetzt wird. Das bedeutet, dass im Kombinationsfeld nichts ausgewählt ist. Anschließend wird noch die AfterUpdate-Ereignisbehandlung des Datumstextfelds aufgerufen, um auch den neuen Eintrag im Listenfeld anzuzeigen.

Damit wäre unser kleines Tool im Groben fertig. Sie sollten auf jeden Fall noch die Aktivierungsreihenfolge prüfen, damit der User mit der [Tab]-Taste in einer sinnvollen Reihenfolge durch die einzelnen Steuerelemente geführt wird. Am einfachsten geht das, wenn Sie im Menü *Ansicht* den Befehl *Aktivierreihenfolge* wählen und dort die Steuerelemente in die richtige Reihenfolge bringen.

Zum Aufrufen der UserForm eignet sich am besten eine Schaltfläche direkt in einem Excel-Blatt. Wir haben sie im Blatt *Zeiterfassung* eingefügt und mit dem folgenden Makro aus Listing 4.11 hinterlegt.

```
Sub Zeiterfassung()

    frmZeiterfassung.Show

End Sub
```

Listing 4.11 Makro zum Aufrufen der UserForm

Jede UserForm ist gleichzeitig eine Klasse und kann deshalb innerhalb des eigenen Projekts direkt angesprochen werden. Über die Methode Show wird sie geladen.

Es gibt noch einige Steuerelemente in *MSForms*, die wir in unserem Praxisbeispiel nicht verwenden. Sie sollen sie im Folgenden trotzdem kurz kennenlernen. Sie finden Sie in der UserForm *frmWeitere*.

Die Multiseite

Die Multiseite – auch Multipage genannt – stellt eine hervorragende Möglichkeit dar, viele Daten und Steuerelemente auf einer UserForm unterzubringen. Dabei werden die Elemente auf Registerseiten verteilt, die einzeln aktiviert werden können. Das funktioniert ganz ähnlich, wie die Multifunktionsleiste von Excel.

Eine Multiseite beinhaltet immer eine bestimmte Anzahl von Einzelseiten. Beim Einfügen einer Multiseite werden standardmäßig zwei Seiten angelegt. Sie können Seiten löschen und einfügen, indem Sie mit der rechten Maustaste in die Registerzeile oben klicken.

Abbildung 4.22 Hinzufügen und Löschen neuer Seiten im Multiseiten-Steuerelement

Das Umschaltfeld (ToggleButton)

Das Umschaltfeld – auch Toggle-Button genannt – ist von der Funktionsweise her eine Art Kontrollkästchen, allerdings mit dem Erscheinungsbild einer Schaltfläche. Es kann einen Wert annehmen – True oder False – und stellt diesen als gedrückte oder erhabene Schaltfläche dar. Die Eigenschaften ähneln im Großen und Ganzen denen der Schaltfläche.

Eigenschaft	Beschreibung
BackColor / ForeColor	Die Farbe von Hintergrund bzw. Schrift. Standardmäßig wird beim Einfügen die Farbe der UserForm übernommen.
Font	Die Schrift. Zur Bearbeitung steht ein eigenes Fenster zur Verfügung.
WordWrap	Legt fest, ob lange Texte mehrzeilig dargestellt werden
Caption	Der Beschriftungstext
Accelerator	Legt die Taste fest, die in Kombination mit der Taste `Alt` genutzt werden kann, um die Schaltfläche anzuwählen. Dabei wird das Click-Ereignis ausgelöst.
Value	Der Wert des Umschaltfelds. Standardmäßig ist hier nur True oder False möglich. Hat die (weiter unten erläuterte) Eigenschaft TripleState jedoch den Wert True, ist auch der Wert Null möglich.
TripleState	Diese Eigenschaft ermöglicht es, dass das Umschaltfeld einen dritten Wert – Null – annehmen kann. Achtung: Der Wechsel auf den Wert Null löst **nicht** das Change-Ereignis aus.
ControlTipText	In dieser Eigenschaft wird der Text festgelegt, der angezeigt wird, wenn der Mauszeiger über dem Umschaltfeld steht
Enabled	Gibt an, ob das Umschaltfeld aktiv ist. Ist der Wert False, erscheint der Text des Umschaltfelds ausgegraut.
Visible	Gibt an, ob das Umschaltfeld zur Laufzeit angezeigt wird
Height / Width	Hier können Sie die genaue Höhe und Breite des Umschaltfelds festlegen
Left / Top	Mit diesen beiden Eigenschaften können Sie die genaue Position des Umschaltfelds innerhalb der UserForm festlegen
Picture / PicturePosition	Sie können einem Umschaltfleld auch ein Bild zuweisen. Das erfolgt in der Picture-Eigenschaft über ein Dateiauswahldialogfeld – das Bild wird dann in der Excel-Datei gespeichert. Mit PicturePosition legen Sie die Ausrichtung des Bilds auf der Fläche fest.
TabIndex	Hier wird der Rang innerhalb der Aktivierungsreihenfolge festgelegt
Tag	Mit dieser Eigenschaft können Sie zusätzliche Informationen zum Steuerelement erfassen

Tabelle 4.10 Die wichtigsten Eigenschaften des Umschaltfelds

Ein Beispiel für ein Umschaltfeld finden Sie im Beispielcode zu diesem Kapitel auf der ersten Registerkarte der Multiseite in der UserForm *frmWeitere*. Sie hat im Click-Ereignis aus Listing 4.12 eine Prozedur hinterlegt, die jeweils den Satus in einem Nachrichtendialogfeld ausgibt.

```
Private Sub togUmschalt_Click()

    If togUmschalt.Value = True Then
        MsgBox "Ich bin aktiv"
    Else
        MsgBox "Ich bin nicht aktiv"
    End If

End Sub
```

Listing 4.12 Ereignisbehandlung des *Click*-Ereignisses eines Umschaltfelds

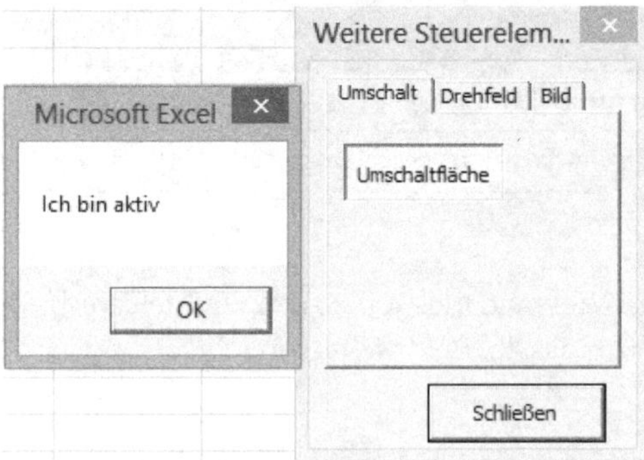

Abbildung 4.23 Das Umschaltfeld in Aktion

Das Drehfeld (SpinButton)

Ein Drehfeld – auch Spin-Button genannt – dient dem Einstellen von Werten. In den allermeisten Fällen wird es direkt mit einem Textfeld verknüpft. Das Drehfeld selbst macht dabei nicht wirklich viel. Es hat einen Minimal- und einen Maximalwert und eine Schrittweite, in der der Wert durch Betätigen der beiden Pfeilsymbole nach unten oder oben verändert wird. Diesen Wert wiederum kann man über das Change-Ereignis des Drehfelds dann wiederum anderen Steuerelementen zuweisen.

Eigenschaft	Beschreibung
BackColor / ForeColor	Die Farbe von Hintergrund bzw. Schrift. Standardmäßig wird beim Einfügen die Farbe der UserForm übernommen.
Value	Der Wert des Drehfelds, das es beim Laden der UserForm aufweist. Er muss zwischen dem angegebenen Minimal- und Maximalwert liegen.
ControlSource	Mithilfe dieser Eigenschaft können Sie ein Drehfeld direkt mit einer Zelle verknüpfen. Damit wird beim Aufruf der UserForm der Wert der Zelle direkt dem Drehfeld zugewiesen, und Änderungen am Drehfeld werden auch sofort in der Zelle gespeichert. Geben Sie die verknüpfte Zelle in folgender Form an: Tabelle1!C3. Wichtig: Verwenden Sie den Codenamen der Tabelle, nicht den Namen, der in der Excel-Oberfläche angezeigt wird.
SmallChange	Das ist die Schrittweite, in der der Wert des Drehfelds verändert wird
Max	Der Maximalwert, den das Drehfeld haben darf
Min	Der Minimalwert, den das Drehfeld nicht unterschreiten darf
ControlTipText	In dieser Eigenschaft wird der Text festgelegt, der angezeigt wird, wenn der Mauszeiger über dem Drehfeld steht
Orientation	Gibt an, ob die Pfeile nebeneinander oder übereinander dargestellt werden
Enabled	Gibt an, ob das Drehfeld aktiv ist. Ist der Wert False, erscheint der Text des Drehfelds ausgegraut.
Visible	Gibt an, ob das Steuerelement zur Laufzeit angezeigt wird
Height / Width	Hier können Sie die genaue Höhe und Breite des Drehfelds festlegen
Left / Top	Mit diesen beiden Eigenschaften können Sie die genaue Position des Drehfelds innerhalb der UserForm festlegen

Tabelle 4.11 Die wichtigsten Eigenschaften des Drehfelds

Eigenschaft	Beschreibung
TabIndex	Hier wird der Rang innerhalb der Aktivierungsreihenfolge festgelegt
Tag	Mit dieser Eigenschaft können Sie zusätzliche Informationen zum Steuerelement erfassen

Tabelle 4.11 Die wichtigsten Eigenschaften des Drehfelds *(Fortsetzung)*

Im zweiten Register der Multiseite des Beispielcodes finden Sie ein Textfeld, das mit einem Drehfeld verbunden ist. Im Change-Ereignis aus Listing 4.13 wird der Wert jeweils an das Textfeld weitergereicht.

```
Private Sub spnDreh_Change()
    txtDreh.Value = spnDreh.Value
End Sub
```

Listing 4.13 Verknüpfung des Drehfelds mit einem Textfeld

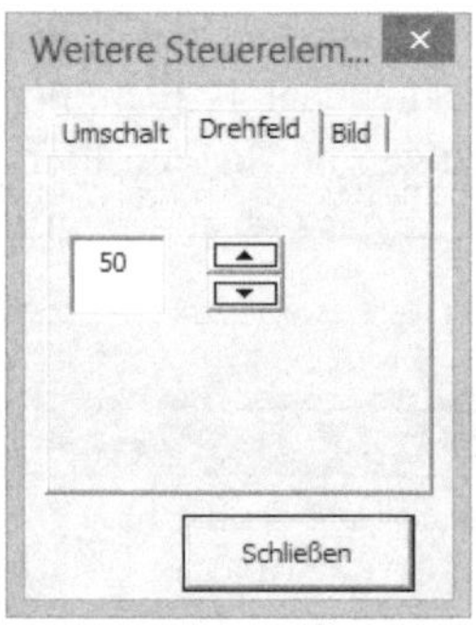

Abbildung 4.24 Das Drehfeld zur Laufzeit

Das Anzeige-Steuerelement (Image)

Das Anzeige-Steuerelement ist eine Art Container, in dem Sie Bilder anzeigen können. Sie haben die Möglichkeit, einzustellen, wie das Bild angezeigt werden soll, wenn es größer oder kleiner ist, als das Steuerelement.

Eigenschaft	Beschreibung
BackColor / BorderColor	Die Farbe des Hintergrunds bzw. des Rahmens. Standardmäßig wird beim Einfügen die Farbe der UserForm übernommen.
BorderStyle	Diese Eigenschaft legt fest, ob ein Rahmen um das Anzeige-Steuerelement erscheinen soll
SpecialEffect	Legt fest, wie das Anzeige-Steuerelement dargestellt wird. Es sind verschiedene Stile, wie eine Reliefdarstellung möglich.
Picture	Hier können Sie ein Bild auswählen, das beim Laden der UserForm angezeigt werden soll
PictureAlignment	Diese Eigenschaft legt die Ausrichtung des Bilds fest

Tabelle 4.12 Die wichtigsten Eigenschaften des Anzeige-Steuerelements

Eigenschaft	Beschreibung
PictureSizeMode	Hier wird festgelegt, wie mit Bildern umgegangen werden soll, die größer oder kleiner als das Steuerelement sind. Sie können das Bild unter Beibehaltung des Seitenverhältnisses auf die maximal mögliche Größe innerhalb des Steuerelements zoomen lassen (fmPictureSizeModeZoom), es an die Größe des Steuerelements anpassen (frmPictureSizeModeStretch), wobei das Seitenverhältnis jedoch möglicherweise nicht beibehalten wird und Verzerrungen entstehen, oder es in Originalgröße – und somit gegebenenfalls nur einen Ausschnitt – darstellen lassen (fmPictureSizeModeClip).
PictureTiling	Wenn Sie hier True einstellen, wird das Bild gegebenenfalls in mehreren Kacheln dargestellt, sofern die Fläche des Steuerelements nicht ganz ausgefüllt ist
AutoSize	Wird diese Eigenschaft mit True festgelegt, wird das Steuerelement beim Laden eines Bilds an dessen Größe angepasst
ControlTipText	In dieser Eigenschaft wird der Text festgelegt, der angezeigt wird, wenn der Mauszeiger über dem Bild steht
Enabled	Gibt an, ob das Drehfeld aktiv ist
Visible	Gibt an, ob das Steuerelement zur Laufzeit angezeigt wird
Height / Width	Hier können Sie die genaue Höhe und Breite des Bilds festlegen
Left / Top	Mit diesen beiden Eigenschaften können Sie die genaue Position des Bilds innerhalb der UserForm festlegen
TabIndex	Hier wird der Rang innerhalb der Aktivierungsreihenfolge festgelegt
Tag	Mit dieser Eigenschaft können Sie zusätzliche Informationen zum Steuerelement erfassen

Tabelle 4.12 Die wichtigsten Eigenschaften des Anzeige-Steuerelements *(Fortsetzung)*

Im Beispielcode zu diesem Kapitel finden Sie im dritten Register der UserForm frmWeitere ein Anzeige-Steuerelement. Im Initialize-Ereignis aus Listing 4.14 der UserForm wird ein Bild dort hineingeladen.

```
Private Sub UserForm_Initialize()
    imgBild.Picture = LoadPicture(ThisWorkbook.Path & "\Kea.jpg")
End Sub
```

Listing 4.14 Laden eines Bilds in ein Bild-Steuerelement

Abbildung 4.25 Das Anzeige-Steuerelement mit geladenem Bild

Usereingaben validieren

In den meisten Fällen müssen Eingaben, die der User in einem Steuerelement vornimmt, überprüft werden. Nehmen wir als Beispiel das Datumsfeld aus unserem Zeiterfassungsformular. Wenn der User hier kein Datum erfasst, sondern einen Text, führt das bei unserer sehr vereinfachten Vorgehensweise mit der Schleife noch zu keinem Fehler. Was aber, wenn in einer größeren Version des Tools die Daten aus einer Datenbank kommen? Sie würden zum Befüllen des Listenfelds mit den Datensätzen des gewählten Datums wahrscheinlich eine SQL-Abfrage an die Datenbank schicken, in der Sie das vom User erfasste Datum im Bedingungsteil verwenden. Wenn der User nun aber einen Text eingegeben hat, verursacht das einen Fehler.

Aus diesem Grund ist es wichtig, vor allem bei Zahlen und Datumswerten die Eingabe zuerst zu validieren. Dafür gibt es verschiedene Ansatzpunkte, die Sie in den folgenden Abschnitten kennenlernen.

Usereingaben beschränken

Um einem User die Eingabe richtiger Werte so einfach wie möglich zu machen, sollten Sie am besten nicht zulässige Zeichen komplett blockieren und möglichst bereits beim Eintippen der Werte eine Unterstützung bieten. Schauen wir uns einmal für unser Datumsfeld an, wie das im oben erstellten Zeiterfassungstool aussehen könnte. Um unerwünschte Zeichen zu blockieren, müssen Sie auf ein Tastendruckereignis reagieren. Jedes Mal, wenn ein Textfeld den Fokus hat und der User eine Taste drückt, wird die folgende Ereigniskette ausgelöst:

```
KeyDown → KeyPress → Change → KeyUp
```

Wie Sie sehen, wird auch das Change-Ereignis bei jedem einzelnen Tastendruck ausgelöst. Die Ereignisse KeyDown und KeyUp bringen als Parameter jeweils den Code der gedrückten Taste mit und die Information, ob sie zusammen mit der Umschalttaste gedrückt wurde.

Beim KeyPress-Ereignis hingegen kommt als Parameter der ASCII-Wert des eingegebenen Zeichens mit – hier wird übrigens auch die Groß- und Kleinschreibung berücksichtigt. Diesen Parameter können Sie innerhalb der Ereignisprozedur auch verändern und somit ein anderes Zeichen als das vom User erfasste in das Textfeld übernehmen – oder auch die Eingabe komplett ablehnen. Das folgende Beispiel aus Listing 4.15 zeigt eine einfache Ereignisbehandlung für unser Datumsfeld.

```
Private Sub txtDatum_KeyPress(ByVal KeyAscii As MSForms.ReturnInteger)

    Select Case KeyAscii
        Case 48 To 57
            'okay
        Case 46
            If UBound(Split(txtDatum.Text, ".")) > 1 Then
                KeyAscii = 0
            ElseIf Right(txtDatum.Text, 1) = "." Then
                KeyAscii = 0
            End If
        Case Else
            KeyAscii = 0
    End Select

End Sub
```

Listing 4.15 Ereignisbehandlung zum *KeyPress*-Ereignis

Hier wird innerhalb einer Select Case-Direktive der Wert von KeyAscii, also der ASCII-Wert des eingegebenen Zeichens geprüft. Die Zahlen 0 bis 9 haben die ASCII-Werte 48 bis 57 und werden ohne weitere Bedingungen als Eingabe akzeptiert.

TIPP Sie könnten hier die Validierung noch verfeinern, indem Sie beispielsweise überprüfen würden, ob maximal acht Zahlen eingegeben wurden. Das werden wir im nächsten Beispiel jedoch etwas anders lösen.

Der zweite Zweig enthält den Punkt – ASCII-Code 46. Hier wird etwas detaillierter geprüft. Ein Datum enthält zwei Punkte, nicht mehr. Deshalb wird zunächst geprüft, ob nicht schon zwei Punkte im Textfeld enthalten sind. Dafür nutzen wir ein Array: Der Inhalt des Textfelds wird an den Positionen der Punkte mit der Funktion Split in ein Array aufgeteilt. Anschließend wird geprüft, wie groß der obere Index ist – da wir nullbasiert arbeiten, entspricht er genau der Anzahl der enthaltenen Punkte.

Ist das Ergebnis größer eins, sind schon die maximal zwei Punkte enthalten und das eingegebene Zeichen wird direkt abgelehnt. Dafür wird dem Parameter KeyAscii der Wert 0 zugewiesen, was wiederum bewirkt, dass das eingegebene Zeichen nicht in das Textfeld übernommen wird. Die zweite Prüfung in diesem Zweig stellt sicher, dass nicht zwei Punkte direkt hintereinander eingegeben werden. Im Zweig Case Else werden dann noch alle anderen Zeichen – also alles, was keine Ziffer und kein Punkt ist – direkt abgelehnt. In einem Kombinationsfeld können Sie diese Ereignisbehandlung für Eingaben im Textteil ebenso verwenden.

Vor allem bei Programmen, bei denen viele Daten erfasst werden müssen, wird dem User oft die Eingabe einiger Zeichen abgenommen. Nehmen wir als Beispiel wieder das Datumsfeld. Häufig ist es so, dass in einem solchen Feld nur Tag, Monat und Jahr jeweils zweistellig eingegeben werden und die Punkte dann vom Programm ergänzt werden. Auch hier gibt es wieder unterschiedliche Möglichkeiten, das umzusetzen. Hier finden Sie eine davon, die die drei Ereignisse KeyPress, Change und BeforeUpdate dafür nutzt. Dabei wird auch gleich mit geprüft, ob die Eingabe einem gültigen Datum entspricht.

```
Private Sub txtDatum_KeyPress(ByVal KeyAscii As MSForms.ReturnInteger)

    Select Case KeyAscii
        Case 48 To 57

        Case Else
            KeyAscii = 0
    End Select

End Sub

Private Sub txtDatum_Change()
    If Len(txtDatum.Text) = 7 Then
        txtDatum.Text = Left(txtDatum.Text, 6)
    End If
End Sub

Private Sub txtDatum_BeforeUpdate(ByVal Cancel As MSForms.ReturnBoolean)

    Dim Datum As String

    If Len(txtDatum.Text) = 10 Then Exit Sub
```

Listing 4.16 Die drei Ereignisbehandlungen, die eine korrekte Eingabe des Datums sicherstellen

```
    If Len(txtDatum.Text) < 6 Then
        Cancel = True
    Else
        Datum = Left(txtDatum.Text, 2) & "." & _
                Mid(txtDatum.Text, 3, 2) & ".20" & _
                Right(txtDatum.Text, 2)
        If Not IsDate(Datum) Then
            Cancel = True
        Else
            txtDatum.Text = Datum
        End If
    End If

End Sub
```

Listing 4.16 Die drei Ereignisbehandlungen, die eine korrekte Eingabe des Datums sicherstellen *(Fortsetzung)*

Die Ereignisbehandlung zu KeyPress ist wieder etwas schlanker geworden. Sie stellt nun nur noch sicher, dass lediglich Zahlen erfasst werden. Das Change-Ereignis stellt sicher, dass maximal sechs Ziffern erfasst werden – die jeweils zwei Stellen für Tag, Monat und Jahr. Wird eine siebte Stelle eingegeben, wird diese nach KeyPress – und vor Change – zwar erstmal in den Text des Textfelds übernommen, aber in der Change-Ereignisprozedur dann direkt wieder entfernt.

Wenn der User dann das Textfeld verlässt – also auf ein anderes Steuerelement klickt oder mit der [↵]- oder [Tab]-Taste weiterspringt – wird das Ereignis BeforeUpdate ausgelöst. Im Gegensatz zu AfterUpdate haben Sie hier noch die Möglichkeit, den Wechsel zum nächsten Steuerelement abzubrechen.

Innerhalb dieser Ereignisprozedur soll nun zum einen geprüft werden, ob der User alle sechs Stellen für das Datum erfasst hat – hier könnten Sie gegebenenfalls auch mit Nullen auffüllen – und zum anderen, ob sich daraus ein gültiges Datum ergibt. Dafür wird zuerst geprüft, ob wirklich sechs Stellen eingegeben wurden – sind es weniger, wird dem Parameter Cancel der Wert True zugewiesen und damit das Update und der Wechsel zum nächsten Steuerelement unterbunden. Der User wird damit gezwungen, immer sechs Ziffern zu erfassen.

Danach werden die Punkte und die beiden ersten Stellen der Jahreszahl ergänzt. Dafür werden mit den VBA-Funktionen Left, Mid und Right die einzelnen Teile des Datums mit Punkten und einer 20 ergänzt.

TIPP Auch hier könnten Sie noch etwas Verfeinerungsarbeit leisten, indem Sie die letzten beiden Stellen der Eingabe prüfen und beispielsweise bei einer Jahreszahl >= 50 keine 20, sondern eine 19 ergänzen. Damit würde aus der Eingabe *010150* das Datum *01.01.1950.*

Zuletzt fehlt noch die Prüfung, ob der entstandene Datumsstring einem gültigen Datum entspricht. Wenn nicht, wird das Update ebenfalls abgebrochen. Handelt es sich um ein gültiges Datum, wird es dem Textfeld zugewiesen.

ACHTUNG Beachten Sie bei den Ereignisbehandlungen unbedingt die Reihenfolge, in der sie ausgelöst werden, und dass Änderung innerhalb einer Ereignisprozedur wiederum Ereignisse auslösen. Im Code oben wird z.B. durch das Zuweisen des formatierten Datums ganz am Ende der BeforeUpdate-Prozedur wiederum das Change-Ereignis des Textfelds ausgelöst. Das hat in diesem Fall keine Wirkung, weil die Bedingung der Verzweigung nicht erfüllt ist, kann aber in anderem Zusammenhang durchaus zu Problemen führen. Halten Sie sich deshalb immer die Reihenfolge der Ereignisse vor Augen und testen Sie ausgiebig.

Eingaben in Kombinationsfeldern validieren

Bei Kombinationsfeldern kann es sein, dass der User entweder nur Eingaben vornehmen darf, die in der Auswahlliste enthalten sind, oder er darf auch neue Werte eingeben. Um sicherzustellen, dass er nur etwas Vorgegebenes eingibt, gibt es zwei komplett unterschiedliche Möglichkeiten. Zum einen können Sie das Steuerelement direkt so einstellen, dass der User gar keine Eingabe tätigen kann. Dafür stellen Sie die Eigenschaft Style auf frmStyleDropDownList ein.

Alternativ können Sie auch die Eigenschaft MatchRequired nutzen. Die lässt zwar Eingaben des Users im Textfeldteil zu, prüft aber beim Verlassen, ob die Eingabe auch in der Auswahlliste enthalten ist. Ist das nicht der Fall, quittiert sie dies mit einem entsprechenden Hinweis – und zwar so lange, bis der User eine gültige Eingabe macht oder einfach einen Wert aus der Liste auswählt.

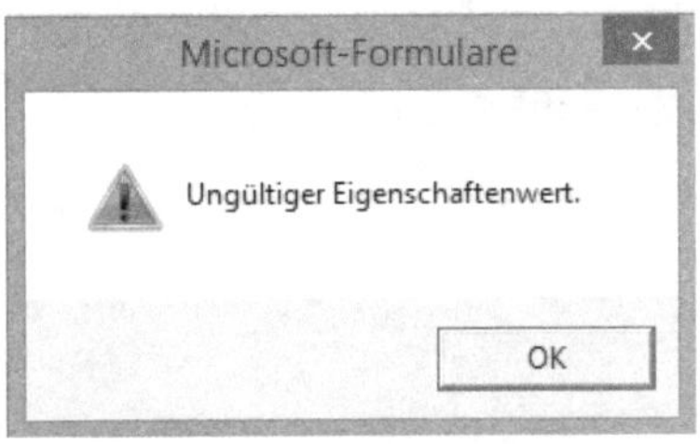

Abbildung 4.26 Meldung bei Eingabe eines ungültigen Werts im Textfeldbereich

Diese Meldung ist allerdings nicht sehr sprechend und für den User auch einigermaßen frustrierend, weil sie auch dann erscheint, wenn er nur mit der ⇥-Taste einmal das Feld anwählt und direkt wieder verlässt. Wie genau Sie nun mit diesen Kombinationsfeldern umgehen, hängt immer stark von der Aufgabenstellung ab. Die reine Nutzung der Eigenschaften MatchRequired und Style ist in den wenigsten Fällen zu empfehlen.

Eine Möglichkeit wäre hier eine Ereignisbehandlung des BeforeUpdate-Ereignisses (mit den Standardeinstellungen bei den vorgenannten Eigenschaftswerten).

```
Private Sub cboProjekt_BeforeUpdate(ByVal Cancel As MSForms.ReturnBoolean)

    If cboProjekt.Text = "" Then Exit Sub

    If cboProjekt.MatchFound = False Then
        MsgBox "Eingabe nicht in Auswahl gefunden."
        Cancel = True
    End If

End Sub
```

Listing 4.17 Behandlung des *BeforeUpdate*-Ereignisses

In diesem Beispiel wird ein Leerstring als Text des Kombinationsfelds als gültig gewertet, deshalb wird in dem Fall die Prozedur direkt wieder verlassen. Es handelt sich hierbei also sozusagen nicht um ein Pflichtfeld. Danach wird anhand der Eigenschaft MatchFound geprüft, ob die Eingabe des Users in der Auswahlliste vorkommt. Ist das nicht der Fall, wird eine etwas sprechendere Meldung angezeigt und durch Setzen des Parameters Cancel auf den Wert True wird der User im Kombinationsfeld gehalten.

Alternativ kann es auch erwünscht sein, dass die neue Eingabe des Users gegebenenfalls der Auswahlliste – und deren Quelle – hinzugefügt wird. Diesen Fall stellt das folgende Listing dar.

```
Private Sub cboProjekt_BeforeUpdate(ByVal Cancel As MSForms.ReturnBoolean)

    Dim neueZeile As Long

    If cboProjekt.Text = "" Then Exit Sub

    If cboProjekt.MatchFound = False Then
        Select Case MsgBox("Eingabe nicht in Auswahl gefunden." & vbCrLf & _
                "Soll der neue Wert ergänzt werden?", vbYesNoCancel)
            Case vbYes
                'Wert ergänzen und weiter
                With tabSteuerung
                    neueZeile = .Range("A" & .Rows.Count).End(xlUp).Row + 1
                    .Range("A" & neueZeile).Value = _
                            .Range("A" & neueZeile - 1).Value + 1
                    .Range("C" & neueZeile).Value = cboProjekt.Text
                    cboProjekt.AddItem .Range("A" & neueZeile).Value
                    cboProjekt.Column(1, cboProjekt.ListCount - 1) = _
                            cboProjekt.Text
                End With
            Case vbNo
                'kein Handlungsbedarf
            Case vbCancel
                'Abbrechen
                Cancel = True
        End Select
    End If

End Sub
```

Listing 4.18 Absichern nicht in der Auswahl enthaltener Eingaben

Auch hier kann das Feld kein Pflichtfeld sein, das heißt, ein Leerstring wird direkt akzeptiert. Danach wird wieder geprüft, ob der Wert im Textfeldbereich in der Auswahlliste enthalten ist. Trifft das nicht zu, erhält der User einen entsprechenden Hinweis mit der Frage, ob die neue Eingabe in der Auswahlliste ergänzt werden soll. Er bekommt drei Auswahlmöglichkeiten: *Ja*, *Nein* und *Abbrechen*.

Bei der Antwort *Nein*, also Rückgabewert vbNo wird der eingegebene Wert akzeptiert, aber nicht der Auswahl hinzugefügt. Es muss also im Code nichts unternommen werden. Bei Antwort *Abbrechen* wird das Update abgebrochen und der User muss seine Eingabe korrigieren. Bei der Antwort *Ja* – vbYes – muss die Auswahlliste erweitert werden.

In der Datengrundlage – in unserem Beispiel das Tabellenblatt *Steuerung* – wird eine neue Zeile hinzugefügt. Dafür muss zunächst die nächste freie Zeile ermittelt werden. Dort wird in Spalte *A* die nächste fortlaufende Nummer vergeben und in Spalte *C* der vom User eingegebene Text eingetragen. In Spalte *B* muss ja eigentlich der Kunde stehen – den könnten Sie gegebenenfalls noch per InputBox vom User erfragen, für unser kleines Beispiel lassen wir ihn aber einfach weg.

Anschließend wird mithilfe der Methode AddItem ein neuer Eintrag in der Auswahlliste des Kombinationsfelds erstellt und in der ersten Spalte die neue fortlaufende Nummer aus Spalte *A* übernommen. Für die zweite Spalte wird noch der vom User eingegebene Wert eingetragen – der kann direkt der Text-Eigenschaft entnommen werden. Anschließend hat das Kombinationsfeld übrigens automatisch das neu hinzugefügte Element ausgewählt und ListIndex sowie die Value-Eigenschaft geben die korrekten Werte zurück.

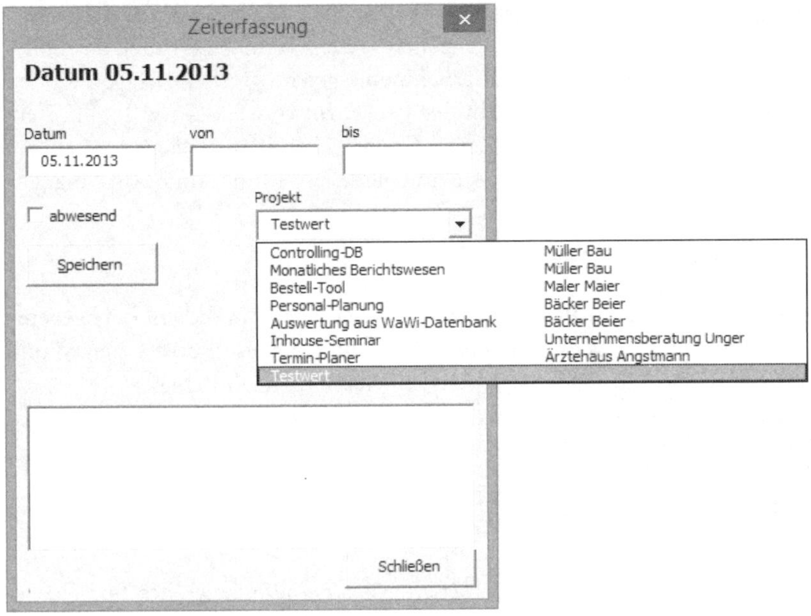

Abbildung 4.27 Ein neu zur Auswahl hinzugefügter Wert

Um unser Zeiterfassungstool abzurunden, müssten lediglich noch die beiden Textfelder für die Zeiten *von* und *bis* mit einer ähnlichen Validierung wie das Datumsfeld versehen werden und schon haben Sie ein stabiles kleines Zeiterfassungstool.

Steuerelemente über Klassen erweitern und Codes mehrfach verwendbar machen

Wer immer wieder gleiche Steuerelemente mit gleichen Verhaltensweisen braucht, kann sich eine Klasse als erweitertes Steuerelement bauen. Die Klasse bekommt dann beispielsweise ein Textfeld als Member, das dann bei der Verwendung im Projekt mit dem Steuerelement aus der UserForm initialisiert wird. Deren Ereignisse kann man anschließend in der Klasse behandeln, Funktionen bereitstellen, Eigenschaften mitgeben usw.

Wo also normalerweise für zwanzig Textfelder, in die nur Zahlen eingegeben werden durften, auch zwanzig KeyPress-Ereignisprozeduren notwendig waren, wird jetzt nur noch eine einzige Prozedur in der Klasse angelegt, die das für alle Textfelder übernimmt. Genauso könnten wir der Klasse auch eine Datenquelle übergeben – was wir hier beispielhaft mit einem ADO-Recordset umsetzen werden.

ONLINE Sie finden das hier erstellte Beispiel mit allen Codes in der Datei *Buch\Kap04\Buecher.xlsm.*

In diesem Beispiel fallen freilich keine Unmengen an Textfeldern an – das wäre für eine Einführung zu umfangreich. Wir haben als Grundlage eine sehr kleine Datenbank mit nur zwei Tabellen: *Bücher* und *Autoren* – beide miteinander verknüpft. Ziel ist eine kleine UserForm, die alle Daten aus der Tabelle *Bücher* anzeigt, in Datensätzen blättern und Änderungen speichern kann. Der Autor soll aus einem Kombinationsfeld, das sämtliche Einträge der Tabelle *Autoren* enthält, ausgewählt werden. Eingaben in die Textfelder sollen in der Form abgesichert werden, dass z.B. im Feld für den Preis nur Zahlen und Kommata erfasst werden können. Nach dem Verlassen eines Textfelds soll der Inhalt gegebenenfalls formatiert angezeigt werden.

All dies soll nicht für jedes einzelne Steuerelement programmiert werden. Zu diesem Zweck werden zwei Klassen – eine für Textfelder und eine für Kombinationsfelder – erstellt, die diese Aufgaben – auch das Einlesen aus der Datenbank und das Speichern von Änderungen – übernehmen. Die entsprechenden Codes müssen nur einmal erstellt werden und können dann beliebig oft in der UserForm verwendet werden. Für ein einzelnes Textfeld ist dann nur noch eine Ergänzung von drei Zeilen Code beim Initialisieren der UserForm und gegebenenfalls ein AfterUpdate- oder Exit-Ereignis mit einem Aufruf einer Klassenfunktion notwendig.

Vorüberlegungen zu den Steuerelementen

Zuerst einmal muss ausgelotet werden, was denn eigentlich benötigt wird. Wir haben in diesem Beispiel eine (sehr kleine) Datenbank mit Büchern und Autoren. Diese Daten wollen wir in einer UserForm anzeigen und ändern. Damit stellt sich als Erstes die Frage, welche Felder mit welchen Datentypen wir haben.

- Texte (freie Texteingaben) für Titel
- Seitenzahlen – nur Zahlen dürfen eingegeben werden
- ISBN – wird für gewöhnlich mit Bindestrichen eingegeben, die wir beim Verlassen entfernen. Buchstaben und Zahlen sind möglich.
- Preis – Währung. Der User darf nur Zahlen und Kommata erfassen. Nach dem Verlassen des Textfelds ist eine Umformatierung erforderlich.
- Autor – hier bietet sich ein Kombinationsfeld mit allen Einträgen aus der Tabelle *Autoren* an

Damit brauchen wir also zwei Steuerelemente – der Übersicht halber generieren wir für jedes Steuerelement eine eigene Klasse.

Die Klasse für das Textfeld erstellen

Zunächst legen wir ein neues Klassenmodul an und geben ihm den Namen clsTextfeld. Diese Klasse soll vom Typ MSForms.TextBox sein. Da wir die Member gern vor direktem Zugriff schützen – also kapseln – wollen, deklarieren wir sie durchgängig als Private. Wir setzen jeweils das Präfix m für Member davor, da wir die Namen selbst als Argumente in den zuweisenden Funktionen verwenden möchten.

Damit ergibt sich die folgende erste Zeile in unserem Klassenmodul:

```
Private WithEvents mSteuerelement As MSForms.TextBox
```

Um das Steuerelement aus der UserForm dem aus der Klasse zuweisen zu können, brauchen wir nun eine entsprechende Methode, die nun als Public angelegt wird. Da die Zuweisung – zusammen mit einigen anderen Eigenschaften, die später dazukommen – am besten direkt beim Erstellen geschieht, legen wir die Methode auch entsprechend auf diesen Zweck aus.

```
Public Sub Erstellen(ByRef Steuerelement As MSForms.TextBox)

    Set mSteuerelement = Steuerelement

End Sub
```

Listing 4.19 Erste Version der *Erstellen*-Methode für die Klasse

Die erste Ereignisbehandlung in der Klasse erstellen

Nun soll unser Textfeld nur bestimmte Usereingaben akzeptieren. Wir hatten oben einige verschiedene Varianten festgelegt, auf die wir später eingehen. Zunächst soll unsere Klasse lediglich Zahlen als Eingaben akzeptieren. Da wir mSteuerelement direkt als Textfeld definiert haben, können wir nun einige (leider nicht alle) TextBox-Ereignisse nutzen.

Wählen Sie im Kombinationsfeld am linken oberen Rand des Codefensters mSteuerelement aus. Es wird automatisch ein Change-Ereignis in der rechten Auswahl angelegt. Wählen Sie dort stattdessen KeyPress, und löschen Sie bitte auch gleich die automatisch angelegte Change-Ereignisbehandlung. Das Schlüsselwort Private ändern wir in Public.

In der KeyPress-Prozedur legen wir eine Select Case-Anweisung an, die den Wert von KeyAscii prüft. Alle Werte von 48 bis 57 sind Zahlen und somit zulässig, alles andere wird abgelehnt – mit KeyAscii = 0. Hier die komplette Ereignisbehandlung:

```
Public Sub mSteuerelement_KeyPress( _
    ByVal KeyAscii As MSForms.ReturnInteger)

    Select Case KeyAscii
        Case 48 To 57

        Case Else
            KeyAscii = 0
    End Select

End Sub
```

Listing 4.20 Erste Version der *KeyPress*-Ereignisbehandlung in der Klasse

Das Steuerelement testen

Nun sollten wir einmal ein paar Textfelder mit dieser Klasse initialisieren und testen, ob sie auch tut, was sie soll. Legen Sie bitte eine UserForm mit zwei Textfeldern an. Die Textfelder benennen wir am besten gleich, um später mit ihnen weiter arbeiten zu können. Ich habe als Namen txtTitel und txtOriginaltitel gewählt – auch wenn die Zahlen als Eingabewerte da erst einmal nicht wirklich passen. Da wir nicht für jedes Textfeld eine eigene Instanz der Klasse mit eigenem Namen haben wollen, legen wir ein Array des Typs clsTextfeld an – und zwar auf Modulebene:

```
Dim Textfelder() As clsTextfeld
```

Im Initialize-Ereignis der UserForm können wir nun entweder die Textfelder durchzählen und das Array entsprechend redimensionieren – oder aber wir machen das mit einem festen Wert. Wir wissen ja, wie viele Textfelder wir angelegt haben und in der Regel ändert sich das zur Laufzeit eher nicht. Wir redimensionieren also erstmal auf Index 1. Danach folgt für jedes Textfeld das Initialisieren mit New und das Aufrufen der Erstellen-Methode, der wir als Argument jeweils eins der Textfelder mitgeben. Damit sieht das Initialize-Ereignis der UserForm nun folgendermaßen aus:

```
Private Sub UserForm_Initialize()

    'Klassen initialisieren
    ReDim Textfelder(1)

    Set Textfelder(0) = New clsTextfeld
    Textfelder(0).Erstellen txtTitel
    Set Textfelder(1) = New clsTextfeld
    Textfelder(1).Erstellen txtOriginaltitel

End Sub
```

Listing 4.21 Eine erste *Initialize*-Prozedur zum Testen der Klasse

Wenn Sie nun die UserForm mit F5 starten, können Sie das Verhalten der beiden Textfelder bereits testen: Sie werden dort nur Zahlen eingeben können.

Die Textfeldklasse ausbauen

Wir hatten in Schritt 1 festgestellt, dass es verschiedene Typen von zulässigen Eingaben gibt. Listen wir diese nochmal auf:

- Nur Zahlen: für die Seitenzahl
- Zahlen, Leerzeichen und Bindestriche: für die ISBN
- Zahlen und Komma: Für den Preis
- Freitext: Für Titel und Originaltitel

Unsere Klasse bekommt nun eine Eigenschaft Typ, die genau eine dieser vier genannten Varianten übernimmt. Dafür legen wir eine Enumeration an. Als Standard hinterlegen wir nurZahlen mit dem Wert 0, denn Zahlen sind immer erlaubt. Eine fehlende Angabe bei Typ sichern wir zwar in der Methode Erstellen noch ab, aber so gehen wir auf Nummer sicher, dass auf jeden Fall etwas Brauchbares hinterlegt ist.

Das wäre dann also die Enumeration für die Typen:

```
Public Enum Typen
    NurZahlen = 0
    ISBN = 1
    Betrag = 2
    Text = 3
End Enum
```

Listing 4.22 Die Enumeration für die verschiedenen Datentypen

Nun brauchen wir eine Eigenschaft in der Klasse, die diese Enumeration als Datentyp hat. Die Eigenschaft ist genau wie das Steuerelement wieder Private:

```
Private mTyp As Typen
```

Nun muss noch die Methode Erstellen ergänzt werden, sodass diese dann folgendermaßen aussieht:

```
Public Sub Erstellen( _
    ByRef Steuerelement As MSForms.TextBox, _
    Typ As Typen)

    Set mSteuerelement = Steuerelement
    mTyp = Typ

End Sub
```

Listing 4.23 Die angepasste Methode *Erstellen*

Dann kann im KeyPress-Ereignis der Typ abgefragt und entsprechend reagiert werden. Wenn für jeden der vier Typen entsprechende Case-Zweige erstellt wurden, sieht die Prozedur wie folgt aus.

```
Public Sub mSteuerelement_KeyPress(ByVal KeyAscii As MSForms.ReturnInteger)

    Select Case KeyAscii
        'Zahlen sind immer okay
        Case 48 To 57

        'Komma nur bei Betrag und Text
        Case 44
            If mTyp = ISBN Or mTyp = NurZahlen Then
                KeyAscii = 0
            ElseIf mTyp = Betrag Then
                If InStr(mSteuerelement.Text, ",") > 0 Then
                    KeyAscii = 0
                End If
            End If
        'Bindestrich und Leerzeichen nur bei ISBN und Text
        Case 32, 45
            If mTyp = NurZahlen Or mTyp = Betrag Then
                KeyAscii = 0
            End If
        'Rest nur bei Text
        Case Else
            If mTyp <> Text Then
                KeyAscii = 0
            End If
    End Select

End Sub
```

Listing 4.24 Die fertige Ereignis-Behandlung für *KeyPress*

In der UserForm erweitern wir den Aufruf der Erstellen-Methode entsprechend folgendermaßen:

```
Set Textfelder(0) = New clsTextfeld
Textfelder(0).Erstellen txtTitel, Text
Set Textfelder(1) = New clsTextfeld
Textfelder(1).Erstellen txtOriginaltitel, Text
```

Das AfterUpdate-Ereignis über einen Umweg ebenfalls von der Klasse behandeln lassen

Nun hätten wir ganz gern ein paar Umformatierungen der Usereingabe nach dem Verlassen des Textfelds: generell erstmal einen Trim, dann das Entfernen von Bindestrichen und Leerzeichen in der ISBN und die Umformatierung und Rundung beim Betrag.

Leider stellen die Textfelder innerhalb der Klasse kein AfterUpdate oder Exit zur Verfügung. Diese Ereignisbehandlung müssen wir also trotz Klasse für jedes Textfeld hinterlegen. Der Code dieser Prozeduren kann aber in die Klasse verlagert werden, sodass im Ereignis dann nur noch dem Textfeld das Ergebnis der – in der Klasse enthaltenen – Funktion zugewiesen werden muss. Die Funktion nennen wir Formatieren und sie bekommt den folgenden Code:

```
Public Function Formatieren(Text As String)

    Dim s As String

    s = Trim(Text)
    If mTyp = ISBN Then
        s = Replace(Replace(s, "-", ""), " ", "")
    End If
    If mTyp = Betrag Then
        s = Format(Round(s, 2), "#,##0.00 ?")
    ElseIf mTyp = NurZahlen Then
        s = Format(s, "#,##0")
    End If

    Formatieren = s

End Function
```

Listing 4.25 Die Funktion zum Formatieren von Werten

Für die beiden Textfelder in der UserForm legen wir jeweils eine AfterUpdate-Prozedur an, die für das entsprechende Element unseres Textfeldarrays die Formatieren-Methode aufruft. Wir wollen uns aber den entsprechenden Index nicht merken und schreiben diesen deshalb als dritte Befehlszeile beim Initialisieren der UserForm jeweils in die Tag-Eigenschaft des Textfelds.

```
Private Sub UserForm_Initialize()

    'Klassen initialisieren
    ReDim Textfelder(1)

    Set Textfelder(0) = New clsTextfeld
    Textfelder(0).Erstellen txtTitel, Text
    txtTitel.Tag = 0
    Set Textfelder(1) = New clsTextfeld
    Textfelder(1).Erstellen txtOriginaltitel, Text
    txtOriginaltitel.Tag = 1

End Sub
```

Listing 4.26 Der erweiterte Aufruf der *Erstellen*-Methode

Darauf können wir in den AfterUpdate-Prozeduren zurückgreifen:

```
Private Sub txtTitel_AfterUpdate()
    txtTitel.Text = Textfelder(txtTitel.Tag) _
        .Formatieren(txtTitel.Text)
End Sub

Private Sub txtOriginaltitel_AfterUpdate()
    txtOriginaltitel.Text = Textfelder(txtOriginaltitel.Tag) _
        .Formatieren(txtOriginaltitel.Text)
End Sub
```

Listing 4.27 Zugriff auf die *Formatieren*-Funktion

Die Datenbank als Datengrundlage einbinden

Als Datengrundlage für die UserForm soll ein ADO-Recordset dienen. Das können wir direkt beim Initialisieren der UserForm anlegen und mit dem Terminate-Ereignis wieder schließen. Dafür brauchen wir zunächst eine Variable vom Typ Recordset. Die muss ebenfalls modulweit in der UserForm gültig sein. Deshalb wird sie direkt unter dem Textfeldarray deklariert (ein entsprechender Verweis auf die ADO-Bibliothek sollte gesetzt sein):

```
Dim rs As ADODB.Recordset
```

Bevor wir die Erstellung im Initialize der UserForm angehen, erweitern wir unsere Klasse: Das Einlesen aus dem Recordset und das Speichern von Änderungen soll die Klasse übernehmen. Wir brauchen zunächst einen weiteren Member vom Typ ADODB.Recordset und einen vom Typ String, in dem das Feld gespeichert wird, aus dem der Wert für unser Textfeld kommt:

```
Private mRecordset As ADODB.RecordSet
Private mFeld As String
```

Die Erstellen-Prozedur muss entsprechend erweitert werden:

```
Public Sub Erstellen( _
    ByRef Steuerelement As MSForms.TextBox, _
    Typ As Typen, _
    ByRef Recordset As ADODB.Recordset, _
    Feld As String)

    Set mSteuerelement = Steuerelement
    mTyp = Typ
    Set mRecordset = Recordset
    mFeld = Feld

End Sub
```

Listing 4.28 Die erweiterte *Erstellen*-Prozedur

Nun brauchen wir zunächst eine Prozedur zum Einlesen der Daten. Die liest aus dem Recordset das entsprechende Feld aus – beide sind als Member der Klasse ja innerhalb dieser Prozedur bekannt – und weist es dem Textfeld zu. Hier wollen wir gleich die Formatieren-Funktion mit nutzen.

```
Public Sub Einlesen()

    If IsNull(mRecordset.Fields(mFeld)) Then
        mSteuerelement.Text = ""
    Else
        mSteuerelement.Text = Formatieren(mRecordset.Fields(mFeld))
    End If

End Sub
```

Listing 4.29 Die Methode zum Einlesen von Daten aus der Datengrundlage

Bevor wir die Speicherprozedur in Angriff nehmen, passen wir zunächst die UserForm an die Änderungen in der Klasse an und erweitern sie auch gleich um eine Blätterfunktion. Zunächst brauchen wir ein ADO-Connection-Objekt, und wir müssen unser modulweites Recordset öffnen. Den CursorType setzen wir auf Keyset, um Änderungen aktuell halten zu können, den LockType auf Optimistic und die CursorLocation auf adUseClient, was uns ein Auslesen der genauen Cursorposition ermöglicht – Letztere brauchen wir für die Anzeige, welcher Datensatz gerade in der UserForm angezeigt wird. Hier der Code, der im Initialize-Ereignis der UserForm ergänzt wird:

```
Private Sub UserForm_Initialize()

    Dim conn As New ADODB.Connection

    'Recordset laden
    Set rs = New ADODB.Recordset
    conn.Open "Provider=Microsoft.Jet.OLEDB.4.0;Data Source=" & _
            ThisWorkbook.Path & "\Buecher.mdb"

    With rs
        .ActiveConnection = conn
        .CursorType = adOpenKeyset
        .LockType = adLockOptimistic
        .CursorLocation = adUseClient
        .Open "SELECT * FROM tabBuecher"
        .MoveFirst
    End With

    'Klassen initialisieren
    ReDim Textfelder(1)

    Set Textfelder(0) = New clsTextfeld
    Textfelder(0).Erstellen txtTitel, Text
    txtTitel.Tag = 0
    Set Textfelder(1) = New clsTextfeld
    Textfelder(1).Erstellen txtOriginaltitel, Text
    txtOriginaltitel.Tag = 1

End Sub
```

Listing 4.30 Die erweiterte *Initialize*-Prozedur

Jetzt müssen natürlich auch die Erstellen-Aufrufe um zwei Argumente – Recordset und Feld – ergänzt werden. Als Recordset übergeben wir einfach unser Recordset rs, als Feld die genaue Feldbezeichnung, die auch im Recordset auftauchen wird. Falls Sie in der SELECT-Anweisung ein Alias verwenden, geben Sie dieses hier an.

```
Textfelder(0).Erstellen txtTitel, Text, rs, "Titel"
Textfelder(1).Erstellen txtOriginaltitel, Text, rs, "OriginalTitel"
```

Damit beim Öffnen der UserForm nun gleich auch der erste Datensatz angezeigt wird, müssen wir entweder im Initialize der UserForm für alle Elemente des Textfeldarrays die Einlesen-Prozedur aufrufen, oder wir ergänzen dies in der Erstellen-Methode der Klasse. In unserem Beispiel wählen wir die zweite Variante und schreiben im Klassenmodul als letzten Befehl der Erstellen-Prozedur einen Aufruf von Einlesen:

```
Call Einlesen
```

Eine Blätterfunktion in der UserForm ergänzen

Für diese Funktion sind keine Änderungen an der Klasse notwendig, da wir nur eine Prozedur zum Einlesen von Daten benötigen, und die haben wir bereits. Zunächst fügen wir drei neue Steuerelemente ein: zwei Schaltflächen zum Blättern und ein Label, das anzeigt, wo wir uns aktuell befinden.

Die Buttons bekommen die Namen btnVor und btnZurueck, das Label soll lblMarker heißen. Die Schaltfläche btnZurueck ist standardmäßig inaktiv, da sich der Cursor beim Öffnen zunächst auf dem ersten Datensatz befindet, und von dort geht es nun mal nicht weiter zurück. Also wird die Eigenschaft Enabled auf False gesetzt. Im Initialize der UserForm bekommt das Label direkt nach dem Öffnen des Recordsets zum ersten Mal einen Text zugewiesen:

```
lblMarker.Caption = "1 / " & rs.RecordCount
```

Sollte unser Recordset nur einen Satz enthalten, wird die *Weiter*-Schaltfläche auch deaktiviert:

```
If rs.RecordCount = 1 Then
    btnVor.Enabled = False
End If
```

Nun folgen die Click-Ereignisse für beide Schaltflächen. Es erfolgt jeweils eine Bewegung im Recordset. Danach wird geprüft, ob wir uns auf dem ersten bzw. letzten Datensatz befinden und die Schaltfläche wird entsprechend inaktiv gesetzt – die jeweils entgegengesetzte Schaltfläche wird dafür aber aktiviert. Dann muss für alle Elemente im Textfeldarray die Einlesen-Methode aufgerufen und unser Label aktualisiert werden – diesen Part lagern wir in eine Unterprozedur aus. Hier die Prozedur aus Listing 4.27 zum Neueinlesen:

```
Private Sub NeuEinlesen()
    Dim contr

    For Each contr In Textfelder
        contr.Einlesen
    Next contr

    lblMarker.Caption = rs.AbsolutePosition & " / " & rs.RecordCount

End Sub
```

Listing 4.31 Die Methode zum Neueinlesen aller Felder

Und die beiden Click-Ereignisse der beiden Blätter-Schaltflächen:

```
Private Sub btnVor_Click()

    rs.MoveNext
    If rs.AbsolutePosition = rs.RecordCount Then
        btnVor.Enabled = False
    End If
    If btnZurueck.Enabled = False Then btnZurueck.Enabled = True

    Call NeuEinlesen

End Sub

Private Sub btnZurueck_Click()

    rs.MovePrevious
    If rs.AbsolutePosition = 1 Then
        btnZurueck.Enabled = False
    End If
    If btnVor.Enabled = False Then btnVor.Enabled = True

    Call NeuEinlesen

End Sub
```

Listing 4.32 Die *Click*-Ereignisse der beiden Blätter-Schaltflächen

Höchste Zeit, das Ganze mit F5 zu testen.

Änderungen in der Datengrundlage speichern

Das Speichern von veränderten Daten soll ebenfalls unsere Klasse übernehmen, da sie mit dem Recordset und der Feldbezeichnung alle notwendigen Daten zur Verfügung hat. Wir erstellen also eine öffentliche Methode Speichern in unserer Klasse, die den Wert des Textfelds in das Feld des Recordsets schreibt.

```
Public Sub Speichern()

    mRecordset.Fields(mFeld) = mSteuerelement.Text

End Sub
```

Listing 4.33 Prozedur zum Speichern von Änderungen

Mehr brauchen wir im Klassenmodul gar nicht. Nun folgen die Ergänzungen in der UserForm. Zunächst brauchen wir eine Schaltfläche zum Speichern, die wir btnSpeichern nennen. Dann noch die Prozedur zum Click-Ereignis. Die ruft schließlich – ähnlich wie das Neueinlesen – für alle Elemente des Textfeldarrays die Speichern-Methode auf und aktualisiert zum Schluss das Recordset.

Hier der Code zur *Speichern*-Schaltfläche:

```
Private Sub btnSpeichern_Click()

    Dim contr

    For Each contr In Textfelder
```

Listing 4.34 Der Code für die *Speichern*-Schaltfläche

```
        contr.Speichern
    Next contr

    rs.Update

End Sub
```

Listing 4.34 Der Code für die *Speichern*-Schaltfläche *(Fortsetzung)*

Damit wäre unsere Textfeldklasse fertig. Wir erweitern die UserForm noch um die restlichen Textfelder.

Eine Klasse für das Kombinationsfeld erstellen

Die Autoren kommen aus einer gesonderten Tabelle und sollen für die Anzeige und Bearbeitung in einem Kombinationsfeld dargestellt werden. Dafür bauen wir uns eine zweite Klasse, die wir clsCombobox nennen. Der wird der entsprechende Steuerelementtyp zugewiesen, und sie bekommt das Recordset mit unseren Daten und das entsprechende Feld übergeben.

```
Private WithEvents mSteuerelement As MSForms.ComboBox
Private mRecordset As ADODB.Recordset
Private mFeld As String
```

Die Festlegung der Spaltenanzahl überlassen wir ebenfalls der Klasse. Wir übergeben ihr lediglich ein Recordset, das sie einliest – die ID immer in der ersten Spalte und selbige auch unsichtbar. Befüllt wird die Auswahlliste ebenfalls aus diesem Quellrecordset.

```
Public Sub Erstellen( _
    ByRef Steuerelement As MSForms.ComboBox, _
    ByRef Recordset As ADODB.Recordset, _
    Feld As String, _
    ByRef QuellRecordset As ADODB.Recordset)

    Set mSteuerelement = Steuerelement
    Set mRecordset = Recordset
    mFeld = Feld

    With mSteuerelement
        'Spaltenanzahl und Breite anpassen
        .ColumnCount = QuellRecordset.Fields.Count
        .ColumnWidths = "0"
        .BoundColumn = 1
        'Befüllen
        .List = WorksheetFunction.Transpose(QuellRecordset.GetRows)
    End With

    Call Einlesen

End Sub
```

Listing 4.35 *Erstellen*-Prozedur der Kombinationsfeldklasse

Die Prozedur zum Einlesen sieht etwas anders aus. Wir haben als Value die ID, die ja im Datenrecordset als Fremdschlüssel gespeichert ist. Wenn die erste Spalte – mit eben dieser ID – unsichtbar ist, können wir den Wert leider nicht einfach per Value zuweisen. D.h. für die Zuweisung an das Kombinationsfeld wird der Listenindex benötigt. Dafür nutzen wir eine Funktion (Private, da nur von der Klasse verwendet), die die Liste des Kombinationsfelds und den Suchwert – also den Fremdschlüssel laut Recordset – übergeben bekommt und den Listenindex zurückliefert.

Hier die Prozedur Einlesen und die Funktion:

```
Public Sub Einlesen()

    mSteuerelement.ListIndex = _
            IndexFinden(mSteuerelement.List, _
                        mRecordset.Fields(mFeld))

End Sub

Private Function IndexFinden(Liste, Suchwert) As Long

    Dim i As Long

    IndexFinden = -1

    For i = 0 To UBound(Liste, 1)
        If Liste(i, 0) = Suchwert Then
            IndexFinden = i
            Exit For
        End If
    Next i

End Function
```

Listing 4.36 *Einlesen*-Prozedur und Funktion zum Finden des richtigen Index

Nun fehlt noch die Prozedur zum Speichern. Hier können wir getrost auf den Value aus Spalte 1 zugreifen.

```
Public Sub Speichern()

    mRecordset.Fields(mFeld) = mSteuerelement.Value

End Sub
```

Listing 4.37 Die *Speichern*-Prozedur der Kombinationsfeldklasse

Nun noch die Erweiterung in der UserForm. Wir fügen ein Kombinationsfeld – cboAutor – in die UserForm ein. Es wird ein zweites Array (es könnten ja durchaus weitere Auswahlfelder hinzukommen) auf Modulebene angelegt:

```
Dim Comboboxen() As clsCombobox
```

Im Initialize-Ereignis der UserForm brauchen wir ein Recordset, das wir zum Erstellen des Kombinationsfelds übergeben:

```
Dim rsQuellen As New ADODB.Recordset
```

Das wird dann für jedes Kombinationsfeld neu geöffnet. Im Moment haben wir nur ein Kombinationsfeld, für das der folgende Code verwendet wird:

```
' Kombinationsfelder
ReDim Comboboxen(0)

'Recordset mit Datenquelle öffnen
rsQuellen.Open _
    "SELECT ID, Name & ', ' & Vorname AS Autor FROM tabAutoren",
    conn, adOpenKeyset
Set Comboboxen(0) = New clsCombobox
Comboboxen(0).Erstellen cboAutor, rs, "Autor", rsQuellen
rsQuellen.Close
```

Ein AfterUpdate brauchen wir nicht, aber beim Neueinlesen und Speichern muss eine zweite Schleife für das neue Array eingerichtet werden:

```
Private Sub NeuEinlesen()
    Dim contr

    For Each contr In Textfelder
        contr.Einlesen
    Next contr
    For Each contr In Comboboxen
        contr.Einlesen
    Next contr

    lblMarker.Caption = rs.AbsolutePosition & " / " & rs.RecordCount

End Sub


Private Sub btnSpeichern_Click()

    Dim contr

    For Each contr In Textfelder
        contr.Speichern
    Next contr
    For Each contr In Comboboxen
        contr.Speichern
    Next contr
    rs.Update

End Sub
```

Listing 4.38 Die beiden erweiterten Prozeduren zum Neueinlesen und Speichern

Schließen der Verbindung zur Datenquelle

Im Terminate-Ereignis der UserForm aus Listing 4.35 sollten wir nun alle Instanzen wieder freigeben und auch das Recordset schließen. Dazu redimensionieren wir die beiden Arrays.

```
Private Sub UserForm_Terminate()

    Dim contr

    rs.Close
    Set rs = Nothing

    ReDim Textfelder(0)
    ReDim Comboboxen(0)

End Sub
```

Listing 4.39 Kappen der Verbindung zur Datenquelle beim Schließen der UserForm

Die kompletten Codes finden Sie in den Modulen der Beispieldatei.

Kapitel 5

Werte auf Plausibilität prüfen

In diesem Kapitel:

Wo Daten importiert oder vom User entgegengenommen werden, ist meist noch eine Prüfung auf Plausibilität notwendig, um z.B. Doubletten, Tippfehler usw. abzufangen. Dazu gehört zum einen das Prüfen mithilfe simpler Vergleichsoperatoren, um Zahlenwerte in einem bestimmten Wertebereich zu halten. Zum anderen kommen auch Textfunktionen zum Einsatz, wenn beispielsweise ein erfasster Text nur eine bestimmte Länge haben darf oder mit einem bestimmten Zeichen anfangen soll. Aber auch die Überprüfung des Datentyps ist wichtig. Wird z.B. ein Datum als Eingabe erwartet, sollte unbedingt immer überprüft werden, ob die eingegebene Zeichenfolge auch wirklich ein Datumswert ist.

Redundanzen sollten ebenfalls berücksichtigt werden. Beim Erfassen von Neukunden sollte beispielsweise geprüft werden, ob es den Kunden nicht schon gibt, um Duplikate zu verhindern. Manchmal müssen aber auch kompliziertere Prüfungen durchgeführt werden, wenn z.B. eine ID einem bestimmten Muster entsprechen soll oder wenn schlicht nur geprüft werden muss, ob eine gültige E-Mail-Adresse eingegeben wurde. Für solche Zwecke kann man die sogenannten regulären Ausdrücke verwenden.

Operatoren für Vergleiche verwenden

Wenn es um Plausibilitätsprüfungen geht, nehmen die Vergleichsoperatoren eine wichtige Stellung ein. Sie können damit Maximal- und Minimalwerte oder auch Werte innerhalb bestimmter Bereiche absichern.

Die grundlegenden Vergleichsoperatoren anwenden

Für die meisten Plausibilitätsprüfungen reichen die grundlegenden Vergleichsoperatoren, die Sie bereits aus der Mathematik kennen. Mit ihnen können Sie Maximal- und Minimalgrenzen sowie Übereinstimmungen bzw. das Fehlen dieser überprüfen. Die folgenden Beispiele finden Sie in der Datei *Buch\Kap05\Pruefungen.xlsm* im Modul *mdlOperatoren*.

```
Sub Maximalwert()

    Dim Eingabe

    Eingabe = InputBox("Bitte geben Sie einen Wert ein (maximal 500)")

    If Eingabe > 500 Then
        MsgBox "Der eingegebene Wert ist nicht zulässig."
    Else
        MsgBox "Eingabe ok"
    End If

End Sub
```

Listing 5.1 Prüfung auf einen Maximalwert

Mithilfe der Operatoren > und < können Sie prüfen, ob ein Wert über oder unter einer bestimmten Grenze liegt. Alternativ können je nach Aufgabenstellung auch die erweiterten Operatoren >= und <= verwendet werden. In Listing 5.2 finden Sie die entsprechende Anpassung des Codes aus dem vorhergehenden Beispiel.

```
Sub Maximalwert2()

    Dim Eingabe

    Eingabe = InputBox("Bitte geben Sie einen Wert ein (maximal 500)")

    If Eingabe <= 500 Then
        MsgBox "Eingabe ok"
    Else
        MsgBox "Der eingegebene Wert ist nicht zulässig."
    End If

End Sub
```

Listing 5.2 Alternative mit dem erweiterten Operator <=

Ganz so einfach, wie die Operatoren den Anschein erwecken, ist die Sache aber dann doch nicht. Sie müssen hierbei unbedingt auf die Datentypen achten. Je nachdem, was für Datentypen Sie miteinander vergleichen wollen, werden intern Werte gerundet.

ACHTUNG Beim Vergleich zweier Zahlen mit Nachkommastellen wird auf die kleinere Genauigkeit gerundet. Wird beispielsweise eine Variable vom Typ Double mit einer vom Typ Single verglichen, wird die Double-Variable auf die Genauigkeit einer Single-Variablen gerundet und erst dann der Vergleich durchgeführt. Dabei können Bruchteile verloren gehen und fehlerhafte Ergebnisse herauskommen. Deshalb achten Sie unbedingt immer darauf, mit welchen Datentypen Sie gerade arbeiten.

Wenn Sie bei einem der beiden Beispiele einen Text eingeben, bekommen Sie übrigens nicht die erwartete Fehlermeldung, dass die Typen unverträglich sind. Das liegt am Datentyp Variant der Variablen, die die Eingabe entgegennimmt. Hier ist es wichtig, vorher zu prüfen, ob tatsächlich ein Zahlenwert erfasst wurde. Gleichheit und Ungleichheit können Sie mit den Operatoren = und <> prüfen.

Wenn Sie mehr als nur einen gültigen Wertebereich haben, können Sie dies bequem mit einer Select Case-Direktive abarbeiten.

```
Sub MehrereBereiche()

    Dim Eingabe

    Eingabe = InputBox("Bitte geben Sie einen Wert ein (maximal 500)")

    Select Case Eingabe
        Case Is > 500, 25 To 25, Is < 10
            MsgBox "Eingabe ok"
        Case Else
            MsgBox "Der eingegebene Wert ist nicht zulässig."
    End Select

End Sub
```

Listing 5.3 Prüfen auf mehrere Wertebereiche

Zeichenfolgen mithilfe des Like-Operators prüfen

Für Zeichenfolgen gibt es noch einen weiteren Operator: Like. Mithilfe dieses Operators können Sie Zeichenfolgen mit einem bestimmten Muster vergleichen. Die Möglichkeiten, die Sie hier haben, sind enorm. Sie können mit Platzhaltern arbeiten oder auch ganze Muster abgleichen. Als Platzhalter dienen das Sternchen (*) für beliebig viele Zeichen, das Fragezeichen (?) für ein einzelnes Zeichen und das Nummernzeichen (#) für eine einzelne Ziffer. Wollen Sie z.B. prüfen, ob eine Eingabe mit einer Zahl beginnt – gefolgt von beliebig vielen beliebigen Zeichen – müssten Sie einen Code wie im folgenden Listing verwenden.

```
Sub LikeOperator()

    Dim Eingabe As String

    Eingabe = InputBox("Bitte geben Sie etwas ein, das mit einer Ziffer beginnt.")

    If Eingabe Like "#*" Then
        MsgBox "Eingabe ok"
    Else
        MsgBox "Der eingegebene Wert ist nicht zulässig."
    End If

End Sub
```

Listing 5.4 Prüfen, ob eine Eingabe mit einer Ziffer beginnt

Eine ganz simple Validierung einer E-Mail-Adresse würde prüfen, ob mindestens ein beliebiges Zeichen, gefolgt von genau einem @-Zeichen, gefolgt von wiederum mindestens einem Zeichen, genau einem Punkt und nochmals mindestens einem Zeichen vorliegt. Also in etwa in dieser Form: *x@x.de*. Die Prüfung mithilfe des Like-Operators sieht dann wie folgt aus:

```
Sub Mailadresse()

    Dim Eingabe As String

    Eingabe = InputBox("Bitte geben Sie eine Mailadresse ein.")

    If Eingabe Like "?*@?*.?*" Then
        MsgBox "Eingabe ok"
    Else
        MsgBox "Der eingegebene Wert ist nicht zulässig."
    End If

End Sub
```

Listing 5.5 Prüfung auf eine gültige E-Mail-Adresse

Die Kombination der Platzhalter ? und * bewirkt, dass mindestens eins oder beliebig viele Zeichen an dieser Stelle erwartet werden. Dazwischen kann dann auch mit ganz bestimmten Zeichen (einzelne oder auch Zeichenfolgen) gearbeitet werden. Ganz korrekt ist diese Prüfung nicht, da auch eine Eingabe von mehreren @-Zeichen als korrekt angesehen würde. Auch bestimmte Sonderzeichen dürfen nicht in einer Mailadresse vorkommen.

Sie können auch auf ganz bestimmte Zeichen prüfen. Die können Sie einzeln oder als Zeichenbereich angeben. Im folgenden Beispiel soll eine Kostenstelle angegeben werden, die mit einem der Buchstaben A–E beginnt, gefolgt von einem Bindestrich und drei Ziffern. Klingt kompliziert, ist aber ebenfalls recht einfach umzusetzen.

```
Sub Kostenstelle()

    Dim Eingabe As String

    Eingabe = InputBox("Bitte geben Sie eine Kostenstelle ein.")

    If Eingabe Like "[A-E]-###" Then
        MsgBox "Eingabe ok"
    Else
        MsgBox "Der eingegebene Wert ist nicht zulässig."
    End If

End Sub
```

Listing 5.6 Prüfung einer Kostenstelle nach einem festgelegten Muster

Der Buchstabenbereich wird in eckigen Klammern angegeben. Danach folgt der Bindestrich und drei #-Zeichen für die drei Ziffern. Wenn der Zeichenbereich nicht zusammenhängend ist, geben Sie mehrere Bereiche oder auch einzelne Zeichen mit Kommata voneinander getrennt an.

```
Sub Kostenstelle2()

    Dim Eingabe As String

    Eingabe = InputBox("Bitte geben Sie eine Kostenstelle ein.")

    If Eingabe Like "[A-E,M-O,X]-###" Then
        MsgBox "Eingabe ok"
    Else
        MsgBox "Der eingegebene Wert ist nicht zulässig."
    End If

End Sub
```

Listing 5.7 In diesem Beispiel sind mehrere Buchstabenbereiche als erstes Zeichen zulässig

Ebenso können Sie auch bestimmte Bereiche oder einzelne Zeichen ausschließen. Im folgenden Beispiel darf die Kostenstelle nicht mit den Buchstaben P-W beginnen. Diese Negierung wird über ein Ausrufezeichen am Anfang des Inhalts der eckigen Klammer angegeben.

```
Sub Kostenstelle3()

    Dim Eingabe As String

    Eingabe = InputBox("Bitte geben Sie eine Kostenstelle ein.")

    If Eingabe Like "[!P-W]-###" Then
        MsgBox "Eingabe ok"
    Else
        MsgBox "Der eingegebene Wert ist nicht zulässig."
    End If

End Sub
```

Listing 5.8 Als erstes Zeichen dürfen hier nicht die Buchstaben P-W auftauchen

So lassen sich sehr umfangreiche Prüfmuster aufbauen. Was aber, wenn Sie mehrere solcher Muster abarbeiten möchten? Sie könnten dazu mit einer mehrfach verschachtelten If...Then...Else-Direktive arbeiten. Das würde jedoch schnell unübersichtlich. Die bessere Wahl ist eine Select Case-Konstruktion. Leider wird der Like-Operator direkt nach dem Schlüsselwort Case nicht akzeptiert. Deshalb ist hier ein kleiner Umweg notwendig.

Bleiben wir bei dem Beispiel mit der Kostenstelle. Es sollen hier wieder die Buchstaben A–E, M–O oder X als erstes Zeichen zulässig sein. Zusätzlich soll aber auch eine Eingabe in Kleinbuchstaben oder ein Nummernzeichen (#) als erstes Zeichen akzeptiert werden. Da das Nummernzeichen gleichzeitig ein Platzhalter ist, muss es in eckige Klammern eingefasst werden.

```
Sub MehrereMuster()

    Dim Eingabe As String

    Eingabe = InputBox("Bitte geben Sie eine Kostenstelle ein.")

    Select Case True
        Case Eingabe Like "[A-E,M-O,X]-###"
            MsgBox "Eingabe ok"
        Case Eingabe Like "[a-e,m-o,x]-###"
            MsgBox "Eingabe ok"
        Case Eingabe Like "[#]-###"
            MsgBox "Eingabe ok"
        Case Else
            MsgBox "Der eingegebene Wert ist nicht zulässig."
    End Select

End Sub
```

Listing 5.9 Prüfung auf mehrere Muster

Die Anweisung im Kopf der Select Case-Direktive sieht ein wenig seltsam aus. Sie bewirkt, dass alle Case-Zweige abgearbeitet werden, bis bei einem der Wert True herauskommt. In den einzelnen Case-Zweigen werden nun die Vergleiche mit den verschiedenen Mustern angegeben. Ergebnis des Like-Operators ist ja ein Boolean-Wert. Es wird also zuerst der Vergleich ausgewertet und danach überprüft, ob das Ergebnis mit dem Boolean-Wert im Kopf der Verzweigung übereinstimmt.

Werte anhand von Prüffunktionen überprüfen

Oftmals muss erst einmal geprüft werden, ob ein Wert des erwarteten Datentyps vorliegt. Gerade bei Usereingaben können z.B. statt einer Zahl Texte übergeben werden. Für solche Prüfungen gibt es in VBA die sogenannten Is-Funktionen. Mit Ihnen können Sie beliebige Ausdrücke prüfen.

Die folgenden Beispiele finden Sie im Modul *mdlPrueffunktionen* und im Tabellenblatt *Prüffunktionen*. Die beiden wichtigsten dieser Funktionen prüfen, ob es sich beim übergebenen Ausdruck um ein gültiges Datum bzw. eine Zahl handelt. Daneben gibt es einige Prüffunktionen, die Sie vor allem auf Variablen oder Zellen anwenden können, von denen wir uns hier aber nur die beiden für Prüfungen relevanten Funktionen betrachten.

IsNumeric

Die Funktion IsNumeric prüft, ob es sich beim übergebenen Ausdruck um einen Zahlenwert handelt. Dabei wird versucht, den Ausdruck– der auch als String übergeben werden kann – als Zahl zu interpretieren.

HINWEIS Wenn Sie als Ausdruck einen Datumswert übergeben, wird dieser nicht als Zahl interpretiert (obwohl er intern eigentlich eine Zahl ist) und die Funktion liefert als Wert False zurück.

```
Sub FunktionIsNumeric()

    Dim Zelle As Range
    Dim Bereich As Range

    Set Bereich = tabPrueffunktionen.Range("A2:A10")

    For Each Zelle In Bereich
        Debug.Print "Wert: """ & _
            Zelle.Value & _
            """ ---> " & _
            IsNumeric(Zelle.Value)
    Next Zelle

End Sub
```

Listing 5.10 Anwendung der Funktion *IsNumeric* auf verschiedene Ausdrücke

In diesem Beispiel werden verschiedene Ausdrücke aus der Tabelle an die Funktion IsNumeric übergeben und der Ausdruck sowie das Ergebnis der Funktion im Direktfenster ausgegeben.

A
Zahlen
12
1,5
0
eins
12
12,5,5
0,33333333
01.01.2013

Abbildung 5.1 Die zu prüfenden Werte

```
Wert: "12" ---> Wahr
Wert: "1,5" ---> Wahr
Wert: "0" ---> Wahr
Wert: "" ---> Wahr
Wert: "eins" ---> Falsch
Wert: "12" ---> Wahr
Wert: "12,5,5" ---> Falsch
Wert: "0,333333333333333" ---> Wahr
Wert: "01.01.2013" ---> Falsch
```

Abbildung 5.2 Das Ergebnis der Funktion *IsNumeric*

Die drei ersten Werte sind im Tabellenblatt ganz normal als Zahlenwerte eingegeben und liefern in der Funktion als Ergebnis True zurück.

ACHTUNG Auch eine leere Zelle liefert bei Prüfung mit IsNumeric den Wert True. Ihr Wert wird für diese Funktion als 0 interpretiert.

Der Wert »eins« als Wort, kann nicht als Zahl interpretiert werden. In der nächsten Zelle steht die Zahl 12 – allerdings im Textformat. Sie wird deshalb als String an die Funktion IsNumeric übergeben, kann aber trotzdem als Zahl interpretiert werden und liefert deshalb auch als Ergebnis True zurück. Der nächste Wert enthält zwei Kommata und wird deshalb richtigerweise nicht als Zahl erkannt. In der vorletzten Zelle steht nicht die Zahl 0,333333333333333, sondern die Formel =1/3. Auch hier wird das Ergebnis der Formel korrekt als Zahl gewertet.

Der Wert in der letzten Zelle ist ein Datum. Datumswerte werden bei der Funktion IsNumeric nicht als Zahl interpretiert. Wenn Sie allerdings das Zellformat auf ein Zahlenformat umstellen, liefert IsNumeric auch dafür den Wert True.

IsDate

Die Funktion IsDate überprüft einen Ausdruck darauf, ob er als Datum interpretiert werden kann.

HINWEIS Zahlen, die im Bereich eines gültigen Datums liegen, werden von IsNumeric nicht als Datumsausdruck gewertet.

```
Sub FunktionIsDate()

    Dim Zelle As Range
    Dim Bereich As Range

    Set Bereich = tabPrueffunktionen.Range("C2:C8")

    For Each Zelle In Bereich
        Debug.Print "Wert: """ & _
            Zelle.Value & _
            """ ---> " & _
            IsDate(Zelle.Value)
    Next Zelle

End Sub
```

Listing 5.11 Anwendung der Funktion *IsDate* auf verschiedene Ausdrücke

In diesem Beispiel werden verschiedene Ausdrücke aus der Tabelle an die Funktion IsDate übergeben, und der Ausdruck sowie das Ergebnis der Funktion werden im Direktfenster angezeigt.

C
Datum
01.01.2013
12. Januar 2013
01/13/2013
29.10.2013
41275
29.02.2012
29.02.2013

Abbildung 5.3 Die zu prüfenden Werte

```
Wert: "01.01.2013" ---> Wahr
Wert: "12. Januar 2013" ---> Wahr
Wert: "01/13/2013" ---> Wahr
Wert: "29.10.2013" ---> Wahr
Wert: "41275" ---> Falsch
Wert: "29.02.2012" ---> Wahr
Wert: "29.02.2013" ---> Falsch
```

Abbildung 5.4 Das Ergebnis der Funktion *IsDate*

Der erste Wert ist als einfaches Datum in der Zelle hinterlegt und liefert in der Funktion den Wert True zurück. In der zweiten Zelle ist das Datum als Text (mit vorangestelltem Hochkomma) hinterlegt. Es wird als String an IsDate übergeben und wird von der Funktion ebenfalls als Datumswert interpretiert. Das dritte Datum wurde in einer im deutschen Sprachraum eher unüblichen Form erfasst und wird in der Tabelle deshalb als Text angezeigt und nicht als Datumswert erkannt. Die Funktion IsDate kann diesen Ausdruck aber als Datum interpretieren und liefert als Ergebnis den Wert True.

In der nächsten Zelle ist kein Datum direkt hinterlegt, sondern die Formel =HEUTE(). Auch dieser Wert wird korrekt als Datum in der Funktion erkannt. Danach folgt eine Zahl, die dem Datum 01.01.2013 entspricht. Da sie in der Zelle jedoch nicht als Datum, sondern als Zahl formatiert ist, liefert IsNumeric als Ergebnis False zurück. Zahlen werden also nicht als Datum interpretiert, auch wenn sie im für Datumswerte gültigen Bereich liegen.

Die beiden letzten Werte zeigen, dass auch Schaltjahre korrekt ausgewertet werden. Während der 29.02.2012 tatsächlich im Kalender vorkam, da 2012 ein Schaltjahr war, gab es diesen Tag im Jahr 2013 nicht. Auch dieser Sachverhalt wird von der Funktion IsDate korrekt verarbeitet und sie liefert beim ersten Ausdruck als Ergebnis True und beim zweiten Ausdruck False.

IsError

Die Funktion IsError prüft, ob es sich bei einem Ausdruck um einen Fehlerwert handelt. Sie können sie nutzen, um in einem Tabellenblatt mit Formeln zu prüfen, ob die Formel einen Fehler zurückliefert.

```
Sub FunktionIsError()

    Dim Zelle As Range

    Set Zelle = tabPrueffunktionen.Range("E2")

    Debug.Print "Wert: """ & _
            CStr(Zelle.Value) & _
```

Listing 5.12 Prüfen eines Fehlerwerts mit der Funktion *IsError*

```
            """ ---> " & _
            IsError(Zelle.Value)

End Sub
```

Listing 5.12 Prüfen eines Fehlerwerts mit der Funktion *IsError (Fortsetzung)*

In der Zelle *E2* befindet sich eine Formel mit einer Division durch 0.

Abbildung 5.5 Fehlerwert in der zu prüfenden Zelle

Bei der Ausgabe im Direktfenster muss der Zellinhalt zuerst mit CStr in einen Text konvertiert werden, da er sonst einen Typenunverträglichkeitsfehler auslöst.

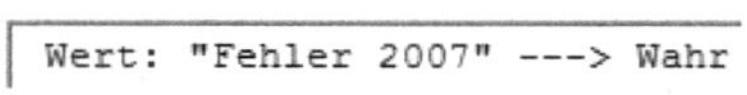

Abbildung 5.6 Der Fehlerwert wird korrekt von *IsError* erkannt

IsEmpty

Die Funktion IsEmpty kann dafür genutzt werden, zu prüfen, ob eine Variable initialisiert wurde. Eine eher praktische Anwendung ist aber die Prüfung, ob eine Zelle überhaupt gefüllt ist. Auch dafür ist IsEmpty geeignet.

```
Sub FunktionIsEmpty()

    Dim Zelle As Range
    Dim Bereich As Range

    Set Bereich = tabPrueffunktionen.Range("F2:F3")

    For Each Zelle In Bereich
        Debug.Print "Wert: """ & _
                Zelle.Value & _
                """ ---> " & _
                IsEmpty(Zelle.Value)
    Next Zelle

End Sub
```

Listing 5.13 Prüfung mit der Funktion *IsEmpty*

Im diesem Beispiel werden zwei Zellen mit der Funktion geprüft. Die erste ist tatsächlich leer, in der zweiten steht eine Formel, die einen Leerstring zurückliefert.

Abbildung 5.7 Beide Zellen werden als leer angezeigt

```
Wert: "" ---> Wahr
Wert: "" ---> Falsch
```

Abbildung 5.8 Die Ergebnisse der Funktion *IsEmpty*

Wie Sie sehen, wird bei der tatsächlich leeren Zelle als Ergebnis der Funktion True geliefert, während die Zelle, die eine Formel enthält als Ergebnis False liefert.

Duplikate finden oder entfernen

Eine der grundlegendsten Aufgabenstellungen bei der Verarbeitung von Daten ist das Finden und Entfernen von Duplikaten oder gegebenenfalls das Verhindern der Eingabe und des Imports doppelter Werte. In den nächsten Abschnitten geht es deshalb darum, wie Sie Duplikate in Tabellen oder in Arrays aufspüren und ggf. entfernen können und Unikatslisten erstellen. Die folgenden Beispiele finden Sie im Modul *mdlDuplikate*.

Duplikate finden

Wenn Sie Eingaben über ein Eingabeformular oder per Import in eine Tabelle, ein Array oder auch ein ADO-Recordset übernehmen, muss oftmals sichergestellt sein, dass diese Werte nicht schon existieren. In diesem Abschnitt erfahren Sie, wie Sie prüfen, ob die neu hinzukommenden Daten nicht eventuell schon existieren. Für die folgenden Beispiele wird jeweils davon ausgegangen, dass im Tabellenblatt *Kunden* zur dort gepflegten Kundenliste ein neuer Kunde hinzukommen soll. Vorher soll geprüft werden, ob dieser nicht bereits angelegt ist. Die Kundenliste wird dafür einmal direkt aus dem Tabellenblatt heraus verwendet, einmal in ein Array eingelesen und einmal in ein ADO-Recordset geladen, um die jeweils unterschiedlichen Herangehensweisen zu veranschaulichen.

Werte in einem Tabellenblatt finden

Am einfachsten ist es bei einem Tabellenblatt, dieses auf eventuelle Duplikate zu überwachen. Excel stellt jede Menge Möglichkeiten zur Verfügung, in Zellen nach Werten zu suchen. Am bekanntesten ist die Find-Methode des Range-Objekts.

```
Sub DuplikatInTabellenblattFind()

    Dim Neukunde As String

    Neukunde = "Winter, Thorsten"
    If tabKunden.Columns(2).Find(what:=Neukunde, lookat:=xlWhole) Is Nothing Then
        Debug.Print Neukunde & " ist noch nicht enthalten"
    Else
        Debug.Print Neukunde & " ist schon angelegt"
    End If

    Neukunde = "Müller, Hans"
    If tabKunden.Columns(2).Find(what:=Neukunde, lookat:=xlWhole) Is Nothing Then
        Debug.Print Neukunde & " ist noch nicht enthalten"
    Else
        Debug.Print Neukunde & " ist schon angelegt"
    End If

End Sub
```

Listing 5.14 Aufspüren bereits vorhandener Werte mit der *Find*-Methode

Die Methode Find wird hier auf die komplette zweite Spalte angewendet – dort stehen die Kundennamen. Sie bekommt im Argument what den Namen des neuen Kunden über die Variable Neukunde als Suchwert übergeben. Das Argument lookat gibt an, ob eine teilweise oder eine komplette Übereinstimmung mit dem Zellinhalt gesucht werden soll. Der Wert xlWhole bewirkt dabei, dass nur komplett gleiche Werte als Suchtreffer gewertet werden. Als Rückgabewert liefert Find entweder die Zelle, in der eine Übereinstimmung gefunden wurde, als Range-Objekt oder Nothing, wenn es keine Übereinstimmung gab.

```
Winter, Thorsten ist noch nicht enthalten
Müller, Hans ist schon angelegt
```

Abbildung 5.9 Ergebnis der Duplikatsuche in der Tabelle

Die Find-Methode kann bei größeren Tabellen unter Umständen recht langsam werden. Alternativ können Sie dann eine Tabellenfunktion zu Hilfe nehmen.

```
Sub DuplikatInTabellenblattWorksheetFunction()

    Dim Neukunde As String

    Neukunde = "Winter, Thorsten"
    If WorksheetFunction.CountIf(tabKunden.Columns(2), Neukunde) < 1 Then
        Debug.Print Neukunde & " ist noch nicht enthalten"
    Else
        Debug.Print Neukunde & " ist schon angelegt"
    End If

    Neukunde = "Müller, Hans"
    If WorksheetFunction.CountIf(tabKunden.Columns(2), Neukunde) < 1 Then
        Debug.Print Neukunde & " ist noch nicht enthalten"
    Else
        Debug.Print Neukunde & " ist schon angelegt"
    End If

End Sub
```

Listing 5.15 Aufspüren bereits vorhandener Werte über eine Tabellenfunktion

Hier wird die Tabellenfunktion ZÄHLENWENN genutzt. Das geht über das Objekt WorksheetFunction, das sämtliche Tabellenfunktionen als Methode zur Verfügung stellt. Die Namen der Methoden entsprechen dabei allerdings den englischen Funktionsnamen. ZÄHLENWENN wird also über den Befehl WorksheetFunction.CountIf aufgerufen. Sie bekommt als erstes Argument den zu durchsuchenden Bereich und als zweites den Suchwert übergeben. Rückgabewert ist die Anzahl der Zellen, deren Inhalt mit dem Suchbegriff übereinstimmt. Wenn dieser Rückgabewert kleiner 1 ist – also 0 – ist der Suchbegriff nicht enthalten.

```
Winter, Thorsten ist noch nicht enthalten
Müller, Hans ist schon angelegt
```

Abbildung 5.10 Ergebnis der Duplikatsuche in der Tabelle

Werte in einem Array finden

Für eine schnellere Verarbeitung werden Daten wie unsere Kundenliste oftmals in ein zweidimensionales Array eingelesen. Die Verarbeitung im Arbeitsspeicher ist bei großen Datenmengen um einiges schneller. Ein herkömmliches Array zu durchsuchen ist allerdings nicht ganz so einfach, wie bei einem Tabellenblatt, da VBA kaum Bordmittel für die Arbeit mit Arrays mitbringt.

Bei einem eindimensionalen Array ist die Sache noch relativ einfach zu lösen. Dafür kann die Filter-Methode von VBA genutzt werden. Sie filtert die Elemente eines Arrays, die mit dem Suchbegriff übereinstimmen und gibt als Ergebnis wiederum ein Array zurück.

```
Sub DuplikatInEindimensionalemArray()

    Dim arrKunden()
    Dim Neukunde As String

    arrKunden = WorksheetFunction.Transpose(tabKunden.Range("B2:B5").Value)

    Neukunde = "Winter"
    If UBound(Filter(arrKunden, Neukunde)) >= 0 Then
        Debug.Print "Kunde " & Neukunde & " bereits enthalten"
    Else
        Debug.Print "Kunde " & Neukunde & " noch nicht enthalten"
    End If

    Neukunde = "Müller"
    If UBound(Filter(arrKunden, Neukunde)) >= 0 Then
        Debug.Print "Kunde " & Neukunde & " bereits enthalten"
    Else
        Debug.Print "Kunde " & Neukunde & " noch nicht enthalten"
    End If

End Sub
```

Listing 5.16 Durchsuchen eines eindimensionalen Arrays

Beim Einlesen von Daten aus einer Tabelle in ein eindimensionales Array müssen Sie dieses zunächst noch transponieren. Hier wird sonst trotzdem versucht ein zweidimensionales Array zu erstellen – auch wenn es sich eigentlich nur um eine einzelne Spalte handelt – und die Werte landen in der zweiten Dimension des Datenfelds. Das Transponieren übernimmt WorksheetFunction.Transpose.

Mithilfe der Methode Filter wird das dabei entstandene Array nun nach einem Suchbegriff – hier unser Neukunde – gefiltert. Rückgabewert der Methode ist ein Array – auch wenn keine Übereinstimmung gefunden wurde. Über die Funktion UBound wird nun ermittelt, wie groß dieses Array ist. Wenn keine Übereinstimmung gefunden wurde, liefert sie -1 zurück.

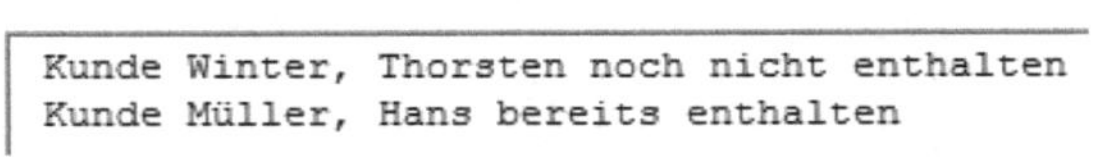

Abbildung 5.11 Ergebnis der Duplikatsuche im eindimensionalen Array

Mit einem mehrdimensionalen Array ist das leider nicht so einfach. Es kann nicht angegeben werden, in welcher »Spalte« des Arrays gesucht werden soll. Dafür benötigt man ein kleines Hilfskonstrukt, welches wir hier als benutzerdefinierte Funktion erstellt haben.

```
Function DuplikatInArr(arr, Suchwert, Spalte) As Boolean

    On Error GoTo Fehler

    With WorksheetFunction
        If .VLookup(Suchwert, .Index(arr, 0, Spalte), 1, False) = Suchwert Then
            DuplikatInArr = True
        End If
    End With

Fehler:

End Function
```

Listing 5.17 Benutzerdefinierte Funktion zum Durchsuchen eines mehrdimensionalen Arrays

Die Funktion erwartet als Argumente das zu durchsuchende Array, den Suchbegriff und die Spalte, die durchsucht wird. Die eigentliche Suche übernehmen wieder Tabellenfunktionen. Zunächst wird mit WorksheetFunction.Index der Suchbereich angegeben. Erstes Argument hier ist das Array – eigentlich die Matrix in der Tabelle – und dazu Zeilen- und Spaltennummer. Durch die Zeilenangabe 0 im zweiten Argument wird bewirkt, dass alle »Zeilen« des Arrays durchsucht werden. Die Spalte im zweiten Argument kommt aus dem entsprechenden Argument im Kopf der benutzerdefinierten Funktion.

Der so definierte Bereich wird nun an die WorksheetFunction.VLookup – den SVERWEIS – übergeben. Sie erwartet als Parameter den Suchwert, den Bereich, eine 1 für die Spalte, deren Wert sie zurückliefern soll, und als letztes Argument False, damit nur genaue Übereinstimmungen gefunden werden. Der Rückgabewert bei einem Treffer stimmt dann genau mit dem Suchbegriff überein. Wurde der Suchbegriff nicht gefunden, liefert WorksheetFunction.VLookup – genau wie die Tabellenfunktion – einen Fehler zurück. Dieser wird durch die Fehlerbehandlung ganz am Anfang der Funktion abgefangen. Nun kann innerhalb der Hauptprozedur diese Suchfunktion aufgerufen werden.

```
Sub DuplikatInMehrdimensionemArray()

    Dim arrKunden
    Dim Neukunde As String

    arrKunden = tabKunden.Range("A2:C5")

    Neukunde = "Winter, Thorsten"
    If DuplikatInArr(arrKunden, Neukunde, 2) = True Then
        Debug.Print "Kunde " & Neukunde & " bereits enthalten"
    Else
        Debug.Print "Kunde " & Neukunde & " noch nicht enthalten"
    End If

    Neukunde = "Müller, Hans"
    If DuplikatInArr(arrKunden, Neukunde, 2) = True Then
        Debug.Print "Kunde " & Neukunde & " bereits enthalten"
    Else
        Debug.Print "Kunde " & Neukunde & " noch nicht enthalten"
    End If

End Sub
```

Listing 5.18 Durchsuchen des mehrdimensionalen Arrays über die benutzerdefinierte Funktion

Beim Einlesen der Daten muss hier nicht transponiert werden, da es sich um einen mehrspaltigen Datenbereich handelt. Die Funktion wird jeweils mit dem Array, dem Suchbegriff in der Variablen Neukunde und der Spalte 2 aufgerufen.

```
Kunde Winter, Thorsten noch nicht enthalten
Kunde Müller, Hans bereits enthalten
```

Abbildung 5.12 Ergebnis der Duplikatsuche im mehrdimensionalen Array

Werte in einem ADO-Recordset suchen

Für Recordsets stellt ADO eine eigene Suchmethode zur Verfügung: Find. Mit deren Hilfe können Sie Recordsets – übrigens nicht nur in einem Feld – durchsuchen.

```
Sub DuplikatInRecordset()

    Dim rs As New ADODB.Recordset
    Dim conn As New ADODB.Connection
    Dim Neukunde As String

    conn.Open "Driver={Microsoft Excel Driver (*.xls, *.xlsx, *.xlsm, *.xlsb)}; DBQ=" & ThisWorkbook.FullName

    With rs
        .Open "SELECT * FROM [Kunden$]", conn, adOpenKeyset

        Neukunde = "Winter, Thorsten"
        .Find "Kunde = '" & Neukunde & "'"
        If .EOF Then
            Debug.Print "Kunde " & Neukunde & " noch nicht enthalten"
        Else
            Debug.Print "Kunde " & Neukunde & " bereits enthalten"
        End If
        .MoveFirst

        Neukunde = "Müller, Hans"
        .Find "Kunde = '" & Neukunde & "'"
        If .EOF Then
            Debug.Print "Kunde " & Neukunde & " noch nicht enthalten"
        Else
            Debug.Print "Kunde " & Neukunde & " bereits enthalten"
        End If
        .MoveFirst

        .Close

    End With

    conn.Close

End Sub
```

Listing 5.19 Durchsuchen eines Recordsets

Zunächst werden die Daten in ein Recordset eingelesen. Sollte Ihnen die Vorgehensweise noch unklar sein, finden Sie eine entsprechende Erläuterung im ersten Kapitel. Auf das Recordset wird nun die Methode Find angewendet. Sie bekommt als Argument einen Kriterientext, der analog einer WHERE-Klausel in einem SQL-Statement aufgebaut ist. Damit können Sie also auch nach Übereinstimmungen in mehreren Spalten suchen.

Die Find-Methode setzt nun den Cursor auf den ersten passenden Datensatz. Wurde keine Übereinstimmung gefunden, steht der Cursor auf EOF, dem Ende des Recordsets. Genau dies hilft uns, festzustellen, ob es bei der Suche einen Treffer gab. Wichtig ist, dass Sie am Ende den Cursor mit MoveFirst wieder an den Anfang des Recordsets setzen, da die Methode Find das Recordset immer vom aktuellen Cursor bis zum Ende durchsucht und sonst nichts mehr findet.

```
Kunde Winter, Thorsten noch nicht enthalten
Kunde Müller, Hans bereits enthalten
```

Abbildung 5.13 Ergebnis der Duplikatsuche im Recordset

Duplikate in Tabellen aufspüren und entfernen

Duplikate lassen sich bereits beim Einlesen in ein Recordset über das SQL-Statement verhindern. Was aber, wenn die Daten in einer Excel-Tabelle vorliegen und auch dort weiterverarbeitet werden sollen? In diesem Abschnitt lernen Sie, wie Sie mit den Bordmitteln von Excel und über einen kleinen ADO-Umweg Duplikate finden und entfernen können, und wie Sie Unikatslisten erstellen. Sie finden die folgenden Beispiele im Blatt *Filialen* und dem Modul *mdlDuplikate.*

Duplikate in einer Tabelle finden und markieren

Nicht immer können Duplikate aus einer Tabelle direkt entfernt werden. Oftmals sind manuelle Nacharbeitungen oder die Entscheidung eines Sachbearbeiters notwendig. Dann ist es sinnvoll, doppelt oder mehrfach vorkommende Werte farbig hervorzuheben.

	A	B	C	D
1	Filialnummer	Ort		
2	5001	Berlin		
3	5002	Hamburg		
4	5003	München		
5	5004	Köln		
6	5005	Frankfurt		
7	5006	Stuttgart		
8	5007	Düsseldorf		
9	5008	Dortmund		
10	5009	Essen		
11	5010	Bremen		
12	5011	Dresden		
13	5012	Leipzig		
14	5013	Hannover		
15	5014	Nürnberg		
16	5015	Duisburg		
17	5001	Berlin		
18	5016	Bochum		
19	5017	Wuppertal		
20	5006	Stuttgart		
21	5018	Bielefeld		
22	5019	Bonn		
23	5020	Münster		
24	5001	Berlin		
25	5021	Karlsruhe		
26	5022	Essen		
27	5023	Mannheim		
28	5013	Hannover		
29	5024	Augsburg		

Abbildung 5.14 Liste der Filialen mit einigen Dopplungen

Es gibt eine Menge Herangehensweisen an diese Aufgabenstellung. Eine wäre eine Sortierung, eine andere, das Einfügen einer Hilfsspalte, die zählt, wie oft der jeweilige Wert vorkommt. Per VBA lässt sich das am besten mit einer Schleife lösen. Als Ausgangssituation haben wir eine Tabelle mit teilweise doppelten Datensätzen.

Es soll nach mehrfach vorkommenden Filialnummern gesucht und diese dann rot markiert werden.

```
Sub DuplikateInTabelleMarkieren()

    Dim Zelle As Range

    With tabFilialen
        .UsedRange.Interior.ColorIndex = xlNone
        For Each Zelle In .UsedRange.Columns(1).Cells
            If WorksheetFunction.CountIf(.Columns(1), Zelle.Value) > 1 Then
                Zelle.Interior.ColorIndex = 3
            End If
        Next Zelle
    End With

End Sub
```

Listing 5.20 Durchlaufen der Filialliste und Markieren der Duplikate

Da evtl. aus früheren Durchläufen noch Farbmarkierung vorhanden sein können, werden diese im ersten Schritt entfernt. Danach werden alle Zellen in der ersten Spalte des genutzten Bereichs durchlaufen. Es wird mithilfe der WorksheetFunction.CountIf geprüft, wie oft in der gesamten Spalte der Wert der aktuellen Zelle vorkommt. Ist das Ergebnis größer 1, wird die Zelle mit einer roten Hintergrundfarbe versehen.

	A	B	C	D
1	Filialnummer	Ort		
2	[illegible]	Berlin		
3	5002	Hamburg		
4	5003	München		
5	5004	Köln		
6	5005	Frankfurt		
7	[illegible]	Stuttgart		
8	5007	Düsseldorf		
9	5008	Dortmund		
10	5009	Essen		
11	5010	Bremen		
12	5011	Dresden		
13	5012	Leipzig		
14	[illegible]	Hannover		
15	5014	Nürnberg		
16	5015	Duisburg		
17	[illegible]	Berlin		
18	5016	Bochum		
19	5017	Wuppertal		
20	[illegible]	Stuttgart		
21	5018	Bielefeld		
22	5019	Bonn		
23	5020	Münster		
24	[illegible]	Berlin		
25	5021	Karlsruhe		
26	5022	Essen		
27	5023	Mannheim		
28	[illegible]	Hannover		
29	5024	Augsburg		

Abbildung 5.15 Doppelte Werte wurden rot markiert

Duplikate aus einer Tabelle entfernen

Wenn nicht noch einmal manuell nachbearbeitet werden soll, sondern Duplikate direkt gelöscht werden sollen, kann auf eine Excel-Funktionalität zugegriffen werden. Die Methode RemoveDuplicates wird auf einen Zellbereich angewendet. Sie sucht nach Duplikaten in einer oder mehreren Spalten und entfernt bei Dopplungen die kompletten Zeilen – allerdings nur für den Spaltenbereich, auf den sie angewendet wird.

E	F	G	H
Filialnummer	Ort		
5001	Berlin		
5002	Hamburg		
5003	München		
5004	Köln		
5005	Frankfurt		
5006	Stuttgart		
5007	Düsseldorf		
5008	Dortmund		
5009	Essen		
5010	Bremen		
5011	Dresden		
5012	Leipzig		
5013	Hannover		
5014	Nürnberg		
5015	Duisburg		
5001	Berlin		
5016	Bochum		
5017	Wuppertal		
5006	Stuttgart		
5018	Bielefeld		
5019	Bonn		
5020	Münster		
5001	Berlin		
5021	Karlsruhe		
5022	Essen		
5023	Mannheim		
5013	Hannover		
5024	Augsburg		

Abbildung 5.16 Die Liste mit zu entfernenden Duplikaten

```
Sub DuplikateInTabelleEntfernen()

    tabFilialen.Range("E:F").RemoveDuplicates Columns:=1, Header:=xlYes

End Sub
```

Listing 5.21 Entfernen von Duplikaten

Die Methode RemoveDuplicates wird hier auf die Spalten *E:F* angewendet. Im Argument Columns wird angegeben, dass in der ersten Spalte dieses Bereichs nach Duplikaten gesucht werden soll.

TIPP Wenn Sie Dopplungen über mehrere Spalten auswerten wollen, müssen Sie die Spaltennummern als Array in folgender Form übergeben:

```
Columns:=Array(1, 2)
```

Im zweiten Argument Header wird angegeben, ob im Bereich eine Überschriftenzeile enthalten ist. Als Ergebnis erhalten Sie die Liste dann ohne die doppelten Zeilen – es bleibt somit jeder Wert einmal erhalten.

E	F	G	H
Filialnummer	Ort		
5001	Berlin		
5002	Hamburg		
5003	München		
5004	Köln		
5005	Frankfurt		
5006	Stuttgart		
5007	Düsseldorf		
5008	Dortmund		
5009	Essen		
5010	Bremen		
5011	Dresden		
5012	Leipzig		
5013	Hannover		
5014	Nürnberg		
5015	Duisburg		
5016	Bochum		
5017	Wuppertal		
5018	Bielefeld		
5019	Bonn		
5020	Münster		
5021	Karlsruhe		
5022	Essen		
5023	Mannheim		
5024	Augsburg		

Abbildung 5.17 Die bereinigte Filialliste

Eine Unikatsliste aus einer Tabelle erstellen

Alternativ zum Entfernen der Duplikate kann es auch erforderlich sein, aus einer Datengrundlage eine Unikatsliste zu generieren. Je nachdem, ob die Mappe bereits geöffnet ist oder nicht, kommen hier zwei Varianten in Frage: Erstellen einer Unikatsliste über den erweiterten Filter von Excel oder über ADO. Die Ausgangssituation sieht für die beiden folgenden Beispiele gleich aus:

I	J	K	L
Filialnumme	Ort		
5001	Berlin		
5002	Hamburg		
5003	München		
5004	Köln		
5005	Frankfurt		
5006	Stuttgart		
5007	Düsseldorf		
5008	Dortmund		
5009	Essen		
5010	Bremen		
5011	Dresden		
5012	Leipzig		
5013	Hannover		
5014	Nürnberg		
5015	Duisburg		
5001	Berlin		
5016	Bochum		
5017	Wuppertal		
5006	Stuttgart		
5018	Bielefeld		
5019	Bonn		
5020	Münster		
5001	Berlin		
5021	Karlsruhe		
5022	Essen		
5023	Mannheim		
5013	Hannover		
5024	Augsburg		

Abbildung 5.18 Die Ausgangsliste mit mehreren Dopplungen

Eine Unikatsliste mithilfe des erweiterten Filters erstellen

Der erweiterte Filter bietet eine gute Möglichkeit, um in einer geöffneten Arbeitsmappe aus einem Datenbereich eine Unikatsliste zu erstellen.

```
Sub UnikatslisteErweiterterFilter()

    With tabFilialen
        .Range("I:J").AdvancedFilter Action:=xlFilterCopy, CopyToRange:=.Range("K:L"), Unique:=True
    End With

End Sub
```

Listing 5.22 Erstellen einer Unikatsliste mithilfe des erweiteren Filters

Die Methode AdvancedFilter ruft den erweiterten Filter von Excel auf. Sie bietet die Möglichkeit, entweder an derselben Stelle zu filtern – das Ergebnis wäre dasselbe wie bei RemoveDuplicates – oder das Ergebnis an anderer Stelle auszugeben. Diese Möglichkeit wird im Argument Action festgelegt. Da wir die Liste in den Spalten neben dem Datenbereich ausgeben wollen, übergeben wir hier xlFilterCopy. Dazu muss dann noch festgelegt werden, wo das Ergebnis ausgegeben werden soll. Das Argument dazu heißt CopyToRange.

Zuletzt fehlt noch das wichtigste Argument: Unique. Es gibt an, ob Duplikate entfernt werden sollen oder nicht. Eigentlich ist der erweiterte Filter zum Filtern von Daten gedacht. Dafür hat er noch ein viertes Argument: CriteriaRange. Für das Erstellen einer Unikatsliste wird das jedoch nicht benötigt.

I	J	K	L
Filialnumme	Ort	Filialnumme	Ort
5001	Berlin	5001	Berlin
5002	Hamburg	5002	Hamburg
5003	München	5003	München
5004	Köln	5004	Köln
5005	Frankfurt	5005	Frankfurt
5006	Stuttgart	5006	Stuttgart
5007	Düsseldorf	5007	Düsseldorf
5008	Dortmund	5008	Dortmund
5009	Essen	5009	Essen
5010	Bremen	5010	Bremen
5011	Dresden	5011	Dresden
5012	Leipzig	5012	Leipzig
5013	Hannover	5013	Hannover
5014	Nürnberg	5014	Nürnberg
5015	Duisburg	5015	Duisburg
5001	Berlin	5016	Bochum
5016	Bochum	5017	Wuppertal
5017	Wuppertal	5018	Bielefeld
5006	Stuttgart	5019	Bonn
5018	Bielefeld	5020	Münster
5019	Bonn	5021	Karlsruhe
5020	Münster	5022	Essen
5001	Berlin	5023	Mannheim
5021	Karlsruhe	5024	Augsburg
5022	Essen		
5023	Mannheim		
5013	Hannover		
5024	Augsburg		

Abbildung 5.19 Die ungefilterten Daten und daneben die Unikatsliste daraus

Eine Unikatsliste mit ADO erstellen

Wenn Sie die Unikatsliste aus einer geschlossenen Arbeitsmappe ziehen, empfiehlt es sich nicht, diese vorher zu öffnen, um den erweiterten Filter anzuwenden. Da ist ein Zugriff auf die geschlossene Mappe per ADO weitaus performanter.

```
Sub UnikatslisteADO()

    Dim rs As New ADODB.Recordset
    Dim conn As New ADODB.Connection

    conn.Open "Driver={Microsoft Excel Driver (*.xls, *.xlsx, *.xlsm, *.xlsb)}; DBQ=" & ThisWorkbook.FullName

    With rs
        .Open "SELECT DISTINCT * FROM [Filialen$I:J]", conn, adOpenKeyset
        tabFilialen.Range("K1").CopyFromRecordset rs
        .Close
    End With

    conn.Close

End Sub
```

Listing 5.23 Erstellen einer Unikatsliste per ADO

In diesem Beispiel wird auf die eigene Mappe zugegriffen, aber wenn Sie statt ThisWorkbook.FullName den Pfad einer anderen geschlossenen Mappe angeben, funktioniert das genauso. Zunächst wird wieder die Connection zur Mappe hergestellt. Das Recordset wird dann über den Open-Befehl mit den gewünschten Daten gefüllt. Wichtig ist hier das SQL-Statement für den Zugriff. Hinter SELECT folgt das Schlüsselwort DISTINCT. Das bewirkt, dass nur Unikate abgerufen werden. In der FROM-Klausel wird diesmal nach dem Tabellennamen, aus dem die Daten stammen, noch der Datenbereich – hier die Spalten *I:J* – angegeben. Würde man das weglassen, würden sämtliche genutzten Spalten abgerufen.

I	J	K	L
Filialnumme	Ort	5001	Berlin
5001	Berlin	5002	Hamburg
5002	Hamburg	5003	München
5003	München	5004	Köln
5004	Köln	5005	Frankfurt
5005	Frankfurt	5006	Stuttgart
5006	Stuttgart	5007	Düsseldorf
5007	Düsseldorf	5008	Dortmund
5008	Dortmund	5009	Essen
5009	Essen	5010	Bremen
5010	Bremen	5011	Dresden
5011	Dresden	5012	Leipzig
5012	Leipzig	5013	Hannover
5013	Hannover	5014	Nürnberg
5014	Nürnberg	5015	Duisburg
5015	Duisburg	5016	Bochum
5001	Berlin	5017	Wuppertal
5016	Bochum	5018	Bielefeld
5017	Wuppertal	5019	Bonn
5006	Stuttgart	5020	Münster
5018	Bielefeld	5021	Karlsruhe
5019	Bonn	5022	Essen
5020	Münster	5023	Mannheim
5001	Berlin	5024	Augsburg
5021	Karlsruhe		
5022	Essen		
5023	Mannheim		
5013	Hannover		
5024	Augsburg		

Abbildung 5.20 Die per ADO erstellte Unikatsliste neben der Datengrundlage

Beim Ergebnis fällt auf, dass die Überschriften hier fehlen. Das liegt daran, dass diese im Recordset nicht als Datensatz enthalten sind, sondern von ADO direkt zum Bezeichnen der einzelnen Felder übernommen werden.

Reguläre Ausdrücke für komplexe Zeichenfolgenprüfungen verwenden

Reguläre Ausdrücke sind ein mächtiges Werkzeug, um Texte nach bestimmten Mustern zu durchsuchen. Sie lassen sich aber nicht nur zum Suchen verwenden, sondern auch, um Zeichenfolgen daraufhin zu überprüfen, ob sie einem erwarteten Muster entsprechen.

Wir hatten eingangs das Beispiel einer E-Mail-Adresse. Die Eingabe einer solchen Adresse ließ sich bis zu einem gewissen Grad mit dem Like-Operator auf »grammatikalische Korrektheit« überprüfen. Mit regulären Ausdrücken können Sie die Anforderungen an die Form der E-Mail-Adresse viel detaillierter festhalten und überprüfen. Dasselbe lässt sich dann auch für Postleitzahlen, Bestellnummern, Kreditkartennummern und vieles mehr verwenden.

Reguläre Ausdrücke sind ein sehr umfangreiches Thema, zu dem es ganze Bücher gibt. Aber da sie für die Prüfung bestimmter Muster so gut geeignet sind, wollen wir Ihnen in diesem Zusammenhang zumindest die Grundlagen näherbringen.

Funktionen für die Arbeit mit regulären Ausdrücken erstellen

Um überhaupt mit regulären Ausdrücken arbeiten zu können, brauchen wir zunächst eine kleine Funktion. Die Funktionalitäten finden Sie nicht direkt im Sprachumfang von VBA. Dafür müssen Sie auf eine andere Bibliothek zugreifen. Der Einfachheit halber, setzen wir einen direkten Verweis darauf, um auch eine Eingabeunterstützung zu erhalten. Setzen Sie also in der VBA-Entwicklungsumgebung unter *Extras/Verweise* einen Verweis auf die Bibliothek *Microsoft VBScript Regular Expressions 1.0*.

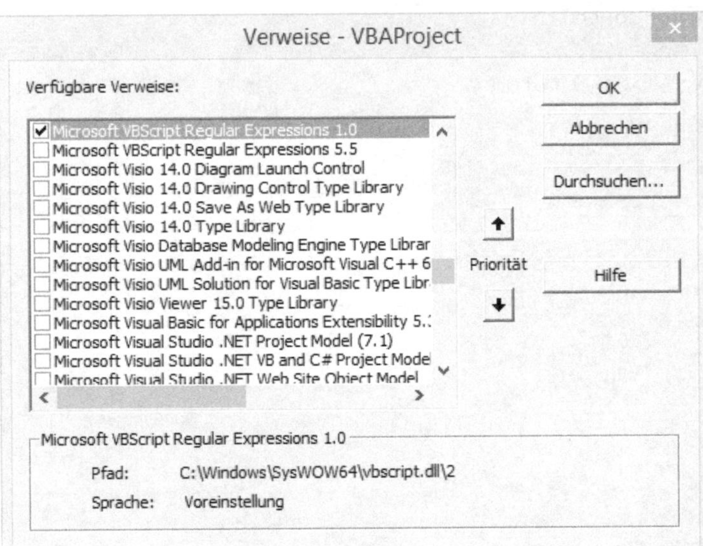

Abbildung 5.21 Verweis auf die Microsoft VBScript Regular Expressions 1.0

Die Bibliothek ist nicht sehr umfangreich. Wenn Sie den Objektkatalog aufrufen und als Bibliothek *VBScript_RegExp_10* auswählen, werden Ihnen lediglich drei Klassen angezeigt.

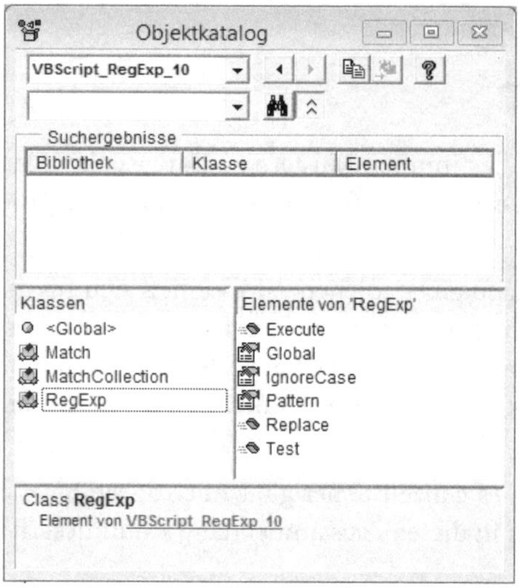

Abbildung 5.22 Die drei Klassen der Bibliothek

Wir brauchen nur die beiden letzten Klassen. Die Klasse RegExp bekommt in der Eigenschaft Pattern das Prüfmuster übergeben. Danach wird mit Execute, die den zu überprüfenden String als Parameter mitbekommt, der Abgleich ausgeführt. Ergebnis ist ein Objekt der Klasse MatchCollection, das sämtliche gefundenen Übereinstimmungen enthält – das können gegebenenfalls auch mehrere sein.

Wir werden zwei Prüffunktionen erstellen, um die Funktionsweise zu verdeutlichen. Funktion Nummer eins ermittelt, wie viele Übereinstimmungen es gibt. Zu Prüfzwecken gibt sie diese auch einzeln im Direktfenster aus. Funktion Nummer zwei soll prüfen, ob es sich um eine komplette Übereinstimmung mit dem Muster handelt, ob also nicht außer dem gefundenen Treffer noch andere Inhalte in der zu prüfenden Zeichenfolge stehen. Hier zunächst die erste der beiden Funktionen.

```
Function regExTester(strText As String, Muster As String) As Long

    Dim objRegEx As New RegExp
    Dim objMatch As MatchCollection
    Dim i As Integer

    With objRegEx
        .Pattern = Muster
        Set objMatch = .Execute(strText)
    End With

    regExTester = objMatch.Count

    For i = 0 To objMatch.Count - 1
        Debug.Print objMatch(i).Value
    Next

End Function
```

Listing 5.24 Prüffunktion zum Ermitteln der Anzahl der Übereinstimmungen

Zunächst legen wir zwei Objektvariablen an: eine vom Typ RegExp und eine MatchCollection. Um die einzelnen Übereinstimmungen in der MatchCollection per Schleife abarbeiten zu können, fehlt nun noch eine Zählvariable. Danach kann es auch schon direkt losgehen. Als Erstes wird die Eigenschaft Global auf True eingestellt. Sie gibt an, ob nur die erste Übereinstimmung (Wert = False) oder alle Übereinstimmungen (Wert = True) gesucht werden sollen. Da wir bei mehrfachem Vorkommen auch alle gefundenen Übereinstimmungen anzeigen wollen, wählen wir hier den Wert True.

Unser RegExp-Objekt bekommt nun noch das aus den Parametern stammende Muster übergeben. Mit der Execute-Methode wird es mit dem Prüftext – ebenfalls aus den Parametern der Funktion – verglichen, und das Ergebnis wird unserer zweiten Objektvariablen objMatch übergeben.

Rückgabewert der Funktion soll ja die Anzahl der gefundenen Übereinstimmungen sein. Die kann der Eigenschaft Count des MatchCollection-Objekts entnommen werden. Diese Eigenschaft kann nun auch für die Schleife verwendet werden, die die einzelnen Übereinstimmungen im Direktfenster ausgibt. Dafür werden die einzelnen Elemente über einen Index (nullbasiert) angesprochen, und deren jeweilige Value-Eigenschaft wird ausgegeben.

HINWEIS Falls Sie sich wundern, woher die Value-Eigenschaft kommt: Sie wird nicht direkt von IntelliSense angeboten. Aber ein einzelnes Element der MatchCollection ist wiederum ein Objekt vom Typ Match. Das ist die dritte Klasse, die Sie im Objektkatalog gesehen haben. Sie verfügt über genau drei Eigenschaften:

- **Value:** Der Text der Übereinstimmung.
- **FirstIndex:** Die Position des ersten Zeichens der Übereinstimmung. Das funktioniert ähnlich wie bei der VBA-Funktion InStr, allerdings nullbasiert. Das heißt, wird die Übereinstimmung am Anfang des zu prüfenden Strings gefunden, gibt FirstIndex eine 0 zurück.
- **Length:** Die Länge der Übereinstimmung (Anzahl der Zeichen).

Bevor wir nun die Funktion testen, fehlt noch der Code für Funktion Nummer zwei.

```
Function regExTester2(strText As String, Muster As String) As Boolean

    Dim objRegEx As New RegExp
    Dim objMatch As MatchCollection
    Dim m As Match
    Dim i As Integer

    With objRegEx
        .Global = True
        .Pattern = Muster
        Set objMatch = .Execute(strText)
    End With

    If objMatch.Count = 1 Then
        If objMatch(0).Length = Len(strText) Then
            regExTester2 = True
        End If
    End If

End Function
```

Listing 5.25 Funktion zum Prüfen einer kompletten Übereinstimmung

Der Code ähnelt im Großen und Ganzen der vorangegangenen Funktion. Der Rückgabewert ist diesmal ein boolescher Wert. Nach dem Vergleich wird zuerst geprüft, ob maximal eine Übereinstimmung gefunden wurde. Ist das der Fall, muss deren Länge noch genau mit der Länge des zu prüfenden Textes übereinstimmen. Ist auch das der Fall, bekommt die Funktion den Rückgabewert True, andernfalls behält sie den Standardwert False.

So, nun sind unsere beiden Testfunktionen fertig. Diese werden im weiteren Verlauf des Abschnitts immer wieder genutzt, um reguläre Ausdrücke zu testen.

Bestimmte Zeichenfolgen in Texten finden

Fangen wir zum Einstieg mit einer einfachen Aufgabe an. Wir wollen ermitteln, ob ein Text eine (deutsche) Postleitzahl enthält. Die »Syntax« einer Postleitzahl besagt, dass sie aus genau fünf Ziffern bestehen soll. Wie drücken wir in einem Muster diese Regel aus? Es gibt mehrere Möglichkeiten dafür. Fangen wir mit der lesbarsten davon an (generell haben reguläre Ausdrücke eher die Angewohnheit recht kryptisch auszusehen).

```
[0-9][0-9][0-9][0-9][0-9]
```

Dieser reguläre Ausdruck lässt sich folgendermaßen übersetzten: Suche nach fünf aufeinanderfolgenden Zeichen, die den Ziffern 0 – 9 entsprechen. Den Ausdruck mit den eckigen Klammern nennt man *Zeichenklasse.* In solch einer Zeichenklasse können natürlich ebenfalls beliebige andere Zeichen verwendet werden. Dazu ein Beispiel:

```
[A-D,Z][0-9][0-9]
```

Dieses Muster findet eine Zeichenfolge aus einem (Groß-)Buchstaben A, B, C, D oder Z gefolgt von zwei Ziffern. Damit sollte das Prinzip der Zeichenklassen auch schon deutlich geworden sein. Nun soll das natürlich auch getestet werden. Dafür nutzen wir unsere beiden Testfunktionen.

```
Sub Postleitzahl()

    Dim Muster As String
    Dim strText As String

    Muster = "[0-9][0-9][0-9][0-9][0-9]"
    strText = "01234"

    Debug.Print regExTester(strText, Muster) & " Übereinstimmungen"

    If regExTester2(strText, Muster) = True Then
        Debug.Print "Genaue Übereinstimmung"
    End If

End Sub
```

Listing 5.26 Testen des regulären Ausdrucks für eine Postleitzahl

Wir legen zunächst das Muster – also den regulären Ausdruck – für die Postleitzahl in der Variablen Muster fest. Die zu prüfende Zeichenfolge kommt in die Variable strText. In diesem Beispiel ist dies eine Folge aus fünf Ziffern, die zu unserem Muster passen sollte.

Mit diesen beiden Werten werden nun die eingangs erstellten Funktionen aufgerufen. Nummer eins ermittelt die Anzahl der gefundenen Übereinstimmungen (und gibt diese innerhalb der Funktion im Direktfenster einzeln aus). Nummer zwei prüft, ob es sich um eine genaue Übereinstimmung handelt – ob also keine nicht im Muster enthaltenen Zeichen im Prüftext enthalten sind. Wenn Sie die Prozedur ausführen, erhalten Sie die folgende Ausgabe im Direktfenster.

```
01234
1 Übereinstimmungen
Genaue Übereinstimmung
```

Abbildung 5.23 Ergebnis der Prüfung mit dem regulären Ausdruck

Wenn Sie nun andere Texte testen wollen, passen Sie einfach den Inhalt der Variablen strText an. Alle folgenden Tests finden Sie auskommentiert im Modul. Testen wir einmal, was passiert, wenn wir die Postleitzahl im internationalen Format, also mit einem großen D und Bindestrich davor übergeben.

```
strText = "D-01234"
```

```
01234
1 Übereinstimmungen
```

Abbildung 5.24 Ergebnis der Prüfung mit dem regulären Ausdruck bei internationaler Schreibweise

Wie Sie sehen, wird die Übereinstimmung gefunden und ausgegeben. Es handelt sich aber nicht mehr um eine komplette Übereinstimmung, da davor noch die Zeichen *D-* stehen, die nicht im Muster enthalten sind.

Noch ein dritter Test, damit die Funktionsweise noch etwas deutlicher wird. Wir übergeben dem Prüftext zwei Postleitzahlen, mit Komma getrennt.

```
strText = "01234, 98765"
```

```
01234
98765
2 Übereinstimmungen
```

Abbildung 5.25 Es werden beide Postleitzahlen gefunden

Wie Sie sehen, werden die beiden fünfstelligen Postleitzahlen gefunden und einzeln ausgegeben.

Jetzt noch ein letzter Test mit einer etwas zu lang geratenen Postleitzahl:

```
01234
1 Übereinstimmungen
```

Abbildung 5.26 Ergebnis bei einer längeren Zahlenfolge

Sie sehen, es wird auch hier eine Übereinstimmung gefunden. Der reguläre Ausdruck übernimmt dafür die **erste** Übereinstimmung in der Zeichenfolge. Einen neuen Treffer würde er erst werten, wenn noch einmal weitere fünf Zahlen erschienen. Der Text *0123456789* würde zwei Übereinstimmungen liefern, nämlich *01234* und *56789*.

Damit haben Sie schon einen ersten, wenn auch nicht sehr eleganten Ausdruck zum Finden von Postleitzahlen erstellt. Aber das geht auch kürzer.

Zeichenkürzel verwenden

Neben der Zeichenklasse können Sie auch ein *Zeichenkürzel* verwenden. Es gibt eine ganze Reihe verschiedener Zeichenkürzel. Alle fangen mit einem Backslash (\) an. Das Kürzel für eine Ziffer ist ein kleines d (für *digit*). Unseren regulären Ausdruck für die Postleitzahl können Sie demnach auch folgendermaßen schreiben:

```
\d\d\d\d\d
```

Wenn Sie den Wert der Variablen Muster entsprechend abändern (Sie finden auch diesen auskommentiert in den Begleitdateien), ergibt sich mit unserer ersten Postleitzahl 01234 wieder folgende Ausgabe im Direktfenster:

```
01234
1 Übereinstimmungen
Genaue Übereinstimmung
```

Abbildung 5.27 Prüfung mit dem neuen Muster

Wiederholungen von Zeichen und Zeichengruppen ausdrücken

Aber auch das kann man noch kürzer schreiben. Wiederholungen können Sie im regulären Ausdruck nämlich auch festhalten.

```
\d{5}
```

Das drückt genau dasselbe aus, wie die beiden vorherigen Varianten, nur eben viel kürzer. Die Wiederholung wird in geschweifte Klammern gesetzt. Sie können aber nicht nur eine genaue Anzahl an Wiederholungen festlegen, sondern auch einen Bereich.

```
\d{4,5}
```

Dieser Ausdruck passt auf vier- bis fünfstellige Zahlenfolgen. Damit wären also auch österreichische Postleitzahlen abgedeckt. Man nennt diese Wiederholungen übrigens *Quantoren*. Sie beziehen sich immer auf den Ausdruck, hinter dem sie stehen. Davon gibt es noch einige mehr, die wie Platzhalter wirken.

Zeichen	Wirkung
?	Das Zeichen davor muss kein- oder (maximal) einmal vorkommen
+	Das Zeichen davor muss mindestens einmal (oder häufiger) vorkommen
*	Das Zeichen davor muss keinmal oder beliebig oft vorkommen

Tabelle 5.1 Übersicht der Quantoren

Bevor wir einen dieser Quantoren testen, lernen Sie noch, wie Sie Gruppen bilden. Dafür nutzt man in einem regulären Ausdruck einfache Klammern. Die darin vorkommenden Zeichenfolgen werden dann zusammengefasst.

Als Beispiel soll der reguläre Ausdruck nun eine deutsche Postleitzahl in einfacher oder internationaler Schreibweise akzeptieren. Das heißt, es darf ein D gefolgt von einem Bindestrich davor stehen – oder auch nicht. Die erste Möglichkeit besteht darin, die beiden Zeichen einzeln mit einem Fragezeichen zu versehen.

```
D?-?\d{5}
```

Dieser Ausdruck bedeutet »Suche ein oder kein D, gefolgt von einem oder keinem Bindestrich, gefolgt von fünf Ziffern«. Das sieht gut aus, tut aber nicht ganz, was wir wollen. Denn dieses Muster passt auch zu den beiden folgenden Zeichenfolgen:

```
D01234
-01234
```

Das heißt, wir müssen das D und den Bindestrich irgendwie zusammenfassen. Das geschieht über die Klammern.

```
(D-)?\d{5}
```

Dies ist der korrekte Ausdruck, der nur Texte mit D **und** Bindestrich oder ohne **beide** findet. Damit können Sie nun schon eine ganze Menge durch reguläre Ausdrücke prüfen. Was aber, wenn wie etwas weiter oben beschrieben, auch österreichische Postleitzahlen – und zwar in einfacher und internationaler – Schreibweise abgedeckt werden sollen? Dann muss eine sogenannte *Alternative* her. Alternativen drückt man durch einen geraden Strich aus. Wir brauchen nun also einen Ausdruck, der *A-* und *D-* abdeckt, sowie vier- und fünfstellige Postleitzahlen:

```
(A-|D-)?\d{4,5}
```

In der Klammer steht nun also ein A mit Bindestrich oder ein D mit Bindestrich. Das Fragezeichen dahinter macht das ganze optional. Dann kommen noch vier bis fünf Ziffern. Aber: so ganz richtig ist das noch nicht. Es treffen hier auch vierstellige Postleitzahlen mit einem D und fünfstellige mit einem A davor auf das Muster zu. Also muss die Gruppe noch etwas verfeinert werden.

```
(A-)?\d{4}|(D-)?\d{5}
```

Mit diesem Ausdruck bekommen wir nun genau, was wir wollen. Vierstellig mit einem A davor oder fünfstellig mit einem D davor.

Spezielle Zeichen nutzen

Nun fehlen noch ein paar spezielle Zeichen, mit denen Sie angeben können, wo genau gesucht werden soll. Wir hatten bisher unsere zweite Funktion genutzt, um festzustellen, ob der Prüftext genau mit dem Muster übereinstimmt und nicht etwa überschüssige Zeichen oder mehrfache Treffer enthält. Das lässt sich auch noch anders regeln: indem Sie angeben, dass der Treffer genau am Anfang des zu durchsuchenden Strings stehen muss und am Ende dieser Zeichenfolge endet.

Möglich wird dies durch das Zeichen ^ für den Anfang des Strings und das Dollarzeichen ($) für das Ende. Kehren wir als Beispiel zu unserer einfachen fünfstelligen Postleitzahl zurück und passen das Muster entsprechend an:

```
^\d{5}$
```

Mit diesem regulären Ausdruck werden nur noch Zeichenfolgen aus genau fünf Ziffern übereinstimmen.

Ein weiteres Zeichen ist \b. Dieses Zeichen markiert einen Wortanfang oder ein Wortende. Mit dem Ausdruck

```
\b\d{5}\b
```

erhalten Sie beim String 01234 56789 zwei Treffer, bei 0123456789 jedoch keinen.

Auch sehr nützlich ist \w. Es steht für alle Wortzeichen, also Groß- und Kleinbuchstaben sowie Ziffern. Ein 10-stelliges Passwort aus Buchstaben und Zahlen kann man mit folgendem Ausdruck beschreiben:

```
([a-z]|[A-Z]|\d){10}
```

oder auch viel kürzer mit:

```
\w{10}
```

Und dann ist da noch der Punkt. Ein Punkt steht für jedes beliebige Zeichen, also Buchstaben, Zahlen und Sonderzeichen.

Wenn Sie in einem regulären Ausdruck nun eines dieser Sonderzeichen nicht mit seiner speziellen Funktion, sondern als zu suchendes Zeichen im Text verwenden wollen, dann müssen Sie es mit einem sogenannten *Escapezeichen* maskieren. Dieses Zeichen ist der Backslash (\). Wollen Sie also im Text nach einem Punkt suchen, schreiben Sie \., um die Sonderfunktion des Punkts zu umgehen.

Eine E-Mail-Adresse prüfen

Nun fehlt zur Vertiefung noch ein weiteres Praxisbeispiel. Und zwar wollen wir einen regulären Ausdruck bauen, der eine E-Mail-Adresse prüft. Gehen wir zunächst davon aus, dass eine (ganz einfach gehaltene) Mail-Adresse so aufgebaut sein soll, dass sie aus beliebig vielen (aber mindestens einem) Wortzeichen oder Punkt oder Unter- oder Bindestrich besteht, gefolgt von einem @, gefolgt von mindestens einem Wortzeichen, gefolgt von einem Punkt und mindestens zwei Buchstaben. Diese Definition ist nicht ganz hundertprozentig vollständig, aber für die gängigsten E-Mail-Adressen passt sie.

Bauen wir nun nach und nach den regulären Ausdruck dazu auf. Zuerst kommt der Teil vor dem @-Zeichen. Der darf aus Zahlen, Buchstaben (groß und klein) sowie Punkten, Binde- und Unterstrichen bestehen:

```
[\w\.\-_]
```

Wir verwenden eine Zeichenklasse, in der wir alle zulässigen Zeichen angeben. Der Punkt und der Bindestrich müssen durch den Backslash maskiert werden. Von diesen Zeichen muss es mindestens eins bis beliebig viele geben. Darum hängen wir noch ein Pluszeichen an:

```
[\w\.\-_]+
```

Danach soll genau ein @-Zeichen folgen:

```
[\w\.\-_]+@
```

Anschließend kommt der Teil nach dem @. Der darf aus weiteren beliebig vielen (aber mindestens einem) Wortzeichen und Bindestrichen bestehen:

```
[\w\.\-_]+@[\w\-]+
```

Danach soll ein Punkt folgen. Der muss ebenfalls wieder maskiert werden:

```
[\w\.\-_]+@[\w\-]+\.
```

Und dann noch mindestens zwei Buchstaben. Mindestens zwei, aber beliebig viele mehr werden dadurch ausgedrückt, dass der Wert nach dem Komma in den geschweiften Klammern weggelassen wird.

```
[\w\.\-_]+@[\w\-]+\.[a-zA-Z]{2,}
```

Nun wollen wir noch, dass der gesamte zu prüfende Ausdruck auf das Muster passt, deshalb kommt noch das kleine Dach davor und das Dollarzeichen dahinter:

```
^[\w\.\-_]+@[\w\-]+\.[a-zA-Z]{2,}$
```

Und fertig ist ein einfacher regulärer Ausdruck zum Prüfen einer E-Mail-Adresse. Das Beispiel dazu finden Sie in der Prozedur Mailadresse.

```
Sub Mailadresse()

    Dim objRegEx As New RegExp
    Dim objMatch As MatchCollection
    Dim MailAdr As String

    MailAdr = "info@held-office.de"

    With objRegEx
        .Global = True
        .Pattern = "^[\w\.\-_]+@[\w\-]+\.[a-zA-Z]{2,}$"
        Set objMatch = .Execute(MailAdr)
    End With

    If objMatch.Count = 1 Then
        MsgBox "Mailadresse okay"
    Else
        MsgBox "Adresse fehlerhaft"
    End If

End Sub
```

Listing 5.27 Prüfen einer Mailadresse

Zeichenfolgen aus Texten extrahieren

Reguläre Ausdrücke können Sie übrigens auch verwenden, um aus einem ganzen Text bestimmte Teile zu extrahieren. Stellen Sie sich vor, Sie haben eine Datei, in der die Adresse eines Kunden hintereinander weg in einer Zelle steht. Nun wollen Sie gern die Datensätze nach Postleitzahl auswerten, müssen dafür aber aus den

Texten jeweils erst einmal die Postleitzahlen extrahieren. Dafür ist ein regulärer Ausdruck perfekt geeignet. Dazu finden Sie im Tabellenblatt *Adressen* eine Liste mit Kunden und Adressen.

	A	B	C	D
1	Kundennummer	Kunde	Anschrift	PLZ
2	1001	Müller	Genslerstraße 89, 10717 Berlin Wilmersdorf	
3	1002	Meier	Landhausstraße 25, 15702 Königs Wusterhausen	
4	1003	Schulz	Alter Wall 15, 97956 Werbach	
5	1004	Schmidt	Langenhorner Chaussee 59, 83458 Schneizlreuth	
6	1005	Werner	Waldowstr. 12, 74582 Gerabronn	
7	1006	Richter	Neuer Jungfernstieg 78, 84161 Marklkofen	
8	1007	Beutlin	Billwerder Neuer Deich 72, 96268 Mitwitz	
9	1008	Mayer	Pohlstrasse 52, 38162 Cremlingen	
10	1009	Beier	Lietzenburger Strasse 20, 74909 Meckesheim	
11	1010	Bauer	Kurfürstendamm 5, 17465 Greifswald	
12	1011	Reimann	Alt Reinickendorf 66, 87538 Balderschwang	
13	1012	Bemann	Paderborner Strasse 86, 86522 Schrobenhausen	
14	1013	Schuhmacher	Grolmanstraße 66, 28717 Bremen Lessum	
15	1014	Schneider	Pappelallee 79, 98657 Themar	
16	1015	Becker	Rudower Strasse 63, 54597 Ormont	
17	1016	Kutscher	Leipziger Strasse 54, 67067 Ludwigshafen am Rhein Gartenstadt	
18	1017	Knecht	Schillerstrasse 49, 86545 Aichach	
19	1018	Ritter	Alsterkrugchaussee 76, 86704 Tagmersheim	
20	1019	Altmann	Ellmenreichstrasse 44, 91369 Wiesenthau	
21	1020	Neumann	Konstanzer Strasse 36, 63589 Linsengericht	

Abbildung 5.28 Die Kundenliste

Aus den Adressen in Spalte *C* sollen nun die Postleitzahlen extrahiert und in Spalte *D* eingetragen werden. Das übernimmt ein einfacher regulärer Ausdruck für uns.

```
Sub PostleitzahlenExtrahieren()

    Dim Zeile As Long
    Dim objRegEx As New RegExp
    Dim objMatch As MatchCollection

    With objRegEx
        .Global = False
        .Pattern = "\d{5}"
    End With

    With tabAdressen
        For Zeile = 2 To 21
            Set objMatch = objRegEx.Execute(.Range("C" & Zeile).Value)
            If objMatch.Count > 0 Then
                .Range("D" & Zeile).Value = objMatch(0)
            End If
        Next Zeile
    End With

End Sub
```

Listing 5.28 Extrahieren der Postleitzahlen aus dem Adresstext

Die Eigenschaft Global können wir diesmal mit False einstellen, da in jeder Adresse nur eine Postleitzahl vorkommen sollte. Wir gehen hier davon aus, dass keine fünfstelligen Hausnummern vorkommen. Das Muster für den Vergleich kennen Sie bereits aus den vorangegangenen Beispielen:

```
\d{5}
```

Nun werden alle relevanten Zeilen in einer Schleife durchlaufen. Der Adresstext aus Spalte *C* wird mit dem regulären Ausdruck geprüft. In der MatchCollection landet die Postleitzahl – und nur die Postleitzahl, da nur diese zum Muster passt – und die wiederum wird dann in Spalte *D* eingetragen. Vorher wird sicherheitshalber noch geprüft, ob überhaupt eine fünfstellige Ziffernfolge gefunden wurde.

	A	B	C	D
1	Kundennummer	Kunde	Anschrift	PLZ
2	1001	Müller	Genslerstraße 89, 10717 Berlin Wilmersdorf	10717
3	1002	Meier	Landhausstraße 25, 15702 Königs Wusterhausen	15702
4	1003	Schulz	Alter Wall 15, 97956 Werbach	97956
5	1004	Schmidt	Langenhorner Chaussee 59, 83458 Schneizlreuth	83458
6	1005	Werner	Waldowstr. 12, 74582 Gerabronn	74582
7	1006	Richter	Neuer Jungfernstieg 78, 84161 Marklkofen	84161
8	1007	Beutlin	Billwerder Neuer Deich 72, 96268 Mitwitz	96268
9	1008	Mayer	Pohlstrasse 52, 38162 Cremlingen	38162
10	1009	Beier	Lietzenburger Strasse 20, 74909 Meckesheim	74909
11	1010	Bauer	Kurfürstendamm 5, 17465 Greifswald	17465
12	1011	Reimann	Alt Reinickendorf 66, 87538 Balderschwang	87538
13	1012	Bemann	Paderborner Strasse 86, 86522 Schrobenhausen	86522
14	1013	Schuhmacher	Grolmanstraße 66, 28717 Bremen Lessum	28717
15	1014	Schneider	Pappelallee 79, 98657 Themar	98657
16	1015	Becker	Rudower Strasse 63, 54597 Ormont	54597
17	1016	Kutscher	Leipziger Strasse 54, 67067 Ludwigshafen am Rhein Gartenstadt	67067
18	1017	Knecht	Schillerstrasse 49, 86545 Aichach	86545
19	1018	Ritter	Alsterkrugchaussee 76, 86704 Tagmersheim	86704
20	1019	Altmann	Ellmenreichstrasse 44, 91369 Wiesenthau	91369
21	1020	Neumann	Konstanzer Strasse 36, 63589 Linsengericht	63589

Abbildung 5.29 Die extrahierten Postleitzahlen

Kapitel 6

Arbeiten mit Arrays, Dictionarys und Collections

In diesem Kapitel:

Arbeiten mit Arrays

Seit Excel 2007, für das Microsoft die maximale Zeilenanzahl einer Tabelle auf den Wert von 1.048.576 Zeilen festgelegt hat, gibt es in der Praxis mehr und mehr Probleme in Bezug auf die Verarbeitungsgeschwindigkeit von Daten. Der Ansatz, bestimmte Aufgaben über Excel-eigene Tabellenfunktionen erledigen zu wollen, scheitert in vielen Fällen an der integrierten Berechnungsfunktion von Excel, die standardmäßig immer dann »angeworfen« wird, wenn sich eine Änderung in einer Zelle, Tabelle oder Mappe ergibt. Oft ist minutenlanges Warten dann die Folge.

In diesem Kapitel soll es unter anderem darum gehen, alternative Techniken vorzustellen, mit denen sowohl mittlere als auch sehr große Datenstände schnell und sicher verarbeitet werden können. Anstatt eine Verarbeitung der Daten Zeile für Zeile in einer Tabelle von oben nach unten vorzunehmen, kann man diese Aufgabe auch elegant und blitzschnell direkt im Arbeitsspeicher über ein sogenanntes Array durchführen lassen. Dabei werden Daten aus einer Tabelle 1:1 mit einem Befehl in den Arbeitsspeicher transportiert und danach verarbeitet. Da bei dieser Art der Verarbeitung keine Berechnung in Excel angestoßen wird, erfolgt sie je nach Datenmenge schon gern einmal innerhalb einer Sekunde. Nach erfolgreicher Verarbeitung der Daten werden diese wiederum mit nur einem einzigen Befehl in eine Excel-Tabelle ausgegeben.

ONLINE Den Beispielcode zu diesem Kapitel finden Sie im Ordner *Buch\Kap06*.

Aktionen im Arbeitsspeicher ausführen lassen

Beim folgenden einführenden Beispiel werden die Daten der Tabelle *tbl_Daten* 1:1 in den Arbeitsspeicher transportiert. Im Arbeitsspeicher selbst wird jeder Wert verdoppelt und anschließend in der Tabelle *tbl_Ergebnis* ausgegeben. In diesem ersten Beispiel soll es mehr um die angewandte Technik als die eigentliche Aufgabe gehen.

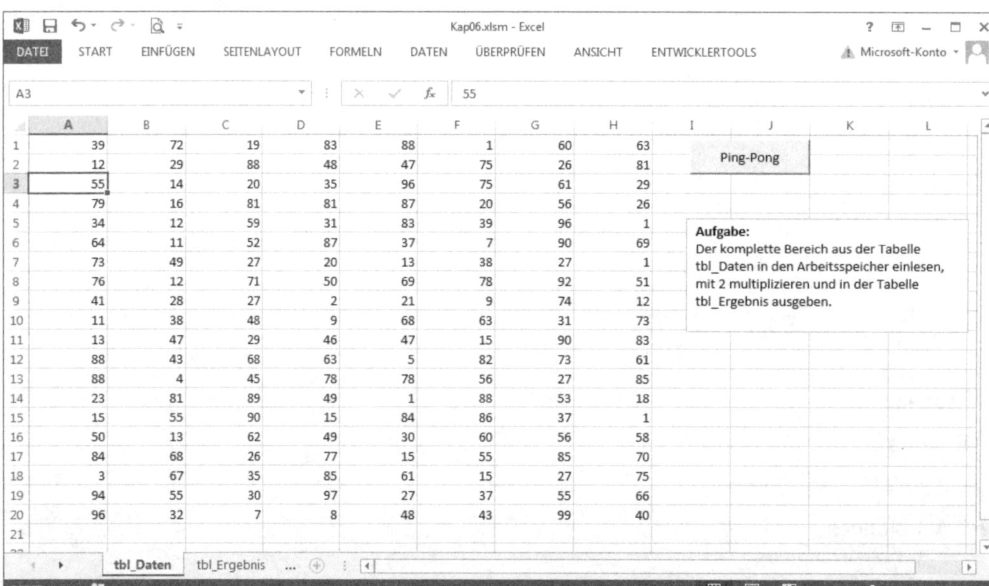

	A	B	C	D	E	F	G	H
1	39	72	19	83	88	1	60	63
2	12	29	88	48	47	75	26	81
3	55	14	20	35	96	75	61	29
4	79	16	81	81	87	20	56	26
5	34	12	59	31	83	39	96	1
6	64	11	52	87	37	7	90	69
7	73	49	27	20	13	38	27	1
8	76	12	71	50	69	78	92	51
9	41	28	27	2	21	9	74	12
10	11	38	48	9	68	63	31	73
11	13	47	29	46	47	15	90	83
12	88	43	68	63	5	82	73	61
13	88	4	45	78	78	56	27	85
14	23	81	89	49	1	88	53	18
15	15	55	90	15	84	86	37	1
16	50	13	62	49	30	60	56	58
17	84	68	26	77	15	55	85	70
18	3	67	35	85	61	15	27	75
19	94	55	30	97	27	37	55	66
20	96	32	7	8	48	43	99	40

Abbildung 6.1 Diese Daten sollen verarbeitet werden

Die Größe des Datenbereichs kann bei diesem Beispiel völlig variabel sein. Sehen Sie sich als Ausgangssituation Abbildung 6.1 an.

Werfen Sie einen Blick auf Listing 6.1.

```
Sub BereichInArrayEinlesen()
    Dim VarDat As Variant
    Dim Zeile As Long
    Dim Spalte As Long
    Dim ZeileMax As Long
    Dim Spaltemax As Long

    On Error GoTo BereichInArrayEinlesen_Error

    With tbl_Daten
     'Array mit Daten aus der Tabelle füllen
     VarDat = .UsedRange
     ZeileMax = .UsedRange.Rows.Count
     Spaltemax = .UsedRange.Columns.Count

     'Array Feld für Feld verarbeiten
     For Zeile = 1 To ZeileMax
      For Spalte = 1 To Spaltemax
        VarDat(Zeile, Spalte) = VarDat(Zeile, Spalte) * 2
      Next Spalte
     Next Zeile

     End With

    'Geändertes Array in tbl_Ergebnis ausleeren
    With tbl_Ergebnis
       .Range(.Cells(1, 1), .Cells(ZeileMax, Spaltemax)) = VarDat
    End With

   On Error GoTo 0
   Exit Sub

BereichInArrayEinlesen_Error:

    MsgBox "Fehler " & Err.Number & " (" & Err.Description &
           ") in prozedur BereichInArrayEinlesen of Modul mdl_Array in Zeile "

End Sub
```

Listing 6.1 Daten in ein Array einlesen, verarbeiten und ausgeben

Im ersten Schritt des Makros aus Listing 6.1 übertragen Sie den kompletten, benutzten Bereich der Tabelle in das Datenfeld VarDat vom Typ Variant. Danach ermitteln Sie, wie viele Zeilen bzw. Spalten dieser Bereich beinhaltet und speichern diese Information in den Variablen ZeileMax bzw. SpalteMax. Mittels einer geschachtelten Schleife wird nun Feld für Feld im Arbeitsspeicher abgearbeitet. Dabei wird der jeweilige Wert verdoppelt.

TIPP Die einzelnen Berechnungen können Sie sehr gut im *Lokal*-Fenster der Entwicklungsumgebung verfolgen. Wählen Sie dazu in der Entwicklungsumgebung den Befehl *Ansicht/Lokal-Fenster* und arbeiten Sie das Makro Schritt für Schritt über die Taste F8 ab.

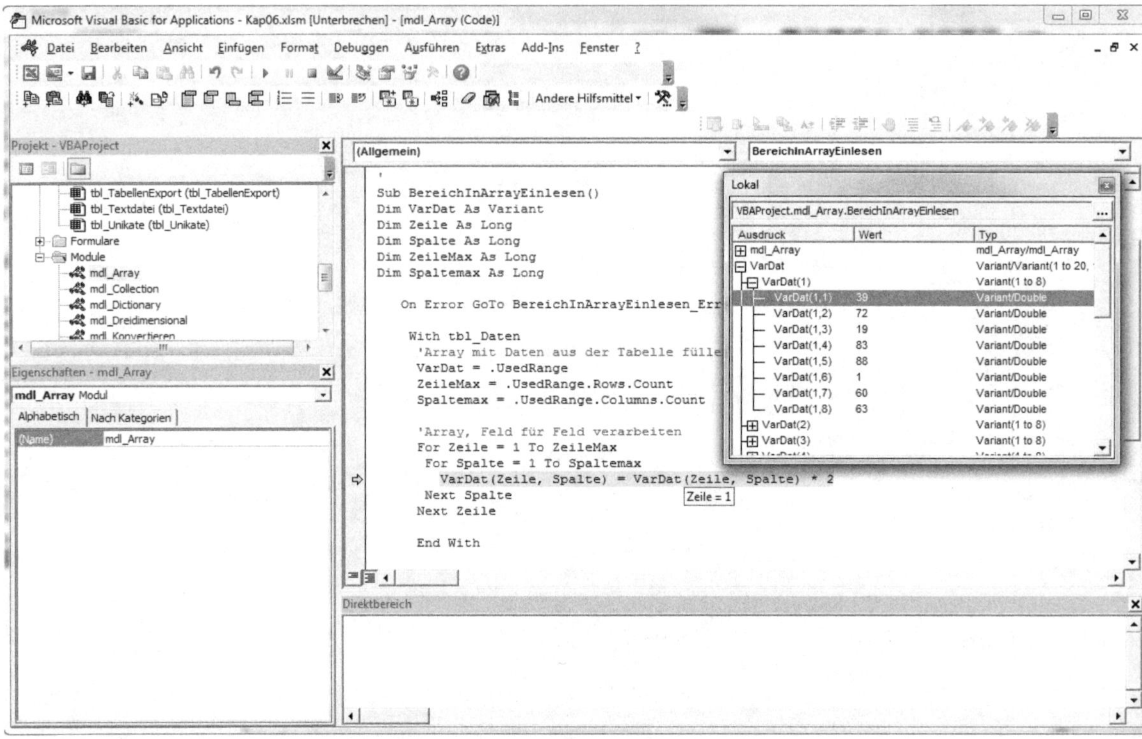

Abbildung 6.2 Alle Berechnungen können im Lokal-Fenster verfolgt werden

Am Ende der beiden Schleifen stehen alle Ergebnisse im Arbeitsspeicher in der Variablen VarDat bereit und müssen noch in die Zieltabelle *tbl_Ergebnis* befördert werden. Auch für diesen Vorgang bedarf es nur eines einzigen Befehls. Dabei muss die Größe des Datenfelds ermittelt werden. Diese ergibt sich durch die Variablen ZeileMax und SpalteMax. Das Datenfeld muss dabei in seiner ganzen Größe an einen dazu passenden Bereich in der Tabelle *tbl_Ergebnis* übergeben werden.

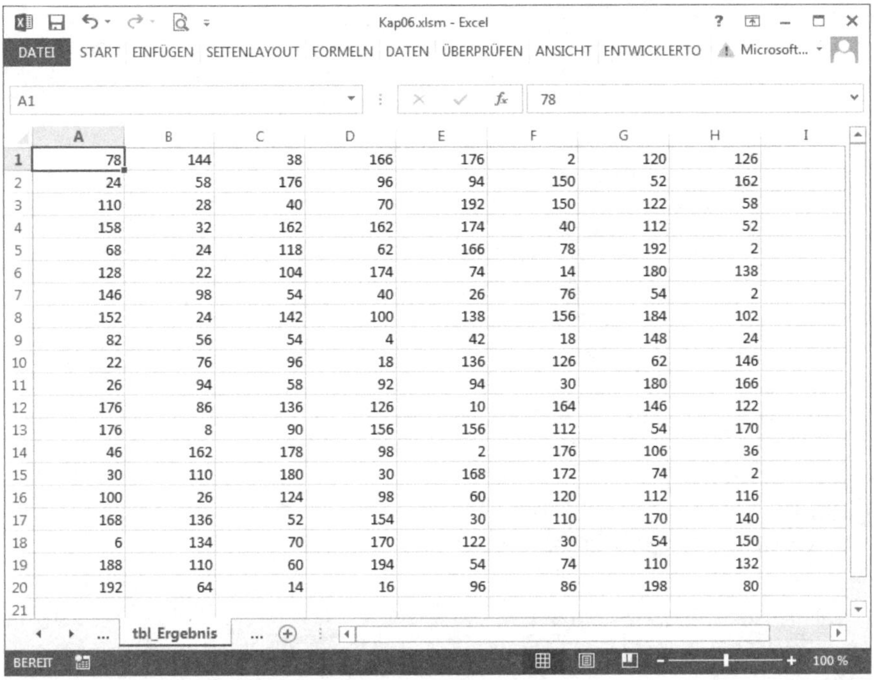

	A	B	C	D	E	F	G	H
1	78	144	38	166	176	2	120	126
2	24	58	176	96	94	150	52	162
3	110	28	40	70	192	150	122	58
4	158	32	162	162	174	40	112	52
5	68	24	118	62	166	78	192	2
6	128	22	104	174	74	14	180	138
7	146	98	54	40	26	76	54	2
8	152	24	142	100	138	156	184	102
9	82	56	54	4	42	18	148	24
10	22	76	96	18	136	126	62	146
11	26	94	58	92	94	30	180	166
12	176	86	136	126	10	164	146	122
13	176	8	90	156	156	112	54	170
14	46	162	178	98	2	176	106	36
15	30	110	180	30	168	172	74	2
16	100	26	124	98	60	120	112	116
17	168	136	52	154	30	110	170	140
18	6	134	70	170	122	30	54	150
19	188	110	60	194	54	74	110	132
20	192	64	14	16	96	86	198	80

Abbildung 6.3 Jeder einzelne Wert wurde verdoppelt

Bestimmte Daten aus einer Tabelle löschen

Beim folgenden Beispiel liegen in der Tabelle *tbl_Gesamt* Zahlenwerte vor. Die Aufgabe besteht nun darin, nur Werte, die in einem bestimmten Wertebereich liegen, in die Tabelle *tbl_Rest* zu transferieren.

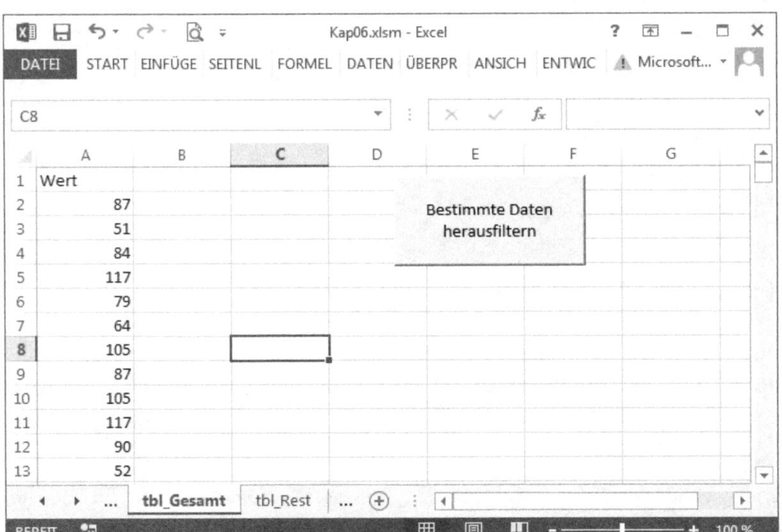

	A
1	Wert
2	87
3	51
4	84
5	117
6	79
7	64
8	105
9	87
10	105
11	117
12	90
13	52

Abbildung 6.4 Aus einer kompletten Tabelle sollen nur bestimmte Daten »herausgefiltert« werden

Um diese Aufgabe schnellstmöglich zu lösen, setzen Sie das Makro aus Listing 6.2 ein.

```
Sub ZeilenLöschen()
  Dim VarDat As Variant
  Dim VardatZiel As Variant
  Dim ZeileArr As Long
  Dim Zeile As Long

  On Error GoTo ZeilenLöschen_Error

  Debug.Print "Start:" & Now
  tbl_Rest.UsedRange.ClearContents

  With tbl_Gesamt.UsedRange

      'Array aus Tabelleninhalt befüllen
      VarDat = tbl_Gesamt.UsedRange
      Zeile = 1

      'Gleich großes Zielarray anlegen
      ReDim VardatZiel(1 To .Rows.Count, 1 To .Columns.Count)

      For ZeileArr = 1 To UBound(VarDat)
       If VarDat(ZeileArr, 1) > 90 Then
         VardatZiel(Zeile, 1) = VarDat(ZeileArr, 1)
         Zeile = Zeile + 1
       End If
      Next ZeileArr
  End With

  With tbl_Rest
   .Range(.Cells(1, 1), .Cells(Zeile, UBound(VardatZiel, 2))) = VardatZiel
  End With

   Debug.Print "Ende:" & Now

   On Error GoTo 0
   Exit Sub


ZeilenLöschen_Error:

    MsgBox "Fehler " & Err.Number & " (" & Err.Description & _
    ") in prozedur ZeilenLöschen of Modul mdl_Löschen"

End Sub
```

Listing 6.2 Bestimmte Daten aus einer Tabelle filtern und in der Zieltabelle ablegen

Das »Löschen der Daten« wird hier mithilfe einer zusätzlichen Tabelle erledigt, das heißt, es werden nicht wirklich Daten gelöscht, sondern eben nur die gewünschten Daten in eine Zieltabelle ausgegeben. Dazu wird die Tabelle *tbl_Rest* vorab sicherheitshalber über die Methode ClearContents, die Sie auf den benutzten Bereich der Tabelle anwenden, geleert.

Dazu gehen Sie wie folgt vor: Zunächst werden zwei Datenfelder vom Typ Variant deklariert. Die Größe der Datenfelder liegt zu diesem Zeitpunkt des Makros noch nicht vor. Zusätzlich benötigen Sie noch zwei Variablen vom Typ Long, um die Zeilen im Datenfeld verarbeiten zu können.

Danach wird der Startzeitpunkt über die Anweisung Debug.Print und die Funktion Now festgehalten. Damit wird ein Zeitstempel im Direktfenster der Entwicklungsumgebung gesetzt. Am Ende des Makros wird diese Anweisung wiederholt. Dies soll hier zur Orientierung dienen, wie schnell dieses Makro verarbeitet wird.

Im nächsten Schritt wird die komplette Tabelle, hier bestehend aus einer Spalte, in ein Datenfeld mit dem Namen VarDat transportiert. Jetzt wird ein gleichgroßes Zielarray mit dem Namen VarDatZiel angelegt. Denn es könnte rein theoretisch sein, dass alle Daten in die Zieltabelle übertragen werden. Zu diesem Zeitpunkt des Makros ist die Größe (=Zeilenanzahl) des Arrays bekannt. Um dieses Array jetzt neu zu dimensionieren, also seine tatsächliche Größe zuzuweisen, verwenden Sie die Anweisung ReDim. Es handelt sich hierbei um ein zweidimensionales Array, der genau wie eine Tabelle aus Zeilen und Spalten besteht.

Im Anschluss daran wird das Array VarDat mittels einer For Next-Schleife Zeile für Zeile durchlaufen. Über die Funktion UBound, die Sie am Array VarDat ansetzen, können Sie die letzte Zeile des Arrays ermitteln. Innerhalb der Schleife prüfen Sie, ob der jeweilige Wert größer als 90 ist. Wenn ja, dann übertragen Sie den Wert aus dem Array VarDat in das Array VarDatZiel. Erhöhen Sie danach den Zeilenzähler jeweils um den Wert 1.

Beim Schleifenaustritt ist das Array VarDatZiel mit Daten gefüllt. Dieses Array muss jetzt in die Tabelle *tbl_Rest* eingefügt werden. Dazu muss die Größe des Bereichs in der Tabelle vorher genau angegeben werden.

HINWEIS Mit der Anweisung UBound(VardatZiel, 2) erhalten Sie die letzte gefüllte Spalte des Arrays, mit der Anweisung UBound(VardatZiel, 1) erhalten Sie die letzte gefüllte Zeile des Arrays.

Diese Informationen können Sie übrigens elegant im Direktfenster abfragen, indem Sie zunächst einen Haltepunkt mit der Taste F9 setzen und danach das Makro mit der Taste F5 bis zu der in Abbildung 6.5 angezeigten Stelle abarbeiten lassen. Danach fragen Sie die beiden »Eckkoordinaten« im Direktfenster ab.

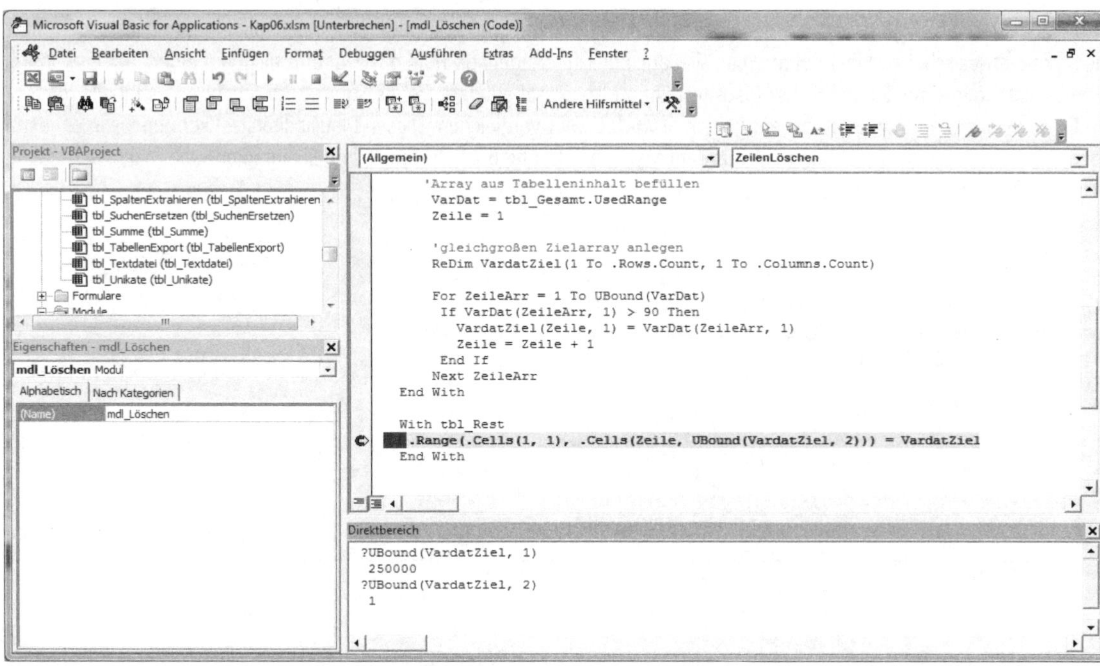

Abbildung 6.5 Zu jeder Zeit wissen, wie groß ein Array ist

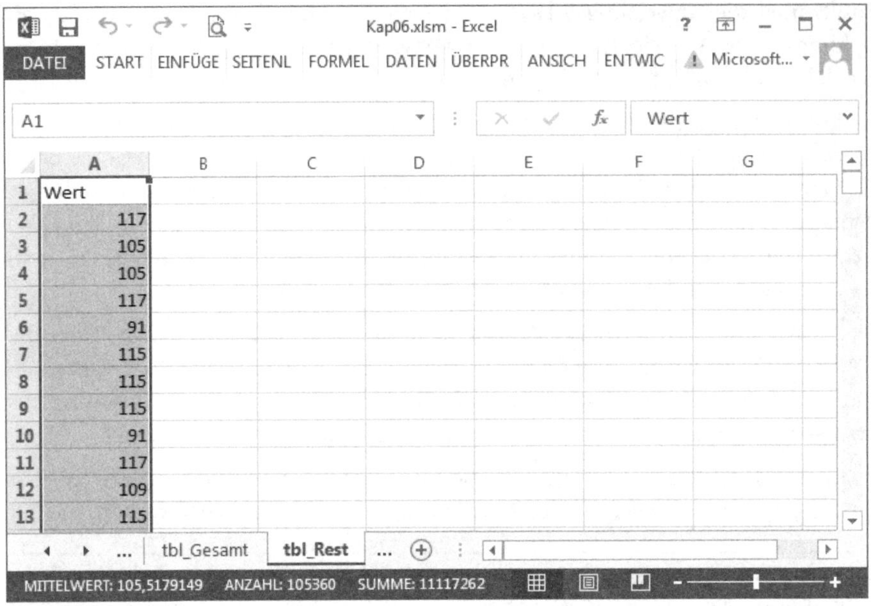

Abbildung 6.6 In der Tabelle *tbl_Rest* landen nur die gewünschten Daten

Was aber hat genau diese Art der Verarbeitung für einen Vorteil? Nun, Sie haben die ursprüngliche Tabelle *tbl_Gesamt* nicht verändert und lediglich die gewünschten Daten in eine andere Tabelle transportiert.

TIPP Wer aber sagt, dass das Ergebnis richtig ist? Gerade bei größeren Datenbeständen fällt ein manuell ausgeführter Plausibilitätstest etwas schwer. Daher könnte man sich auch hier überlegen, ob man das Ergebnis nicht auf einem anderen Wege noch einmal bestätigen kann. Ein möglicher Plausitest könnte so aussehen, dass Sie die Summe der Spalte A der Tabelle *tbl_Rest* mit dem Ergebnis der Excel-Standardtabellenfunktion *SUMMEWENN* vergleichen. Diesen Plausibilitätstest können Sie in ein extra Makro auslagern und über die Anweisung Call aus dem Makro aus Listing 6.2 aufrufen. Sehen Sie im folgenden Makro aus Listing 6.3 den gerade beschriebenen Test.

```
Sub PlausiTest()

  If Application.WorksheetFunction.Sum(tbl_Rest.Columns(1)) <> _
    Application.WorksheetFunction.SumIf(tbl_Gesamt.Columns(1), ">90") Then
     MsgBox "Es gibt Differenzen", vbCritical
    Else
     MsgBox "Alles in Ordnung!", vbInformation
    End If

End Sub
```

Listing 6.3 Das Ergebnis wird sicherheitshalber noch einmal überprüft

Werte anhand mehrerer Kriterien herausfiltern

Die gerade beschriebene Technik funktioniert genauso gut, wenn Daten anhand mehrerer Kriterien herausgefiltert werden sollen. Sehen Sie sich dazu einmal die Ausgangssituation aus Abbildung 6.7 an.

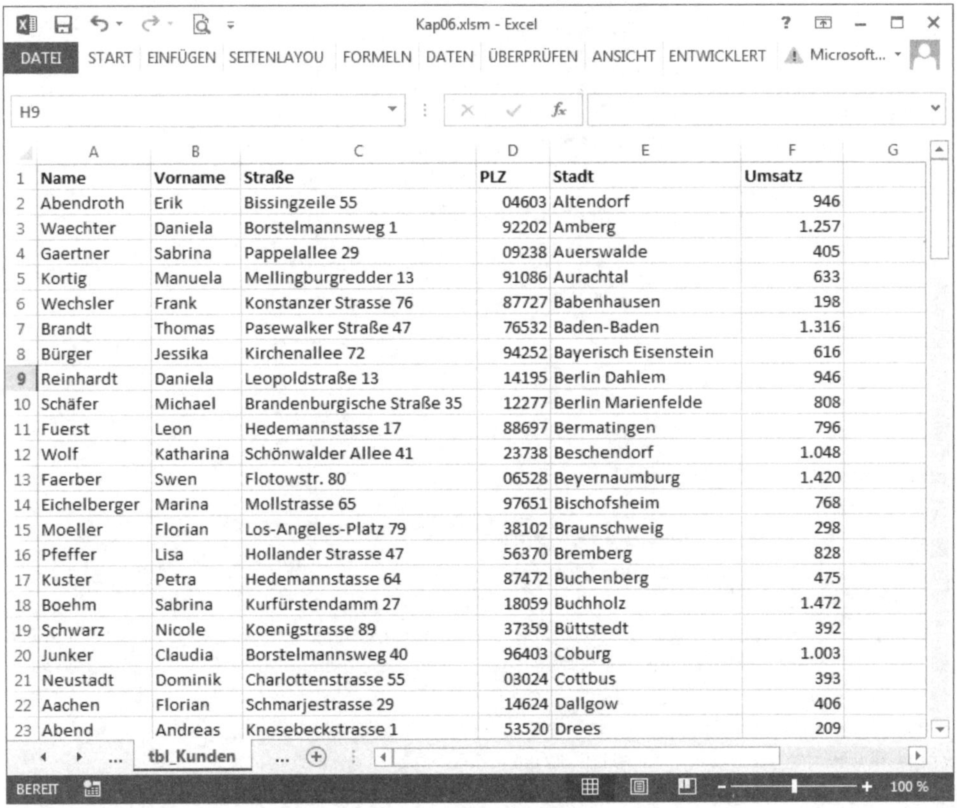

	A	B	C	D	E	F
1	Name	Vorname	Straße	PLZ	Stadt	Umsatz
2	Abendroth	Erik	Bissingzeile 55	04603	Altendorf	946
3	Waechter	Daniela	Borstelmannsweg 1	92202	Amberg	1.257
4	Gaertner	Sabrina	Pappelallee 29	09238	Auerswalde	405
5	Kortig	Manuela	Mellingburgredder 13	91086	Aurachtal	633
6	Wechsler	Frank	Konstanzer Strasse 76	87727	Babenhausen	198
7	Brandt	Thomas	Pasewalker Straße 47	76532	Baden-Baden	1.316
8	Bürger	Jessika	Kirchenallee 72	94252	Bayerisch Eisenstein	616
9	Reinhardt	Daniela	Leopoldstraße 13	14195	Berlin Dahlem	946
10	Schäfer	Michael	Brandenburgische Straße 35	12277	Berlin Marienfelde	808
11	Fuerst	Leon	Hedemannstasse 17	88697	Bermatingen	796
12	Wolf	Katharina	Schönwalder Allee 41	23738	Beschendorf	1.048
13	Faerber	Swen	Flotowstr. 80	06528	Beyernaumburg	1.420
14	Eichelberger	Marina	Mollstrasse 65	97651	Bischofsheim	768
15	Moeller	Florian	Los-Angeles-Platz 79	38102	Braunschweig	298
16	Pfeffer	Lisa	Hollander Strasse 47	56370	Bremberg	828
17	Kuster	Petra	Hedemannstasse 64	87472	Buchenberg	475
18	Boehm	Sabrina	Kurfürstendamm 27	18059	Buchholz	1.472
19	Schwarz	Nicole	Koenigstrasse 89	37359	Büttstedt	392
20	Junker	Claudia	Borstelmannsweg 40	96403	Coburg	1.003
21	Neustadt	Dominik	Charlottenstrasse 55	03024	Cottbus	393
22	Aachen	Florian	Schmarjestrasse 29	14624	Dallgow	406
23	Abend	Andreas	Knesebeckstrasse 1	53520	Drees	209

Abbildung 6.7 Eine Kundenumsatztabelle liegt zur Verarbeitung vor

Mögliche Filterkriterien könnten beispielsweise der Umsatz und die PLZ sein. So sollen alle Kunden aus der PLZ-Region 80000 und höher mit einem Umsatz über 250 Euro in die Tabelle *tbl_PLZ_Umsatz* transportiert und anschließend nach Umsatzhöhe sortiert werden. Diese Filterung wird im Makro aus Listing 6.4 angewendet.

```
Sub ZeilenFilternMehrereKriterien()
  Dim VarDat As Variant
  Dim VardatZiel As Variant
  Dim ZeileArr As Long
  Dim Zeile As Long
  Dim Spalte As Long
  Dim SpalteMax As Long

   On Error GoTo ZeilenFiltern_Error
```

Listing 6.4 Eine Filterung mit mehreren Kriterien anwenden

```
  Debug.Print "Start:" & Now
  tbl_PLZ_Umsatz.UsedRange.ClearContents

  With tbl_Kunden.UsedRange

     'Array aus Tabelleninhalt befüllen
     VarDat = tbl_Kunden.UsedRange
     SpalteMax = .Columns.Count
     Zeile = 1

     'Gleich großes Zielarray anlegen
     ReDim VardatZiel(1 To .Rows.Count, 1 To .Columns.Count)

     For ZeileArr = 1 To UBound(VarDat)
      If VarDat(ZeileArr, 4) > 80000 And VarDat(ZeileArr, 6) > 250 Then

       For Spalte = 1 To SpalteMax
        VardatZiel(Zeile, Spalte) = VarDat(ZeileArr, Spalte)
        Next Spalte

        Zeile = Zeile + 1
      End If
     Next ZeileArr
  End With

  With tbl_PLZ_Umsatz
   .Range(.Cells(1, 1), .Cells(Zeile, UBound(VardatZiel, 2))) = VardatZiel
   .Range("A:F").Sort Key1:=.Range("F1"), Order1:=xlDescending, _
    Key2:=.Range("A1"), order2:=xlAscending, Header:=xlYes
    .Range("A:F").Columns.AutoFit
  End With

   Debug.Print "Ende:" & Now

   On Error GoTo 0
   Exit Sub


ZeilenFiltern_Error:

    MsgBox "Fehler " & Err.Number & " (" & Err.Description & _
    ") in prozedur ZeilenFilternMehrereKriterien of Modul mdl_Löschen"

End Sub
```

Listing 6.4 Eine Filterung mit mehreren Kriterien anwenden *(Fortsetzung)*

Wie schon im vorherigen Beispiel legen Sie zu Beginn des Makros aus Listing 6.4 zwei Variablen vom Typ Variant an. Diese werden später die Daten aufnehmen.

Danach löschen Sie die Zieltabelle *tbl_PLZ_Umsatz* mithilfe der Methode ClearContents. Damit werden nur die Werte, aber keine Formatierungen gelöscht. Anschließend übertragen Sie wie bereits beschrieben alle Daten aus der Tabelle *tbl_Kunden* in das Datenfeld VarDat. Jetzt wird ermittelt, wie viele Spalten denn überhaupt in Verwendung sind. Dieser Wert wird in der Variablen SpalteMax für die spätere Verwendung zwischengespeichert. Danach wird das Zielarray, das die gefilterten Daten aufnehmen soll, redimensioniert. Das Zielarray VarDatZiel ist dabei zu Beginn genauso groß wie auch das Quellarray VarDat.

Im Anschluss daran wird das Quellarray Zeile für Zeile mit einer For...Next-Schleife durchlaufen. Innerhalb der Schleife werden die vierte Spalte sowie die sechste Spalte des Datenfelds geprüft. Nur wenn die Postleitzahl größer als 80000 und der Umsatz größer als 250 Euro ist, wird die jeweilige Zeile in das Zielarray VarDatZiel geschoben. Die Befüllung erfolgt wiederum über eine For...Next-Schleife, die Spalte für Spalte der »gefilterten« Zeile abarbeitet und die Daten im Zielarray ablegt. Wurden alle Zeilen des Quellarrays VarDat abgearbeitet, kann die wirkliche Größe des Zielarrays VarDatZiel ermittelt werden. Diese Größe wird als Bereich in der Tabelle *tbl_PLZ_Umsatz* vorgehalten, und das Zielarray VarDatZiel wird in einem Schritt in die Tabelle geschoben. Der Neuberechnungsaufwand ist dabei sehr gering.

Als Nächstes werden die eingefügten Daten direkt in der Tabelle mithilfe der Methode Sort zunächst nach Höhe des Umsatzes und dann nach dem Namen sortiert. Damit die Daten gut lesbar sind, wenden Sie die Methode AutoFit auf die Spalten *A* bis *F* an, die dafür sorgt, dass die Spalten nach ihrem Platzbedarf angepasst werden.

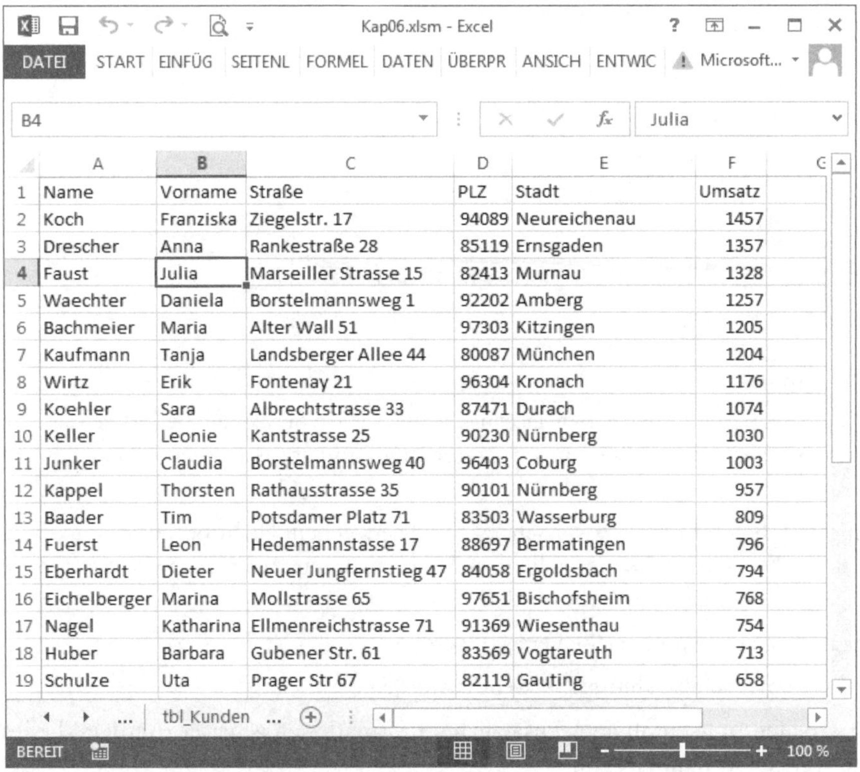

	A	B	C	D	E	F
1	Name	Vorname	Straße	PLZ	Stadt	Umsatz
2	Koch	Franziska	Ziegelstr. 17	94089	Neureichenau	1457
3	Drescher	Anna	Rankestraße 28	85119	Ernsgaden	1357
4	Faust	Julia	Marseiller Strasse 15	82413	Murnau	1328
5	Waechter	Daniela	Borstelmannsweg 1	92202	Amberg	1257
6	Bachmeier	Maria	Alter Wall 51	97303	Kitzingen	1205
7	Kaufmann	Tanja	Landsberger Allee 44	80087	München	1204
8	Wirtz	Erik	Fontenay 21	96304	Kronach	1176
9	Koehler	Sara	Albrechtstrasse 33	87471	Durach	1074
10	Keller	Leonie	Kantstrasse 25	90230	Nürnberg	1030
11	Junker	Claudia	Borstelmannsweg 40	96403	Coburg	1003
12	Kappel	Thorsten	Rathausstrasse 35	90101	Nürnberg	957
13	Baader	Tim	Potsdamer Platz 71	83503	Wasserburg	809
14	Fuerst	Leon	Hedemannstasse 17	88697	Bermatingen	796
15	Eberhardt	Dieter	Neuer Jungfernstieg 47	84058	Ergoldsbach	794
16	Eichelberger	Marina	Mollstrasse 65	97651	Bischofsheim	768
17	Nagel	Katharina	Ellmenreichstrasse 71	91369	Wiesenthau	754
18	Huber	Barbara	Gubener Str. 61	83569	Vogtareuth	713
19	Schulze	Uta	Prager Str 67	82119	Gauting	658

Abbildung 6.8 Das Ergebnis liegt sortiert und gut lesbar vor

Daten konvertieren

Ein wahrer Zeitfresser sind Arbeiten, die mit dem Vorbereiten und Konvertieren von Daten zusammenhängen. Auch hier können Makros helfen, Routinearbeiten automatisch und vor allem sehr schnell mithilfe von Arrays zu erledigen. Bei der folgenden Aufgabe liegt eine Tabelle mit dem Namen *tbl_Konvertieren* wie in Abbildung 6.9 gezeigt vor.

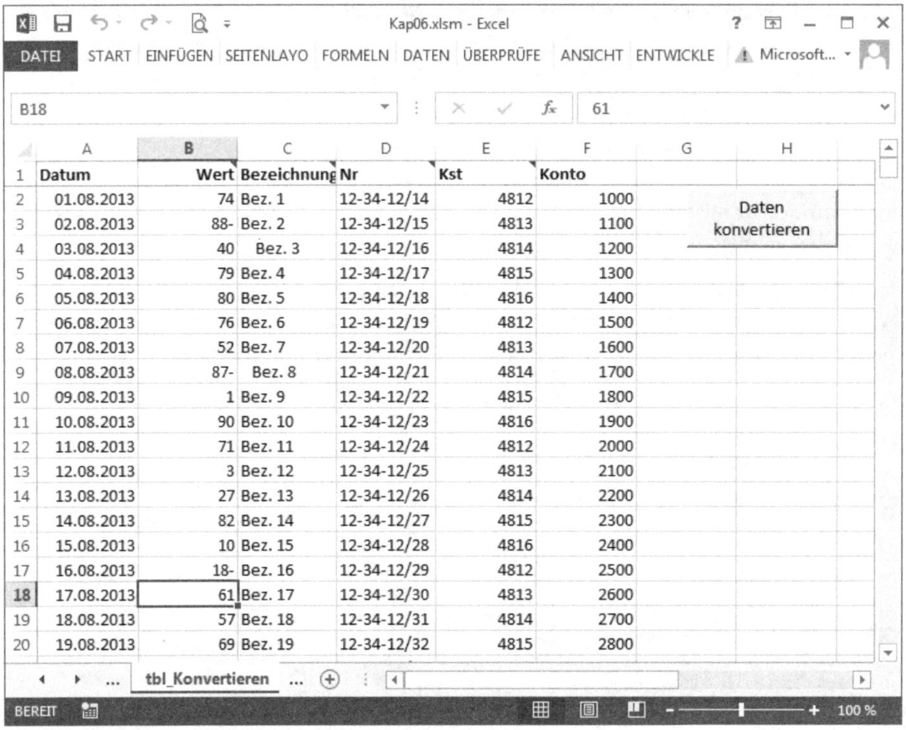

	A	B	C	D	E	F
1	Datum	Wert	Bezeichnung	Nr	Kst	Konto
2	01.08.2013	74	Bez. 1	12-34-12/14	4812	1000
3	02.08.2013	88-	Bez. 2	12-34-12/15	4813	1100
4	03.08.2013	40	Bez. 3	12-34-12/16	4814	1200
5	04.08.2013	79	Bez. 4	12-34-12/17	4815	1300
6	05.08.2013	80	Bez. 5	12-34-12/18	4816	1400
7	06.08.2013	76	Bez. 6	12-34-12/19	4812	1500
8	07.08.2013	52	Bez. 7	12-34-12/20	4813	1600
9	08.08.2013	87-	Bez. 8	12-34-12/21	4814	1700
10	09.08.2013	1	Bez. 9	12-34-12/22	4815	1800
11	10.08.2013	90	Bez. 10	12-34-12/23	4816	1900
12	11.08.2013	71	Bez. 11	12-34-12/24	4812	2000
13	12.08.2013	3	Bez. 12	12-34-12/25	4813	2100
14	13.08.2013	27	Bez. 13	12-34-12/26	4814	2200
15	14.08.2013	82	Bez. 14	12-34-12/27	4815	2300
16	15.08.2013	10	Bez. 15	12-34-12/28	4816	2400
17	16.08.2013	18-	Bez. 16	12-34-12/29	4812	2500
18	17.08.2013	61	Bez. 17	12-34-12/30	4813	2600
19	18.08.2013	57	Bez. 18	12-34-12/31	4814	2700
20	19.08.2013	69	Bez. 19	12-34-12/32	4815	2800

Abbildung 6.9 Am Datenmaterial ist doch einiges im Argen

Im Datenbestand liegen einige Probleme vor:

- In Spalte B der Tabelle *tbl_Konvertieren* liegen teilweise negative Werte vor. Leider befinden sich die Minuszeichen dabei auf der falschen Seite. Diese müssen am rechten Rand abgeschnitten und am linken Rand eingesetzt werden.
- In Spalte C gibt es bei einigen Zellen führende bzw. nachgestellte Leerzeichen. Nicht nur, dass man diese unerwünschten Zeichen schlecht sieht, nein, sie stellen auch bei späteren Auswertungen eine große Gefahr dar. Auch diese Leerzeichen müssen entfernt werden.
- In Spalte D soll der Slash (/) durch ein Minuszeichen ersetzt werden
- Die Spalten E und F sollen vereint und als Schlüssel verwendet werden

Neben reinen Konvertierungsarbeiten müssen oft auch zusätzliche Informationen generiert werden, die im eigentlichen Datenbestand noch nicht vorhanden sind.

HINWEIS Auch bei Konvertierungsarbeiten ist es ratsam, nie die Datenquelle zu überschreiben, sondern die Ergebnisse der Konvertierung in einer anderen Tabelle auszugeben. Aus Gründen der Nachvollziehbarkeit ist es immer besser, später sagen zu können: »Das habe ich bekommen und das habe ich daraus gemacht!«. Wenn Sie die Quelle überschreiben, dann ist es später immens schwer, einen möglichen Fehler nachzuvollziehen. Daher werden bei dieser Aufgabe die Ergebnisse der Konvertierung in der Tabelle *tbl_KonvertierungZiel* ausgegeben.

Lösen Sie alle diese Aufgabenstellungen mit dem Makro aus Listing 6.5.

```
Sub DatenKonvertierenImArbeitsspeicher()
  Dim VarDat As Variant
  Dim Zeile As Long

   On Error GoTo DatenKonvertierenImArbeitsspeicher_Error

  With tbl_Konvertieren
    ZeileMax = .UsedRange.Rows.Count
    SpalteMax = .UsedRange.Columns.Count + 1 '+1, wegen der zusätzlichen Schlüsselspalte

     'Array befüllen
     VarDat = .Range(.Cells(1, 1), .Cells(ZeileMax, SpalteMax))

     'Daten im Array manipulieren
     For Zeile = LBound(VarDat) To UBound(VarDat)

      'Minuszeichen umstellen, bei Werten wo das Minuszeichen auf der falschen Seite steht
      If Right(VarDat(Zeile, 2), 1) = "-" Then
        VarDat(Zeile, 2) = Left(VarDat(Zeile, 2), Len(VarDat(Zeile, 2)) - 1) * -1
      End If

      'Trim (Entfernen der vorangestellten bzw. nachgestellten Leerzeichen
       VarDat(Zeile, 3) = Trim(VarDat(Zeile, 3))

       'Replace (Das Zeichen "/" wird durch das Zeichen "-" ersetzt
       VarDat(Zeile, 4) = Replace(VarDat(Zeile, 4), "/", "-")

       'Schlüssel bilden (Kst+Kontierung)
       VarDat(Zeile, 7) = VarDat(Zeile, 5) & VarDat(Zeile, 6)

     Next Zeile
  End With

  'Ausleeren des konvertierten Arrays in die Zieltabelle
 With tbl_KonvertierungZiel
  .Range(.Cells(1, 1), .Cells(Zeile, UBound(VarDat, 2))) = VarDat
 End With

   On Error GoTo 0
   Exit Sub

DatenKonvertierenImArbeitsspeicher_Error:

    MsgBox "Fehler " & Err.Number & " (" & Err.Description & _
  ") in prozedur DatenKonvertierenImArbeitsspeicher of Modul mdl_Konvertieren"

End Sub
```

Listing 6.5 Daten blitzschnell und elegant in die gewünschte Form bringen

Zu Beginn des Makros aus Listing 6.5 wird zunächst der benutzte Bereich der Tabelle *tbl_Konvertieren* ermittelt. Dazu wird die Eigenschaft UsedRange sowohl auf die Zeilen als auch auf die Spalten angewendet und das Ergebnis daraus in den Variablen ZeileMax und SpalteMax zwischengespeichert. Dabei müssen Sie darauf achten, dass eine zusätzliche Spalte in der Zieltabelle *tbl_KonvertierungZiel* angelegt werden soll, die die beiden Bezeichner *Kst* und *Konto* zu einem Schlüssel verbinden soll. Im Anschluss daran wird der vorher ermittelte benutzte Bereich mit der zusätzlich benötigen Spalte in das Array VarDat geschrieben.

TIPP Führen Sie das Makro aus Listing 6.5 im Einzelschrittmodus durch mehrmaliges Drücken der Taste F8 bis nach der Befüllung des Arrays aus (die Stelle ist im Code durch einen entsprechenden Kommentar gekennzeichnet). Blenden Sie danach in der Entwicklungsumgebung von Excel das *Lokal*-Fenster über den Menübefehl *Ansicht/Lokal-Fenster* ein. Und klappen Sie einmal die ersten Zeilen des Arrays VarDat auf.

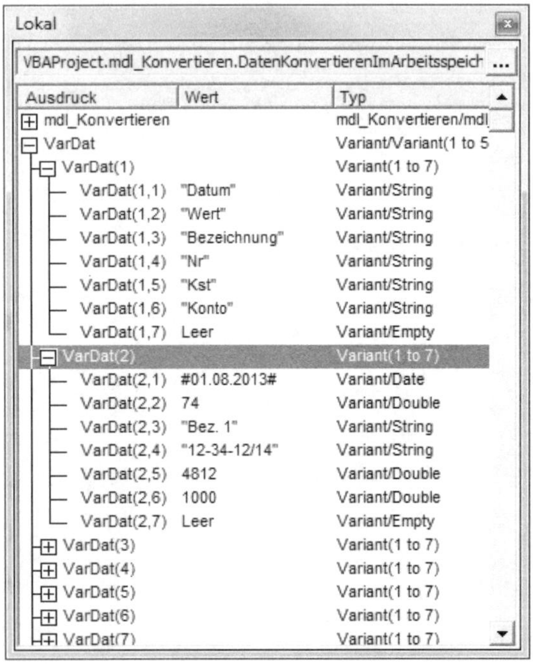

Abbildung 6.10 Die Feldinhalte des Arrays können eingesehen werden

Wie Sie in Abbildung 6.10 sehen können, werden die Feldinhalte des Arrays im *Lokal*-Fenster der Entwicklungsumgebung übersichtlich angezeigt. Auch das noch leere Feld für den späteren Schlüssel aus den Feldern *Kst* und *Konto* wird hier angezeigt.

Nachdem die Daten aus der Tabelle im Array angekommen sind, wird das Array Zeile für Zeile mithilfe einer For Next-Schleife abgearbeitet. Mit der Funktion LBound können Sie die erste Zeile des Arrays VarDat ermitteln, mit der Funktion UBound bekommen Sie die letzte Zeile des Arrays gemeldet.

Innerhalb der Schleife stellen Sie zunächst das Minuszeichen in der zweiten Spalte bei Bedarf um. Dazu setzen Sie die Funktion Left ein und übertragen die Zeichen bis vor dem Minuszeichen. Dabei messen Sie mithilfe der Funktion Len die Anzahl der Ziffern und Zeichen der Zahl und subtrahieren davon den Wert 1, um das ganz rechts stehende Minuszeichen auszuschließen. Nachdem Sie das Minuszeichen auf diese Art und Weise vom rechten Rand entfernt haben, muss das Minuszeichen an den linken Rand des Felds. Um dies relativ elegant zu tun, multiplizieren Sie den Wert -1.

In der dritten Spalte des Datenfelds befinden sich unerwünschte Leerzeichen am rechten und linken Rand des Felds. Diese können Sie direkt im Array mithilfe der Funktion Trim automatisch entfernen lassen. Um den Slash (/) gegen das Minuszeichen zu tauschen, wenden Sie in der vierten Spalte die Funktion Replace an. In die siebte Spalte des Arrays werden die beiden Spalten mit der Kostenstelle und dem Konto – miteinander verbunden – ausgegeben. Dazu wird der Verkettungsoperator & eingesetzt. Kontrollieren Sie auch einmal das Resultat im *Lokal*-Fenster (Abbildung 6.11 und Abbildung 6.12).

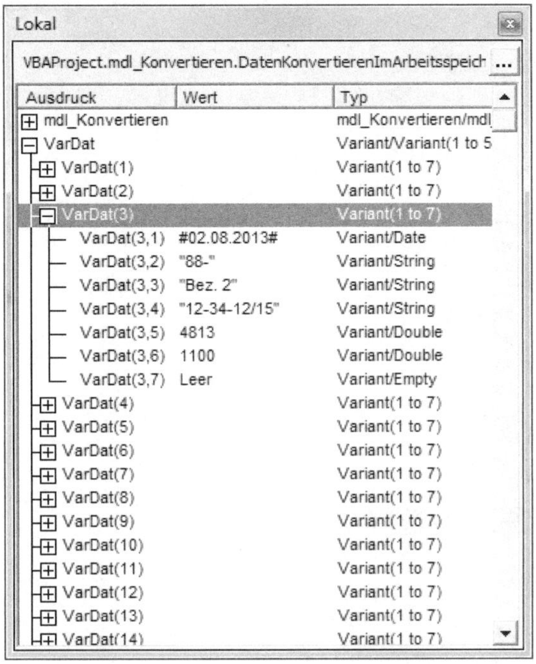

Abbildung 6.11 Vorher

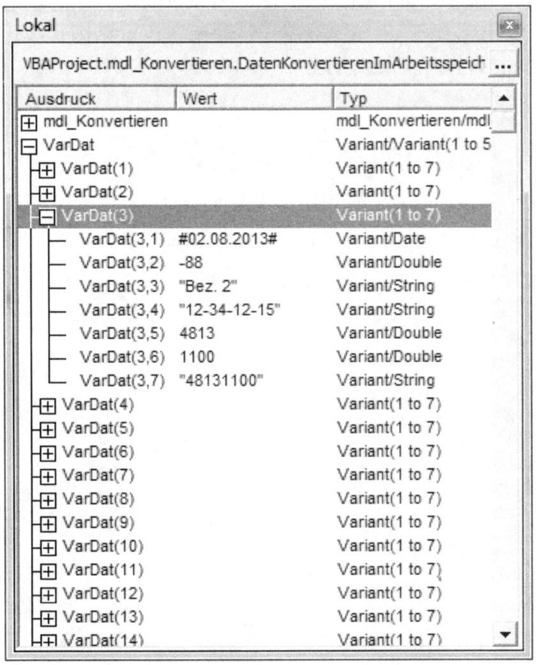

Abbildung 6.12 Nachher

Die Konvertierung der Daten erfolgt ausnahmslos im Array VarDat. Am Ende des Makros aus Listing 6.5 wird dieses Array 1:1 in die Tabelle *tbl_KonvertierungZiel* übernommen.

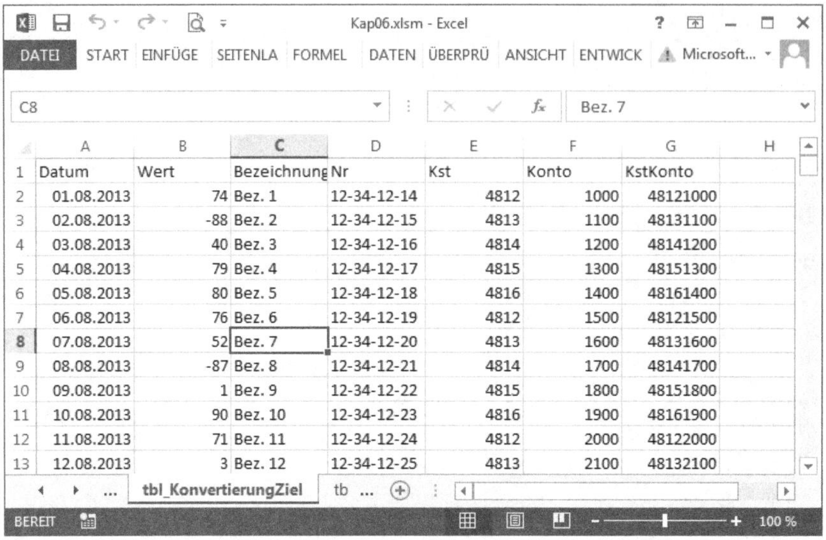

	A	B	C	D	E	F	G
1	Datum	Wert	Bezeichnung	Nr	Kst	Konto	KstKonto
2	01.08.2013	74	Bez. 1	12-34-12-14	4812	1000	48121000
3	02.08.2013	-88	Bez. 2	12-34-12-15	4813	1100	48131100
4	03.08.2013	40	Bez. 3	12-34-12-16	4814	1200	48141200
5	04.08.2013	79	Bez. 4	12-34-12-17	4815	1300	48151300
6	05.08.2013	80	Bez. 5	12-34-12-18	4816	1400	48161400
7	06.08.2013	76	Bez. 6	12-34-12-19	4812	1500	48121500
8	07.08.2013	52	Bez. 7	12-34-12-20	4813	1600	48131600
9	08.08.2013	-87	Bez. 8	12-34-12-21	4814	1700	48141700
10	09.08.2013	1	Bez. 9	12-34-12-22	4815	1800	48151800
11	10.08.2013	90	Bez. 10	12-34-12-23	4816	1900	48161900
12	11.08.2013	71	Bez. 11	12-34-12-24	4812	2000	48122000
13	12.08.2013	3	Bez. 12	12-34-12-25	4813	2100	48132100

Abbildung 6.13 Alle Konvertierungen wurden durchgeführt

Daten suchen und ersetzen

Auch für das Suchen und Ersetzen von Zeichenfolgen kann eine Arraylösung eingesetzt werden. Stellen Sie sich einmal vor, Sie müssten in einer Tabelle Umlaute in Selbstlaute wandeln. Anbei ein Ansatz, der zwei Arrays anbietet, in denen die Suchzeichen sowie Ersatzzeichen verzeichnet sind.

```
Sub UmlauteInSelbstlauteWandeln()
  Dim VarSuchen As Variant
  Dim VarErsetzen As Variant
  Dim i As Integer

   On Error GoTo UmlauteInSelbstlauteWandeln_Error

  VarSuchen = Array("Ä", "Ö", "Ü", "ä", "ö", "ü", "ß")
  VarErsetzen = Array("Ae", "Oe", "Ue", "ae", "oe", "ue", "ss")

    For i = 0 To UBound(VarSuchen)
        tbl_SuchenErsetzen.UsedRange.Replace What:=VarSuchen(i), _
                                      Replacement:=VarErsetzen(i), _
                                      LookAt:=xlPart, MatchCase:=True
    Next i

   On Error GoTo 0
   Exit Sub

UmlauteInSelbstlauteWandeln_Error:

    MsgBox "Fehler " & Err.Number & " (" & Err.Description & _
    ") in prozedur UmlauteInSelbstlauteWandeln of Modul mdl_Suchen"

End Sub
```

Listing 6.6 Das Suchen und Ersetzen von Zeichen mithilfe von Arrays

Zu Beginn des Makros aus Listing 6.6 werden zwei Arrays vom Typ Variant deklariert. Das Array VarSuchen beinhaltet die zu suchenden Umlaute. Das Array VarErsetzen beinhaltet die dazugehörigen Selbstlaute. Dabei müssen beide Arrays hinsichtlich der Anordnung der Zeichen übereinstimmen.

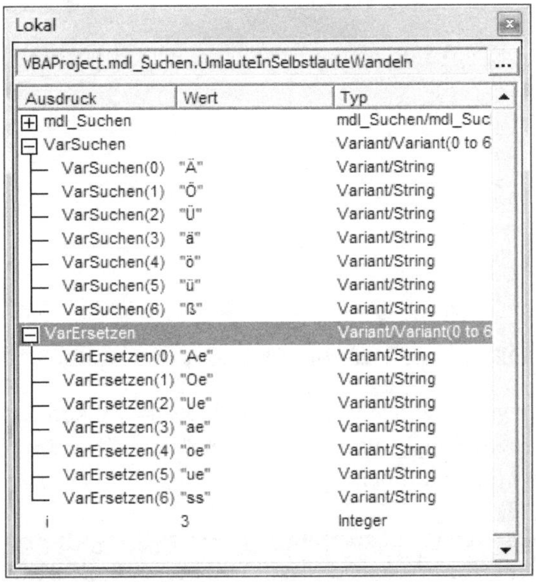

Abbildung 6.14 Beide Arrays sind gefüllt und stimmen hinsichtlich der Zeichenanordnung überein

In einer For Next-Schleife wird Zeichen für Zeichen im Array VarSuchen abgearbeitet und auf alle Zellen des benutzten Bereichs (=UsedRange) angewendet. Mithilfe der Methode Replace können Zeichenfolgen durch andere Zeichenfolgen getauscht werden. Im Parameter What dieser Methode geben Sie die Zeichenfolge an, nach der gesucht werden soll. Dieser Parameter wird durch die Schleife aus dem Array VarSuchen eingestellt. Im Parameter Replacement wird die neue Zeichenfolge, also die oder das Ersatzzeichen angegeben. Auch diese Information kommt direkt aus der Schleife für das Array VarErsetzen.

Der Parameter LookAt gibt an, wie gesucht werden soll. So bedeutet die Konstante xlPart, dass der Suchbegriff teilqualifiziert gefunden werden kann. Auf diese Weise kann beispielsweise der Buchstabe *ä* im Wort *Bär* gefunden werden. Wird als Konstante xlWhole verwendet, dann kann nur der Suchbegriff *Bär* im Wort *Bär* gefunden werden. In diesem Fall muss also eine totale Übereinstimmung der Begrifflichkeiten vorherrschen. Der Parameter MatchCase gibt an, ob zwischen Groß- und Kleinschreibung unterschieden werden soll. Wird dieser Parameter auf den Wert True gesetzt, erfolgt diese Unterscheidung.

Inhalte finden und dokumentieren

Kennen Sie die F5-Methode? Dabei können Zellen, die bestimmte Merkmale enthalten (Formeln, Kommentare, Formate, etc.) mit dem *Gehe zu*-Dialogfeld, das über die Taste F5 aufgerufen wird, in einer Tabelle automatisch markiert werden. Dazu muss im Dialogfeld *Gehe zu* die Schaltfläche *Inhalte* angeklickt werden, um danach die entsprechenden Kriterien anzugeben und mit OK zu bestätigen.

Abbildung 6.15 Bestimmte Zellen einer Tabelle automatisch markieren

Diese Technik findet auch in der Programmierung seine Anwendung. Über die Methode SpecialCells können automatisch alle Zellen gefunden werden, die ein bestimmtes Merkmal aufweisen. Das gewünschte Merkmal wird über eine Konstante angegeben, die Sie Tabelle 6.1 entnehmen können.

Konstante	Bedeutung
xlCellTypeAllFormatConditions	Ermittelt Zellen mit beliebigem Format
xlCellTypeAllValidation	Ermittelt Zellen mit Gültigkeitskriterien
xlCellTypeBlanks	Leere Zellen werden aufgespürt
xlCellTypeComments	Zellen mit Kommentaren werden identifiziert
xlCellTypeConstants	Ermittelt Zellen mit Konstanten
xlCellTypeFormulas	Zellen mit Formeln aufspüren
xlCellTypeLastCell	Die letzte Zelle im verwendeten Bereich wird gefunden
xlCellTypeSameFormatConditions	Zellen mit gleichem Format werden ermittelt
xlCellTypeSameValidation	Zellen mit gleichen Gültigkeitskriterien werden gefunden
xlCellTypeVisible	Alle sichtbaren Zellen werden gefunden (z.B. gefilterte Daten)

Tabelle 6.1 Die möglichen Konstanten der Methode *SpecialCells*

Kommentare in einer Tabelle aufspüren und dokumentieren

Bei der folgenden Aufgabenstellung werden alle Kommentare der Tabelle *tbl_Konvertieren* in einem Array gesammelt und anschließend in der Tabelle *tbl_SuchenErsetzen* ausgegeben. Die Lösung dieser Aufgabenstellung können Sie dem Makro aus Listing 6.7 entnehmen.

```
Sub KommentareFinden()
  Dim VarDat As Variant
  Dim lngZeile As Long
  Dim lngSpalte As Long
  Dim zelle As Range

   On Error GoTo KommentareFinden_Error

  lngZeile = tbl_Konvertieren.Comments.Count
  lngSpalte = 2

  If lngZeile <> 0 Then

      ReDim VarDat(lngZeile -1, lngSpalte)

       For Each zelle In tbl_Konvertieren.UsedRange.SpecialCells(xlComments)
        VarDat(i, 0) = zelle.Comment.Text
        VarDat(i, 1) = zelle.Comment.Parent.Address
        VarDat(i, 2) = zelle.Comment.Parent.Parent.Name
        i = i + 1
       Next zelle

      With tbl_SuchenErsetzen
       .Range(.Cells(1, 1), .Cells(i, 3)).Value = VarDat
      End With
 Else
   MsgBox "In dieser Tabelle gibt es keine Kommentare!", vbInformation
 End If

   On Error GoTo 0
   Exit Sub

KommentareFinden_Error:

    MsgBox "Fehler " & Err.Number & " (" & Err.Description & ") in prozedur KommentareFinden of Modul"

End Sub
```

Listing 6.7 Alle Kommentare einer Mappe dokumentieren

Im ersten Schritt des Makros aus Listing 6.7 wird ein Array angelegt. Die Größe des Arrays wird später festgelegt. Im nächsten Schritt werden alle Kommentare in der Tabelle *tbl_Konvertieren* gezählt. Die Anzahl der Kommentare ergibt die zeilenbezogene Größe des Arrays. Da das Array standardmäßig zweimal mit dem Wert 0 (erste Zeile und erste Spalte) beginnt, muss der Wert 1 noch vom Ergebnis subtrahiert werden, da das Array ansonsten eine Zeile zu groß wäre. Die Anzahl der Spalten im Array richtet sich danach, welche Informationen darin gesammelt werden sollen. Folgende Informationen werden dabei gesammelt:

- Inhalt des Kommentars
- Zellenkoordinate des Kommentars
- Name der Tabelle

Da es sich hierbei um drei Informationen handelt, weisen Sie der Variablen lngSpalte den Wert 2 zu. Mithilfe der Anweisung ReDim geben Sie nun dem Array VarDat die neue Größe, die jetzt bekannt ist. (Anzahl der Kommentare -1, Anzahl der Informationen -1).

In einer For Each Next-Schleife arbeiten Sie jede Zelle der Tabelle *tbl_Konvertieren* ab, welche einen Kommentar aufweist. Innerhalb der Schleife füllen Sie das Array mit dem Inhalt des Kommentars, indem Sie die Eigenschaft Text abfragen. Die Zellenadresse können Sie nicht auf direktem Wege abfragen, da es für das Objekt Comment keine diesbezügliche Eigenschaft gibt. Über den Einsatz der Eigenschaft Parent können Sie aber auf das darüberliegende Objekt zugreifen und mithilfe der Eigenschaft Address die Zellenkoordinate im Array ablegen. Um den Namen der Tabelle abzufragen, in der der Kommentar abgelegt ist, müssen Sie vom Kommentar aus zwei Ebenen nach oben wechseln (Kommentar → Zelle → Tabelle). Dort fragen Sie die Eigenschaft Name ab, um den Namen der Tabelle zu erfragen.

Auch bei dieser Aufgabenstellung macht sich das *Lokal*-Fenster nützlich. Hier können Sie die Inhalte des Arrays und vor allem seine Befüllung nachverfolgen.

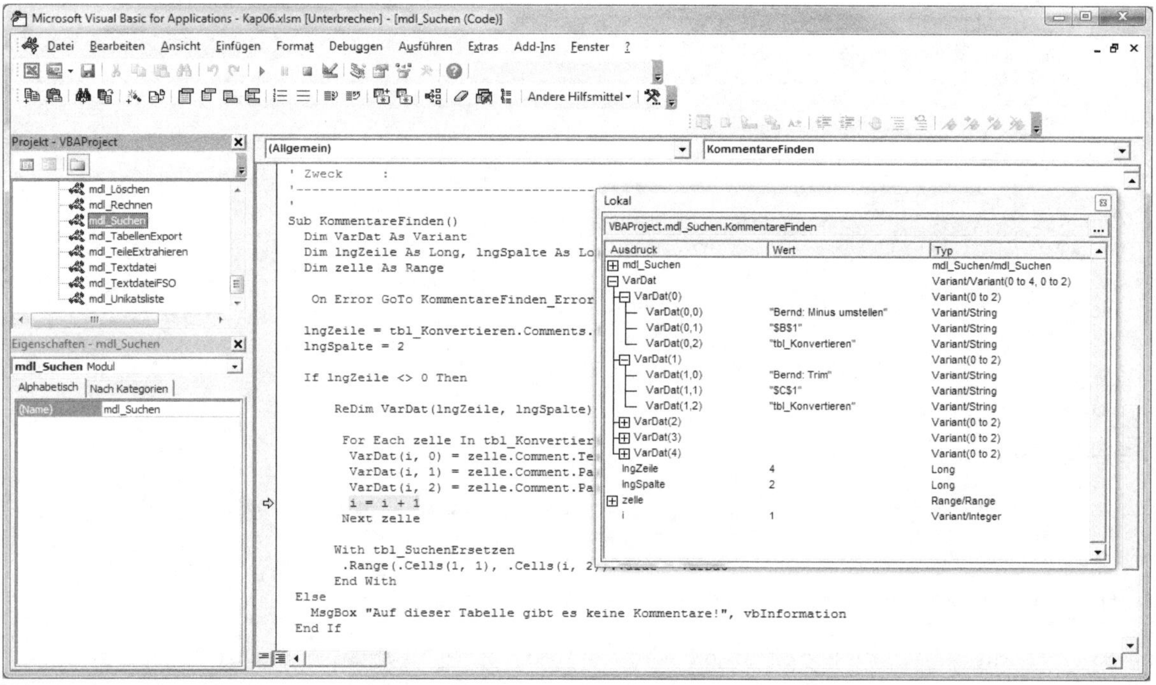

Abbildung 6.16 Die gefundenen Kommentare lassen sich über das *Lokal*-Fenster einsehen

Nachdem das Array mit allen Informationen gefüllt ist, kann es in der Zieltabelle *tbl_SuchenErsetzen* mit einem Schritt ausgeleert werden. Dazu muss die Größe des Arrays mit dem dafür »reservierten« Bereich der Tabelle übereinstimmen.

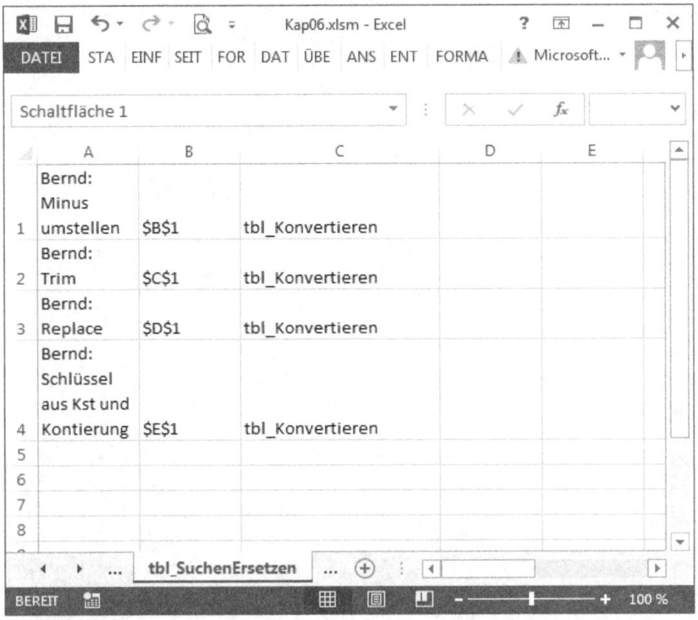

Abbildung 6.17 Alle Kommentare wurden dokumentiert

Benannte Zellen in der Arbeitsmappe aufspüren

Beim folgenden Beispiel aus Listing 6.8 werden alle benannten Zellen der Arbeitsmappe ausgelesen. Auch bei dieser Aufgabenstellung wird ein Array verwendet, um alle Informationen zu den benannten Zellen, wie beispielsweise den Namen und Inhalt, zu sammeln und zu einem späteren Zeitpunkt in einem einzigen Aufwasch in eine Tabelle auszuleeren. Schauen Sie sich zunächst im Menüband *Formeln* über die Schaltfläche *Namens-Manager*, die in der Mappe enthaltenen Namen an.

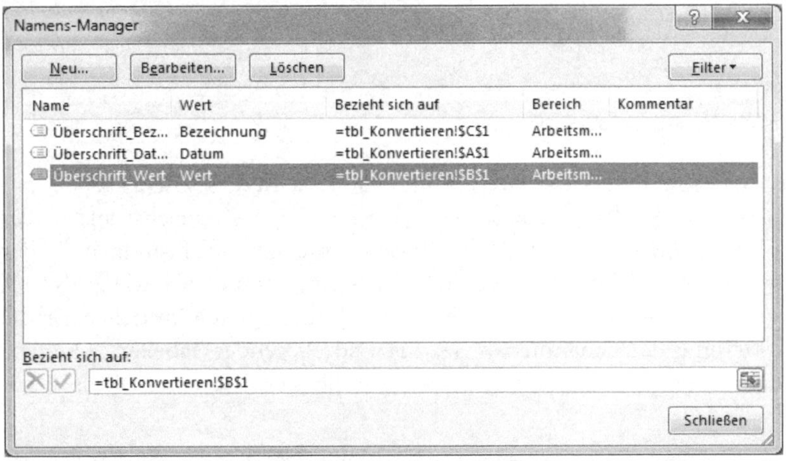

Abbildung 6.18 Diese Namen sollen ausgelesen werden

Um diese Aufgabe zu erledigen, starten Sie das Makro aus Listing 6.8.

```
Sub BenannteBereicheFinden()
  Dim VarDat As Variant
  Dim lngZeile As Long
  Dim lngSpalte As Long
  Dim rngName As Name
  Dim I as Integer

   On Error GoTo NamenFinden_Error

  lngZeile = ThisWorkbook.Names.Count
  lngSpalte = 2

  If lngZeile <> 0 Then

      ReDim VarDat(lngZeile - 1, lngSpalte)

       For Each rngName In ThisWorkbook.Names
        VarDat(i, 0) = rngName.Name
        VarDat(i, 1) = "'" & rngName.RefersTo
        VarDat(i, 2) = Range(rngName).Value
        i = i + 1
       Next rngName

      With tbl_SuchenErsetzen
       .Range(.Cells(1, 1), .Cells(i, 3)).Value = VarDat
      End With
 Else
   MsgBox "In dieser Mappe gibt es keine benannten Zellen!", vbInformation
 End If

   On Error GoTo 0
   Exit Sub

NamenFinden_Error:

    MsgBox "Fehler " & Err.Number & " (" & Err.Description & _
    ") in prozedur BenannteBereicheFinden of Modul mdl_Suchen"

End Sub
```

Listing 6.8 Alle benannten Zellen der Arbeitsmappe sammeln und ausgeben

Deklarieren Sie im ersten Schritt ein Array mit dem Namen VarDat vom Typ Variant. In dieses Array sollen später die benannten Zellen hineingeschrieben werden. Im nächsten Schritt zählen Sie zunächst alle in der Arbeitsmappe verwendeten Namen. Dazu wenden Sie die Funktion Count auf die Names-Auflistung an, in der automatisch alle Namen der Arbeitsmappe verzeichnet sind. Zu diesem Zeitpunkt wissen Sie, wie groß (zeilenbezogen) das Array werden muss. Für das Array brauchen Sie zusätzlich drei Spalten, in denen Sie die benötigten Informationen speichern (Name der benannten Zelle, zugrunde liegender Tabellenname einschließlich Zellenkoordinate, Wert der benannten Zelle). Da dieses Array nullbasiert ist, weisen Sie der Variablen lngSpalte den Wert 2 zu.

Mithilfe der Anweisung ReDim geben Sie dem Array nun seine gerade ermittelte Größe, indem Sie für die Zeilengröße von der Anzahl der ermittelten Namen den Wert 1 subtrahieren (nullbasiertes Array) und für die Spaltengröße des Arrays den Inhalt der Variablen lngSpalte verwenden.

Setzen Sie anschließend eine For Each...Next-Schleife auf, um alle Namen zu verarbeiten, die in der Names-Auflistung verzeichnet sind. Innerhalb der Schleife schreiben Sie die einzelnen Felder des Arrays mit den gewünschten Informationen. Die Variable i wird nach jeder Befüllung einer kompletten Zeile im Array inkrementiert, sodass das Array VarDat Zeile für Zeile solange befüllt wird, bis die vorher definierte Größe des Arrays erreicht ist. Am Ende des Makros wird das komplette Array in die Tabelle *tbl_SuchenErsetzen* eingefügt. Dazu muss die Größe des Arrays als Bereich in dieser Tabelle angegeben werden.

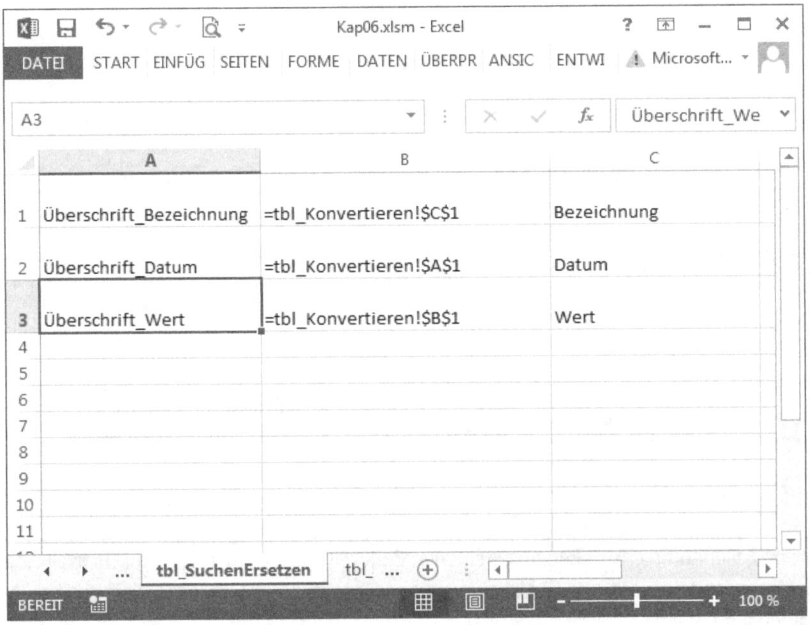

Abbildung 6.19 Eine Dokumentation aller in der Mappe verwendeten benannten Zellen

Rechnen mit Arrays

Die erste Möglichkeit, mit einem Array zu rechnen, besteht darin, Excel-Tabellenfunktionen zu nutzen, die bis zu einer bestimmten Größe des Arrays zuverlässig funktionieren bzw. die Berechnungen selbst durchführen.

Summe bilden in einem Array über die Standardfunktion SUMME

Beim ersten Beispiel zu diesem Thema liegt eine Tabelle mit zwei nicht direkt zusammenhängenden Bereichen vor, die summiert werden sollen.

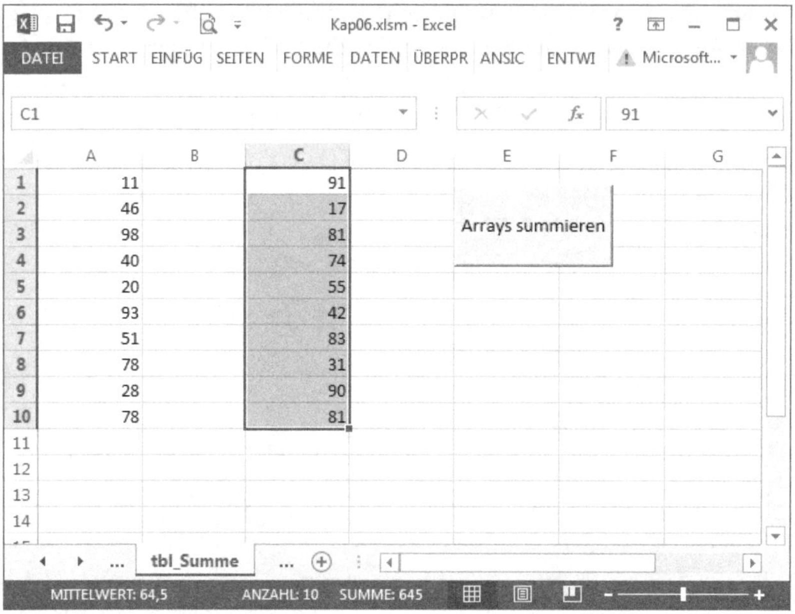

Abbildung 6.20 Diese beiden Bereiche sollen summiert werden

Im Makro aus Listing 6.9 wird die Standardfunktion *SUMME* von Excel verwendet.

TIPP Bei diesem Beispiel wurden Zeilennummern zu Beginn einer jeden Codezeile geschrieben, um im Fehlerfall eine Fehlermeldung anzuzeigen, die die Fehler auslösende Zeile in einer Bildschirmmeldung ausgibt. Dazu wird das Objekt erl (Abkürzung für Error Line) in der Fehlerbehandlung am Ende des Makros eingesetzt.

```
Sub ArraysSummieren()
    Dim VarBereich1 As Variant
    Dim VarBereich2 As Variant

10      On Error GoTo ArraysSummieren_Error

20     With tbl_Summe
30       VarBereich1 = .Range("A1:A10").Value
40       VarBereich2 = .Range("C1:C10").Value

50       MsgBox "Das Ergebnis der beidas Arrays lautet: " & _
         WorksheetFunction.Sum(VarBereich1, VarBereich2), vbInformation
60     End With

70      On Error GoTo 0
80      Exit Sub

ArraysSummieren_Error:

90       MsgBox "Fehler " & Err.Number & " (" & Err.Description & _
    ") in prozedur ArraysSummieren of Modul mdl_Rechnen in Zeile " & Erl

End Sub
```

Listing 6.9 Die Summe von nicht zusammenliegenden Bereichen bilden

Zu Beginn des Makro aus Listing 6.9 deklarieren Sie zwei Arrays (VarBereich1 und VarBereich2) vom Typ Variant. Danach füllen Sie diese beiden Bereiche direkt, indem Sie die Bereiche in die Arrays überführen.

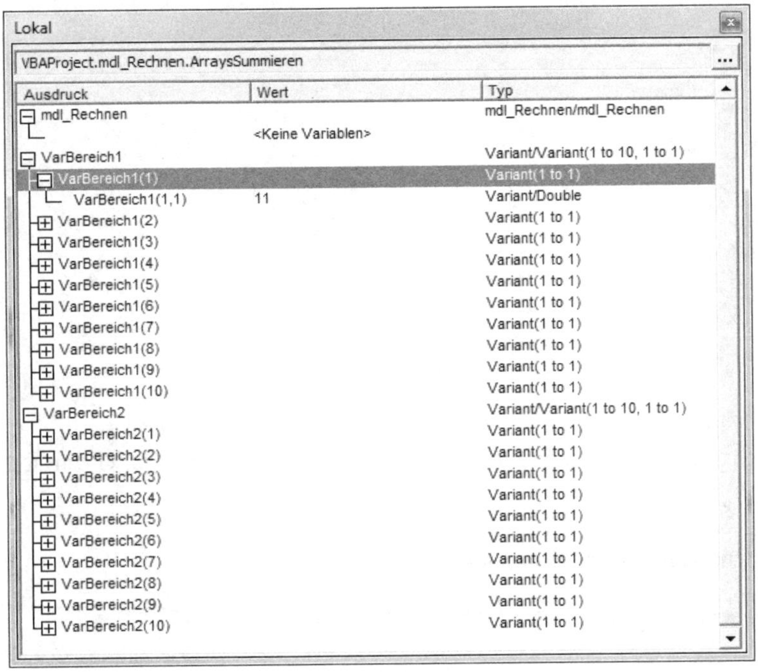

Abbildung 6.21 Die Befüllung des Arrays kann im *Lokal*-Fenster kontrolliert werden

Im Anschluss daran wenden Sie die Tabellenfunktion *SUMME* an, die Sie direkt aus der WorksheetFunction-Auflistung beziehen, in der standardmäßig alle Tabellenfunktionen von Excel enthalten sind.

Eine eigene Summe bilden in einem Array

Bei riesigen Datenbeständen, die über das »normale« Ausmaß einer Tabelle hinausgehen, streikt diese Art der Technik. In einem solchen Fall, wenn es also um sehr große Datenbestände geht, muss die Summierung »händisch« über eine eigene Berechnung, wie in Listing 6.10 gezeigt, durchgeführt werden.

```
Sub ArraysSummierenSelbst()
    Dim VarBereich1 As Variant
    Dim VarBereich2 As Variant
    Dim lngFeld As Long
    Dim dblSumme As Double

10        On Error GoTo ArraysSummierenSelbst_Error

20       With tbl_Summe
30         VarBereich1 = .Range("A1:A10").Value
40         VarBereich2 = .Range("C1:C10").Value

50        For lngFeld = LBound(VarBereich1) To UBound(VarBereich1)
60          dblSumme = dblSumme + VarBereich1(lngFeld, 1)
70        Next lngFeld
```

Listing 6.10 Die Summierung der Bereiche wird mithilfe zweier Schleifen umgesetzt

```
80        For lngFeld = LBound(VarBereich2) To UBound(VarBereich2)
90           dblSumme = dblSumme + VarBereich2(lngFeld, 1)
100       Next lngFeld

110        MsgBox "Das Ergebnis der beidas Arrays lautet: " & _
           dblSumme, vbInformation
120      End With

130       On Error GoTo 0
140       Exit Sub

ArraysSummierenSelbst_Error:

150        MsgBox "Fehler " & Err.Number & " (" & Err.Description & _
           ") in prozedur ArraysSummieren of Modul mdl_Rechnen in Zeile " & Erl

End Sub
```

Listing 6.10 Die Summierung der Bereiche wird mithilfe zweier Schleifen umgesetzt *(Fortsetzung)*

Beim Makro aus Listing 6.10 werden wie im vorherigen Makro zwei Arrays angelegt und befüllt. Hier in dieser Prozedur werden jedoch zwei For...Next-Schleifen verwendet, die die Feldinhalte des Arrays in der Variablen dblSumme Feld für Feld aufsummieren.

Den Mittelwert aus einem Array über eine Tabellenfunktion bilden

Beim folgenden Beispiel liegt eine Tabelle wie in Abbildung 6.22 gezeigt vor.

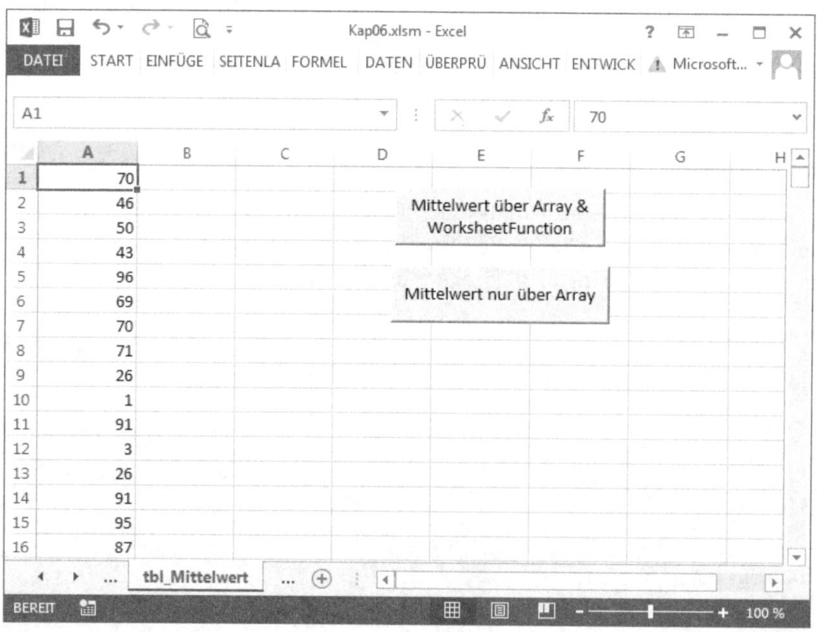

Abbildung 6.22 Ein Datenbereich mit 10.000 Zeilen

Die Aufgabe besteht darin, aus diesem Bereich einen Mittelwert zu bilden. Klar, für diese Aufgabe würden Sie selbstverständlich kein Array benötigen, sondern gleich die Tabellenfunktion *MITTELWERT* einsetzen. Bei diesem Beispiel wird lediglich eine alternative Technik vorgestellt, die auch dann noch sehr schnell und gut funktioniert, wenn mehrere tausend Formeln und Verknüpfungen in einer Arbeitsmappe enthalten sind. Auch bei dieser Aufgabe wird die Berechnung nicht in Excel selbst, sondern eben über ein Array im Arbeitsspeicher vorgenommen.

```
Sub MittelwertAusArray()
  Dim Blatt As Worksheet
  Dim VarDat As Variant
  Dim ZeileMax As Long

   On Error GoTo MittelwertAusArray_Error

  Set Blatt = tbl_Mittelwert
  ZeileMax = Blatt.UsedRange.Rows.Count

  VarDat = Blatt.Range("A1:A" & ZeileMax)

  'Mit WorksheetFunction / Beschränkung in Größe liegt vor
  MsgBox "Mittelwert: " & Application.WorksheetFunction.Average(VarDat)

   On Error GoTo 0
   Exit Sub

MittelwertAusArray_Error:

    MsgBox "Fehler " & Err.Number & " (" & Err.Description & _
    ") in prozedur MittelwertAusArray of Modul mdl_Rechnen"

End Sub
```

Listing 6.11 Den Mittelwert in einem Array bilden

Zu Beginn des Makros aus Listing 6.11 deklarieren Sie ein Array vom Typ Variant. Danach ermitteln Sie, wie viele Zeilen in der Tabelle *tbl_Mittelwert* belegt sind. Dies ist gleichzeitig die zeilenbezogene Größe des zweidimensionalen Arrays. Der belegte Bereich wird danach direkt in das Array überführt. Im Anschluss daran wird die Tabellenfunktion *MITTELWERT* aus der WorksheetFunction-Auflistung gezogen und direkt am Array angewendet.

Den Mittelwert aus einem Array selbst bilden

Wie schon im vorherigen Beispiel der Summenbildung gibt es eine kapazitätsbedingte Problematik der WorksheetFunction bei sehr großen Datenmengen.

```
Sub MittelwertAusArrayFürGrößereDatenmengen()
  Dim Blatt As Worksheet
  Dim VarDat As Variant
  Dim ZeileMax As Long
  Dim Zeile As Long
  Dim Wert As Double

   On Error GoTo MittelwertAusArrayFürGrößereDatenmengen_Error

  Set Blatt = tbl_Mittelwert
  ZeileMax = Blatt.UsedRange.Rows.Count
```

Listing 6.12 Der Mittewert wird im Array selbst berechnet

```
  VarDat = Blatt.Range("A1:A" & ZeileMax)

  'Mit Schleife
 For Zeile = 1 To ZeileMax
   Wert = Wert + VarDat(Zeile, 1)
 Next Zeile

 MsgBox "Mittelwert: " & Wert / ZeileMax

   On Error GoTo 0
   Exit Sub

MittelwertAusArrayFürGrößereDatenmengen_Error:

    MsgBox "Fehler " & Err.Number & " (" & Err.Description & _
    ") in prozedur MittelwertAusArrayFürGrößereDatenmengen of Modul mdl_Rechnen"

End Sub
```

Listing 6.12 Der Mittewert wird im Array selbst berechnet *(Fortsetzung)*

Die Befüllung des Arrays entspricht der Befüllung aus Listing 6.11. Danach werden die Summen mittels einer For...Next-Schleife ermittelt und anschließend durch die Anzahl der eingelesenen Zeilen dividiert.

Bestimmte Spalten aus einem Array extrahieren

Beim folgenden Beispiel liegen in einer Tabelle in Spalte A einige Informationen vor, die jeweils durch ein Trennzeichen voneinander getrennt sind. Sehen Sie sich dazu Abbildung 6.23 an.

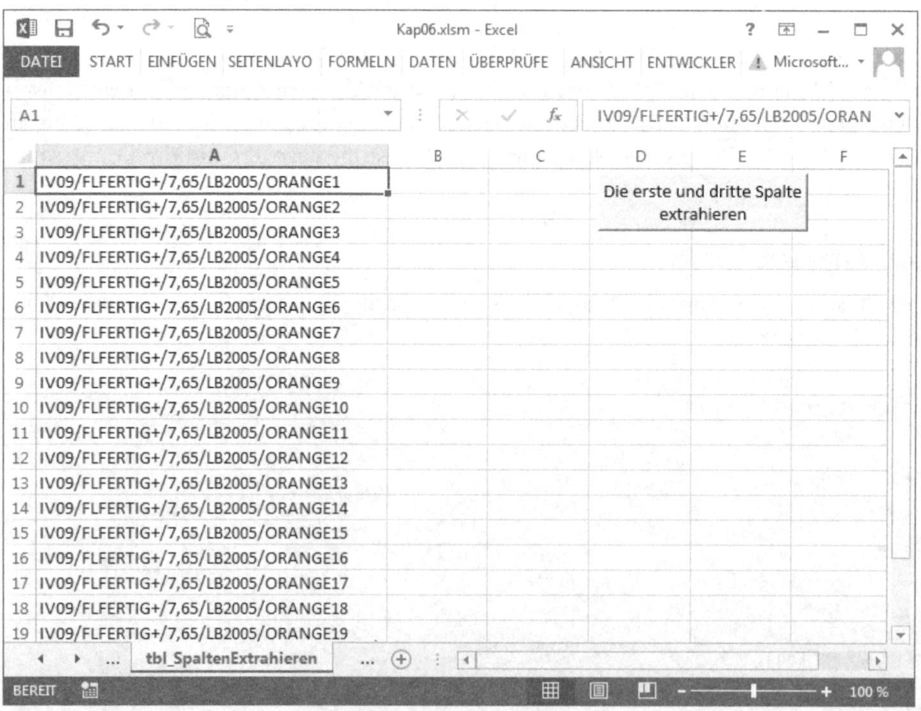

Abbildung 6.23 Die Ausgangsituation – eine »Datenmasse« in einer Spalte

Die Aufgabe besteht darin, den jeweiligen Zelleninhalt auf Basis des Slash (/) als Trennzeichen aufzusplitten und davon die erste sowie dritte Spalte zu extrahieren und in den Spalten B:C auszugeben. Im Makro aus Listing 6.13 wird der jeweilige Zelleninhalt eines Arrays aufgesplittet, und danach werden die erste und dritte Spalte des Arrays ausgelesen und in die Tabelle geschrieben.

```
Sub TeileAusArrayWeiterverarbeiten()
  Dim Zeile As Long
  Dim VarDat As Variant
  Dim i As Integer

   On Error GoTo TeileAusArrayWeiterverarbeiten_Error

  With tbl_SpaltenExtrahieren
  .Range("B:C").ClearContents
  ZeileMax = .Cells(.Rows.Count, 1).End(xlUp).Row

  For Zeile = 1 To ZeileMax

  VarDat = Split(.Cells(Zeile, 1).Value, "/")

   For i = LBound(VarDat) To UBound(VarDat)

    Select Case i
     Case 0
     .Cells(Zeile, 2).Value = VarDat(i)
     Case 2
     .Cells(Zeile, 3).Value = VarDat(i) * 1
     End Select

   Next if

  Next Zeile

  End With

   On Error GoTo 0
   Exit Sub

TeileAusArrayWeiterverarbeiten_Error:

    MsgBox "Fehler " & Err.Number & " (" & Err.Description _
    & ") in prozedur TeileAusArrayWeiterverarbeiten of Modul mdl_TeileExtrahieren"

End Sub
```

Listing 6.13 Bestimmte Inhalte aus einem Array extrahieren

In einer For...Next-Schleife werden die Zeilen der Tabelle *tbl_SpaltenExtrahieren* einzeln nacheinander abgearbeitet. Innerhalb der Schleife erfolgt eine Aufsplittung der jeweiligen Zelle mithilfe der Funktion Split. Hier geben Sie im ersten Argument die Zelle an, die aufgeteilt werden soll und im zweiten Argument das Trennzeichen, auf Basis dessen die Aufteilung erfolgen soll. Danach sollten Sie sich das Ergebnis im *Lokal*-Fenster einmal ansehen.

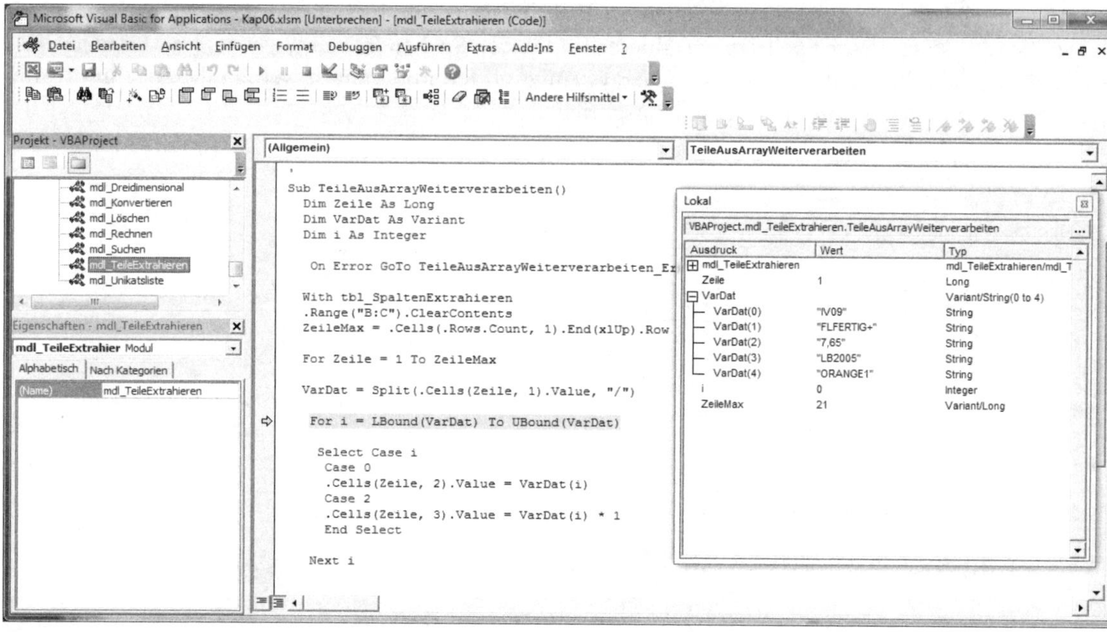

Abbildung 6.24 Die Aufsplittung des Zelleninhalts kann über das *Lokal*-Fenster überwacht werden

Wie Sie in Abbildung 6.24 sehen, wurde der Zelleninhalt korrekt im Array VarDat zerlegt. Im Anschluss an die Zerlegung extrahieren Sie das erste und dritte Feld des Arrays und schreiben die Informationen in die Spalten B und C.

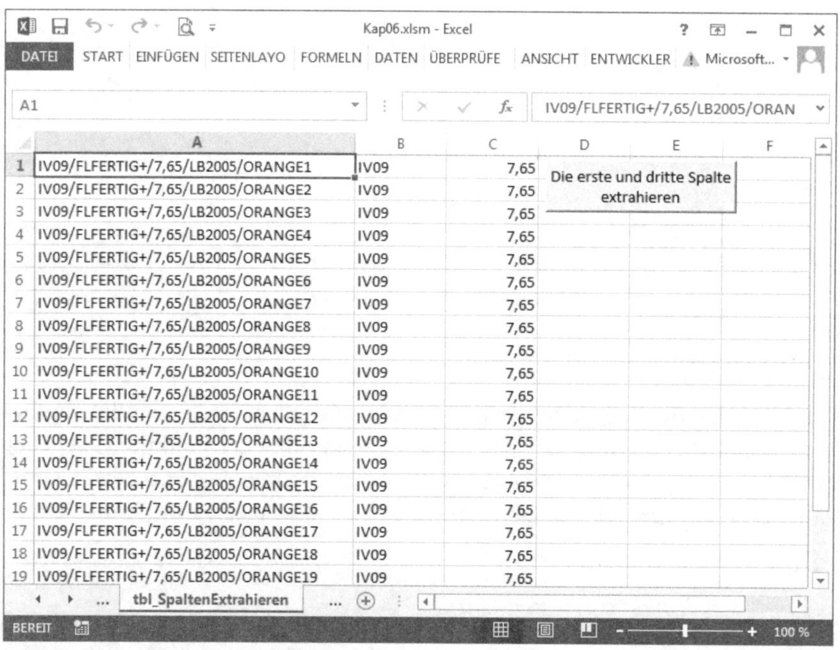

Abbildung 6.25 Die Extraktion wurde erfolgreich ausgeführt

Arbeiten mit dem Dictionary-Objekt

Ein Dictionary-Objekt ist ein Array, in dem Schlüssel/Wert-Paare abgebildet werden können. So ein Objekt steht Ihnen für die Programmierung zur Verfügung. Man könnte das Dictionary-Objekt als erweiterten Array verstehen. Lernen Sie auf den nächsten Seiten einige typische Anwendungsbeispiele aus der Praxis kennen.

Daten verdichten

Bei dem folgenden Beispiel sollen in einer Tabelle Beträge auf Nummern verdichtet werden (alle Beträge, die derselben Nummer zugeordnet sind, sollen addiert und die Summe soll der Nummer zugeordnet werden). Sehen Sie sich dazu einmal Abbildung 6.26 an.

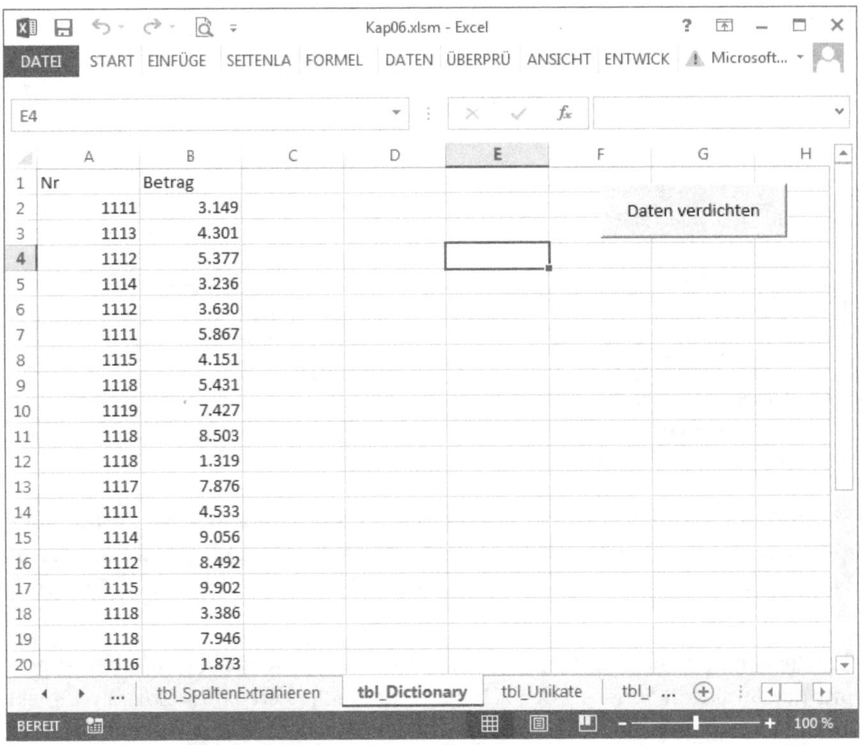

Abbildung 6.26 Die Ausgangssituation – ein Tabelle mit Beträgen und Nummern

Das Makro aus Listing 6.14 soll nun die Beträge nach den Nummern, die mehrfach vorkommen können, verdichten und in den Spalten B und C ausgeben.

```
Sub DictionaryObjektAnwenden()
  Dim Zeile As Long
  Dim ZeileMax As Long
  Dim objDic As Object
  Dim intAnzahl As Integer
```

Listing 6.14 Daten verdichten über das *Dictionary*-Objekt

```
    On Error GoTo DictionaryObjektAnwenden_Error

   Set objDic = CreateObject("Scripting.Dictionary")

   With tbl_Dictionary
   .Range("D:E").Clear

     ZeileMax = .Cells(.Rows.Count, 1).End(xlUp).Row
     For Zeile = 2 To ZeileMax

       If Not objDic.exists(.Cells(Zeile, 1).Value) Then
        objDic.Add .Cells(Zeile, 1).Value, .Cells(Zeile, 2).Value
        Else
        objDic(.Cells(Zeile, 1).Value) = objDic(.Cells(Zeile, 1).Value) + .Cells(Zeile, 2).Value
       End If
     Next Zeile

    intAnzahl = objDic.Count

    .Range("d1:d" & intAnzahl).Value = WorksheetFunction.Transpose(objDic.keys)
    .Range("e1:e" & intAnzahl).Value = WorksheetFunction.Transpose(objDic.items)

   End With
   Set objDic = Nothing

    On Error GoTo 0
    Exit Sub

 DictionaryObjektAnwenden_Error:

     MsgBox "Fehler " & Err.Number & " (" & Err.Description & _
     ") in prozedur DictionaryObjektAnwenden of Modul mdl_Dictionary"
 End Sub
```

Listing 6.14 Daten verdichten über das *Dictionary*-Objekt *(Fortsetzung)*

Im ersten Schritt deklarieren Sie eine Objektvariable mit dem Namen objDic. Danach wenden Sie die Methode CreateObject an, um ein Dictionary-Objekt anzulegen. Jetzt haben Sie Zugriff auf alle Methoden und Eigenschaften, die dieses Objekt zur Verfügung stellt. Danach löschen Sie zunächst den Zielbereich in den Spalten B und C, indem Sie die Methode Clear einsetzen.

Im nächsten Schritt wird die Tabelle von oben nach unten mittels einer For...Next-Schleife abgearbeitet. Innerhalb der Schleife prüfen Sie mit der Funktion Exists, ob der Schlüssel (Nr) nicht bereits im Dictionary-Objekt vorhanden ist. Wenn er noch nicht angelegt ist, dann befüllen Sie das Dictionary-Objekt, indem Sie dem Objekt mithilfe der Methode Add sowohl den Schlüssel, als auch den dazugehörigen Betrag übergeben. Im anderen Fall, wenn also der Schlüssel im Dictionary-Objekt bereits enthalten ist, weisen Sie dem Schlüssel lediglich den Betrag aus Spalte B zu.

Die Anlage der Schlüssel kann über das *Lokal*-Fenster eingesehen werden, wenn Sie das Makro Schritt für Schritt über die Taste F8 im Einzelschrittmodus abarbeiten.

Bei Beendigung der Schleife liegen alle Schlüssel und deren aufsummierten Werte im Dictionary-Objekt vor. Diese werden im Anschluss in die Tabelle transportiert. Dabei muss das Array noch über die Funktion Transpose gedreht werden.

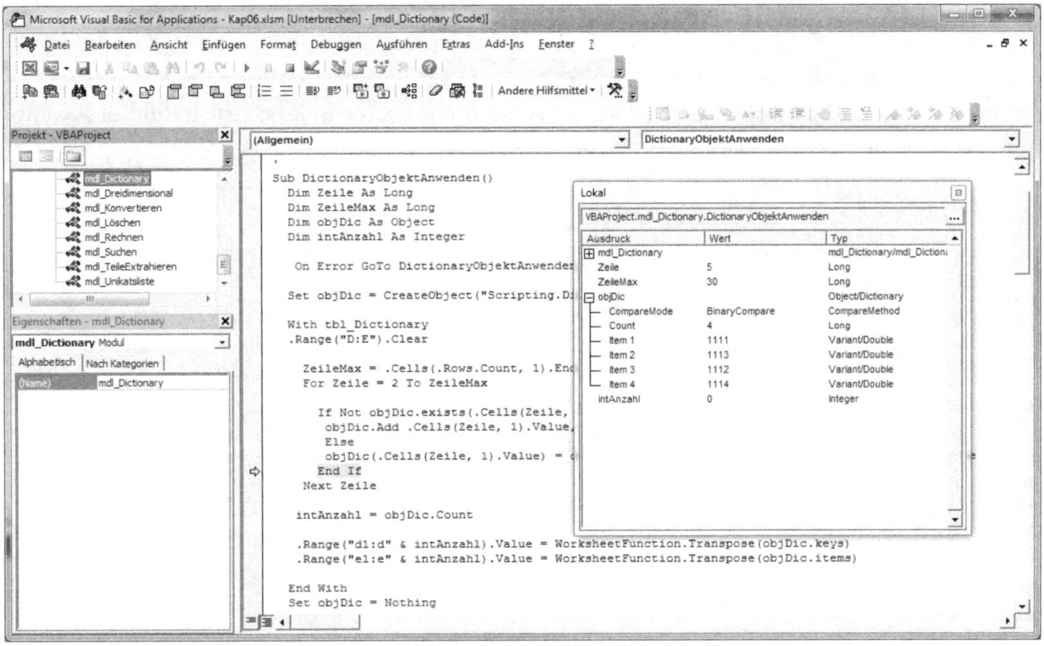

Abbildung 6.27 Die Schlüssel werden nach erfolgter Prüfung im *Dictionary*-Objekt angelegt

Die Schlüssel erhalten Sie über den Bezeichner Keys und die dazugehörenden Werte sind im Bezeichner items verzeichnet. Am Ende des Makros setzen Sie das Objekt objDic auf den Wert Nothing. Damit wird die Objektvariable zurückgesetzt und aus dem Arbeitsspeicher entfernt.

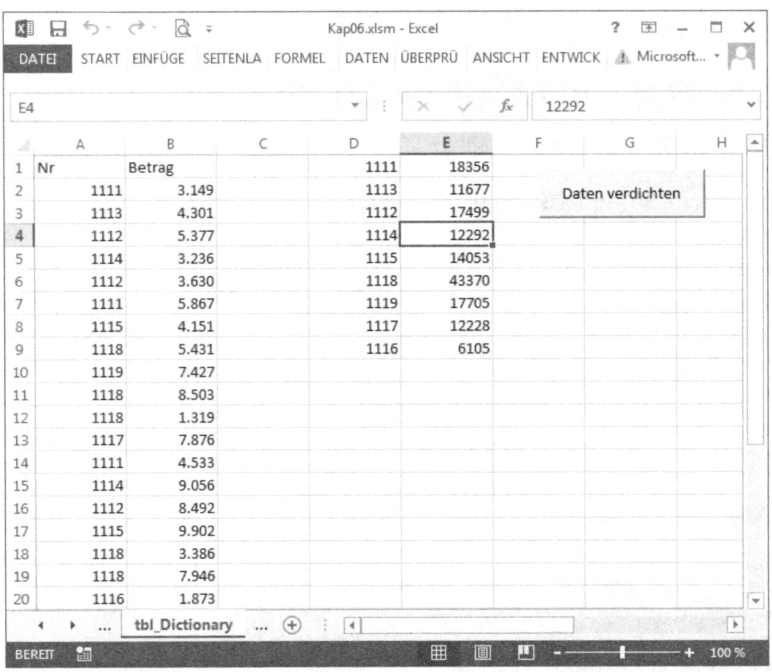

Abbildung 6.28 Die Verdichtung der Daten wurde erfolgreich umgesetzt

Bedingte Summierung mit mehreren Kriterien

Einen Schritt weiter geht die folgende praktische Lösung. In einer Tabelle, wie in Abbildung 6.29 gezeigt, liegen Kostenstellen, Konten und Beträge vor. Die Beträge müssen auf Basis der Kostenstelle und des Kontos summiert und in den Spalten *G* bis *I* ausgegeben werden.

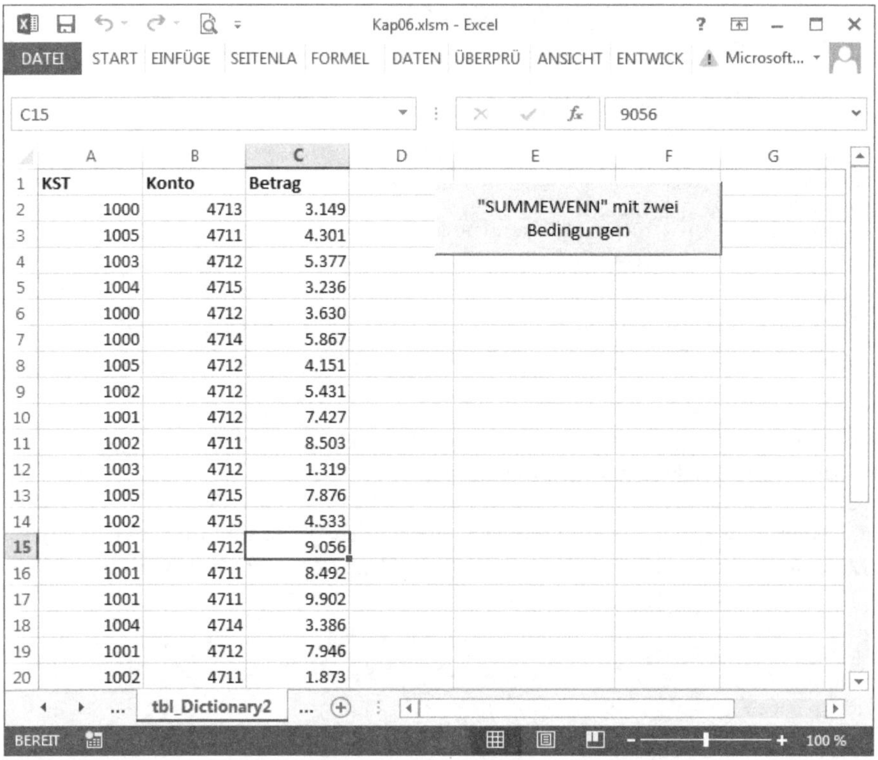

KST	Konto	Betrag
1000	4713	3.149
1005	4711	4.301
1003	4712	5.377
1004	4715	3.236
1000	4712	3.630
1000	4714	5.867
1005	4712	4.151
1002	4712	5.431
1001	4712	7.427
1002	4711	8.503
1003	4712	1.319
1005	4715	7.876
1002	4715	4.533
1001	4712	9.056
1001	4711	8.492
1001	4711	9.902
1004	4714	3.386
1001	4712	7.946
1002	4711	1.873

Abbildung 6.29 Die Ausgangsbasis – diese Tabelle soll nach KST und Konto verdichtet werden

Im Makro aus Listing 6.15 erfolgt die bedingte Summierung mit zwei Kriterien.

```
Sub WerteInArraySummierenMit2Bedingungen()
  Dim Zeile As Long
  Dim ZeileMax As Long
  Dim objDic As Object
  Dim i As Integer
  Dim VarDat As Variant
  Dim VarK As Variant
  Dim VarI As Variant
  Dim zz As Integer

   On Error GoTo WerteInArraySummierenMit2Bedingungen_Error

  With tbl_Dictionary2
  .Range("G:I").ClearContents
    ZeileMax = .Cells(.Rows.Count, 1).End(xlUp).Row
```

Listing 6.15 Eine bedingte Summierung mit mehreren Kriterien umsetzen

```
    ReDim VarDat(0 To ZeileMax - 1, 0 To 2)
    'Befüllung des zweidimensionalen Array
    For Zeile = 2 To ZeileMax
      VarDat(zz, 0) = .Cells(Zeile, 1).Value & ";" 'zum späteren Splitten der ersten beiden Schlüsselfelder
      VarDat(zz, 1) = .Cells(Zeile, 2).Value
      VarDat(zz, 2) = .Cells(Zeile, 3).Value
      zz = zz + 1

    Next Zeile
  End With

  Set objDic = CreateObject("Scripting.Dictionary")

  For i = 0 To UBound(VarDat)
    If objDic.exists(VarDat(i, 0) & VarDat(i, 1)) Then
     objDic.Item(VarDat(i, 0) & VarDat(i, 1)) = _
     objDic.Item(VarDat(i, 0) & VarDat(i, 1)) + VarDat(i, 2) 'kumulierung
    Else      'Schlüssel                'Inhalt erster Wert
     objDic.Add VarDat(i, 0) & VarDat(i, 1), VarDat(i, 2)
    End If
  Next i

  VarK = objDic.keys
  VarI = objDic.items

  For zz = 0 To UBound(VarK) - 1
   tbl_Dictionary2.Cells(zz + 1, 7).Value = Left(VarK(zz), InStr(VarK(zz), ";") - 1)
   tbl_Dictionary2.Cells(zz + 1, 8).Value = Mid(VarK(zz), InStr(VarK(zz), ";") + 1)
   tbl_Dictionary2.Cells(zz + 1, 9).Value = VarI(zz)
  Next zz

  tbl_Dictionary2.Range("G:I").Sort Key1:=tbl_Dictionary2.Range("G1"), ORder1:=xlAscending, _
                                   Key2:=tbl_Dictionary2.Range("H1"), order2:=xlAscending, _
                                   Header:=xlNo


   On Error GoTo 0
   Exit Sub

WerteInArraySummierenMit2Bedingungen_Error:

   MsgBox "Fehler " & Err.Number & " (" & Err.Description & _
   ") in prozedur WerteInArraySummierenMit2Bedingungen of Modul mdl_Dictionary"

End Sub
```

Listing 6.15 Eine bedingte Summierung mit mehreren Kriterien umsetzen *(Fortsetzung)*

Anfangs deklarieren Sie einige Variablen, darunter die Variablen VarDat, VarK und VarI. In der Variablen VarDat wird der verwendete Bereich der Tabelle *tbl_Dictionary2* gespeichert. Der aus den Spalten *A* und *B* gebildete Schlüssel wird später im Array VarK gespeichert. In der Variablen VarI werden die dazugehörigen Werte aus Spalte C hinterlegt.

Danach löschen Sie den Zielbereich in den Spalten *G* bis *I*, indem Sie die Methode ClearContents verwenden. Anschließend ermitteln Sie mithilfe der Eigenschaft End die zuletzt verwendete Zeile und fragen die Zeilennummer über die Eigenschaft Row ab. Da das Array nullbasiert ist, müssen Sie von der Variablen ZeileMax den Wert 1 subtrahieren, um die Größe des Arrays korrekt anzugeben. Diese Grenzen verwenden Sie in der ReDim-Anweisung.

Im Anschluss daran wird das Array VarDat befüllt. Dabei werden drei Spalten geschrieben, wobei nach der ersten Spalte ein Semikolon mit angegeben wird. Dies dient der späteren Auftrennung der beiden Einzelschlüssel KST und Konto. In die zweite Spalte des Arrays packen Sie die Konteninformation und in die dritte Spalte den Betrag.

Nachdem das Array VarDat gefüllt ist, wenden Sie die Methode CreateObject an, um ein Dictionary-Objekt zu erstellen. Jetzt haben Sie Zugriff auf alle Befehle, die dieses Objekt zur Verfügung stellt. In einer For...Next-Schleife arbeiten Sie das Array VarDat Zeile für Zeile ab. Innerhalb der Schleife prüfen Sie, ob der zusammengesetzte Schlüssel aus der ersten und zweien Spalte des Arrays bereits im Dictionary-Objekt objDic vorhanden ist. Wenn nicht, dann wenden Sie die Methode Add an, um den zusammengesetzten Schlüssel im ersten Parameter und den dazugehörigen Betrag im zweiten Parameter abzulegen. Existiert der zusammengesetzte Schlüssel bereits im Dictionary-Objekt, dann erfolgt eine Aufsummierung anhand dieses Schlüssels. Dazu sprechen Sie den bereits existierenden Schlüssel über die Eigenschaft Item an und addieren den Betrag zum bereits vorhandenen Betrag.

Nach dem Schleifenaustritt speichern Sie alle Schlüssel im Array VarK sowie alle dazugehörigen Werte im Array VarI. Die Belegung der beiden Arrays kann im *Lokal*-Fenster der Entwicklungsumgebung sehr schön kontrolliert werden. Setzen Sie dazu, wie in Abbildung 6.30 gezeigt, den Haltepunkt direkt beim Schleifeneintritt der For...Next-Schleife, indem Sie den Mauszeiger in diese Zeile setzen und die Taste F9 drücken. Starten Sie danach das Makro aus Listing 6.15 über die Taste F5, und lassen Sie das *Lokal*-Fenster anzeigen.

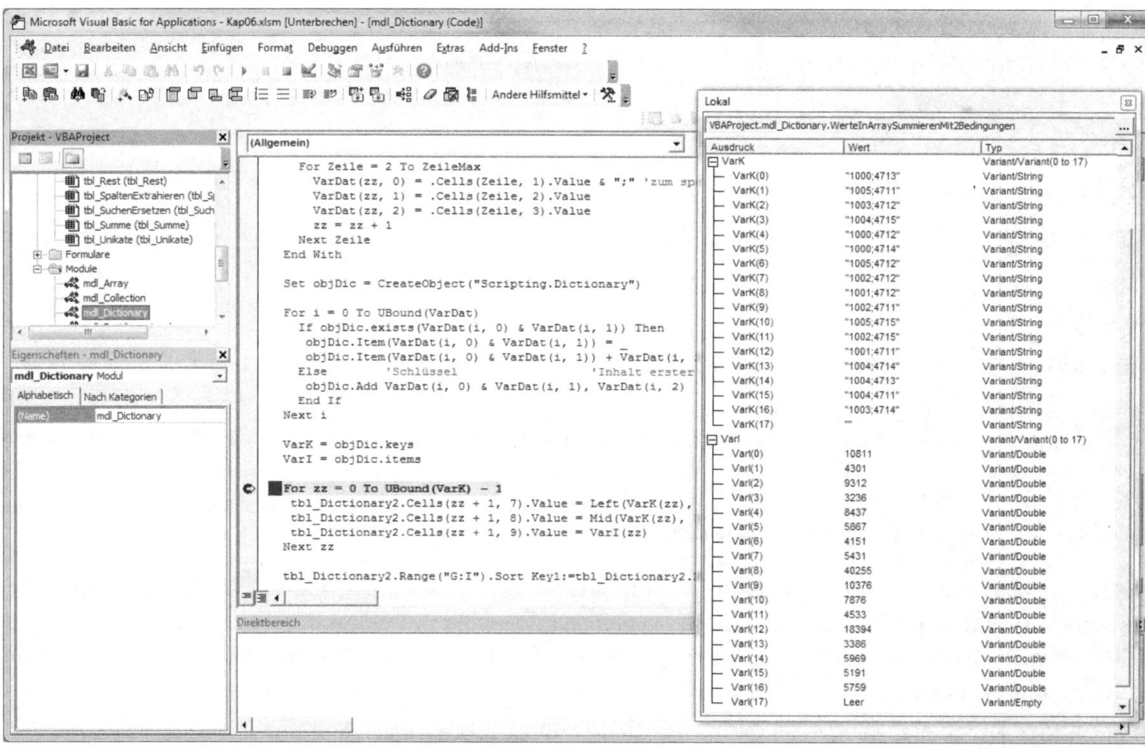

Abbildung 6.30 Die Befüllung des Arrays über das *Lokal*-Fenster kontrollieren

Danach wird das Schlüsselarray VarK Feld für Feld über eine For...Next-Schleife abgearbeitet. Innerhalb der Schleife wird der vorher zusammengesetzte Schlüssel im Array VarK anhand des vorher eingeführten Semikolons als Trennzeichen auseinandergenommen und in die Spalten *G* und *H* verteilt. In Spalte *I* kommen die dazugehörigen Werte aus dem Array VarI.

Am Ende des Makros aus Listing 6.15 wenden Sie die Methode Sort an, um den Datenbestand direkt in der Tabelle zu sortieren. Dazu geben Sie als erstes Sortierkriterium die Zelle *G1* (KST; Kostenstelle) und als zweites Sortierkriterium die Zelle *H1* (Konto) im Parameter Key1 bzw. Key2 an. Beide Male geben Sie im Parameter Order1 und Order2 die Konstante xlAscending (Absteigend) an.

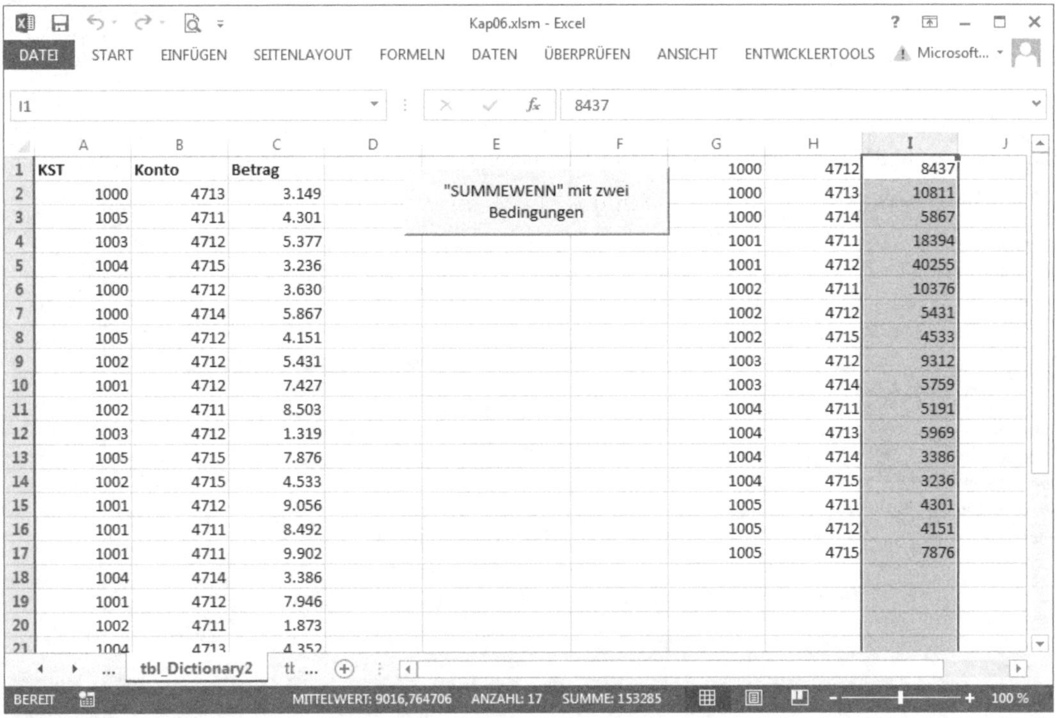

Abbildung 6.31 Die Beträge wurden anhand der Kostenstelle und des Kontos verdichtet

TIPP Gerade bei solchen und ähnlichen Aufgaben empfiehlt es sich, die Ergebnisse zu kontrollieren. So muss die Summe der Spalte *C* mit der Summe aus Spalte *I* übereinstimmen. Dies können Sie auf die Schnelle direkt über das Direktfenster der Entwicklungsumgebung vornehmen. Geben Sie, wie in Abbildung 6.32 gezeigt, die beiden Befehle ein und drücken Sie die Taste [↵].

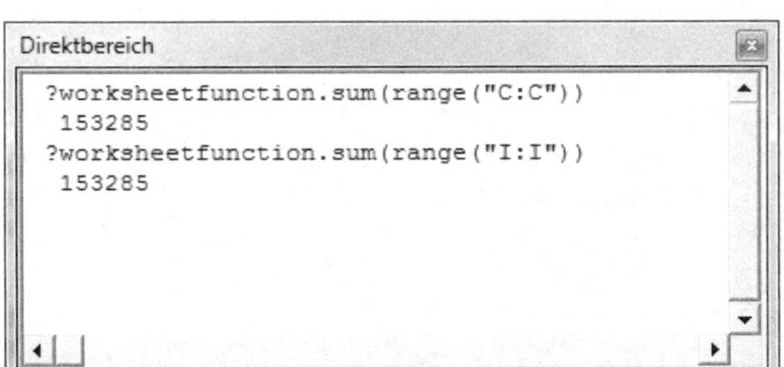

Abbildung 6.32 Ein Plausibilitätstest auf die Schnelle über das Direktfenster

Eine Unikatsliste erstellen

Bei der folgenden Aufgabenstellung soll mithilfe des Dictionary-Objekts eine unikate Liste erstellt werden. Sehen Sie sich dazu die Ausgangssituation in Abbildung 6.33 an.

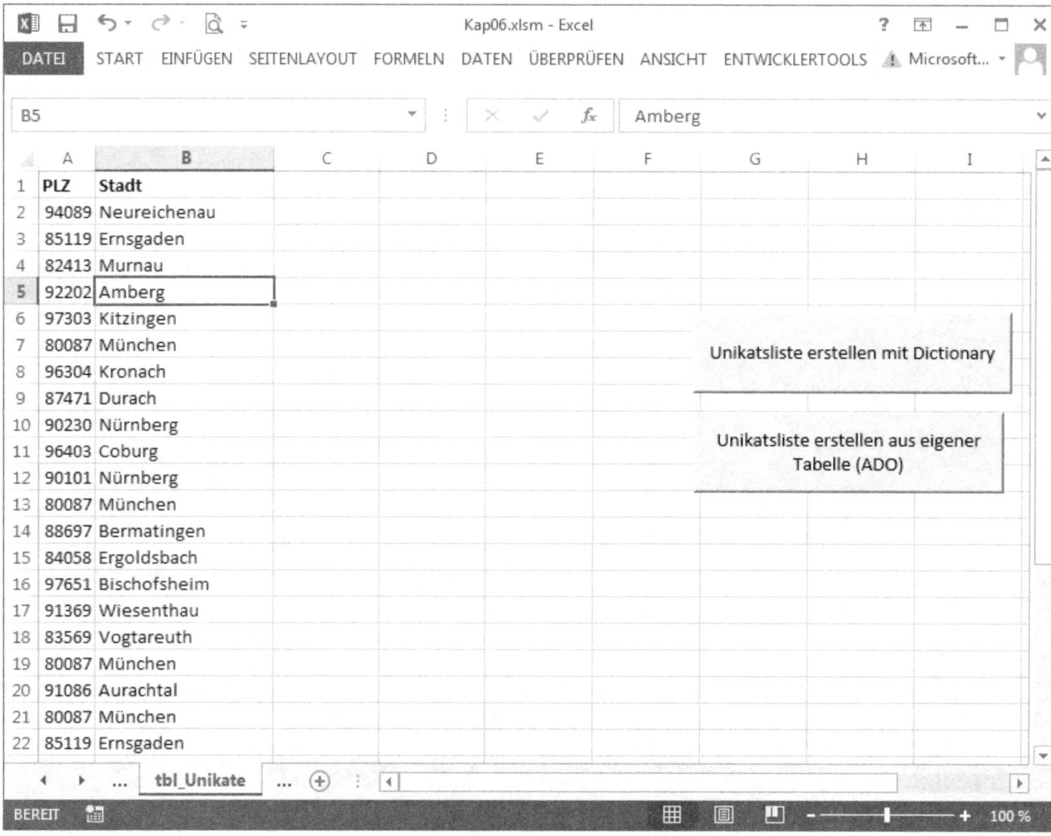

Abbildung 6.33 Eine Liste mit einigen doppelten Postleitzahlen

In der Liste aus Tabelle *tbl_Unikate* gibt es einige Postleitzahlen doppelt. Das Makro aus Listing 6.16 erstellt in den Spalten *D* und *E* eine Liste, in der jede Postleitzahl mit dazugehörigem Ort nur einmal vorkommt.

```
Sub DictionaryUnikatsliste()
  Dim objDic As Object
  Dim zelle As Range
  Dim intAnzahl As Integer
  Dim ZeileMax As Long

   On Error GoTo DictionaryUnikatsliste_Error

  Set objDic = CreateObject("Scripting.Dictionary")

  With tbl_Unikate
    .Range("D:E").Clear
```

Listing 6.16 Eine unikate Liste über das *Dictionary*-Objekt erstellen

```
    ZeileMax = .Cells(.Rows.Count, 1).End(xlUp).Row

    For Each zelle In .Range("A1:A" & ZeileMax)

      If Not objDic.Exists(zelle.Value) Then
       If IsEmpty(zelle.Value) = False Then
         objDic.Add zelle.Value, zelle.Offset(0, 1).Value
       End If
      End If

    Next zelle

   intAnzahl = objDic.Count
   .Range("D1:D" & intAnzahl).Value = WorksheetFunction.Transpose(objDic.keys)
   .Range("E1:E" & intAnzahl).Value = WorksheetFunction.Transpose(objDic.items)

   'Sortieren
   .Range("D:E").Sort Key1:=.Range("D1"), order1:=xlAscending, Header:=xlYes

  End With
  Set objDic = Nothing

   On Error GoTo 0
   Exit Sub

DictionaryUnikatsliste_Error:

    MsgBox "Error " & Err.Number & " (" & Err.Description & _
     ") in procedure DictionaryUnikatsliste of Modul mdl_Unikatsliste"
End Sub
```

Listing 6.16 Eine unikate Liste über das *Dictionary*-Objekt erstellen *(Fortsetzung)*

Im ersten Schritt deklarieren Sie eine Objektvariable vom Typ Object. Danach wenden Sie die Methode CreateObject an, um ein Dictionary-Objekt zu erstellen. Im Anschluss daran löschen Sie den späteren Zielbereich mithilfe der Methode Clear. Danach ermitteln Sie die letzte verwendete Zeile in der Tabelle und übergeben diese Information an die Variable ZeileMax.

Anschließend setzen Sie eine For Each...Next-Schleife auf, die jede Zelle im verwendeten Bereich der Spalte A durchläuft. Innerhalb der Schleife prüfen Sie mit der Funktion Exists, ob die Postleitzahl bereits im Dictionary-Objekt enthalten ist. Falls nicht, fügen Sie die Postleitzahl mithilfe der Methode Add hinzu. Dabei übergeben Sie im ersten Parameter der Methode den Schlüssel, in diesem Fall ist dies die Postleitzahl. Im zweiten Parameter können Sie den dazugehörigen Ortsnamen angeben.

Nachdem alle Zellen verarbeitet wurden und das Dictionary-Objekt gefüllt ist, geben Sie die Inhalte (Schlüssel und Werte) in die Spalten *D* und *E* der Tabelle aus. Beachten Sie dabei, dass Sie das Array objDic noch mithilfe der Funktion Transpose drehen müssen. Über die Eigenschaft Keys geben Sie die Postleitzahlen aus, mit der Eigenschaft items die dazugehörigen Ortsnamen. Am Ende des Makros wenden Sie die Methode Sort auf die Spalten *D* und *E* an und sortieren die Daten anhand der PLZ aufsteigend.

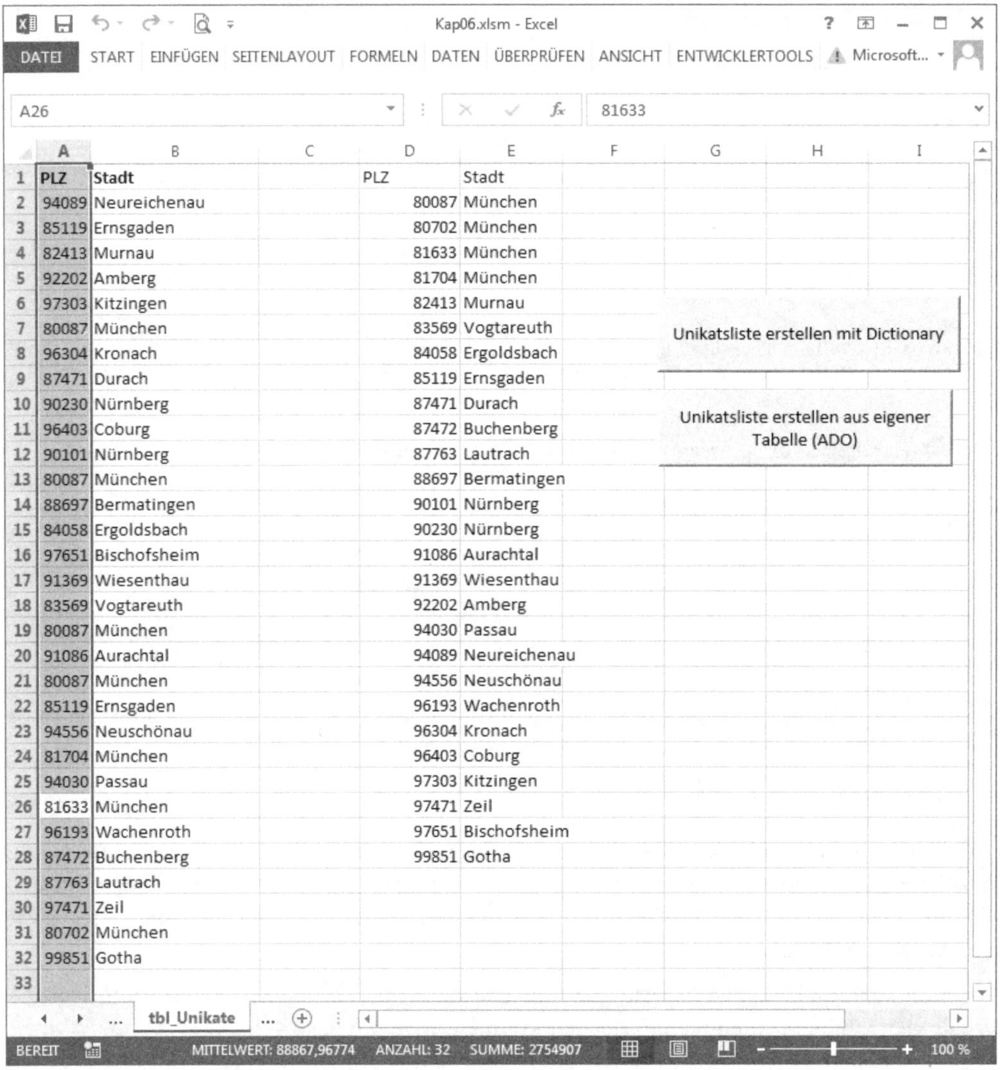

	A	B	C	D	E
1	PLZ	Stadt		PLZ	Stadt
2	94089	Neureichenau		80087	München
3	85119	Ernsgaden		80702	München
4	82413	Murnau		81633	München
5	92202	Amberg		81704	München
6	97303	Kitzingen		82413	Murnau
7	80087	München		83569	Vogtareuth
8	96304	Kronach		84058	Ergoldsbach
9	87471	Durach		85119	Ernsgaden
10	90230	Nürnberg		87471	Durach
11	96403	Coburg		87472	Buchenberg
12	90101	Nürnberg		87763	Lautrach
13	80087	München		88697	Bermatingen
14	88697	Bermatingen		90101	Nürnberg
15	84058	Ergoldsbach		90230	Nürnberg
16	97651	Bischofsheim		91086	Aurachtal
17	91369	Wiesenthau		91369	Wiesenthau
18	83569	Vogtareuth		92202	Amberg
19	80087	München		94030	Passau
20	91086	Aurachtal		94089	Neureichenau
21	80087	München		94556	Neuschönau
22	85119	Ernsgaden		96193	Wachenroth
23	94556	Neuschönau		96304	Kronach
24	81704	München		96403	Coburg
25	94030	Passau		97303	Kitzingen
26	81633	München		97471	Zeil
27	96193	Wachenroth		97651	Bischofsheim
28	87472	Buchenberg		99851	Gotha
29	87763	Lautrach			
30	97471	Zeil			
31	80702	München			
32	99851	Gotha			
33					

Abbildung 6.34 Die unikate Liste der Postleitzahlen wurde erstellt

Anzahl von Bestellungen ermitteln

Bei der folgenden Aufgabe liegt in Abbildung 6.35 eine Liste mit in einem bestimmten Zeitraum bestellten Artikeln vor.

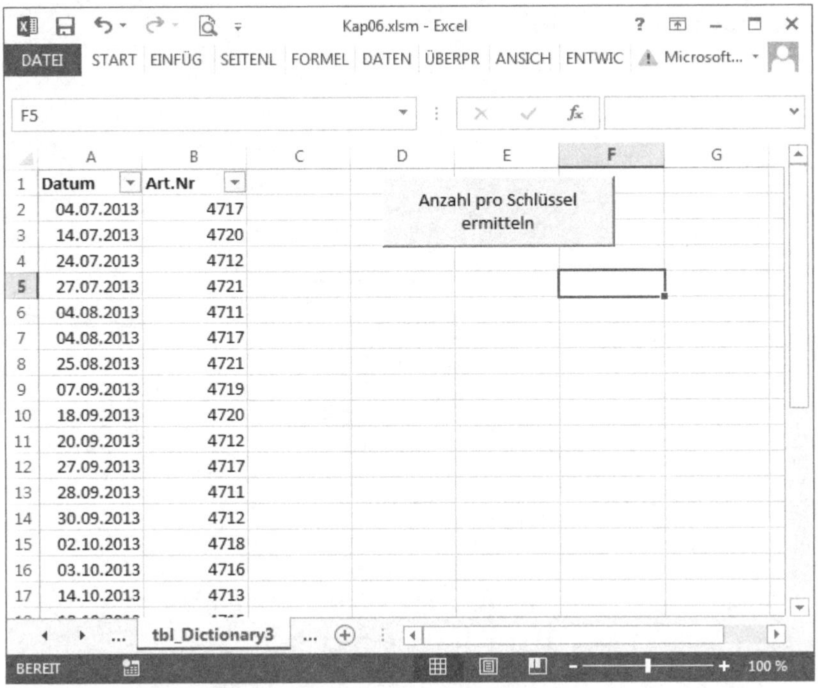

Abbildung 6.35 Wie oft wurden die Artikel jeweils bestellt?

Beantworten Sie die Frage, wie oft ein Artikel bestellt wurde, indem Sie zunächst alle Datensätze in ein Array und dann das Array in ein Dictionray-Objekt einlesen und die Anzahl der Bestellungen pro Artikel zählen. Dazu starten Sie das Makro aus Listing 6.17.

```
Sub WerteInArrayZählen()
  Dim Zeile As Long
  Dim ZeileMax As Long
  Dim objDic As Object
  Dim i As Integer
  Dim VarDat As Variant
  Dim VarK As Variant
 Dim VarI As Variant
  Dim zz As Integer

   On Error GoTo WerteInArrayZählen_Error

  With tbl_Dictionary3
     .Range("D:E").Clear
     ZeileMax = .Cells(.Rows.Count, 1).End(xlUp).Row

       ReDim VarDat(0 To ZeileMax - 1)

       'Alle Art.Nr in Array einlesen
         For Zeile = 1 To ZeileMax
           VarDat(zz) = .Cells(Zeile, 2).Value
           zz = zz + 1
         Next Zeile
```

Listing 6.17 Die Anzahl der genannten Artikel wird ermittelt

```
        Set objDic = CreateObject("Scripting.Dictionary")

        For i = 0 To UBound(VarDat)
          If objDic.exists(VarDat(i)) Then
           objDic.Item(VarDat(i)) = objDic.Item(VarDat(i)) + 1
          Else
           objDic.Add VarDat(i), 1
          End If
        Next i

        VarK = objDic.keys
        VarI = objDic.items

        For zz = 0 To UBound(VarK)
         .Cells(zz + 1, 4).Value = VarK(zz)
         .Cells(zz + 1, 5).Value = VarI(zz)
        Next zz

        'Sortieren
        .Range("D:E").Sort Key1:=.Range("D1"), Order1:=xlAscending, Header:=xlYes

     End With

     On Error GoTo 0
     Exit Sub

WerteInArrayZählen_Error:

      MsgBox "Error " & Err.Number & " (" & Err.Description & _
      ") in procedure WerteInArrayZählen of Modul mdl_Dictionary"

End Sub
```

Listing 6.17 Die Anzahl der genannten Artikel wird ermittelt *(Fortsetzung)*

Im ersten Schritt legen Sie einige Arrayvariablen vom Typ Variant an. Mit diesen Arrays werden Sie später die Schlüssel (hier die Artikelnummern) sowie die Werte speichern und ausgeben. Danach löschen Sie sicherheitshalber den Zielbereich, der in den Spalten *D* und *E* liegt, mithilfe der Methode Clear. Anschließend ermitteln Sie die letzte gefüllte Zeile in Spalte *A* und speichern die Zeilennummer in der Variablen ZeileMax, indem Sie von dieser letzten Zeile die Eigenschaft Row abfragen.

Schließlich wird das Array VarDat mittels einer For...Next-Schleife gefüllt. Dabei handelt es sich um ein eindimensionales Array, dem Sie jeweils den Inhalt der jeweiligen Zelle aus Spalte *B* zuweisen. Ist das Array gänzlich gefüllt, wenden Sie die Methode CreateObject an, um ein Dictionary-Objekt zu erstellen. Danach wird das gerade eben gefüllte Array VarDat durchlaufen und mithilfe der Funktion Exists geprüft, ob der Schlüssel (die Artikelnummer) bereits im Dictionary-Objekt enthalten ist. Falls nicht, fügen Sie den Schlüssel in das Dictionary-Objekt ein, indem Sie die Methode Add verwenden. Dabei geben Sie im zweiten Parameter den Startwert 1 für diesen Schlüssel als Vorgabewert (erster Wert für diese Artikelnummer) an. Existiert der Schlüssel bereits im Dictionary-Objekt, dann erhöhen Sie dessen Inhalt jeweils um den Wert 1. Am Ende der Schleife ist das Dictionary-Objekt mit den Schlüsseln und den dazu berechneten Werten gefüllt.

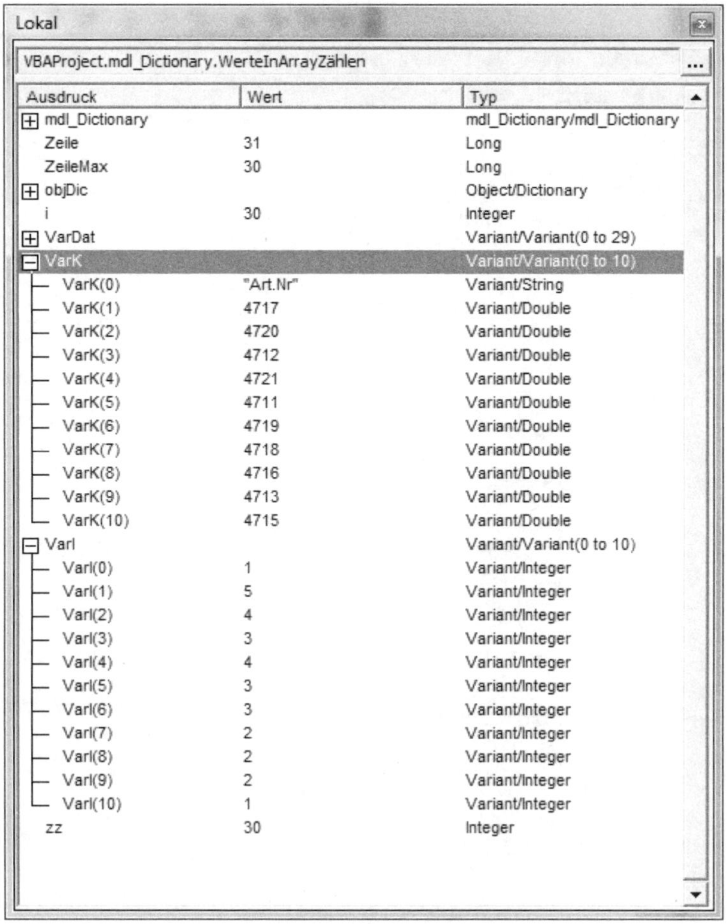

Abbildung 6.36 Das *Dictionary*-Objekt kann im *Lokal*-Fenster kontrolliert werden

Die Ausgabe des Dictionary-Objekts kann über eine For...Next-Schleife erfolgen. Dabei werden die Schlüssel des Dictionary-Objekts abgearbeitet. Innerhalb der Schleife werden die Schlüssel in Spalte *D* und die dazugehörigen gezählten Werte pro Schlüssel in Spalte *E* geschrieben. Am Ende des Makros aus Listing 6.17 erfolgt eine Sortierung nach Artikelnummer mithilfe der Methode Sort.

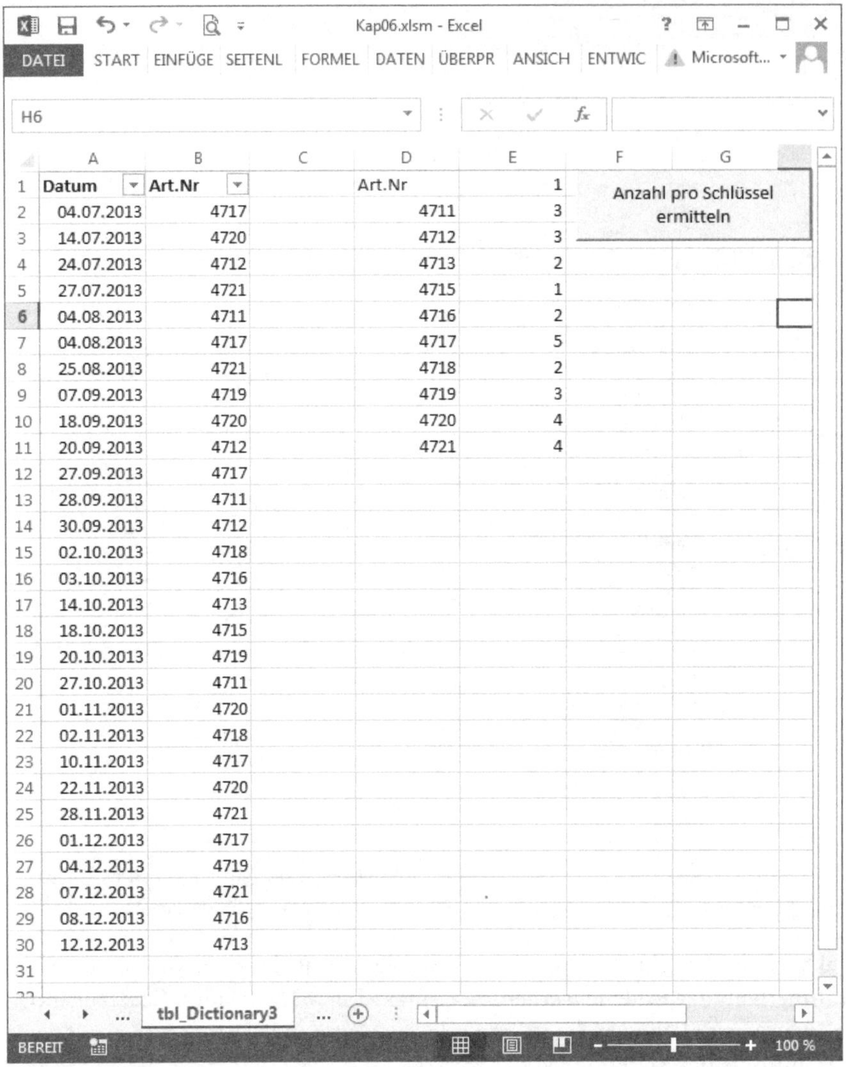

	A	B	C	D	E
1	Datum	Art.Nr		Art.Nr	1
2	04.07.2013	4717		4711	3
3	14.07.2013	4720		4712	3
4	24.07.2013	4712		4713	2
5	27.07.2013	4721		4715	1
6	04.08.2013	4711		4716	2
7	04.08.2013	4717		4717	5
8	25.08.2013	4721		4718	2
9	07.09.2013	4719		4719	3
10	18.09.2013	4720		4720	4
11	20.09.2013	4712		4721	4
12	27.09.2013	4717			
13	28.09.2013	4711			
14	30.09.2013	4712			
15	02.10.2013	4718			
16	03.10.2013	4716			
17	14.10.2013	4713			
18	18.10.2013	4715			
19	20.10.2013	4719			
20	27.10.2013	4711			
21	01.11.2013	4720			
22	02.11.2013	4718			
23	10.11.2013	4717			
24	22.11.2013	4720			
25	28.11.2013	4721			
26	01.12.2013	4717			
27	04.12.2013	4719			
28	07.12.2013	4721			
29	08.12.2013	4716			
30	12.12.2013	4713			
31					

Abbildung 6.37 Eine Verdichtung nach der Anzahl des Auftretens von Artikelnummern

TIPP Sie können übrigens auch die Inhalte (Keys und Items) ganz elegant mithilfe des Überwachungsfensters anzeigen lassen. Dazu gehen Sie wie folgt vor:

1. Blenden Sie das Überwachungsfenster ein.
2. Setzen Sie mithilfe der Taste F9 einen Haltepunkt direkt nach der For...Next-Schleife, sobald das Dictionary-Objekt gefüllt ist.
3. Starten Sie das Makro mit F5.
4. Ziehen Sie die Befehlsfolge objDic.keys per Drag & Drop aus dem Codefenster in das Überwachungsfenster.
5. Erweitern Sie die Anzeige durch einen Klick auf das Plus-Symbol.
6. Wiederholen Sie die Schritte 4 und 5 für die Befehlsfolge objDic.Items

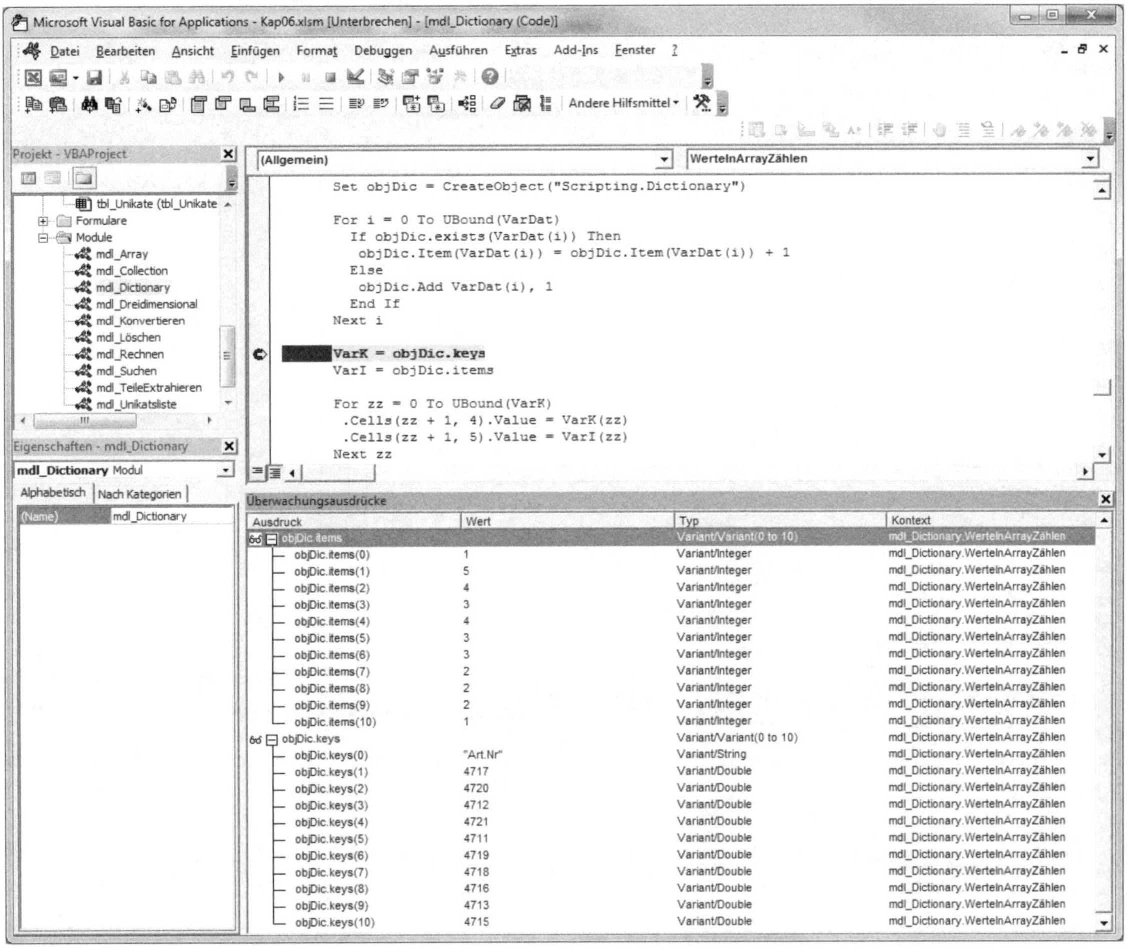

Abbildung 6.38 Die Schlüssel sowie die Inhalte können eingesehen werden

Die Ergebnisse aus dem Dictionary-Objekt können leicht mithilfe des AutoFilters verifiziert werden.

Doppelte Daten in einem Bereich ermitteln

Bei der nachfolgenden Aufgabenstellung soll es darum gehen, zu ermitteln, ob bestimmte Datensätze in einem Datenbestand mehrfach vorkommen. Sehen Sie sich dazu einmal Abbildung 6.38 an.

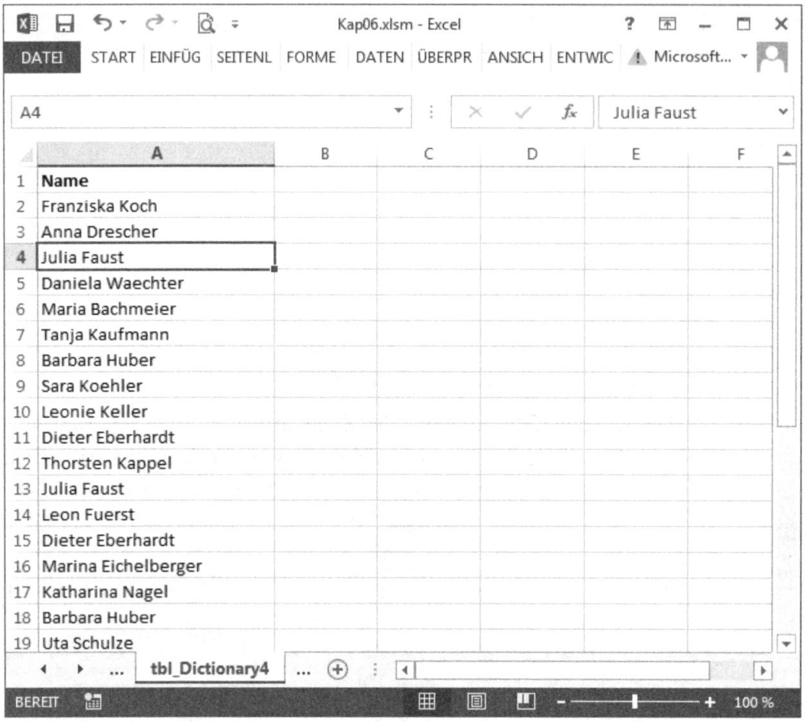

Abbildung 6.39 Welche der Namen tauchen in der Liste doppelt auf?

Beantworten können Sie die Frage nach den doppelten Namen über den Einsatz des Dictionary-Objekts aus Listing 6.18.

```
Sub DoppelteDatenAusgeben()
  Dim objDic As Object
  Dim strDopp As String
  Dim zelle As Range

  On Error GoTo DoppelteDatenAusgeben_Error

 With tbl_Dictionary4
  ZeileMax = .Cells(.Rows.Count, 1).End(xlUp).Row

  Set objDic = CreateObject("Scripting.Dictionary")

  For Each zelle In .Range("A2:A" & ZeileMax)
    If zelle.Value <> "" Then
      If objDic.exists(zelle.Value) = False Then
        objDic (zelle.Value) = 0
          Else
        strDopp = strDopp & zelle.Value & vbLf
     End If
    End If
  Next zelle

 MsgBox "Doppelte Daten: " & vbLf & strDopp

 End With
```

Listing 6.18 Die mehrfach genannten Kunden werden ermittelt

```
    On Error GoTo 0
    Exit Sub

DoppelteDatenAusgeben_Error:

    MsgBox "Error " & Err.Number & " (" & Err.Description & _
    ") in procedure DoppelteDatenAusgeben of Modul mdl_Dictionary"

End Sub
```

Listing 6.18 Die mehrfach genannten Kunden werden ermittelt *(Fortsetzung)*

Zu Beginn ermitteln Sie das Ende der belegten Tabelle und speichern die letzte belegte Zeilennummer in der Variablen ZeileMax. Danach erstellen Sie mithilfe der Methode CreateObject ein Dictionary-Objekt.

Im Anschluss daran wird der verwendete Bereich der Tabelle Zelle für Zelle mithilfe einer For...Each Next-Schleife abgearbeitet. Sicherheitshalber wird geprüft, ob in der jeweiligen Zelle aus Spalte A auch wirklich ein Inhalt verzeichnet ist. Wenn ja, dann prüfen Sie mit der Funktion Exists, ob der Name bereits im Dictionary-Objekt vorhanden ist. Wenn nicht, dann weisen Sie dem Schlüssel den Wert 0 zu. Damit ist der Schlüssel angelegt. Wird nun der gleiche Schlüssel noch einmal im Dictionary gefunden, wird der Else-Zweig angesteuert. In diesem Zweig wird der Name sowie ein Zeilenvorschub in der Variablen strDopp festgehalten. Am Ende werden alle doppelt genannten Namen über die Funktion MsgBox am Bildschirm ausgegeben.

Abbildung 6.40 Die mehrfach genannten Personen am Bildschirm anzeigen

Arbeiten mit Auflistungen

Eine Auflistung (engl. Collection) ist wie ein Behälter, in den man Daten einfüllen kann. Der Datentyp ist dabei egal. Die Größe der Auflistung passt sich immer automatisch an Ihre Bedürfnisse an. Auf den folgenden Seiten lernen Sie einige praktische Beispiele kennen.

Unikate Einträge über eine Auflistung bilden

Bei der folgenden Aufgabe liegt die in Abbildung 6.40 dargestellte Ausgangssituation vor.

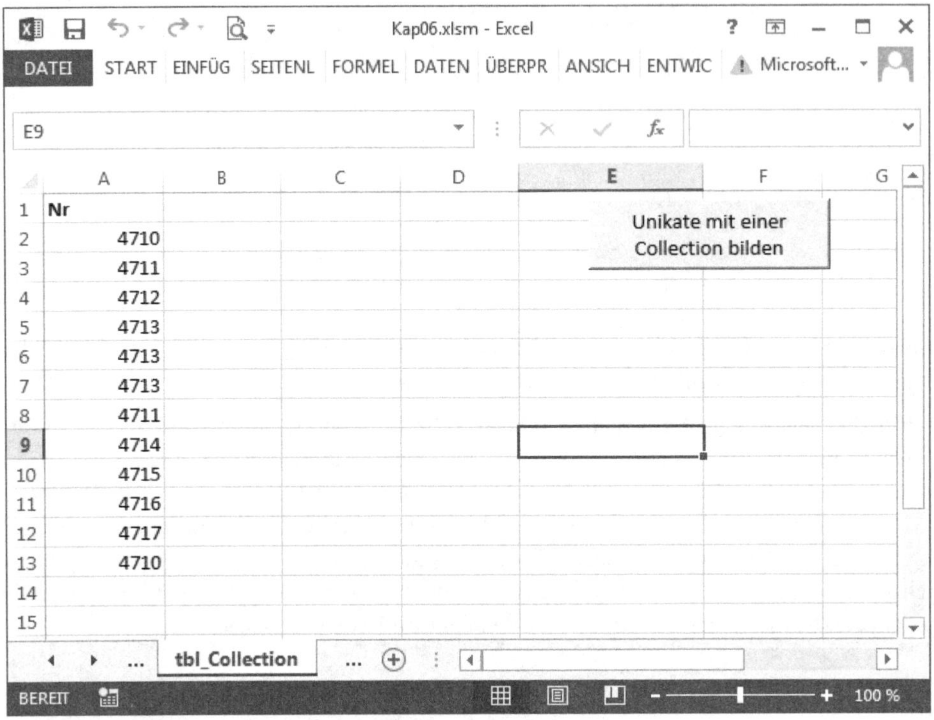

Abbildung 6.41 In dieser Liste liegen Daten doppelt vor

Über den Einsatz einer Auflistung wird eine Unikatsliste erstellt und in Spalte *C* der Tabelle *tbl_Unikate* ausgegeben. Sehen Sie sich dazu Listing 6.19 an.

```
Sub ListeUnikateCollection()
    Dim Liste As New Collection
    Dim Zeile As Long
    Dim ZeileMax As Long
    Dim varKey As Variant
    Dim varVal As Variant

   On Error Resume Next

    With tbl_Collection
        .Range("C:C").Clear
        ZeileMax = .Cells(Rows.Count, 1).End(xlUp).Row

        For Zeile = 1 To ZeileMax
            varVal = .Cells(Zeile, 1).Value
            varKey = CStr(varVal)
            Liste.Add varVal, varKey
        Next Zeile
        On Error GoTo 0

        For Zeile = 1 To Liste.Count
            .Cells(Zeile, 3).Value = Liste(Zeile)
```

Listing 6.19 Eine Unikatsliste über eine Auflistung erstellen

```
        Next Zeile

        Set Liste = Nothing
    End With

End Sub
```

Listing 6.19 Eine Unikatsliste über eine Auflistung erstellen *(Fortsetzung)*

Zunächst deklarieren Sie eine Variable vom Typ Collection und verwenden das Schlüsselwort New. Damit steht der Datenbehälter zur Verfügung.

HINWEIS Um eine Objektvariable zu erstellen, können Sie entweder

```
Dim Liste As New Collection
```

oder auch zwei Anweisungen schreiben:

```
Dim Liste As Collection
Set Liste = New Collection
```

In beiden Fällen können Sie die Auflistung danach verwenden.

Ferner benötigen Sie zwei Arrays, um einerseits den Wert und andererseits den Schlüssel, ähnlich wie beim Dictionary-Objekt, abzulegen. Vorab löschen Sie den Zielbereich, der in Spalte *C* liegt. Dazu verwenden Sie die Methode Clear. Sie ermitteln die letzte verwendete Zeile in Spalte A und setzen anschließend eine For...Next-Schleife auf, die die Tabelle *tbl_Collection* Zeile für Zeile von oben nach unten verarbeitet. Innerhalb der Schleife befüllen Sie die beiden Arrays mit dem eigentlichen Wert sowie dem Schlüssel, indem Sie die Methode Add verwenden und beide Argumente übergeben. Befindet sich ein Schlüssel bereits in der Auflistung, wird ein Fehler verursacht, den Sie aber mit der On Error-Klausel jeweils abfangen. Der Schlüssel in einer Auflistung muss immer vom Typ String sein. Daher wird Nr über die Funktion CStr in einen String umgewandelt.

Die unikate Befüllung kann im *Lokal*-Fenster der Entwicklungsumgebung Schritt für Schritt verfolgt werden. Blenden Sie dazu das *Lokal*-Fenster ein, und führen Sie das Makro im Einzelschrittmodus über die Taste F8 aus. Beobachten Sie dabei die Veränderungen in der Auflistung Liste.

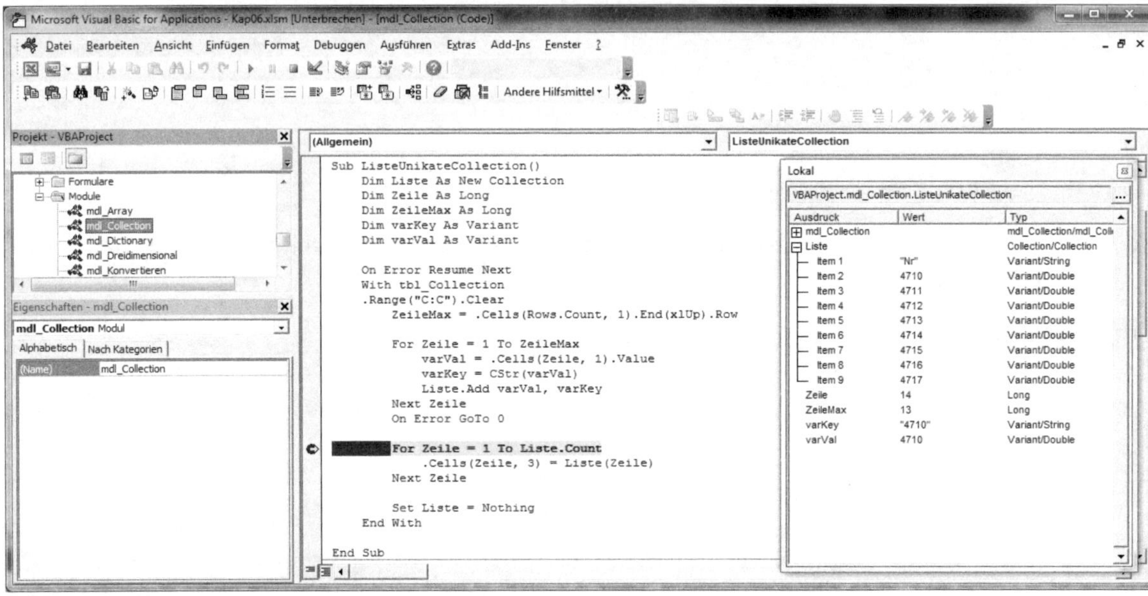

Abbildung 6.42 Die Auflistung ist mit unikaten Werten gefüllt

Nachdem die Auflistung gefüllt ist, wird Sie mittels einer For...Next-Schleife in die Spalte *C* der Tabelle *tbl_Collection* entleert. Dabei ermitteln Sie über die Funktion Count, wie viele Einträge in der Auflistung enthalten sind. Das Schreiben der Zellen erfolgt über eine Indizierung der Auflistung.

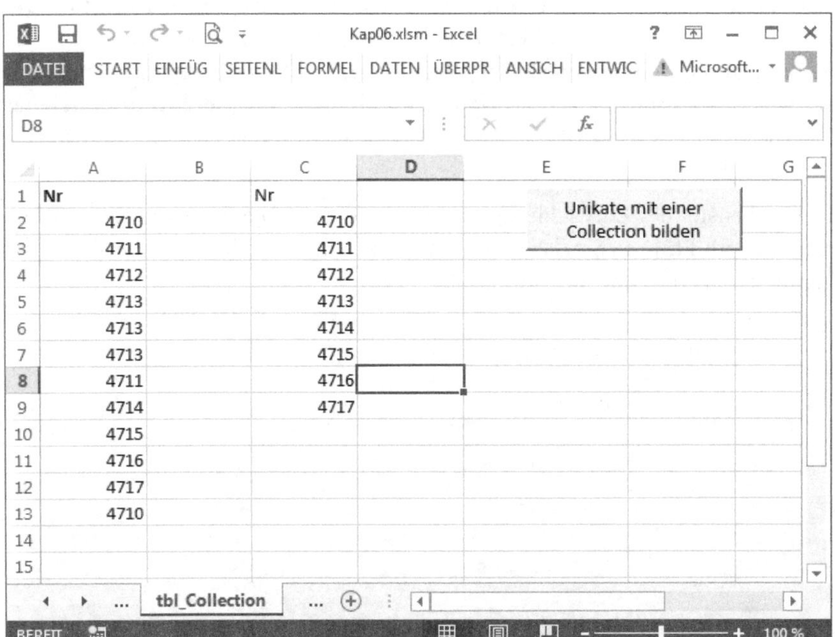

Abbildung 6.43 Die Unikatsliste wurde erstellt

Eine Auflistung aus einer Tabelle befüllen

Beim folgenden Beispiel soll eine Auflistung die Daten direkt aus der Tabelle *tbl_Collection2* erhalten. Sehen Sie sich zunächst die Ausgangssituation in Abbildung 6.43 an.

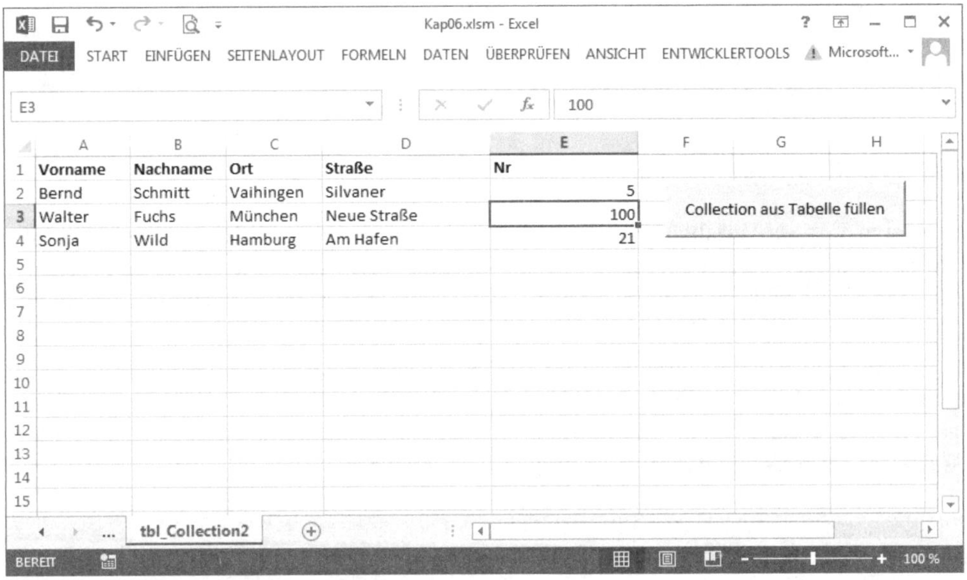

Abbildung 6.44 Diese Tabelle soll in eine Auflistung eingelesen werden

Sie befördern den Inhalt der Tabelle in eine Auflistung, indem Sie das Makro aus Listing 6.20 starten.

```
Sub CollectionAusTabelleFüllen()
    Dim colTabelle As Collection
    Dim colZeile As Collection
    Dim Zeile As Long
    Dim ZeileMax As Long

   On Error GoTo CollectionAusTabelleFüllen_Error

    Set colTabelle = New Collection

    ZeileMax = tbl_Collection2.Cells(tbl_Collection2.Rows.Count, 1).End(xlUp).Row

    For Zeile = 2 To ZeileMax
        Set colZeile = New Collection
        With colZeile
            .Add tbl_Collection2.Cells(Zeile, 1).Value, "Vorname"
            .Add tbl_Collection2.Cells(Zeile, 2).Value, "Nachname"
            .Add tbl_Collection2.Cells(Zeile, 3).Value, "Ort"
            .Add tbl_Collection2.Cells(Zeile, 4).Value, "Straße"
            .Add tbl_Collection2.Cells(Zeile, 5).Value, "Hausnummer"
        End With
        colTabelle.Add colZeile
    Next Zeile
```

Listing 6.20 Den Inhalt einer Tabelle in eine Auflistung einlesen

```
    'Exemplarisch aus der ersten Zeile die zweite Spalte extrahieren
    Debug.Print colTabelle(1)(2)

   On Error GoTo 0
   Exit Sub

CollectionAusTabelleFüllen_Error:

    MsgBox "Fehler " & Err.Number & " (" & Err.Description & _
    ") in prozedur CollectionAusTabelleFüllen of Modul mdl_Collection"

End Sub
```

Listing 6.20 Den Inhalt einer Tabelle in eine Auflistung einlesen *(Fortsetzung)*

Im ersten Schritt deklarieren Sie zwei Variablen vom Typ Collection. Danach wird das Collection-Objekt über die Anweisung New im Zusammenspiel mit der Anweisung Set neu erstellt. Jetzt wird die letzte verwendete Zeile in der Tabelle *tbl_Collection2* ermittelt und an die Variable ZeileMax weitergegeben. Setzen Sie danach eine For...Next-Schleife auf, in der alle Zeilen der Tabelle verarbeitet werden. Innerhalb der Schleife wird die zweite Collection ColZeile neu erstellt und anschließend mit der Methode Add gefüllt. Dabei übergeben Sie im ersten Parameter den eigentlichen Wert (z.B. *Bernd*) und im zweiten Argument den Schlüssel. Nachdem alle Spalten der Auflistung gefüllt sind, wenden Sie die Methode Add an, um die gerade gefüllte Zeile aus der Auflistung colZeile in der Auflistung ColTabelle abzulegen.

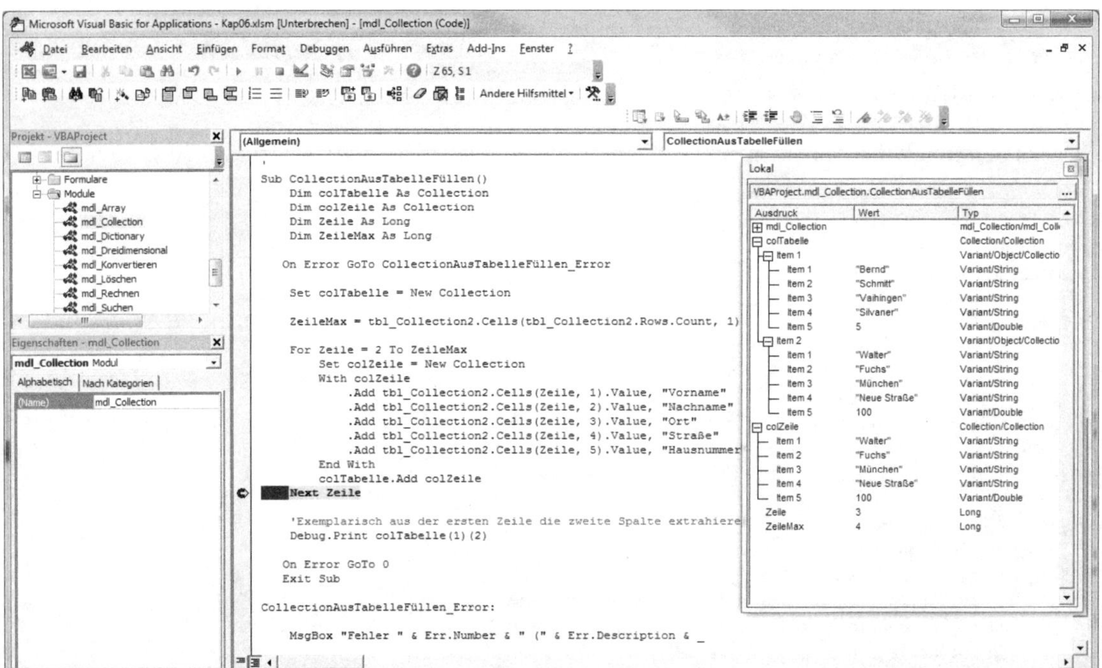

Abbildung 6.45 Die Befüllung der Auflistung über das Lokal-Fenster verfolgen

Exemplarisch können Sie einen Eintrag in der Auflistung über den Einsatz von Indizes ansprechen. So wird über die Anweisung ColTabelle (1) (2) der Nachname aus der ersten Zeile und der zweiten Spalte abgerufen.

Kapitel 7

Daten verarbeiten über ADO

In diesem Kapitel:

Der Einsatz von ADO

Sie haben bereits im ersten Kapitel dieses Buchs erfahren, wie Sie ADO verwenden können, um Daten aus anderen Arbeitsmappen zu importieren. Sie können aber auch ADO einsetzen, um auf die aktuell geöffnete Arbeitsmappe zuzugreifen und bestimmte Routinearbeiten zu erledigen. Die Palette reicht von Filtern und Verdichten von Daten bis hin zum Löschen bestimmter Daten. Die Verarbeitungsgeschwindigkeit ist dabei um ein vielfaches höher als mit den Excel-Standardfunktionen. In diesem Kapitel lernen Sie einige interessante praktische Anwendungsmöglichkeiten kennen.

ONLINE Den Beispielcode zu diesem Kapitel finden Sie im Ordner *Buch\Kap07*.

Daten filtern und in einer anderen Tabelle ausgeben

Beim ersten Beispiel dieses Kapitels liegt eine Tabelle nach dem Vorbild aus Abbildung 7.1 vor.

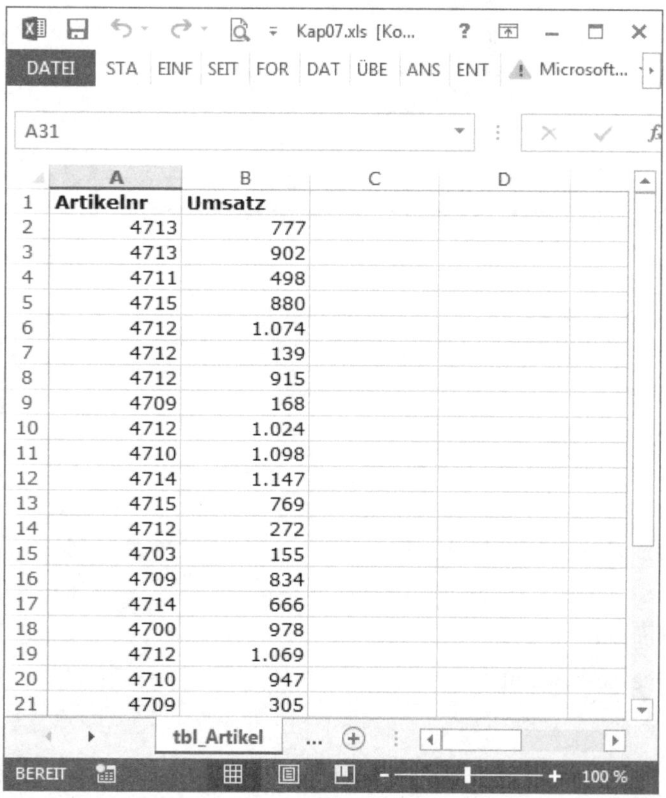

	A	B
1	Artikelnr	Umsatz
2	4713	777
3	4713	902
4	4711	498
5	4715	880
6	4712	1.074
7	4712	139
8	4712	915
9	4709	168
10	4712	1.024
11	4710	1.098
12	4714	1.147
13	4715	769
14	4712	272
15	4703	155
16	4709	834
17	4714	666
18	4700	978
19	4712	1.069
20	4710	947
21	4709	305

Abbildung 7.1 Die ungefilterte Liste als Ausgangssituation

Aus dieser Liste sollen alle Artikel herausgefiltert werden, die eine Artikelnummer 4711 und höher aufweisen. Dazu wird das Makro aus Listing 7.1 eingesetzt.

```
Sub BestimmteDatenHolenLateBinding()
  Dim cn As Object
  Dim rs As Object
  Dim strConnection As String
  Dim strSQL As String

 'Zieltabelle leeren
 tbl_Ergebnis.UsedRange.Clear

 'Überschrift kopieren
 tbl_Artikel.Rows(1).Copy Destination:=tbl_Ergebnis.Range("A1")

  Set cn = CreateObject("ADODB.CONNECTION")

 'Den Treiber bekanntgeben
   strConnection = "DRIVER={Microsoft Excel Driver (*.xls, *.xlsx, *.xlsm, *.xlsb)}; DBQ=" _
    & ThisWorkbook.FullName

   With cn

   'Datenverbindung öffnen
      .Open strConnection

   'Abfragestring zusammenbasteln und Abfrage starten
     strSQL = "SELECT * FROM  [tbl_Artikel$] WHERE Artikelnr>=4711"
     Set rs = CreateObject("ADODB.RECORDSET")
     With rs
      .Source = strSQL
      .ActiveConnection = strConnection
      .CursorType = adOpenKeyset
      .LockType = adLockOptimistic
      .Open
      tbl_Ergebnis.Range("A2").CopyFromRecordset rs
      .Close
     End With
   End With

  'ADO-Verbindung kappen
   cn.Close

   Set cn = Nothing
   Set rs = Nothing

 End Sub
```

Listing 7.1 Daten filtern und in einer anderen Tabelle ausgeben

Im ersten Schritt leeren Sie die Zieltabelle, indem Sie die Methode Clear auf den benutzten Bereich (UsedRange) der Tabelle anwenden. Danach kopieren Sie mithilfe der Methode Copy die Überschrift aus der Tabelle *tbl_Artikel* in die Tabelle *tbl_Ergebnis*.

Danach wenden Sie die Methode CreateObject an, um eine ADODB-Verbindung anzulegen. Jetzt geben Sie den Treiber an und verweisen mithilfe der Eigenschaft FullName direkt auf Ihre eigene Arbeitsmappe. Danach speichern Sie den Treiber in der Variablen strConnection. Anschließend öffnen Sie über die Methode Open die Verbindung.

Die eigentliche Intelligenz liegt in der SQL-Anweisung. Dort werden alle Artikel aus der Tabelle *tbl_Artikel* in ein Recordset geholt, die in der Artikelnummer größer oder gleich 4711 sind. Sie übergeben die SQL-Anweisung, die Sie gerade in der Variablen strSQL gespeichert haben, an die Eigenschaft Source. Als aktuelle Verbindung übergeben Sie der Eigenschaft ActiveConnection den Inhalt der Variablen strConnection. Für die Eigenschaft CursorType weisen Sie die Konstante adOpenKeySet zu. Bei diesem Cursor wird eine Art Verweis auf die tatsächlichen Datensätze in der Quelle erstellt. So können Sie auch Daten ändern, löschen und hinzufügen und bekommen Änderungen, die andere Benutzer an den angefragten Datensätzen vorgenommen haben, auch angezeigt. Lediglich neu angefügte Datensätze werden nicht angezeigt. Außerdem können Sie sich mit dem Cursor frei durch die Datensätze bewegen. Bei der Eigenschaft LockType weisen Sie die Konstante adLockOptimistic zu. Bei diesem Typ werden die Daten erst beim Update gesperrt. Mit der Methode Open wird das RecordSet-Objekt erstellt, das dann die gefilterten Daten enthält.

TIPP Wenn Sie sich das gefüllte Recordset einmal ansehen möchten, dann setzen Sie wie in Abbildung 7.2 gezeigt einen Haltepunkt und blenden das Direktfenster in die Entwicklungsumgebung ein. Geben Sie die Zeile ?rs.Getstring gefolgt von einem Druck auf die Taste [↵] ein.

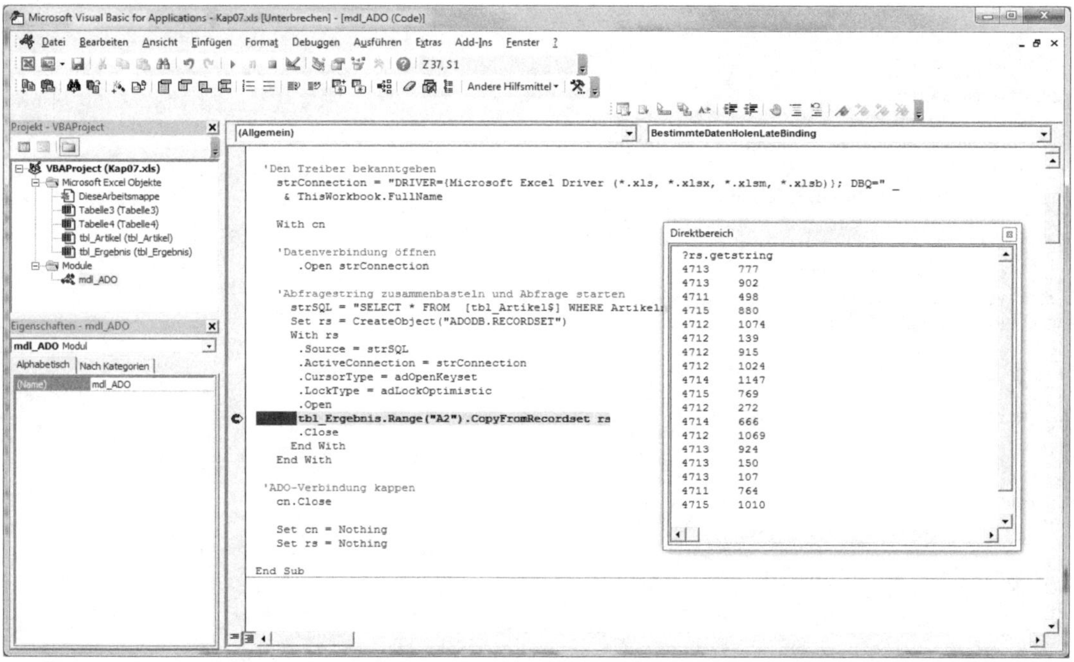

Abbildung 7.2 Den Inhalt des Recordsets im Direktfenster anzeigen lassen

Nachdem Sie diese Anweisung im Direktfenster eingegeben und mit [↵] bestätigt haben, sitzt der Cursor allerdings am Ende des Recordsets, sodass es anschließend nicht mehr in der Tabelle ausgegeben werden kann. Daher ist diese Technik nur zu Testzwecken und zur Kontrolle anwendbar. Selbstverständlich können Sie danach auch noch über das Direktfenster den Befehl rs.Movefirst absetzen, um den Cursor wieder an den Anfang des Recordsets zu setzen.

Nachdem das Recordset gefüllt ist, können Sie dessen kompletten Inhalt über die Methode CopyFromRecordSet in die Tabelle *tbl_Ergebnis* ab Zelle *A2* einfügen.

Schließen Sie am Ende des Makros die Verbindung mithilfe der Methode Close, und geben Sie den Arbeitsspeicher für die Objektvariablen frei, indem Sie diese auf Nothing setzen.

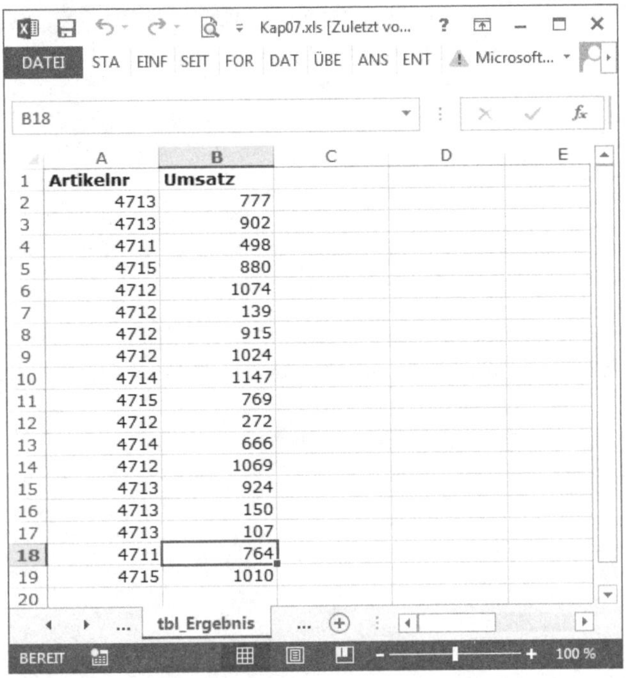

	A	B
1	**Artikelnr**	**Umsatz**
2	4713	777
3	4713	902
4	4711	498
5	4715	880
6	4712	1074
7	4712	139
8	4712	915
9	4712	1024
10	4714	1147
11	4715	769
12	4712	272
13	4714	666
14	4712	1069
15	4713	924
16	4713	150
17	4713	107
18	4711	764
19	4715	1010
20		

Abbildung 7.3 Die gefilterten Daten in einer anderen Tabelle ausgeben

Umsätze nach Datum verdichten

Bei der folgenden Aufgabenstellung liegt eine Tabelle mit Datum, Umsatz und Warengruppe wie in Abbildung 7.4 gezeigt vor.

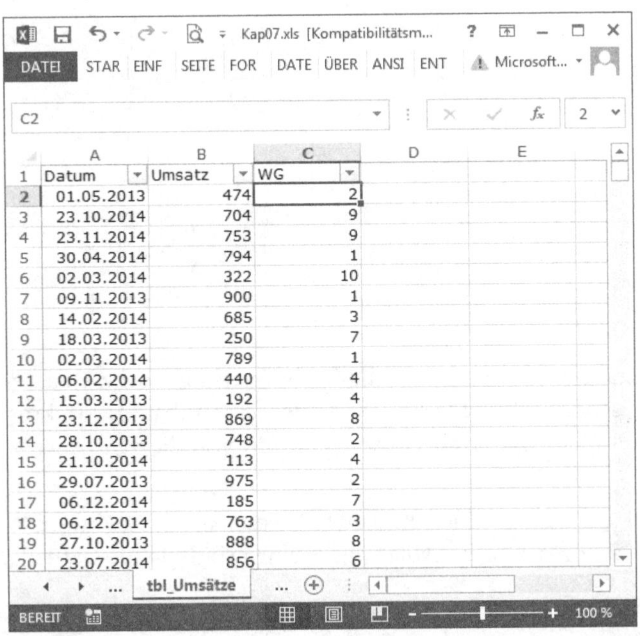

	A	B	C
1	Datum	Umsatz	WG
2	01.05.2013	474	2
3	23.10.2014	704	9
4	23.11.2014	753	9
5	30.04.2014	794	1
6	02.03.2014	322	10
7	09.11.2013	900	1
8	14.02.2014	685	3
9	18.03.2013	250	7
10	02.03.2014	789	1
11	06.02.2014	440	4
12	15.03.2013	192	4
13	23.12.2013	869	8
14	28.10.2013	748	2
15	21.10.2014	113	4
16	29.07.2013	975	2
17	06.12.2014	185	7
18	06.12.2014	763	3
19	27.10.2013	888	8
20	23.07.2014	856	6

Abbildung 7.4 Für jedes Datum liegen mehrere Umsätze vor

Die Aufgabe besteht darin, alle Umsätze pro Tag in der Tabelle *tbl_UmsatzErg* auszugeben. Dazu setzen Sie das Makro aus Listing 7.2 ein.

```
Sub BestimmteDatenHolenUndNachDatumVerdichten()
   Dim cn As Object
   Dim rs As Object
   Dim strConnection As String
   Dim strSQL As String

  Debug.Print "Start: " & Now
  tbl_UmsatzErg.Range("D1").Value = Date
  tbl_UmsatzErg.UsedRange.ClearContents

  Set cn = CreateObject("ADODB.CONNECTION")

 'Den Treiber bekanntgeben
   strConnection = "DRIVER={Microsoft Excel Driver (*.xls, *.xlsx, *.xlsm, *.xlsb)}; DBQ=" _
    & ThisWorkbook.FullName

   With cn
   'Datenverbindung öffnen
      .Open strConnection

   'Abfragestring zusammenbasteln und Abfrage starten
     strSQL = "SELECT Datum, SUM(Umsatz) FROM  [tbl_Umsätze$] WHERE Datum<=" _
     & CLng(Date) & " GROUP BY Datum ORDER BY Datum Desc"

     Set rs = CreateObject("ADODB.RECORDSET")
     With rs
      .Source = strSQL
      .ActiveConnection = strConnection
      .CursorType = adOpenKeyset
      .LockType = adLockOptimistic
      .Open
       tbl_UmsatzErg.Range("A1").CopyFromRecordset rs
      .Close
     End With
   End With

 'ADO-Verbindung kappen
   cn.Close

   Set cn = Nothing
   Set rs = Nothing

End Sub
```

Listing 7.2 Die Umsätze werden tagesgenau verdichtet

Zu Beginn des Makros aus Listing 7.2 wird die Zieltabelle mithilfe der Methode ClearContents gelöscht. Danach schreiben Sie über die Funktion Date das heutige Datum in die Zelle D1. Da der weitere Aufbau des Makros dem des vorherigen entspricht, gehen wir an dieser Stelle nur auf das Entscheidende, also die SQL-Anweisung ein.

Über die Funktion SUM wird der Umsatz auf Basis der Datumsangabe (GROUP BY) verdichtet. Dabei werden zusätzlich nur Datensätze extrahiert und in das Recordset geschrieben, die kleiner sind als das aktuelle

Datum. Zusätzlich werden die Datensätze absteigend sortiert. Dafür wird die SQL-Anweisung ORDER BY verwendet.

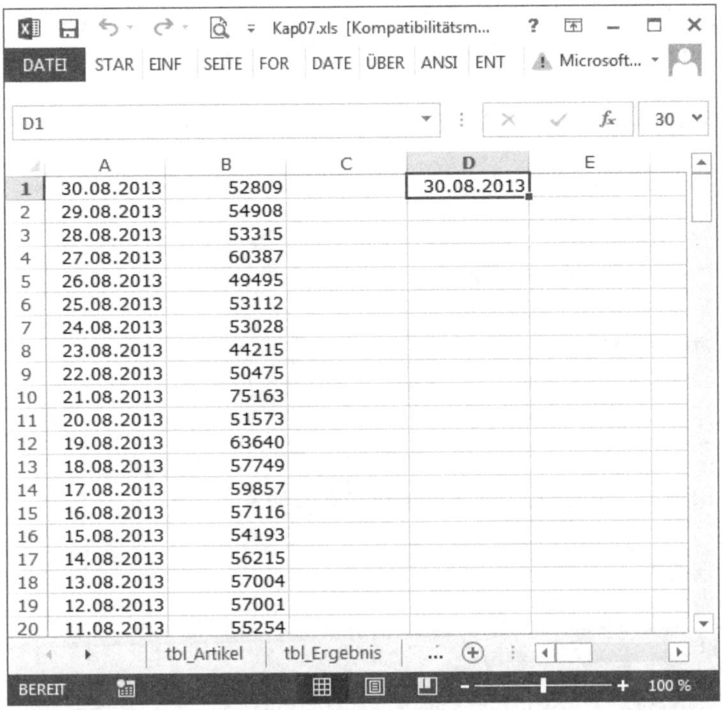

Abbildung 7.5 Die Umsätze wurden auf Tagesbasis verdichtet und anschließend absteigend sortiert

HINWEIS Neben der Funktion SUM gibt es weitere Aggregatfunktionen, die Sie Tabelle 7.1 entnehmen können.

Funktion	Kurzbeschreibung
AVG	Mittelwertberechnung
COUNT	Datensatzanzahl wird ermittelt
FIRST	Meldet den ersten gefundenen Datensatz
LAST	Meldet den letzten gefundenen Datensatz
MAX	Ermittelt den größten Wert eines Felds
MIN	Ermittelt den kleinsten Wert eines Felds
STDEV	Errechnet die Standardabweichung für ein Feld
SUM	Bildet eine Summe

Tabelle 7.1 Die verfügbaren Aggregatfunktionen

Umsätze nach Datum und Warengruppe verdichten

Im folgenden Beispiel nehmen Sie ein zusätzliches Verdichtungskriterium hinzu. Die Daten sollen jetzt nach Datum und Warengruppe aufsummiert werden. Dazu setzen Sie das Makro aus Listing 7.3 ein, das alle Datensätze sammelt und aufsummiert, die in der Vergangenheit liegen und die Warengruppe 1 aufweisen.

```
Sub BestimmteDatenHolenUndNachDatumUndWGVerdichten()
   Dim cn As Object
   Dim rs As Object
   Dim strConnection As String
   Dim strSQL As String

   On Error GoTo BestimmteDatenHolenUndNachDatumUndWGVerdichten_Error

  Debug.Print "Start: " & Now
  tbl_UmsatzErg.Range("A:C").ClearContents
  tbl_UmsatzErg.Range("D1").Value = Date

  Set cn = CreateObject("ADODB.CONNECTION")

 'Den Treiber bekanntgeben
     strConnection = "DRIVER={Microsoft Excel Driver (*.xls, *.xlsx, *.xlsm, *.xlsb)}; DBQ=" _
    & ThisWorkbook.FullName

   With cn

   'Datenverbindung öffnen
      .Open strConnection

   'Abfragestring zusammenbasteln und Abfrage starten
     strSQL = "SELECT Datum, WG, SUM(Umsatz) FROM  [tbl_Umsätze$] WHERE Datum<=" _
     & CLng(Date) & " AND WG=1 GROUP BY Datum, WG ORDER BY Datum Desc"
     Set rs = CreateObject("ADODB.RECORDSET")
     With rs
      .Source = strSQL
      .ActiveConnection = strConnection
      .CursorType = adOpenKeyset
      .LockType = adLockOptimistic
      .Open
      tbl_UmsatzErg.Range("A1").CopyFromRecordset rs
      .Close
     End With
   End With

 'ADO-Verbindung kappen
   cn.Close

   Set cn = Nothing
   Set rs = Nothing
Debug.Print "Ende: " & Now

   On Error GoTo 0
   Exit Sub

BestimmteDatenHolenUndNachDatumUndWGVerdichten_Error:
```

Listing 7.3 Die Daten werden auf Basis des Datums und der Warengruppe verdichtet

```
    MsgBox "Error " & Err.Number & " (" & Err.Description & _
    ") in procedure BestimmteDatenHolenUndNachDatumUndWGVerdichten of Modul mdl_ADO"
End Sub
```

Listing 7.3 Die Daten werden auf Basis des Datums und der Warengruppe verdichtet *(Fortsetzung)*

Mithilfe der SQL-Anweisung

```
"SELECT Datum, WG, SUM(Umsatz) FROM  [tbl_Umsätze$] WHERE Datum<=" _
     & CLng(Date) & " AND WG=1 GROUP BY Datum, WG ORDER BY Datum Desc"
```

verdichten Sie das Datenmaterial nach Datum und Warengruppe.

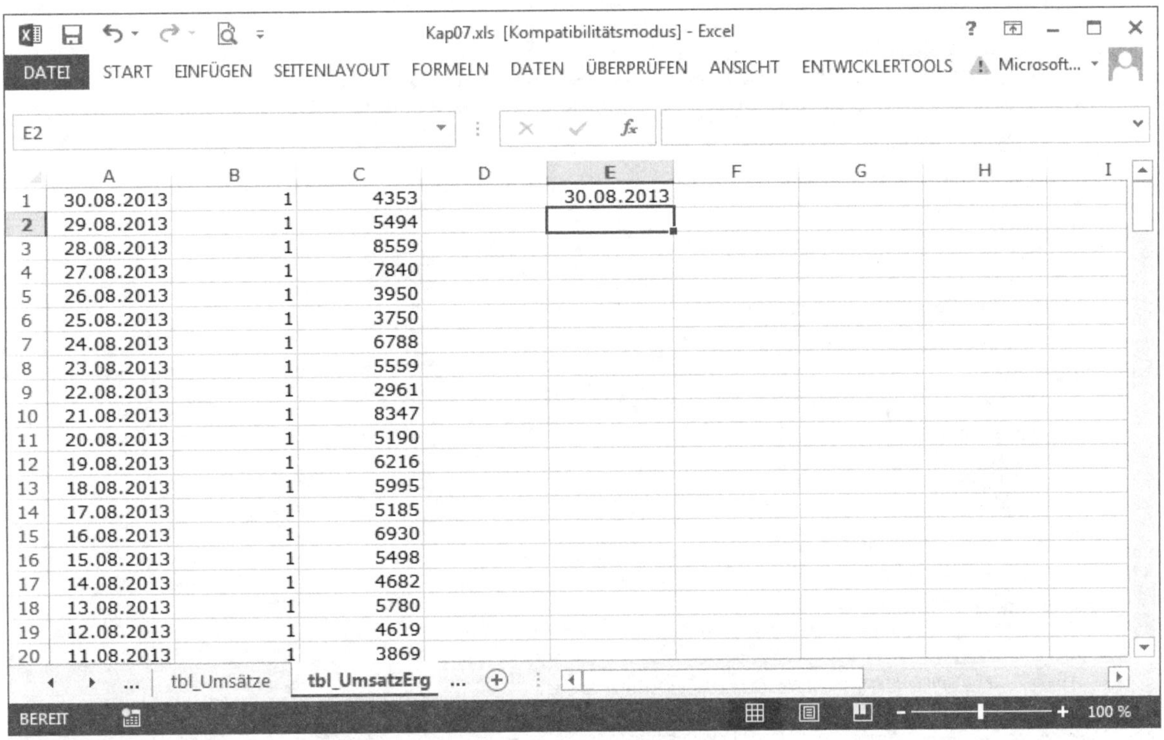

Abbildung 7.6 Die Daten liegen nach Datum und Warengruppe aufsummiert vor

Sollen die Kriterien für die Summierung dynamisch beispielsweise aus den Zellen E1 und E2 geholt werden, dann passen Sie das Makro aus Listing 7.3 wie folgt an.

```
Sub BestimmteDatenHolenUndNachDatumUndWGVerdichtenDynamisch()
    Dim cn As Object
    Dim rs As Object
    Dim strConnection As String
    Dim strSQL As String
    Dim strDatum As String
```

Listing 7.4 Die Summierkriterien werden dynamisch aus Zellen geholt

```
  On Error GoTo BestimmteDatenHolenUndNachDatumUndWGVerdichtenDynamisch_Error

 tbl_UmsatzErg.Range("A:C").ClearContents
 strDatum = Format(tbl_UmsatzErg.Range("E1").Value, "\#yyyy\-mm\-dd\#")

 Set cn = CreateObject("ADODB.CONNECTION")

 'Den Treiber bekanntgeben
    strConnection = "DRIVER={Microsoft Excel Driver (*.xls, *.xlsx, *.xlsm, *.xlsb)}; DBQ=" _
    & ThisWorkbook.FullName

  With cn

  'Datenverbindung öffnen
     .Open strConnection

  'Abfragestring zusammenbasteln und Abfrage starten
    strSQL = "SELECT Datum, WG, SUM(Umsatz) FROM  [tbl_Umsätze$] WHERE Datum=" & "" _
    & strDatum & " AND WG=" & tbl_UmsatzErg.Cells(2, 5).Value & " GROUP BY Datum, WG"
    Set rs = CreateObject("ADODB.RECORDSET")
    With rs
     .Source = strSQL
     .ActiveConnection = strConnection
     .CursorType = adOpenKeyset
     .LockType = adLockOptimistic
     .Open
     tbl_UmsatzErg.Range("A1").CopyFromRecordset rs
     .Close
    End With
  End With

 'ADO-Verbindung kappen
  cn.Close

  Set cn = Nothing
  Set rs = Nothing


  On Error GoTo 0
  Exit Sub

BestimmteDatenHolenUndNachDatumUndWGVerdichtenDynamisch_Error:

   MsgBox "Error " & Err.Number & " (" & Err.Description & _
   ") in procedure BestimmteDatenHolenUndNachDatumUndWGVerdichtenDynamisch of Modul mdl_ADO"
End Sub
```

Listing 7.4 Die Summierkriterien werden dynamisch aus Zellen geholt *(Fortsetzung)*

Wird das Datum aus einer Zelle geholt, muss es entsprechend als Datum formatiert werden. Dabei erwartet ADO ein etwas seltsam anmutendes Datumsformat über das Formatkürzel "\#yyyy\-mm\-dd\#".

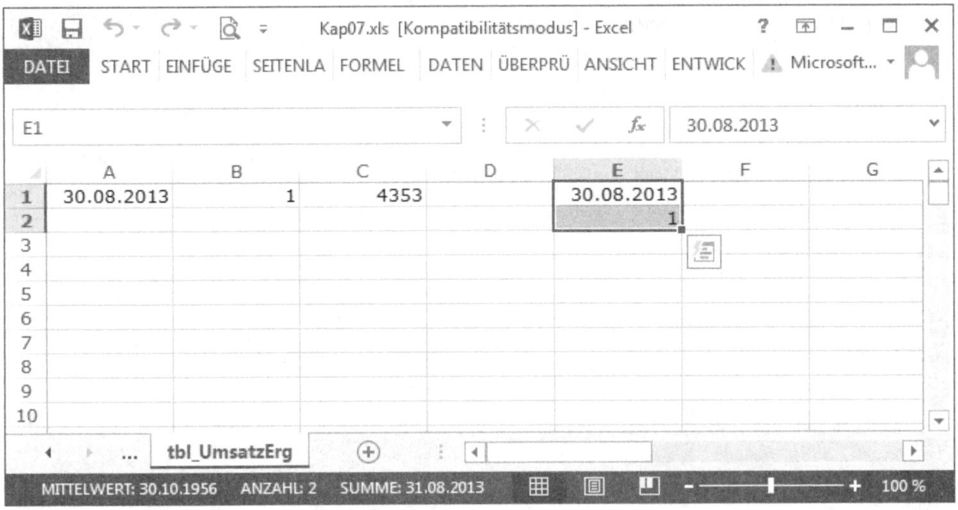

Abbildung 7.7 Alle Umsätze zum eingestellten Datum werden summiert

Daten aus einer Arbeitsmappe beziehen, ohne diese zu öffnen

Bei der folgenden Aufgabenstellung liegt eine Excel-Mappe mit dem Namen *Daten.xlsx* vor. Darin befindet sich eine Tabelle in deren Spalte *A* verschiedene Nummern enthalten sind, die mehrfach vorkommen können. Sehen Sie sich dazu die Ausgangssituation aus Abbildung 7.8 an.

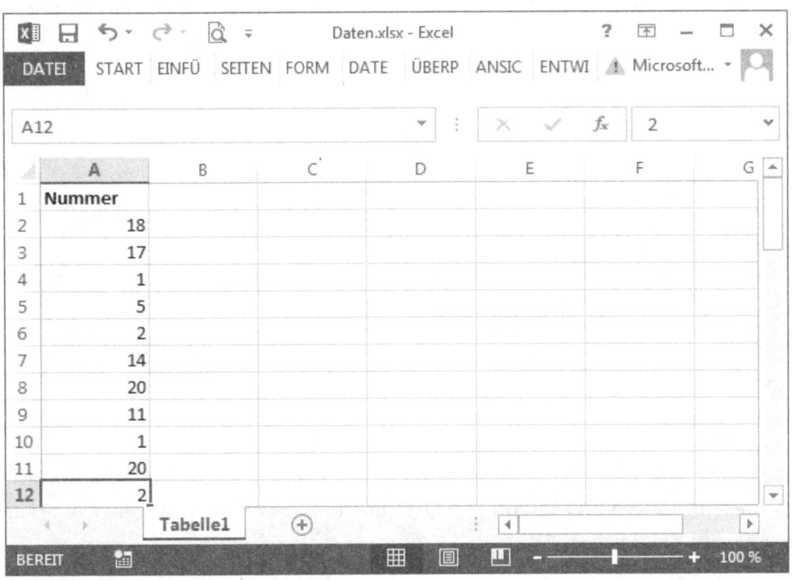

Abbildung 7.8 Aus dieser Mappe sollen die unikaten Nummern gezogen werden

Normalerweise müsste man diese Mappe öffnen, um die Daten daraus zu holen. Beim Makro aus Listing 7.5 erfolgt der Zugriff auf die Arbeitsmappe, ohne dass diese geöffnet wird.

```
Sub UnikateNummernAusTabelleZiehenOhneMappeZuÖffnen()
   Dim cn As Object
   Dim rs As Object
   Dim strConnection As String
   Dim strSQL As String

   On Error GoTo UnikateNummernAusTabelleZiehenOhneMappeZuÖffnen_Error

 tbl_ExterneDaten.UsedRange.ClearContents
  Set cn = CreateObject("ADODB.CONNECTION")

 'Den Treiber bekanntgeben
   strConnection = "DRIVER={Microsoft Excel Driver (*.xls, *.xlsx, *.xlsm, *.xlsb)}; DBQ=" & _
   ThisWorkbook.Path & "\Daten.xlsx"

   With cn

   'Datenverbindung öffnen
      .Open strConnection

   'Abfragestring zusammenbasteln und Abfrage starten
     strSQL = "SELECT DISTINCT Nummer FROM  [Tabelle1$] ORDER BY Nummer"
     Set rs = CreateObject("ADODB.RECORDSET")
     With rs
      .Source = strSQL
      .ActiveConnection = strConnection
      .CursorType = adOpenKeyset
      .LockType = adLockOptimistic
      .Open
      tbl_ExterneDaten.Range("A1").CopyFromRecordset rs
      .Close
     End With
   End With

 'ADO-Verbindung kappen
   cn.Close

   Set cn = Nothing
   Set rs = Nothing

   On Error GoTo 0
   Exit Sub

UnikateNummernAusTabelleZiehenOhneMappeZuÖffnen_Error:

    MsgBox "Error " & Err.Number & " (" & Err.Description & _
    ") in procedure UnikateNummernAusTabelleZiehenOhneMappeZuÖffnen of Modul mdl_ADO"

End Sub
```

Listing 7.5 Unikate Nummern aus einer geschlossenen Mappe holen

Sie geben in der Verbindungszeichenfolge einfach den Namen der zu verarbeitenden Arbeitsmappe an. Dabei muss diese Arbeitsmappe bei diesem Makro aus Listing 7.5 im gleichen Verzeichnis liegen wie auch die Excel-Mappe, die den Quellcode enthält (Thisworkbook.Path).

Mit der SQL-Anweisung

```
SELECT DISTINCT Nummer FROM [Tabelle1$] ORDER BY Nummer"
```

extrahieren Sie eindeutige Nummern aus *Tabelle1* und sortieren diese anschließend nach der Nummer. Diese SQL-Anweisung übergeben Sie der Eigenschaft Source und öffnen das Recordset anschließend über die Methode Open. Danach stehen alle unikaten Nummern im Recordset. Sie übergeben den kompletten Inhalt des Recordsets an die Zieltabelle *tbl_ExterneDaten*, indem Sie die Methode CopyFromRecordset einsetzen.

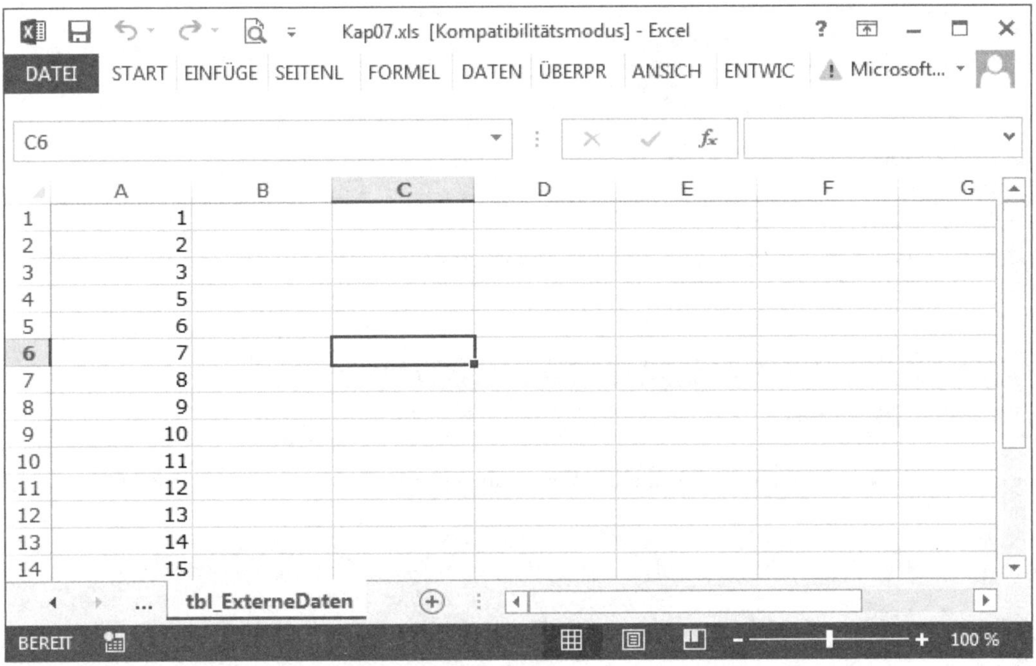

Abbildung 7.9 Die unikaten Werte wurden erfolgreich eingelesen

Daten löschen

Bei der nächsten Aufgabenstellung liegt eine Liste mit Artikelnummern und Beständen vor. Aus dieser Liste aus Abbildung 7.10 soll eine Liste erstellt werden, indem alle Artikel mit einem Bestand von Null herausgelöscht werden.

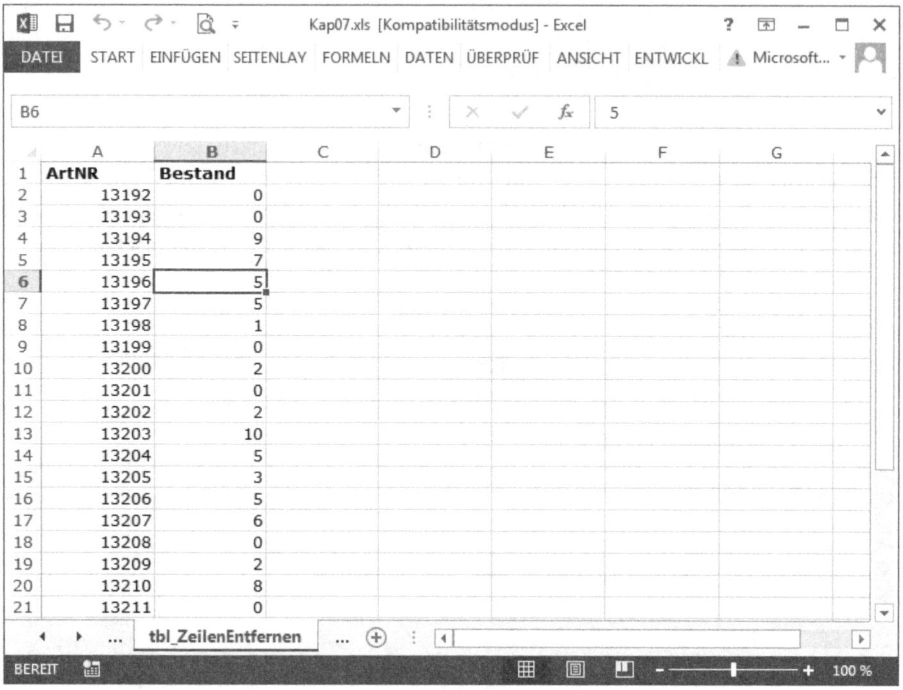

	A	B
1	ArtNR	Bestand
2	13192	0
3	13193	0
4	13194	9
5	13195	7
6	13196	5
7	13197	5
8	13198	1
9	13199	0
10	13200	2
11	13201	0
12	13202	2
13	13203	10
14	13204	5
15	13205	3
16	13206	5
17	13207	6
18	13208	0
19	13209	2
20	13210	8
21	13211	0

Abbildung 7.10 Eine Bestandsliste mit Artikeln

Um alle Datensätze mit einem Bestand von 0 zu eliminieren, starten Sie das Makro aus Listing 7.6.

```
Sub ZeileLöschen()
   Dim cn As Object
   Dim rs As Object
   Dim strConnection As String
   Dim strSQL As String

   On Error GoTo ZeileLöschen_Error

  Debug.Print "Start: " & Now
  tbl_ZeilenEntfernenERG.UsedRange.ClearContents
  Set cn = CreateObject("ADODB.CONNECTION")

   'Den Treiber bekanntgeben
     strConnection = "DRIVER={Microsoft Excel Driver (*.xls, *.xlsx, *.xlsm, *.xlsb)}; DBQ=" _
    & ThisWorkbook.FullName

   With cn

   'Datenverbindung öffnen
      .Open strConnection

   'Abfragestring zusammenbasteln und Abfrage starten
     strSQL = "SELECT ArtNr, Bestand FROM  [tbl_ZeilenEntfernen$] WHERE Bestand<>0"
     Set rs = CreateObject("ADODB.RECORDSET")
     With rs
```

Listing 7.6 Bestimmte Datensätze aus der Liste extrahieren

```
        .Source = strSQL
        .ActiveConnection = strConnection
        .CursorType = adOpenKeyset
        .LockType = adLockOptimistic
        .Open

        tbl_ZeilenEntfernenERG.Range("A1").CopyFromRecordset rs
        .Close
      End With
    End With

  'ADO-Verbindung kappen
    cn.Close

    Set cn = Nothing
    Set rs = Nothing
Debug.Print "Ende: " & Now

    On Error GoTo 0
    Exit Sub

ZeileLöschen_Error:

     MsgBox "Error " & Err.Number & " (" & Err.Description & _
     ") in procedure ZeileLöschen of Modul mdl_ADO"

End Sub
```

Listing 7.6 Bestimmte Datensätze aus der Liste extrahieren *(Fortsetzung)*

Die Tabelle *tbl_ZeilenEntfernen* bleibt von der Bereinigungsaktion unberührt. Stattdessen werden nur Daten aus dieser Tabelle entnommen, die einen Bestand ungleich Null aufweisen. Diese Datensätze werden danach in die Tabelle *tbl_ZeilenEntfernenERG* ausgegeben.

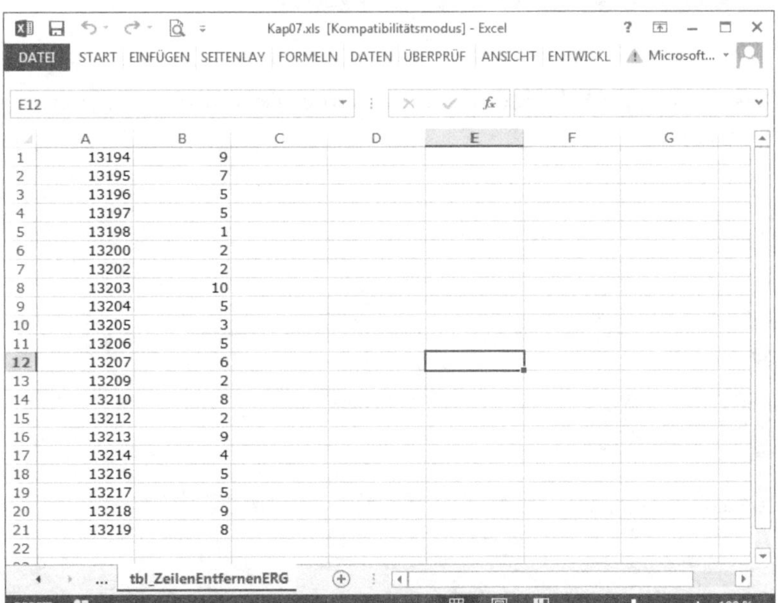

Abbildung 7.11 Alle Null-Bestände wurden entfernt

Top-Werte ermitteln

Bei der nächsten Aufgabe liegen in der Tabelle *tbl_TopWerte* für jeden Kunden Umsatzzahlen vor, wie Abbildung 7.12 zeigt.

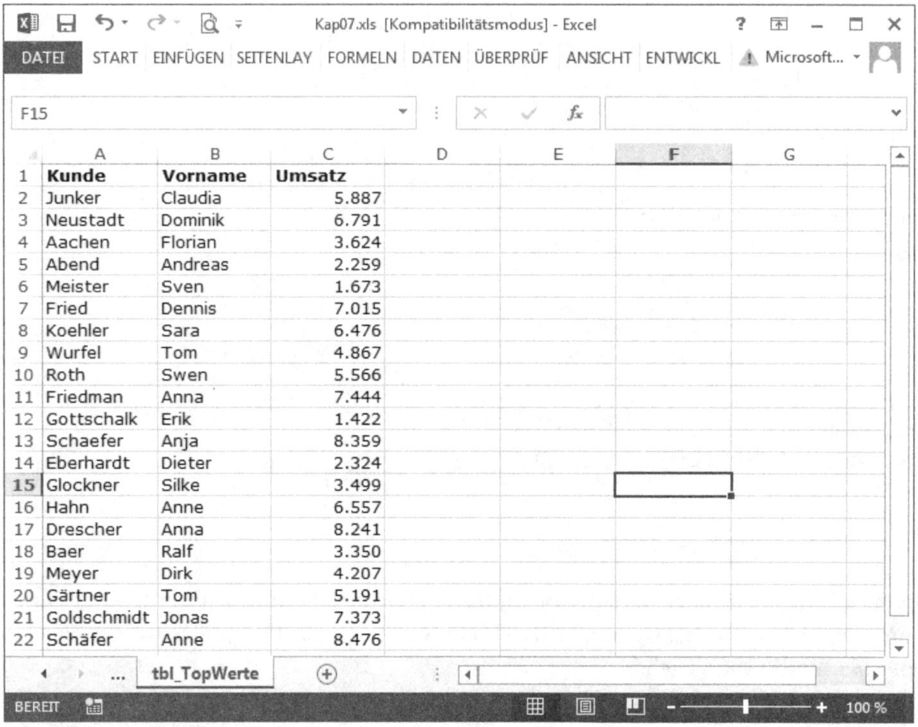

Abbildung 7.12 Umsatzwerte pro Kunde

Über eine ADO-Abfrage sollen die umsatzträchtigsten Kunden ermittelt werden. Dazu wird – wie in Listing 7.7 gezeigt – die SQL-Anweisung TOP verwendet.

```
Sub TopWerteErmitteln()
   Dim cn As Object
   Dim rs As Object
   Dim strConnection As String
   Dim strSQL As String

   On Error GoTo TopWerteErmitteln_Error

  tbl_TopWerte.Range("E:G").ClearContents
  Set cn = CreateObject("ADODB.CONNECTION")

   'Den Treiber bekanntgeben
     strConnection = "DRIVER={Microsoft Excel Driver (*.xls, *.xlsx, *.xlsm, *.xlsb)}; DBQ=" _
    & ThisWorkbook.FullName
```

Listing 7.7 Die Kunden mit den fünf größten Umsätzen wurden extrahiert und sortiert

```
   With cn

   'Datenverbindung öffnen
      .Open strConnection

   'Abfragestring zusammenbasteln und Abfrage starten
     strSQL = "SELECT TOP 5 Umsatz, Kunde, Vorname FROM  [tbl_TopWerte$] ORDER BY Umsatz Desc"
     Set rs = CreateObject("ADODB.RECORDSET")
     With rs
      .Source = strSQL
      .ActiveConnection = strConnection
      .CursorType = adOpenKeyset
      .LockType = adLockOptimistic
      .Open

      tbl_TopWerte.Range("E1").CopyFromRecordset rs
      .Close
     End With
   End With

 'ADO-Verbindung kappen
   cn.Close

   Set cn = Nothing
   Set rs = Nothing
Debug.Print "Ende: " & Now

   On Error GoTo 0
   Exit Sub

TopWerteErmitteln_Error:

    MsgBox "Error " & Err.Number & " (" & Err.Description & _
    ") in procedure TopWerteErmitteln of Modul mdl_ADO"

End Sub
```

Listing 7.7 Die Kunden mit den fünf größten Umsätzen wurden extrahiert und sortiert *(Fortsetzung)*

Mithilfe der SQL-Anweisung

```
SELECT TOP 5 Umsatz, Kunde, Vorname FROM [tbl_TopWerte$] ORDER BY Umsatz Desc
```

werden die fünf besten Kunden, gemessen am Umsatz, ermittelt.

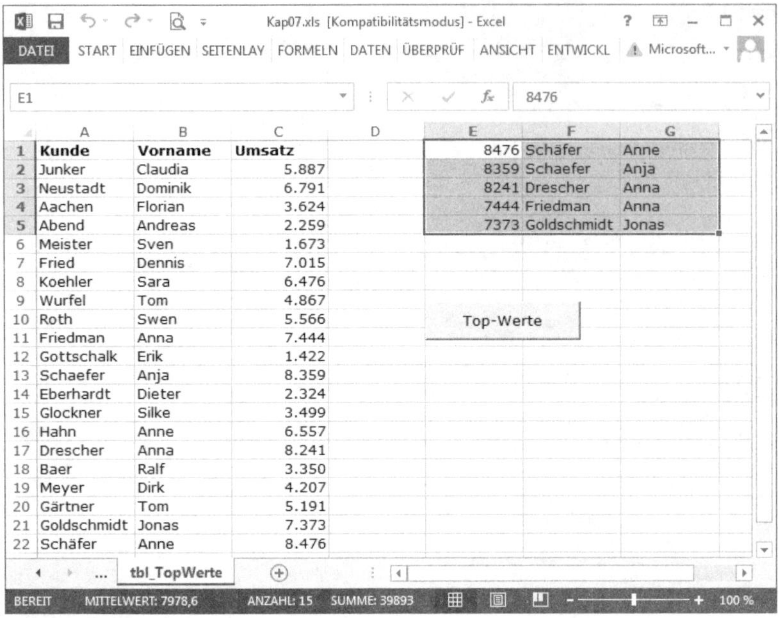

Abbildung 7.13 Extremwerte auf Knopfdruck blitzschnell ermitteln über die Anweisung *TOP*

TIPP Möchten Sie – gemessen am Umsatz – die fünf schlechtesten Kunden erhalten, ändern Sie lediglich den Sortierschlüssel wie folgt:

```
SELECT TOP 5 Umsatz, Kunde, Vorname FROM [tbl_TopWerte$] ORDER BY Umsatz ASC
```

Tabellen zusammenfassen

Beim folgenden Praxisbeispiel liegen in einer Arbeitsmappe mehrere Tabellen vor, die in eine Gesamttabelle überführt und anschließend sortiert werden sollen. Sehen Sie sich dazu die Ausgangssituation aus Abbildung 7.14 an.

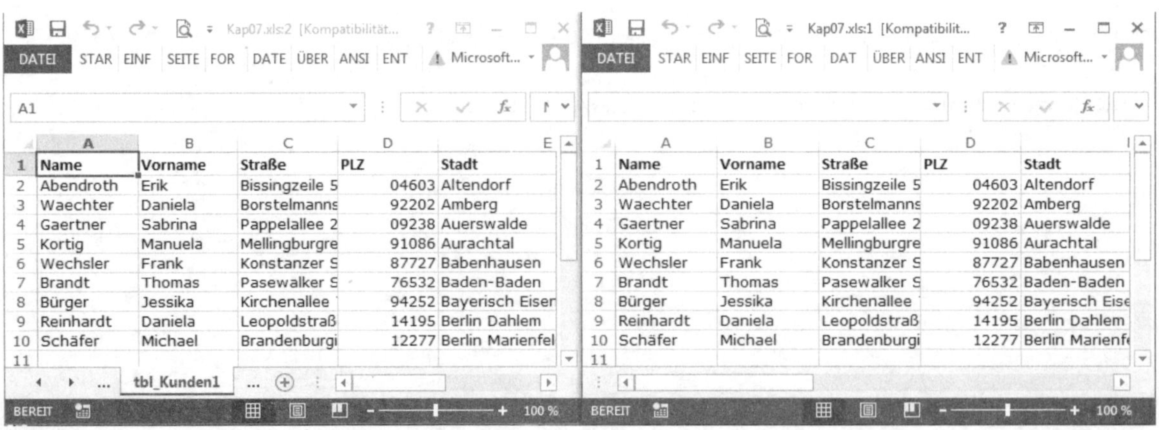

Abbildung 7.14 Zwei Tabellen mit Adressdaten

Um Tabellen zusammenzufassen, verwenden Sie, wie im Makro aus Listing 7.8 gezeigt, die SQL-Anweisung UNION.

```
Sub TabellenZusammenfassen()
   Dim cn As Object
   Dim rs As Object
   Dim strConnection As String
   Dim strSQL As String

   On Error GoTo TabellenZusammenfassen_Error

  tbl_Kunden_Gesamt.UsedRange.ClearContents
  tbl_Kunden1.Rows(1).Copy Destination:=tbl_Kunden_Gesamt.Range("A1")
  Set cn = CreateObject("ADODB.CONNECTION")

   'Den Treiber bekanntgeben
     strConnection = "DRIVER={Microsoft Excel Driver (*.xls, *.xlsx, *.xlsm, *.xlsb)}; DBQ=" _
    & ThisWorkbook.FullName

   With cn

   'Datenverbindung öffnen
      .Open strConnection

   'Abfragestring zusammenbasteln und Abfrage starten
     strSQL = "SELECT * FROM [tbl_Kunden1$] UNION SELECT * FROM [tbl_Kunden2$] ORDER BY Name"

     Set rs = CreateObject("ADODB.RECORDSET")
     With rs
      .Source = strSQL
      .ActiveConnection = strConnection
      .CursorType = adOpenKeyset
      .LockType = adLockOptimistic
      .Open

      tbl_Kunden_Gesamt.Range("A2").CopyFromRecordset rs
      tbl_Kunden_Gesamt.Columns("A:E").AutoFit
      .Close
     End With
   End With

 'ADO-Verbindung kappen
   cn.Close

   Set cn = Nothing
   Set rs = Nothing
Debug.Print "Ende: " & Now

   On Error GoTo 0
   Exit Sub

TabellenZusammenfassen_Error:

    MsgBox "Error " & Err.Number & " (" & Err.Description & _
    ") in procedure TabellenZusammenfassen of Modul mdl_ADO"

End Sub
```

Listing 7.8 Mehrere Tabellen wurden in einer Tabelle zusammengefasst

Sie löschen zunächst in der Zieltabelle *tbl_KundenGesamt* alle Daten mithilfe der Methode ClearContents. Danach übertragen Sie mit der Methode Copy die Überschrift aus der Tabelle *tbl_Kunden1* in die Tabelle *tbl_KundenGesamt*. Mithilfe der SQL-Anweisung

```
SELECT * FROM [tbl_Kunden1$] UNION SELECT * FROM [tbl_Kunden2$] ORDER BY Name"
```

fassen Sie die beiden Tabellen *tbl_Kunde1* und *tbl_Kunde2* zusammen und geben diese sortiert nach dem Feld *Name* in der Zieltabelle *tbl_Kunden_Gesamt* aus.

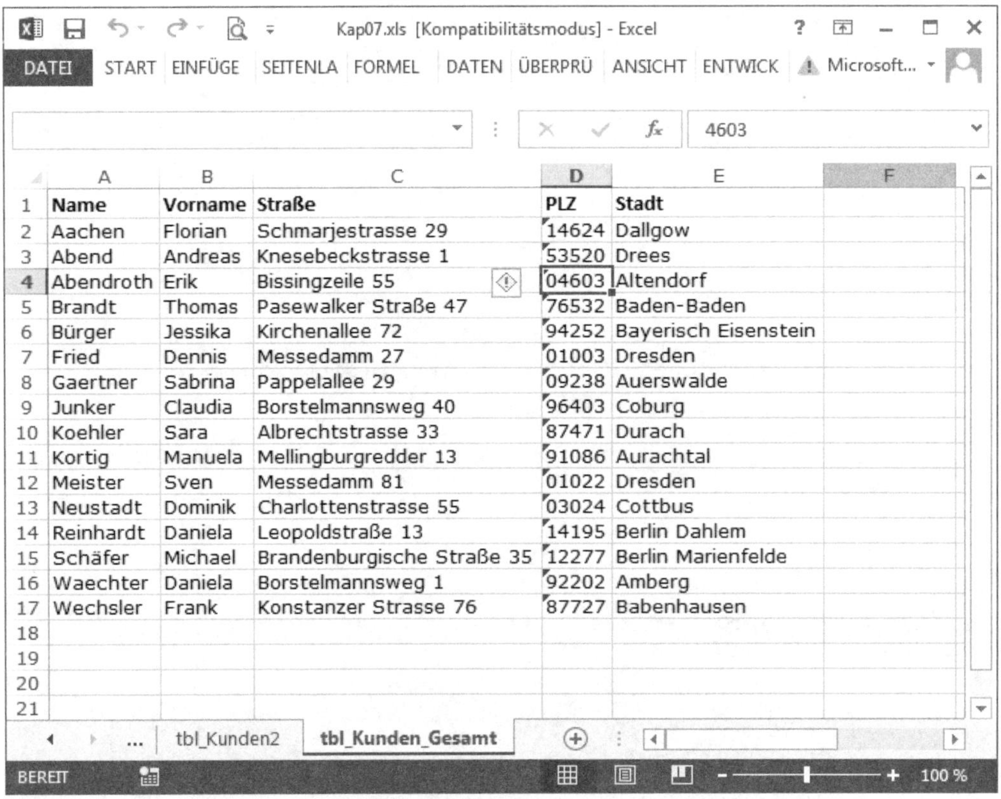

Name	Vorname	Straße	PLZ	Stadt
Aachen	Florian	Schmarjestrasse 29	14624	Dallgow
Abend	Andreas	Knesebeckstrasse 1	53520	Drees
Abendroth	Erik	Bissingzeile 55	04603	Altendorf
Brandt	Thomas	Pasewalker Straße 47	76532	Baden-Baden
Bürger	Jessika	Kirchenallee 72	94252	Bayerisch Eisenstein
Fried	Dennis	Messedamm 27	01003	Dresden
Gaertner	Sabrina	Pappelallee 29	09238	Auerswalde
Junker	Claudia	Borstelmannsweg 40	96403	Coburg
Koehler	Sara	Albrechtstrasse 33	87471	Durach
Kortig	Manuela	Mellingburgredder 13	91086	Aurachtal
Meister	Sven	Messedamm 81	01022	Dresden
Neustadt	Dominik	Charlottenstrasse 55	03024	Cottbus
Reinhardt	Daniela	Leopoldstraße 13	14195	Berlin Dahlem
Schäfer	Michael	Brandenburgische Straße 35	12277	Berlin Marienfelde
Waechter	Daniela	Borstelmannsweg 1	92202	Amberg
Wechsler	Frank	Konstanzer Strasse 76	87727	Babenhausen

Abbildung 7.15 Alle Daten befinden sich nun in der Zieltabelle

Daten per ADO verändern

Neben dem reinen Lesezugriff haben Sie in ADO auch die Möglichkeit, Ihren Datenbestand zu ändern. Beim folgenden Beispiel sehen Sie in Abbildung 7.16 eine Tabelle mit Artikelnummern und dazugehörigen Preisen.

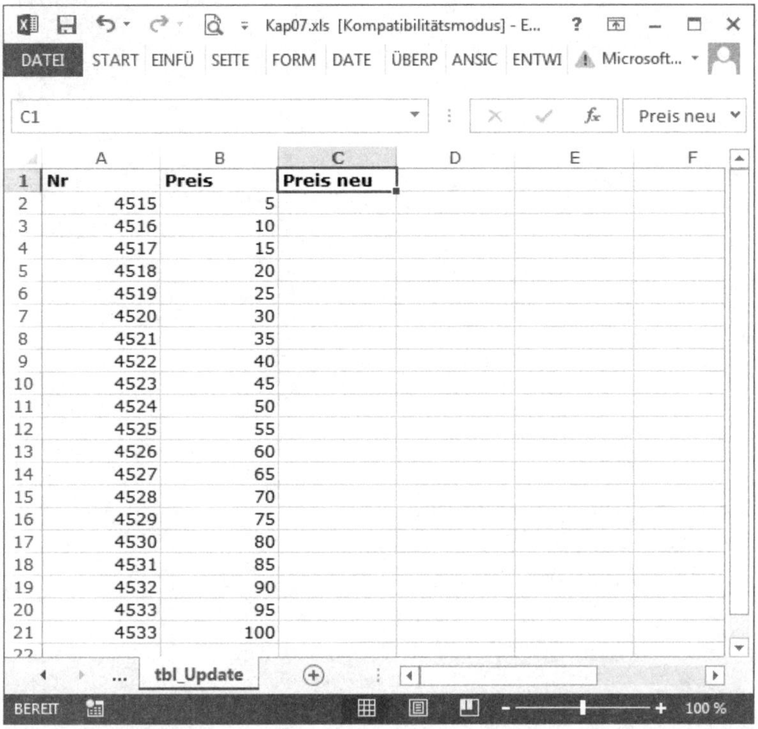

Abbildung 7.16 Die Ausgangssituation – in dieser Tabelle sollen die Preise geändert werden

Sie erhöhen nun die Preise in dieser Tabelle und schreiben die Ergebnisse in Spalte C, indem Sie das Makro aus Listing 7.9 starten.

```
Sub DatenÄndern()
   Dim cn As Object
   Dim rs As Object
   Dim strConnection As String
   Dim strSQL As String

   On Error GoTo DatenÄndern_Error

  Set cn = CreateObject("ADODB.CONNECTION")

   'Den Treiber bekanntgeben
     strConnection = "DRIVER={Microsoft Excel Driver (*.xls, *.xlsx, *.xlsm, *.xlsb)}; DBQ=" _
    & ThisWorkbook.FullName
   With cn

   'Datenverbindung öffnen
      .Open strConnection

   'Abfragestring zusammenbasteln und Abfrage starten
     strSQL = "SELECT Preis * 1.1 FROM [tbl_Update$]"
     Set rs = CreateObject("ADODB.RECORDSET")
     With rs
      .Source = strSQL
      .ActiveConnection = strConnection
```

Listing 7.9 Daten mithilfe einer SQL-Anweisung ändern

```
      .CursorType = adOpenKeyset
      .LockType = adLockOptimistic
      .Open

      tbl_Update.Range("C2").CopyFromRecordset rs
      .Close
     End With
   End With

 'ADO-Verbindung kappen
   cn.Close

   Set cn = Nothing
   Set rs = Nothing

   On Error GoTo 0
   Exit Sub

DatenÄndern_Error:

    MsgBox "Error " & Err.Number & " (" & Err.Description & _
    ") in procedure DatenÄndern of Modul mdl_ADO"

End Sub
```

Listing 7.9 Daten mithilfe einer SQL-Anweisung ändern *(Fortsetzung)*

Mithilfe der SQL-Anweisung

```
SELECT Preis * 1.1 FROM [tbl_Update$]
```

rufen Sie alle Preise der Tabelle *tbl_Update* ab und multiplizieren diese mit dem Wert 1.1, um eine Erhöhung von zehn Prozent zu erzielen.

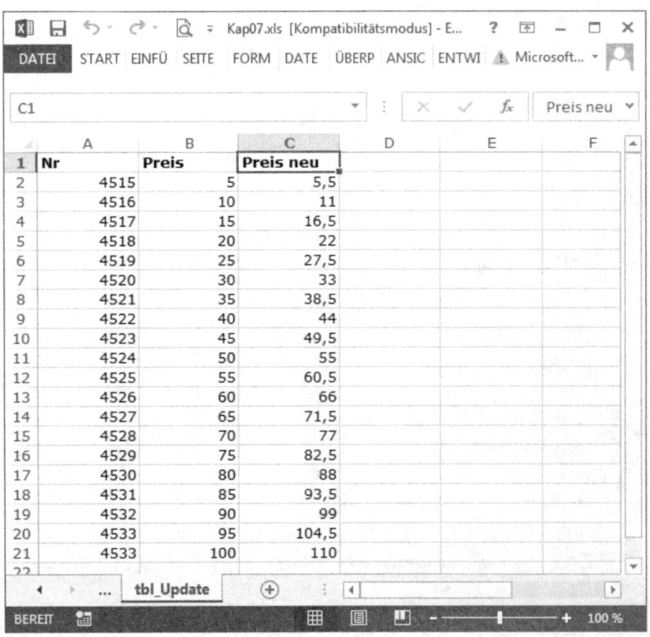

Nr	Preis	Preis neu
4515	5	5,5
4516	10	11
4517	15	16,5
4518	20	22
4519	25	27,5
4520	30	33
4521	35	38,5
4522	40	44
4523	45	49,5
4524	50	55
4525	55	60,5
4526	60	66
4527	65	71,5
4528	70	77
4529	75	82,5
4530	80	88
4531	85	93,5
4532	90	99
4533	95	104,5
4533	100	110

Abbildung 7.17 Alle Preise wurden um zehn Prozent erhöht

TIPP Sollen nicht alle Datensätze geändert werden, sondern nur ein paar wenige, dann können Sie das Makro aus Listing 7.9 abwandeln und die Ergebnisse daraus in Tabelle *tbl_UpdatErg* ausgeben. Starten Sie dazu das Makro aus Listing 7.10.

```
Sub DatenBedingtÄndern()
   Dim cn As Object
   Dim rs As Object
   Dim strConnection As String
   Dim strSQL As String

   On Error GoTo DatenBedingtÄndern_Error

  tbl_Update_Erg.UsedRange.ClearContents
  tbl_Update.Range("A1:B1").Copy Destination:=tbl_Update_Erg.Range("A1")
  Set cn = CreateObject("ADODB.CONNECTION")

   'Den Treiber bekanntgeben
    strConnection = "DRIVER={Microsoft Excel Driver (*.xls, *.xlsx, *.xlsm, *.xlsb)}; DBQ=" _
    & ThisWorkbook.FullName
   With cn

   'Datenverbindung öffnen
      .Open strConnection

   'Abfragestring zusammenbasteln und Abfrage starten
     strSQL = "SELECT Nr, Preis * 1.1 FROM [tbl_Update$] WHERE Nr>=4520 AND Nr<=4530"
     Set rs = CreateObject("ADODB.RECORDSET")
     With rs
      .Source = strSQL
      .ActiveConnection = strConnection
      .CursorType = adOpenKeyset
      .LockType = adLockOptimistic
      .Open

      tbl_Update_Erg.Range("A2").CopyFromRecordset rs
      .Close
     End With
   End With

 'ADO-Verbindung kappen
   cn.Close

   Set cn = Nothing
   Set rs = Nothing

   On Error GoTo 0
   Exit Sub

DatenBedingtÄndern_Error:

    MsgBox "Error " & Err.Number & " (" & Err.Description & _
    ") in procedure DatenBedingtÄndern of Modul mdl_ADO"

End Sub
```

Listing 7.10 Nur bestimmte Daten werden geändert

Mithilfe einer zusätzlichen WHERE-Klausel können Sie die Anpassung der Preise einschränken.

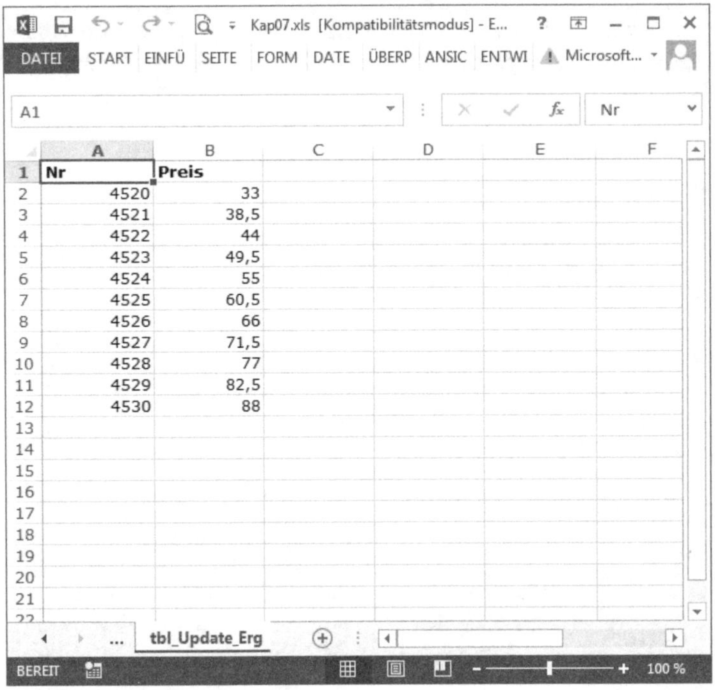

Abbildung 7.18 Nur Preise der Artikelnummern 4520 bis 4530 werden um zehn Prozent erhöht

Zugriff auf eine Access-Datenbank

Beim folgenden Beispiel greifen Sie direkt aus Excel auf eine Access-Datenbank zu. Dabei liegt eine Access-Datenbank wie in Abbildung 7.19 gezeigt vor.

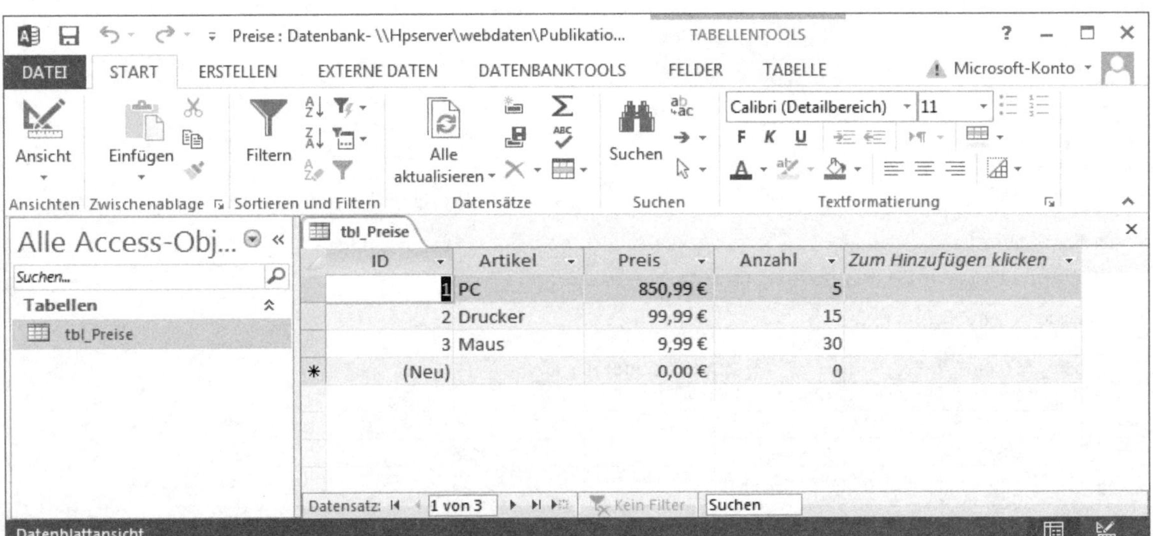

Abbildung 7.19 Die Access-Datenbank als Lieferant für Excel

Von Excel aus soll jetzt der Zugriff auf diese Datenbank erfolgen. Dazu setzen Sie das Makro aus Listing 7.11 ein.

```
Sub HOLEAccessDaten()
  Dim ADOC As New ADODB.Connection
  Dim rst As New ADODB.Recordset
  Dim strDB As Variant
  Dim Zeile As Long
  Dim Spalte As Integer

  'Hier den Pfad anpassen
   strDB = ThisWorkbook.Path & "\Preise.accdb"

    Zeile = 2

    With tbl_Preise
      .Cells.ClearContents
      ADOC.Open "Provider=Microsoft.ACE.OLEDB.15.0;Data Source=" & strDB & ";"
      rst.Open "SELECT * FROM tbl_Preise", ADOC, adOpenKeyset, adLockOptimistic

      For Spalte = 0 To rst.Fields.Count - 1
        .Cells(1, Spalte + 1) = rst.Fields.Item(Spalte).Name
      Next Spalte

      'Solange Daten vorhanden sind, diese in das Excel-Arbeitsblatt übernehmen
        Do Until rst.EOF

            For Spalte = 1 To rst.Fields.Count
              .Cells(Zeile, Spalte).Value = rst.Fields(Spalte - 1)
            Next Spalte

            rst.MoveNext

            Zeile = Zeile + 1

        Loop

    End With

End Sub
```

Listing 7.11 Daten direkt aus einer Access-Datenbank beziehen

Sie definieren im ersten Schritt des Makros aus Listing 7.11 den Pfad- sowie den Datenbanknamen. Im nächsten Schritt löschen Sie die Zieltabelle *tbl_Preise*, indem Sie die Methode ClearContents einsetzen. Danach geben Sie den Provider für die Verbindung bekannt. Über die Methode Open übergeben Sie die SQL-Anweisung, um die Daten aus Access abzufragen. In einer For...Next-Schleife übertragen Sie zunächst die Überschrift direkt aus den Datenfeldern der Datenbank in die erste Zeile der Zieltabelle. Danach wird mit der Do...Loop-Schleife das komplette Recordset durchlaufen und Feld für Feld in die Tabelle *tbl_Preise* übertragen.

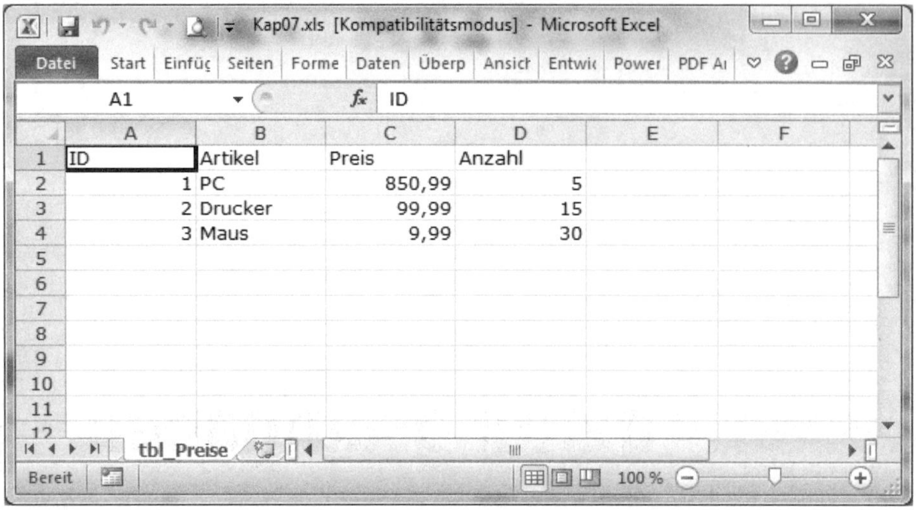

Abbildung 7.20 Alle Daten wurden erfolgreich aus der Access-Datenbank geholt

Erfahren Sie mehr zum Thema Excel im Zusammenspiel mit Access im dreizehnten Kapitel dieses Buchs.

Kapitel 8

Typische Verarbeitungsaufgaben aus der Praxis

In diesem Kapitel:

In diesem Kapitel werden typische Aufgabenstellungen aus der Praxis beschrieben und Lösungen dazu angeboten.

Daten verteilen

ONLINE Die Lösungen zu dieser Aufgabe finden Sie in der Datei *Kap08_DatenVerteilen.xls*.

Im ersten Beispiel aus diesem Kapitel geht es um eine Aufgabe, die man manuell nicht ausführen möchte. Es liegt dabei eine Tabelle wie in Abbildung 8.1 vor. Diese Tabelle soll anhand eines Schlüssels auf andere zur Laufzeit in der Mappe angelegte Tabellen in der Mappe verteilt werden. Anschließend soll das Ergebnis verifiziert und alle erstellten Tabellen als separate Arbeitsmappen abgelegt werden.

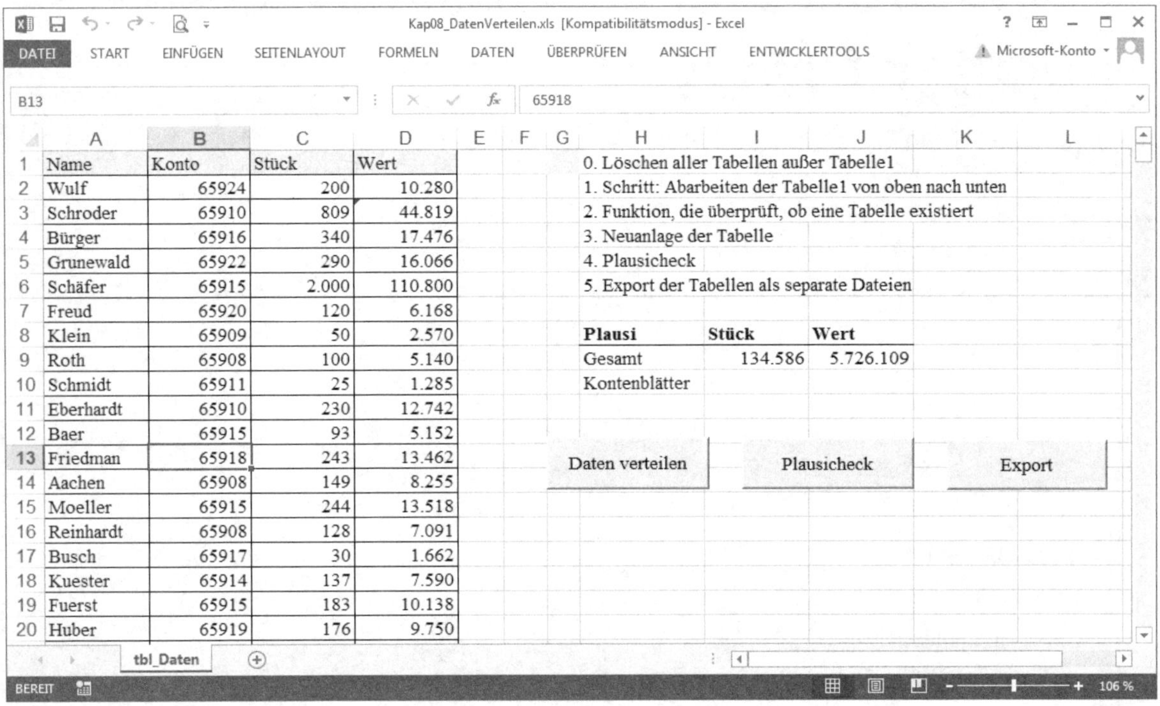

Name	Konto	Stück	Wert
Wulf	65924	200	10.280
Schroder	65910	809	44.819
Bürger	65916	340	17.476
Grunewald	65922	290	16.066
Schäfer	65915	2.000	110.800
Freud	65920	120	6.168
Klein	65909	50	2.570
Roth	65908	100	5.140
Schmidt	65911	25	1.285
Eberhardt	65910	230	12.742
Baer	65915	93	5.152
Friedman	65918	243	13.462
Aachen	65908	149	8.255
Moeller	65915	244	13.518
Reinhardt	65908	128	7.091
Busch	65917	30	1.662
Kuester	65914	137	7.590
Fuerst	65915	183	10.138
Huber	65919	176	9.750

Abbildung 8.1 Die Ausgangssituation – eine Tabelle mit zu verteilenden Daten

Die Daten aus der Tabelle *tbl_Daten* sollen anhand des Kontos auf diverse, neu zu erstellende Kontentabellen verteilt werden.

Die Tabellen entfernen

Zunächst wird jedoch die Prozedur aus Listing 8.1 aufgerufen, die alle Tabelle entfernt, die eventuell aus einer vorherigen Verarbeitung noch in der Mappe enthalten sind.

```
Sub TabellenEntfernen()
 Dim Blatt As Worksheet

 'Temporär Warnmeldungen unterdrücken
 Application.DisplayAlerts = False

 For Each Blatt In ThisWorkbook.Worksheets

  If Blatt.CodeName <> "tbl_Daten" Then
     Blatt.Delete
  End If

 Next Blatt

  Application.DisplayAlerts = True
End Sub
```

Listing 8.1 Alle Tabellen mit Ausnahme der eigentlichen Datentabelle löschen

Zu Beginn der Prozedur aus Listing 8.1 schalten Sie die Rückfragen von Excel aus, indem Sie die Eigenschaft DisplayAlerts auf den Wert False setzen. Damit müssen Sie den Löschvorgang für die Tabellen nicht jedes Mal bestätigen. In einer For Each...Next-Schleife arbeiten Sie alle Tabellen der Arbeitsmappe nacheinander ab. Innerhalb der Schleife fragen Sie den Codenamen der Tabelle ab. Nur wenn dieser nicht dem Codenamen der Tabelle *tbl_Daten* entspricht, kommt die Methode Delete zum Einsatz, die die jeweilige Tabelle aus der Mappe entfernt.

HINWEIS Mit ThisWorkbook referenzieren Sie die Arbeitsmappe, die auch Ihren Quellcode enthält. Würden Sie dagegen ActiveWorkbook verwenden, könnte ein Fehler auftreten, sobald mehrere Arbeitsmappen geöffnet wären und Sie zufälligerweise die falsche Arbeitsmappe beim Makrostart aktiv hätten. Die Folgen wären gravierend, wenn in der falschen Arbeitsmappe die enthaltenen Tabellen gelöscht würden.

Die Verteilung der Zeilen auf die Tabellen

Im nächsten Schritt sollen die Daten aus der Tabelle *tbl_Daten* auf diverse neu zu erstellende Tabellen verteilt werden. Dazu muss eine Prüfung erstellt werden, die prüft, ob eine Tabelle mit dem Namen der jeweiligen Kontonummer bereits in der Mappe vorhanden ist. Diese Funktion sehen Sie in Listing 8.2.

```
Function BlattDa(strKonto As String) As Boolean
 Dim Blatt As Worksheet

 BlattDa = False
 For Each Blatt In ThisWorkbook.Worksheets
   If Blatt.Name = strKonto Then
      BlattDa = True
      Exit Function 'wenn Tabelle gefunden, dann Sprung aus Funktion
   End If
 Next Blatt

End Function
```

Listing 8.2 Diese Funktion prüft, ob sich eine Tabelle in der Mappe befindet

Die Funktion erwartet den zu prüfenden Tabellennamen als String und meldet einen booleschen Wert an die aufrufende Prozedur aus Listing 8.3 zurück. Innerhalb der Funktion kommt eine For Each...Next-Schleife zum Einsatz, die alle bereits enthaltenen Tabellen der Arbeitsmappe verarbeitet. Dabei wird der übergebene Tabellenname mit dem jeweiligen Tabellennamen aus der Mappe verglichen. Wird die Tabelle gefunden, dann wird der Rückgabewert der Funktion auf True gesetzt, und die Funktion wird mithilfe von Exit direkt verlassen.

```
Sub Datenverteilen()
 Dim Zeile As Long
 Dim ZeileMax As Long
 Dim Blatt As Worksheet
 Dim ZeileFrei As Long

 Application.ScreenUpdating = False

 Call TabellenEntfernen

 With tbl_Daten
  ZeileMax = .Cells(.Rows.Count, 1).End(xlUp).Row
  SpalteMax = .Cells(1, 1).End(xlToRight).Column

  For Zeile = 2 To ZeileMax

   If BlattDa(.Cells(Zeile, 2).Value) = False Then
    'Neuanlage
    Set Blatt = Worksheets.Add(after:=Worksheets(Worksheets.Count))
    Blatt.Name = .Cells(Zeile, 2).Text
    .Range(.Cells(1, 1), .Cells(1, SpalteMax)).Copy Destination:=Blatt.Range("A1")
     Blatt.Range(Blatt.Cells(2, 1), Blatt.Cells(2, SpalteMax)).Value = _
     .Range(.Cells(Zeile, 1), .Cells(Zeile, SpalteMax)).Value
   Else
    'Update
    Set Blatt = Worksheets(.Cells(Zeile, 2).Text)
    ZeileFrei = Blatt.Cells(Blatt.Rows.Count, 1).End(xlUp).Row + 1
    Blatt.Range(Blatt.Cells(ZeileFrei, 1), Blatt.Cells(ZeileFrei, SpalteMax)).Value = _
    .Range(.Cells(Zeile, 1), .Cells(Zeile, SpalteMax)).Value
   End If

  Next Zeile
 End With

 Call PlausiCheck
 Call Export

  Application.ScreenUpdating = True

End Sub
```

Listing 8.3 Daten werden von einer Tabelle auf viele Tabellen verteilt

Zu Beginn der Prozedur aus Listing 8.3 rufen Sie die Prozedur *TabellenEntfernen* auf. Danach steht Ihnen eine »saubere« Arbeitsmappe zur Verfügung, in der keine Tabellen aus vorherigen Programmläufen enthalten sind. Danach ermitteln Sie, wie viele Zeilen in der Tabelle *tbl_Daten* enthalten sind. Dazu setzen Sie die Eigenschaft End ein, die sich in der Spalte *A* von der letzten Zelle der Tabelle nach oben (xlUp) bewegt, um die letzte belegte Zeile zu ermitteln. Die Nummer dieser Zeile wird mit der Eigenschaft Row abgefragt. Sie speichern das Ergebnis dieser Ermittlung in der Variablen ZeileMax.

Zur Ermittlung der letzten Spalte, die Sie übertragen möchten, sehen Sie sich einmal Abbildung 8.1 an. Wie Sie sehen, stehen neben dem eigentlichen Datenblock noch Informationen, die nicht auf die zu erstellenden Tabellen übertragen werden sollen. Daher wenden Sie hier die Eigenschaft End auf Basis der Zelle *A1* an und springen nach rechts (xlToRight) zum Ende, um die letzte belegte Zelle zu ermitteln. Da die Suche bei der ersten leeren Zelle endet, berücksichtigt Excel nicht die weiter rechts stehenden Informationen.

In einer For...Next-Schleife wird nun Zeile für Zeile der Tabelle *tbl_Daten* verarbeitet. Innerhalb der Schleife wird die Funktion BlattDa aus Listing 8.2 aufgerufen, um zu ermitteln, ob eine Tabelle eingefügt oder eine Tabelle befüllt werden muss. Meldet die Funktion den Rückgabewert False, dann wenden Sie die Methode Add an, um eine neue Tabelle einzufügen. Die neue Tabelle wird dabei mithilfe der Parameter After am Ende der Arbeitsmappe eingefügt und anschließend über die Eigenschaft Name benannt. Der Name für die jeweilige Tabelle wird dabei aus der Spalte *B* der Tabelle *tbl_Daten* entnommen. Nach dem Schreiben der Überschrift, wobei hier die Methode Copy verwendet wird, um gegebenenfalls Formatierungen mit einzufügen, muss noch der jeweils erste Satz einer jeden Kontonummer geschrieben werden. Dazu reicht eine einfache Übertragung mithilfe der Eigenschaft Value aus der Tabelle *tbl_Daten* in die jeweilige Kontotabelle.

Im Falle, dass es bereits eine Tabelle zu der Kontonummer gibt, wird der Update-Fall ausgeführt. Wenn dem so ist, dann weisen Sie der Objektvariablen Blatt mithilfe der Anweisung Set den Namen der Tabelle zu. Sie können diese Tabelle nun über den kürzeren Objektnamen ansprechen. Danach übertragen Sie den jeweiligen Datensatz 1:1 in die Kontotabelle.

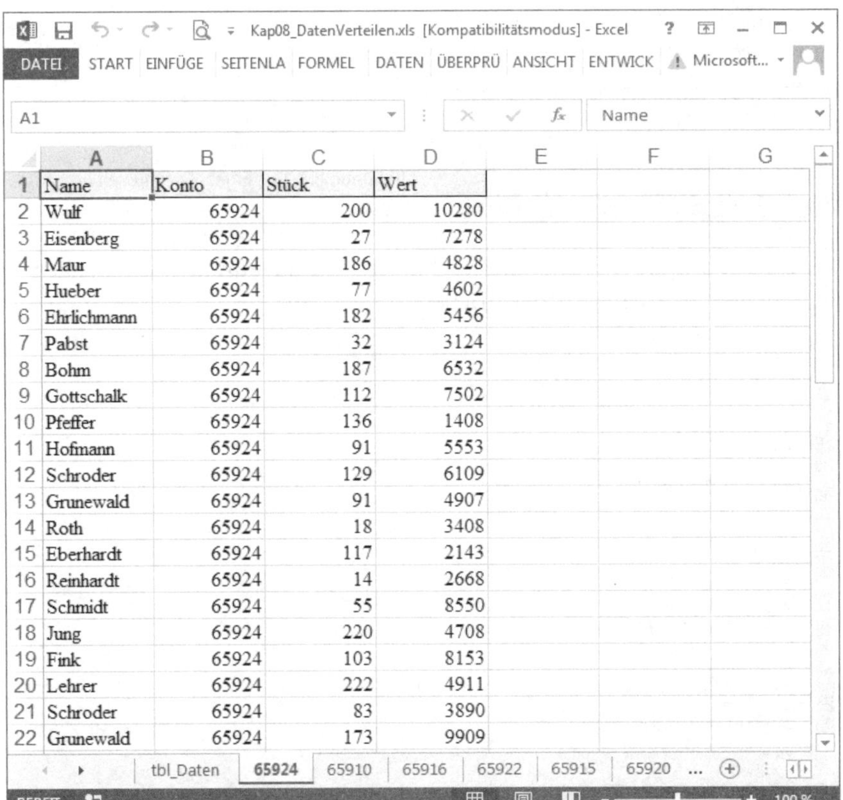

	A	B	C	D
1	Name	Konto	Stück	Wert
2	Wulf	65924	200	10280
3	Eisenberg	65924	27	7278
4	Maur	65924	186	4828
5	Hueber	65924	77	4602
6	Ehrlichmann	65924	182	5456
7	Pabst	65924	32	3124
8	Bohm	65924	187	6532
9	Gottschalk	65924	112	7502
10	Pfeffer	65924	136	1408
11	Hofmann	65924	91	5553
12	Schroder	65924	129	6109
13	Grunewald	65924	91	4907
14	Roth	65924	18	3408
15	Eberhardt	65924	117	2143
16	Reinhardt	65924	14	2668
17	Schmidt	65924	55	8550
18	Jung	65924	220	4708
19	Fink	65924	103	8153
20	Lehrer	65924	222	4911
21	Schroder	65924	83	3890
22	Grunewald	65924	173	9909

Abbildung 8.2 Die Daten wurden erfolgreich auf die Kontentabellen verteilt

Am Ende der Prozedur rufen Sie noch die beiden Prozeduren *PlausiCheck* und *Export* auf, um das Ergebnis der Verteilung zu verifizieren bzw. um die erstellten Tabellen als separate Arbeitsmappen abzulegen.

HINWEIS Diese beiden Aufgaben wurden ganz bewusst ausgelagert, da man diese dann auch einzeln starten kann. Außerdem ist es im Fehlerfall leichter, den Fehler zu finden, wenn der Code über mehrere Prozeduren verteilt und nicht in einer einzigen Prozedur gesammelt ist.

Die Plausibilität prüfen

Im folgenden Schritt sollte das Ergebnis der Verteilung mittels der Prozedur aus Listing 8.4 überprüft werden. Dazu wird in der Tabelle *tbl_Daten* ein Überprüfungsbereich wie in Abbildung 8.3 gezeigt angelegt.

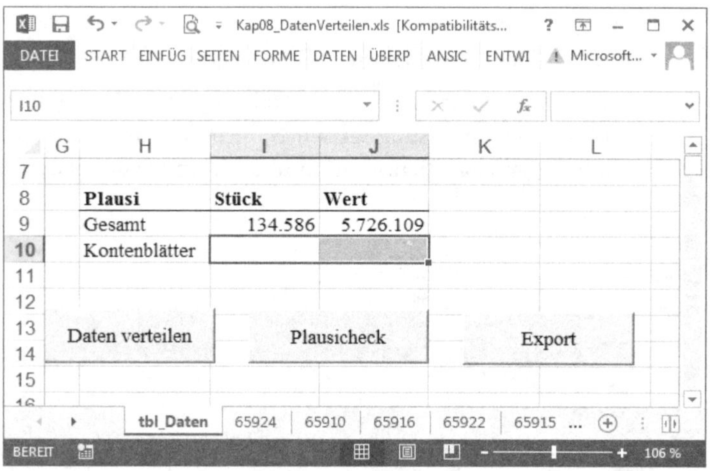

Abbildung 8.3 Die Ergebnisse müssen überprüft werden

Bei der Überprüfung der Ergebnisse werden alle Kontentabellen abgearbeitet, die Summen der Spalten *C* und *D* gesammelt und am Ende in die Zellen *I10* und *J10* geschrieben.

```
Sub PlausiCheck()
 Dim Blatt As Worksheet

 tbl_Daten.Range("I10:J10").ClearContents

 For Each Blatt In ThisWorkbook.Worksheets

   If Blatt.CodeName <> "tbl_Daten" Then
     tbl_Daten.Range("I10").Value = _
     tbl_Daten.Range("I10").Value + _
     Application.WorksheetFunction.Sum(Blatt.Columns(3))

     tbl_Daten.Range("J10").Value = _
     tbl_Daten.Range("J10").Value + _
     Application.WorksheetFunction.Sum(Blatt.Columns(4))

   End If
```

Listing 8.4 Die Summen der Spalten *C* und *D* werden summiert

```
 Next Blatt
End Sub
```

Listing 8.4 Die Summen der Spalten *C* und *D* werden summiert *(Fortsetzung)*

Die Werte aus den Zellen *I9* und *J9*, die über die beiden Formeln

=SUMME(C:C)

=SUMME(D:D)

bereits feststehen, werden nun in den Zellen *I10* und *J10* neu, auf andere Art und Weise gebildet. In einer For Each...Next-Schleife werden alle Tabellen der Arbeitsmappe abgearbeitet. Dabei wird für die Kontentabellen die Funktion *SUMME* eingesetzt, die Sie über die Worksheets-Auflistung und die englischsprachige Funktion SUM ansprechen können.

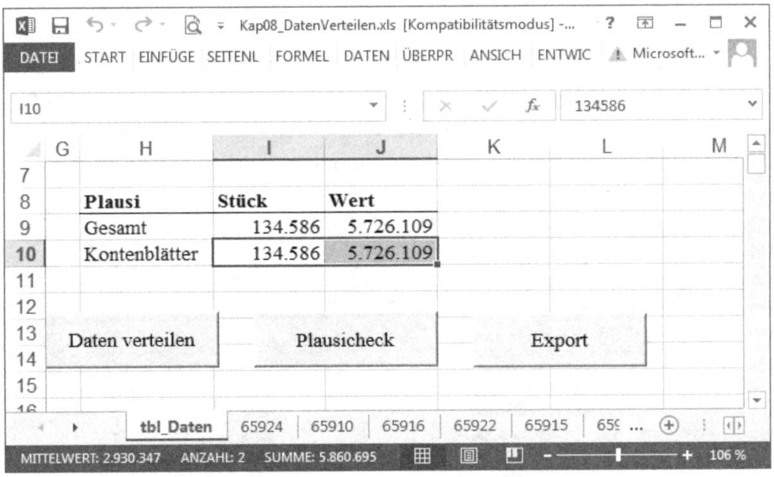

Abbildung 8.4 Das Ergebnis passt

Der Export der Tabellen

Als letzte Aufgabe sollen die gerade neu erstellten Tabellen als separate Arbeitsmappen exportiert und in einem bestimmten Verzeichnis mit einem zusätzlichen Datumsstempel gespeichert werden. Dazu wird die Prozedur aus Listing 8.5 eingesetzt.

```
Sub Export()
    Dim Blatt As Worksheet
    Dim Mappe As Workbook
    Dim strOrdner As String

    Application.DisplayAlerts = False
    strOrdner = ThisWorkbook.Path & "\Extrakte"

    If Dir(strOrdner, vbDirectory) = "" Then
     MkDir strOrdner
    End If
```

Listing 8.5 Die einzelnen Tabellen werden exportiert und als separate Mappen gespeichert

```
    For Each Blatt In ThisWorkbook.Worksheets
      Blatt.Copy
      Set Mappe = ActiveWorkbook
      Mappe.SaveAs strOrdner & "\" & _
      Date & "_" & Blatt.Name & ".xlsx"
      Mappe.Close
    Next Blatt

    Application.DisplayAlerts = True
End Sub
```

Listing 8.5 Die einzelnen Tabellen werden exportiert und als separate Mappen gespeichert *(Fortsetzung)*

Sie prüfen zunächst mithilfe der Funktion Dir, ob das geforderte Verzeichnis, das sich aus dem Pfad der eigentlichen Datei und dem Unterordner *Extrakte* zusammensetzt, vorhanden ist. Wenn nicht, dann wenden Sie die Anweisung MkDir an, um den Ordner zu erstellen.

In einer anschließenden For Each...Next-Schleife arbeiten Sie alle Tabellen der Arbeitsmappe ab und wenden in der Schleife die Methode Copy an, um die Kontentabellen jeweils als separate Arbeitsmappe auszulagern. Danach speichern Sie die Mappen mithilfe der Methode SaveAs. Dabei geben Sie als Namen der jeweiligen Mappe den Namen der Tabelle kombiniert mit dem aktuellen Tagesdatum an. Nach der Speicherung der einzelnen Kontomappen wenden Sie die Methode Close an, um die jeweilige Mappe zu schließen.

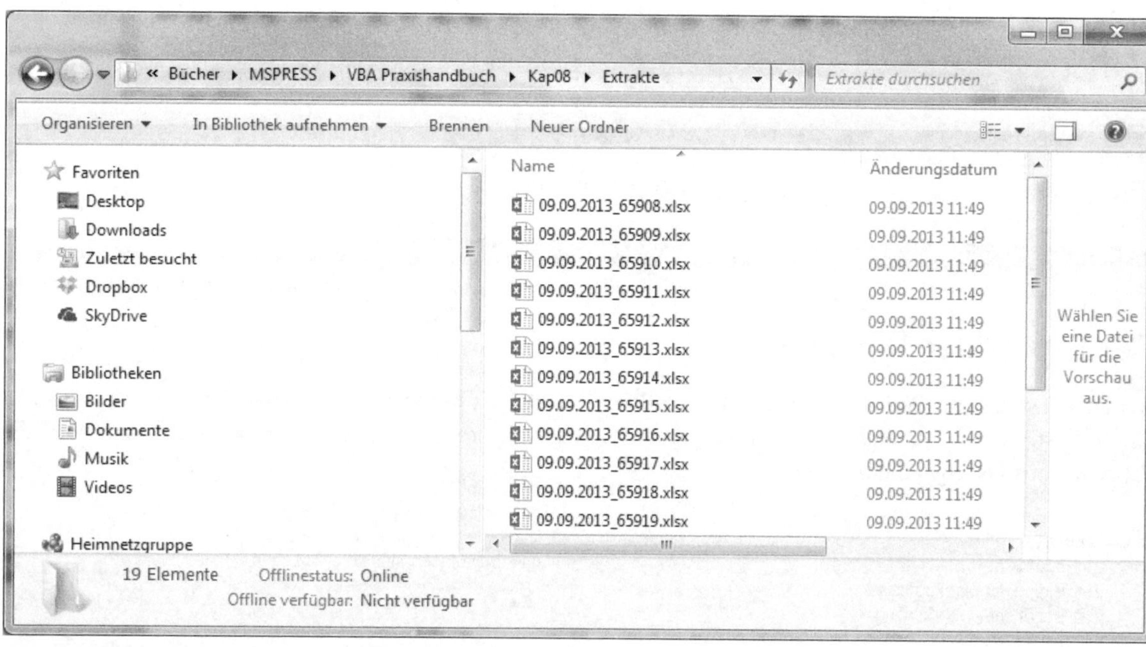

Abbildung 8.5 Die einzelnen Tabellen wurden erfolgreich exportiert

Daten zusammenstellen

ONLINE Die Lösungen zu dieser Aufgabe finden Sie in der Datei *Kap08_DatenZuordnen.xls*.

Bei der folgenden Aufgabenstellung werden Daten aus verschiedenen Jahrestabellen zusammengestellt und in einer Tabelle zur Ansicht gebracht. Schauen Sie sich dazu einmal Abbildung 8.6 an.

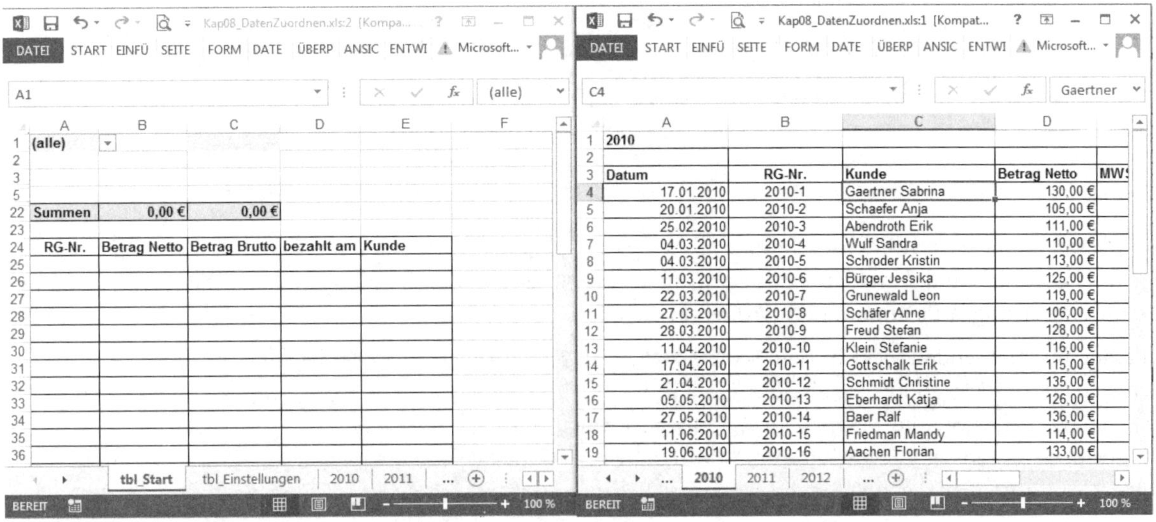

Abbildung 8.6 Die Ausgangssituation – eine Mappe mit diversen Jahrestabellen

In der Tabelle *tbl_Start* sollen alle Daten zu einem bestimmten Jahr (Zelle *A1*) sowie einem bestimmten Kunden (Zelle *C1*) zusammengestellt werden.

Unikate Kunden zusammenstellen

Als erste Aufgabe müssen wir eine sogenannte Unikatsliste mit Kundennamen erstellen. Diese soll auf Basis der Jahrestabellen und der jeweiligen Spalte *C* gebildet werden. Diese Liste soll danach als Zellendropdown in der Zelle *C1* der Tabelle *tbl_Start* angeboten werden.

```
Sub UnikatslistenErstellen()
  Dim Blatt As Worksheet
  Dim objDic As Object
  Dim ZeileMax As Long
  Dim Zeile As Long
  Dim intAnzahl As Integer

  'Zielbereich für Unikatsliste leeren, Gültigkeit entfernen und benannten Bereich löschen
   On Error GoTo UnikatslistenErstellen_Error

  tbl_Einstellungen.Range("D:D").Clear
  tbl_Start.Range("C1").Validation.Delete
  ThisWorkbook.Names("Namensliste").Delete

  'Dictionary-Objekt erstellen
  Set objDic = CreateObject("Scripting.Dictionary")
```

Listing 8.6 Die Unikatsliste wird aus mehreren Tabellen gebildet

```
  For Each Blatt In ThisWorkbook.Worksheets

    If IsNumeric(Blatt.Name) = True Then
      ZeileMax = Blatt.UsedRange.Rows.Count
      For Zeile = 4 To ZeileMax
       If Not objDic.exists(Blatt.Cells(Zeile, 3).Value) Then
           If IsEmpty(Blatt.Cells(Zeile, 3).Value) = False Then
             objDic.Add Blatt.Cells(Zeile, 3).Value, Blatt.Cells(Zeile, 3).Value
           End If
       End If
      Next Zeile
    End If
  Next Blatt

   'Unikate ermitteln
   intAnzahl = objDic.Count
   'Unikate Kunden in Tabelle ausgeben
   tbl_Einstellungen.Range("D1:D" & intAnzahl).Value = WorksheetFunction.Transpose(objDic.items)
   'Spalte D sortieren, benennen und als Gültigkeitsliste anbieten
   tbl_Einstellungen.Range("D:D").Sort Key1:=tbl_Einstellungen.Range("D1"), order1:=xlAscending, Header:=xlYes
   tbl_Einstellungen.Range("D2:D" & intAnzahl).Name = "NamensListe"
   tbl_Start.Range("C1").Validation.Add Type:=xlValidateList, Formula1:="=NamensListe"

   On Error GoTo 0
   Exit Sub

UnikatslistenErstellen_Error:

   MsgBox "Error " & Err.Number & " (" & Err.Description & _
 ") in procedure UnikatslistenErstellen of Modul dl_Verarbeitung in Zeile " & Erl
End Sub
```

Listing 8.6 Die Unikatsliste wird aus mehreren Tabellen gebildet *(Fortsetzung)*

Da Sie in der Tabelle *tbl_Start* alle Umsätze eines Kunden abfragen möchten, muss als Erstes eine Unikatsliste aus allen Jahrestabellen und den darin enthaltenen Kunden gebildet werden. Dies erreichen Sie über eine For Each...Next-Schleife, in der Sie nur Tabellen verarbeiten, die einen numerischen Namen aufweisen können. Diese Prüfung wird durch die Funktion IsNumeric durchgeführt, der Sie den Namen der jeweiligen Tabelle über die Eigenschaft Name übergeben. Für die Unikatsliste selbst kommt das Objekt Dictionary zur Hilfe, das Sie mit den Kundennamen aus Spalte *C* eines jeden Blatts in einer For...Next-Schleife füttern. Bevor Sie dies tun kommt die Funktion Exists zum Einsatz, die prüft, ob sich der Kunde bereits im Dictionary-Objekt befindet. Wenn nicht, dann wird die Methode Add angewendet, um den Kundennamen in das Dictionary-Objekt einzufügen. Dabei übergeben Sie der Methode im ersten Parameter den Schlüssel und im zweiten Argument den eigentlichen Wert (den Kundennamen). In unserem Fall sind der Schlüssel und der eigentliche Wert identisch.

Am Ende der Schleife müssen Sie ermitteln, wie viele Einträge im Dictionary-Objekt vorhanden sind. Dazu setzen Sie die Funktion Count ein. Die so ermittelte Anzahl der Einträge müssen Sie als Zielbereich in der Tabelle *tbl_Einstellungen*, beginnend mit Zelle *D1*, vorhalten und über die Eigenschaft Value alle im Dictionary befindlichen Werte (Items) transponiert einfügen. Die so eingefügten Kundennamen werden anschließend über die Methode Sort sortiert, und mithilfe der Methode Add wird eine Gültigkeitsliste in Zelle *C1* der Tabelle *tbl_Start* angelegt.

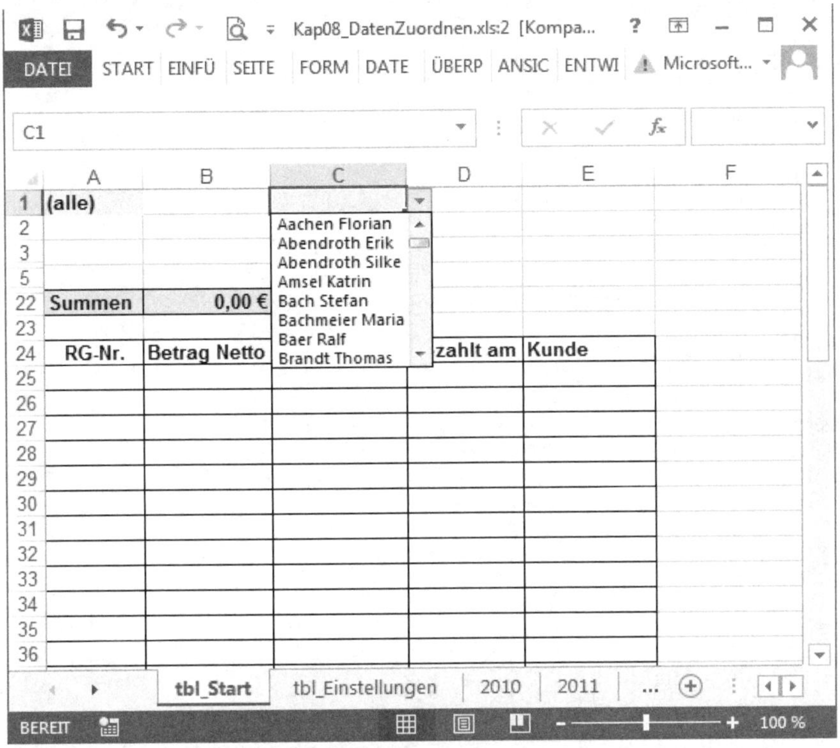

Abbildung 8.7 Die unikate, sortierte Liste aller Kunden wird dynamisch gebildet

Daten zusammenstellen

Im nächsten Schritt wird die Zusammenstellung der Daten vorgenommen. Dabei müssen die Auswahlfelder *A1* und *C1* der Tabelle *tbl_Start* berücksichtigt werden. In Listing 8.7 sehen Sie die entsprechende Umsetzung dieser Aufgabenstellung.

```
Sub DatenZusammenstellen()
  Dim Blatt As Worksheet
  Dim Zeile As Long
  Dim ZeileMax As Long
  Dim zz As Long

  'Zielbereich leeren
   On Error GoTo DatenZusammenstellen_Error

  tbl_Start.Range("A25:E" & tbl_Start.Rows.Count).ClearContents
  zz = 25

  For Each Blatt In ThisWorkbook.Worksheets
   If IsNumeric(Blatt.Name) = True Then
    ZeileMax = Blatt.UsedRange.Rows.Count
    For Zeile = 4 To ZeileMax
```

Listing 8.7 Die Daten werden aus mehreren Tabellen geholt und zur Anzeige gebracht

```
    If tbl_Start.Range("A1").Value = "(alle)" Then

        If Blatt.Cells(Zeile, 3).Value = tbl_Start.Range("C1").Value Then
         tbl_Start.Cells(zz, 1).Value = Blatt.Cells(Zeile, 2).Value
         tbl_Start.Cells(zz, 2).Value = Blatt.Cells(Zeile, 4).Value
         tbl_Start.Cells(zz, 3).Value = Blatt.Cells(Zeile, 6).Value
         tbl_Start.Cells(zz, 4).Value = Blatt.Cells(Zeile, 7).Value
         tbl_Start.Cells(zz, 5).Value = Blatt.Cells(Zeile, 3).Value
         zz = zz + 1
        End If
    Else
        If Blatt.Cells(Zeile, 3).Value = tbl_Start.Range("C1").Value And _
        Blatt.Name = tbl_Start.Range("A1").Value Then
         tbl_Start.Cells(zz, 1).Value = Blatt.Cells(Zeile, 2).Value
         tbl_Start.Cells(zz, 2).Value = Blatt.Cells(Zeile, 4).Value
         tbl_Start.Cells(zz, 3).Value = Blatt.Cells(Zeile, 6).Value
         tbl_Start.Cells(zz, 4).Value = Blatt.Cells(Zeile, 7).Value
         tbl_Start.Cells(zz, 5).Value = Blatt.Cells(Zeile, 3).Value
         zz = zz + 1
        End If
    End If

    Next Zeile
   End If
  Next Blatt

   On Error GoTo 0
   Exit Sub

DatenZusammenstellen_Error:

    MsgBox "Error " & Err.Number & " (" & Err.Description & _
    ") in procedure DatenZusammenstellen of Modul mdl_Verarbeitung in Zeile " & Erl

End Sub
```

Listing 8.7 Die Daten werden aus mehreren Tabellen geholt und zur Anzeige gebracht *(Fortsetzung)*

Sie leeren im ersten Schritt von Listing 8.7 den Zielbereich, der bei Zelle *A25* der Tabelle *tbl_Start* beginnt und bis zur Spalte *E* reicht. Danach setzen Sie eine For Each...Next-Schleife auf, die alle Jahrestabellen verarbeitet. Innerhalb der Schleife fragen Sie ab, ob eine Verarbeitung für alle Jahre oder nur für ein bestimmtes Jahr erfolgen soll. Je nach Auswahl der Kriterien werden die Daten nun über den Einsatz einer For...Next-Schleife verarbeitet. Die Übertragung der Daten erfolgt hierbei über den Einsatz der Eigenschaft Value. Achten Sie dabei auf den Gebrauch der Zeilenvariablen (Zeile für die jeweilige Jahrestabelle, und zz für die Zeile in der Tabelle *tbl_Star*t).

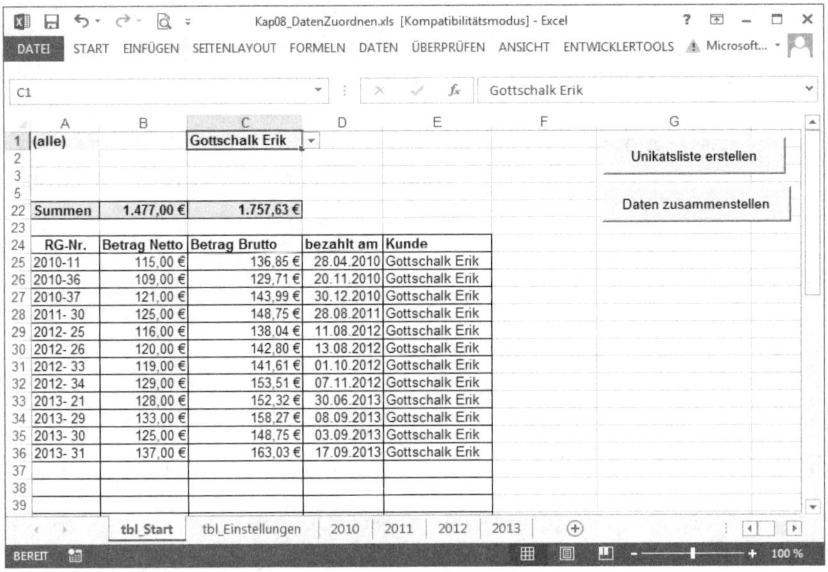

Abbildung 8.8 Alle Rechnungen eines Kunden wurden zusammengestellt

Daten konsolidieren

ONLINE Die Lösungen zu dieser Aufgabe finden Sie in der Datei *Kap08_DatenKonsolidieren.xls*.

Im nachfolgenden Beispiel sollen Daten aus einer Anordnung von oben nach unten in einem Report verdichtet werden. Sehen Sie sich dazu die Ausgangssituation aus Abbildung 8.9 an.

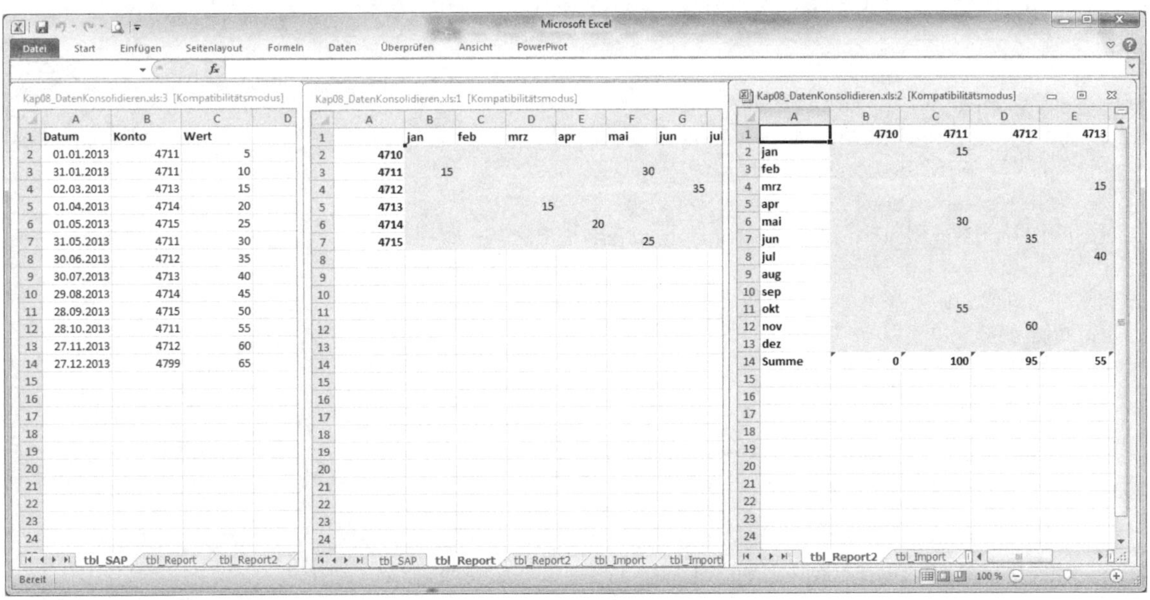

Abbildung 8.9 Die Daten sollen von links nach rechts in zwei Berichten ausgegeben werden

Die Erstellung des Reports I

Bei der Erstellung des ersten Reports sollen die Daten aus der Tabelle *tbl_SAP* in die Tabelle *tbl_Report* überführt werden. Dazu muss der Monat aus der Spalte *A* der Tabelle *tbl_SAP* ermittelt und in der Berichtstabelle gefunden werden. Des Weiteren muss das Konto aus der jeweils zu verarbeitenden Zeile in Spalte *A* der Berichtstabelle gefunden werden. Konten, die nicht zugeordnet werden können, müssen gemeldet werden.

```
Sub ReportErstellen()
    Dim Zeile As Long
    Dim ZeileMax As Long
    Dim Treffer As Range
    Dim Bereich As Range
    Dim iMonat As Integer
    Dim strMsg As String

    'Zuerst den Report leeren
       On Error GoTo ReportErstellen_Error

        tbl_Report.Range("B2:M" & tbl_Report.UsedRange.Rows.Count).ClearContents
        Set Bereich = tbl_Report.Range("B2:M" & tbl_Report.UsedRange.Rows.Count)

        With tbl_SAP
         ZeileMax = .UsedRange.Rows.Count

         For Zeile = 2 To ZeileMax

          Set Treffer = tbl_Report.Range("A:A").Find(what:=.Range("B" & Zeile).Value, lookat:=xlWhole)
          If Treffer Is Nothing Then
           strMsg = strMsg & "Neues Konto: " & .Range("B" & Zeile).Value & vbLf
          Else
           'Konto wurde ermittelt, jetzt nach Monat "suchen"
           iMonat = Month(.Range("A" & Zeile).Value)
           tbl_Report.Cells(Treffer.Row, Bereich.Columns(iMonat).Column).Value = _
           tbl_Report.Cells(Treffer.Row, Bereich.Columns(iMonat).Column).Value + .Range("C" & Zeile).Value
          End If

         Next Zeile

        End With

        If strMsg <> "" Then
         MsgBox strMsg
        End If


       On Error GoTo 0
       Exit Sub

ReportErstellen_Error:

        MsgBox "Error " & Err.Number & " (" & Err.Description & _
        ") in procedure ReportErstellen of Modul Modul1 in Zeile " & Erl

End Sub
```

Listing 8.8 Die Daten wurden aus einer senkrechten Anordnung auf eine waagrechte Anordnung verdichtet

Zunächst muss der Zielbereich in der Tabelle *tbl_Report* geleert werden. Dabei sind die Spalten *B* bis *M* konstant, nur die Anzahl der Zeilen im Bericht kann variieren. Danach wird der eigentliche Datenbereich mithilfe der Anweisung Set in einer Bereichsvariablen gespeichert.

Im Anschluss daran wird die Datentabelle *tbl_SAP* Zeile für Zeile mittels einer For...Next-Schleife verarbeitet. Innerhalb der Schleife wird in Spalte *A* der Tabelle *tbl_Report* nach dem Konto gesucht. Dazu wird die Methode Find eingesetzt. Sie übergeben dieser Methode im ersten Parameter den Suchbegriff aus der jeweiligen Zelle von Spalte *B*. Der Parameter Lookat bestimmt, wie gesucht werden soll. Über die Konstante xlWhole wird festgelegt, dass die Suche ganzheitlich durchgeführt werden soll. Das bedeutet, dass der Suchbegriff 1:1 gefunden werden soll. Wird ein Konto nicht gefunden, dann wird das Konto in der Variablen strMsg festgehalten. Eine automatische Anlage fehlender Nummern ist hier nicht zweckmäßig, da vorher geprüft werden muss, ob das neue Konto überhaupt berücksichtigt werden soll. Bei dieser Aufgabenstellung ist es lediglich wichtig, dass fehlende Konten bemerkt und nicht unter den Teppich gekehrt werden.

Wird ein Konto gefunden, dann haben Sie die Zielzeile im Bericht gefunden. Jetzt fehlt nur noch die Zielspalte im Bericht. Diese Spalte wird direkt aus der Monatsangabe in Spalte *A* der Tabelle *tbl_SAP* mithilfe der Funktion Month extrahiert. Diese Funktion ermittelt beispielsweise aus dem Datum 02.03.2013 den Monat 3. Dies wiederum entspricht der dritten Spalte des benannten Bereichs *Bereich*. Damit haben Sie sowohl die Zielzeile als auch die Zielspalte. Der Schnittpunkt beider Koordinaten bildet Ihre Zielzelle. Achten Sie darauf, dass Sie Werte konsolidieren müssen, d.h. es könnte in der ermittelten Zelle bereits ein Wert erfasst sein. In diesem Fall muss der neue Wert mit dem alten Wert addiert werden.

```
tbl_Report.Cells(Treffer.Row, Bereich.Columns(iMonat).Column).Value = _
tbl_Report.Cells(Treffer.Row, Bereich.Columns(iMonat).Column).Value + _
.Range("C" & Zeile).Value
```

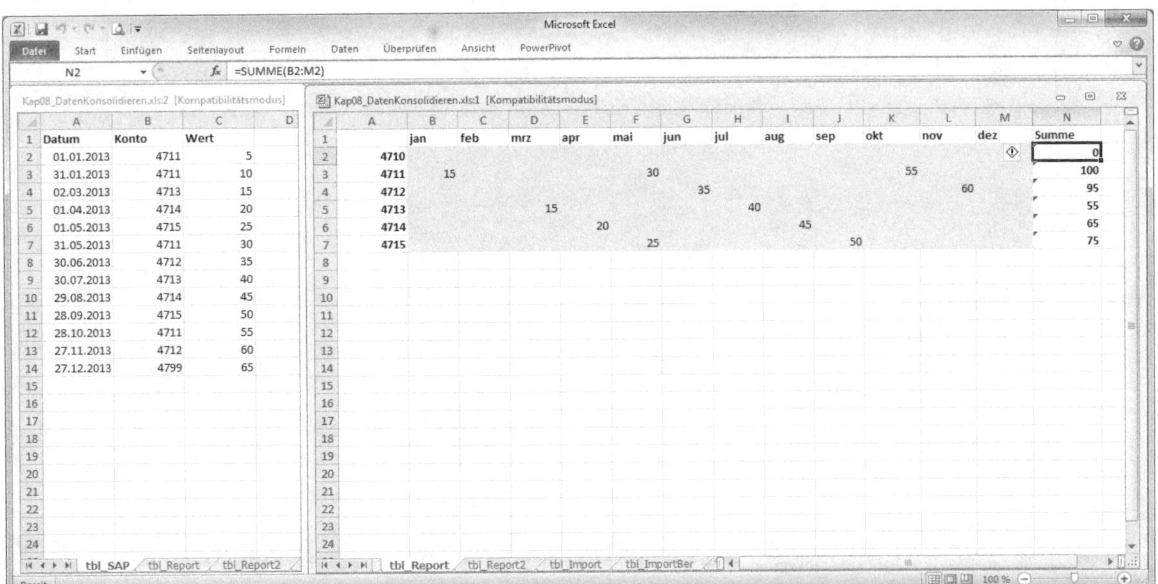

Abbildung 8.10 Daten wurden verteilt und verdichtet

Die Erstellung des Reports II

Bei der Erstellung des zweiten Berichts liegt eine andere Anordnung der Daten vor. Vom eigentlichen Prinzip der Programmierung ändert sich dabei aber nichts. In beiden Berichten müssen die Zielzeilen und Zielspalten gesucht werden, um die eigentlichen Werte danach in den Bericht zu kippen. Sehen Sie sich dazu Listing 8.9 an.

```
Sub ReportErstellen2()
    Dim Zeile As Long
    Dim ZeileMax As Long
    Dim Treffer As Range
    Dim Bereich As Range
    Dim iMonat As Integer
    Dim strMsg As String

    'Zuerst den Report leeren
       On Error GoTo ReportErstellen2_Error

    tbl_Report2.Range("B2:G" & tbl_Report2.UsedRange.Rows.Count - 1).ClearContents
    Set Bereich = tbl_Report2.Range("B2:G" & tbl_Report2.UsedRange.Rows.Count - 1)

    With tbl_SAP
     ZeileMax = .UsedRange.Rows.Count

     For Zeile = 2 To ZeileMax

      Set Treffer = tbl_Report2.Rows(1).Find(what:=.Range("B" & Zeile).Value, lookat:=xlWhole)
      If Treffer Is Nothing Then
       strMsg = strMsg & "Neues Konto: " & .Range("B" & Zeile).Value & vbLf
      Else
       'Konto wurde gefunden
       iMonat = Month(.Range("A" & Zeile).Value)
       tbl_Report2.Cells(Bereich.Rows(iMonat).Row, Treffer.Column).Value = _
       tbl_Report2.Cells(Bereich.Rows(iMonat).Row, Treffer.Column).Value + .Range("C" & Zeile).Value


      End If

     Next Zeile

    End With

    If strMsg <> "" Then
        MsgBox strMsg
    End If

    On Error GoTo 0
    Exit Sub

ReportErstellen2_Error:

       MsgBox "Error " & Err.Number & " (" & Err.Description & _
       ") in procedure ReportErstellen2 of Modul Modul1 in Zeile " & Erl

End Sub
```

Listing 8.9 Die Daten werden in einer Matrix konsolidiert

Bei der Ermittlung des vorher zu löschenden Bereichs müssen Sie darauf achten, dass die letzte belegte Zeile eine Summierung enthält, die nicht gelöscht werden darf. Daher subtrahieren Sie von der Anzahl der verwendeten Zeilen den Wert 1.

```
Set Bereich =
tbl_Report2.Range("B2:G" & tbl_Report2.UsedRange.Rows.Count - 1)
```

Anschließend arbeiten Sie die Daten in der Tabelle *tbl_SAP* Zeile für Zeile ab und suchen das jeweilige Konto in der zweiten Zeile der Tabelle *tbl_Report2*. Den dazugehörigen Monat extrahieren Sie über die Funktion Month, die Sie auf die Datumsangabe in Spalte *A* anwenden. Der Schnittpunkt aus gefundener Zeile und Spalte ergibt die Zielzelle, in der Sie den Inhalt der Spalte *C* aufaddieren.

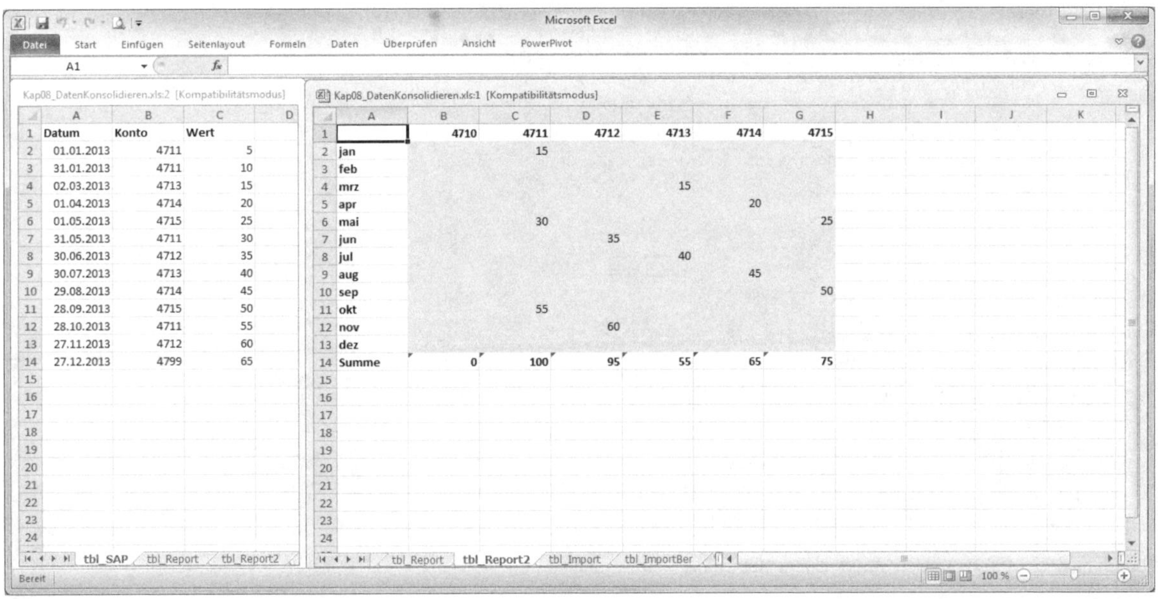

Abbildung 8.11 Die Daten wurden in einer anderen Form verdichtet

Daten bereinigen

ONLINE Die Lösungen zu dieser Aufgabe finden Sie in der Datei *Kap08_DatenBereinigen.xls*.

Bevor man an eine Auswertung gehen kann, ist es oftmals notwendig, bestimmte Daten in eine auswertbare Form zu bringen. Sehen Sie sich dazu einmal die Abbildung 8.12 an.

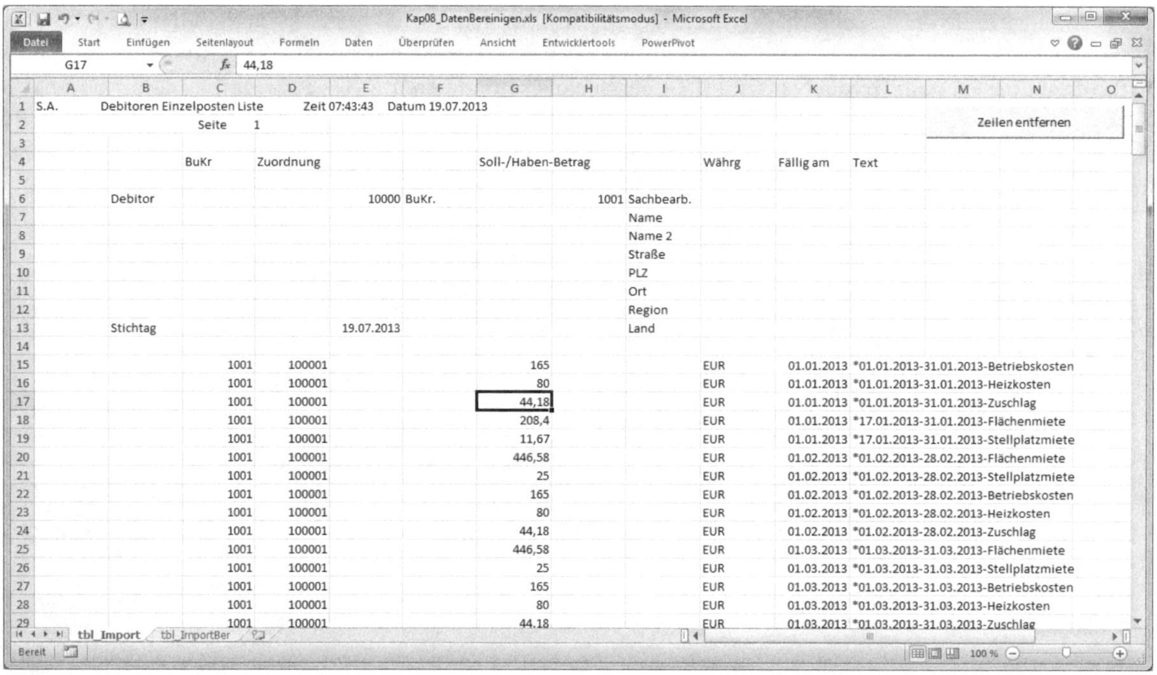

	A	B	C	D	E	F	G	H	I	J	K	L
1	S.A.	Debitoren Einzelposten Liste			Zeit 07:43:43	Datum 19.07.2013						
2			Seite	1								
3												
4			BuKr	Zuordnung			Soll-/Haben-Betrag			Währg	Fällig am	Text
5												
6		Debitor			10000	BuKr.		1001	Sachbearb.			
7									Name			
8									Name 2			
9									Straße			
10									PLZ			
11									Ort			
12									Region			
13		Stichtag			19.07.2013				Land			
14												
15			1001	100001			165			EUR	01.01.2013	*01.01.2013-31.01.2013-Betriebskosten
16			1001	100001			80			EUR	01.01.2013	*01.01.2013-31.01.2013-Heizkosten
17			1001	100001			44,18			EUR	01.01.2013	*01.01.2013-31.01.2013-Zuschlag
18			1001	100001			208,4			EUR	01.01.2013	*17.01.2013-31.01.2013-Flächenmiete
19			1001	100001			11,67			EUR	01.01.2013	*17.01.2013-31.01.2013-Stellplatzmiete
20			1001	100001			446,58			EUR	01.02.2013	*01.02.2013-28.02.2013-Flächenmiete
21			1001	100001			25			EUR	01.02.2013	*01.02.2013-28.02.2013-Stellplatzmiete
22			1001	100001			165			EUR	01.02.2013	*01.02.2013-28.02.2013-Betriebskosten
23			1001	100001			80			EUR	01.02.2013	*01.02.2013-28.02.2013-Heizkosten
24			1001	100001			44,18			EUR	01.02.2013	*01.02.2013-28.02.2013-Zuschlag
25			1001	100001			446,58			EUR	01.03.2013	*01.03.2013-31.03.2013-Flächenmiete
26			1001	100001			25			EUR	01.03.2013	*01.03.2013-31.03.2013-Stellplatzmiete
27			1001	100001			165			EUR	01.03.2013	*01.03.2013-31.03.2013-Betriebskosten
28			1001	100001			80			EUR	01.03.2013	*01.03.2013-31.03.2013-Heizkosten
29			1001	100001			44,18			EUR	01.03.2013	*01.03.2013-31.03.2013-Zuschlag

Abbildung 8.12 Ein »normaler« Ausdruck, momentan nicht auswertbar

Die eigentliche Aufgabe besteht darin, die Daten in eine auswertbare Form zu bringen, wie sie in Abbildung 8.13 dargestellt ist.

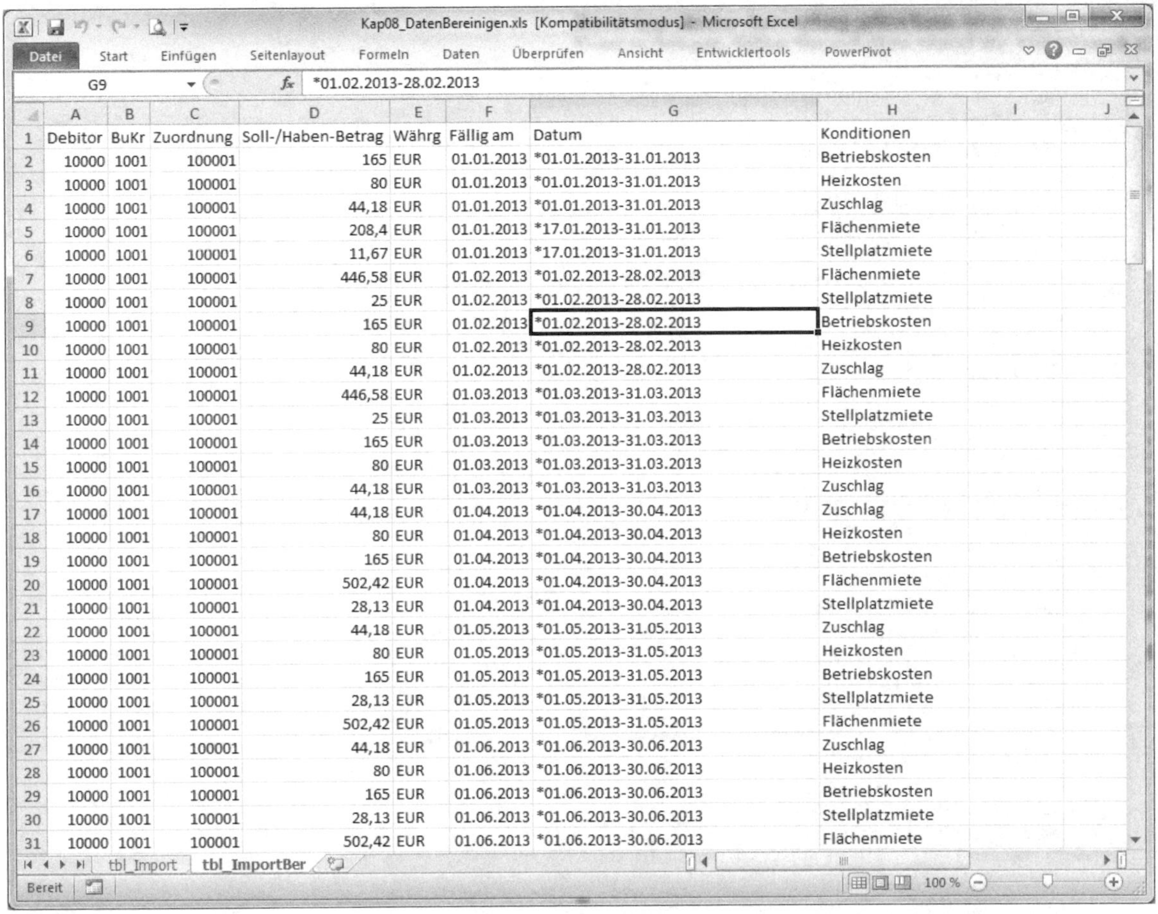

	A	B	C	D	E	F	G	H
1	Debitor	BuKr	Zuordnung	Soll-/Haben-Betrag	Währg	Fällig am	Datum	Konditionen
2	10000	1001	100001	165	EUR	01.01.2013	*01.01.2013-31.01.2013	Betriebskosten
3	10000	1001	100001	80	EUR	01.01.2013	*01.01.2013-31.01.2013	Heizkosten
4	10000	1001	100001	44,18	EUR	01.01.2013	*01.01.2013-31.01.2013	Zuschlag
5	10000	1001	100001	208,4	EUR	01.01.2013	*17.01.2013-31.01.2013	Flächenmiete
6	10000	1001	100001	11,67	EUR	01.01.2013	*17.01.2013-31.01.2013	Stellplatzmiete
7	10000	1001	100001	446,58	EUR	01.02.2013	*01.02.2013-28.02.2013	Flächenmiete
8	10000	1001	100001	25	EUR	01.02.2013	*01.02.2013-28.02.2013	Stellplatzmiete
9	10000	1001	100001	165	EUR	01.02.2013	*01.02.2013-28.02.2013	Betriebskosten
10	10000	1001	100001	80	EUR	01.02.2013	*01.02.2013-28.02.2013	Heizkosten
11	10000	1001	100001	44,18	EUR	01.02.2013	*01.02.2013-28.02.2013	Zuschlag
12	10000	1001	100001	446,58	EUR	01.03.2013	*01.03.2013-31.03.2013	Flächenmiete
13	10000	1001	100001	25	EUR	01.03.2013	*01.03.2013-31.03.2013	Stellplatzmiete
14	10000	1001	100001	165	EUR	01.03.2013	*01.03.2013-31.03.2013	Betriebskosten
15	10000	1001	100001	80	EUR	01.03.2013	*01.03.2013-31.03.2013	Heizkosten
16	10000	1001	100001	44,18	EUR	01.03.2013	*01.03.2013-31.03.2013	Zuschlag
17	10000	1001	100001	44,18	EUR	01.04.2013	*01.04.2013-30.04.2013	Zuschlag
18	10000	1001	100001	80	EUR	01.04.2013	*01.04.2013-30.04.2013	Heizkosten
19	10000	1001	100001	165	EUR	01.04.2013	*01.04.2013-30.04.2013	Betriebskosten
20	10000	1001	100001	502,42	EUR	01.04.2013	*01.04.2013-30.04.2013	Flächenmiete
21	10000	1001	100001	28,13	EUR	01.04.2013	*01.04.2013-30.04.2013	Stellplatzmiete
22	10000	1001	100001	44,18	EUR	01.05.2013	*01.05.2013-31.05.2013	Zuschlag
23	10000	1001	100001	80	EUR	01.05.2013	*01.05.2013-31.05.2013	Heizkosten
24	10000	1001	100001	165	EUR	01.05.2013	*01.05.2013-31.05.2013	Betriebskosten
25	10000	1001	100001	28,13	EUR	01.05.2013	*01.05.2013-31.05.2013	Stellplatzmiete
26	10000	1001	100001	502,42	EUR	01.05.2013	*01.05.2013-31.05.2013	Flächenmiete
27	10000	1001	100001	44,18	EUR	01.06.2013	*01.06.2013-30.06.2013	Zuschlag
28	10000	1001	100001	80	EUR	01.06.2013	*01.06.2013-30.06.2013	Heizkosten
29	10000	1001	100001	165	EUR	01.06.2013	*01.06.2013-30.06.2013	Betriebskosten
30	10000	1001	100001	28,13	EUR	01.06.2013	*01.06.2013-30.06.2013	Stellplatzmiete
31	10000	1001	100001	502,42	EUR	01.06.2013	*01.06.2013-30.06.2013	Flächenmiete

Abbildung 8.13 Diese Liste kann gut ausgewertet werden

Für die Umsetzung dieser Aufgabe in Listing 8.10 müssen sowohl Zeilen und Spalten entfernt sowie Zelleninhalte geschrieben werden.

```
Sub ZeilenEntfernen()
    Dim Zeile As Long
    Dim ZeileMax As Long
    Dim strDeb As String
    Dim Spalte As Long
    Dim SpalteMax As Long
    Dim ipos As Integer

    On Error GoTo ZeilenEntfernen_Error

    'Berechnung temporär ausschalten
    Application.Calculation = xlCalculationManual

    'Zuerst die Tabelle 1:1 kopieren und mit der Kopie weitermachen
    tbl_ImportBer.UsedRange.ClearContents
```

Listing 8.10 Zeilen entfernen und Daten anreichern

```
tbl_Import.Cells.Copy Destination:=tbl_ImportBer.Range("A1")

With tbl_ImportBer
 ZeileMax = .Cells(.Rows.Count, 3).End(xlUp).Row
 'Erste Schleife
 For Zeile = ZeileMax To 5 Step -1

  If .Range("C" & Zeile).Value <> "" Or _
     .Range("E" & Zeile).Value <> "" Then
       If Left(.Range("B" & Zeile).Value, 1) = "*" Or _
        .Range("B" & Zeile).Value = "Stichtag" Then
        .Rows(Zeile).Delete
       End If
  Else
   .Rows(Zeile).Delete
  End If

 Next Zeile

 'Zweite Schleife (Debitor ergänzen)
 ZeileMax = .Cells(.Rows.Count, 3).End(xlUp).Row
 For Zeile = 5 To ZeileMax
  If .Range("E" & Zeile).Value <> "" Then
   strDeb = .Range("E" & Zeile).Value
  End If
  If .Range("B" & Zeile).Value = "" Then
  .Range("B" & Zeile).Value = strDeb
  End If

 Next Zeile

 '3. Schleife - weitere Zeilen löschen
 ZeileMax = .Cells(.Rows.Count, 3).End(xlUp).Row
 For Zeile = ZeileMax To 5 Step -1

  If .Range("B" & Zeile).Value = "Debitor" Then
   .Rows(Zeile).Delete
  End If

 Next Zeile

 SpalteMax = .UsedRange.Columns.Count
 '4. Schleife - bestimmte Spalten entfernen
 For Spalte = SpalteMax To 1 Step -1
  If .Cells(5, Spalte).Value = "" Then
   .Columns(Spalte).Delete
  End If
 Next Spalte

 .Range("A4").Value = "Debitor"
 .Range(.Rows(1), .Rows(3)).Delete

ZeileMax = .Cells(.Rows.Count, 3).End(xlUp).Row
.Range("G1").Value = "Datum"
.Range("H1").Value = "Konditionen"

 '5. Schleife - Zelleninhalte aufspalten
 For Zeile = 2 To ZeileMax
```

Listing 8.10 Zeilen entfernen und Daten anreichern *(Fortsetzung)*

```
        ipos = InStrRev(.Range("G" & Zeile).Value, "-")
        If ipos <> 0 Then
        .Range("H" & Zeile).Value = Mid(.Range("G" & Zeile).Value, ipos + 1)
        .Range("G" & Zeile).Value = Left(.Range("G" & Zeile).Value, ipos - 1)
        End If
       Next Zeile
      .Range("A:H").Columns.AutoFit

     End With

     'Berechnung wieder einschalten
     Application.Calculation = xlCalculationAutomatic

        On Error GoTo 0
        Exit Sub

ZeilenEntfernen_Error:

         MsgBox "Error " & Err.Number & " (" & Err.Description & _
         ") in procedure ZeilenEntfernen of Modul Modul1 in Zeile " & Erl
         Application.Calculation = xlCalculationAutomatic

End Sub
```

Listing 8.10 Zeilen entfernen und Daten anreichern *(Fortsetzung)*

TIPP Beim Löschen von Zeilen und Spalten empfiehlt es sich, die Berechnung von Excel zwecks besserer Performance temporär auszuschalten und am Ende der Prozedur sowie im Fehlerfall wieder einzuschalten.

Im ersten Schritt aus Listing 8.10 wird die Zieltabelle *tbl_ImportBer* geleert und danach der Inhalt der Tabelle *tbl_Import* 1:1 mittels der Methode Copy in diese Tabelle eingefügt. Sie arbeiten im weiteren Verlauf des Makros immer mit der Kopie weiter. Die Aufgabe an sich wird Schritt für Schritt und somit gut nachvollziehbar über den Einsatz einiger Schleifen umgesetzt.

In der ersten Schleife, die sich von unten nach oben in der Tabelle *tbl_ImportBer* durcharbeitet, werden alle nicht relevanten Zeilen entfernt. Diese Zeilen weisen bestimmte Merkmale auf, die herangezogen werden, um die zu löschenden Zeilen eindeutig zu identifizieren. Diese Zeilen werden mithilfe der Methode Delete gelöscht.

Bei der zweiten Schleife wird in jeder Zeile der Debitor ergänzt, der lediglich in der Titelzeile steht. In der dritten Schleife werden daraufhin alle Zwischenüberschriften aus der Tabelle *tbl_ImportBer* entfernt. Die vierte Schleife hat die Aufgabe, nicht relevante Spalten zu entfernen. Dabei wird die Tabelle *tbl_ImportBer* Spalte für Spalte von rechts nach links abgearbeitet. Alle Spalten, bei denen in der fünften Zeile keine Überschrift steht, werden dabei über die Methode Delete entfernt.

TIPP Bei der Umsetzung dieser Aufgabe ist es zweckmäßig, mittels Haltepunkten nach jeder Schleife innezuhalten und die Ergebnisse zu kontrollieren.

In der fünften Schleife wird der Buchungstext aufgespaltet. Dabei kommt die Funktion Instr zum Einsatz, die die Position des Trennzeichens ermittelt und anschließend über die Funktionen Mid und Left die beiden Teile in die Spalten *H* und *G* aufspaltet. Mithilfe der Methode AutoFit wird eine optimale Spaltenbreite in der Tabelle *tbl_ImportBer* eingestellt.

Daten aktualisieren

ONLINE Die Lösungen zu dieser Aufgabe finden Sie in den Dateien *Kap08_UnserBestand.xls* und *Kap08_Preise.xls*.

Bei der nächsten Aufgabenstellung sollen Preise aus einer Tabelle mit Preisen aus einer anderen Mappe/ Tabelle über einen eindeutigen Schlüssel aktualisiert werden. Sehen Sie sich dazu die Ausgangssituation in Abbildung 8.14 an.

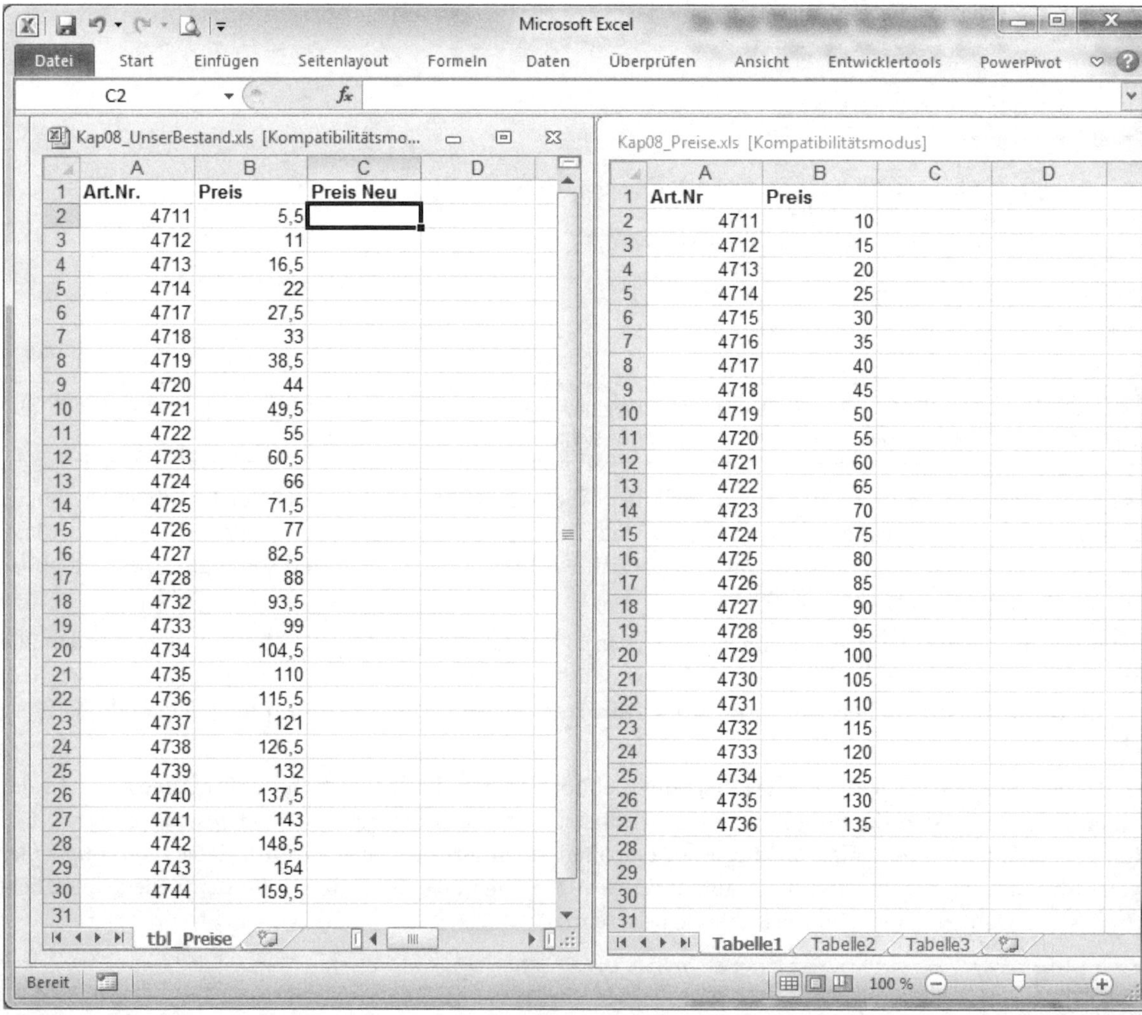

Kap08_UnserBestand.xls

	A	B	C	D
1	Art.Nr.	Preis	Preis Neu	
2	4711	5,5		
3	4712	11		
4	4713	16,5		
5	4714	22		
6	4717	27,5		
7	4718	33		
8	4719	38,5		
9	4720	44		
10	4721	49,5		
11	4722	55		
12	4723	60,5		
13	4724	66		
14	4725	71,5		
15	4726	77		
16	4727	82,5		
17	4728	88		
18	4732	93,5		
19	4733	99		
20	4734	104,5		
21	4735	110		
22	4736	115,5		
23	4737	121		
24	4738	126,5		
25	4739	132		
26	4740	137,5		
27	4741	143		
28	4742	148,5		
29	4743	154		
30	4744	159,5		
31				

Kap08_Preise.xls

	A	B	C	D
1	Art.Nr	Preis		
2	4711	10		
3	4712	15		
4	4713	20		
5	4714	25		
6	4715	30		
7	4716	35		
8	4717	40		
9	4718	45		
10	4719	50		
11	4720	55		
12	4721	60		
13	4722	65		
14	4723	70		
15	4724	75		
16	4725	80		
17	4726	85		
18	4727	90		
19	4728	95		
20	4729	100		
21	4730	105		
22	4731	110		
23	4732	115		
24	4733	120		
25	4734	125		
26	4735	130		
27	4736	135		
28				
29				
30				
31				

Abbildung 8.14 Die Preise sollen aktualisiert werden

Die neuen Preise sollen in der Tabelle *tbl_Preise* in Spalte *C* geschrieben werden. Dabei kann es auch vorkommen, dass in der einzulesenden Datei neue Nummern auftauchen, die ebenfalls berücksichtigt werden sollen. Die Umsetzung dieser Aufgabe sehen Sie in Listing 8.11.

```
Sub PreiseHolen()
    Dim Zeile As Long
    Dim ZeileMax As Long
    Dim ZeileFrei As Long
    Dim Treffer As Range
    Dim Quelle As Workbook
    Dim filetoopen As Variant

   On Error GoTo PreiseHolen_Error

    filetoopen = Application _
        .GetOpenFilename("Excel-Mappen (*.xls*), *.xls*")

    If filetoopen <> False Then
        Workbooks.Open filetoopen
        Set Quelle = ActiveWorkbook

    With Quelle.Sheets(1)
        ZeileMax = .Cells(.Rows.Count, 1).End(xlUp).Row

         For Zeile = 2 To ZeileMax

           Set Treffer = tbl_Preise.Columns(1).Find(what:=.Cells(Zeile, 1).Value, lookat:=xlWhole)
           If Treffer Is Nothing Then
              ZeileFrei = tbl_Preise.Cells(tbl_Preise.Rows.Count, 1).End(xlUp).Row + 1
              tbl_Preise.Cells(ZeileFrei, 1).Value = .Cells(Zeile, 1).Value
              tbl_Preise.Cells(ZeileFrei, 3).Value = .Cells(Zeile, 2).Value
              tbl_Preise.Cells(ZeileFrei, 1).Interior.ColorIndex = 4
           Else

             tbl_Preise.Cells(Treffer.Row, 3).Value = .Cells(Zeile, 2).Value
           End If

         Next Zeile

        End With

    tbl_Preise.Range("A:C").Sort Key1:=tbl_Preise.Range("A1"), order1:=xlAscending, Header:=xlYes

    Quelle.Close savechanges:=False

    End If

   On Error GoTo 0
   Exit Sub

PreiseHolen_Error:

   MsgBox "Error " & Err.Number & " (" & Err.Description & _
   ") in procedure PreiseHolen of Modul mdl_Preise in Zeile " & Erl

End Sub
```

Listing 8.11 Preise aktualisieren und neue Artikel automatisch anlegen

Im ersten Schritt des Makros aus Listing 8.11 wird ein *Öffnen*-Dialogfeld auf dem Bildschirm angezeigt, in dem der Anwender die einzulesende Datei auswählen muss. Diese Aufgabe wird über die Methode GetOpenFilename durchgeführt. Nach erfolgter Prüfung, ob der Anwender auch eine Datei im Dialogfeld ausgewählt hat, kann die eigentliche Verarbeitung beginnen. Dazu wird die Methode Open eingesetzt, um die vorher ausgewählte Excel-Mappe zu öffnen. Der Name der Mappe sowie der komplette Pfad sind dabei in der Variablen filetoopen abrufbar.

In der geöffneten Mappe wird die erste Tabelle Zeile für Zeile über den Einsatz einer For...Next-Schleife abgearbeitet. Innerhalb der Schleife wird anhand der eindeutigen Artikelnummer über die Methode Find nach dem entsprechenden Datensatz in Spalte *A* der Tabelle *tbl_Preise* gesucht. Falls der Artikel gefunden wird, wird der neue Preis in Spalte *C* geschrieben. Andernfalls, wenn es ein neuer Artikel ist, wird dieser zunächst am Ende der Liste eingefügt und farblich gekennzeichnet. Am Ende der Verarbeitung werden mithilfe der Methode Sort die vorher unten angehängten Datensätze in die richtige Reihenfolge gebracht.

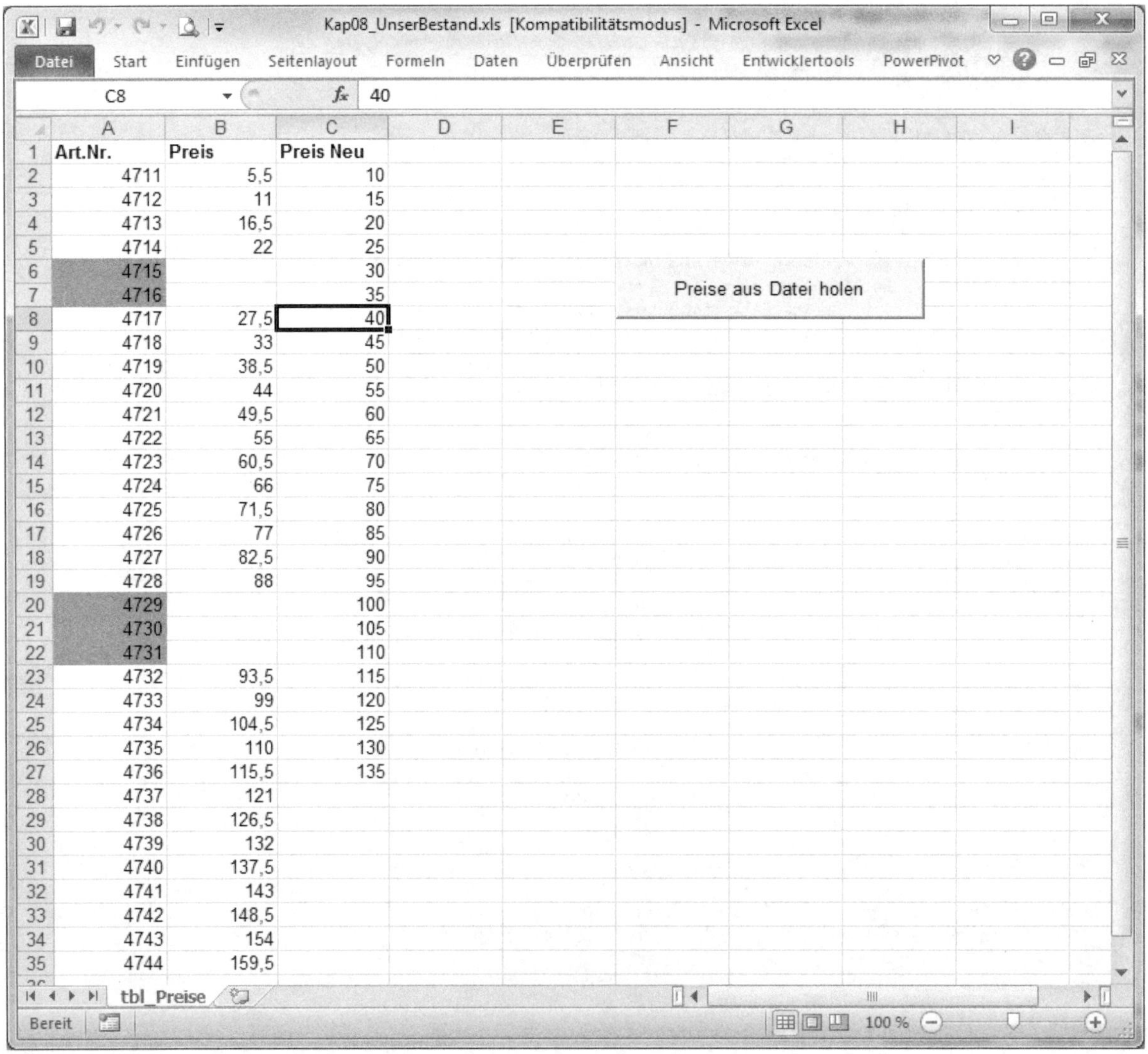

	A	B	C
1	Art.Nr.	Preis	Preis Neu
2	4711	5,5	10
3	4712	11	15
4	4713	16,5	20
5	4714	22	25
6	4715		30
7	4716		35
8	4717	27,5	40
9	4718	33	45
10	4719	38,5	50
11	4720	44	55
12	4721	49,5	60
13	4722	55	65
14	4723	60,5	70
15	4724	66	75
16	4725	71,5	80
17	4726	77	85
18	4727	82,5	90
19	4728	88	95
20	4729		100
21	4730		105
22	4731		110
23	4732	93,5	115
24	4733	99	120
25	4734	104,5	125
26	4735	110	130
27	4736	115,5	135
28	4737	121	
29	4738	126,5	
30	4739	132	
31	4740	137,5	
32	4741	143	
33	4742	148,5	
34	4743	154	
35	4744	159,5	

Abbildung 8.15 Die Preise wurden erfolgreich aktualisiert, neue Artikel wurden eingeordnet

Daten verarbeiten im Batch

ONLINE Die Lösung zu dieser Aufgabe finden Sie in der Datei *Kap08_Batch.xls*.

Bei der folgenden Aufgabenstellung sollen alle Dateien in einem bestimmten Verzeichnis verarbeitet werden. Dazu wird zunächst ein Auswahldialog aufgerufen, in dem der Anwender den gewünschten Ordner auswählen kann. Danach sollen die Mappen nacheinander geöffnet, verarbeitet und wieder geschlossen werden.

Als Verarbeitung wird definiert, dass alle im Ordner enthaltenen Mappen nacheinander geöffnet werden sollen. Anschließend wird in die rechte Fußzeile aller Tabellen der komplette Pfad- und Dateiname geschrieben.

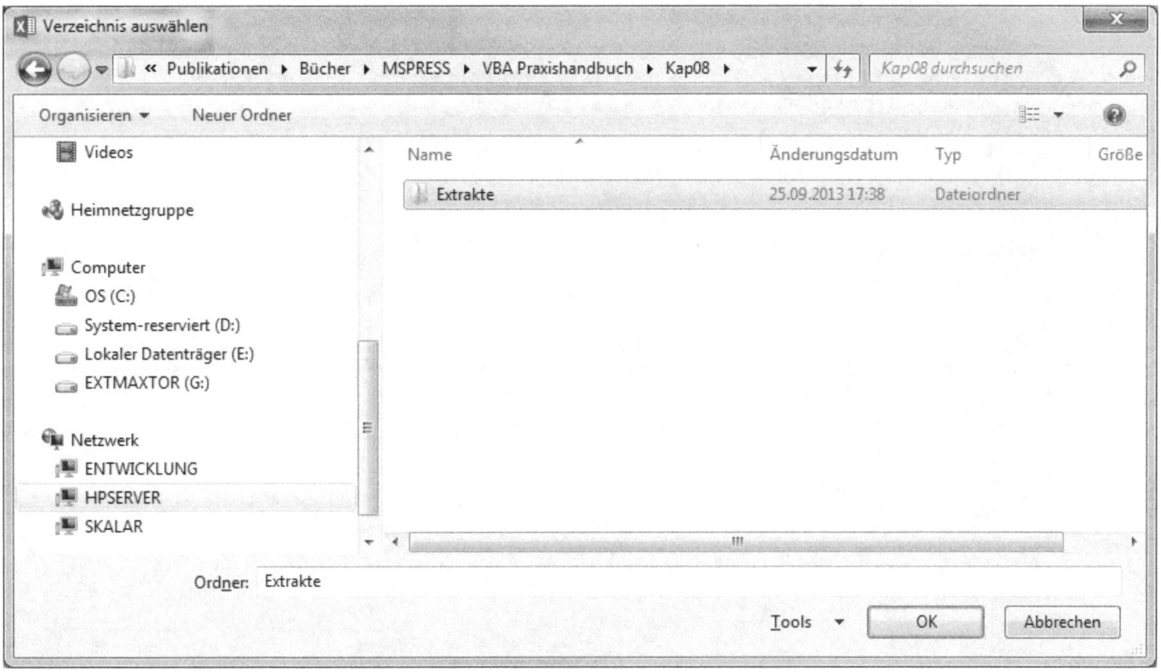

Abbildung 8.16 Das Ordnerauswahldialogfeld konfigurieren und anzeigen

Den Quellcode zu dieser Aufgabe entnehmen Sie Listing 8.12.

```
Sub MappenVerarbeiten()
  Dim dgl As FileDialog
  Dim Mappe As Workbook
  Dim Blatt As Worksheet
  Dim strOrdner As String
  Dim strDatei As String

   On Error GoTo MappenVerarbeiten_Error

'Bildschirmaktualisierung temporär ausschalten
```

Listing 8.12 Alle Mappen aus einem Verzeichnis werden nacheinander verarbeitet

```
Application.ScreenUpdating = False

Set dlg = Application.FileDialog(msoFileDialogFolderPicker)

 With dlg
   'Dialogfeld konfigurieren
   .AllowMultiSelect = False
   .InitialView = msoFileDialogViewDetails
   .Title = "Verzeichnis auswählen"
   .InitialFileName = ThisWorkbook.Path

   'Dialogfeld anzeigen
   If .Show Then
       strOrdner = .SelectedItems(1)
       strDatei = Dir(strOrdner & "\*xls*")
       Do While strDatei <> ""
         If strDatei <> ThisWorkbook.Name Then
           Application.StatusBar = "Mappe " & strDatei & " wird verarbeitet"
           Set Mappe = Workbooks.Open(strOrdner & "\" & strDatei, 0)

           For Each Blatt In Mappe.Worksheets
            Blatt.PageSetup.RightFooter = Mappe.FullName
           Next Blatt

           Mappe.Close savechanges:=True

         End If

         strDatei = Dir()

       Loop

   End If
  End With

  Application.StatusBar = False
  Application.ScreenUpdating = True

  On Error GoTo 0
  Exit Sub

MappenVerarbeiten_Error:

   MsgBox "Error " & Err.Number & " (" & Err.Description & _
   ") in procedure MappenVerarbeiten of Modul mdl_Verarbeitung in Zeile " & Erl

End Sub
```

Listing 8.12 Alle Mappen aus einem Verzeichnis werden nacheinander verarbeitet *(Fortsetzung)*

Sie deklarieren im ersten Schritt des Makros aus Listing 8.12 eine Objektvariable vom Typ FileDialog. Damit können Sie unter anderem auch ein Ordnerauswahldialogfeld wie in Abbildung 8.16 dargestellt anzeigen lassen. Der Vorteil dieses Dialogfelds ist, dass Sie es konfigurieren können. Unter anderem können Sie eine Mehrfachauswahl von Ordnern über die Eigenschaft AllowMultiSelect zulassen. Auch die Anzeige der Ordner können Sie mithilfe der Eigenschaft InitialView bestimmen. Die Beschriftung der Titelzeile des Dialogfelds kann mithilfe der Eigenschaft Title festgelegt werden. Sogar der beim Aufruf standardmäßig eingestellte Ordner kann über die Eigenschaft InitialFileName festgelegt werden. In diesem Fall wird der Ordner standardmäßig eingestellt, in dem die Mappe mit den hinterlegten Makros gespeichert ist. Diesen Ordner können Sie mithilfe der Anweisung ThisWorkbook.Path abrufen. Über den Einsatz der Methode Show wird das Dialogfeld anschließend angezeigt. Die Auswertung, ob der Anwender tatsächlich auch einen Ordner ausgewählt hat, geschieht über die Anweisung SelectedItems(1). Da bei diesem Dialogfeld keine Mehrfachauswahl definiert wurde, kann maximal ein Ordner ausgewählt worden sein.

Danach wenden Sie die Funktion Dir an, um die erste Datei in dem ausgewählten Verzeichnis anzusteuern. In einer Do While-Schleife werden alle Dateien nacheinander verarbeitet. Sie unterstützen den Anwender direkt am Bildschirm, indem Sie den Namen der aktuell zu verarbeitenden Mappe in die Statusleiste schreiben. Danach werden die jeweiligen Mappen über die Methode Open geöffnet. Übergeben Sie dieser Methode im ersten Parameter den Pfad- und Dateinamen der Mappe, im zweiten Parameter, den Sie auf 0 setzen, bestimmen Sie, das Excel beim Öffnen der Arbeitsmappe keine Verknüpfungen aktualisieren soll.

Nachdem die jeweilige Arbeitsmappe geöffnet wurde, wird eine For Each...Next-Schleife eingesetzt, um alle Tabellen der Arbeitsmappe zu verarbeiten. Über die Eigenschaft RightFooter greifen Sie direkt auf die rechte Fußzeile einer jeden Tabelle zu. Dort tragen Sie mithilfe der Eigenschaft FullName den Pfad- und Dateinamen der jeweiligen Mappe ein.

Nach der Beschriftung der Fußzeile schließen Sie die Mappe, indem Sie die Methode Close anwenden. Indem Sie dem Parameter SaveChanges den Wert True zuweisen, wird die Arbeitsmappe automatisch beim Schließen gespeichert.

Daten suchen

ONLINE Die Lösung zu dieser Aufgabe finden Sie in der Datei *Kap08_DatenSuchen.xls.*

Bei der folgenden Aufgabenstellung aus Listing 8.13 soll ein bestimmter Text in einer Arbeitsmappe in allen Tabellen gesucht und gekennzeichnet werden.

```
Sub TextInArbeitsmappeSuchenUndKennzeichnen()
    Dim s As String
    Dim i As Integer
    Dim Erg1 As Variant
    Dim Erg2 As Variant

   On Error GoTo TextInArbeitsmappeSuchenUndKennzeichnen_Error

    s = InputBox("Geben Sie den Suchbegriff ein!", "Textsuche")
    If s = "" Then Exit Sub

    For i = 1 To ActiveWorkbook.Worksheets.Count

        Sheets(i).Activate
        Set Erg1 = Sheets(i).Cells.Find(s)

        If Not Erg1 Is Nothing Then
            Erg2 = Erg1.Address

            Do
                With Erg1
                    .Activate
                    .Interior.ColorIndex = 4
                End With
```

Listing 8.13 Einen Text in der kompletten Arbeitsmappe suchen und kennzeichnen

```
            Set Ergl = Cells.FindNext(After:=ActiveCell)
            On Error Resume Next

            If Ergl.Address = Erg2 Then Exit Do

            Ergl.Interior.ColorIndex = 4
        Loop
    End If

  Next i

 On Error GoTo 0
 Exit Sub

TextInArbeitsmappeSuchenUndKennzeichnen_Error:

  MsgBox "Error " & Err.Number & " (" & Err.Description & _
  ") in procedure TextInArbeitsmappeSuchenUndKennzeichnen of Modul mdl_Verarbeitung in Zeile " & Erl

End Sub
```

Listing 8.13 Einen Text in der kompletten Arbeitsmappe suchen und kennzeichnen *(Fortsetzung)*

Über die Methode InputBox wird eine Eingabe vom Anwender angefordert. Nach Eingabe des Suchbegriffs, wird dieser mittels einer For...Next-Schleife in allen Tabellen der Arbeitsmappe gesucht. Innerhalb dieser Schleife wird die Methode Find eingesetzt, um den ersten Suchtreffer in der jeweiligen Tabelle zu finden. Die Zellenkoordinate wird in der Variablen Erg1 vermerkt. In einer Do...Loop-Schleife wird die Suche so lange mittels der Methode FindNext durchgeführt, bis alle Zellen, die dem Suchbegriff entsprechen, gefunden wurden. Die gefundenen Zellen werden über die Eigenschaft ColorIndex, der Sie den Wert 4 zuweisen, grün eingefärbt.

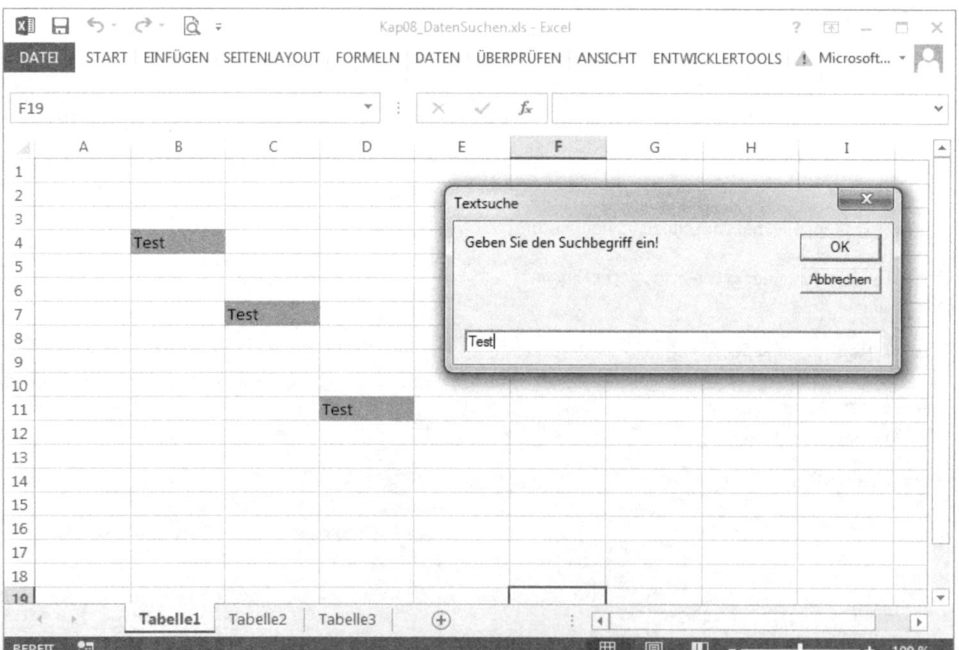

Abbildung 8.17 Alle Zellen, die dem Suchbegriff entsprechen, werden gekennzeichnet

Dateien auflisten

ONLINE Die Lösung zu dieser Aufgabe finden Sie in der Datei *Kap08_DateienListen.xls*.

Im folgenden Beispiel aus Listing 8.14 sollen alle Excel-Mappen eines Verzeichnisses in einer Tabelle aufgelistet werden. Dabei soll neben dem eigentlichen Dateinamen auch das Erstellungsdatum der Datei ausgegeben werden.

```
Sub DateienListen()
  Dim strPfad As String
  Dim strName As String
  Dim i As Integer

   On Error GoTo Dir_Beispiel_Error

    Tabelle1.UsedRange.ClearContents
    strPfad = ThisWorkbook.Path & "\"  'hier Pfad anpassen
    strName = Dir(strPfad & "*.xls*")
    i = 1

    Do While strName <> ""

            Tabelle1.Cells(i, 1).Value = strName
            Tabelle1.Cells(i, 2).Value = FileDateTime(strPfad & strName)
            i = i + 1

        strName = Dir

    Loop

   On Error GoTo 0
   Exit Sub

Dir_Beispiel_Error:

    MsgBox "Error " & Err.Number & " (" & Err.Description & _
    ") in procedure Dir_Beispiel of Modul mdl_Verarbeitung in Zeile " & Erl

End Sub
```

Listing 8.14 Alle Excel-Mappen eines Ordners werden ausgegeben

Im ersten Schritt leeren Sie die *Tabelle1*, indem Sie die Methode ClearContents auf den benutzten Bereich der Tabelle anwenden. Danach basteln Sie den Pfad- sowie das Filterkriterium, anhand dessen die Dateien gesucht werden sollen. Sie übergeben den Namen des Pfads sowie die gewünschte Dateinamensendung mit einer sogenannten Wildcard an die Funktion Dir, um alle Excel-Mappen aufspüren zu können. Damit wird zunächst die erste Mappe im angegebenen Verzeichnis gefunden. Weitere Mappen können Sie suchen, indem Sie wiederum die Funktion Dir innerhalb einer Do While-Schleife solange aufrufen, bis die Funktion Dir einen leeren String zurückliefert. In diesem Fall können keine weiteren Excel-Mappen mehr im angegebenen Verzeichnis gefunden werden. Innerhalb der Schleife schreiben Sie den Namen der jeweiligen Excel-Arbeitsmappe in die erste Spalte der *Tabelle1*. In der zweiten Spalte fragen Sie das Erstellungsdatum der Mappe mithilfe der Funktion FileDateTime ab. Diese Funktion benötigt als Input den Pfad- sowie den Namen der Arbeitsmappe und liefert Ihnen automatisch das Erstellungsdatum der Arbeitsmappe zurück.

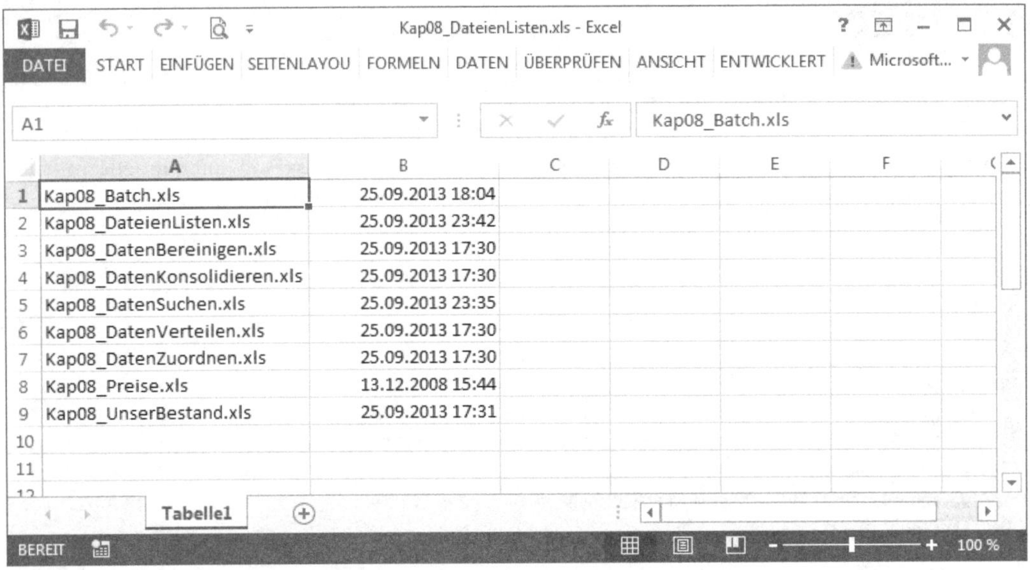

Abbildung 8.18 Alle Mappen inklusive des Erstellungsdatums werden aufgelistet

Daten kennzeichnen

In diesem Block geht es speziell um das Thema, wie Sie bestimmte Daten in Tabellen finden und kennzeichnen können.

ONLINE Die Lösung zu dieser Aufgabe finden Sie in der Datei *Kap08_DateienFormatieren.xls.*

Doppelte Daten kennzeichnen (Standard)

Bei der ersten Aufgabe sollen doppelte Werte einer Spalte ermittelt und farbig hervorgehoben werden. Dazu steht seit Excel 2007 eine integrierte Funktion zur Verfügung, die Sie in Listing 8.15 sehen können.

```
Sub DoppelteDatenkennzeichnen()
  Dim Bereich As Range

   On Error GoTo DoppelteDatenkennzeichnen_Error

  Set Bereich = Tabelle1.Range("A1:A" & Tabelle1.Rows.Count)

    Bereich.FormatConditions.AddUniqueValues
    Bereich.FormatConditions(1).DupeUnique = xlDuplicate

    Bereich.FormatConditions(1).Font.ColorIndex = 3
    Bereich.FormatConditions(1).Interior.ColorIndex = 6

   On Error GoTo 0
   Exit Sub
```

Listing 8.15 Alle doppelten Daten werden angezeigt

```
DoppelteDatenkennzeichnen_Error:

    MsgBox "Error " & Err.Number & " (" & Err.Description & _
    ") in procedure DoppelteDatenkennzeichnen of Modul mdl_Verarbeitung in Zeile " & Erl

End Sub
```

Listing 8.15 Alle doppelten Daten werden angezeigt *(Fortsetzung)*

Sie deklarieren im ersten Schritt des Makros aus Listing 8.15 eine Objektvariable vom Typ Range. Danach geben Sie mithilfe der Anweisung Set den Bereich in der *Tabelle1* an, den Sie nach doppelten Werten durchsuchen möchten. Anschließend wenden Sie die standardmäßig angebotene bedingte Formatierung von Excel an, um die doppelten Werte automatisch und einheitlich zu formatieren. Dazu legen Sie mittels der Methode AddUniqueValues sowie der Eigenschaft DupeUnique fest, dass Sie die doppelten Werte ermitteln möchten. Über die Objekte Font und Interior können Sie mithilfe der Eigenschaft ColorIndex den Farbwert für die Schrift sowie für den Zellenhintergrund festlegen.

TIPP Bei der Eigenschaft DupeUnique können Sie entweder die Konstante xlDuplicate oder die Konstante xlUnique angeben, um entweder doppelte oder eindeutige Werte zu ermitteln.

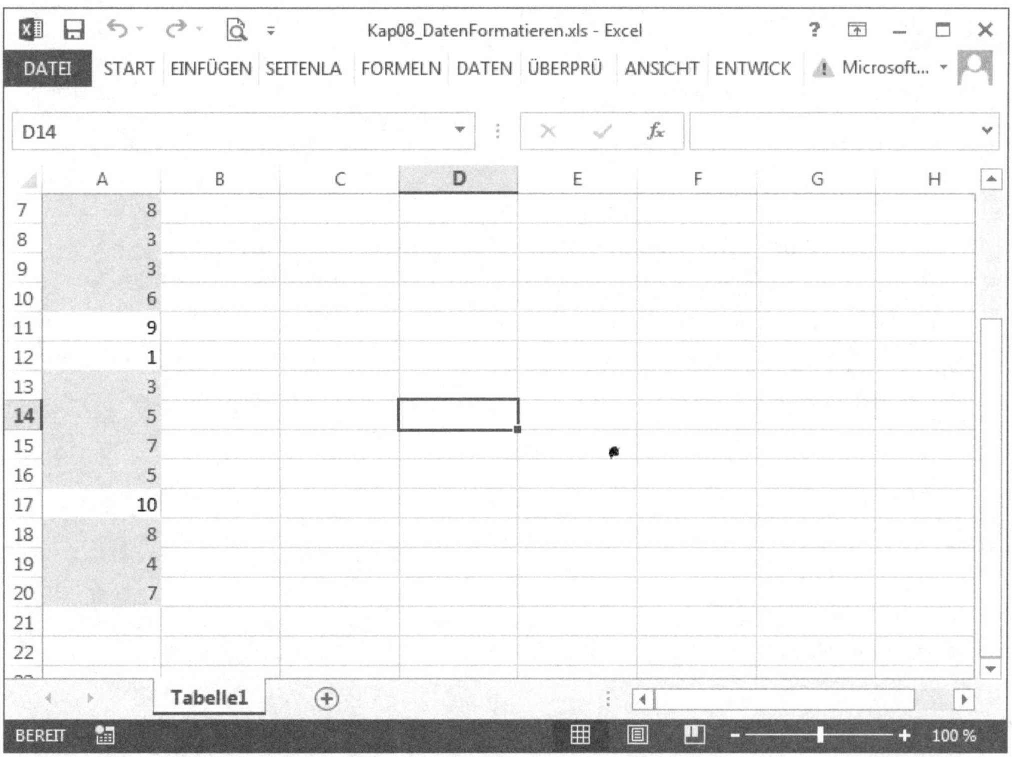

Abbildung 8.19 Alle doppelten Daten werden automatisch über die bedingte Formatierung von Excel gekennzeichnet

Doppelte Daten kennzeichnen (Erweiterung)

Die standardmäßig angebotene Lösung aus Listing 8.15 kann insoweit erweitert werden, dass die doppelten Wertpaare in unterschiedlichen Farben angeboten werden. Dazu setzen Sie das Makro aus Listing 8.16 ein.

```
Sub DoppelteKennzeichnenSpezial()
    Dim Zeile As Long
    Dim ZeileMax As Long
    Dim i As Integer
    Dim Treffer As Range
    Dim zzAnz As Integer
    Dim zz As Long
    Dim zt As Integer

   On Error GoTo DoppelteKennzeichnenSpezial_Error

    i = 3
    With Tabelle1
     .Columns(1).Interior.ColorIndex = xlColorIndexNone
     ZeileMax = .UsedRange.Rows.Count

     For Zeile = 2 To ZeileMax
       zzAnz = Application.WorksheetFunction.CountIf(.Columns(1), .Cells(Zeile, 1).Value)
        If zzAnz > 1 Then
               If .Cells(Zeile, 1).Interior.ColorIndex < 0 Then
                .Cells(Zeile, 1).Interior.ColorIndex = i
               End If
               zt = 1

               For zz = Zeile + 1 To ZeileMax

                 If .Cells(zz, 1).Value = .Cells(Zeile, 1).Value Then

                      If .Cells(zz, 1).Interior.ColorIndex < 0 Then
                       .Cells(zz, 1).Interior.ColorIndex = i
                       zt = zt + 1
                      End If

                 End If
                 If zzAnz <= zt Then
                       i = i + 1
                      Exit For
                 End If
              Next zz
            zt = 1

       Else
       'unikat, also keine Färbung
       End If

     Next Zeile

    End With

   On Error GoTo 0
   Exit Sub
```

Listing 8.16 Doppelte Wertpaare in unterschiedlichen Farben kennzeichnen

```
DoppelteKennzeichnenSpezial_Error:

    MsgBox "Error " & Err.Number & " (" & Err.Description & _
    ") in procedure DoppelteKennzeichnenSpezial of Modul mdl_Verarbeitung in Zeile " & Erl

End Sub
```

Listing 8.16 Doppelte Wertpaare in unterschiedlichen Farben kennzeichnen *(Fortsetzung)*

In einer For...Next-Schleife wird *Tabelle1* Zeile für Zeile von oben nach unten verarbeitet. Innerhalb der Schleife kommt die Tabellenfunktion *ZÄHLENWENN* zum Einsatz, um vorab zu prüfen, ob die jeweilige Nummer aus Spalte *A* mehrfach in dieser Spalte vorkommt. Wenn ja, dann müssen mittels einer weiteren Schleife alle dazugehörigen Zellen gefunden und eingefärbt werden. Die Variable i fungiert hier als Farbindex. Dieser Index wird immer dann um den Wert 1 erhöht, wenn ein neues doppeltes »Paar« gefunden wird.

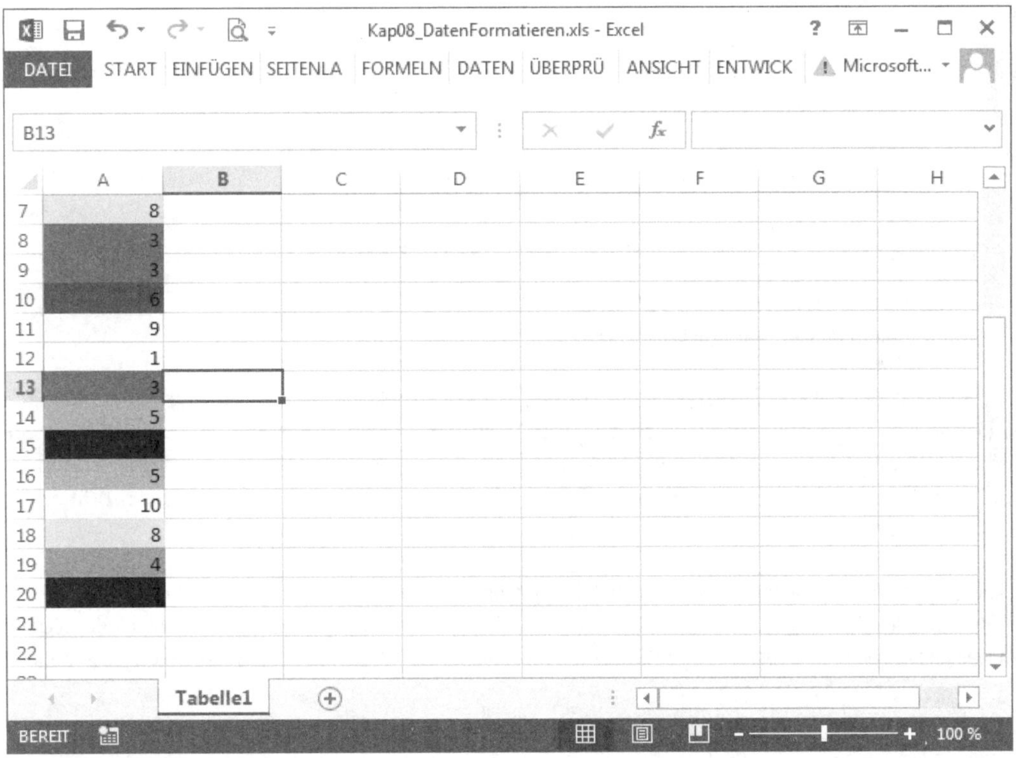

Abbildung 8.20 Mit dieser Lösung lassen sich doppelte Werte einfacher überprüfen

Extremwerte in einer Tabelle aufspüren

Bei der folgenden Aufgabenstellung liegt ein dynamischer Bereich in einer Tabelle vor. In diesem Bereich sollen alle Maximal- und Minimalwerte gefunden und gekennzeichnet werden. Die Lösung dieser Aufgabe entnehmen Sie dem Makro aus Listing 8.17.

```
Sub ExtremWerteFinden()
    Dim Zelle As Range
    Dim Bereich As Range

   On Error GoTo ExtremWerteFinden_Error

    Set Bereich = Tabelle2.UsedRange
    Bereich.Interior.ColorIndex = xlColorIndexNone

    For Each Zelle In Bereich

        If Zelle.Value = Application.WorksheetFunction.Max(Bereich) Then
            Zelle.Interior.ColorIndex = 4
        End If

        If Zelle.Value = Application.WorksheetFunction.Min(Bereich) Then
            Zelle.Interior.ColorIndex = 3
        End If

    Next Zelle

   On Error GoTo 0
   Exit Sub

ExtremWerteFinden_Error:

   ") in procedure ExtremWerteFinden of Modul mdl_Verarbeitung in Zeile " & Erl

End Sub
```

Listing 8.17 Der größte bzw. kleinste Wert wird in einem Bereich gefunden

Sie deklarieren im ersten Schritt des Makros aus Listing 8.17 zwei Objektvariablen vom Typ Range. Danach setzen Sie den Bereich mithilfe der Anweisung Set. Dabei wird der benutzte Bereich der Tabelle über die Eigenschaft UsedRange angesprochen und der Objektvariablen Bereich zugewiesen. In einer anschließenden For Each…Next-Schleife werden die Extremwerte über die Tabellenfunktionen Max und Min ermittelt und über die Eigenschaft Colorindex eingefärbt.

TIPP Ändern sich Werte im benutzten Bereich der Tabelle, dann muss das Makro aus Listing 8.17 jedes Mal angestoßen werden. Dies kann allerdings relativ leicht automatisiert werden. Klicken Sie den Tabellenreiter der *Tabelle2* mit der rechten Maustaste an und wählen Sie den Befehl *Code anzeigen* aus dem Kontextmenü. Stellen Sie danach das Change-Ereignis wie folgt ein:

```
Private Sub Worksheet_Change(ByVal Target As Range)
 Call ExtremWerteFinden
End Sub
```

Listing 8.18 Ein Makro automatisch bei Änderungen in der Tabelle starten

Sobald Sie nun einen Wert in der *Tabelle2* ändern, wird das Makro ExtremwerteFinden automatisch für Sie gestartet.

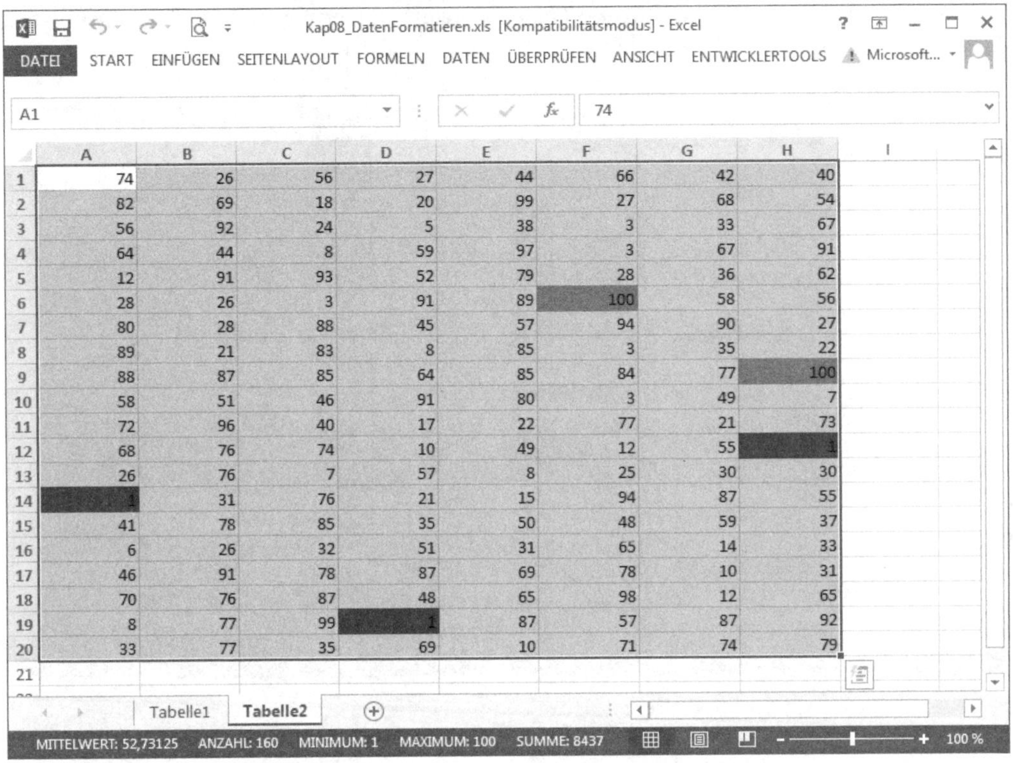

Abbildung 8.21 Alle Extremwerte werden eingefärbt

Top-10-Werte aus einem Bereich ermitteln

Bei der folgenden Aufgabe werden die zehn größten Werte in *Tabelle2* ermittelt und in *Tabelle3* ausgegeben. Dazu setzen Sie das Makro aus Listing 8.18 ein.

```
Sub ExtremwerteInTabelleÜberführen()
 Dim i As Integer

   On Error GoTo ExtremwerteInTabelleÜberführen_Error

 For i = 1 To 10
  Tabelle3.Cells(i, 1).Value = _
  WorksheetFunction.Large(Tabelle2.UsedRange, i)
 Next i

   On Error GoTo 0
   Exit Sub
 ExtremwerteInTabelleÜberführen_Error:

    MsgBox "Error " & Err.Number & " (" & Err.Description & _
    ") in procedure ExtremwerteInTabelleÜberführen of Modul mdl_Verarbeitung in Zeile " & Erl

End Sub
```

Listing 8.19 Top-10-Werte ermitteln und ausgeben

In einer Schleife wird die Tabellenfunktion *KGRÖSSTE* (engl. Large) aufgerufen und auf den benutzten Bereich von *Tabelle2* angewendet.

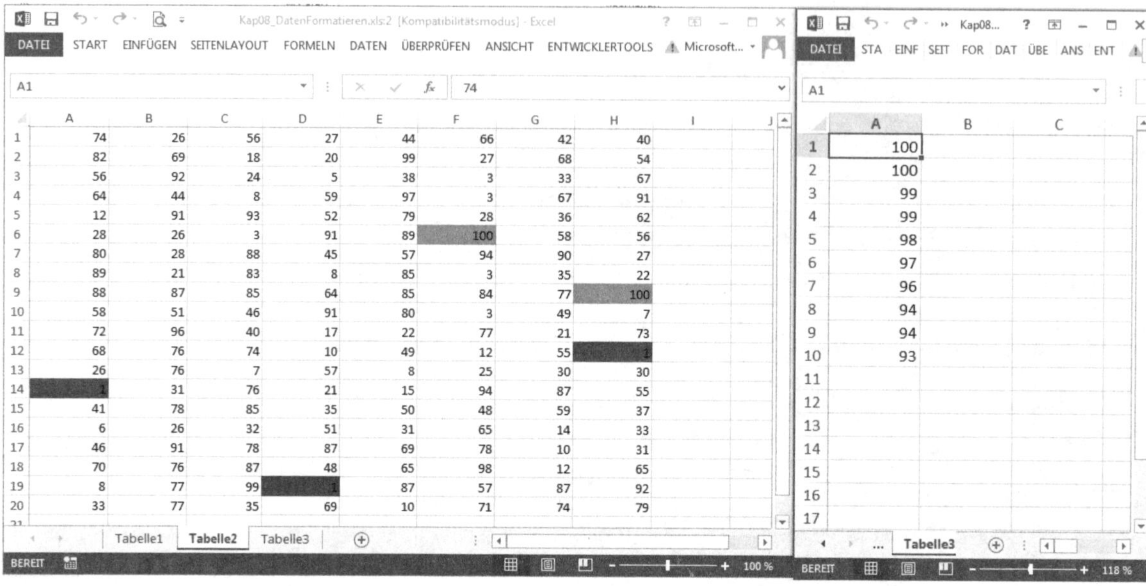

Abbildung 8.22 Die größten Werte aus einem Bereich extrahieren

PROFITIPP Manchmal ist es notwendig, einen Extremwert innerhalb eines vorgegebenen Wertebereichs zu ermitteln. Dazu können Sie auf eine Matrixformel zurückgreifen, die Sie mit Evaluate simulieren und im Direktfenster der Entwicklungsumgebung abfragen können. Die folgende Anweisung ermittelt den kleinsten Wert ungleich 0 im Bereich *A1:H20* der aktiven Tabelle.

```
?Evaluate("=Min(IF(A1:H20>0,A1:H20))")
```

Wochenenden kennzeichnen

Bei der folgenden Aufgabe aus Listing 8.20 werden in einer Datumsspalte von *Tabelle4* alle Wochenenden ermittelt und farblich hervorgehoben.

```
Sub WochenendenFärben()
  Dim Zeile As Long
  Dim ZeileMAx As Long

   On Error GoTo WochenendenFärben_Error

  With Tabelle4
   .Range("A:A").Interior.ColorIndex = xlColorIndexNone
   ZeileMAx = .Cells(.Rows.Count, 1).End(xlUp).Row
   For Zeile = 2 To ZeileMAx
    Select Case Weekday(.Cells(Zeile, 1).Value, vbMonday)
     Case 6 To 7
```

Listing 8.20 Wochenenden in einer Spalte ermitteln und kennzeichnen

```
      .Cells(Zeile, 1).Interior.ColorIndex = 4
     Case Else

    End Select
   Next Zeile

  End With

   On Error GoTo 0
   Exit Sub

WochenendenFärben_Error:

    MsgBox "Error " & Err.Number & " (" & Err.Description & _
    ") in procedure WochenendenFärben of VBA Dokument Tabelle2 in Zeile " & Erl
End Sub
```

Listing 8.20 Wochenenden in einer Spalte ermitteln und kennzeichnen *(Fortsetzung)*

Bevor Sie beginnen, die Wochenenden einzufärben, sollten Sie zu Beginn des Makros aus Listing 8.20 die Farben komplett aus Spalte *A* entfernen. Dazu weisen Sie der Eigenschaft ColorIndex die Konstante xlColorIndex-None zu. Danach arbeiten Sie sich mit einer For...Next-Schleife Zeile für Zeile bis ans Ende der benutzten Tabelle durch und wenden die Funktion Weekday an, um die Wochenenden zu identifizieren. Dabei müssen Sie im zweiten Argument dieser Funktion die Konstante vbMonday angeben. Somit beginnt die Woche bei Montag und der Zahl 1. Wird dieses Argument vergessen, nimmt Excel den amerikanischen Standard mit Sontag als erstem Tag der Woche.

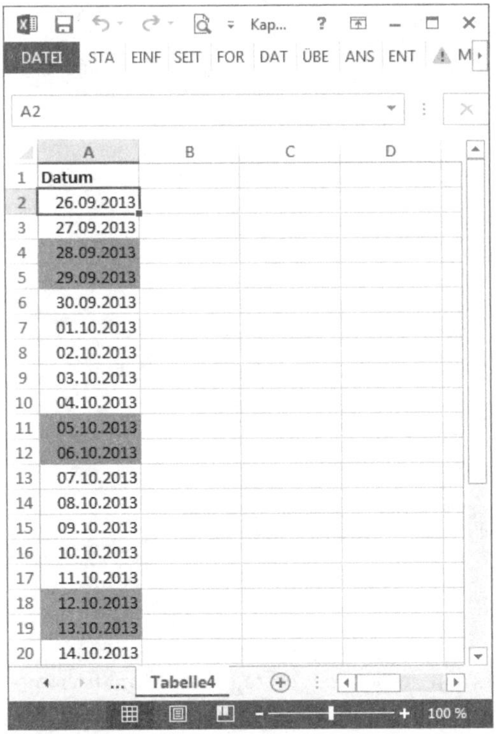

Abbildung 8.23 Alle Wochenenden wurden gekennzeichnet

Bestimmte Datumswerte ermitteln

Oft sind in der Praxis bestimmte Datumswerte gefragt, die es gilt zu ermitteln. Die Frage nach dem Monatsersten mag noch leicht sein. Was aber ist mit dem letzten Tag eines Monats bzw. mit dem letzten Werktag eines Monats?

Den letzten Tag eines Monats ermitteln

Um diese Aufgabe umzusetzen, können Sie sich eine benutzerdefinierte Funktion aus Listing 8.21 stricken, die Sie sowohl in einem Makro als auch direkt in der Tabelle einsetzen können.

```
Function LTImMo(inputdate As Date) As Date
    LTImMo = DateSerial(Year(inputdate), Month(inputdate) + 1, 0)
End Function
```

Listing 8.21 Den letzten Tag eines Monats ermitteln

Die benutzerdefinierte Funktion kann in einer Zelle als Formel erfasst werden. Dabei verweisen Sie auf die Datumsangabe in Spalte *A* und wandeln das Datum mithilfe der Funktion DateSerial um. Dabei addieren Sie auf den Monatsanteil des Datums einen Monat und geben bei der Tagesangabe eine 0 an. Damit bekommen Sie automatisch den letzten Tag des Vormonats.

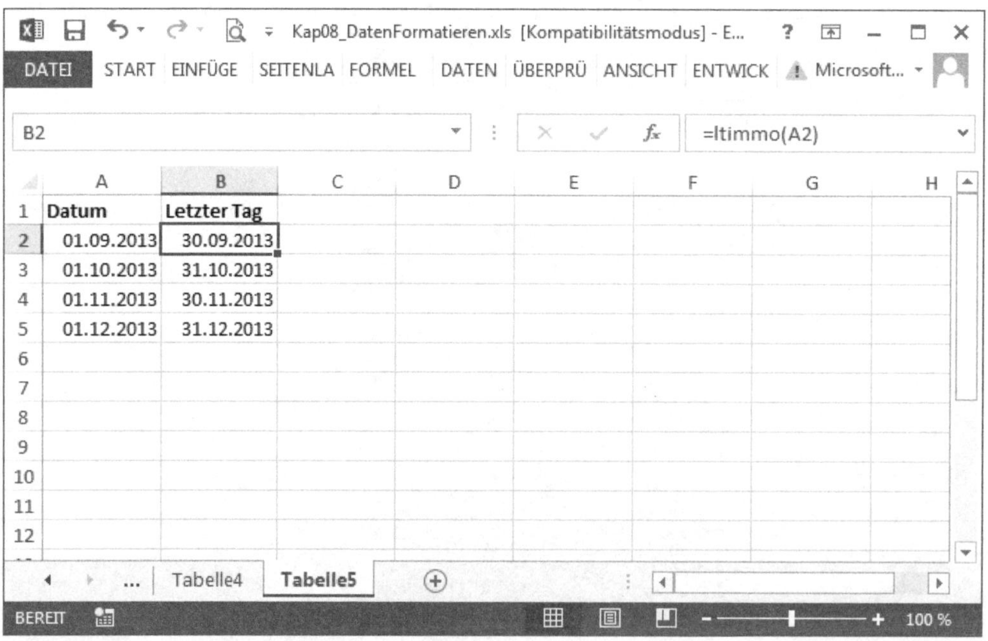

Abbildung 8.24 Der jeweils letzte Tag eines Monats wurde berechnet

Den letzten Werktag eines Monats ermitteln

Die folgende Aufgabenstellung geht noch einen Schritt weiter. Es soll der letzte Werktag eines Monats ermittelt werden. Auch hierfür können Sie eine benutzerdefinierte Funktion schreiben, die Sie in Listing 8.22 einsehen können.

```
Function MonatsendeERw(strDatum As String) As Date
  Dim i As Long

  strDatum = DateSerial(Year(strDatum), Month(strDatum) + 1, 0)

  For i = 1 To 3
      If Weekday(strDatum) = 1 Or Weekday(strDatum) = 7 Then
          strDatum = DateSerial(Year(strDatum), Month(strDatum) + 1, 0) - i
      End If
  Next i

  MonatsendeERw = strDatum
End Function
```

Listing 8.22 Der letzte Werktag eines Monats wird ermittelt

Vom Prinzip her wird der Monatsletzte erst einmal wie schon in Listing 8.21 gezeigt ermittelt. Da hier der letzte Tag auf ein Wochenende fallen kann, muss mittels einer Schleife noch nachgearbeitet werden. Dabei wird im Falle, dass der letzte Tag auf einen Samstag oder Sonntag fällt, jeweils der Zählerwert der Schleife subtrahiert, um auf den letzten Werktag zu kommen.

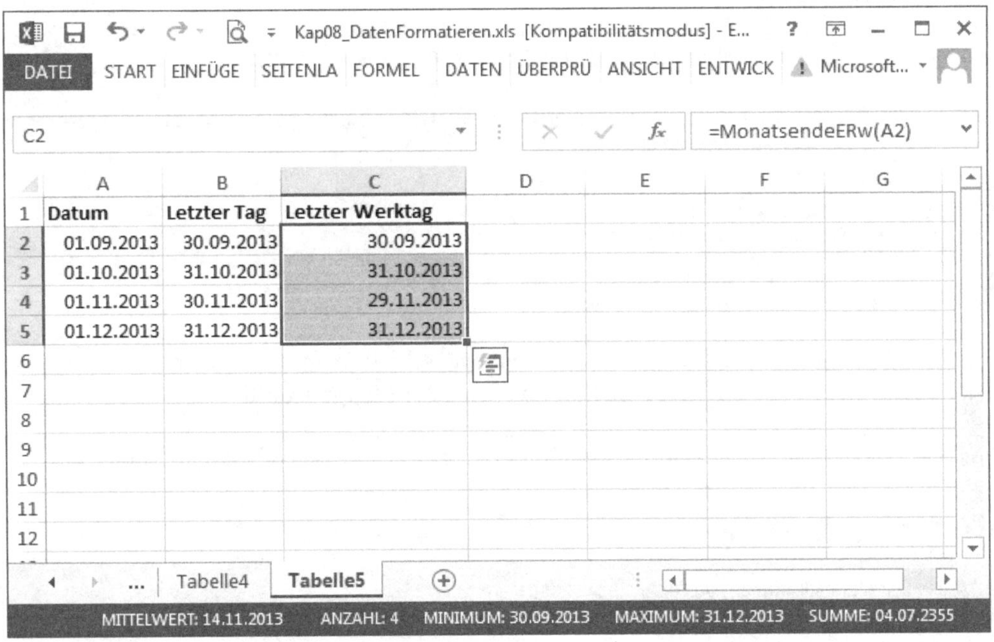

Abbildung 8.25 Die letzten Werktage wurden ermittelt

Das Erstellungsdatum einer Mappe abfragen

Über die Dokumenteigenschaften wird das Erstellungsdatum einer Mappe angezeigt.

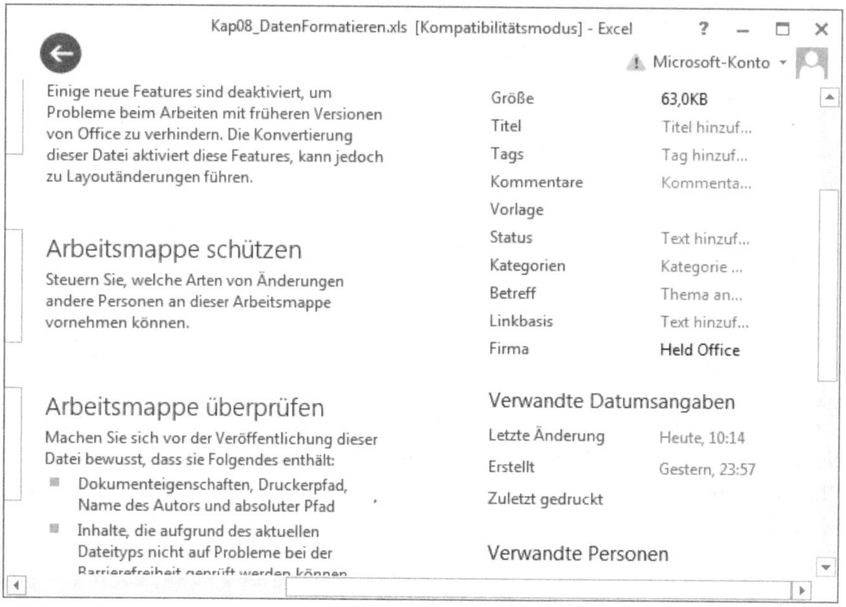

Abbildung 8.26 Die Dokumenteigenschaften *Erstellt* und *Letzte Änderung* sind automatisch schon vorhanden

Diese Dokumenteigenschaft können Sie auch mittels eines Makros wie in Listing 8.23 gezeigt abfragen.

```
Sub ErstellungsdatumAbfragen()
   MsgBox "Mappe wurde erstellt am: " & vbLf & _
  ThisWorkbook.BuiltinDocumentProperties("Creation Date").Value
End Sub
```

Listing 8.23 Das Erstellungsdatum der eigenen Mappe wurde ermittelt

In der Auflistung BuiltInDocumentProperties sind alle Dokumenteigenschaften einer Arbeitsmappe enthalten. Über die Konstante Creation Date können Sie das Erstellungsdatum einer Mappe ermitteln.

TIPP Das Erstellungsdatum einer Mappe lässt sich zumindest bei den Dokumenteigenschaften manipulieren:

```
ThisWorkbook.BuiltinDocumentProperties("Creation Date") = Date
```

Diese Anweisung setzt das Erstellungsdatum auf das aktuelle Systemdatum.

TIPP Das letzte Änderungsdatum einer Arbeitsmappe können Sie über das Makro aus Listing 8.24 ausgeben.

```
Sub LetzteÄnderungAbfragen()
 MsgBox "Mappe wurde am: " & vbLf & _
 ThisWorkbook.BuiltinDocumentProperties("Last Save time").Value & vbLf & _
 " geändert!", vbInformation
End Sub
```

Listing 8.24 Das letzte Änderungsdatum einer Mappe abfragen

Noch mehr Dokumenteigenschaften abfragen

Eine weitere Möglichkeit, an bestimmte Dokumenteigenschaften heranzukommen, bietet das Objekt FilesystemObject. Dieses stellt Eigenschaften zur Verfügung, über die Sie sogar den letzten Zugriff auf eine Mappe abfragen können.

```
Sub InfoZurAktuellenDatei()
    Dim fsO As Object
    Dim sName As Object
    Dim sMeldung As String

    Set fsO = CreateObject("Scripting.FileSystemObject")
    Set sName = fsO.GetFile(ThisWorkbook.FullName)

    MsgBox ("Dateiname: " & ThisWorkbook.Name & vbLf & _
        "Autor: " & ThisWorkbook.Author & vbLf & _
        "angelegt am: " & sName.DateCreated & vbLf & _
        "Letzter Zugriff: " & sName.DateLastAccessed & vbLf & _
        "Letzte Änderung: " & sName.DateLastModified), _
        vbInformation, "Datei-Info"

End Sub
```

Listing 8.25 Dokumenteigenschaften über *FileSystemObject* abfragen

Mithilfe der Funktion CreateObject wird ein Verweis auf die Bibliothek *Scripting Runtime* gesetzt. In dieser Bibliothek gibt es diverse Eigenschaften, um den Namen, den Autor sowie diverse Datumsangaben zu einer Datei abzufragen. Die Funktion der jeweiligen Eigenschaft ist aus ihrem Namen ersichtlich.

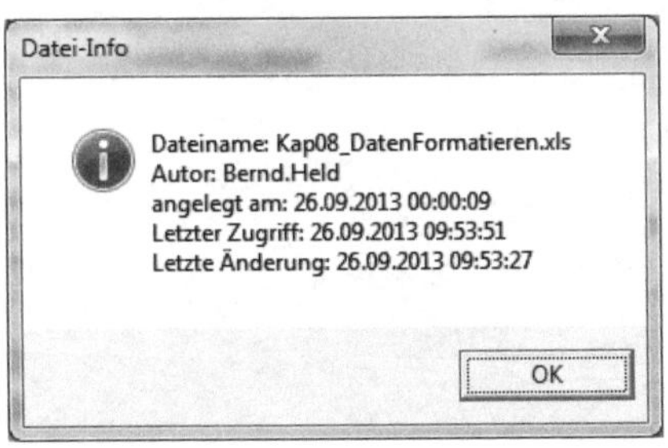

Abbildung 8.27 Alle relevanten Eigenschaften auf einen Blick

Daten löschen

Beim folgenden Abschnitt geht es um das Thema, wie Sie bestimmte Daten aus einer Tabelle entfernen können. Dazu gibt es diverse Techniken, die Sie auf den folgenden Seiten kennenlernen werden.

ONLINE Die Lösungen zu dieser Aufgabe finden Sie in der Datei *Kap08_DatenLöschen.xls*.

Daten entfernen – Variante 1

Bei der folgenden Lösung aus Listing 8.26 werden alle Daten aus der Tabelle *tbl_Länder* entfernt, die in Spalte *A* das Land Deutschland aufweisen.

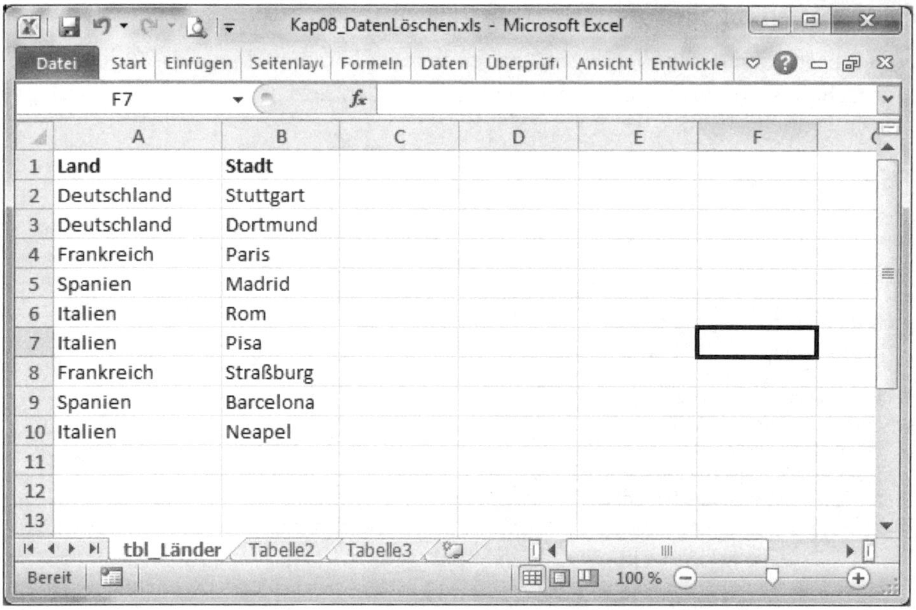

Abbildung 8.28 Die Ausgangssituation – eine Tabelle mit Ländern und Städten

```
Sub EinträgeLöschen()
    Dim Zeile As Long
    Dim ZeileMax As Long

    With tbl_Länder
        ZeileMax = .UsedRange.Rows.Count

        For Zeile = ZeileMax To 1 Step -1

            If .Cells(Zeile, 1).Value = "Deutschland" Then
                .Rows(Zeile).Delete
            End If

        Next Zeile

    End With

End Sub
```

Listing 8.26 Alle Zeilen mit einem bestimmten Inhalt entfernen

Über eine For...Next-Schleife, die umgekehrt, also von unten nach oben, durchlaufen wird, werden alle Zeilen entfernt, die als Kriterium das Land Deutschland aufweisen. Dazu wird die Methode Delete eingesetzt.

Daten entfernen – Variante 2

Gerade bei großen Datenmengen empfiehlt sich der Einsatz des AutoFilters, um bestimmte Zeilen in einer Tabelle zu entfernen. Sehen Sie sich dazu Listing 8.27 an, das zum selben Ergebnis wie das vorherige Listing führt.

```
Sub GefilterteZeilenEntfernen()
    Dim ZeileMax As Long

    With tbl_Länder
        If Not .AutoFilterMode = True Then
            .Range("A1").AutoFilter
        End If

        ZeileMax = .Cells(.Rows.Count, 1).End(xlUp).Row

        .Range("A:A").AutoFilter Field:=1, Criteria1:="Deutschland"
        .Range("A2:A" & ZeileMax).SpecialCells(xlCellTypeVisible).EntireRow.Delete xlShiftUp
        .AutoFilterMode = False

    End With

End Sub
```

Listing 8.27 Alle gefilterten Zeilen entfernen

Bei dieser Umsetzung werden alle Zeilen weggefiltert, die behalten werden sollen. Am Ende werden dann nur noch die nicht gefilterten Zeilen gelöscht. Dabei bleibt jedoch die Überschrift erhalten, da die Löschung der Zeilen ab der zweiten Zeile beginnt.

Daten entfernen – Variante 3

Die schnellste aller Methoden, um diese Aufgabe zu lösen, besteht darin, die Daten zuerst allesamt in den Arbeitsspeicher zu transportieren, dann die Daten dort auszudünnen und anschließend das Paket in einem Arbeitsgang zurück in die Tabelle zu befördern. Diese Technik haben Sie bereits im sechsten Kapitel dieses Buchs in einer ähnlichen Aufgabe kennengelernt. Sehen Sie sich nun die Umsetzung in Listing 8.28 an.

```
Sub LöschenÜberDatenfeld()
  Dim VarDat As Variant
  Dim VardatZiel As Variant
  Dim ZeileArr As Long
  Dim Zeile As Long

  With tbl_Länder.UsedRange

     'Array aus Tabelleninhalt befüllen
     VarDat = tbl_Länder.UsedRange
     Zeile = 1

     'Gleichgroßes Zielarray anlegen
     ReDim VardatZiel(1 To .Rows.Count, 1 To .Columns.Count)

     For ZeileArr = 1 To UBound(VarDat)
      If VarDat(ZeileArr, 1) <> "Deutschland" Then
        VardatZiel(Zeile, 1) = VarDat(ZeileArr, 1)
        VardatZiel(Zeile, 2) = VarDat(ZeileArr, 2)
        Zeile = Zeile + 1
      End If
     Next ZeileArr
```

Listing 8.28 Daten im Arbeitsspeicher ausdünnen

```
    End With

    With tbl_Länder
     .Rows.Delete
     .Range(.Cells(1, 1), .Cells(Zeile, UBound(VardatZiel, 2))) = VardatZiel
    End With

End Sub
```

Listing 8.28 Daten im Arbeitsspeicher ausdünnen *(Fortsetzung)*

Sie deklarieren zu Beginn des Makros aus Listing 8.28 zwei Datenfelder vom Typ Variant. Danach übertragen Sie den verwendeten Bereich der Tabelle *tbl_Länder* direkt in das Datenfeld VardatQuelle. Das zweite, noch leere Array VardatZiel bekommt zu Beginn die gleiche Größe wie das Datenfeld VardatQuelle zugewiesen. Rein theoretisch kann es ja sein, dass kein Datensatz aus dem ursprünglichen Bestand gelöscht werden muss. In diesem Fall müssen genauso viele Zeilen für die »Ausgabe« zur Verfügung stehen.

Danach wird in einer Schleife das Datenfeld VardatQuelle Feld für Feld durchlaufen. Innerhalb der Schleife prüfen Sie, ob in der ersten Spalte des Datenfelds ein Land ungleich Deutschland verzeichnet ist. Wenn dies zutrifft, dann übertragen Sie beide Feldinhalte (Land und Stadt) in das Array VardatZiel. Nach Schleifenaustritt übertragen Sie den Inhalt des Zielarrays mit einem einzigen Befehl in die Zieltabelle. Denken Sie daran, dass Sie vorher die alten Inhalte der Zieltabelle löschen müssen.

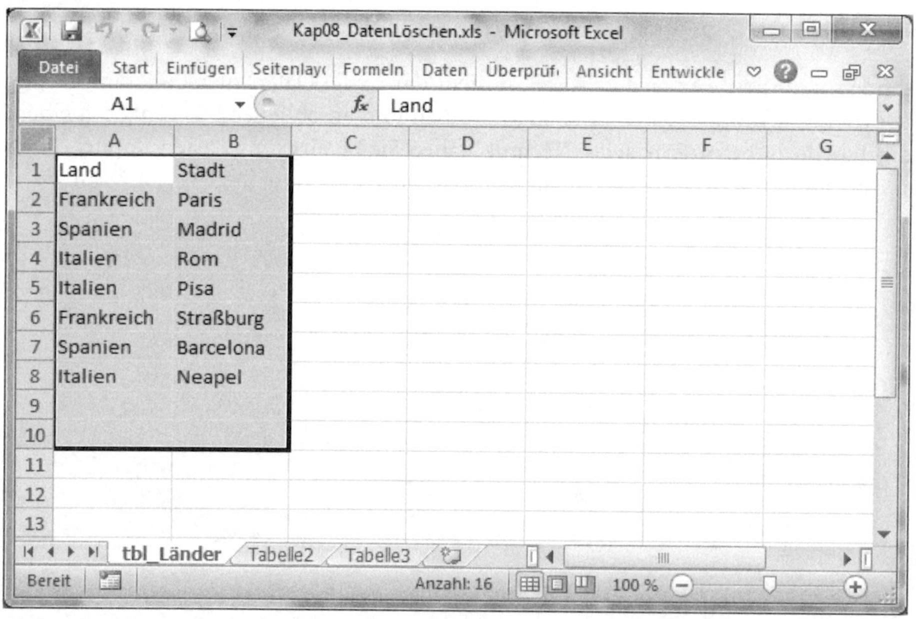

Abbildung 8.29 Alle Sätze mit dem Kriterium Deutschland wurden entfernt

Kapitel 9

Verarbeiten von Daten mit Excel-Bordmitteln via VBA

In diesem Kapitel:

Excel bietet eine ganze Menge vorgefertigter Funktionen an, die Sie gewinnbringend auch in der Programmierung nutzen können. Angefangen bei Formeln und Funktionen, über Datenfilter bis hin zu Pivot-Tabellen lassen sich diese standardmäßig angebotenen Bausteine auch per VBA steuern.

Die Tabellenfunktionen von Excel einsetzen

Alle Tabellenfunktionen, die Sie in Excel einsetzen können, sind im Auflistungsobjekt WorksheetFunction abrufbar. Diese können Sie vorab einmal im Objektkatalog ansehen. Drücken Sie dazu in der Entwicklungsumgebung die Taste F2.

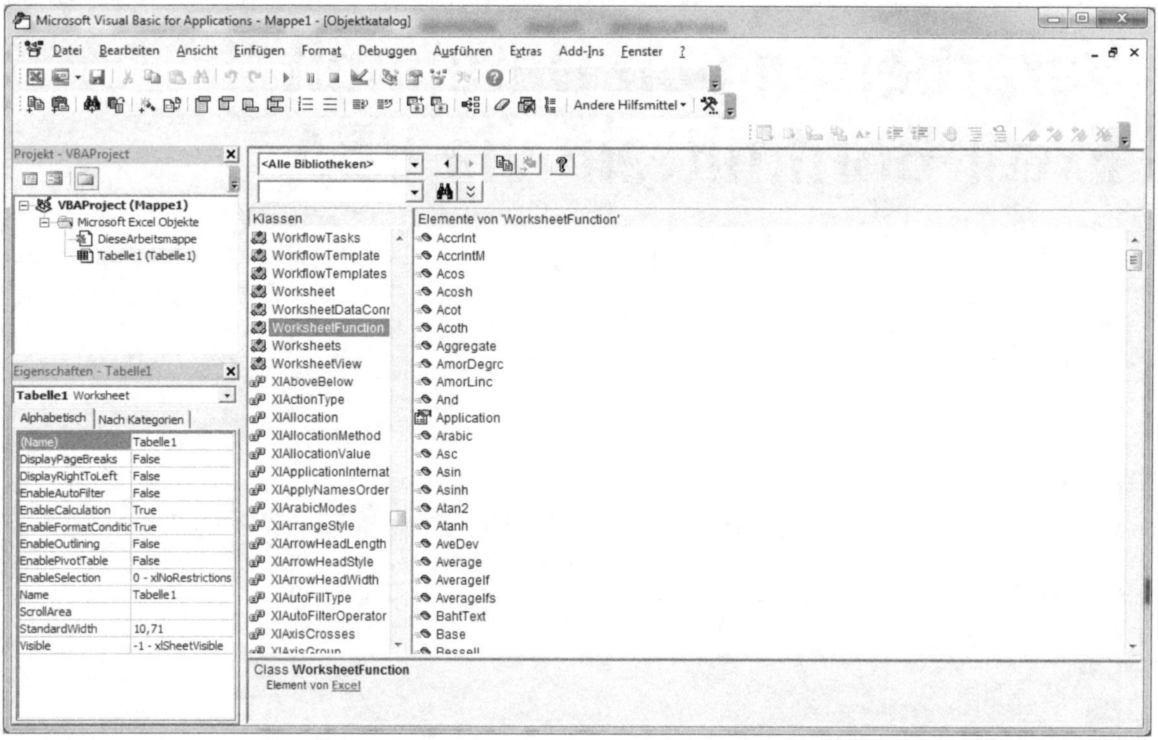

Abbildung 9.1 Alle Tabellenfunktionen von Excel befinden sich im Objekt *WorksheetFunction*

Lernen Sie auf den nächsten Seiten einige typische Beispiele kennen, bei denen Sie die Tabellenfunktionen von Excel auch in Ihrer Programmierung einsetzen können, ohne jedes Mal das Rad neu erfinden zu müssen.

ONLINE Die Lösungen zu den folgenden Aufgaben finden Sie in der Datei *Kap09_Funktionen.xlsm*.

Ausblenden leerer Zeilen

Bei der folgenden Aufgabenstellung liegt eine Tabelle wie in Abbildung 9.2 gezeigt vor.

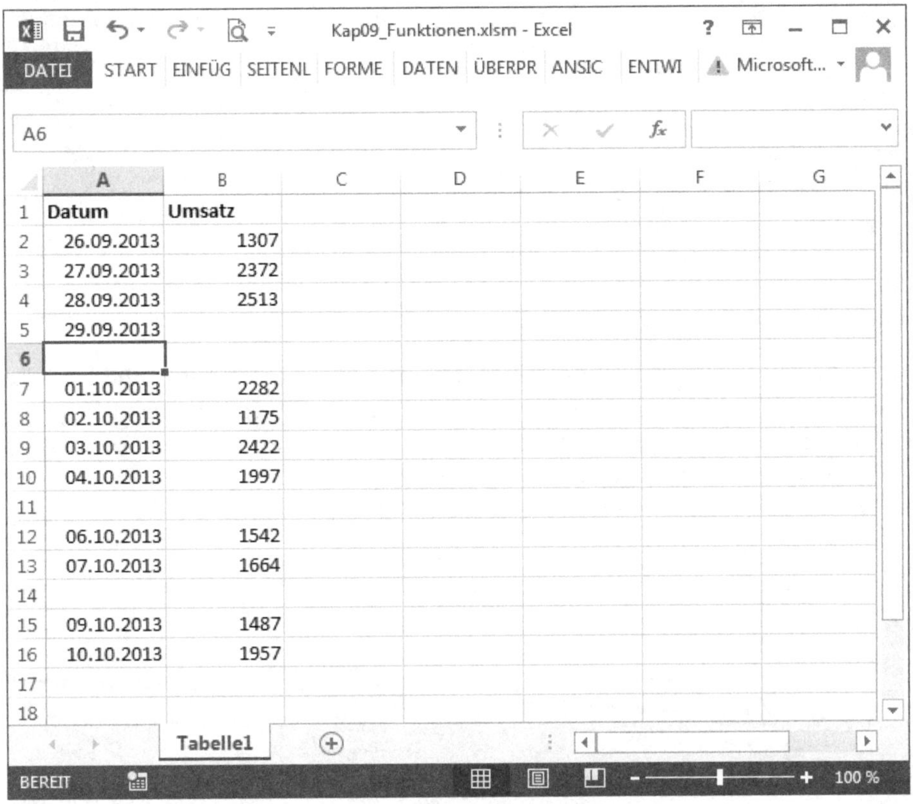

Abbildung 9.2 Nur die wirklich leeren Zeilen sollen ausgeblendet werden

Die Aufgabe besteht darin, die wirklich leeren Zeilen auszublenden. Dazu können Sie die Tabellenfunktion *ANZAHL2* (engl. CountA) einsetzen, um zu prüfen, ob in der jeweiligen Zeile überhaupt ein Eintrag verzeichnet ist. Sehen Sie sich die Umsetzung dieser Aufgabe im Makro aus Listing 9.1 an.

```
Sub AusblendenLeereZeilen()
    Dim Zeile As Long
    Dim ZeileMax As Long

   On Error GoTo AusblendenLeereZeilen_Error

    With Tabelle1

        ZeileMax = .UsedRange.Rows.Count

        For Zeile = 1 To ZeileMax

            If Application.WorksheetFunction.CountA(.Rows(Zeile)) = 0 Then
                .Rows(Zeile).Hidden = True
            End If

        Next Zeile
```

Listing 9.1 Die leeren Zeilen werden ausgeblendet

```
    End With

   On Error GoTo 0
   Exit Sub

AusblendenLeereZeilen_Error:

    MsgBox "Error " & Err.Number & " (" & Err.Description & _
    ") in procedure AusblendenLeereZeilen of Modul mdl_Verarbeitung in Zeile " & Erl

End Sub
```

Listing 9.1 Die leeren Zeilen werden ausgeblendet *(Fortsetzung)*

Sie verarbeiten *Tabelle1* von oben nach unten Zeile für Zeile mittels einer For...Next-Schleife. Innerhalb der Schleife wenden Sie die Tabellenfunktion CountA an, um zu prüfen, ob in der jeweiligen Zeile ein Eintrag verzeichnet ist. Dabei spielt es bei dieser Funktion keine Rolle, ob eine Zahl oder ein Text in einer Zelle der Zeile steht. Meldet diese Funktion den Rückgabewert 0, dann ist die Zeile komplett leer. In diesem Fall weisen Sie der Eigenschaft Hidden den Wert True zu, um die komplette Zeile auszublenden.

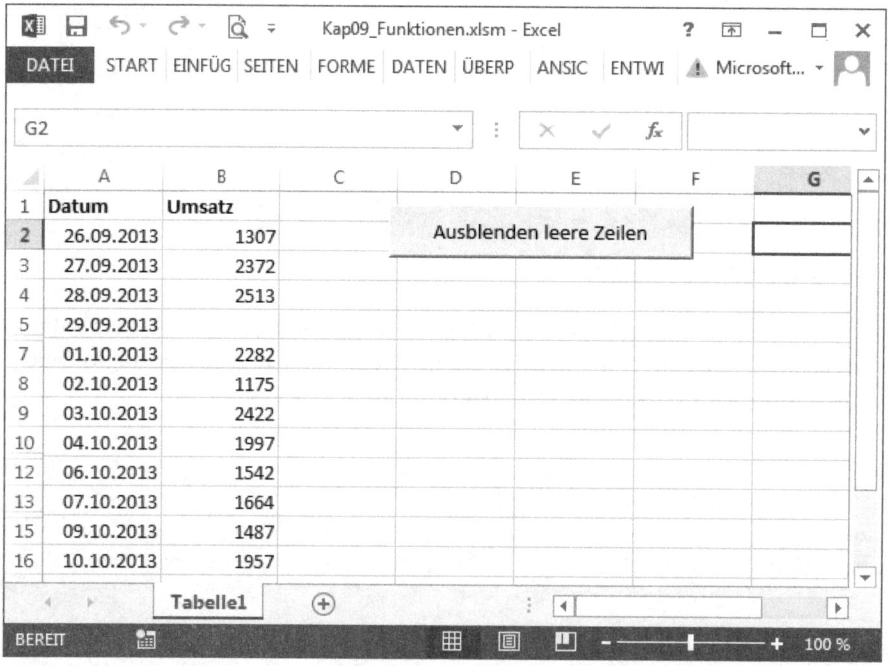

Abbildung 9.3 Die leeren Zeilen wurden ausgeblendet

Um die Zeilen wieder einzublenden, brauchen Sie lediglich einen »Einzeiler«, wie in Listing 9.2 gezeigt, zu starten.

```
Sub ZeilenEin()
   Tabelle1.Rows.Hidden = False
End Sub
```

Listing 9.2 Alle Zeilen der Tabelle wieder einblenden

Doppelte Werte löschen

Auch was die Löschung redundanter Daten betrifft, kann Sie eine Tabellenfunktion erheblich unterstützen. In *Tabelle2* liegen einige doppelte Daten vor, die über das Makro aus Listing 9.3 entfernt werden sollen.

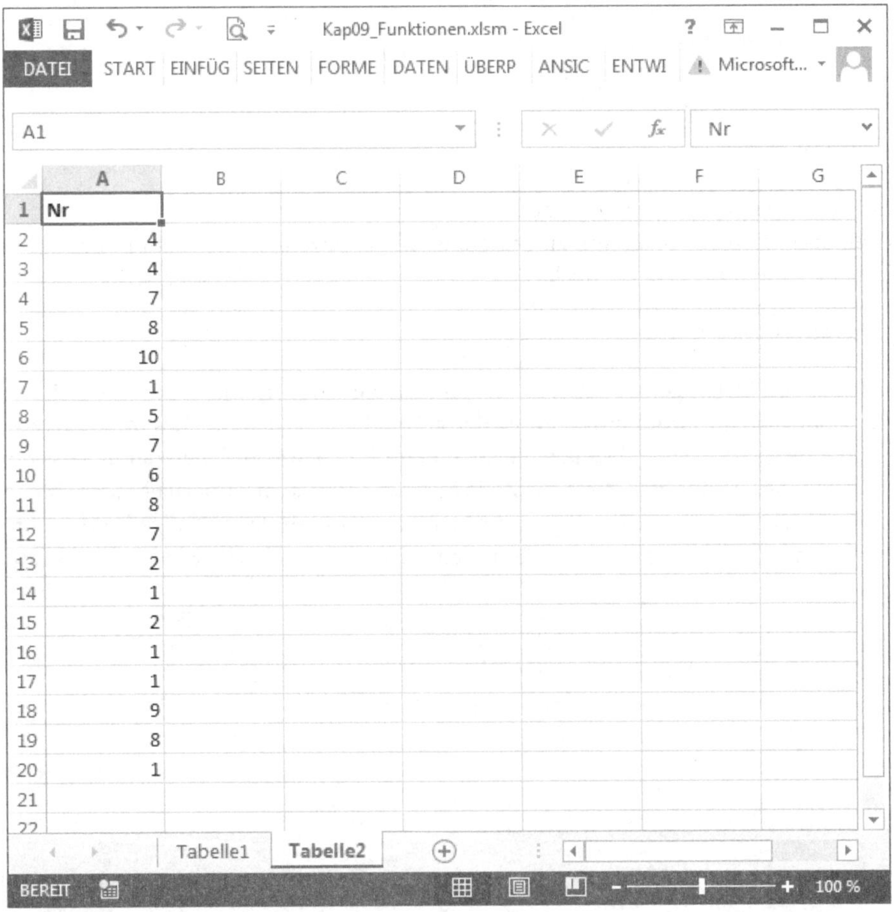

Abbildung 9.4 In dieser Tabelle gibt es einige Duplikate

```
Sub DuplikateLöschen()
    Dim Zeile As Long
    Dim ZeileMax As Long

   On Error GoTo DuplikateLöschen_Error
    Application.Calculation = xlCalculationManual
    With Tabelle2
        ZeileMax = .UsedRange.Rows.Count

        For Zeile = ZeileMax To 2 Step -1

            If Application.WorksheetFunction.CountIf(.Columns(1), .Cells(Zeile, 1).Value) > 1 Then
```

Listing 9.3 Doppelte Daten ohne Rückfrage entfernen

```
                .Rows(Zeile).Delete
            End If

        Next Zeile

    End With

   Application.Calculation = xlCalculationAutomatic

   On Error GoTo 0
   Exit Sub

DuplikateLöschen_Error:

    MsgBox "Error " & Err.Number & " (" & Err.Description & _
    ") in procedure DuplikateLöschen of Modul mdl_Verarbeitung in Zeile " & Erl
    Application.Calculation = xlCalculationAutomatic
End Sub
```

Listing 9.3 Doppelte Daten ohne Rückfrage entfernen *(Fortsetzung)*

Wenn es um das Thema Löschen von Daten geht, sollten Sie die allgemeine Berechnungsfunktion von Excel temporär ausschalten und am Ende der Prozedur sowie im Fehlerfall wieder einschalten. Dies bringt gerade bei sehr großen Datenmengen eine ganze Menge. Denken Sie auch beim Löschen von Zeilen daran, dass Sie die Schleife rückwärts, also von unten nach oben, Zeile für Zeile abarbeiten müssen. Innerhalb der Schleife wenden Sie die Funktion *ZÄHLENWENN* (engl. CountIf) an, um zu ermitteln, ob der jeweilige Wert mehrmals in Spalte A vorkommt. Wenn ja, dann löschen Sie die komplette Zeile, indem Sie die Methode Delete auf die jeweilige Zeile anwenden.

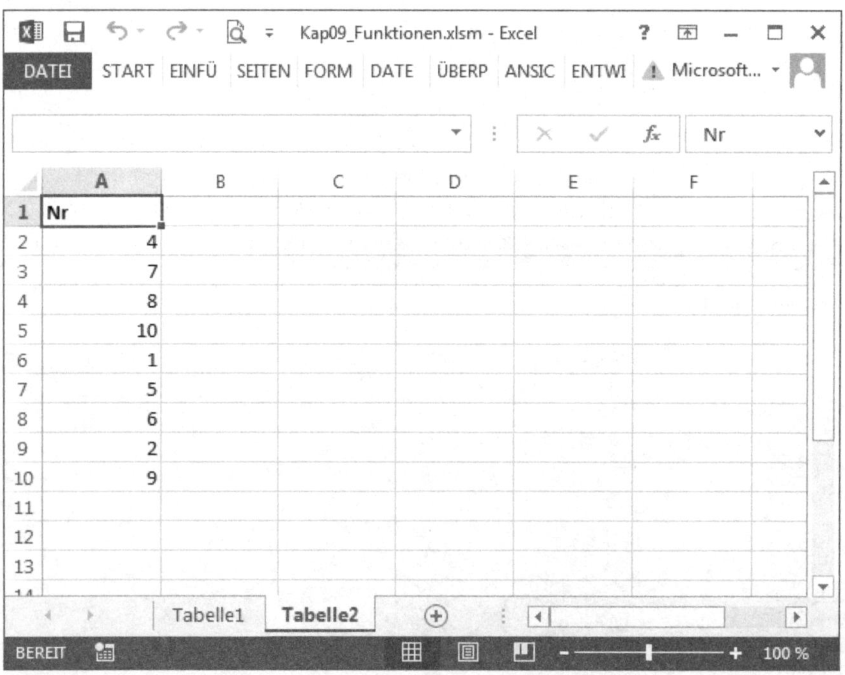

Abbildung 9.5 Alle doppelten Daten wurden entfernt

Fußzeilen-Kosmetik

Kennen Sie die Tabellenfunktion *WIEDERHOLEN* (engl. Rept)? Damit können Sie ein bestimmtes Zeichen bzw. eine Zeichenfolge *x* Mal wiederholen. Diese Funktion wird im Makro aus Listing 9.4 dazu verwendet, um eine horizontale Linie in die Fußzeile der aktiven Tabelle einzufügen.

```
Sub FußzeileSpezialAktiveTabelle()

   On Error GoTo FußzeileSpezialAktiveTabelle_Error

    With ActiveSheet.PageSetup
        .BottomMargin = 56
        .FooterMargin = 42
        .LeftFooter = "&8" & _
        Application.WorksheetFunction.Rept("_", 120) & vbCr & _
            "Erstellungsdatum: " & ActiveWorkbook.BuiltinDocumentProperties _
            ("Creation date") & vbTab & "Letzte Änderung: " & _
            ActiveWorkbook.BuiltinDocumentProperties _
            ("last save time") & vbTab & _
            "Autor: " & ActiveWorkbook.BuiltinDocumentProperties _
            ("author") & vbTab & "Dateiname: " & ActiveWorkbook.Name
    End With

   On Error GoTo 0
   Exit Sub

FußzeileSpezialAktiveTabelle_Error:

    MsgBox "Error " & Err.Number & " (" & Err.Description & _
    ") in procedure FußzeileSpezialAktiveTabelle of Modul mdl_Verarbeitung in Zeile " & Erl

End Sub
```

Listing 9.4 Eine horizontale Linie in der Fußzeile ziehen

Über das Objekt PageSetup haben Sie Zugriff auf alle Eigenschaften, die Excel in Bezug auf die Seiteneinrichtung anzubieten hat. Darunter fällt auch die Eigenschaft LeftFooter, über die Sie den linken Teil der Fußzeile ansprechen und befüllen können. Die Tabellenfunktion Rept wiederholt dabei den Unterstrich (_) genau 120 Mal. Unterhalb dieser so gebildeten Linie werden diverse Dokumenteigenschaften abgefragt und mit einem Tabstopp jeweils getrennt in die Fußzeile geschrieben.

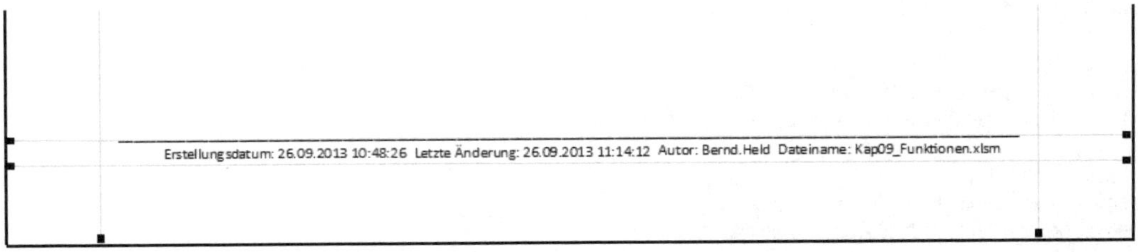

Abbildung 9.6 Alle relevanten Informationen auf einen Blick

ACHTUNG Achten Sie auf die Zeichengrenze bei Excel in Bezug auf die Kopf- und Fußzeilen. Es stehen maximal 256 Zeichen für beide Zeilen zur Verfügung.

Tabellenfunktionen in einem Diagramm anwenden

Auch für die Bearbeitung von Diagrammen sind Tabellenfunktionen gut einsetzbar. Bei der folgenden Aufgabe wird ein Liniendiagramm automatisch erstellt und mit Werten befüllt. Danach werden die Tief- und Hochpunkte farblich hervorgehoben. Die Umsetzung dieser Aufgabe entnehmen Sie dem Makro aus Listing 9.5.

```
Sub ArrayWerteBestücken()
  Dim i As Single, lngMax As Long, lngMin As Long, varPunkte As Variant
  Dim Diag As Chart, Serie As Series, Point As Point

   On Error GoTo ArrayWerteBestücken_Error

    With ActiveSheet
        i = .ChartObjects.Count
        While i > 0
            .ChartObjects(i).Delete
            i = i - 1
        Wend
    End With

    Set Diag = ActiveSheet.Shapes.AddChart.Chart

    With Diag
        .ChartType = xlLineMarkers
        .Axes(xlValue).MajorGridlines.Delete
        .SeriesCollection.NewSeries
        .SeriesCollection(1).Name = "Verkauf"
        .SeriesCollection(1).XValues = Array("Nord", "Süd", "West", "Ost")
        .SeriesCollection(1).Values = Array(10, 20, 30, 10)
        .SetElement msoElementLegendNone
    End With

    Set Serie = Diag.SeriesCollection(1)
    varPunkte = Serie.Values
    lngMax = Application.WorksheetFunction.Max(varPunkte)
    lngMin = Application.WorksheetFunction.Min(varPunkte)

    i = 1
    For Each Point In Diag.SeriesCollection(1).Points
        Point.MarkerStyle = xlMarkerStyleCircle

        Select Case varPunkte(i)

            Case lngMax
            Point.MarkerForegroundColor = vbGreen
            Point.MarkerBackgroundColor = vbGreen

            Case lngMin
            Point.MarkerForegroundColor = vbRed
            Point.MarkerBackgroundColor = vbRed

            Case Else

        End Select
```

Listing 9.5 Diagramm einfügen, mit Werten füllen und nachformatieren

```
        i = i + 1
    Next Point

    Set Diag = Nothing
    Set Serie = Nothing
    Set Point = Nothing

   On Error GoTo 0
   Exit Sub

ArrayWerteBestücken_Error:

  MsgBox "Error " & Err.Number & " (" & Err.Description & _
    ") in procedure ArrayWerteBestücken of Modul mdl_Verarbeitung in Zeile " & Erl

End Sub
```

Listing 9.5 Diagramm einfügen, mit Werten füllen und nachformatieren *(Fortsetzung)*

In einer Vorabschleife entfernen Sie zunächst alle Diagrammobjekte, die sich bereits auf der Tabelle befinden könnten mithilfe der Methode Delete. Danach fügen Sie über die Methode AddChart ein neues, noch leeres Diagrammobjekt ein. Jetzt wird das Diagramm konfiguriert. Unter anderem wird eine neue Linie eingefügt, benannt und mit X- und Y-Werten versehen.

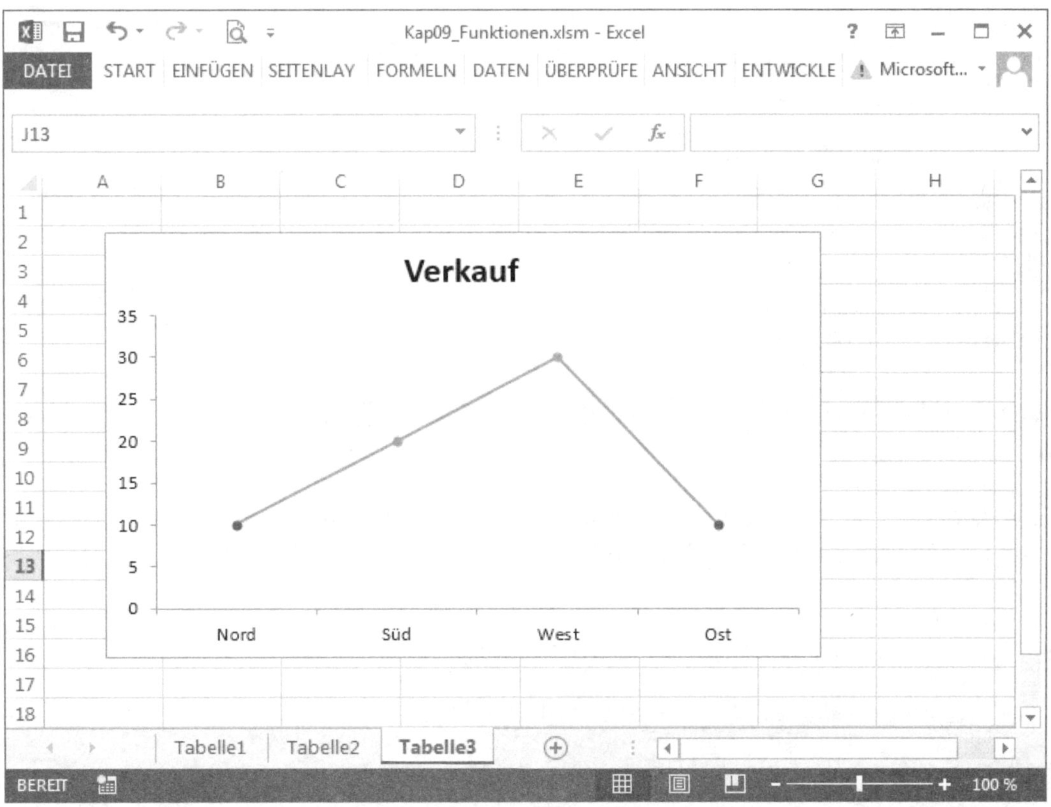

Abbildung 9.7 Die Extremwerte im Diagramm hervorheben

Mithilfe der Tabellenfunktionen Max und Min wird der größte sowie der kleinste Wert der Linie ermittelt und in einer Variablen zwischengespeichert. In einer anschließenden For Each...Next-Schleife werden die einzelnen Datenpunkte der Linie nacheinander verarbeitet und mit den beiden Extremwerten verglichen. Über die Eigenschaften MarkerForegroundColor und MarkerBackgroundColor können Sie das Markierungssymbol färben.

Letztes Datum finden und kennzeichnen

Bei der folgenden Aufgabenstellung liegt eine Liste mit Datumsangaben wie in Abbildung 9.8 gezeigt vor. Die Aufgabe besteht darin, die letzte Buchung zu finden und zu kennzeichnen.

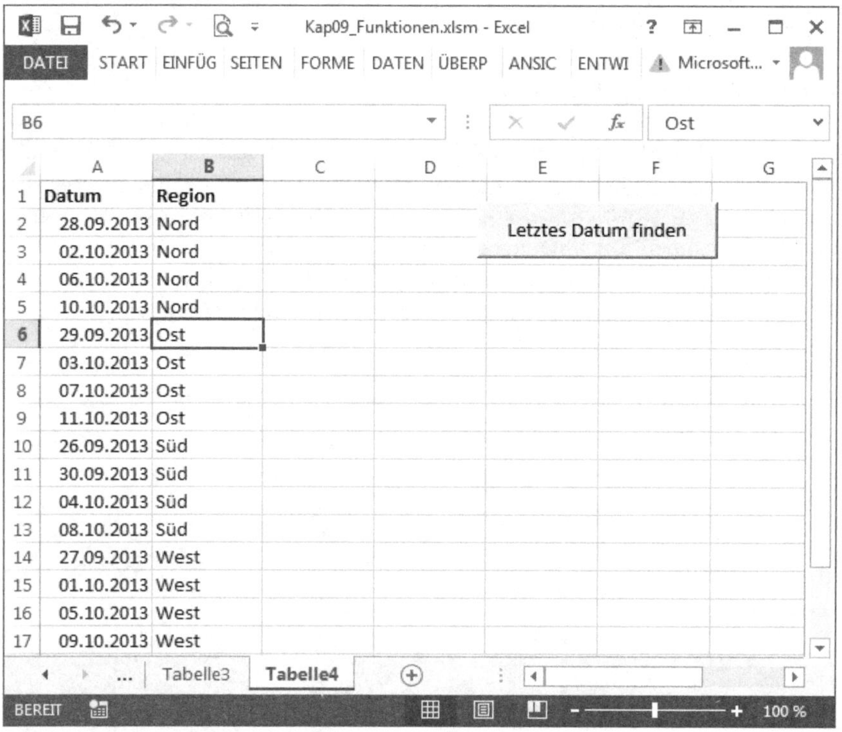

Abbildung 9.8 Wann war die letzte Buchung?

Da Datumswerte in Excel als ganzzahlige Zahlen intern verwaltet werden, müssen Sie in Spalte *A* lediglich nach dem größten Wert der Spalte suchen. Dies wird im Makro aus Listing 9.6 umgesetzt.

```
Sub LetztesDatumFinden()
  Dim lngDatum As Long
  Dim Treffer As Range

   On Error GoTo LetztesDatumFinden_Error

      With Tabelle4
        .Columns(1).Interior.ColorIndex = xlColorIndexNone
        lngDatum = Application.WorksheetFunction.Max(.Columns(1))
```

Listing 9.6 Das letzte Datum in Spalte *A* finden und kennzeichnen

```
      Set Treffer = .Columns(1).Find(What:=CDate(lngDatum), lookat:=xlWhole)

      If Not Treffer Is Nothing Then
         Treffer.Interior.Color = vbRed
      End If

     End With

   On Error GoTo 0
   Exit Sub

LetztesDatumFinden_Error:

    MsgBox "Error " & Err.Number & " (" & Err.Description & _
    ") in procedure LetztesDatumFinden of Modul mdl_Verarbeitung in Zeile " & Erl
End Sub
```

Listing 9.6 Das letzte Datum in Spalte *A* finden und kennzeichnen *(Fortsetzung)*

Sie entfärben zu Beginn des Makros aus Listing 9.6 die komplette Spalte *A*, indem Sie der Eigenschaft ColorIndex die Konstante xlColorIndexNone zuweisen. Danach nutzen Sie die Funktion Max, um das größte Datum in Spalte *A* zu ermitteln. Diesen Wert speichern Sie in der Variablen lngDatum zwischen. Danach setzen Sie eine Direktsuche mithilfe der Methode Find auf und übergeben den Inhalt der gerade gespeicherten Variablen als Suchbegriff. Im Falle, dass die Suche erfolgreich ist, was sie ja letztendlich sein muss, können Sie den Hintergrund der gefundenen Zelle mit der Farbe Rot über die Konstante vbRed festlegen, die Sie der Eigenschaft Color zuweisen.

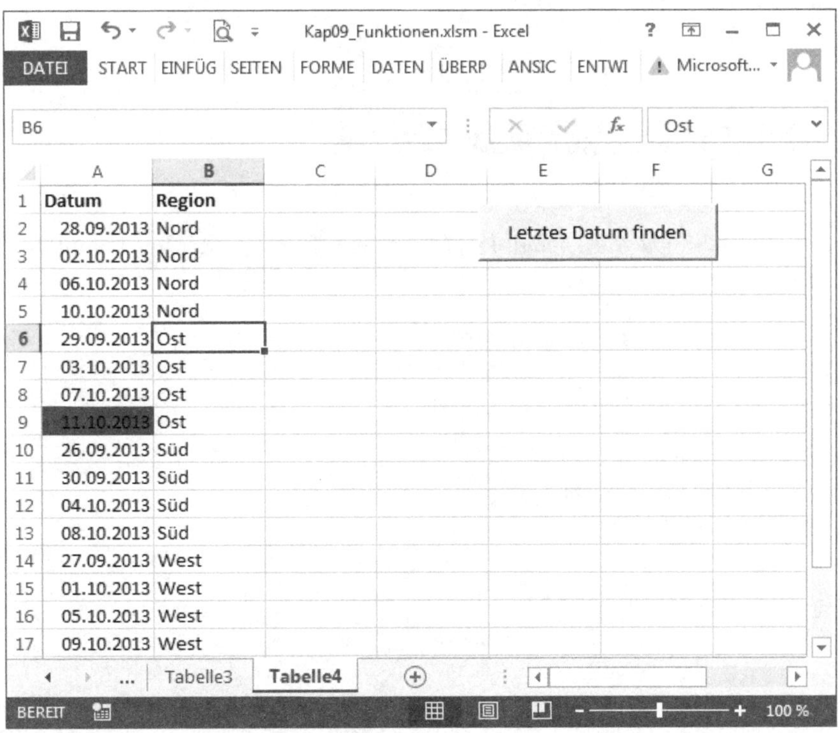

Abbildung 9.9 Excel findet das jüngste Datum in Spalte *A*

Rangfolge berechnen und sortieren

Bei der nachfolgenden Aufgabe liegt eine Umsatzliste wie in Abbildung 9.10 gezeigt vor. Die Aufgabe besteht darin, eine Rangfolge nach Umsatz festzulegen und in Spalte *C* einzufügen. Anschließend soll die Liste nach Spalte *C* sortiert werden.

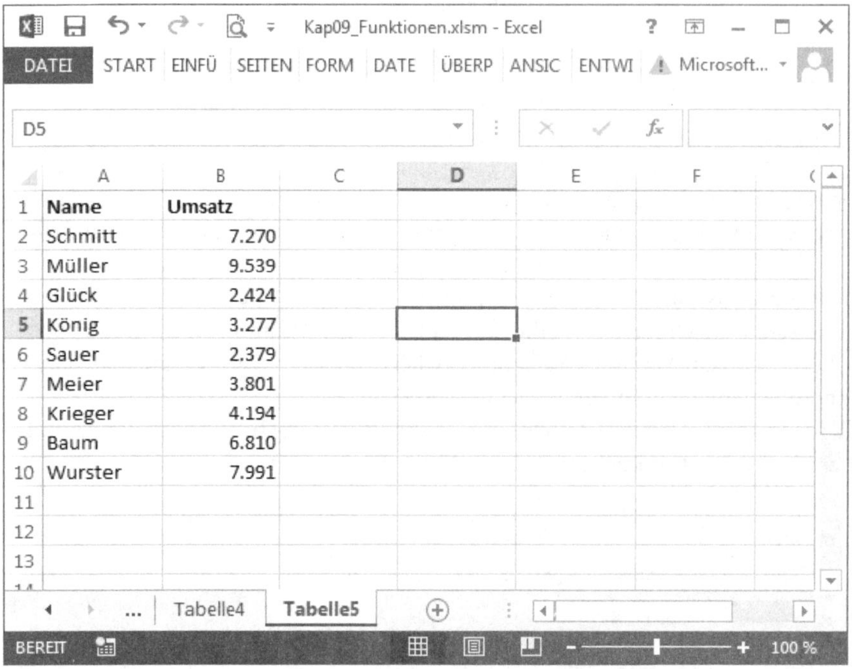

Abbildung 9.10 Die noch nicht sortierte Liste, keiner Rangfolge folgend

Eine Rangfolge können Sie über die Funktion *RANG* (engl. Rank) ermitteln. Den Einsatz dieser Funktion können Sie im Makro aus Listing 9.7 sehen.

```
Sub RangBerechnen()
  Dim zeile As Long
  Dim ZeileMax As Long

   On Error GoTo RangBerechnen_Error

  With Tabelle5
  ZeileMax = .Cells(.Rows.Count, 1).End(xlUp).Row

    For zeile = 2 To ZeileMax
        .Cells(zeile, 3) = Application.WorksheetFunction.Rank _
        (.Cells(zeile, 2).Value, .Range(.Cells(2, 2), .Cells(ZeileMax, 2)))
     Next zeile


    .Range("A2", .Cells(zeile, 3)).Sort Key1:=.Range("C2"), _
```

Listing 9.7 Die Rangfolge des Umsatzes berechnen und Datenbestand sortieren

```
      Order1:=xlAscending

    End With

     On Error GoTo 0
     Exit Sub

RangBerechnen_Error:

    MsgBox "Error " & Err.Number & " (" & Err.Description & _
    ") in procedure RangBerechnen of Modul mdl_Verarbeitung in Zeile " & Erl
End Sub
```

Listing 9.7 Die Rangfolge des Umsatzes berechnen und Datenbestand sortieren *(Fortsetzung)*

In einer For...Next-Schleife arbeiten Sie sich Zeile für Zeile durch den Datenbestand. Innerhalb der Schleife wenden Sie die Funktion Rank an, um die Rangfolge zu bestimmen. Nach Schleifenausritt kommt die Methode Sort zum Einsatz, welche den Datenbestand nach Rang sortiert.

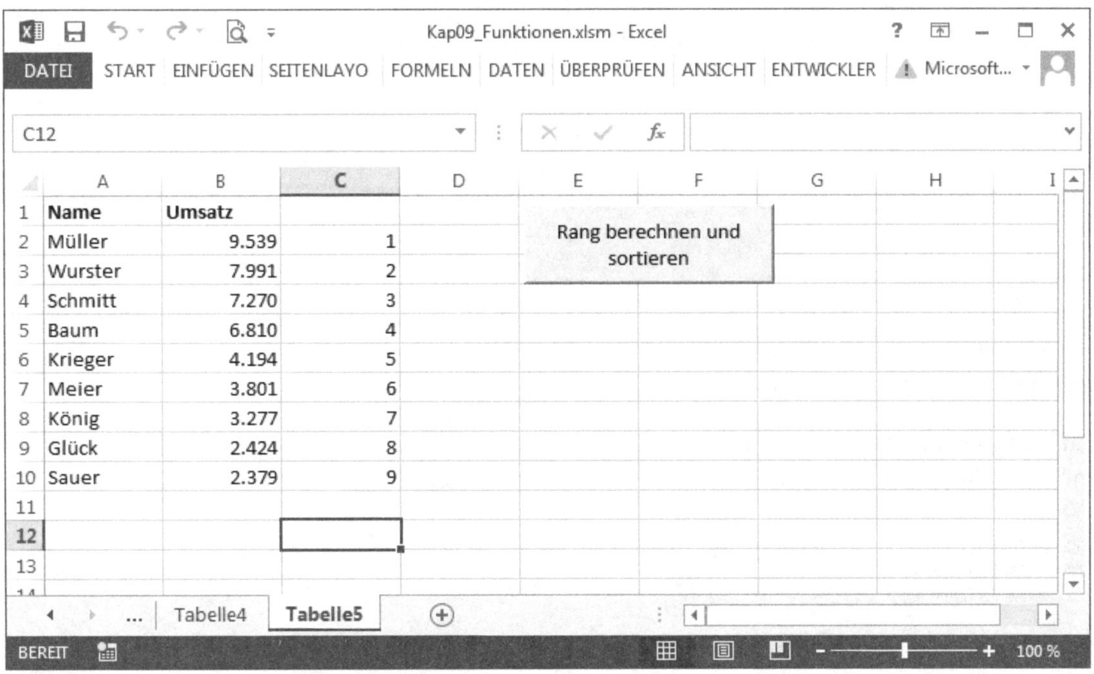

Abbildung 9.11 Die Rangfolge wurde berechnet und die Daten umsortiert

Matrixformeln in der Programmierung nutzen

Etwas in Vergessenheit geraten sind die sogenannten Matrixfunktionen in Excel, die in Zellen eingegeben über die Tastenkombination Strg+⇧+↵ abgeschlossen wurden. Gerade der Einsatz dieser Matrixformeln bringt bei der Programmierung so einiges, da auch hier nicht immer das Rad neu erfunden werden muss und Standardfunktionalität zum Einsatz kommen kann. Lernen Sie nachfolgend einige typische Beispiele kennen.

ONLINE Die Lösungen zu den folgenden Aufgaben finden Sie in der Datei *Kap09_Matrixformeln.xlsm*.

Werte bedingt zählen

Bei der folgenden Aufgabenstellung werden in *Tabelle1* in den Bereichen *A1:A10* und *C1:C10* nur Werte gezählt, die größer als 0 sind. Dabei müssen die Werte aus einer Zeile jeweils beide positiv sein.

```
Sub ArrayFormelSchreibenWerteBedingtZählen()

  Tabelle1.Range("E1").FormulaArray = "=SUM((A1:A10>0)*(C1:C10>0))"

End Sub
```

Listing 9.8 Alle Werte in den Zeilen, die größer als 0 sind, werden gezählt

Über die Eigenschaft FormulaArray können Sie die Matrixformel direkt in die Zelle via VBA schreiben. Dabei werden die beiden Bereiche mit einem * in Verbindung zueinander gesetzt. Die Bedingung lautet frei formuliert wie folgt: »Zähle alle Werte, die in einer Zeile nur positive Werte aufweisen«.

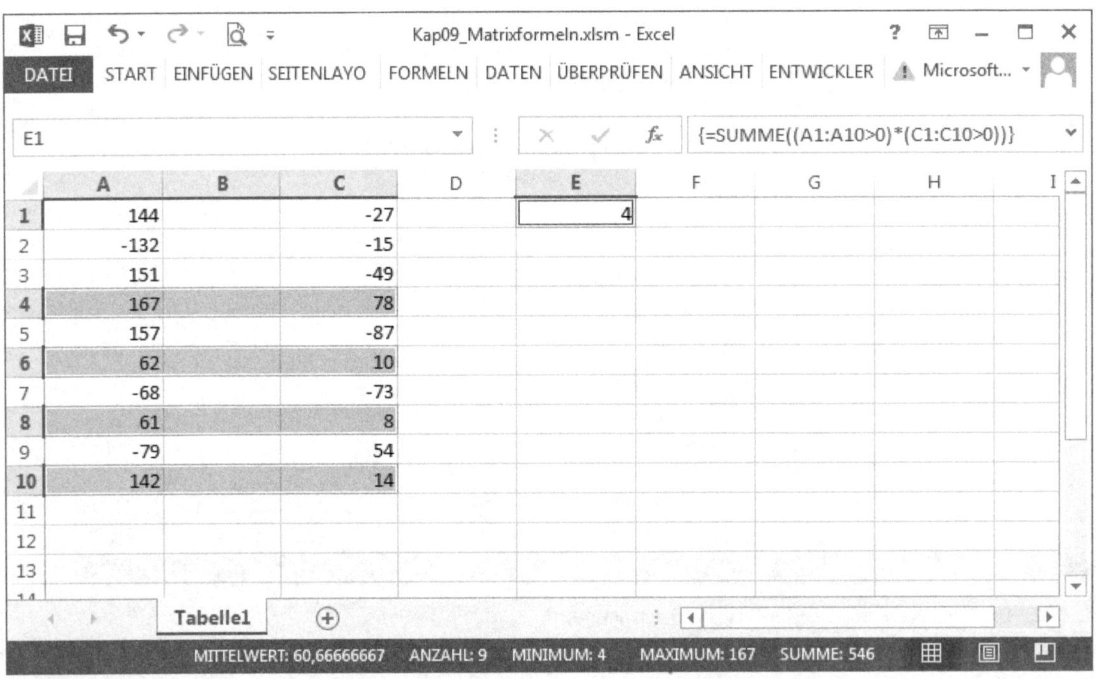

Abbildung 9.12 Die Array-Formel wurde in Zelle *E1* geschrieben

Bei den in Abbildung 9.12 markierten Zeilen handelt es sich um Zeilen, in denen sowohl der Eintrag in Spalte *A* als auch der Eintrag in Spalte *C* größer Null ist.

TIPP Soll zwar die Matrixformel verwendet, diese jedoch als Festwert in eine Zelle geschrieben werden, dann verwenden Sie die Methode Evaluate wie in Listing 9.9 gezeigt.

```
Sub ArrayFormelSchreibenWerteBedingtZählenAlsWert()

  Tabelle1.Range("E2").Value = Evaluate("=SUM((A1:A10>0)*(C1:C10>0))")

End Sub
```

Listing 9.9 Eine Matrixformel anzapfen, jedoch nur das Ergebnis daraus wegschreiben

Werte bedingt summieren

Analog zur gerade vorgestellten Aufgabe sollen nun die Summen der Zeilen gebildet werden, die in den Spalten *A* und *C* positive Zahlen aufweisen. Sehen Sie sich dazu das Makro aus Listing 9.10 an.

```
Sub ArrayFormelSchreibenWerteBedingtSummieren()

 Tabelle1.Range("F1").FormulaArray = "=(SUM(IF(A1:A10>0,IF(C1:C10>0,A1:A10+C1:C10))))"

End Sub
```

Listing 9.10 Eine bedingte Summierung durchführen

Sie schreiben die Matrixformel mithilfe der Eigenschaft FormulaArray direkt in Zelle *F1*. Dabei verwenden Sie die Funktionen SUM und IF. Dabei formulieren Sie im vorderen Teil der Formel die Bedingung und im hinteren Teil geben Sie den Bereich an, den Sie summieren möchten.

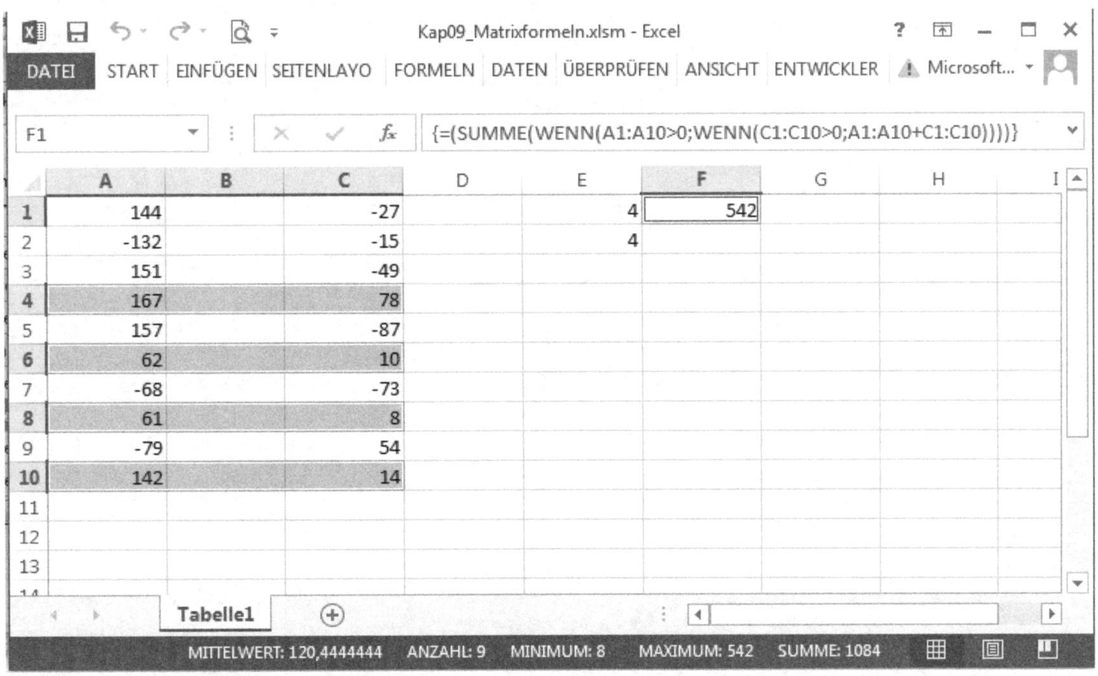

Abbildung 9.13 Auch komplexere Summierungen lassen sich mit Matrixformeln lösen

TIPP Soll die Matrixformel wieder nur als Wert in der Tabelle gespeichert werden, dann starten Sie das Makro aus Listing 9.11.

```
Sub ArrayFormelSchreibenWerteBedingtSummierenAlsWert()

  Tabelle1.Range("F2").Value = Evaluate("=(SUM(IF(A1:A10>0,IF(C1:C10>0,A1:A10+C1:C10))))")

End Sub
```

Listing 9.11 Die Formel wurde angewendet, aber das Ergebnis als Festwert abgelegt

Mittelwert ohne Berücksichtigung von Nullen bilden

Diese Aufgabe ist ein Klassiker! Im folgenden Makro aus Listing 9.12 wird im Bereich *A1:A10* von *Tabelle2* ein Mittelwert gebildet, bei dem die Nullen nicht mit einfließen.

```
Sub MittelwertOhneNull()

  Tabelle2.Range("D2").FormulaArray = "=AVERAGE(IF(A1:A10>0,A1:A10))"

End Sub
```

Listing 9.12 Mittelwertberechnung ohne Berücksichtigung von Nullen

Sie verwenden die Funktionen Average in Verbindung mit der If-Bedingung direkt in der Matrixformel, die Sie mithilfe der Eigenschaft FormulaArray in Zelle *D2* schreiben.

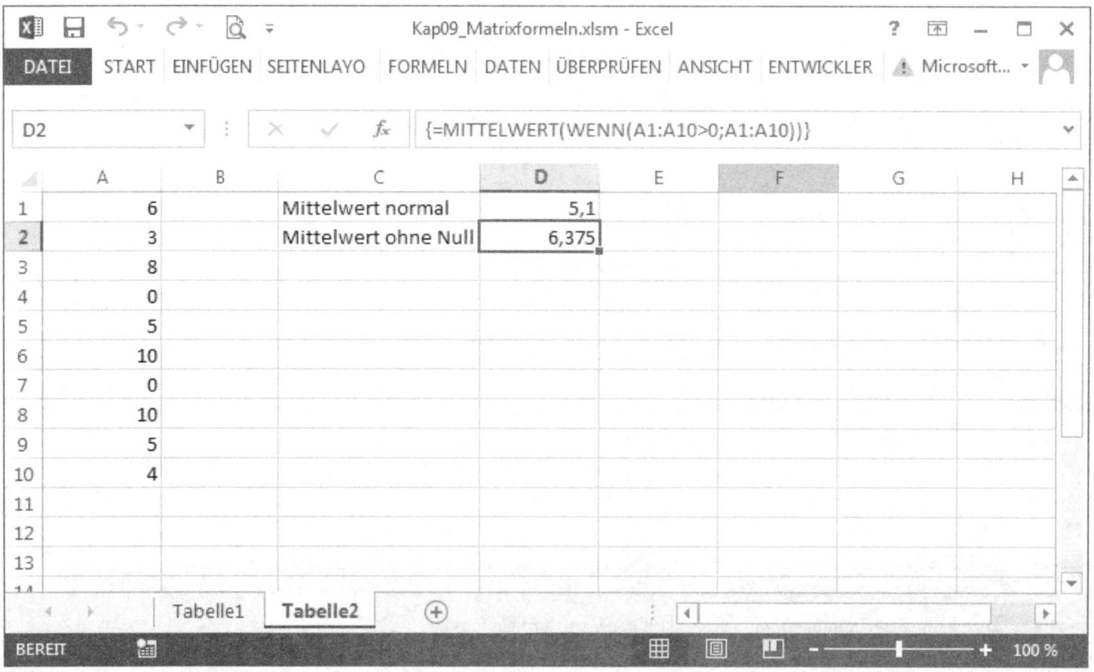

Abbildung 9.14 Die Gegenüberstellung der beiden Mittelwertberechnungen

Extremwerte bedingt bilden

Bei der folgenden Aufgabe liegen in *Tabelle3* im Bereich *A1:A10* Werte in einem bestimmten Wertebereich vor. Die Aufgabe besteht darin, den größten Wert innerhalb der Wertgrenze <100 auszugeben. Dazu wird die Funktion Max in Verbindung mit der Funktion If innerhalb einer Matrixformel, wie im Makro aus Listing 9.13 gezeigt, eingesetzt.

```
Sub Maxwertkleiner100()

  Tabelle3.Range("C1").FormulaArray = "=MAX(IF(A1:A10<100,A1:A10))"

End Sub
```

Listing 9.13 Den größten Wert des Wertebereichs <100 ermitteln

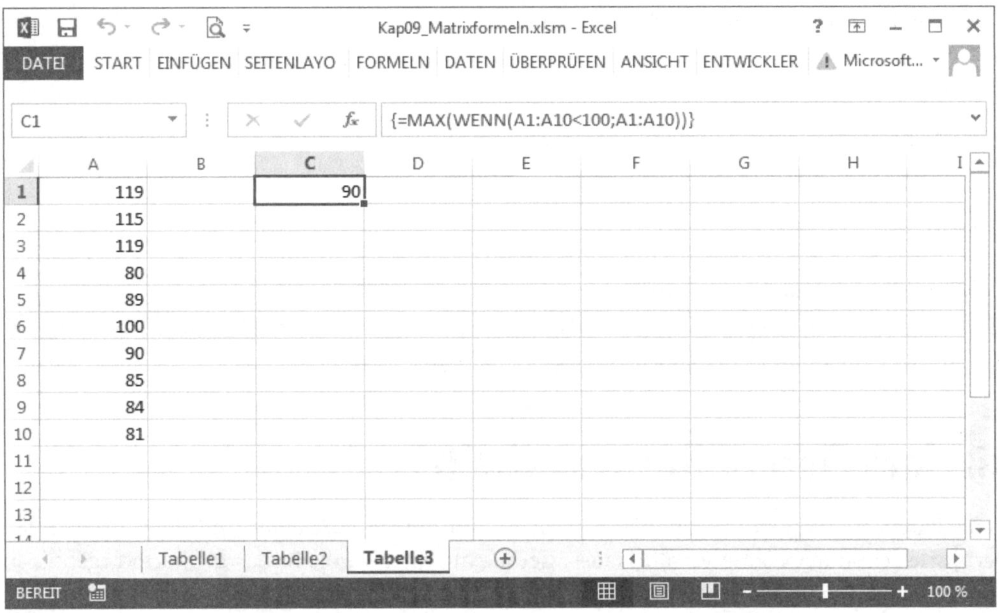

Abbildung 9.15 Aus einem Bereich den größten Wert innerhalb einer Wertgrenze bestimmen

Den am meisten genannten Wert ermitteln

Wie bereits die Überschrift verrät, soll in *Tabelle4* im Bereich *A1:A20* die Zahl ermittelt werden, die am häufigsten vorkommt. Die Umsetzung dieser Aufgabe finden Sie im Makro aus Listing 9.14.

```
Sub MatrixFormelMeistVerwendetenEintragInBereich()

  Tabelle4.Range("D1").FormulaArray = _
    "=INDEX(A1:A20,MATCH(MAX(COUNTIF(A1:A20,A1:A20)),COUNTIF(A1:A20,A1:A20),0))"

End Sub
```

Listing 9.14 Die am meisten genannte Zahl ermitteln

Über den Einsatz der Funktionen Index, Match, Max und CountIf kommen Sie hier zum richtigen Ergebnis.

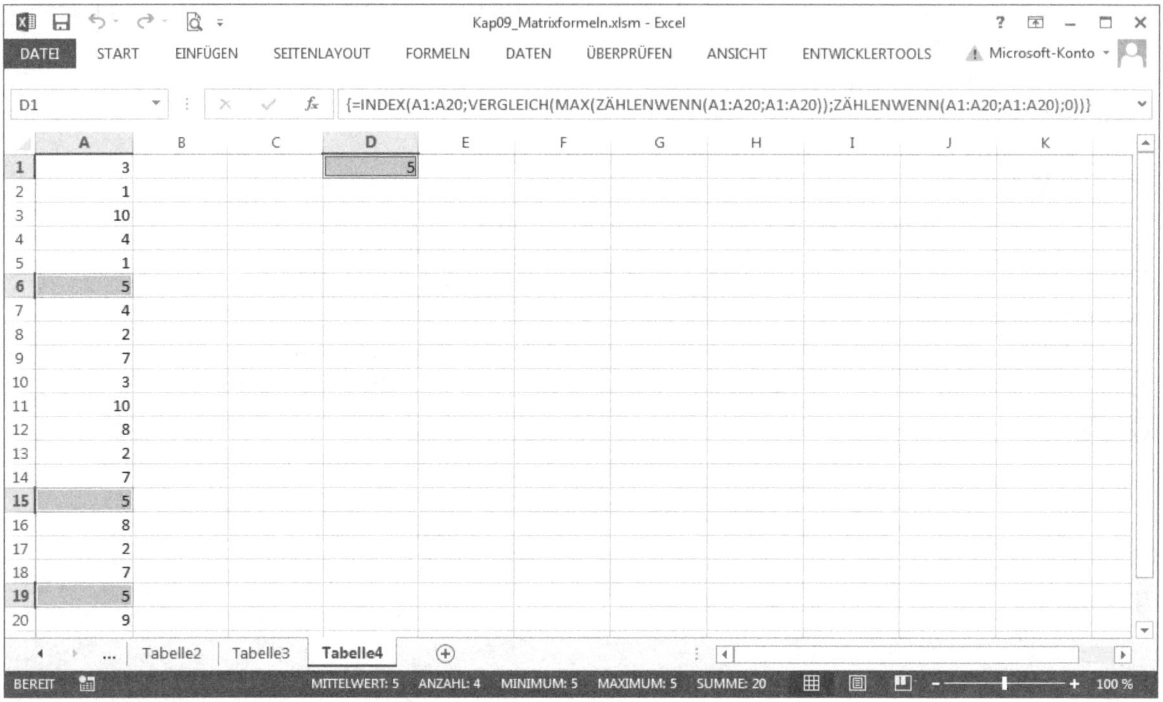

Abbildung 9.16 Diese Aufgabe ist recht komplex, jedoch mit einer Matrixformel zu lösen

Daten mit dem Datenfilter verarbeiten

Beim Einsatz eines Filters unterscheidet man zwischen dem »normalen« AutoFilter und dem Spezialfilter. Beide Filter filtern, wie schon der Name verrät, Daten. Beim AutoFilter verbleibt das gefilterte Ergebnis in der Ausgangstabelle, beim Spezialfilter haben Sie die Möglichkeit, die gefilterten Daten auch in einer anderen Tabelle auszugeben. Lernen Sie auf den nächsten Seiten den Gebrauch beider Filter anhand praxisnaher Aufgaben kennen.

ONLINE Die Lösungen zu den folgenden Aufgaben finden Sie in der Datei *Kap09_Filterei.xlsm*.

Der Einsatz des AutoFilters

Der AutoFilter bietet vielseitige und interessante Anwendungsmöglichkeiten. Einige davon lernen Sie auf den nächsten Seiten kennen.

Daten in einer Tabelle filtern

Beim ersten Beispiel in dieser Rubrik liegen in *Tabelle1* Datumsangaben und Umsätze vor. Die Aufgabe besteht darin, nur Werte anzuzeigen, die über 1000 liegen. Sehen sich dazu die Umsetzung dieser Aufgabe im Makro aus Listing 9.15 an.

```
Sub BestandKleiner100()

    Tabelle1.Range("A1").AutoFilter Field:=2, Criteria1:=">1000"

End Sub
```

Listing 9.15 Alle Werte über 1000 werden angezeigt

Sie geben beim Einsatz der Methode AutoFilter im Parameter Field die Nummer 2 an. Damit wird die Spalte *B* referenziert. Als Kriterium erfassen Sie im Parameter Criteria1 die Zeichenfolge ">1000".

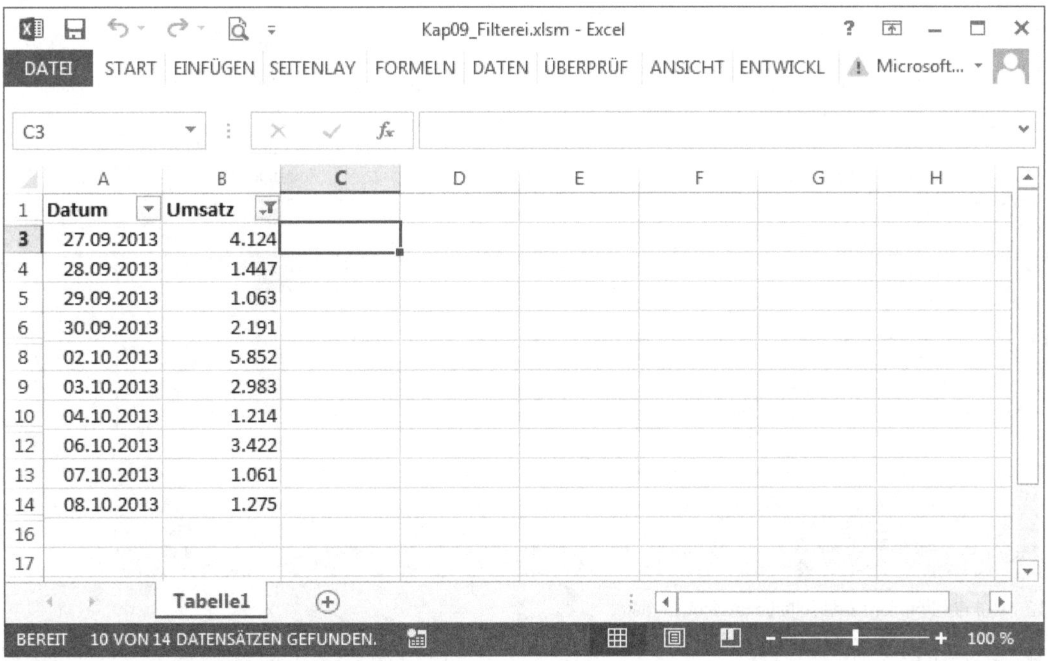

Abbildung 9.17 Bestimmte Zeilen wurden ausgeblendet

Idealerweise könnten Sie das Filterkriterium auch direkt aus seiner Zelle entnehmen. Dazu starten Sie das Makro aus Listing 9.16.

```
Sub FilterkriteriumAusZelleBeziehen()

    With Tabelle1.Range("A1")
        .AutoFilter Field:=2, Criteria1:=">" & Tabelle1.Range("D1").Value
    End With

End Sub
```

Listing 9.16 Das Filterkriterium wird direkt aus seiner Zelle bezogen

Nur Texte filtern

Bei der folgenden Aufgabenstellung liegt in *Tabelle2* folgende, in Abbildung 9.18 dargestellte Ausgangssituation vor.

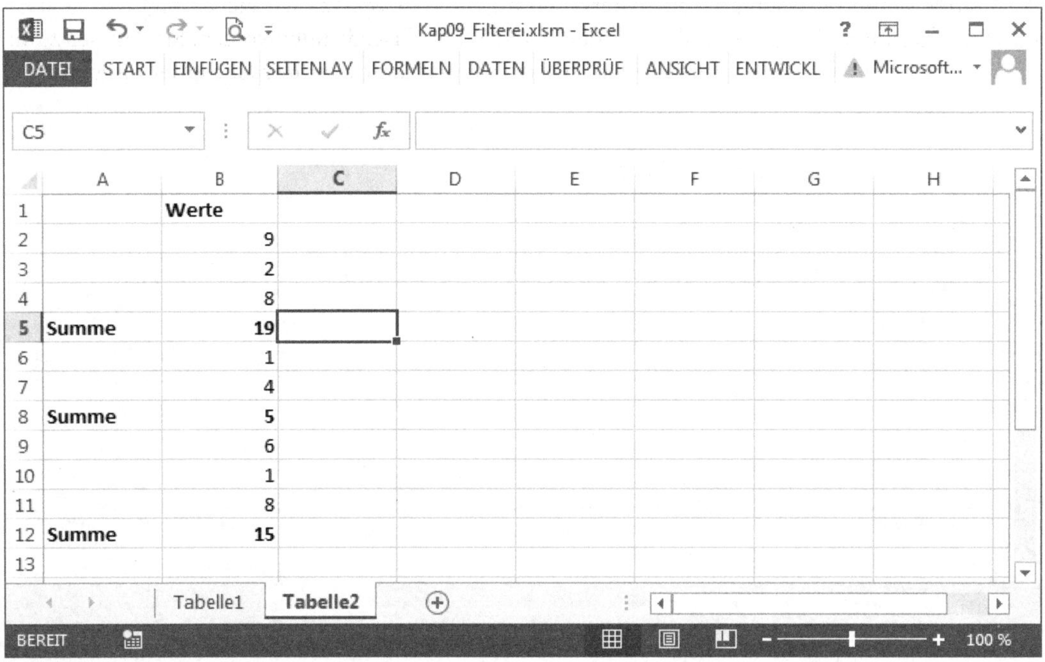

Abbildung 9.18 Nur die Summenzeilen sollen angezeigt werden

In *Tabelle2* befinden sich Werte und Summenzeilen. Die Aufgabe besteht darin, alle Wertezellen auszublenden und nur die Summenzeilen anzeigen zu lassen. Sehen Sie sich dazu die Umsetzung im Makro aus Listing 9.17 an.

```
Sub AutofilterNurTexteAnzeigen()

   With Tabelle2

      If .AutoFilterMode = False Then
         .Range("A1:D" & .UsedRange.Rows.Count).AutoFilter Field:=1, Criteria1:="=***"
      End If

    End With

End Sub
```

Listing 9.17 Nur Texte sollen angezeigt werden

Mit der Eigenschaft AutoFilterMode können Sie prüfen, ob bereits ein Filter in *Tabelle2* gesetzt ist. Wenn nicht, dann wenden Sie die Methode AutoFilter an und übergeben für die erste Spalte die Zeichenfolge "=***". Dies bewirkt, dass leere Zellen und Zellen mit Zahlen in der ersten Spalte ausgeblendet werden. Sind in der zu filternden Spalte Zahlen enthalten, die als Text formatiert sind, werden diese allerdings nicht herausgefiltert.

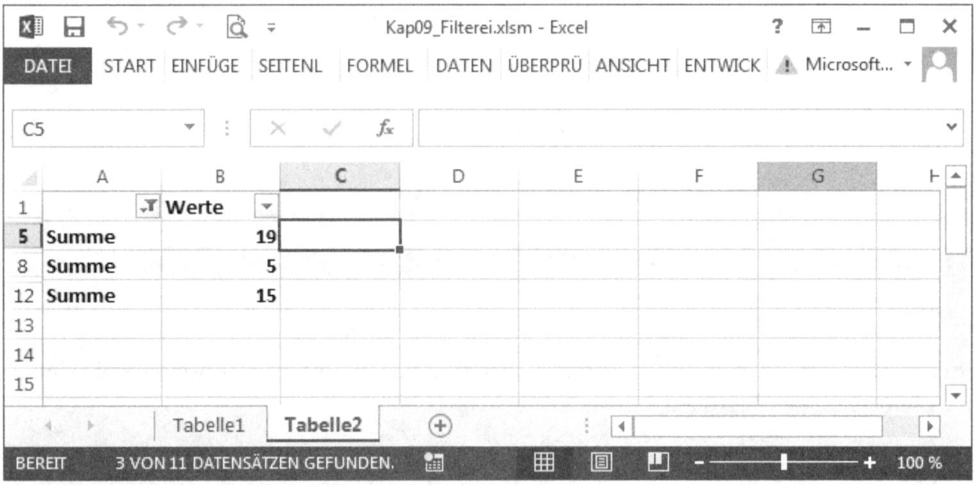

Abbildung 9.19 Nur die Summenzeilen bleiben sichtbar

TIPP Sollen alle gefilterten Daten in der aktiven Tabelle wieder angezeigt werden, dann verwenden Sie die Methode ShowAllData wie in Listing 9.18 gezeigt.

```
Sub AutofilterAlleZeilenAnzeigen()

  With ActiveSheet
    If .AutoFilterMode Then
      If .FilterMode Then .ShowAllData
    End If
  End With

End Sub
```

Listing 9.18 Alle gesetzten Filter entfernen – alle Daten anzeigen

Daten filtern, die eine Zeichenfolge enthalten

Bei der nachfolgenden Aufgabe liegt eine IP-Adressenliste, wie in Abbildung 9.20 gezeigt, vor.

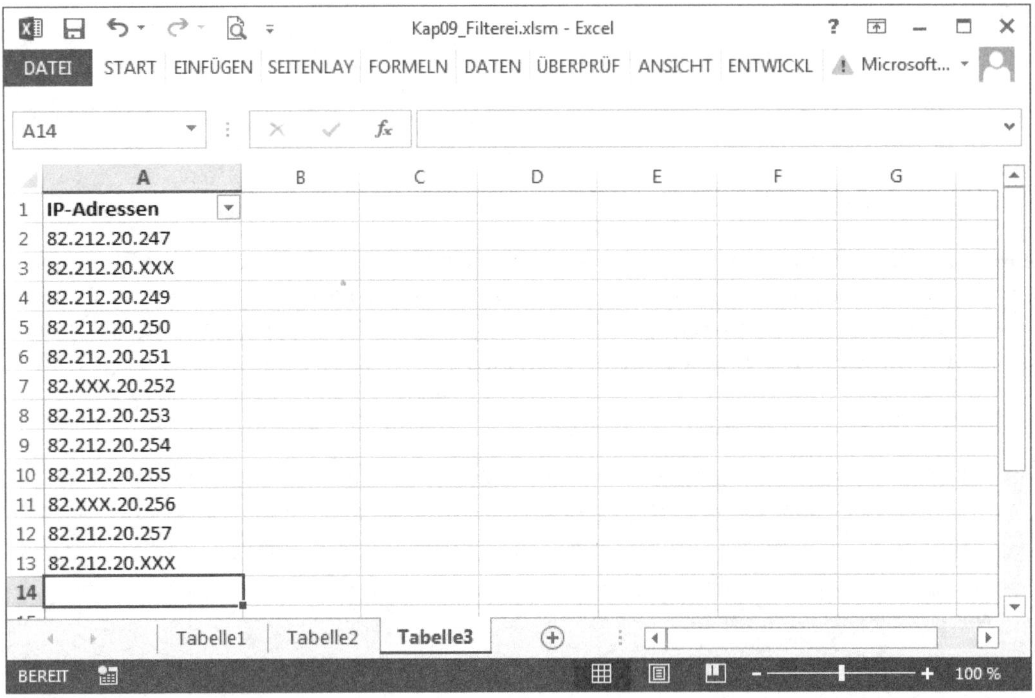

Abbildung 9.20 Eine Liste mit IP-Adressen

Die Aufgabe besteht darin, alle IP-Adressen herauszufiltern, die die Zeichenfolge *XXX* aufweisen. Die Umsetzung dieser Aufgabe können Sie im Makro aus Listing 9.19 sehen.

```
Sub AutoFilterMitEnthältAnwenden()

 With Tabelle3
   .Range("A1:A" & .UsedRange.Rows.Count).AutoFilter Field:=1, Criteria1:="=*XXX*"
 End With

End Sub
```

Listing 9.19 Alle Zeilen filtern, die einer bestimmten Zeichenfolge entsprechen

Wie das Listing zeigt, können Sie beim Datenfilter mit Wildcards wie * oder ? arbeiten.

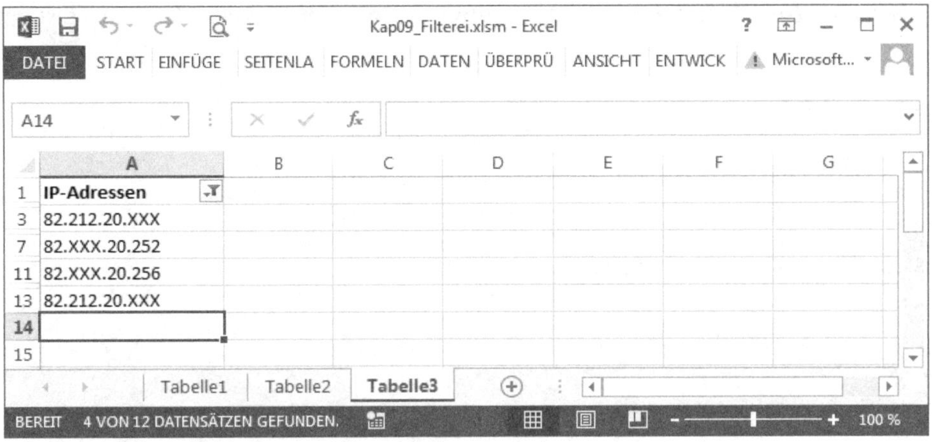

	A
1	IP-Adressen
3	82.212.20.XXX
7	82.XXX.20.252
11	82.XXX.20.256
13	82.212.20.XXX
14	
15	

Abbildung 9.21 Daten, die einer Zeichenfolge entsprechen, wurden gefiltert

Der Top-10-Filter

Bei der nachfolgenden Aufgabenstellung liegen Maschinenauslastungswerte wie in Abbildung 9.22 gezeigt vor. Die Aufgabe besteht jetzt darin, die fünf höchsten Auslastungswerte in einem bestimmten Zeitraum zu ermitteln.

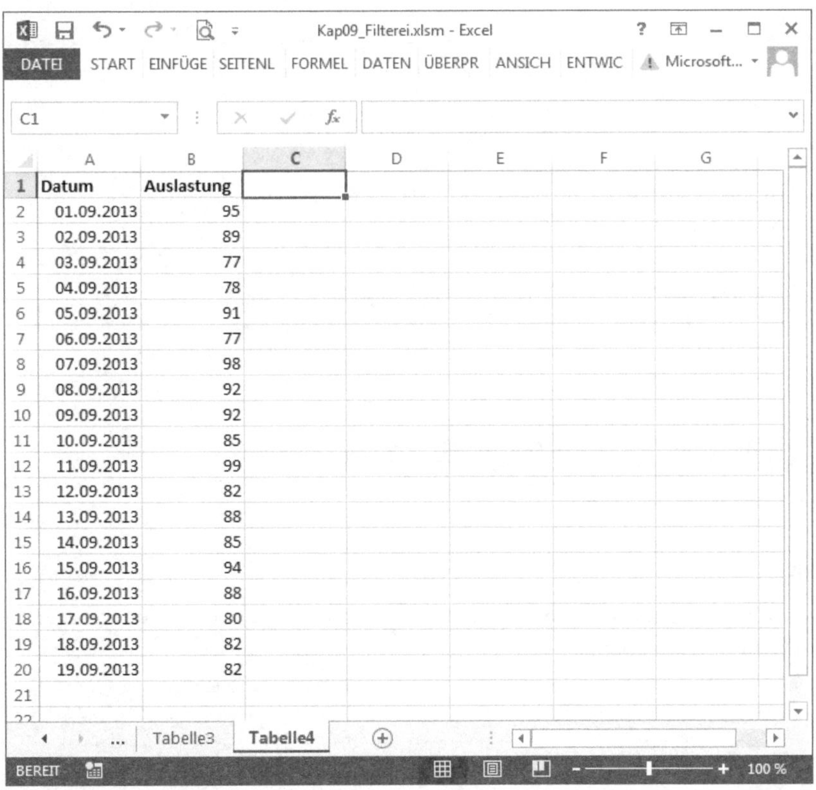

	A	B
1	Datum	Auslastung
2	01.09.2013	95
3	02.09.2013	89
4	03.09.2013	77
5	04.09.2013	78
6	05.09.2013	91
7	06.09.2013	77
8	07.09.2013	98
9	08.09.2013	92
10	09.09.2013	92
11	10.09.2013	85
12	11.09.2013	99
13	12.09.2013	82
14	13.09.2013	88
15	14.09.2013	85
16	15.09.2013	94
17	16.09.2013	88
18	17.09.2013	80
19	18.09.2013	82
20	19.09.2013	82
21		

Abbildung 9.22 An welchen Tagen lag eine hohe Auslastung vor?

Sie beantworten die Frage, an welchen Tagen eine hohe Auslastung vorlag, indem Sie das Makro aus Listing 9.20 starten.

```
Sub FilterEinstellenTop10()

  With Tabelle4
   .AutoFilterMode = False

   .Range("A1:F1").AutoFilter
   .Range("A1:F1").AutoFilter Field:=2, Criteria1:=5, Operator:=xlTop10Items

  End With

End Sub
```

Listing 9.20 Der Top-10-Datenfilter in der praktischen Anwendung

Mithilfe des Parameters Operator, dem Sie die Konstante xlTop10Items zuweisen, haben Sie Zugriff auf den Top-10-Filter. Im Parameter Criteria1 geben Sie konkret die Anzahl der Höchstwerte an, die Sie gefiltert haben möchten.

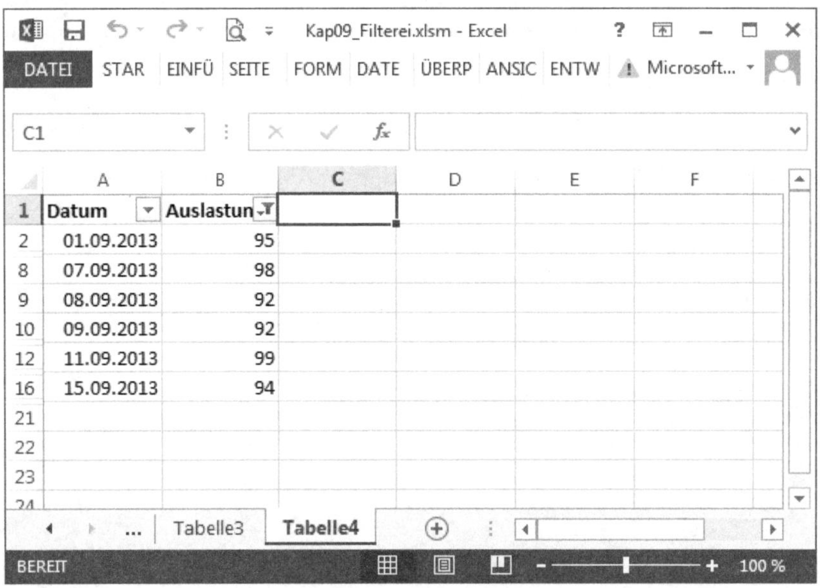

Abbildung 9.23 Die höchsten Werte bleiben nach der Filterung übrig

Mehrere Filterkriterien übergeben

Wenn Sie standardmäßig den benutzerdefinierten Filter anwenden, dann können Sie mehr oder weniger, je nachdem wie Sie es anstellen, zwei Kriterien angeben.

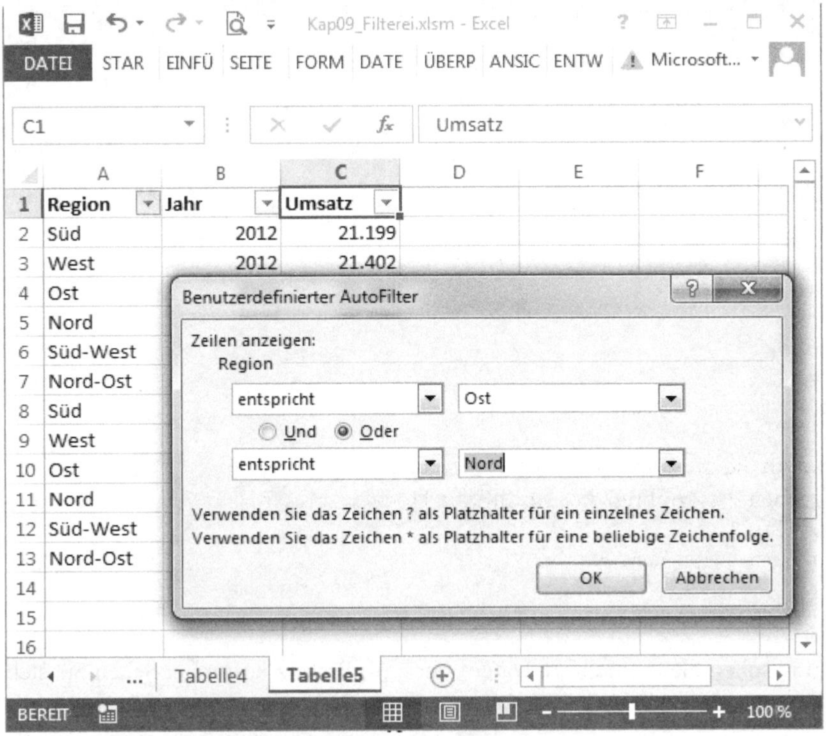

Abbildung 9.24 Beim benutzerdefinierten Filter ist bei zwei Kriterien quasi Schluss

Sie haben jedoch mit VBA auch die Möglichkeit, mehrere Filterkriterien über ein Array, wie im Makro aus Listing 9.21 gezeigt, an den Datenfilter zu übergeben.

```
Sub ArrayFilterSetzen()

  Tabelle5.Range("A1").AutoFilter field:=1, _
  Criteria1:=Array("Ost", "Nord", "Süd"), Operator:=xlFilterValues

End Sub
```

Listing 9.21 Mehrere Filterkriterien über ein Array an den Filter übergeben

Sie legen alle gewünschten Merkmale mit einem Array fest und geben im Parameter Operator die Konstante xlFilterValues an.

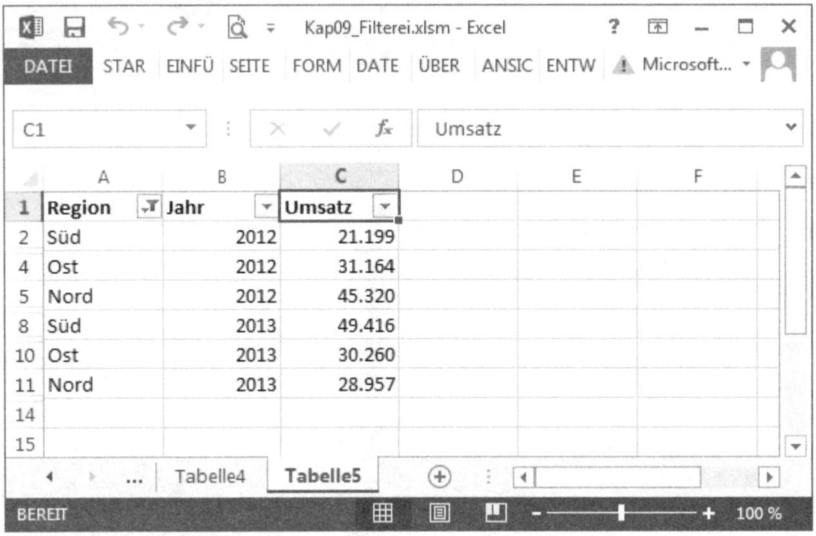

Abbildung 9.25 Mehrere Regionen über den Einsatz eines Arrays filtern

Mehrere Datenfilter einsetzen

Bei der folgenden Aufgabenstellung sollen gleich mehrere Datenfilter zum Einsatz kommen. Sehen Sie sich vorab einmal die Ausgangssituation aus Abbildung 9.26 an.

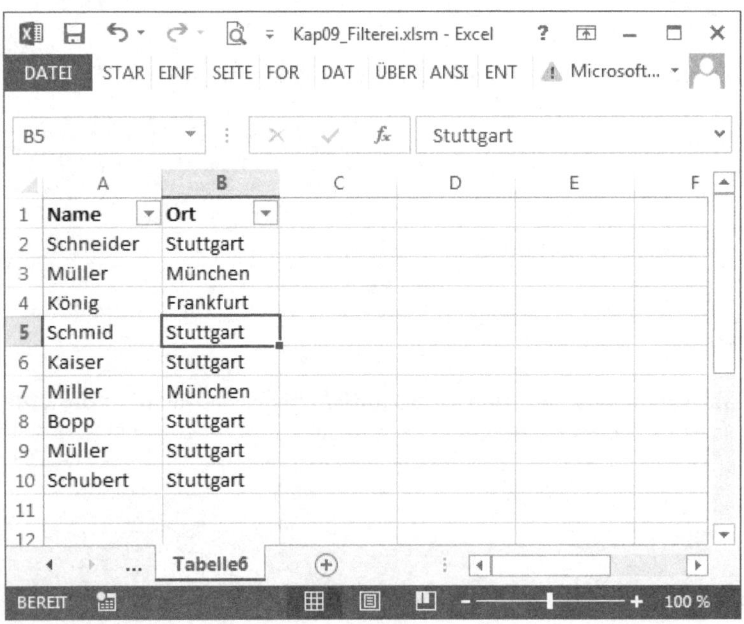

Abbildung 9.26 Eine etwas verkleinerte Adressenliste

Die Aufgabe besteht darin, alle Namen, die mit der Buchstabenfolge »Sch« beginnen, aus Stuttgart herauszufiltern. Die Umsetzung dieser Aufgabe wird im Makro aus Listing 9.22 gezeigt.

```
Sub MehrereSpaltenFilterSetzen()

  With Tabelle6

    .AutoFilterMode = False
    .Range("A1:B1").AutoFilter

    'Filtert in Spalte B alle Daten mit Standort Stuttgart
    .Range("A1:B1").AutoFilter Field:=2, Criteria1:="Stuttgart"

    'Filtert in Spalte A alle Namen, die mit Sch beginnen
    .Range("A1:B1").AutoFilter Field:=1, Criteria1:="Sch*"

  End With

End Sub
```

Listing 9.22 Mehrere Filter einsetzen, einen davon mit einer Wildcard

Im ersten Schritt des Makros aus Listing 9.22 schalten Sie den Datenfilter ab, indem Sie der Eigenschaft AutoFilterMode den Wert False zuweisen. Danach wenden Sie die Methode AutoFilter an, um die Datenfilterpfeile für die Zellen *A1* und *B1* anzuzeigen. Schließlich stellen Sie die einzelnen Kriterien Spalte für Spalte ein.

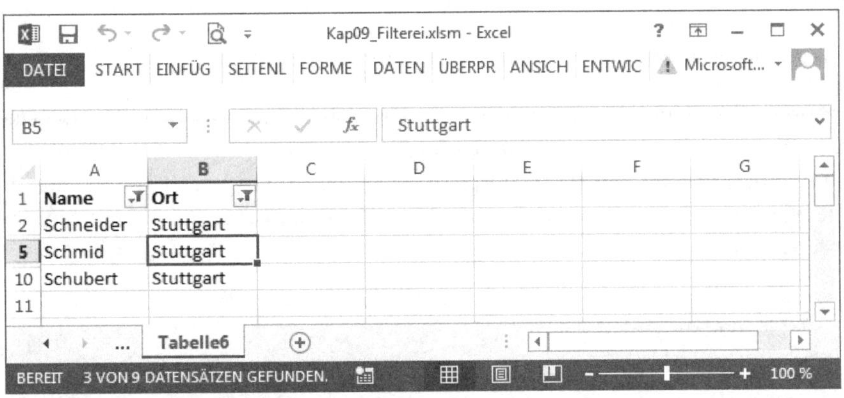

Abbildung 9.27 Alle Kunden mit den Anfangsbuchstaben »Sch« aus Stuttgart werden angeboten

Gesetzte Filter besser anzeigen lassen

Wenn Sie des Öfteren mit einem Laptop arbeiten, dann wissen Sie auch, dass die Filterpfeile in den gesetzten Filtern sehr schlecht sichtbar sind. Daher präsentieren wir Ihnen zum Abschluss dieser Filterei eine Lösung, bei der auf der aktiven Tabelle alle gesetzten Filter mit der Hintergrundfarbe **Grün** formatiert werden. Sie sehen die Umsetzung dieser Aufgabe im Makro aus Listing 9.23.

```
Sub EingestellteFilterHervorheben()
  Dim flt As Filter
  Dim Spalte As Integer

   On Error GoTo EingestellteFilterHervorheben_Error

  With ActiveSheet
```

Listing 9.23 Alle gesetzten Filter werden farbig hervorgehoben

```
   If .AutoFilterMode = True Then
      For Each flt In .AutoFilter.Filters
         Spalte = Spalte + 1

         If flt.On Then
            .Cells(1, Spalte).Interior.ColorIndex = 4
         Else
            .Cells(1, Spalte).Interior.ColorIndex = xlColorIndexNone
         End If

      Next flt
   End If

   End With

   On Error GoTo 0
   Exit Sub

EingestellteFilterHervorheben_Error:

    MsgBox "Error " & Err.Number & " (" & Err.Description & _
    ") in procedure EingestellteFilterHervorheben of Modul mdl_Verarbeitung in Zeile " & Erl

End Sub
```

Listing 9.23 Alle gesetzten Filter werden farbig hervorgehoben *(Fortsetzung)*

Sie prüfen zunächst, ob überhaupt ein AutoFilter gesetzt ist. Wenn ja, dann liefert Ihnen die Eigenschaft AutoFilterMode den Wert True zurück. In diesem Fall arbeiten Sie mittels einer For Each...Next-Schleife alle Filter nacheinander ab. Innerhalb der Schleife prüfen Sie über die Eigenschaft On, ob ein Filter gesetzt ist oder nicht. Wenn ja, dann formatieren Sie die entsprechende Zelle mit der Hintergrundfarbe Grün, indem Sie der Eigenschaft ColorIndex den Wert 4 zuweisen.

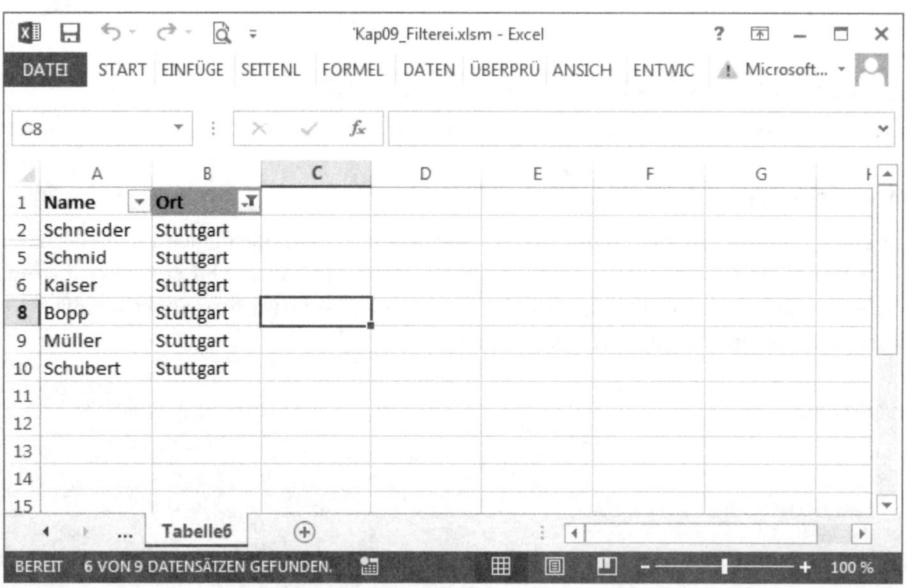

Abbildung 9.28 Die gesetzten Filter sind so besser erkennbar

Daten mit dem Spezialfilter verarbeiten

Mithilfe des Spezialfilters können Sie Daten aus einer Tabelle mit oder ohne Hilfe eines Kriterienbereichs filtern und das Ergebnis daraus in eine andere Tabelle einfügen.

ONLINE Die Lösungen zu den folgenden Aufgaben finden Sie in der Datei *Kap09_Spezialfilter.xlsm*.

Unikatsliste erstellen

Die wohl populärste Anwendung des Spezialfilters ist die Erstellung einer sogenannten Unikatsliste. In einer unikaten Liste existiert jeder Wert nur ein einziges Mal. Sehen Sie sich dazu die Ausgangssituation aus Abbildung 9.29 an.

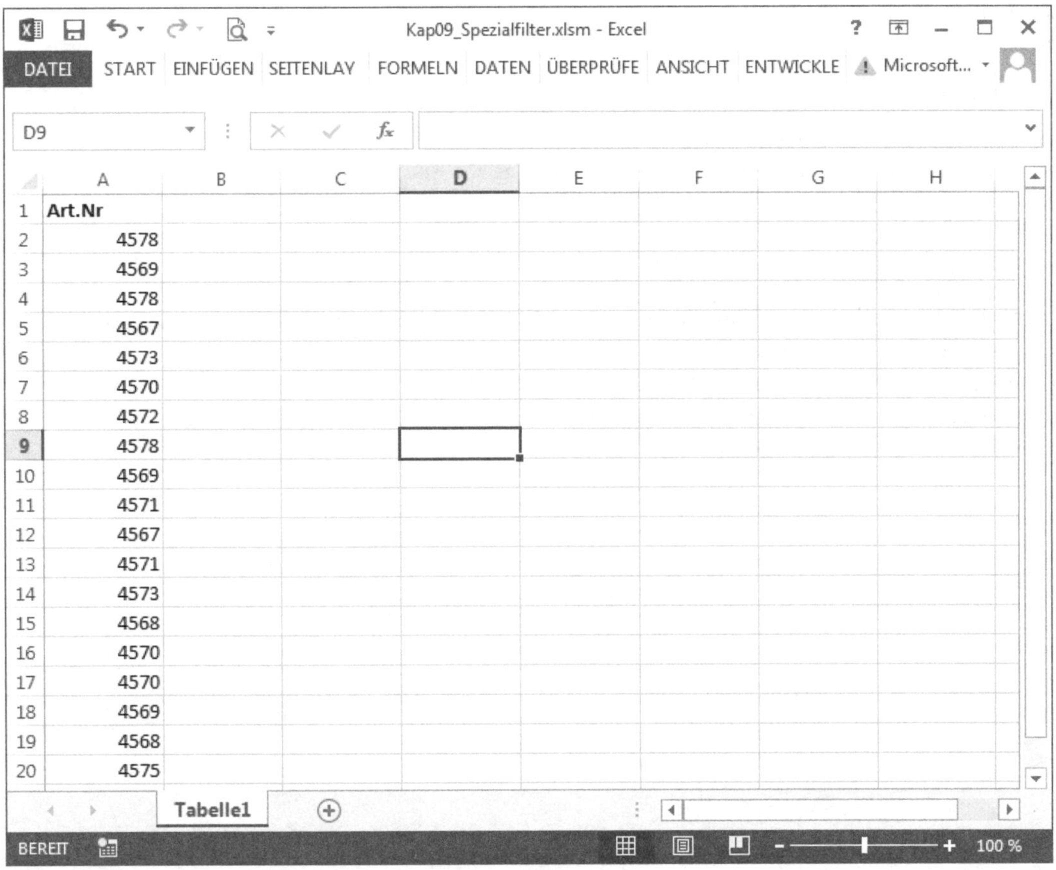

Abbildung 9.29 In dieser Liste sind einige Artikelnummern doppelt vorhanden

Erstellen Sie aus den Artikelnummern der Spalte *A* eine Unikatsliste und fügen Sie diese in Spalte *E* ein. Dazu starten Sie das Makro aus Listing 9.24.

```
Sub DatenSpezialfilter()
    Dim Bereich As Range

   On Error GoTo DatenSpezialfilter_Error

    Tabelle1.Range("E:E").ClearContents

    Set Bereich = Tabelle1.UsedRange.Columns(1)
    Bereich.AdvancedFilter Action:=xlFilterCopy, _
        CriteriaRange:=Bereich, CopyToRange:=Tabelle1.Range("E1"), Unique:=True

   On Error GoTo 0
   Exit Sub

DatenSpezialfilter_Error:

    MsgBox "Error " & Err.Number & " (" & Err.Description & _
    ") in procedure DatenSpezialfilter of Modul mdl_Verarbeitung in Zeile " & Erl

End Sub
```

Listing 9.24 Eine Unikatsliste aus Artikelnummern erstellen

Sie löschen zunächst einmal die komplette Spalte *E*, indem Sie die Methode ClearContents auf die ganze Spalte anwenden. In dieser Spalte sollen später dann die unikaten Nummern stehen.

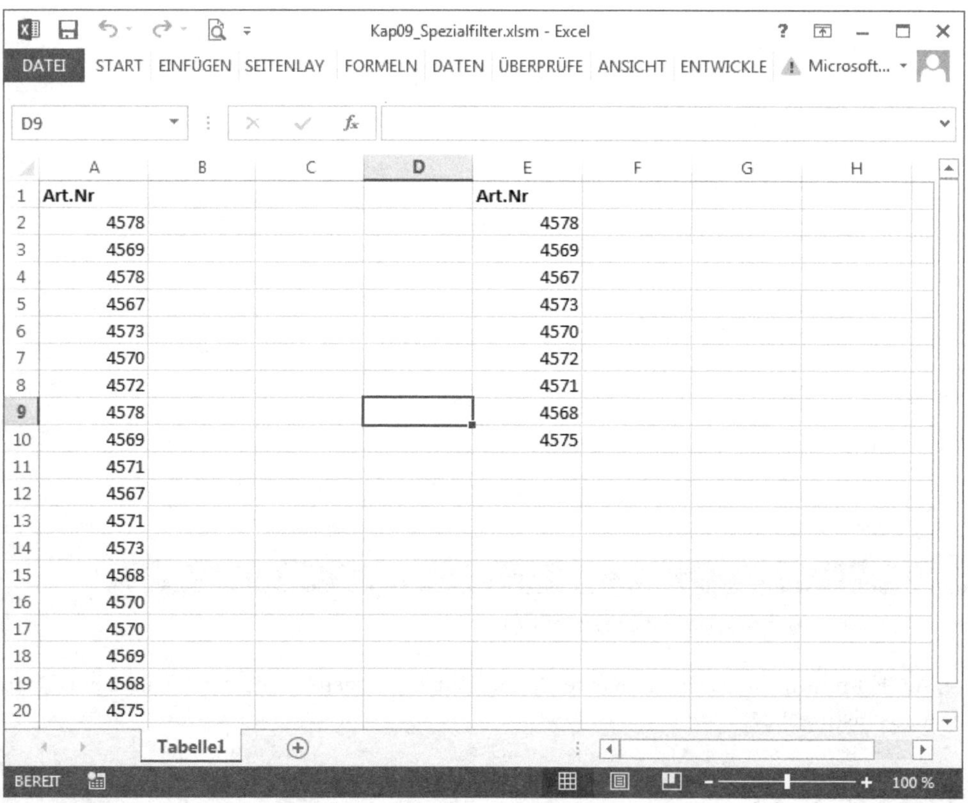

	A	B	C	D	E	F	G	H
1	Art.Nr				Art.Nr			
2	4578				4578			
3	4569				4569			
4	4578				4567			
5	4567				4573			
6	4573				4570			
7	4570				4572			
8	4572				4571			
9	4578				4568			
10	4569				4575			
11	4571							
12	4567							
13	4571							
14	4573							
15	4568							
16	4570							
17	4570							
18	4569							
19	4568							
20	4575							

Abbildung 9.30 Die Unikatsliste wurde in Spalte *E* erstellt

Im nächsten Schritt bilden Sie über den Einsatz der Anweisung Set und der Bereichsvariablen Bereich einen Bereich, der sich auf den verwendeten Bereich der ersten Spalte von *Tabelle1* bezieht.

Im Anschluss daran kommt die Methode AdvancedFilter zum Einsatz. Im ersten Parameter Action geben Sie über die Konstante xlFilterCopy an, dass Sie die Daten filtern und kopieren möchten. Im zweiten Parameter CriteriaRange geben Sie den Bereich an, in dem gefiltert werden soll. Im Parameter CopyToRange geben Sie den Zielbereich an, in dem die gefilterte Liste eingefügt werden soll. Dem letzten Parameter Unique weisen Sie den Wert True zu. Damit werden nur unikate Nummern berücksichtigt.

TIPP Möchten Sie die Anzahl der unikaten Nummern am Bildschirm ausgeben, dann verwenden Sie die folgende Zeile:

```
MsgBox Application.WorksheetFunction.CountA(Tabelle1.Columns(5)) - 1
```

Mithilfe der Tabellenfunktion *ANZAHL2* (engl. CountA) können Sie die Anzahl der belegten Zellen in Spalte *E* ermitteln. Vom gemeldeten Ergebnis müssen Sie den Wert 1 subtrahieren, da die Überschrift berücksichtigt werden muss.

HINWEIS Das Ergebnis der Filterung muss nicht zwangsläufig in die gleiche Tabelle eingefügt werden. Soll es in einer anderen Tabelle erscheinen, verwenden Sie den folgenden Code:

```
Tabelle1.Range("A1:A100").AdvancedFilter _
    Action:=xlFilterCopy, CopyToRange:=Tabelle2.Range("A1"), Unique:=True
```

Daten über einen Kriterienbereich filtern

Bei der nächsten Aufgabenstellung liegt die Tabelle wie in Abbildung 9.31 gezeigt vor. Über den Kriterienbereich *E1:E2* soll das Land aus Spalte *A* herausgefiltert werden, das in Zelle *E2* eingetragen ist.

Abbildung 9.31 Filtern über den Einsatz eines Kriterienbereichs

Achten Sie darauf, dass im Kriterienbereich die gleiche Spaltenüberschrift existiert wie auch im Datenbereich, denn über diese Überschrift wird das Ganze geregelt. Die Daten werden im Makro aus Listing 9.25 an Ort und Stelle gefiltert.

```
Sub SpezialFilterAnwenden()

   On Error GoTo SpezialFilterAnwenden_Error

    Application.ScreenUpdating = False

    Tabelle2.Range("A1").CurrentRegion.AdvancedFilter Action:=xlFilterInPlace, _
            CriteriaRange:=Tabelle2.Range("E1").CurrentRegion, Unique:=False

    Application.ScreenUpdating = True

   On Error GoTo 0
   Exit Sub

SpezialFilterAnwenden_Error:

    MsgBox "Error " & Err.Number & " (" & Err.Description & _
    ") in procedure SpezialFilterAnwenden of Modul mdl_Verarbeitung in Zeile " & Erl

End Sub
```

Listing 9.25 Daten über einen Kriterienbereich an Ort und Stelle filtern

Mithilfe der Eigenschaft CurrentRegion können Sie ausgehend von Zelle *A1* den umliegenden Bereich auskundschaften. In diesem Fall wäre das der Bereich *A1:B10*. Auf Basis dieses umliegenden Bereichs wird die Methode AdvancedFilter eingesetzt. Dabei geben Sie im Parameter Action die Konstante xlFilterInPlace an. Damit wird die Filterung an Ort und Stelle durchgeführt, also kein separater Bereich als Ziel der Filterung angegeben. Im zweiten Parameter CriteriaRange können Sie ebenfalls mit der Eigenschaft CurrentRegion arbeiten. Damit haben Sie die Möglichkeit, weitere Länder in Spalte *E* zu erfassen, die berücksichtigt werden sollen. Den letzten Parameter Unique setzen Sie auf False, da Sie in diesem Beispiel keine Unikatsliste erhalten möchten.

Abbildung 9.32 Alle Datensätze mit dem Land Deutschland wurden gefiltert

TIPP Bei dieser Art von Filterung werden keine Filterpfeile angezeigt. Daher können Sie mit der Zeile

```
Tabelle2.ShowAllData
```

alle ausgeblendeten Zeilen wieder einblenden.

Mehrere Spalten über einen Kriterienbereich filtern

Bei der folgenden Aufgabenstellung aus Abbildung 9.33 werden gleich mehrere Spalten bei der Filterung berücksichtigt.

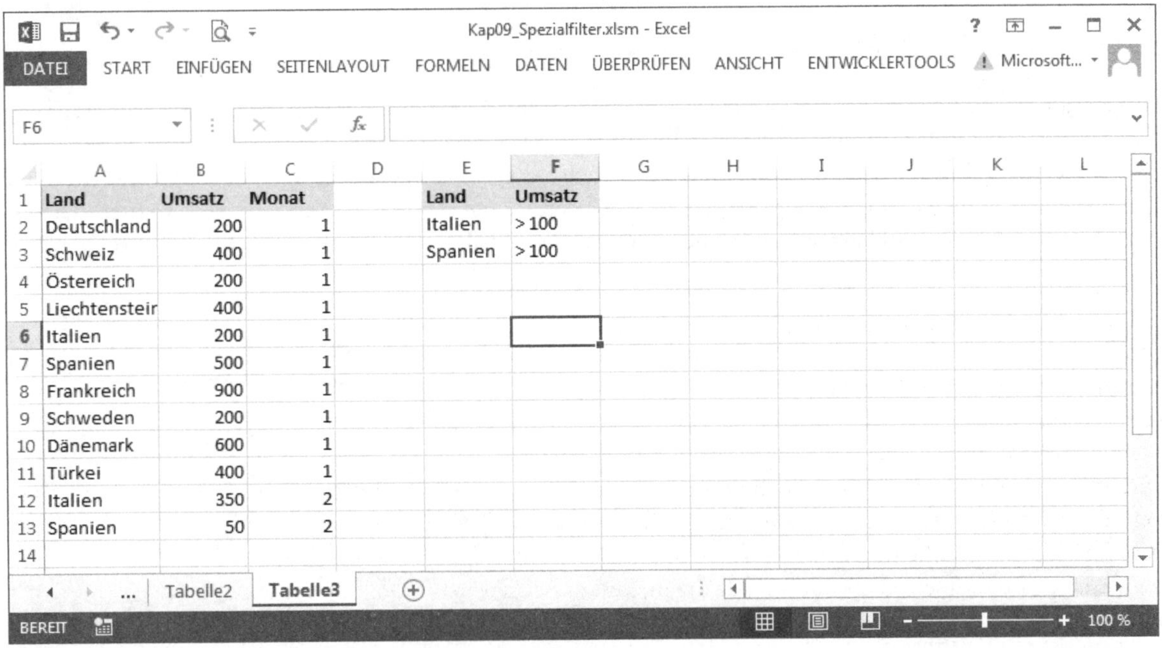

Abbildung 9.33 Komplexere Bedingungen bei der Filterung berücksichtigen

In Spalte *A* stehen unterschiedliche Länder sowie die dazugehörenden Umsätze in Spalte *B*. Der Titel *Land* steht in der Zelle *A1*, der Titel *Umsatz* in Zelle *B1* und der Titel *Monat* in Zelle *C1*. Als Kriterienbereich wird in Zelle *E1* der Begriff *Land* und in der Zelle darunter das gewünschte Land eingegeben. In Zelle *F1* steht der Titel *Umsatz* sowie in Zelle F2 das dazugehörende Kriterium *>100*. Nach dem Start des Makros sollen alle in Spalte *A* und *B* gefundenen und im Kriterienbereich angegebenen Länder sowie die dazugehörenden Umsätze in die Spalten *H* und *I* geschrieben werden.

Die Umsetzung dieser Aufgabenstellung können Sie im Makro aus Listing 9.26 sehen.

```
Sub SpezialFilterMehrereSpalten()

  On Error GoTo SpezialFilterMehrereSpalten_Error

    With Tabelle3
```

Listing 9.26 Mehrere Bedingungen können flexibel im Kriterienbereich eingestellt werden

```
        .Columns("A:B").AdvancedFilter Action:=xlFilterCopy, _
                CriteriaRange:=.Range("E1:F" & .Range("F65536").End(xlUp).Row), _
                CopyToRange:=.Range("H1"), Unique:=False
    End With

  On Error GoTo 0
  Exit Sub

SpezialFilterMehrereSpalten_Error:

    MsgBox "Error " & Err.Number & " (" & Err.Description & _
    ") in procedure SpezialFilterMehrereSpalten of Modul mdl_Verarbeitung in Zeile " & Erl

End Sub
```

Listing 9.26 Mehrere Bedingungen können flexibel im Kriterienbereich eingestellt werden *(Fortsetzung)*

Sie setzen bei der Methode AdvancedFilter im Parameter Action die Konstante xlFilterCopy ein, um das Ergebnis der Filterung an einer anderen Stelle einzufügen. Im Parameter CriteriaRange können Sie das Ende des Kriterienbereichs über die Eigenschaft End ausspähen. Im Parameter CopyToRange geben Sie die erste Zelle des Ziels an. Dem letzten Parameter weisen Sie den Wert False zu, damit keine unikaten Werte gefiltert werden. Diesen letzten Parameter könnten Sie aber auch weglassen. In diesem Fall würde Excel automatisch False verwenden.

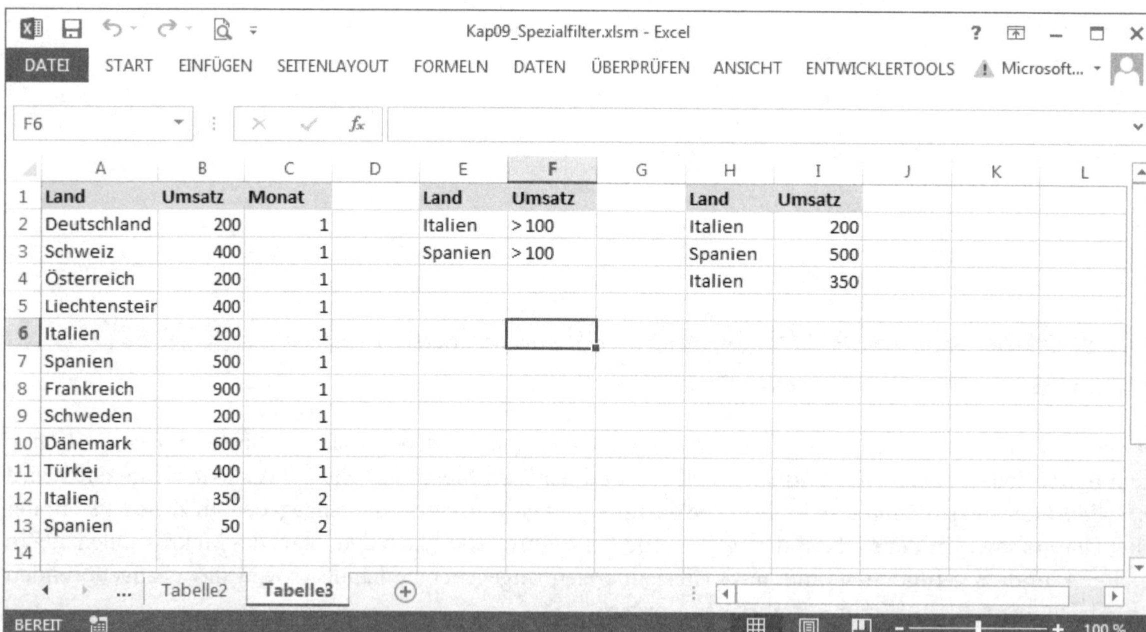

Abbildung 9.34 Alle betroffenen Datensätze wurden in die Spalten *H* und *I* eingefügt

Wildcards im Spezialfilter einsetzen

Bei der nachfolgenden Aufgabe liegt eine Tabelle wie in Abbildung 9.35 gezeigt vor. Hier soll der Einsatz von Wildcards demonstriert werden.

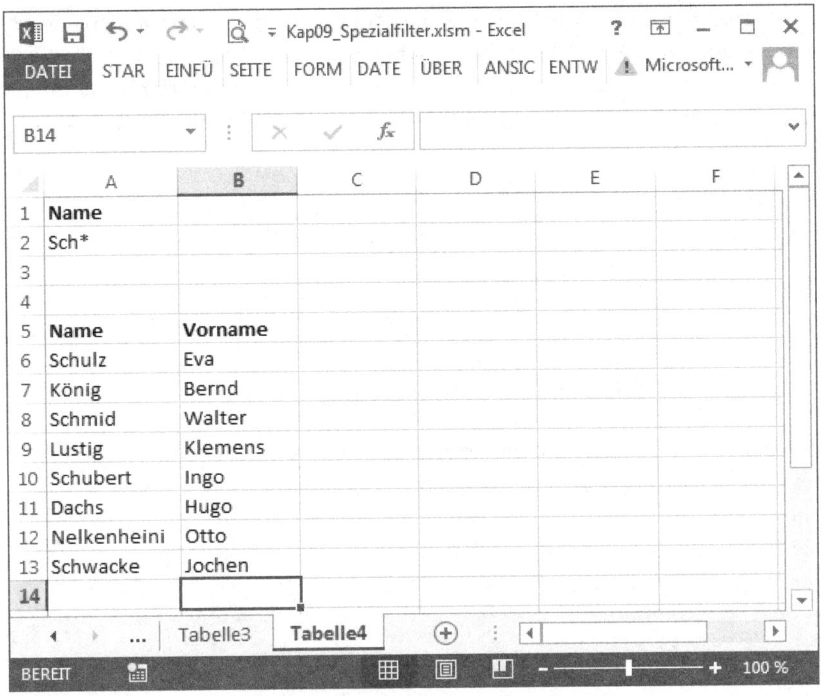

Abbildung 9.35 Eine verkleinerte Kontaktliste soll durchsucht werden

Ermitteln Sie alle Namen, die mit »Sch« beginnen. Dazu starten Sie das Makro aus Listing 9.27.

```
Sub SpezialFilterMitWildCards()

   On Error GoTo SpezialFilterMitWildCards_Error

      With Tabelle4
         .Range("A5:B" & .UsedRange.Rows.Count).AdvancedFilter Action:=xlFilterCopy, _
                 CriteriaRange:=.Range("A1").CurrentRegion, _
                 CopyToRange:=.Range("D1"), Unique:=False
      End With

   On Error GoTo 0
   Exit Sub

SpezialFilterMitWildCards_Error:

   MsgBox "Error " & Err.Number & " (" & Err.Description & _
   ") in procedure SpezialFilterMitWildCards of Modul mdl_Verarbeitung in Zeile " & Erl

End Sub
```

Listing 9.27 Arbeiten mit Wildcards, um mehr Informationen zu finden

In diesem Beispiel wurde der Kriterienbereich im oberen Teil der Tabelle eingepflanzt. Dies hat den Vorteil, dass dieser Bereich auch nach einer Filterung immer komplett zu sehen ist. Dadurch verschiebt sich der eigentliche Datenbereich. Demnach müssen Sie bei der Verwendung der Methode AdvancedFilter bei Zelle 5 beginnen und die letzte belegte Zelle der Tabelle über den Einsatz der Eigenschaft UsedRange ermitteln. Von diesem benutzten Bereich wird die Anzahl der darin enthaltenen Zeilen über die Eigenschaft Row abgefragt. Beim Parameter CriteriaRange können Sie ausgehend von der Zelle *A1* wieder den umliegenden Bereich angeben. Dabei müssen Sie beachten, dass Sie zwischen dem Kriterienbereich und dem Datenbereich mindestens eine leere Zeile freihalten müssen. Im Parameter CopyToRange geben Sie das Ziel für die Filterung an.

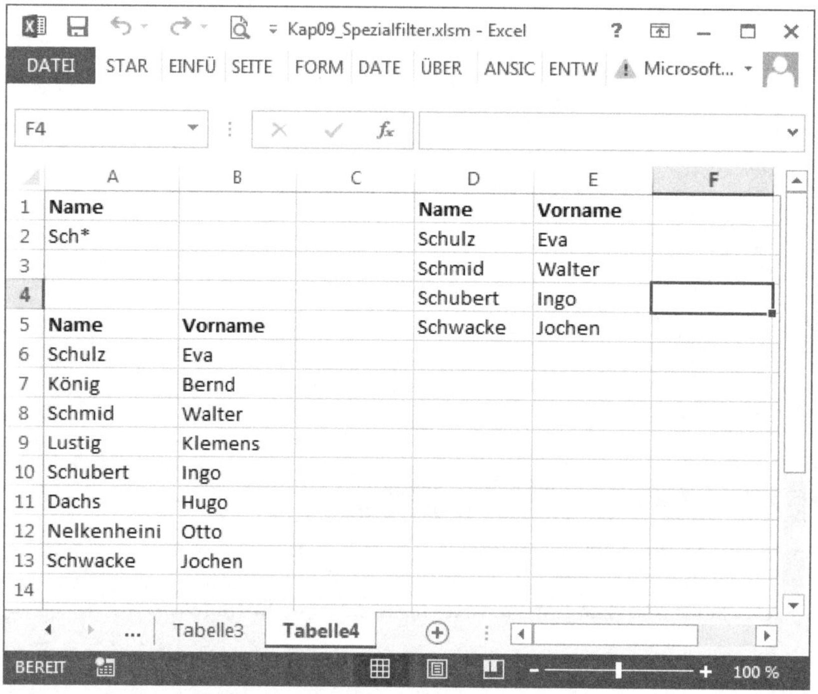

Abbildung 9.36 Alle Namen, die mit der Zeichenfolge »Sch« beginnen, wurden gefiltert

Filtern von Datumswerten in einem Zeitraum

Bei der folgenden Aufgabenstellung liegt eine Tabelle wie in Abbildung 9.37 gezeigt vor.

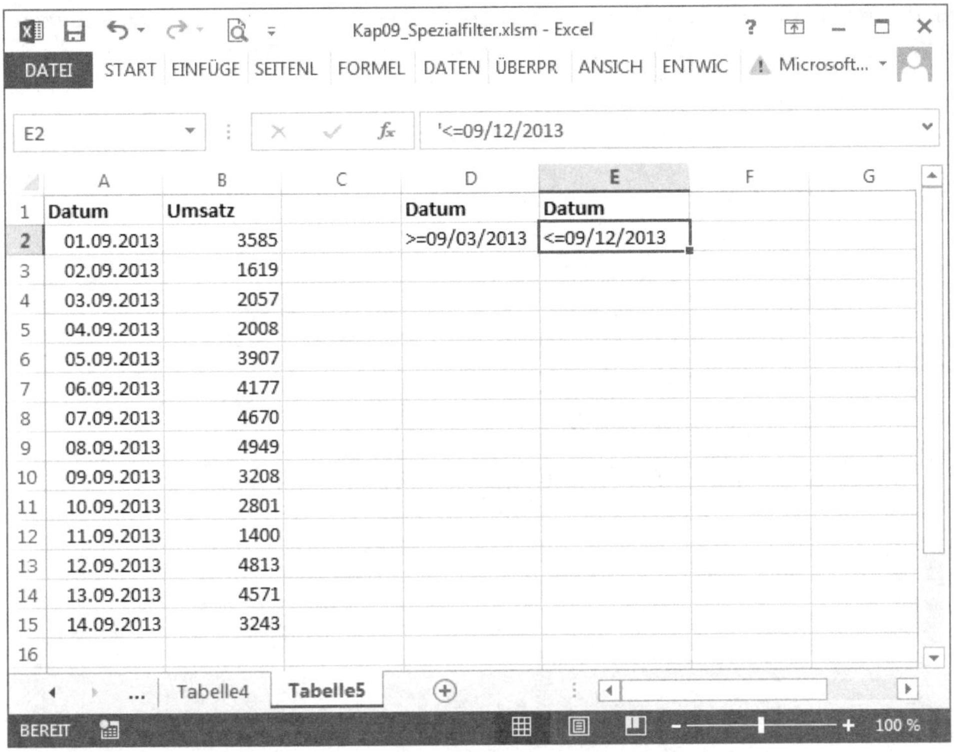

Abbildung 9.37 Alle Umsätze in einem vorgegebenen Zeitraum sollen gefiltert werden

Bei der Festlegung des Kriterienbereichs müssen Sie den Titel *Datum* gleich zweimal verwenden, um den Zeitraum einschränken zu können. Außerdem wird hier das Datumskriterium in amerikanischer Art und Weise übergeben. Das Makro dazu entnehmen Sie Listing 9.28.

```
Sub SpezialFilterDatumVonBis()

  On Error GoTo SpezialFilterDatumVonBis_Error

    With Tabelle5
      .Columns("A:B").AdvancedFilter Action:=xlFilterCopy, CriteriaRange:=.Range( _
      "D1:E2"), CopyToRange:=.Range("G1:H1"), Unique:=False
    End With

  On Error GoTo 0
  Exit Sub

SpezialFilterDatumVonBis_Error:

   MsgBox "Error " & Err.Number & " (" & Err.Description & _
   ") in procedure SpezialFilterDatumVonBis of Modul mdl_Verarbeitung in Zeile " & Erl


End Sub
```

Listing 9.28 Umsätze in einem vorgegebenen Zeitraum abfragen

Sie wenden die Methode AdvancedFilter auf Basis der beiden ersten Spalten an. Sie übergeben den Kriterienbereich sowie den Zielbereich wie gewohnt in den Parametern CriteriaRange und CopyToRange.

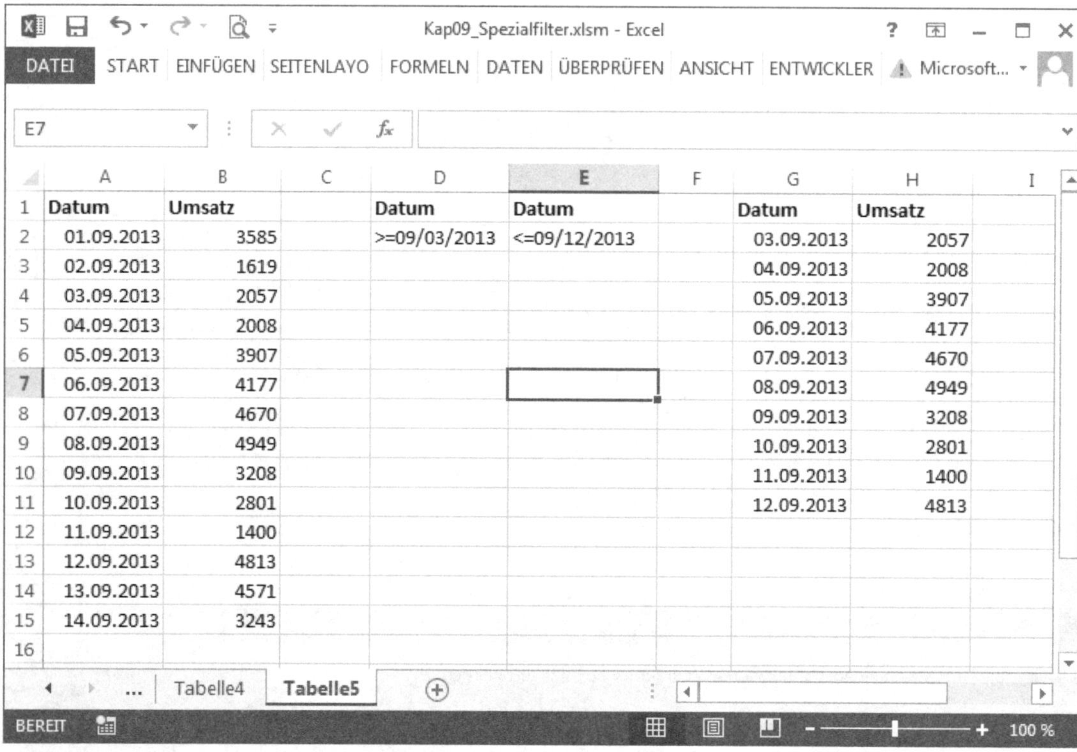

	A	B	C	D	E	F	G	H
1	Datum	Umsatz		Datum	Datum		Datum	Umsatz
2	01.09.2013	3585		>=09/03/2013	<=09/12/2013		03.09.2013	2057
3	02.09.2013	1619					04.09.2013	2008
4	03.09.2013	2057					05.09.2013	3907
5	04.09.2013	2008					06.09.2013	4177
6	05.09.2013	3907					07.09.2013	4670
7	06.09.2013	4177					08.09.2013	4949
8	07.09.2013	4670					09.09.2013	3208
9	08.09.2013	4949					10.09.2013	2801
10	09.09.2013	3208					11.09.2013	1400
11	10.09.2013	2801					12.09.2013	4813
12	11.09.2013	1400						
13	12.09.2013	4813						
14	13.09.2013	4571						
15	14.09.2013	3243						
16								

Abbildung 9.38 Alle Umsätze im vorgegebenen Bereich wurden gefiltert

Teilergebnisse verwenden

Die Berechnung von Teilergebnissen wird schon seit Urzeiten in Excel angeboten. Dabei wird eine Tabelle nach einem bestimmten Merkmal gruppiert, und mit dieser Gruppe werden Berechnungen angestellt. Dabei muss vorher sichergestellt sein, dass die Sortierung nach dem zu gruppierenden Merkmal durchgeführt wurde.

ONLINE Die Lösung zu der folgenden Aufgabe finden Sie in der Datei *Kap09_Teilergebnis.xlsm*.

Sehen Sie sich vorab einmal die Ausgangssituation aus Abbildung 9.39 an.

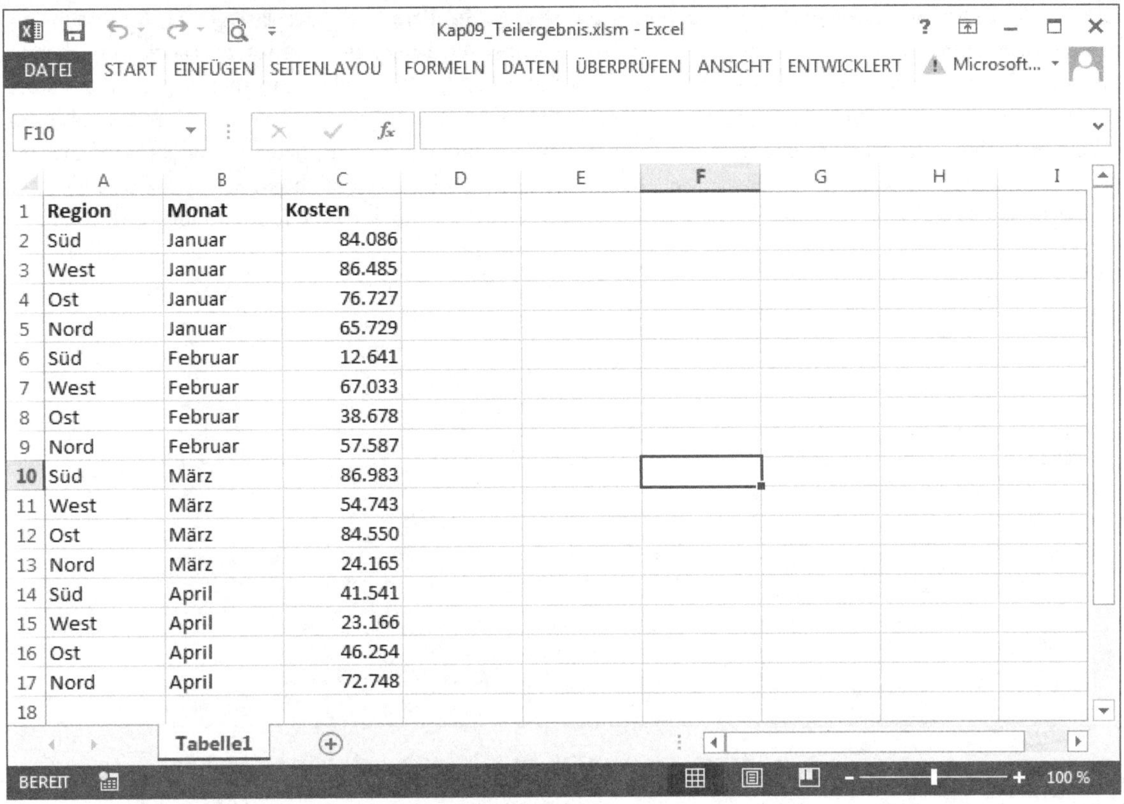

	A	B	C
1	Region	Monat	Kosten
2	Süd	Januar	84.086
3	West	Januar	86.485
4	Ost	Januar	76.727
5	Nord	Januar	65.729
6	Süd	Februar	12.641
7	West	Februar	67.033
8	Ost	Februar	38.678
9	Nord	Februar	57.587
10	Süd	März	86.983
11	West	März	54.743
12	Ost	März	84.550
13	Nord	März	24.165
14	Süd	April	41.541
15	West	April	23.166
16	Ost	April	46.254
17	Nord	April	72.748
18			

Abbildung 9.39 Eine normale Kostentabelle nach Monat und Region

Starten Sie das Makro aus Listing 9.29, um die Teilergebnisse auf Basis des Monats zu bilden.

```
Sub Teilergebnisse()

   On Error GoTo Teilergebnisse_Error

    With Tabelle1

        .Range("A1").CurrentRegion.Subtotal GroupBy:=2, Function:=xlSum, _
            TotalList:=Array(3), Replace:=True, PageBreaks:=True, SummaryBelowData:=True

    End With

   On Error GoTo 0
   Exit Sub

Teilergebnisse_Error:

    MsgBox "Error " & Err.Number & " (" & Err.Description & _
    ") in procedure Teilergebnisse of Modul mdl_Verarbeitung in Zeile " & Erl

End Sub
```

Listing 9.29 Teilergebnisse auf Knopfdruck erstellen

Mithilfe der Methode Subtotal können Sie Teilergebnisse einstellen. Im Parameter GroupBy legen Sie fest, nach welchem Kriterium summiert werden soll. Die Summierung selbst wird über den Parameter Function angegeben, dem Sie die Konstante xlSum übergeben. Im Parameter TotalList geben Sie die Spaltennummer(n) an, die Sie summieren möchten. Im vorliegenden Beispiel ist das die Spalte *C*. Über den Parameter Replace können Sie festlegen, ob eventuell bereits vorliegende Teilergebnisse ersetzt werden sollen. Der Parameter PageBreaks wird auf True gesetzt, wenn Sie nach jedem »Gruppenwechsel« eine neue Seite ausdrucken möchten. Setzen Sie den Parameter SummaryBelowData auf den Wert True, wenn ein Gesamtergebnis am Ende der Tabelle angezeigt werden soll.

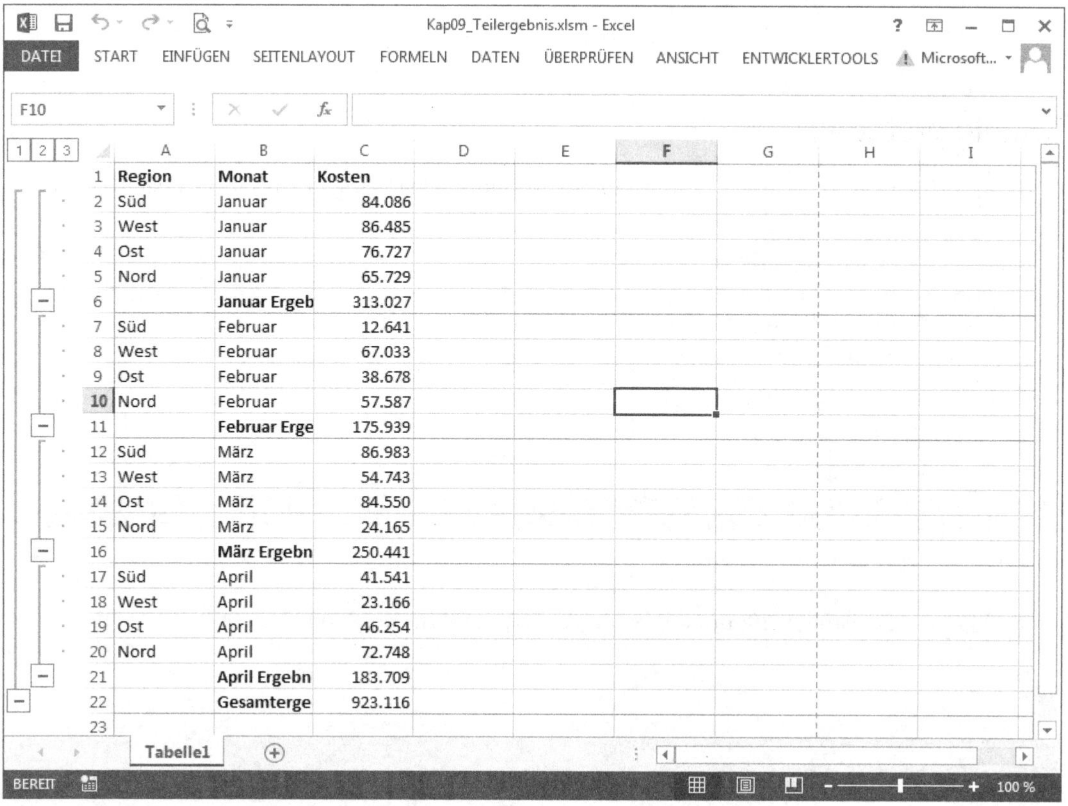

Abbildung 9.40 Die Teilergebnisse wurden monatsweise gebildet

Sollen bestehende Teilergebnisse wieder entfernt und die ursprüngliche Tabelle wiederhergestellt werden, dann starten Sie das Makro aus Listing 9.30.

```
Sub Teilergebnisseentfernen()
    With Tabelle1
        .Range("A1").CurrentRegion.RemoveSubtotal
    End With
End Sub
```

Listing 9.30 Teilergebnisse wieder entfernen

Verwenden Sie die Methode RemoveSubtotal auf Basis des die Zelle *A1* umgebenden Bereichs, um Teilergebnisse aus der Tabelle wieder zu entfernen.

Pivot-Tabellen einsetzen

Im letzten Abschnitt dieses Kapitels werden Sie den Einsatz von Pivot-Tabellen in Excel kennenlernen, die mit VBA-Makros erstellt, angepasst und aktualisiert werden.

ONLINE Die Lösungen zu den folgenden Aufgaben finden Sie in der Datei *Kap09_Pivot.xlsm*.

Pivot-Tabelle erstellen

Bei der folgenden Aufgabe soll auf Basis von *Tabelle1* aus Abbildung 9.41 eine Pivot-Tabelle erstellt werden.

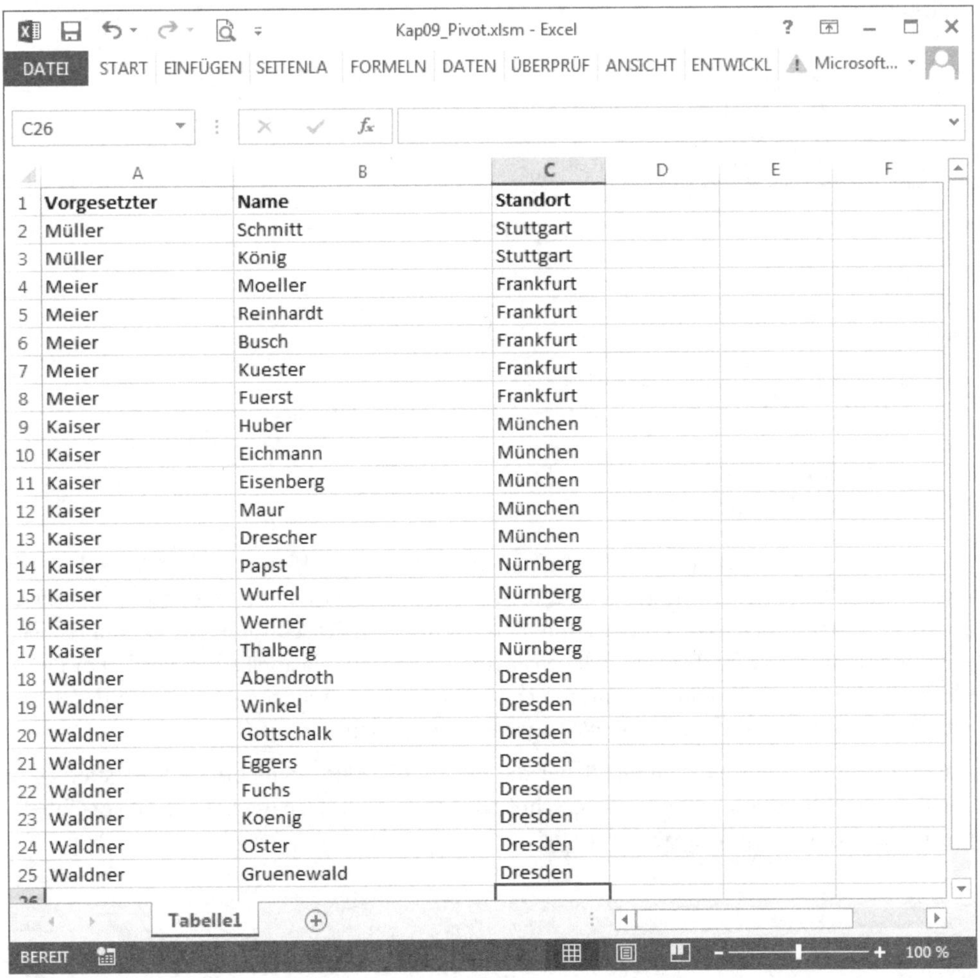

	A	B	C
1	**Vorgesetzter**	**Name**	**Standort**
2	Müller	Schmitt	Stuttgart
3	Müller	König	Stuttgart
4	Meier	Moeller	Frankfurt
5	Meier	Reinhardt	Frankfurt
6	Meier	Busch	Frankfurt
7	Meier	Kuester	Frankfurt
8	Meier	Fuerst	Frankfurt
9	Kaiser	Huber	München
10	Kaiser	Eichmann	München
11	Kaiser	Eisenberg	München
12	Kaiser	Maur	München
13	Kaiser	Drescher	München
14	Kaiser	Papst	Nürnberg
15	Kaiser	Wurfel	Nürnberg
16	Kaiser	Werner	Nürnberg
17	Kaiser	Thalberg	Nürnberg
18	Waldner	Abendroth	Dresden
19	Waldner	Winkel	Dresden
20	Waldner	Gottschalk	Dresden
21	Waldner	Eggers	Dresden
22	Waldner	Fuchs	Dresden
23	Waldner	Koenig	Dresden
24	Waldner	Oster	Dresden
25	Waldner	Gruenewald	Dresden

Abbildung 9.41 Die Ausgangssituation – eine Tabelle mit gekürzten Personaldaten

Dabei muss man bei einer Pivot-Tabelle folgende Bereiche unterscheiden:

- Seitenfeld → Vorgesetzter
- Zeilenfeld → Name des Mitarbeiters
- Spaltenfeld → Standort
- Datenfeld → Anzahl der Mitarbeiter

Diese Informationen werden im Makro aus Listing 9.31 eingebaut.

```
Sub PivotTabelleErstellen()
  Dim Bereich As Range

   On Error GoTo PivotTabelleErstellen_Error

    Set Bereich = Tabelle1.UsedRange

    Tabelle1.PivotTableWizard _
        SourceType:=xlDatabase, SourceData:= _
        Bereich, TableDestination:="", TableName:="Pivot"

    With ActiveSheet.PivotTables("Pivot")
        .PivotFields("Vorgesetzter").Orientation = xlPageField
        .PivotFields("Name").Orientation = xlRowField
        .PivotFields("Standort").Orientation = xlColumnField
        .PivotFields("Name").Orientation = xlDataField
    End With

   On Error GoTo 0
   Exit Sub

PivotTabelleErstellen_Error:

    MsgBox "Error " & Err.Number & " (" & Err.Description & _
    ") in procedure PivotTabelleErstellen of Modul mdl_Verarbeitung in Zeile " & Erl

End Sub
```

Listing 9.31 Eine Pivot-Tabelle wird angelegt und eingestellt

Sie speichern zuerst den verwendeten Bereich von *Tabelle1* in einer Objektvariablen vom Typ Range. Danach rufen Sie den Pivot-Tabellenassistenten mithilfe der Methode PivotTableWizard auf. Im Parameter SourceType geben Sie die Konstante xlDatabase an. Der zu verarbeitende Bereich muss als Range-Objekt im Parameter SourceData übergeben werden. Wenn im Parameter TableDestination keine andere Tabelle angegeben wird, dann wird für die Pivot-Tabelle eine neue Tabelle erstellt. Im Parameter TableName können Sie den Namen für die Pivot-Tabelle festlegen, um später direkt auf die Pivot-Tabelle zugreifen zu können.

Danach geht es an die Bestückung der Pivot-Tabelle. Über die Eigenschaft Orientation können Sie festlegen, in welchen Bereich der Pivot-Tabelle das jeweilige Feld geschoben werden soll. Der Bereich der Pivot-Tabelle kann über selbstsprechende Konstanten festgelegt werden.

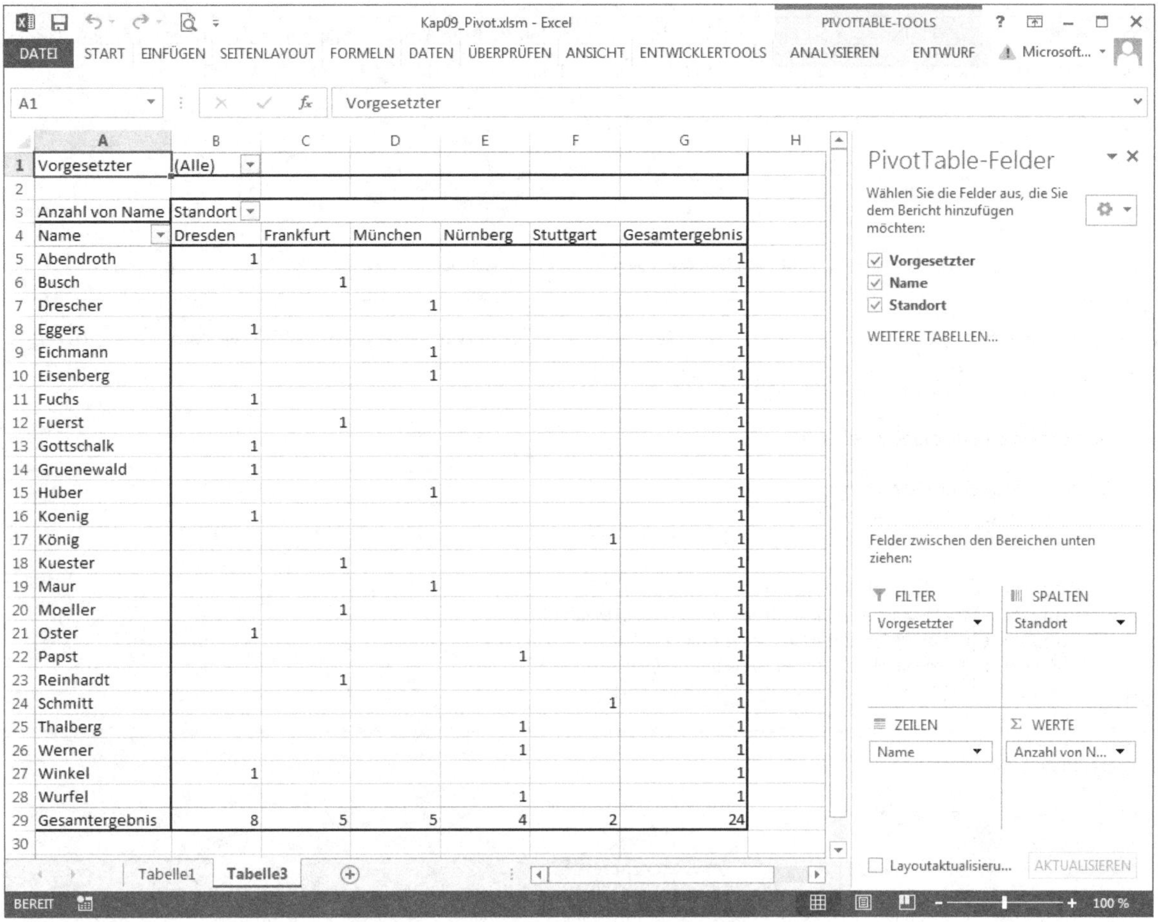

Vorgesetzter	(Alle)					
Anzahl von Name	Standort					
Name	Dresden	Frankfurt	München	Nürnberg	Stuttgart	Gesamtergebnis
Abendroth	1					1
Busch		1				1
Drescher			1			1
Eggers	1					1
Eichmann			1			1
Eisenberg			1			1
Fuchs	1					1
Fuerst		1				1
Gottschalk	1					1
Gruenewald	1					1
Huber			1			1
Koenig	1					1
König					1	1
Kuester		1				1
Maur			1			1
Moeller		1				1
Oster	1					1
Papst				1		1
Reinhardt		1				1
Schmitt					1	1
Thalberg				1		1
Werner				1		1
Winkel	1					1
Wurfel				1		1
Gesamtergebnis	8	5	5	4	2	24

Abbildung 9.42 Die fertiggestellte Pivot-Tabelle

Soll die Pivot-Tabelle aktualisiert werden, dann starten Sie das Makro aus Listing 9.32.

```
Sub PivotTabelleAktualisieren()
 Tabelle3.PivotTables("Pivot").RefreshTable
End Sub
```

Listing 9.32 Eine bestimmte Pivot-Tabelle aktualisieren

Mithilfe der Methode RefreshTable können Sie eine Pivot-Tabelle aktualisieren.

TIPP Soll die Aktualisierung einer Pivot-Tabelle nicht über den Namen der Pivot-Tabelle erfolgen, dann ist dies auch über einen Index möglich.

```
Tabelle3.PivotTables(1).RefreshTable
```

TIPP Übrigens gibt es auch ein Ereignis, über das Sie den Zeitpunkt der Aktualisierung festhalten können. Dieses Ereignis muss als Worksheet-Ereignis direkt hinter der Tabelle wie in Listing 9.33 gezeigt eingestellt werden.

```
Sub Worksheet_PivotTableUpdate(ByVal Target As PivotTable)

    MsgBox "Die Pivot-Tabelle(n) wurden aktualisiert um " & Time

End Sub
```

Listing 9.33 Auf die Aktualisierung einer Pivot-Tabelle können Sie über ein Ereignis reagieren

Die Anordnung der einzelnen Bereiche der Tabelle kann jederzeit später angepasst werden. Das folgende Makro aus Listing 9.34 ordnet die Bereiche etwas anders an.

```
Sub PivotElementeAnordnen()

   On Error GoTo PivotElementeAnordnen_Error

  With Tabelle4.PivotTables(1)

      .PivotFields("Standort").Orientation = xlPageField
      .PivotFields("Vorgesetzter").Orientation = xlColumnField
      .PivotFields("Name").Orientation = xlRowField
      .PivotFields("Name").Orientation = xlDataField
  End With

   On Error GoTo 0
   Exit Sub

PivotElementeAnordnen_Error:

    MsgBox "Error " & Err.Number & " (" & Err.Description & _
    ") in procedure PivotElementeAnordnen of Modul mdl_Verarbeitung in Zeile " & Erl

End Sub
```

Listing 9.34 Die Bereiche einer Tabelle hin- und herschieben

Pivot-Tabellen nachträglich erweitern

Eine Gefahr besteht immer dann, wenn es nachträglich zu Erweiterungen des Datenbestands kommt und die Pivot-Tabelle nicht automatisch mit wächst. Im Makro aus Listing 9.35 greifen wir auf die zuvor vorgestellte Aufgabe zurück und erweitern den Bereich nachträglich. Dann übergeben wir den neuen Bereich unserer Pivot-Tabelle.

```
Sub PivotTabellenDatenbereichErweitern()
    Dim pt As PivotTable
    Dim Bereich As Range

   On Error GoTo PivotTabellenDatenbereichErweitern_Error

    Set Bereich = Tabelle1.UsedRange
    ActiveWorkbook.Names.Add Name:="PivotBereich", RefersTo:=Bereich, Visible:=True
```

Listing 9.35 Mehrere Pivot-Tabellen in einer Tabelle werden aktualisiert

```
    For Each pt In Tabelle3.PivotTables

        With pt
            .PivotTableWizard SourceType:=xlDatabase, SourceData:="PivotBereich"
        End With

        pt.RefreshTable

    Next pt

   On Error GoTo 0
   Exit Sub

PivotTabellenDatenbereichErweitern_Error:

    MsgBox "Error " & Err.Number & " (" & Err.Description & _
    ") in procedure PivotTabellenDatenbereichErweitern of Modul mdl_Verarbeitung in Zeile " & Erl

End Sub
```

Listing 9.35 Mehrere Pivot-Tabellen in einer Tabelle werden aktualisiert *(Fortsetzung)*

Die Lösung, die im Makro aus Listing 9.35 umgesetzt wird, benennt den verwendeten Bereich der *Tabelle1* und übergibt diesen dann unter Umständen an mehrere Pivot-Tabellen in *Tabelle3*. Dazu wird eine For Each...Next-Schleife eingesetzt, die alle auf der *Tabelle3* befindlichen Pivot-Tabellen abarbeitet. Innerhalb der Schleife wird die Methode PivotTableWizard eingesetzt, um den neuen erweiterten Bereich der jeweiligen Pivot-Tabelle zuzuweisen. Danach kommt die Methode RefreshTable zum Einsatz, die die Pivot-Tabelle nach der Erweiterung des zugrunde liegenden Bereichs aktualisiert.

Pivot-Tabellen formatieren

Für die Formatierung von Pivot-Tabellen steht Ihnen eine Unmenge von Formaten in Form von Vorlagen zur Verfügung. Im folgenden Makro aus Listing 9.36 wird beispielsweise ein klassischer Effekt für die Formatierung der Pivot-Tabelle verwendet.

```
Sub PivotFormatEinstellen()
  Dim Pivot1 As PivotTable

   On Error GoTo PivotFormatEinstellen_Error

    Set Pivot1 = Tabelle3.PivotTables(1)

    With Pivot1
        .TableRange1.AutoFormat Format:=xlClassic3
    End With

   On Error GoTo 0
   Exit Sub

PivotFormatEinstellen_Error:

    MsgBox "Error " & Err.Number & " (" & Err.Description & _
    ") in procedure PivotFormatEinstellen of Modul mdl_Verarbeitung in Zeile " & Erl

End Sub
```

Listing 9.36 Eine Pivot-Tabelle wird klassisch formatiert

Über die Eigenschaft TableRange1 können Sie auf den Bereich der Pivot-Tabelle zugreifen, der den gesamten Pivot-Tabellenbereich ohne Seitenfelder enthält.

HINWEIS Über die Eigenschaft TableRange2 können Sie auf den kompletten Pivot-Tabellenbereich inklusive der Seitenfelder zugreifen.

Mithilfe der Methode AutoFormat stehen Ihnen über Konstanten vorgefertigte AutoFormate zur Verfügung. Die verfügbaren Konstanten werden Ihnen beim Editieren in einem Dropdown-Listenfeld angeboten.

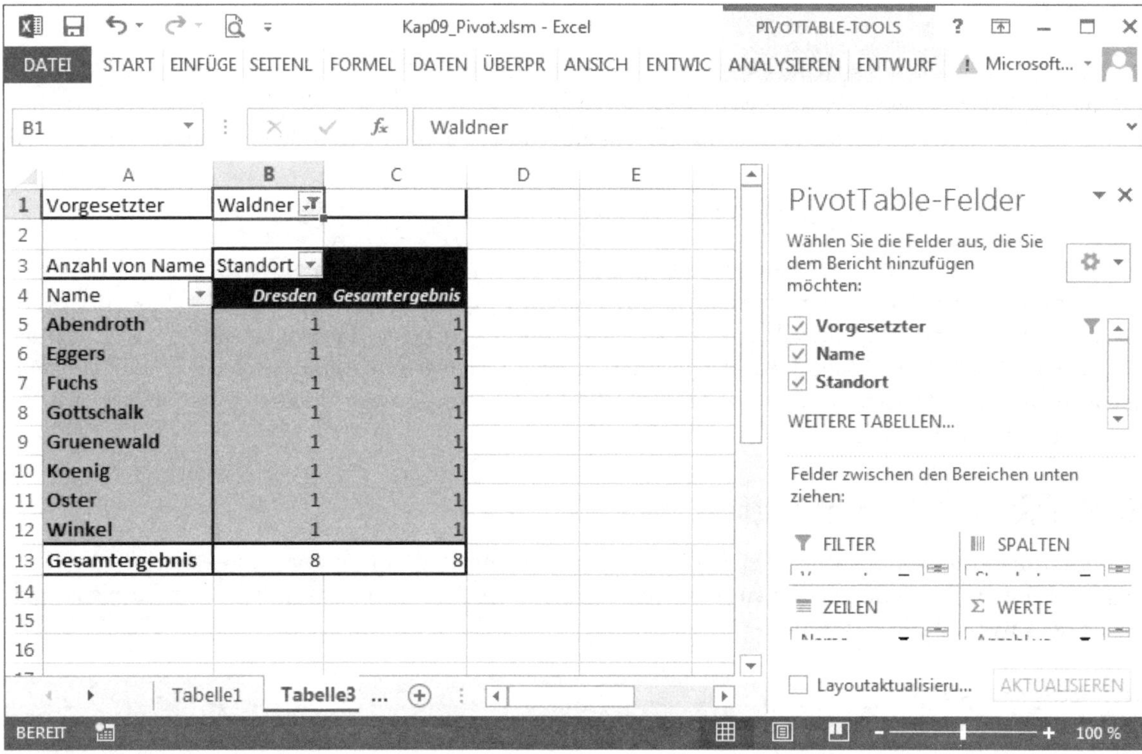

Abbildung 9.43 Die Pivot-Tabelle im klassischen Look

Das Seitenfeld einer Pivot-Tabelle ansprechen

Beim folgenden Makro aus Listing 9.37 wird im Seitenfeld der Pivot-Tabelle der Eintrag *(Alle)* eingestellt.

```
Sub PivotSeitenfeldAlleAnzeigen()
  Dim Pivot1 As PivotTable

   On Error GoTo PivotSeitenfeldAlleAnzeigen_Error

    Set Pivot1 = Tabelle3.PivotTables(1)
    With Pivot1
        .PageFields(1).CurrentPage = "(All)"
```

Listing 9.37 Das Seitenfeld auf den Standardeintrag einstellen

```
    End With

   On Error GoTo 0
   Exit Sub

PivotSeitenfeldAlleAnzeigen_Error:

    MsgBox "Error " & Err.Number & " (" & _
    Err.Description & ") in procedure PivotSeitenfeldAlleAnzeigen of Modul mdl_Verarbeitung in Zeile " & Erl

End Sub
```

Listing 9.37 Das Seitenfeld auf den Standardeintrag einstellen *(Fortsetzung)*

Über das Objekt PageFields haben Sie Zugriff auf alle Seitenfelder einer Pivot-Tabelle. Da im vorgestellten Beispiel nur ein Seitenfeld existiert, sprechen Sie dieses über den Index 1 an. Mithilfe der Eigenschaft CurrentPage können Sie den aktuell eingestellten Eintrag im Seitenfeld auslesen bzw. wie im Beispiel aus Listing 9.37 setzen.

Datenschnitte einfügen

Seit Excel 2010 gibt es die sogenannten Datenschnitte für Pivot-Tabellen. Dadurch lassen sich Pivot-Tabellen schneller und besser steuern. Im Makro aus Listing 9.38 wird ein solcher Datenschnitt eingefügt, um die Regionen schneller filtern zu können.

```
Sub SlicerObjectEinfügen()

   On Error GoTo SlicerObjectEinfügen_Error

  ActiveWorkbook.SlicerCaches.Add _
  (Source:=Tabelle4.PivotTables(1), SourceField:="Standort").Slicers.Add _
  Tabelle4, , "Standort", "Regionsfilter", 100, 200, 150, 200

   On Error GoTo 0
   Exit Sub

SlicerObjectEinfügen_Error:

    MsgBox "Error " & Err.Number & " (" & Err.Description & _
    ") in procedure SlicerObjectEinfügen of Modul mdl_Verarbeitung in Zeile " & Erl

End Sub
```

Listing 9.38 Einen Datenschnitt für eine Pivot-Tabelle einfügen

Jeder Datenschnitt weist ein SlicerCache-Basisobjekt auf, das die im Datenschnitt angezeigten Elemente und den aktuellen Zustand der Benutzeroberfläche, der mit den entsprechenden Elementtiteln angezeigten Kacheln darstellt. Über die Methode Add wird ein SliderCache-Objekt erstellt, und die zugrunde liegende Pivot-Tabelle sowie das gewünschte Feld werden angegeben.

Sie fügen jetzt einen neuen Datenschnitt ebenfalls mit der Methode Add hinzu. Sie geben dabei an, in welcher Tabelle sich die Pivot-Tabelle befindet, welches Feld verwendet werden soll und welche Beschriftung der Datenschnitt erhalten soll. Des Weiteren können Sie punktgenau bestimmen, wo und wie der Datenschnitt in der Tabelle angeordnet werden soll (oben, links, Breite, Höhe).

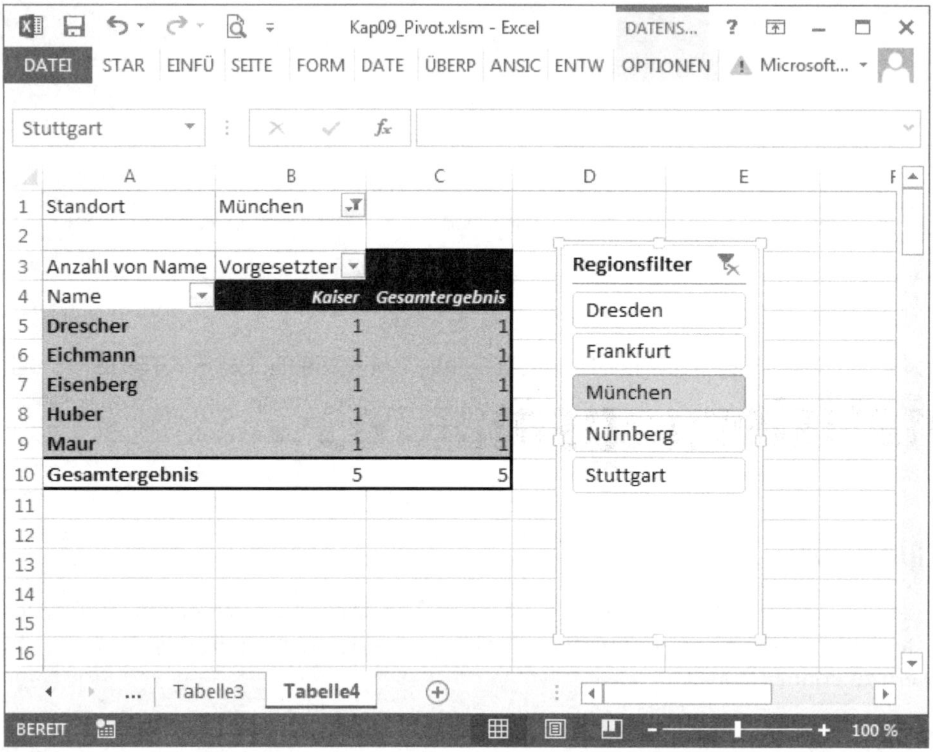

Abbildung 9.44 Der Datenschnitt für eine noch bessere und schnellere Bedienung der Pivot-Tabelle

Kapitel 10

Automatisierungsmakros

In diesem Kapitel:

Im letzten Kapitel dieses Buchteils werden eine ganze Reihe interessanter und wichtiger Makros vorgestellt, über die Sie Ihre Arbeit automatisieren können. Diese Makros sparen Ihnen entweder eine Menge Zeit bzw. lästige und fehleranfällige manuelle Arbeit.

ONLINE Die Lösungen zu den folgenden Aufgaben finden Sie in der Datei *Kap10.xlsm*.

Formelzellen in einer Tabelle automatisch sperren

Beim folgenden Beispiel wird *Tabelle1* verwendet, um die Formelzellen vor versehentlicher Veränderung zu schützen. So veränderte Zellen sind immens schwer wieder auf den ursprünglichen Zustand zurückzusetzen. Sie verlieren durch solche Restaurierungsmaßnahmen viel Zeit. Das muss nicht sein.

Setzen Sie das folgende Makro aus Listing 10.1 ein, um das Merkmal *Gesperrt* für alle Formelzellen automatisch einzustellen.

```
Sub FormelZellenSperren()
  Dim Zelle As Range

  With Tabelle1
  'Zunächst einmal alle Zellen entsperren
  .Cells.Locked = False

  For Each Zelle In .UsedRange.SpecialCells(xlCellTypeFormulas)
    'und dann nur die Formelzellen sperren
    Zelle.Locked = True

  Next Zelle

  End With

End Sub
```

Listing 10.1 Alle Zellen mit Formeln automatisch schützen

Zunächst müssen Sie die Standardeinstellung von Excel, bei der alle Zellen automatisch gesperrt sind, ändern. Dazu weisen Sie der Eigenschaft Locked für alle Zellen der Tabelle (Cells) den Wert False zu. In einer anschließenden Schleife werden mithilfe der Methode SpecialCells alle Formelzellen verarbeitet. Dabei wird der Eigenschaft Locked der Wert True zugewiesen. Damit sind alle Formelzellen gesperrt.

Kontrollieren Sie das Ergebnis, indem Sie die Tastenkombination Strg + 1 drücken, um das Dialogfeld *Zellen formatieren* aufzurufen. Danach wechseln Sie zur Registerkarte *Schutz* und kontrollieren den Status des Kontrollkästchens *Gesperrt*.

HINWEIS Bedenken Sie, dass der endgültige Schutz der Tabelle erst aktiv ist, wenn Sie die Tabelle schützen.

Alle Zellen ermitteln, die eine bestimmte Zeichenfolge enthalten

Beim folgenden Beispiel liegen in der *Tabelle2* einige Nummern vor. Über die Eingabe eines Suchbegriffs sollen alle Zellen gefunden werden, die partiell mit dem Suchbegriff übereinstimmen. Sehen Sie sich dazu einmal die Abbildung 10.1 an.

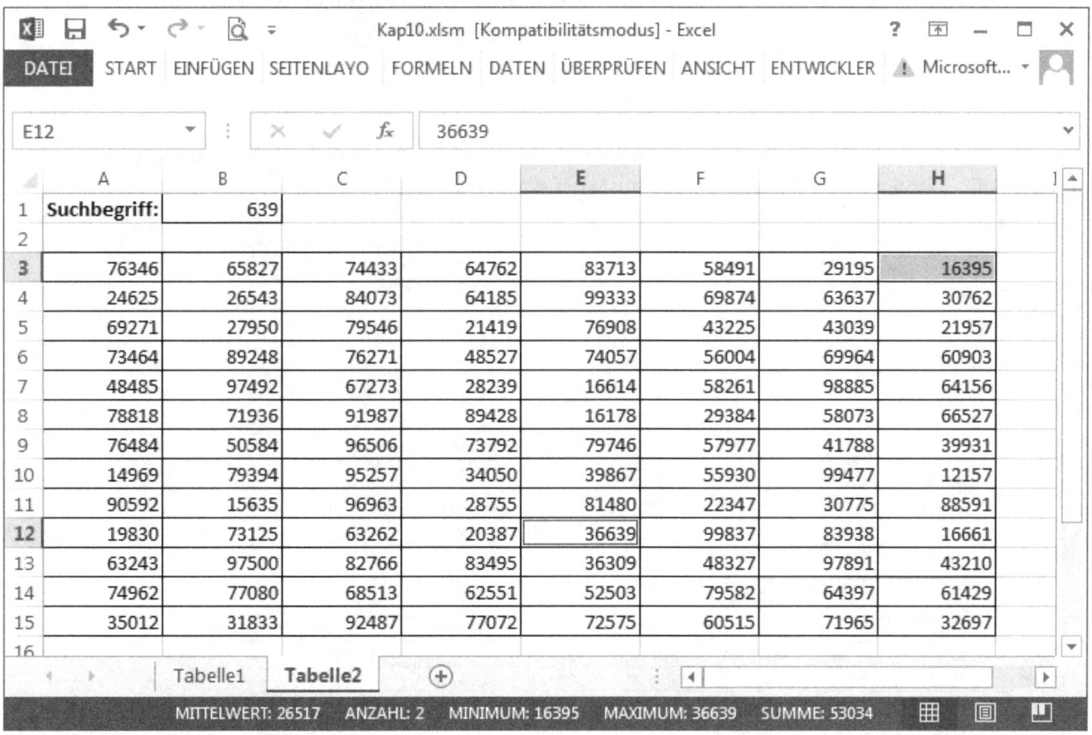

Abbildung 10.1 Die Zeichenfolge aus der Zelle *B1* soll gefunden werden

Zur Umsetzung dieser Aufgabe starten Sie das Makro aus Listing 10.2.

```
Sub WerteMitPartiellerÜbereinstimmungFinden()
  Dim Zelle As Range
  Dim Bereich As Range

  On Error GoTo WerteMitPartiellerÜbereinstimmungFinden_Error

  With Tabelle2
   Set Bereich = .Range("A3:H15")
   Bereich.Interior.ColorIndex = xlColorIndexNone

   For Each Zelle In Bereich
      If InStr(Zelle.Value, .Range("B1").Value) > 0 Then
         Zelle.Interior.ColorIndex = 4 'Grün
      End If
   Next Zelle

  End With

   On Error GoTo 0
   Exit Sub

WerteMitPartiellerÜbereinstimmungFinden_Error:

    MsgBox "Error " & Err.Number & " (" & Err.Description & _
    ") in procedure WerteMitPartiellerÜbereinstimmungFinden of Modul mdl_Verarbeitung in Zeile " & Erl

End Sub
```

Listing 10.2 Mit der Funktion *Instr* wird nach Zeichenfolgen gesucht

Im ersten Schritt des Makros wird zunächst mithilfe der Anweisung Set der Bereich bekannt gegeben, den es zu verarbeiten gilt. Danach wird dieser Bereich zunächst entfärbt.

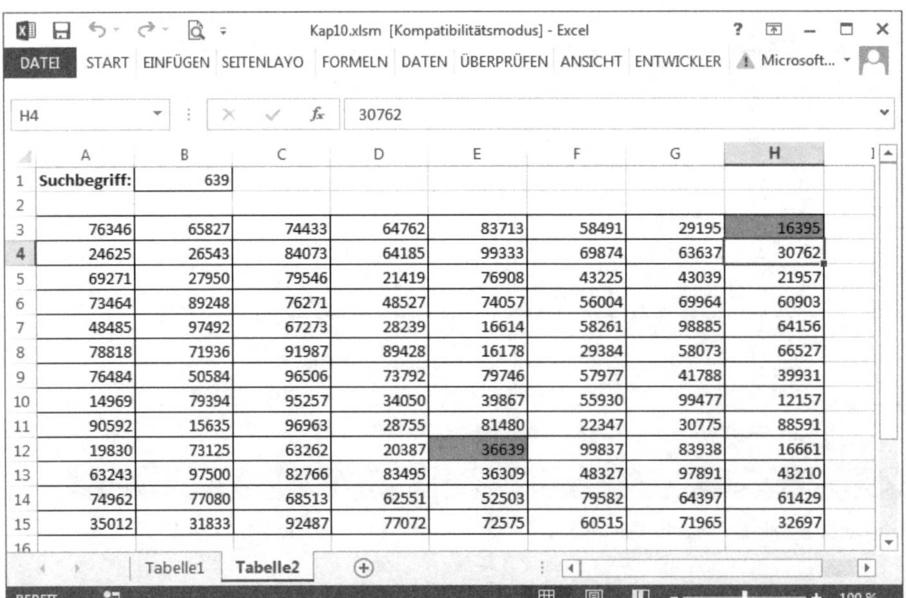

	A	B	C	D	E	F	G	H
1	Suchbegriff:	639						
2								
3	76346	65827	74433	64762	83713	58491	29195	16395
4	24625	26543	84073	64185	99333	69874	63637	30762
5	69271	27950	79546	21419	76908	43225	43039	21957
6	73464	89248	76271	48527	74057	56004	69964	60903
7	48485	97492	67273	28239	16614	58261	98885	64156
8	78818	71936	91987	89428	16178	29384	58073	66527
9	76484	50584	96506	73792	79746	57977	41788	39931
10	14969	79394	95257	34050	39867	55930	99477	12157
11	90592	15635	96963	28755	81480	22347	30775	88591
12	19830	73125	63262	20387	36639	99837	83938	16661
13	63243	97500	82766	83495	36309	48327	97891	43210
14	74962	77080	68513	62551	52503	79582	64397	61429
15	35012	31833	92487	77072	72575	60515	71965	32697

Abbildung 10.2 Alle Zellen, die partiell den Inhalt aus Zelle *B1* aufweisen, werden gekennzeichnet

Anschließend wird der Bereich Zelle für Zelle über eine Schleife verarbeitet. Innerhalb der Schleife kommt die Funktion Instr zum Einsatz. Diese Funktion meldet die Position zurück, ab der es eine Übereinstimmung mit dem Suchbegriff aus Zelle *B1* gibt. Wenn also eine Rückgabe größer Null gemeldet wird, dann kommt der Suchbegriff in der jeweils verarbeiteten Zelle vor. In diesem Fall färben Sie diese Zelle mit der Farbe Grün.

Zeichenfolgen mehrfach aufspüren und kennzeichnen

Die folgende Aufgabe händisch zu erledigen, kommt einer Bestrafung gleich. In *Tabelle3* liegen Zahlenkolonnen vor, in denen sich einzelne Zahlenfolgen wiederholen können. Sehen Sie sich vorab einmal Abbildung 10.3 an.

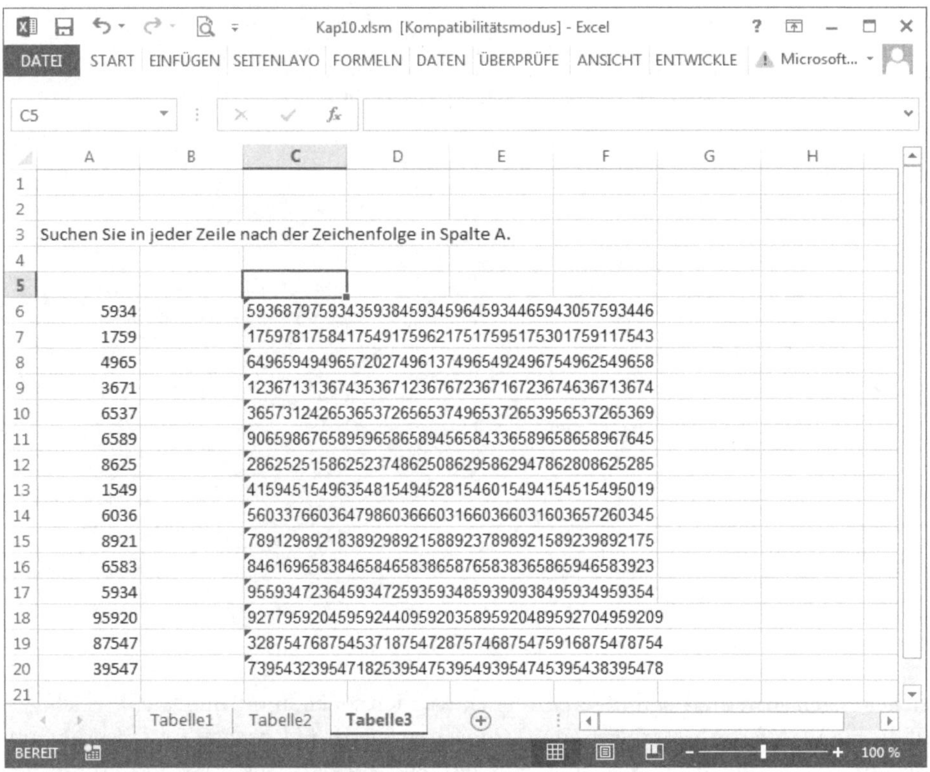

Abbildung 10.3 Die Zeichenfolge aus Spalte *A* soll in Spalte *C* auch mehrfach gefunden werden

Wenn Sie für diese Aufgabe die Funktion Instr alleine verwenden, bekommen Sie zwar eine Information, ob der Suchbegriff in der jeweiligen Zelle aus Spalte *C* enthalten ist, Sie haben aber dann nicht die Möglichkeit zu ermitteln, ob die Zeichenfolge auch mehrfach vorkommt. Starten Sie daher das Makro aus Listing 10.3, um die Funktion Instr gleich mehrfach in einer Schleife anzuwenden.

```
Sub StringSuche()
  Dim Zeile As Long
  Dim Zeilemax As Long
  Dim ipos As Integer

   On Error GoTo StringSuche_Error

  With Tabelle3
    .Range("C6:C" & .Rows.Count).Font.ColorIndex = xlAutomatic
    .Range("C6:C" & .Rows.Count).Font.Bold = False
    Zeilemax = .UsedRange.Rows.Count

    For Zeile = 6 To Zeilemax
    i = 1

     If InStr(.Cells(Zeile, 3).Value, .Cells(Zeile, 1).Value) > 0 Then

       Do While i <= Len(.Cells(Zeile, 3).Value)
         ipos = InStr(i, .Cells(Zeile, 3).Value, .Cells(Zeile, 1).Value)
        .Cells(Zeile, 3).Characters(ipos, Len(.Cells(Zeile, 1).Value)).Font.ColorIndex = 3
        .Cells(Zeile, 3).Characters(ipos, Len(.Cells(Zeile, 1).Value)).Font.Bold = True
         i = i + 1
         If i = 0 Then Exit Do

       Loop

      End If

    Next Zeile

  End With

   On Error GoTo 0
   Exit Sub

StringSuche_Error:

  MsgBox "Error " & Err.Number & " (" & Err.Description & _
  ") in procedure StringSuche of Modul mdl_Verarbeitung in Zeile " & Erl

End Sub
```

Listing 10.3 Eine partielle Suche nach einer Zeichenfolge gleich mehrfach durchführen

Da die gefundenen Zeichenfolgen später farbig und fett hinterlegt werden sollen, muss im Datenbereich vorher die Schriftfarbe auf die Standardfarbe gesetzt werden. Dazu weisen Sie der Eigenschaft Colorindex die Konstante xlColorindexAutomatic zu. Außerdem setzen Sie die Eigenschaft Bold auf den Wert False, um eventuellen Fettdruck im Bereich zu entfetten. Danach ermitteln Sie die letzte, belegte Zeile der Tabelle über die Eigenschaft UsedRange, von der Sie die Zeilennummer über die Eigenschaft Row abfragen.

Im Anschluss daran setzen Sie eine For...Next-Schleife auf und verarbeiten die Tabelle Zeile für Zeile. Innerhalb der Schleife prüfen Sie mithilfe der Funktion Instr, ob die Zeichenfolge aus Spalte *A* überhaupt in Spalte *C* vorkommt. Wenn ja, dann setzen Sie eine Do While-Schleife auf, die nach weiteren Vorkommen der Zeichenfolge in Spalte *C* sucht. Dabei wird die Anfangsposition, bei der die Funktion Instr ansetzt, jeweils verschoben. Da in Spalte *C* die jeweils gefundenen Zeichenfolgen rot eingefärbt werden sollen, geben Sie der Eigenschaft Characters jeweils die Anfangsposition sowie die Länge der Zeichenfolge bekannt. Ermittelt die Funktion Instr innerhalb dieser Schleife den Wert 0, dann kann keine weitere Entsprechung gefunden werden. Daher verlassen Sie die Schleife in diesem Fall mit Exit Do.

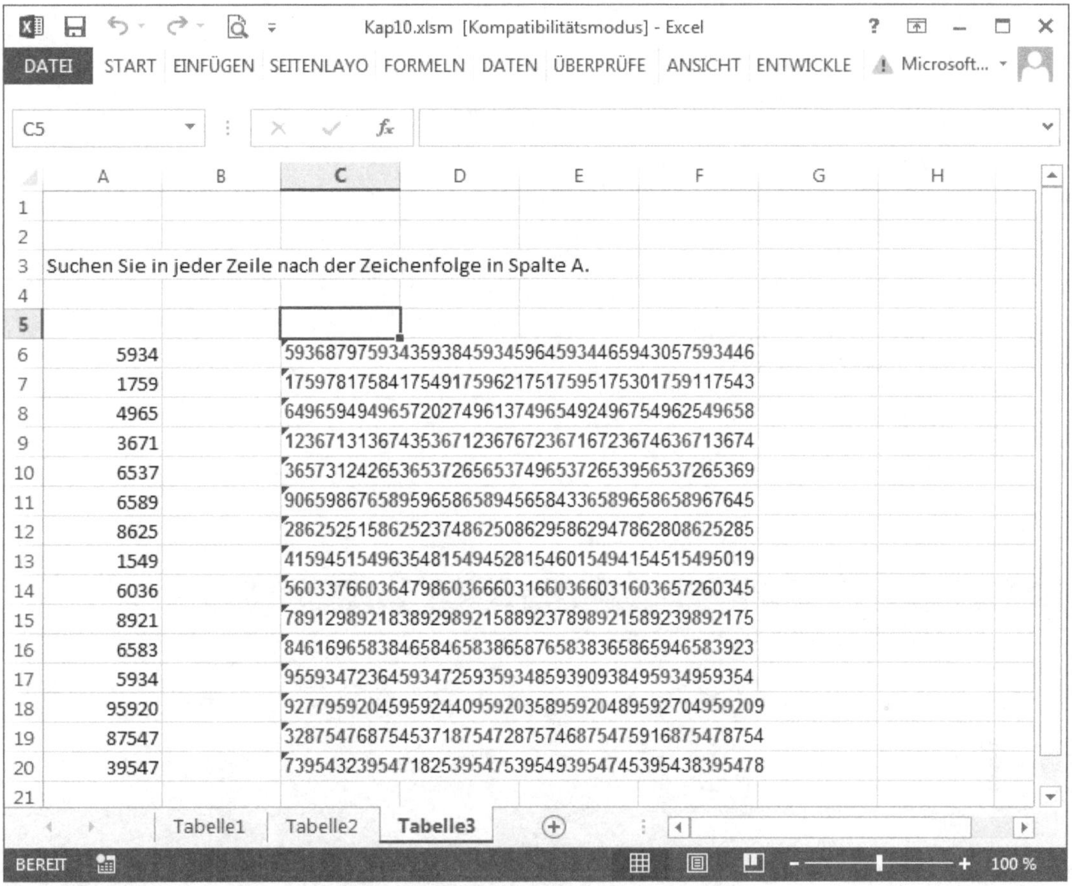

Abbildung 10.4 Die gefundenen Zeichenfolgen sind klar ersichtlich

Die Tabellenfunktion SVERWEIS durch ein Makro ersetzen

Bei der folgenden Aufgabenstellung soll die Standard-Tabellenfunktion *SVERWEIS* durch ein flexibleres Makro ersetzt werden. Schauen Sie sich dazu einmal die Ausgangssituation in Abbildung 10.5 an.

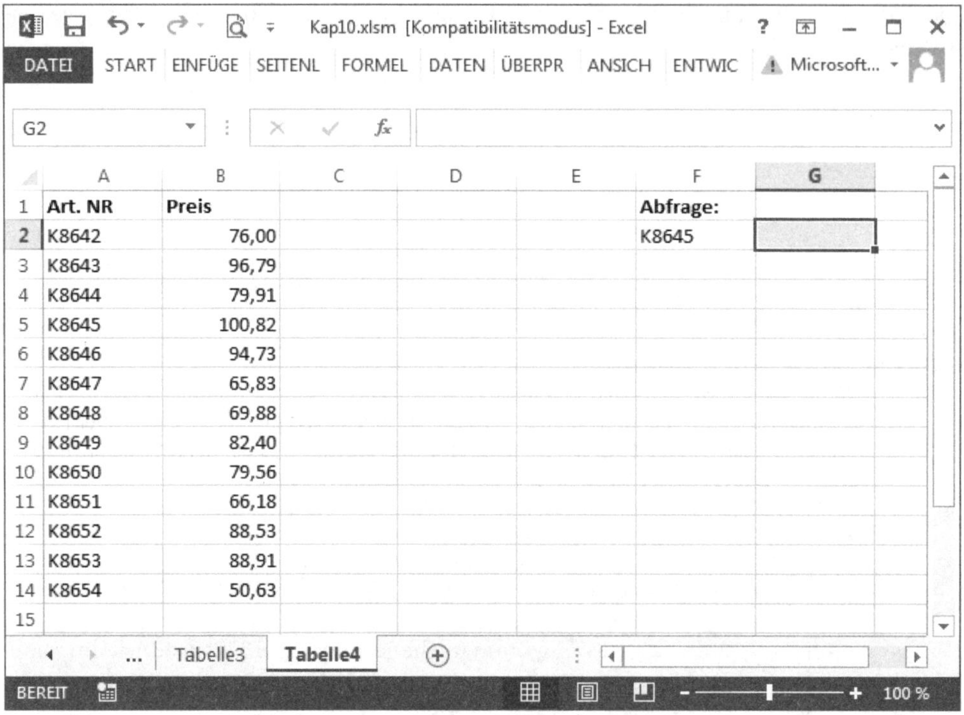

Abbildung 10.5 Der Preis für die angegebene Artikelnummer soll gefunden werden

Finden Sie den zutreffenden Preis, indem Sie das Makro aus Listing 10.4 starten.

```
Sub SVERWEIS_Ersatz()
  Dim Zelle As Range
  Dim Treffer As Range

   On Error GoTo SVERWEIS_Ersatz_Error

  With Tabelle4

   Set Treffer = .Range("A:A").Find(what:=.Range("F2").Value, _
                                    lookat:=xlWhole)
   If Not Treffer Is Nothing Then
    .Range("G2").Value = Treffer.Offset(0, 1).Value
    Else
    .Range("G2").Value = ""
   End If

  End With

   On Error GoTo 0
   Exit Sub

SVERWEIS_Ersatz_Error:
```

Listing 10.4 Die Standardfunktion *SVERWEIS* durch eine Makrolösung ersetzen

```
  MsgBox "Error " & Err.Number & " (" & Err.Description & _
  ") in procedure SVERWEIS_Ersatz of Modul mdl_Verarbeitung in Zeile " & Erl

End Sub
```

Listing 10.4 Die Standardfunktion *SVERWEIS* durch eine Makrolösung ersetzen *(Fortsetzung)*

Mithilfe der Methode Find wird in der Spalte *A* nach der Artikelnummer aus Zelle *F2* gesucht. Dabei gibt der Parameter lookat an, dass der Suchbegriff nicht partiell, sondern eben komplett übereinstimmen muss. Ist die Suche erfolgreich, dann steht in der Variablen Treffer ganz konkret die gefundene Zelle. Da der Preis dazu jedoch in der Nebenspalte steht, wird hier mit der Eigenschaft Offset gearbeitet, um zur Nebenspalte zu gelangen. Der dort vermerkte Preis wird dann in die Zelle *G2* geschrieben.

HINWEIS Was konkret ist an der Standardtabellenfunktion *SVERWEIS* problematisch? Nun, erst einmal ist diese Funktion deutlich langsamer als ein Makro. Zweitens sind Sie bei dieser Funktion davon abhängig, dass der Suchbegriff immer links im Datenbereich stehen muss. Bei unserer Variante können wir über den Einsatz der Eigenschaft Offset die zu übertragenden Daten aus allen »Richtungen« beziehen.

Bestimmte Zeilen in einer Tabelle automatisch gruppieren

Bei der folgenden Aufgabenstellung liegt in *Tabelle5* eine monatliche Konten- und Wertliste wie in Abbildung 10.6 gezeigt vor.

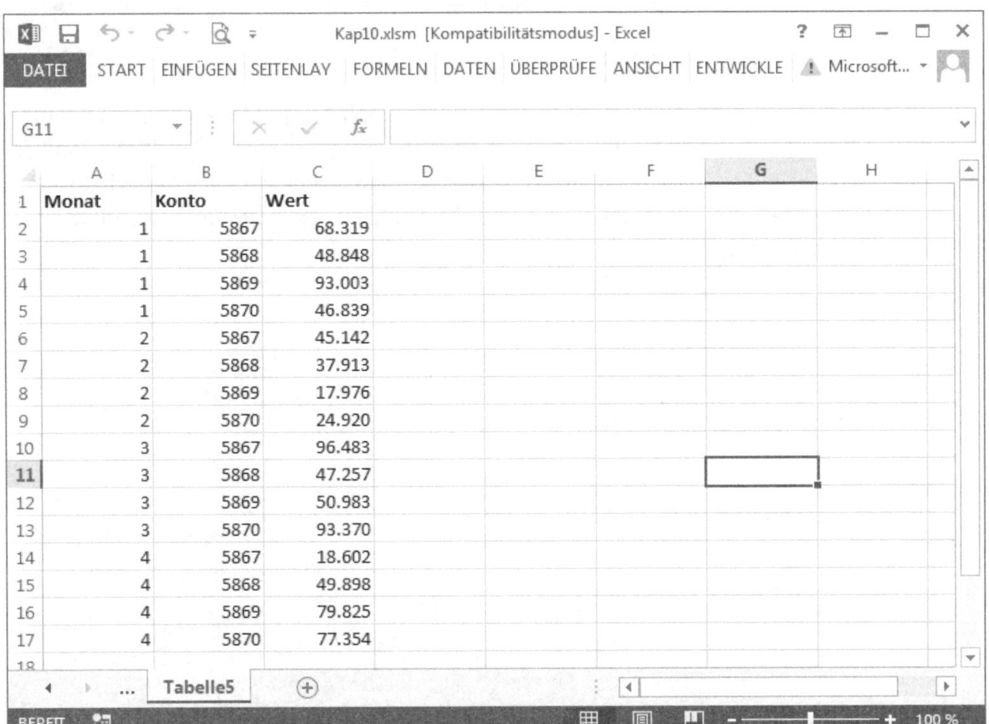

Monat	Konto	Wert
1	5867	68.319
1	5868	48.848
1	5869	93.003
1	5870	46.839
2	5867	45.142
2	5868	37.913
2	5869	17.976
2	5870	24.920
3	5867	96.483
3	5868	47.257
3	5869	50.983
3	5870	93.370
4	5867	18.602
4	5868	49.898
4	5869	79.825
4	5870	77.354

Abbildung 10.6 Diese Liste soll nach Monat gruppiert werden

Um die Liste nach Monaten zu gruppieren, muss sie nach Monat sortiert vorliegen. Danach greift das folgende Makro aus Listing 10.5, welches die Gruppierung einstellt.

```
Sub MonateGruppieren()
  Dim Bereich As Range
  Dim zelle As Range

   On Error GoTo MonateGruppieren_Error

  With Tabelle5
    Set Bereich = .Range("A2", .Range("A" & .Rows.Count).End(xlUp))

    For Each zelle In Bereich
        If zelle.Value = zelle.Offset(1, 0).Value Then
           zelle.EntireRow.Group
        End If
    Next zelle
   .Outline.ShowLevels RowLevels:=1
  End With

   On Error GoTo 0
   Exit Sub

MonateGruppieren_Error:

  MsgBox "Error " & Err.Number & " (" & Err.Description & _
  ") in procedure MonateGruppieren of Modul mdl_Verarbeitung in Zeile " & Erl

End Sub
```

Listing 10.5 Die Zeilen werden nach bestimmten Kriterien gruppiert

Im ersten Schritt wird ein dynamischer Bereich gebildet und in der Objektvariablen Bereich gespeichert. Danach wird jede Zelle des Bereichs aus Spalte *A* mittels einer Schleife durchlaufen. Innerhalb der Schleife wird jeweils die folgende Zelle mit der aktuellen Zelle verglichen. Solange beide Zellen innerhalb eines Monats liegen, werden diese gruppiert. Am Ende des Makros werden mithilfe der Methode ShowLevels die Zeilen auf eine Zeile pro Monat zusammengeklappt.

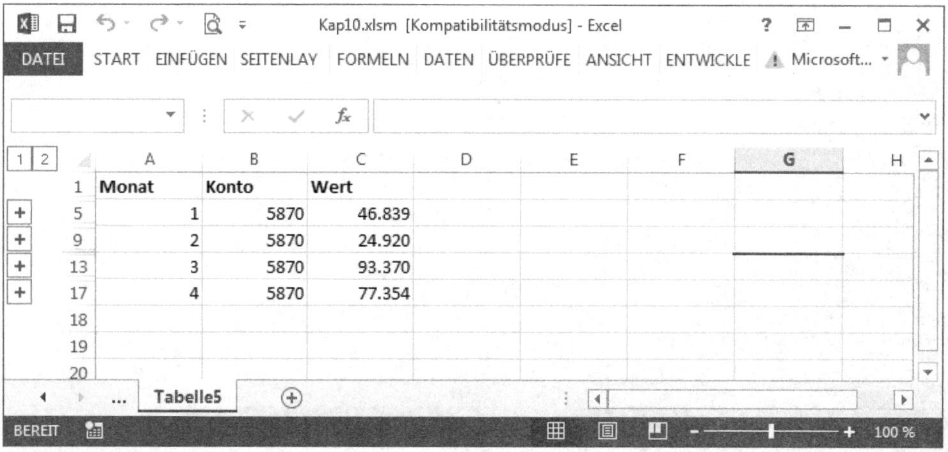

Abbildung 10.7 Die Liste wurde gruppiert und eingeklappt

Alle Tabellen einer Mappe schützen/entsperren

Beim folgenden Makro aus Listing 10.6 geht es darum, dass alle Tabellen der Arbeitsmappe mit einem Passwort geschützt werden sollen. Wird diese Aktion manuell durchgeführt, muss das Passwort für jede einzelne Tabelle erfasst und noch einmal bestätigt werden. Welch ein immenser Zeitverlust!

In den beiden folgenden Makros wird ein etwas schwierigeres Passwort automatisch für den Schutz aller Tabellen eingestellt bzw. wieder entfernt.

```
Sub AlleTabellenSchützen()
  Dim Blatt As Worksheet

   On Error GoTo AlleTabellenSchützen_Error

  For Each Blatt In Worksheets

   Blatt.Protect Password:="%fge&123%!", AllowFormattingCells:=True

  Next Blatt

   On Error GoTo 0
   Exit Sub

AlleTabellenSchützen_Error:

  MsgBox "Error " & Err.Number & " (" & Err.Description & _
  ") in procedure AlleTabellenSchützen of Modul mdl_Verarbeitung in Zeile " & Erl

End Sub
```

Listing 10.6 Alle Tabellen einer Mappe mit einem Passwort schützen

Im ersten Schritt des Makros wird eine Objektvariable vom Typ Worksheet deklariert. Damit gewinnen Sie Zugriff auf alle Befehle, die es für Tabellen gibt. In einer Schleife werden die Tabellen nun nacheinander abgearbeitet. Im Inneren der Schleife kommt die Methode Protect zum Einsatz. Im Parameter Password kann dann ein Kennwort angegeben werden. Der Parameter AllowFormattingCells erlaubt es Ihnen, trotz eingestelltem Blattschutz, Zellen zu formatieren.

```
Sub AlleTabellenEntsperren()
  Dim Blatt As Worksheet

   On Error GoTo AlleTabellenEntsperren_Error

  For Each Blatt In Worksheets

     Blatt.Unprotect Password:="%fge&123%!"

  Next Blatt

   On Error GoTo 0
   Exit Sub

AlleTabellenEntsperren_Error:
```

Listing 10.7 Den Tabellenschutz auf allen Tabellen wieder aufheben

```
  MsgBox "Error " & Err.Number & " (" & Err.Description & _
  ") in procedure AlleTabellenEntsperren of Modul mdl_Verarbeitung in Zeile " & Erl

End Sub
```

Listing 10.7 Den Tabellenschutz auf allen Tabellen wieder aufheben *(Fortsetzung)*

Die Methode Unprotect hat nur einen Parameter, in dem Sie das vorher definierte Passwort übergeben, um den Tabellenschutz aller Tabellen wieder aufzuheben.

Eine einheitliche Kopf- und Fußzeile erstellen

Beim nachfolgenden Beispiel wird für alle Tabellen der Arbeitsmappe eine einheitliche Kopf- und Fußzeile erstellt. Dabei wird auf Informationen zugegriffen, die der normale Anwender in dieser Form nur manuell einstellen kann. Folgende Bestandteile sollen dabei verwendet werden:

- Kopfzeile links: Der an Windows angemeldete Anwender
- Kopfzeile Mitte: bleibt leer
- Kopfzeile rechts: ein formatiertes Datum (TT.MM.JJ)
- Fußzeile links: zweizeilig mit Erstellungsdatum und letztes Änderungsdatum der Mappe
- Fußzeile Mitte: bleibt leer
- Fußzeile rechts: Pfad- und Dateinamen

Diese Informationen werden im Makro aus Listing 10.8 automatisch umgesetzt:

```
Sub KopfUndFußAlleTabellen()
  Dim Blatt As Worksheet

   On Error GoTo KopfUndFußAlleTabellen_Error

  For Each Blatt In ThisWorkbook.Worksheets

   With Blatt.PageSetup
    .LeftHeader = Environ("username")
    .CenterHeader = ""
    .RightHeader = Format(Date, "DD.MM.YY")
    .LeftFooter = "Erstellung: " & _
    ThisWorkbook.BuiltinDocumentProperties("Creation Date") & _
    vbLf & "Letzte Änderung: " & _
    ThisWorkbook.BuiltinDocumentProperties("Last save Time") & vbLf
    .CenterFooter = ""
    .RightFooter = ThisWorkbook.FullName
   End With

  Next Blatt

   On Error GoTo 0
   Exit Sub

KopfUndFußAlleTabellen_Error:
```

Listing 10.8 Eine einheitliche Kopf- und Fußzeile festlegen

```
  MsgBox "Error " & Err.Number & " (" & Err.Description & _
  ") in procedure KopfUndFußAlleTabellen of Modul mdl_Verarbeitung in Zeile " & Erl

End Sub
```

Listing 10.8 Eine einheitliche Kopf- und Fußzeile festlegen *(Fortsetzung)*

In einer Schleife werden alle Tabellen der Arbeitsmappe verarbeitet. Innerhalb der Schleife wird das Objekt PageSetup genutzt, um Zugriff auf die Kopf- und Fußzeile zu erhalten. Über die Eigenschaft LeftHeader wird der Name des angemeldeten Windows-Users in den linken Bereich der Kopfzeile geschrieben. Der mittlere Teil der Kopfzeile, der über die Eigenschaft CenterHeader angesprochen wird, wird mit einer leeren Zeichenfolge überschrieben. Im rechten Bereich der Kopfzeile (RightHeader) wird die Funktion Format eingesetzt, um das aktuelle Tagesdatum (=Date) entsprechend der Vorgabe zu formatieren. Im linken Teil der Fußzeile wird auf die Dokumenteigenschaften über die Eigenschaft BuiltInDocumentProperties zugegriffen und dabei das Erstellungsdatum der Mappe sowie der Zeitpunkt der letzten Änderung abgefragt. Im rechten Teil der Fußzeile, welcher über die Eigenschaft RightFooter angesprochen werden kann, wird der Pfad- und Dateiname mithilfe der Eigenschaft FullName abgefragt und in die Fußzeile geschrieben.

Tabellen alphabetisch sortieren

Wenn eine Arbeitsmappe auf eine größere Anzahl an Tabellenblättern angewachsen ist, kann es schwierig werden, den Überblick zu behalten. Hier ist es hilfreich, die Blätter in alphabetischer Reihenfolge anzuordnen. Der manuelle Aufwand hierfür ist je nach Anzahl der Tabellen enorm groß: Sie können die Tabellen zwar bequem per Drag & Drop an die gewünschte Position ziehen – spätestens jedoch, wenn die Mappe mehr Arbeitsblätter enthält, als in der Registerleiste angezeigt werden können, wird das nur noch sehr schwer möglich sein.

Abhilfe schafft das folgende Makro aus Listing 10.9, das eine beliebige Anzahl an Tabellen alphabetisch (ohne Berücksichtigung von Groß- und Kleinschreibung) sortiert. Genutzt wird hier ein Konstrukt aus zwei verschachtelten Schleifen, die jedes Arbeitsblatt mit jedem anderen Blatt vergleicht und die Position verschiebt, wenn der eine Name »größer« als der andere ist. Diesen Sortieralgorithmus nennt man Bubblesort.

```
Sub TabellenSortieren()
  Dim Blatt As Worksheet
  Dim vglBlatt As Worksheet

   On Error GoTo TabellenSortieren_Error

  For Each Blatt In ActiveWorkbook.Worksheets
     For Each vglBlatt In ActiveWorkbook.Worksheets
        If LCase(vglBlatt.Name) < LCase(Blatt.Name) Then
           vglBlatt.Move before:=Blatt
        End If
     Next vglBlatt
  Next Blatt

   On Error GoTo 0
   Exit Sub
```

Listing 10.9 Tabellen automatisch alphabetisch sortieren

```
TabellenSortieren_Error:

  MsgBox "Error " & Err.Number & " (" & Err.Description & _
  ") in procedure TabellenSortieren of Modul mdl_Verarbeitung in Zeile " & Erl

End Sub
```

Listing 10.9 Tabellen automatisch alphabetisch sortieren *(Fortsetzung)*

Dieses Makro sortiert die Tabellen mittels zweier geschachtelter Schleifen. Innerhalb der Schleifen wird die Methode Move eingesetzt, um die jeweilige Tabelle an die entsprechende Stelle zu bringen.

Versteckte Tabellen einblenden

Oftmals werden in Arbeitsmappen einige Steuertabellen benutzt, die dann versteckt werden. Wenn diese gepflegt werden müssen, muss man sie erst einmal wieder einblenden. Manuell ist dies ein ziemlicher Aufwand, denn Sie müssen für jede Tabelle einzeln über die untere Registerleiste das Kontextmenü öffnen, auf *Einblenden* klicken, die gewünschte Tabelle auswählen und mit *OK* bestätigen. Eine Mehrfachauswahl lässt Excel hier leider nicht zu.

```
Sub AlleTabellenEinblenden()
  Dim Blatt As Worksheet

   On Error GoTo AlleTabellenEinblenden_Error

  For Each Blatt In ActiveWorkbook.Worksheets
        Blatt.Visible = xlSheetVisible
  Next Blatt

   On Error GoTo 0
   Exit Sub

AlleTabellenEinblenden_Error:

  MsgBox "Error " & Err.Number & " (" & Err.Description & _
  ") in procedure AlleTabellenEinblenden of Modul mdl_Verarbeitung in Zeile " & Erl

End Sub
```

Listing 10.10 Alle versteckten Tabellen blitzschnell einblenden

Im ersten Schritt wird eine Objektvariable vom Typ Worksheet deklariert, um dadurch Zugriff auf alle Befehle, die für Tabellen möglich sind, zu erhalten. In einer Schleife werden alle Tabellen der aktiven Mappe durchlaufen und über die Eigenschaft Visible, der Sie die Konstante xlSheetVisible zuweisen, eingeblendet.

Einheitlichen Zoom für alle Tabellen einstellen

Im folgenden Beispiel soll für alle Tabellen der Zoom auf 85% eingestellt und die Spalten- und Zeilenbeschriftungen der Tabellen sollen versteckt werden.

```
Sub ZoomUndSpaltenbeschriftungen()
  Dim Blatt As Worksheet

   On Error GoTo ZoomUndSpaltenbeschriftungen_Error

    For Each Blatt In ThisWorkbook.Worksheets
        If Blatt.Visible = True Then
          Blatt.Activate
            ActiveWindow.DisplayHeadings = False
            ActiveWindow.Zoom = 85
          End If
     Next Blatt
    Worksheets(1).Select

   On Error GoTo 0
   Exit Sub

ZoomUndSpaltenbeschriftungen_Error:

  MsgBox "Error " & Err.Number & " (" & Err.Description & _
  ") in procedure ZoomUndSpaltenbeschriftungen of Modul mdl_Verarbeitung in Zeile " & Erl

End Sub
```

Listing 10.11 Einen einheitlichen Zoom für alle Tabellen einstellen

Auch bei diesem Makro werden mittels einer For Each...Next-Schleife alle Tabellen der Mappe nacheinander verarbeitet. Liegt die jeweilige Tabelle sichtbar vor, dann wird die Tabelle aktiviert und die Spalten- und Zeilenköpfe über die Eigenschaft DisplayHeadings ausgeblendet. Mithilfe der Eigenschaft Zoom wird der Zoomfaktor für alle Tabellen auf 85% eingestellt.

Alle Tabellen als separate Mappen speichern

Beim folgenden Beispiel aus Listing 10.12 ist eine Menge an Zeitersparnis für Sie drin. Die Aufgabe besteht darin, alle in der aktiven Arbeitsmappe enthaltenen Tabellen als separate Arbeitsmappen abzulegen. Dabei soll die exportierte Tabelle als Dateinamen den Namen der Tabelle mit einem vorangestellten Datumsstempel erhalten.

```
Sub TabellenAlsDateienSpeichern()
  Dim strPfad As String
  Dim Blatt As Worksheet

   On Error GoTo TabellenAlsDateienSpeichern_Error

   Application.ScreenUpdating = False
   Application.DisplayAlerts = False

   strPfad = "C:\Windows\Temp\"

   If Dir(strPfad, vbDirectory) = "" Then
     MsgBox "strPfad existiert nicht", , "Abbruch"
     Exit Sub
```

Listing 10.12 Alle Tabellen der Mappe als separate Dateien ablegen

```
  End If

 For Each Blatt In ThisWorkbook.Worksheets
     Blatt.Copy
     ActiveWorkbook.SaveAs (strPfad & _
     Format(Date, "YYYYMMDD_") & Blatt.Name) & ".xlsx"
     ActiveWorkbook.Close savechanges:=False
 Next Blatt

 Application.DisplayAlerts = True
 Application.ScreenUpdating = True

  On Error GoTo 0
  Exit Sub

TabellenAlsDateienSpeichern_Error:

 MsgBox "Error " & Err.Number & " (" & Err.Description & _
 ") in procedure TabellenAlsDateienSpeichern of Modul mdl_Verarbeitung in Zeile " & Erl

End Sub
```

Listing 10.12 Alle Tabellen der Mappe als separate Dateien ablegen *(Fortsetzung)*

Zunächst wird die Bildschirmaktualisierung über die Eigenschaft ScreenUpdating ausgeschaltet, um Augen und Monitor zu entlasten. Danach werden Standardmeldungen von Excel temporär unterdrückt. Dazu wird der Eigenschaft DisplayAlerts der Wert False zugewiesen.

Im nächsten Schritt wird das Verzeichnis für den Dateienexport festgelegt. Dabei sollte anschließend geprüft werden, ob dieses Verzeichnis überhaupt existiert. Dazu kommt die Funktion Dir zum Einsatz. Liefert diese Funktion einen Leerstring zurück, dann gibt es dieses Verzeichnis nicht. In diesem Fall wird das Makro sofort über den Befehl Exit Sub verlassen.

Im anderen Fall werden alle Tabellen der Arbeitsmappe über eine Schleife verarbeitet und mittels der Methode Copy einzeln herauskopiert. Mithilfe der Methode SaveAs wird die jeweilige Mappe im vorher definierten Verzeichnis gespeichert. Dabei werden im Dateinamen das aktuelle Datum sowie der Tabellenname festgehalten. Über den Einsatz der Methode Close wird die jeweilige neu erstellte Mappe geschlossen. Am Ende des Makros darf nicht vergessen werden, die beiden Schalter (Bildschirmaktualisierung und Warnmeldungen) wieder einzuschalten.

Eine Mehrfachsuche in einer Tabelle durchführen

Beim folgenden Beispiel wird in *Tabelle6* ein bestimmtes Werkzeug, das in mehreren Schränken vorkommen kann, gesucht und gekennzeichnet. Sehen Sie sich vorab die Ausgangssituation in Abbildung 10.8 an.

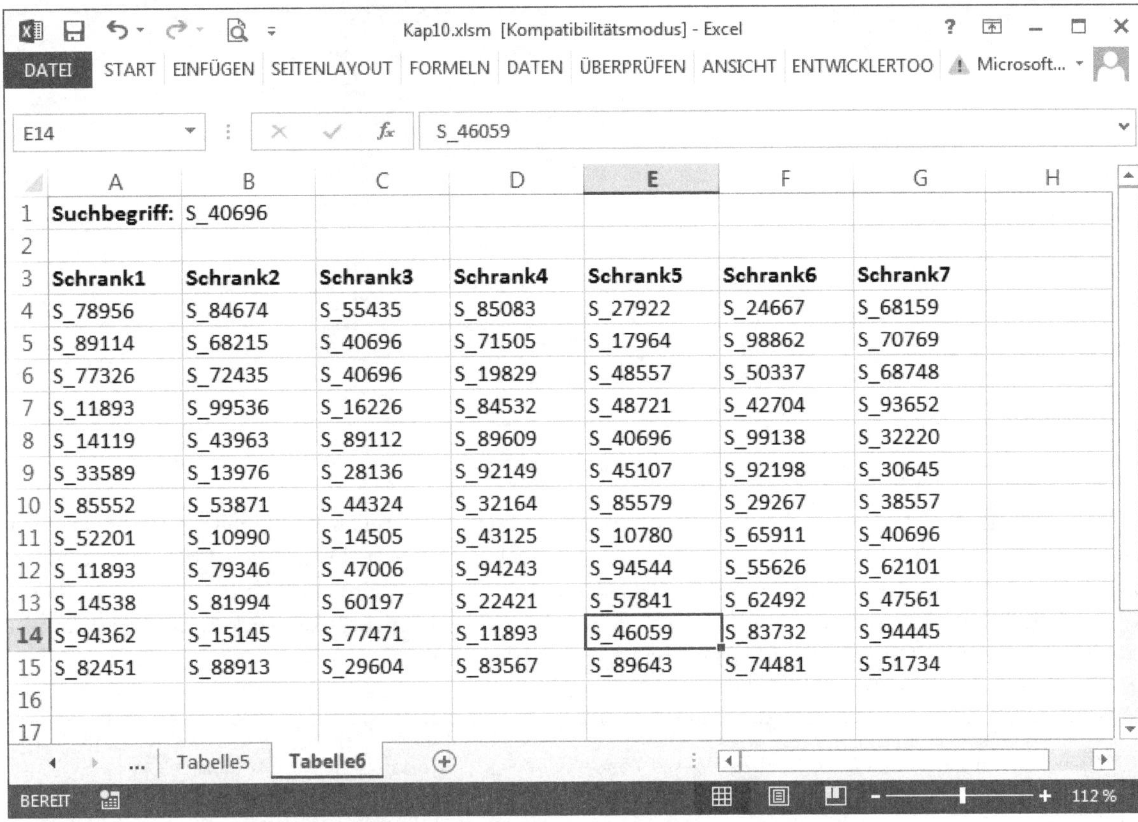

	A	B	C	D	E	F	G	H
1	**Suchbegriff:**	S_40696						
2								
3	**Schrank1**	**Schrank2**	**Schrank3**	**Schrank4**	**Schrank5**	**Schrank6**	**Schrank7**	
4	S_78956	S_84674	S_55435	S_85083	S_27922	S_24667	S_68159	
5	S_89114	S_68215	S_40696	S_71505	S_17964	S_98862	S_70769	
6	S_77326	S_72435	S_40696	S_19829	S_48557	S_50337	S_68748	
7	S_11893	S_99536	S_16226	S_84532	S_48721	S_42704	S_93652	
8	S_14119	S_43963	S_89112	S_89609	S_40696	S_99138	S_32220	
9	S_33589	S_13976	S_28136	S_92149	S_45107	S_92198	S_30645	
10	S_85552	S_53871	S_44324	S_32164	S_85579	S_29267	S_38557	
11	S_52201	S_10990	S_14505	S_43125	S_10780	S_65911	S_40696	
12	S_11893	S_79346	S_47006	S_94243	S_94544	S_55626	S_62101	
13	S_14538	S_81994	S_60197	S_22421	S_57841	S_62492	S_47561	
14	S_94362	S_15145	S_77471	S_11893	S_46059	S_83732	S_94445	
15	S_82451	S_88913	S_29604	S_83567	S_89643	S_74481	S_51734	
16								
17								

Abbildung 10.8 In welchem Schrank steckt mein Werkzeug?

Sie beantworten die Frage, in welchem Schrank das Werkzeug enthalten ist, indem Sie das folgende Makro aus Listing 10.13 starten:

```
Sub MehrfachSuche()
  Dim i As Long
  Dim Treffer As Range
  Dim strBegriff As String

   On Error GoTo MehrfachSuche_Error

  With Tabelle6
   .UsedRange.Interior.ColorIndex = xlColorIndexNone
   strBegriff = .Range("B1").Value

   Set Treffer = .Range("B1")

   For i = 1 To WorksheetFunction.CountIf(.UsedRange, strBegriff)

   Set Treffer = .UsedRange.Find(What:=strBegriff, _
                 After:=Treffer, LookIn:=xlValues, _
                 LookAt:=xlWhole, SearchOrder:=xlByRows, _
                 SearchDirection:=xlNext, MatchCase:=False)
```

Listing 10.13 Eine Mehrfachsuche in einem Bereich durchführen

```
    If Not Treffer Is Nothing Then
     Treffer.Interior.ColorIndex = 4
    End If

   Next i

  End With

   On Error GoTo 0
   Exit Sub

MehrfachSuche_Error:

  MsgBox "Error " & Err.Number & " (" & Err.Description & _
  ") in procedure MehrfachSuche of Modul mdl_Verarbeitung in Zeile " & Erl

End Sub
```

Listing 10.13 Eine Mehrfachsuche in einem Bereich durchführen *(Fortsetzung)*

Im ersten Schritt des Makros werden zunächst einmal alle benutzten Zellen der Tabelle entfärbt. Danach wird der Suchbegriff aus Zelle *B1* in einer Variablen zwischengespeichert. Danach wird die Zelle, die den Suchbegriff enthält, als erste gefundene Zelle deklariert. Anschließend wird mithilfe der Tabellenfunktion *ZÄHLENWENN* (engl. CountIf) ermittelt, wie oft der Suchbegriff in den Schränken vorkommt. Diese Anzahl ist wichtig, da wir danach genauso oft suchen, wie es Fundstellen gibt.

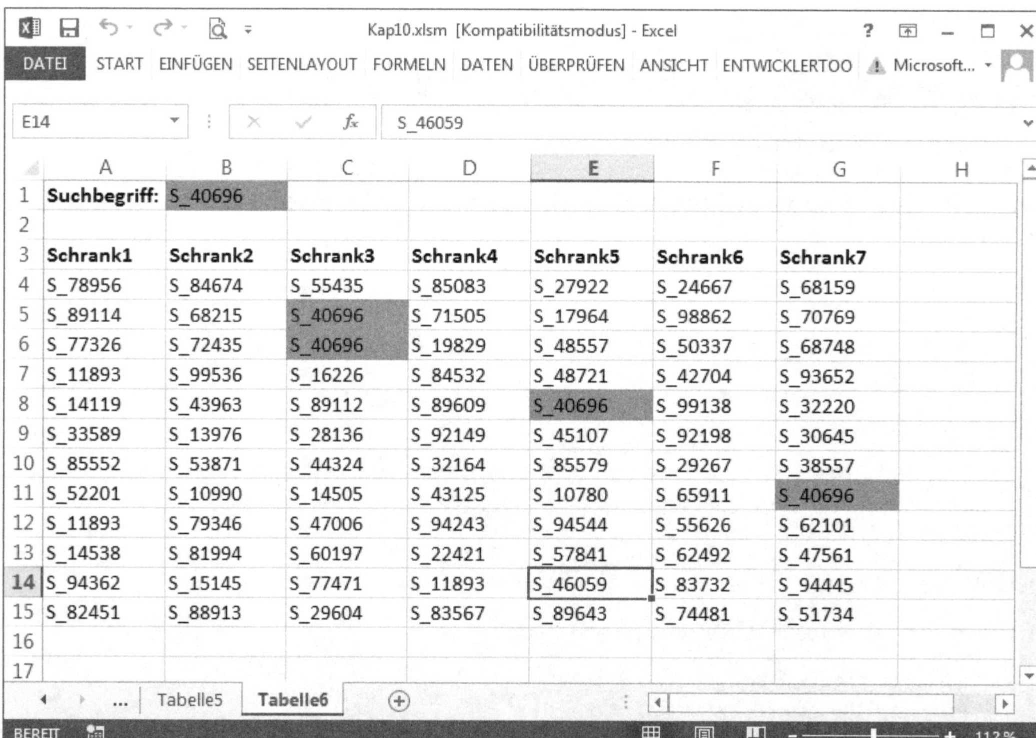

	A	B	C	D	E	F	G	H
1	**Suchbegriff:**	S_40696						
2								
3	**Schrank1**	**Schrank2**	**Schrank3**	**Schrank4**	**Schrank5**	**Schrank6**	**Schrank7**	
4	S_78956	S_84674	S_55435	S_85083	S_27922	S_24667	S_68159	
5	S_89114	S_68215	S_40696	S_71505	S_17964	S_98862	S_70769	
6	S_77326	S_72435	S_40696	S_19829	S_48557	S_50337	S_68748	
7	S_11893	S_99536	S_16226	S_84532	S_48721	S_42704	S_93652	
8	S_14119	S_43963	S_89112	S_89609	S_40696	S_99138	S_32220	
9	S_33589	S_13976	S_28136	S_92149	S_45107	S_92198	S_30645	
10	S_85552	S_53871	S_44324	S_32164	S_85579	S_29267	S_38557	
11	S_52201	S_10990	S_14505	S_43125	S_10780	S_65911	S_40696	
12	S_11893	S_79346	S_47006	S_94243	S_94544	S_55626	S_62101	
13	S_14538	S_81994	S_60197	S_22421	S_57841	S_62492	S_47561	
14	S_94362	S_15145	S_77471	S_11893	S_46059	S_83732	S_94445	
15	S_82451	S_88913	S_29604	S_83567	S_89643	S_74481	S_51734	
16								
17								

Abbildung 10.9 Alle gefundenen Zellen wurden automatisch gekennzeichnet

Für die Suche selbst kommt die Methode Find zum Einsatz. Diese Suchfunktion hat einige Parameter, über die man bestimmt, wie die Suche erfolgen soll, was der Suchbegriff ist, usw. War die Suche erfolgreich, dann ist in der Variablen Treffer ganz konkret die gefundene Zelle abrufbar. Dieser Zelle weisen Sie als Formatierung die Hintergrundfarbe Grün zu.

Inhaltsverzeichnis aller Tabellen einer Mappe erstellen

Beim folgenden Beispiel soll in *TabelleStart* ein Inhaltsverzeichnis erstellt werden, das alle Tabellen der Mappe untereinander namentlich aufführt. Als kleine Zusatzfunktionalität sollen Hyperlinks hinterlegt werden, damit sehr schnell zur angeklickten Tabelle verzweigt werden kann. Diese Aufgabe mag kein Mensch freiwillig manuell durchführen. Sehen Sie sich die Umsetzung im Makro aus Listing 10.14 an.

```
Sub TabellenVerzeichnisErstellenPlusHyperlinks()
  Dim intTab As Integer
  Dim tbl As Worksheet
  Dim intZeile As Integer

    On Error GoTo TabellenVerzeichnisErstellenPlusHyperlinks_Error

    Set tbl = TabelleStart
    tbl.UsedRange.Clear
    intZeile = 1

    For intTab = 1 To ActiveWorkbook.Worksheets.Count
      tbl.Cells(intZeile, 1).Value = Worksheets(intTab).Name

      tbl.Cells(intZeile, 1).Hyperlinks.Add _
       Anchor:=tbl.Cells(intZeile, 1), Address:="", SubAddress:= _
        "'" & Worksheets(intTab).Name & "'!A1", _
        ScreenTip:="Klicken Sie auf den Hyperlink", _
        TextToDisplay:=Worksheets(intTab).Name

      intZeile = intZeile + 1
    Next intTab

   On Error GoTo 0
   Exit Sub

TabellenVerzeichnisErstellenPlusHyperlinks_Error:

  MsgBox "Error " & Err.Number & " (" & Err.Description & _
  ") in procedure TabellenVerzeichnisErstellenPlusHyperlinks of Modul mdl_Verarbeitung in Zeile " & Erl

End Sub
```

Listing 10.14 Automatisch ein Inhaltsverzeichnis aller Tabellen erstellen

Zunächst wird der Inhalt von *TabelleStart* mithilfe der Methode Clear geleert. Danach werden alle Tabellen der aktiven Arbeitsmappe verarbeitet und namentlich in die Zieltabelle eingefügt. Parallel dazu werden mithilfe der Methode Add den Tabellennamen Hyperlinks zugewiesen.

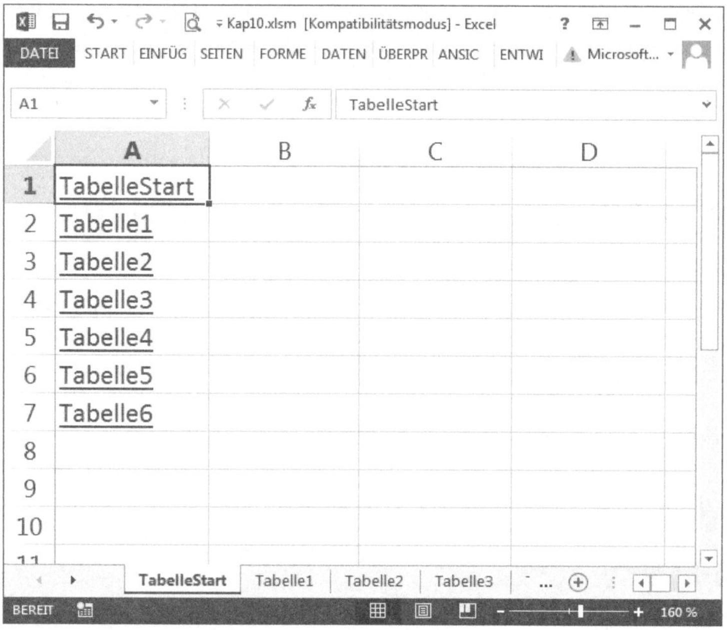

Abbildung 10.10 Mit einem Klick kann zur gewünschten Tabelle gesprungen werden

Alle verknüpften Mappen automatisch öffnen

Beim nächsten Beispiel sollen automatisch alle verknüpften Mappen einer Arbeitsmappe geöffnet werden. Im Dialogfeld *Verknüpfung bearbeiten* (siehe Abbildung 10.11) können Sie die verknüpften Arbeitsmappe(n) einsehen.

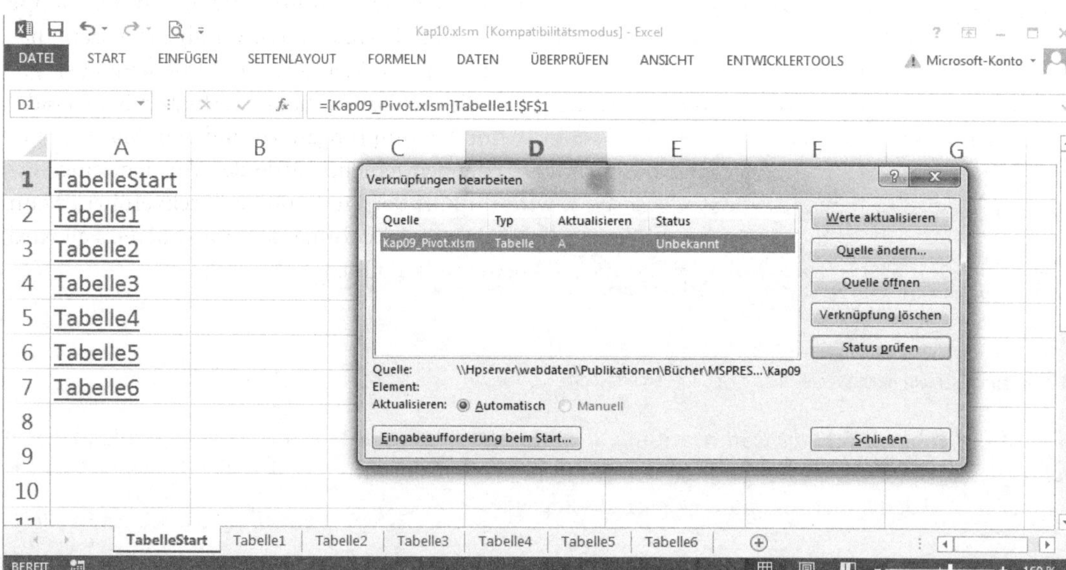

Abbildung 10.11 Alle verknüpften Mappen können hier eingesehen werden

Starten Sie das Makro aus Listing 10.15, um alle verknüpften Mappen automatisch zu öffnen.

```
Sub VerknüpfteMappenÖffnen()
  Dim VarDat As Variant
  Dim i As Integer

   On Error GoTo VerknüpfteMappenÖffnen_Error

    VarDat = ActiveWorkbook.LinkSources(xlExcelLinks)

    If Not IsEmpty(VarDat) = True Then
        For i = LBound(VarDat) To UBound(VarDat)
         If Dir(VarDat(i)) <> "" Then
            ActiveWorkbook.OpenLinks VarDat(i)
            MsgBox "Die verknüpfte Mappe " & VarDat & _
            " kann nicht gefunden werden!"
         End If
        Next i
    Else
        MsgBox "Diese Mappe enthält keine Verknüpfungen"
    End If

   On Error GoTo 0
   Exit Sub

VerknüpfteMappenÖffnen_Error:

  MsgBox "Error " & Err.Number & " (" & Err.Description & _
  ") in procedure VerknüpfteMappenÖffnen of Modul mdl_Verarbeitung in Zeile " & Erl

End Sub
```

Listing 10.15 Alle verknüpften Arbeitsmappen automatisch öffnen

Mithilfe der Methode LinkSources, der Sie die Konstante xlExcelLinks übergeben, können Sie alle in der Mappe befindlichen Verknüpfungen in einer Datenfeldvariablen zwischenspeichern. Ist diese Variable leer, dann liefert die Funktion IsEmpty den Rückgabewert False. In diesem Fall wird eine Meldung am Bildschirm ausgegeben. Im anderen Fall sollten Sie prüfen, ob die verknüpfte Arbeitsmappe überhaupt verfügbar ist. Gerade, wenn Sie beispielsweise eine Ihnen fremde Arbeitsmappe mit Verknüpfungen zu anderen Mappen per E-Mail zugeschickt bekommen, zu der Ihnen die verlinkten Mappen fehlen, würde der Versuch, eine verknüpfte Mappe zu öffnen, scheitern. Die Prüfung selbst wird mithilfe der Funktion Dir durchgeführt. Wenn diese Funktion einen leeren String zurückliefert, dann ist diese Datei nicht vorhanden. Im anderen Fall wird die Methode OpenLinks angewendet, um die verknüpfte Arbeitsmappe zu öffnen

Eine Jahresmappe mit zwölf Monaten automatisch anlegen

Beim folgenden Beispiel aus Listing 10.16 sparen Sie massig Zeit bei der Anlage einer Arbeitsmappe mit genau zwölf Tabellen, die direkt im Anschluss mit den Monatsnamen Januar bis Dezember benannt werden.

```
Sub NeueMappeMitZwölfMonatsnamenAnlegen()
  Dim iAnzahl As Integer
  Dim i As Integer

   On Error GoTo NeueMappeMitZwölfMonatsnamenAnlegen_Error

  Set Mappe = Workbooks.Add
  iAnzahl = Mappe.Worksheets.Count

  For i = 1 To 12

   If i <= iAnzahl Then
    Worksheets(i).Name = MonthName(i)
   Else
    Worksheets.Add after:=Mappe.Worksheets(Worksheets.Count)
    ActiveSheet.Name = MonthName(i)
   End If

  Next i

   On Error GoTo 0
   Exit Sub

NeueMappeMitZwölfMonatsnamenAnlegen_Error:

  MsgBox "Error " & Err.Number & " (" & Err.Description & _
  ") in procedure NeueMappeMitZwölfMonatsnamenAnlegen of Modul mdl_Verarbeitung in Zeile " & Erl

End Sub
```

Listing 10.16 Automatisch Tabellen anlegen und benennen

Zunächst wird eine neue Arbeitsmappe mit der Methode Add angelegt. Danach muss abgefragt werden, wie viele Tabellen diese neue Mappe bereits hat. Zu diesem Zweck wenden Sie die Funktion Count auf die Workbooks-Auflistung an. Danach setzen Sie eine Schleife auf, die genau zwölf Durchläufe aufweist.

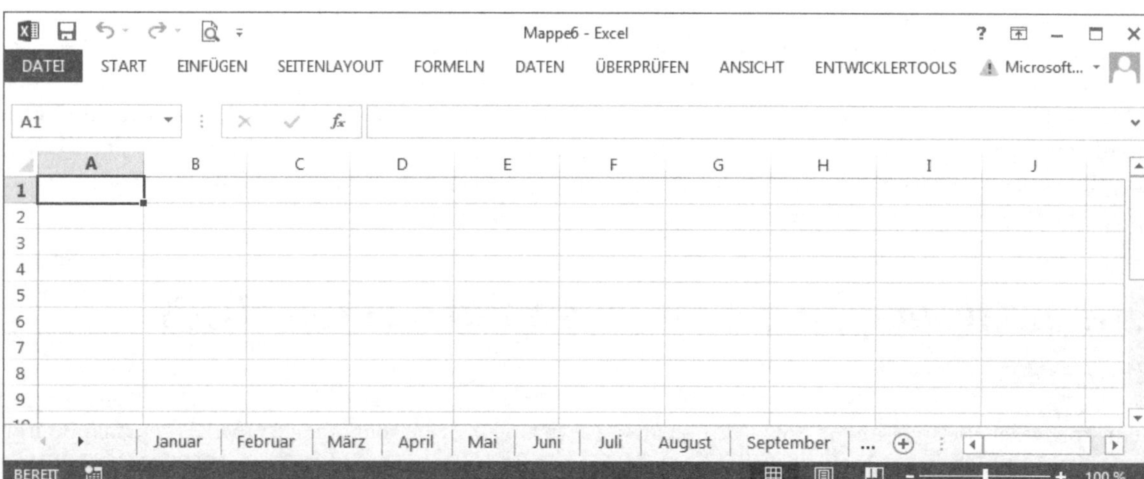

Abbildung 10.12 Eine neue Mappe mit zwölf Monatstabellen wurde automatisch angelegt

Innerhalb der Schleife wird geprüft, ob denn genügend Tabellen in der Arbeitsmappe vorhanden sind. Wenn nicht, dann kommt die Methode Add für das Auflistungsobjekt Worksheets zum Einsatz, die eine weitere Tabelle jeweils am Ende der Mappe einfügt. Die Benennung der Tabelle wird über die Funktion MonthName vorgenommen. Diese Funktion erwartet einen Wert zwischen 1 und 12. Anhand dieses Werts wird im Zusammenspiel mit der Ländereinstellung der Systemsteuerung von Windows der entsprechende Monatsname der eingestellten Sprache ausgegeben.

Einen Text in einer kompletten Mappe suchen und ersetzen

Etwas zeitaufwendig ist auch die folgende Aufgabe, wenn Sie diese manuell durchführen möchten. In der kompletten Arbeitsmappe soll ein bestimmter Text durch einen anderen ersetzt werden. Dazu kommt das folgende Makro aus Listing 10.17 zum Einsatz.

```
Sub TextInAllenTabellenErsetzen()
  Dim Blatt As Worksheet
  Dim b As Boolean

   On Error GoTo TextInAllenTabellenErsetzen_Error

   For Each Blatt In Worksheets
    If Blatt.ProtectContents = True Then
     Blatt.Unprotect
     b = True
    End If
     Blatt.Cells.Replace What:="neu", Replacement:="aktuell", _
                         LookAt:=xlPart, MatchCase:=False
     If b = True Then
      Blatt.Protect
     End If
      b = False
   Next Blatt

   On Error GoTo 0
   Exit Sub

TextInAllenTabellenErsetzen_Error:

  MsgBox "Error " & Err.Number & " (" & Err.Description & _
  ") in procedure TextInAllenTabellenErsetzen of Modul mdl_Verarbeitung in Zeile " & Erl

End Sub
```

Listing 10.17 Einen bestimmten Text in der kompletten Mappe suchen und automatisch ersetzen

In einer For Each...Next-Schleife werden alle Tabellen der Arbeitsmappe durchlaufen. Innerhalb der Schleife wird über die Eigenschaft ProtectContents abgefragt, ob die jeweilige Tabelle geschützt ist. Wenn ja, dann muss die Tabelle temporär über den Einsatz der Methode Unprotect entsperrt werden. Zusätzlich müssen wir uns den Zustand dieser Tabelle merken und setzen dazu einen Schalter mit Namen b auf den Wert True.

Danach kommt die Methode Replace zum Einsatz, über die Sie einen Text durch einen anderen ersetzen können. Interessant hierbei ist der Parameter LookAt, über den Sie entscheiden können, ob die Suche auch in Teilen in der Tabelle vorkommen kann oder nicht. Die Konstante xlPart bewirkt also, dass beispielsweise der Text *neu* auch in dem Wort *Neuwagen* gefunden werden kann.

Nach erfolgter Ersetzung des Textes muss die Tabelle, je nach Zustand, wieder gesperrt bzw. nicht gesperrt werden. Dazu wird der Inhalt der Variablen b abgefragt. Muss die jeweilige Tabelle geschützt werden, dann steht in der Variablen b der Wert True. In diesem Fall wird die Methode Protect verwendet, um die Tabelle zu schützen.

Ein Jahresverzeichnis automatisch anlegen

Es gibt kaum einen Bereich, in dem nicht Daten monatsweise abgelegt werden. Dafür wird fast immer eine Verzeichnisstruktur benötigt, die einen Ordner für jedes Jahr und darunter zwölf Ordner für die einzelnen Monate verwendet. Die manuell anzulegen kann recht zeitraubend sein – erst recht, wenn man das in mehreren verschiedenen Verzeichnissen machen muss.

Das folgende Makro aus Listing 10.18 nimmt Ihnen diese Arbeit ab. Alles was Sie machen müssen ist, das Verzeichnis anzugeben, in dem eine neue Jahresstruktur erstellt werden soll und die Jahreszahl anzupassen – beide sind im Makro hart codiert, können aber natürlich auch aus Zellen ausgelesen oder als Usereingabe übernommen werden.

```
Sub Jahresverzeichnis()
  Dim Grundpfad As String
  Dim Jahr As Long
  Dim i As Long
  Dim Ordnername As String

   On Error GoTo Jahresverzeichnis_Error

    Grundpfad = ThisWorkbook.Path & "\"
    Jahr = 2013

    If Not OrdnerVorhanden(Grundpfad & Jahr) Then
        MkDir Grundpfad & Jahr
    End If

    For i = 1 To 12
        Ordnername = Format(i, "00") & "_" & Jahr
        If Not OrdnerVorhanden(Grundpfad & Jahr & "\" & Ordnername) Then
            MkDir (Grundpfad & Jahr & "\" & Ordnername)
        End If
    Next i

   On Error GoTo 0
   Exit Sub

Jahresverzeichnis_Error:

  MsgBox "Error " & Err.Number & " (" & Err.Description & _
  ") in procedure Jahresverzeichnis of Modul mdl_Verarbeitung in Zeile " & Erl
```

Listing 10.18 Ein Jahr mit zwölf Monatsordnern wird automatisch angelegt

```
End Sub


Function OrdnerVorhanden(Pfad As String) As Boolean

    If Dir(Pfad, vbDirectory) <> "" Then
        OrdnerVorhanden = True
    End If

End Function
```

Listing 10.18 Ein Jahr mit zwölf Monatsordnern wird automatisch angelegt *(Fortsetzung)*

Der Code prüft zunächst, ob das Jahresverzeichnis nicht vielleicht schon existiert. Falls ja, muss es nicht angelegt werden. Dafür befindet sich direkt unter dem Makro eine Funktion, die diese Prüfung übernimmt. Sie nutzt die Dir-Funktion, die den Namen eines Verzeichnisses zurückgibt. Existiert dieses nicht, ist der Rückgabewert ein Leerstring.

Danach werden in einer Schleife die zwölf Monatsordner angelegt – auch hier wird jedes Mal vorher geprüft, ob der Ordner nicht vielleicht schon existiert. Zum Anlegen der Verzeichnisse nutzt das Makro die MkDir-Funktion. Diese legt das als Parameter übergebene Verzeichnis an. Wenn es schon vorhanden ist, wird ein Fehler ausgelöst. MkDir ist Teil von VBA, Sie müssen dafür also keinen zusätzlichen Verweis in der Entwicklungsumgebung setzen.

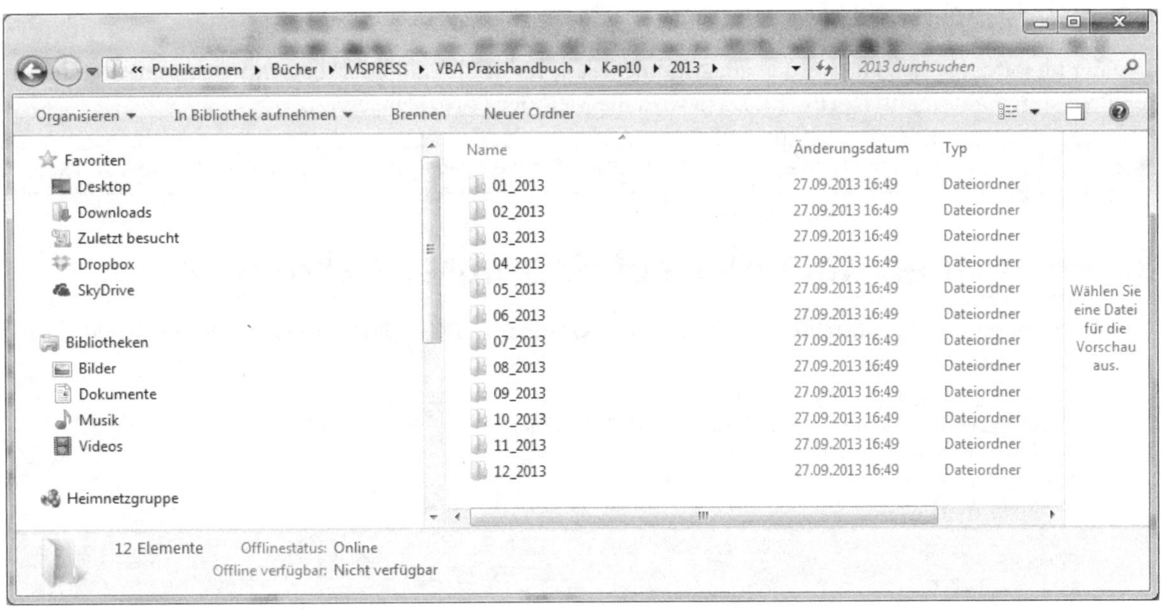

Abbildung 10.13 Das Jahr und die zwölf Monate wurden per Makro automatisch angelegt

Alle Quellcodes aus einer Mappe entfernen

Bei der folgenden Aufgabe werden auf Knopfdruck alle Prozeduren aus einer Arbeitsmappe entfernt.

```
Sub ModuleUndUserFormenEntfernen()
    Dim vbKom As Object

    With ActiveWorkbook.VBProject

        For Each vbKom In .VBComponents

            'Type 1 = Modul
            'Type 2 = Klassenmodul
            'Type 3 = UserForm

            If vbKom.Type < 4 Then
                .VBComponents.Remove vbKom
            End If

        Next vbKom

    End With

End Sub
```

Listing 10.19 Alle Prozeduren und UserFormen aus einer Mappe entfernen

In einer For Each...Next-Schleife werden alle Module, Klassenmodule und UserFormen mitsamt den hinterlegten Prozeduren automatisch gelöscht. Dazu wird die Methode Remove eingesetzt.

ACHTUNG Vorher ist es zwingend erforderlich, den Verweis *Microsoft Visual Basic for Application Extensibility* zu setzen.

Einen eigenen Kalender auf Knopfdruck erzeugen

Bei der folgenden Aufgabenstellung wird ein Jahreskalender auf Knopfdruck erstellt. Setzen Sie dazu das Makro aus Listing 10.20 ein.

```
Sub KalenderErstellen()
  Dim strMonth As String
  Dim ZelleStart As Range
  Dim strAddress As String
  Dim Zelle As Range
  Dim iMonat As Integer
  Dim iDays As Integer
  Dim dDate As Date

    Worksheets.Add
    ActiveWindow.DisplayGridlines = False
        With Cells
            .ColumnWidth = 6
            .Font.Size = 8
```

Listing 10.20 Den eigenen Kalender erzeugen

```
    End With

  For iMonat = 1 To 4

      Select Case iMonat
          Case 1
              strMonth = "Januar"
              Set ZelleStart = Range("A1")
          Case 2
              strMonth = "April"
              Set ZelleStart = Range("A8")
          Case 3
              strMonth = "Juli"
              Set ZelleStart = Range("A15")
          Case 4
              strMonth = "Oktober"
              Set ZelleStart = Range("A22")
      End Select

      With ZelleStart
        .Value = strMonth
          .HorizontalAlignment = xlCenter
          .Interior.ColorIndex = 6
          .Font.Bold = True
            With .Range("A1:G1")
              .Merge
              .BorderAround LineStyle:=xlContinuous
            End With
          .Range("A1:G1").AutoFill Destination:=.Range("A1:U1")
      End With

  Next iMonat

   For iMonat = 1 To 12

    strAddress = Application.WorksheetFunction.Choose(iMonat, "A2:G7", "H2:N7", "O2:U7", _
                 "A9:G14", "H9:N14", "O9:U14", "A16:G21", "H16:N21", "O16:U21", _
                 "A23:G28", "H23:N28", "O23:U28")

    iDays = 0

    Range(strAddress).BorderAround LineStyle:=xlContinuous

      For Each Zelle In Range(strAddress)

        iDays = iDays + 1

        dDate = DateSerial(Year(Date), iMonat, iDays)
          If Month(dDate) = iMonat Then
            With Zelle
              .Value = dDate
              .NumberFormat = "DDD DD"
            End With
          End If
    Next Zelle
```

Listing 10.20 Den eigenen Kalender erzeugen *(Fortsetzung)*

```
    Next iMonat

End Sub
```

Listing 10.20 Den eigenen Kalender erzeugen *(Fortsetzung)*

Fügen Sie zunächst eine neue Tabelle mithilfe der Methode Add ein, die Sie auf das Auflistungsobjekt Worksheets anwenden. Danach legen Sie die Spaltenbreite sowie die Schriftgröße über die Eigenschaften ColumnWidths und Size fest. Anschließend bestimmen Sie die erste Spalte des Kalenders, die aus den Monaten Januar, April, Juli und Oktober besteht. Dazu setzen Sie eine Schleife ein. In der Schleife sorgen Sie für die Formatierung der Monatsspalten sowie das Verbinden und Zentrieren der Monate.

In einer anschließenden For...Next-Schleife arbeiten Sie die zwölf Monate Tag für Tag ab. Innerhalb dieser Schleife bilden Sie mithilfe der Funktion DateSerial das jeweilige Datum und schreiben es mittels der Eigenschaft Value in die Zelle. Über die Eigenschaft NumberFormat formatieren Sie die Datumsangabe, sodass das Tageskürzel sowie die Tagesnummerierung angezeigt werden.

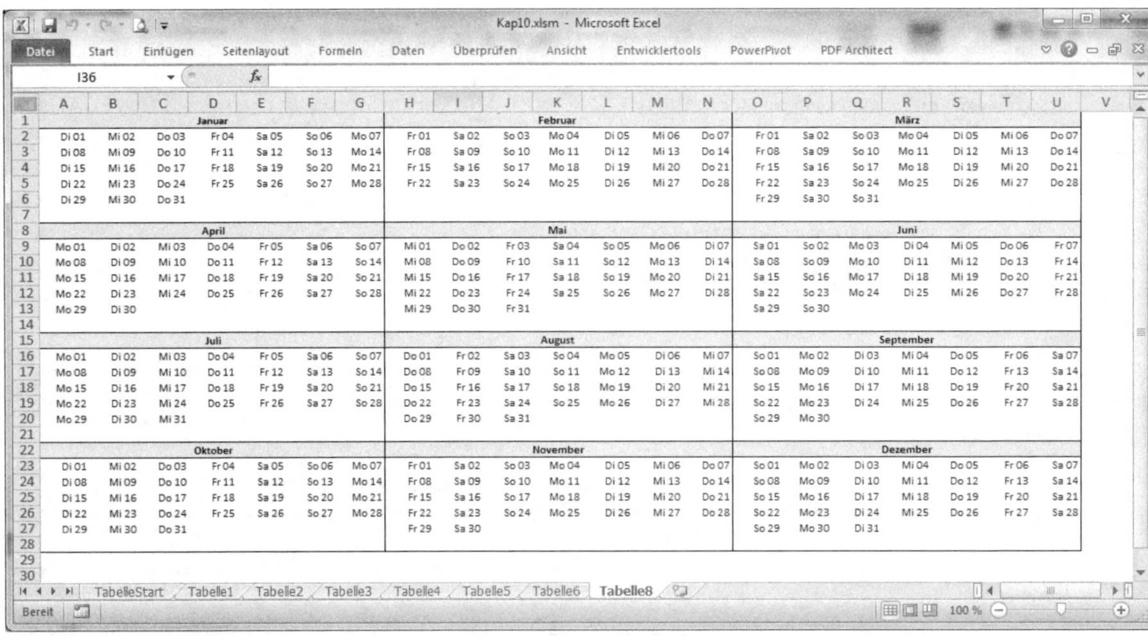

Abbildung 10.14 Ein Jahr im Überblick

Ausgeblendete Zeilen und Spalten einblenden

Das manuelle Einblenden ausgeblendeter Zeilen und Spalten ist recht mühselig. Setzen Sie dazu lieber das Makro aus Listing 10.21 ein, das in allen Tabellen der aktiven Arbeitsmappe ausgeblendete Zeilen und Spalten sichtbar macht.

```
Sub ZeilenUndSpaltenEinblenden()
  Dim Blatt As Worksheet

  For Each Blatt In ActiveWorkbook.Worksheets

   Blatt.Rows.Hidden = False
   Blatt.Columns.Hidden = False

  Next Blatt

End Sub
```

Listing 10.21 Alle ausgeblendeten Zeilen und Spalten sichtbar machen

In einer For Each...Next-Schleife werden alle Tabellen der aktiven Arbeitsmappe nacheinander verarbeitet. Innerhalb der Schleife weisen Sie der Eigenschaft Hidden für die Objekte Rows und Columns den Wert False zu, um alle Zeilen und Spalten der Tabelle einzublenden.

Verknüpfungen aus Arbeitsmappen entfernen

Beim folgenden nützlichen Makro aus Listing 10.22 werden alle Verknüpfungen zu anderen Excel-Arbeitsmappen automatisch und blitzschnell entfernt.

```
Sub VerknüpfungenEntfernen()
 Dim VarLinks As Variant
 Dim i As Integer

 VarLinks = ActiveWorkbook.LinkSources(Type:=xlLinkTypeExcelLinks)

 If IsEmpty(VarLinks) Then
    MsgBox "Keine externen Verknüpfungen in Mappe enthalten!"
    Exit Sub
 End If

  For i = 1 To UBound(VarLinks)
       ActiveWorkbook.BreakLink VarLinks(i), xlLinkTypeExcelLinks
  Next i

 End Sub
```

Listing 10.22 Alle externen Verknüpfungen entfernen

Mithilfe der Methode LinkSources und dem Parameter xlLinkTypeExcelLinks können Sie alle in der Arbeitsmappe existierenden Verknüpfungen zu anderen Arbeitsmappen auslesen und in einem Datenfeld speichern. Danach prüfen Sie über die Funktion IsEmpty, ob das Datenfeld leer ist. Wenn ja, dann gibt es in der Arbeitsmappe keine externen Verknüpfungen. In diesem Fall beenden Sie das Makro über den Einsatz der Anweisung Exit Sub.

Andernfalls setzen Sie eine For...Next-Schleife auf, die das Datenfeld vom ersten bis zum letzten Feld abarbeitet. Den letzten Eintrag in einem Datenfeld können Sie mithilfe der Funktion UBound ermitteln. Innerhalb der Schleife setzen Sie die Methode BreakLink ein, um die Verknüpfung auszuheben.

Fehlerhafte Namen in einer Arbeitsmappe löschen

Oft entstehen bei länger im Einsatz befindlichen Arbeitsmappen gerne auch einmal fehlerhafte Bezüge auf benannte Bereiche, wenn beispielsweise solche Bereiche aus anderen Mappen kopiert oder benannte Zellen gelöscht werden.

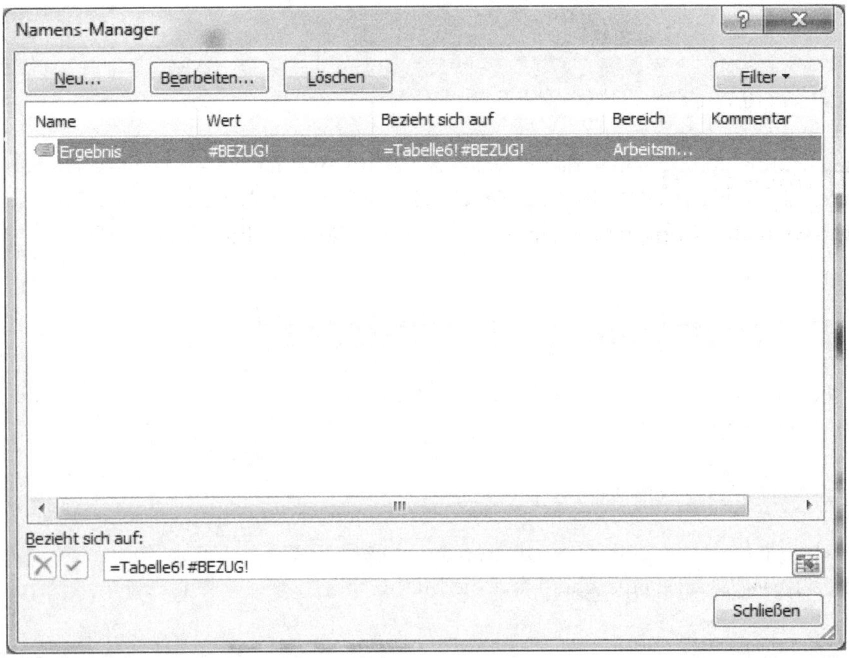

Abbildung 10.15 Ein nicht mehr funktionierender benannter Bereich

Die Löschung der nicht mehr funktionierenden Namen aus einer Mappe kann dann etwas aufwendiger werden. Das Makro aus Listing 10.23 entfernt alle fehlerhaften Namen aus der aktuellen Arbeitsmappe.

```
Sub NamenlöschenwennFehlerhaft()
  Dim obj As Name

  For Each obj In ActiveWorkbook.Names

   If InStr(obj.RefersTo, "#REF!") > 0 Then

    obj.Delete

   End If

  Next obj

End Sub
```

Listing 10.23 Alle fehlerhaften Namen werden entfernt

Sie deklarieren im ersten Schritt eine Objektvariable vom Typ Name. Danach setzen Sie eine For Each...Next-Schleife auf, um alle benannten Bereiche der Arbeitsmappe nacheinander abzuarbeiten. Innerhalb der

Schleife prüfen Sie mithilfe der Funktion Instr, ob ein fehlerhafter Verweis vorliegt. In diesem Fall liefert die Eigenschaft RefersTo einen Fehlerwert zurück. Wenn dem so ist, dann entfernen Sie den Bereichsnamen aus der Arbeitsmappe, indem Sie die Methode Delete einsetzen.

Sonstige Aufräumarbeiten

Neben benannten Bereichen gibt es in Excel-Arbeitsmappen auch Gültigkeiten, Bedingte Formate, Kommentare, Gruppierungen und dergleichen mehr, bei denen eine händische Löschung recht aufwendig ist. Gerade für solche Bereinigungsarbeiten bringen Makros einen enormen Zeitvorteil.

Gültigkeitsprüfungen entfernen

Beim Makro aus Listing 10.24 werden alle Gültigkeitsregeln der aktiven Tabelle ohne Rückfrage entfernt.

```
Sub GültigkeitLöschen()

    On Error Resume Next

  Cells.SpecialCells(xlCellTypeAllValidation).Validation.Delete

End Sub
```

Listing 10.24 Alle Gültigkeitsregeln aus der aktiven Tabelle entfernen

Mithilfe der Methode SpecialCells können Sie alle Gültigkeitsprüfungen einer Tabelle aufspüren, indem Sie die Methode mit dem Parameter xlCellTypeAllValidation aufrufen. Über die Methode Delete entfernen Sie diese ersatzlos aus der aktiven Tabelle.

Bedingte Formatierungen entfernen

Über den Einsatz des Makros aus Listing 10.25 können Sie alle bedingten Formatierungen aus einer Tabelle entfernen.

```
Sub BedingteFormatierungInSpaltenEntfernen()

  Columns.FormatConditions.Delete

End Sub
```

Listing 10.25 Alle bedingten Formate löschen

Über das Objekt FormatConditions haben Sie Zugriff auf alle eingesetzten bedingten Formate einer Tabelle. Wenden Sie die Methode Delete an, um diese aus allen Spalten (was der gesamten Tabelle entspricht) zu entfernen.

Kommentare entfernen

Mithilfe des Makros aus Listing 10.26 entfernen Sie alle Kommentare aus der aktiven Tabelle.

```
Sub KommentareLöschen()

    On Error Resume Next
    Cells.SpecialCells(xlCellTypeComments).ClearComments

End Sub
```

Listing 10.26 Alle Kommentare einer Tabelle entfernen

Mit der Methode SpecialCells können Sie über den Parameter xlCellTypeComments alle Kommentare der aktiven Tabelle ansteuern. Die Methode ClearComments löscht diese dann direkt im Anschluss.

Sollen alle Kommentare aus einer Arbeitsmappe entfernt werden, dann setzen Sie das Makro aus Listing 10.27 ein.

```
Sub AlleKommentareLöschen()
  Dim Blatt As Worksheet
  Dim Notiz As Comment

    For Each Blatt In ActiveWorkbook.Worksheets

        For Each Notiz In Blatt.Comments
            Notiz.Delete
        Next Notiz

    Next Blatt

End Sub
```

Listing 10.27 Alle Kommentare aus einer Arbeitsmappe entfernen

In einer For Each...Next-Schleife werden alle Tabellen der aktiven Arbeitsmappe abgearbeitet. Innerhalb dieser Schleife wird eine weitere For Each...Next-Schleife aufgesetzt, die alle Kommentare der jeweiligen Tabelle nacheinander verarbeitet. In dieser Schleife kommt die Methode Delete zum Einsatz, welche die Kommentare entfernt.

Druckbereich aufheben

Der Druckbereich einer Tabelle lässt sich über die Eigenschaft PrintArea einstellen bzw. auch wieder zurücksetzen. Das Makro aus Listing 10.28 hebt den eingestellten Druckbereich der aktiven Tabelle wieder auf.

```
Sub DruckbereichAufheben()

    ActiveSheet.PageSetup.PrintArea = ""

End Sub
```

Listing 10.28 Den Druckbereich der aktiven Tabelle aufheben

Sie weisen der Eigenschaft PrintArea eine leere Zeichenfolge zu, um den gesetzten Druckbereich aufzuheben.

Seitenumbrüche entfernen

Im folgenden Makro aus Listing 10.29 werden alle Seitenumbrüche in einer Tabelle entfernt und die Anzeige der Seitenumbrüche ausgeblendet.

```
Sub SeitenumbrücheEntfernen()
    ActiveSheet.ResetAllPageBreaks
    ActiveSheet.DisplayPageBreaks = False
End Sub
```

Listing 10.29 Seitenumbrüche entfernen

Mithilfe der Methode ResetAllPageBreakts entfernen Sie alle gesetzten Seitenumbrüche in der aktiven Tabelle. Um Seitenumbrüche auszublenden, weisen Sie der Eigenschaft DisplayPageBreaks den Wert False zu.

Gitternetzlinien ausblenden

Beim Makro aus Listing 10.30 werden auf allen Tabellen der aktiven Arbeitsmappe die Gitternetzlinien ausgeblendet.

```
Sub GitternetzWeg()
 Dim Blatt As Worksheet

 For Each Blatt In ActiveWorkbook.Worksheets
     Blatt.Activate
     Application.ActiveWindow.DisplayGridlines = False
 Next Blatt

End Sub
```

Listing 10.30 Das Gitternetz auf allen Tabellen ausblenden

In der For Each...Next-Schleife verarbeiten Sie alle Tabellen der aktiven Arbeitsmappe. Innerhalb der Schleife aktivieren Sie das jeweilige Tabellenblatt über die Methode Activate. Sie weisen der Eigenschaft DisplayGridlines danach den Wert False zu, um das Gitternetz für die Tabelle auszublenden.

Kopf- und Fußzeilen leeren

Beim folgenden Makro aus Listing 10.31 werden alle gesetzten Kopf- und Fußzeilen der aktiven Arbeitsmappe geleert.

```
Sub KopfFussWeg()
  Dim Blatt As Worksheet

  For Each Blatt In ActiveWorkbook.Worksheets
      With Blatt.PageSetup
          .LeftHeader = ""
          .CenterHeader = ""
          .RightHeader = ""
          .LeftFooter = ""
```

Listing 10.31 Alle Kopf- und Fußzeilen leeren

```
        .CenterFooter = ""
        .RightFooter = ""
    End With
  Next Blatt

End Sub
```

Listing 10.31 Alle Kopf- und Fußzeilen leeren *(Fortsetzung)*

In einer For Each...Next-Schleife werden alle Tabellen nacheinander verarbeitet. Über die Eigenschaften LeftHeader, CenterHeader und RightHeader haben Sie Zugriff auf die dreigliedrige Kopfzeile einer jeden Tabelle. Weisen Sie diesen drei Eigenschaften jeweils eine leere Zeichenfolge zu, um die einzelnen Bereiche zu leeren. Über die Eigenschaften LeftFooter, CenterFooter und RightFooter greifen Sie auf die drei Bereiche der Fußzeile zu, die Sie ebenfalls über einen Leerstring löschen.

Leere Tabellen aus Arbeitsmappen entfernen

Bei der nächsten Lösung sehen Sie im Makro aus Listing 10.32, wie Sie leere Tabellen aus einer Arbeitsmappe entfernen können.

```
Sub LeereTabellenAusMappeEntfernen()
   Dim Blatt As Worksheet

    For Each Blatt In ActiveWorkbook.Worksheets
      If Application.WorksheetFunction.CountA(Blatt.Cells) = 0 Then
        Application.DisplayAlerts = False
        Blatt.Delete
        Application.DisplayAlerts = True
      End If
    Next Blatt

End Sub
```

Listing 10.32 Leere Tabellen aus der Arbeitsmappe entfernen

In einer For Each...Next-Schleife arbeiten Sie sich Tabelle für Tabelle durch die aktive Arbeitsmappe. Innerhalb der Schleife prüfen Sie mithilfe der Tabellenfunktion *ANZAHL2* (engl. CountA), ob die Anzahl der Zellen, die einen Eintrag enthalten, 0 entspricht. Ist dies der Fall, dann sind in der Tabelle keine Daten vorhanden. In diesem Fall wenden Sie die Methode Delete an, um die leere Tabelle zu löschen.

Rahmen entfernen

Das folgende Makro aus Listing 10.33 entfernt alle gesetzten Rahmen innerhalb einer Markierung.

```
Sub RahmenEntfernen()
  Dim Bereich As Range

  Set Bereich = Selection

  With Bereich
      .Borders(xlDiagonalDown).LineStyle = xlNone
```

Listing 10.33 Alle gesetzten Rahmen in einer Markierung entfernen

```
      .Borders(xlDiagonalUp).LineStyle = xlNone
      .Borders(xlEdgeLeft).LineStyle = xlNone
      .Borders(xlEdgeTop).LineStyle = xlNone
      .Borders(xlEdgeBottom).LineStyle = xlNone
      .Borders(xlEdgeRight).LineStyle = xlNone
      .Borders(xlInsideVertical).LineStyle = xlNone
      .Borders(xlInsideHorizontal).LineStyle = xlNone
  End With

End Sub
```

Listing 10.33 Alle gesetzten Rahmen in einer Markierung entfernen *(Fortsetzung)*

Sie deklarieren im ersten Schritt eine Objektvariable vom Typ Range. Danach übergeben Sie die aktuelle Auswahl mittels der Anweisung Set an diese Objektvariable. Über die Borders-Auflistung weisen Sie jeder Art von möglichem Rahmen die Konstante xlNone zu, um einen eventuell gesetzten Rahmen zu entfernen.

Leere Zeilen in einem Bereich entfernen

Beim folgenden Beispiel liegen in einer Tabelle einige leere Zeilen vor. Sehen Sie sich dazu einmal die Abbildung 10.16 an.

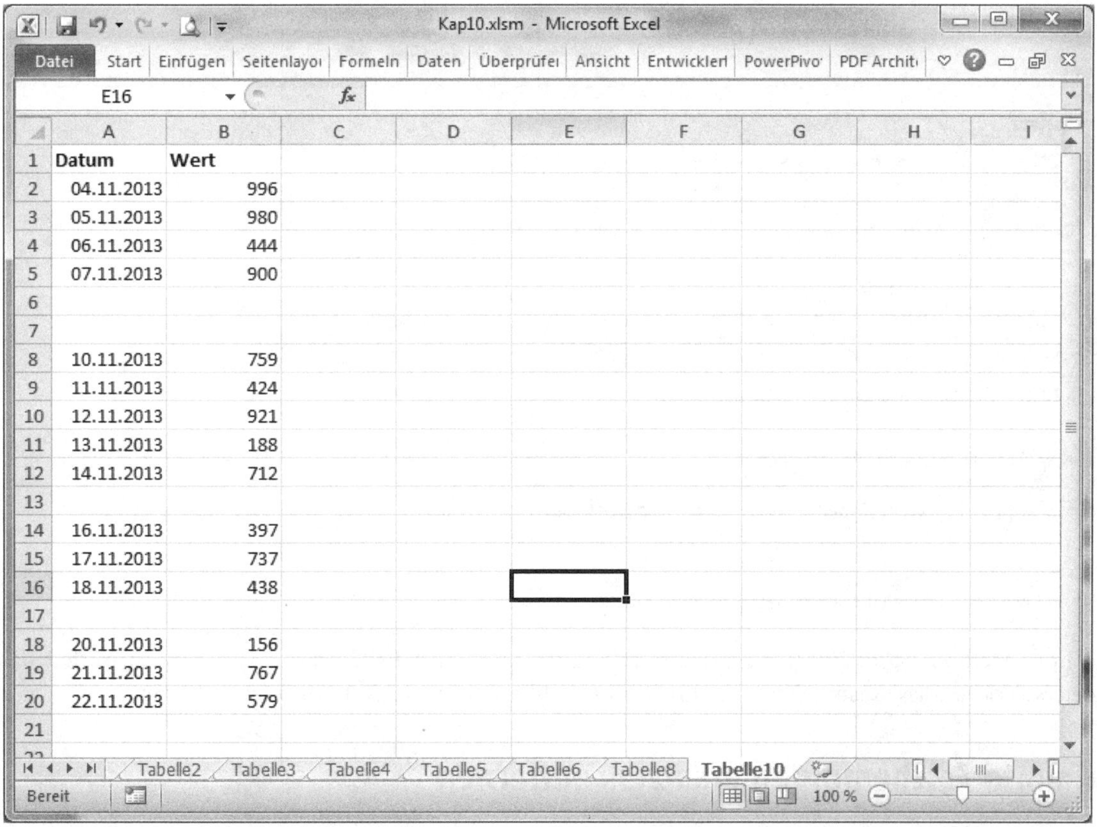

Abbildung 10.16 Die leeren Zeilen sollen entfernt werden

Das Makro aus Listing 10.34 entfernt die leeren Zeilen auf recht schnelle Art und Weise.

```
Sub LeereZellenInEinemBereichEntfernen()

 Range("A1:A20").SpecialCells(xlCellTypeBlanks).EntireRow.Delete

End Sub
```

Listing 10.34 Leere Zeilen entfernen

Mithilfe der Methode SpecialCells können Sie leere Zeilen in einer Tabelle oder einem Bereich mittels des Parameters xlCellTypeBlanks ansprechen und direkt im Anschluss über die Methode Delete entfernen.

Leere Spalten in einem Bereich entfernen

Sollen alle nicht verwendeten Spalten eines Bereichs oder gar der ganzen Tabelle entfernt werden, dann starten Sie das Makro aus Listing 10.35.

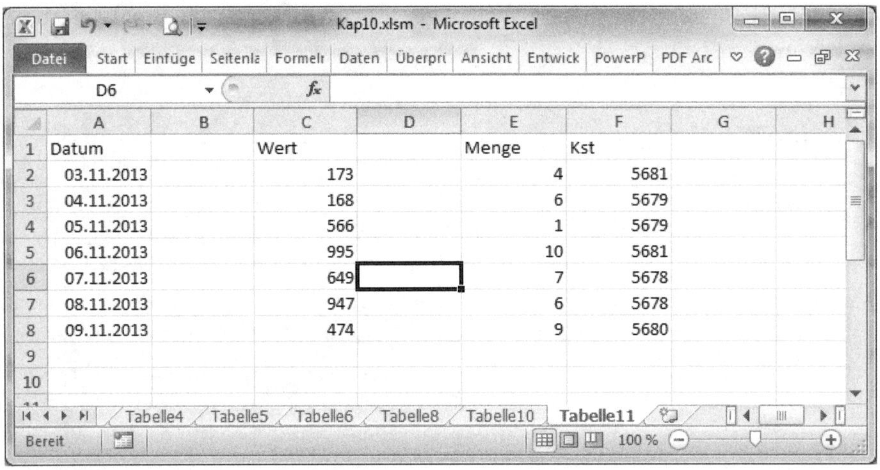

Abbildung 10.17 Die leeren Spalten sollen entfernt werden

```
Sub LeereSpaltenInEinemBereichEntfernen()

 Columns.SpecialCells(xlCellTypeBlanks).EntireColumn.Delete

End Sub
```

Listing 10.35 Alle leeren Spalten der aktiven Tabelle werden entfernt

Mithilfe der Methode SpecialCells können Sie leere Spalten in einer Tabelle oder einem Bereich mittels des Parameters xlCellTypeBlanks ansprechen und direkt im Anschluss über die Methode Delete entfernen.

Bestimmte Zeichenfolgen ersatzlos entfernen

Bei der nachfolgenden Aufgabe liegt eine Tabelle mit Zahlwerten wie in Abbildung 10.18 gezeigt vor.

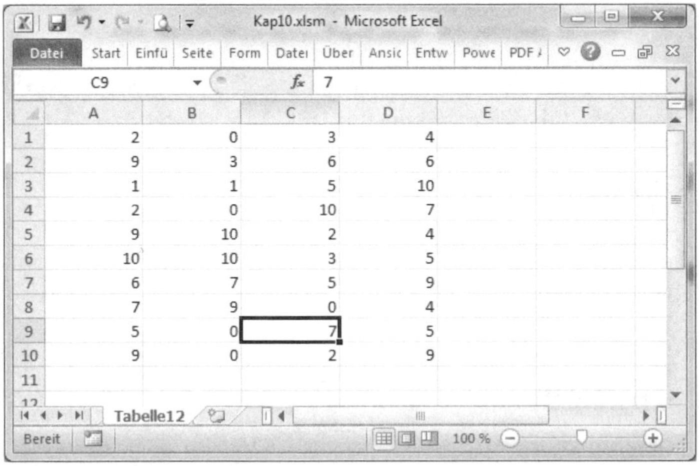

Abbildung 10.18 Eine Matrix mit Zahlen zwischen 0 und 10

Die Aufgabe besteht darin, alle Zellen mit Nullwerten durch eine leere Zeichenfolge zu ersetzen. Am schnellsten können Sie diese Aufgabe mit dem Makro aus Listing 10.36 lösen.

```
Sub ZeichenFolgeInBereichEntfernen()

    ActiveSheet.UsedRange.Replace What:="0", Replacement:="", LookAt:=xlWhole

End Sub
```

Listing 10.36 Eine Zeichenfolge durch eine andere Zeichenfolge austauschen

Mithilfe der Methode Replace können Sie einzelne Zeichen bzw. auch ganze Zeichenfolgen durch andere Zeichen ersetzen. Geben Sie im Parameter What an, welche Zeichenfolge Sie ersetzen möchten. Im Parameter Replacement geben Sie die Zeichenfolge an, mit der Sie die gesuchte Zeichenfolge ersetzen möchten. Über den wichtigen Parameter LookAt bestimmten Sie, ob eine teilqualifizierte oder eben eine vollqualifizierte Ersetzung vorgenommen werden soll. Bei einer teilqualifizierten Ersetzung über die Konstante xlPart würde auch die 0 bei der 10 durch eine leere Zeichenfolge ersetzt werden. Vollqualifiziert xlWhole bedeutet, dass wirklich nur die 0 durch eine leere Zeichenfolge ersetzt wird.

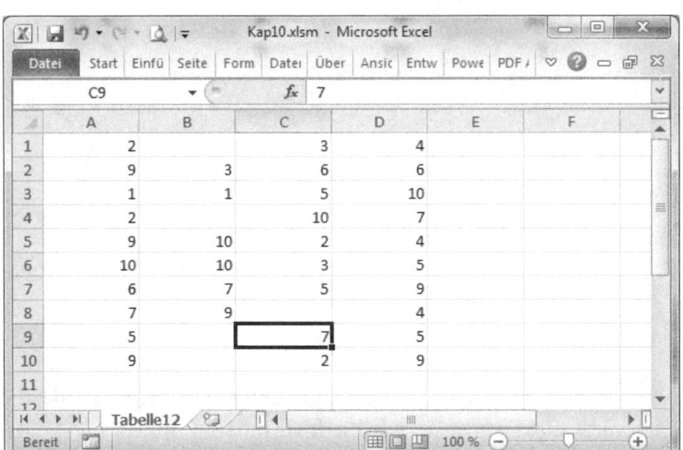

Abbildung 10.19 Die Nullen wurden durch eine leere Zeichenfolge ersetzt

Nützliche Prüffunktionen

Lernen Sie am Ende des Kapitels noch einige nützliche Prüffunktionen kennen, die Sie in fast jedem Projekt gebrauchen können. Diese Funktion finden Sie im Modul *mdl_Funktionen*.

Prüfen, ob eine Tabelle geschützt ist

Einige Aktionen in Excel sind nur möglich, wenn eine Tabelle nicht geschützt ist. Die folgende Funktion aus Listing 10.37 ermittelt, ob eine bestimmte Tabelle geschützt ist.

```
Function TabSchutz(s As String) As Boolean

    On Error GoTo fehler

    If Sheets(s).ProtectContents = True Then
        TabSchutz = True
    End If

    Exit Function

fehler:
    TabSchutz = False

End Function
```

Listing 10.37 Prüft den Tabellenschutz von Excel

Liefert die Eigenschaft ProtectContents den Wert True, dann ist die Tabelle geschützt. Ein möglicher Aufruf, der das Ergebnis in einem Meldungsfeld anzeigt, ist nachfolgend aufgeführt: MsgBox TabSchutz("Tabelle1")

Prüfen, ob eine Zelle eine Gültigkeitsregel beinhaltet

Bei der folgenden Funktion aus Listing 10.38 wird geprüft, ob eine bestimmte Zelle mit einer Gültigkeitsregel ausgestattet ist.

```
Function GgK(Zelle) As Boolean
    Dim Nummer As Integer

    On Error GoTo fehler
    Nummer = Zelle.Validation.Type
    GgK = True
    Exit Function

fehler:
    GgK = False

End Function
```

Listing 10.38 Prüft, ob für eine Zelle eine Gültigkeitsregel eingestellt ist

Jeder Gültigkeitstyp in Excel hat eine Nummer. Enthält eine Zelle keine Gültigkeitsregel, dann würde die Abfrage der Eigenschaft Type einen Laufzeitfehler verursachen. Dieser wird jedoch in der Funktion abgefangen. Ein möglicher Aufruf, der das Ergebnis in einem Meldungsfeld anzeigt, ist nachfolgend aufgeführt: MsgBox GgK(Tabelle1.Range("A1"))

Prüfen, ob eine Zelle einen Kommentar enthält

Bei der folgenden Funktion aus Listing 10.39 wird geprüft, ob in einer bestimmten Zelle ein Kommentar enthalten ist.

```
Function Kom(Zelle) As Boolean
    On Error GoTo fehler

    If Len(Zelle.Comment.Text) > 0 Then
        Kom = True
    End If
    Exit Function

fehler:
    Kom = False

End Function
```

Listing 10.39 Prüft, ob eine Zelle einen Kommentar enthält

Bei dieser Prüfung wird die Länge des Kommentars gemessen. Ist keine vorhanden, dann liefert die Funktion Len den Wert 0. Ein möglicher Aufruf, der das Ergebnis in einem Meldungsfeld anzeigt, ist nachfolgend aufgeführt: MsgBox Kom(Range("A1"))

Prüfen, ob ein bestimmter Name in der Mappe verwendet wird

Bei der folgenden Funktion aus Listing 10.40 soll geprüft werden, ob ein bestimmter Name in einer Arbeitsmappe verwendet wird.

```
Function IsNameInWorkbook(strName As String) As Boolean

    For Each Name In ActiveWorkbook.Names
        If Name.Name = strName Then
            IsNameInWorkbook = True
            Exit Function
        End If
    Next Name

End Function

Sub AufrufNamen()
    If IsNameInWorkbook(InputBox("Gesuchten Namen eingeben...")) Then
        MsgBox "Es gibt einen solchen Namen."
    Else
        MsgBox "Ein solcher Name existiert nicht."
    End If

End Sub
```

Listing 10.40 Prüft, ob ein Namen in einer Mappe existiert

Alle Namen einer Arbeitsmappe sind in der Names-Auflistung verzeichnet. Diese werden mittels einer For Each...Next-Schleife verarbeitet. Innerhalb der Schleife wird der jeweilige Name mit dem zu vergleichenden Namen verglichen. Gibt es eine Übereinstimmung, wird der Wert True an die aufrufende Prozedur übergeben und die Funktion über die Anweisung Exit Function verlassen.

Prüfen, ob ein VBA-Projekt geschützt ist

Bei der folgenden Funktion aus Listing 10.41 wird geprüft, ob das aktuelle VBA-Projekt geschützt ist.

```
Function VBProjectSchutz(ByVal wb As Workbook) As Boolean
  Dim intVB As Integer

    intVB = 0
    intVB = wb.VBProject.VBComponents.Count

    If intVB = 0 Then
        VBProjectSchutz = True
    Else
        VBProjectSchutz = False
    End If

End Function


Sub ProjektZugriff()

    If VBProjectSchutz(ActiveWorkbook) Then
        MsgBox "Projekt ist geschützt!"
    Else
        MsgBox "Projekt ist nicht geschützt!"
    End If

End Sub
```

Listing 10.41 Prüft, ob ein VBA-Projekt geschützt ist

Um zu überprüfen, ob ein VBA-Projekt geschützt ist, wird versucht, die Anzahl der Module über die Funktion Count zu zählen. In einem geschützten VBA-Projekt liefert die Zählung das Ergebnis 0. Sie übergeben in diesem Fall den Wert True an die aufrufende Prozedur.

Prüfen, ob eine VBA-Bibliothek eingebunden ist

Bei der folgenden Funktion aus Listing 10.1 wird geprüft, ob eine bestimmte VBA-Bibliothek in der Entwicklungsumgebung unter *Extras/Verweise* eingebunden ist.

```
Function Verweis_installiert(strVerweisname As String) As Boolean
    Dim objVBE As Object
    Dim i As Integer

      Set objVBE = Application.VBE.ActiveVBProject
        With objVBE
```

Listing 10.42 Prüft, ob eine VBA-Bibliothek verfügbar ist

```
            For i = 1 To .References.Count
                If UCase(.References(i).Name) = UCase(strVerweisname) Then
                    Verweis_installiert = True
                    Exit Function
                End If
            Next i
        End With
End Function
```

Listing 10.42 Prüft, ob eine VBA-Bibliothek verfügbar ist *(Fortsetzung)*

In einer For...Next-Schleife werden alle eingestellten Verweise durchlaufen. Innerhalb der Schleife wird der jeweilige Verweis mit dem zu überprüfenden Bibliotheksnamen verglichen. Gibt es eine Übereinstimmung, dann wird der Wert True an die aufrufende Prozedur übergeben und die Funktion über die Anweisung Exit Function verlassen. Ein möglicher Aufruf, der das Ergebnis in einem Meldungsfeld anzeigt, ist nachfolgend aufgeführt: MsgBox Verweis_installiert("Word")

Prüfen, ob es in einer Tabelle Formeln gibt

Bei der Funktion aus Listing 10.43 wird geprüft, ob in einer bestimmten Tabelle Formeln vorliegen.

```
Function FormelnDa(Tabelle As Worksheet) As Boolean
Dim Bereich As Range

  FormelnDa = False
  On Error GoTo fehler
   Set Bereich = Tabelle.Cells.SpecialCells(xlCellTypeFormulas)
   FormelnDa = True
   Exit Function

fehler:
   FormelnDa = False
End Function
```

Listing 10.43 Prüft, ob in einer Tabelle Formeln existieren

In der Funktion wird mittels der Methode SpecialCells geprüft, ob es Zellen mit Formeln in der gemeldeten Tabelle gibt. Wenn nicht, dann würde die Methode einen Laufzeitfehler verursachen, der jedoch in der Funktion abgefangen wird. Ein möglicher Aufruf, der das Ergebnis in einem Meldungsfeld anzeigt, ist nachfolgend aufgeführt: MsgBox FormelnDa(Tabelle1)

Prüfen, ob eine Tabelle existiert

Bei der folgenden Funktion aus Listing 10.44 wird geprüft, ob eine Tabelle in einer Arbeitsmappe überhaupt existiert.

```
Function BlattDa(StrTab As String) As Boolean
    Dim Blatt As Worksheet

    BlattDa = False
    For Each Blatt In ThisWorkbook.Worksheets
```

Listing 10.44 Prüft, ob eine Tabelle in einer Arbeitsmappe existiert

```
        If Blatt.Name = StrTab Then
            BlattDa = True
            Exit Function
        End If
    Next Blatt

End Function
```

Listing 10.44 Prüft, ob eine Tabelle in einer Arbeitsmappe existiert *(Fortsetzung)*

In einer For Each...Next-Schleife werden alle Tabellen der Arbeitsmappe durchlaufen. Innerhalb der Schleife wird geprüft, ob der jeweilige Tabellenname mit dem zu prüfenden Namen der Tabelle übereinstimmt. Wenn ja, dann wird der Wert True an die aufrufende Prozedur übergeben und die Funktion über die Anweisung Exit Function verlassen.

Prüfen, ob eine Tabelle leer ist

Bei der folgenden Funktion aus Listing 10.45 wird geprüft, ob eine bestimmte Tabelle leer ist.

```
Function TabelleLeer(s As String) As Boolean

    If Application.CountA(Sheets(s).UsedRange) = 0 Then
        TabelleLeer = True
    Else
        TabelleLeer = False
    End If

End Function
```

Listing 10.45 Prüft, ob eine Tabelle leer ist

Mithilfe der Tabellenfunktion *ANZAHL2* (engl. CountA) können Sie Zelleninhalte zählen. Befinden sich im benutzten Bereich der Tabelle keine Inhalte, dann meldet diese Funktion den Wert 0. In diesem Fall übergeben Sie an die aufrufende Funktion den Wert True. Ein möglicher Aufruf, der das Ergebnis in einem Meldungsfeld anzeigt, ist nachfolgend aufgeführt: MsgBox TabelleLeer("Tabelle1")

Prüfen, ob in einem Bereich verbundene Zellen vorkommen

Bei der folgenden Funktion aus Listing 10.46 wird geprüft, ob es in einem bestimmten Bereich verbundene Zellen gibt. Verbundene Zellen bereiten bei einigen Aktionen in Excel, wie beispielsweise beim Filtern und Gruppieren von Daten, erhebliche Probleme.

```
Function EnthältVerbundeneZellen(Bereich As Range) As Boolean
  Dim Zelle As Range

    On Error GoTo 0
    For Each Zelle In Bereich
        If Zelle.MergeCells = True Then
            EnthältVerbundeneZellen = True
            Exit Function
        End If
```

Listing 10.46 Prüft, ob die aktuelle Auswahl verbundene Zellen enthält

```
    Next Zelle
End Function


Sub Aufruf_ZellenStatus()

    If EnthältVerbundeneZellen(Selection) Then
        MsgBox "Im selektierten Bereich sind verbundene Zellen"
    Else
        MsgBox "Innerhalb der Selektion wurden keine verbundenen Zellen gefunden"
    End If

End Sub
```

Listing 10.46 Prüft, ob die aktuelle Auswahl verbundene Zellen enthält *(Fortsetzung)*

In einer For Each...Next-Schleife werden alle Zellen des übergebenen Bereichs, in diesem Beispiel ist das die aktuelle Auswahl, durchlaufen. Innerhalb der Schleife wird geprüft, ob sich die jeweilige Zelle in einem Zellenverbund befindet. In diesem Fall liefert die Eigenschaft MergeCells den Wert True.

Prüfen, ob eine bestimmte Datei vorliegt

Bei der folgenden Funktion aus Listing 10.47 wird geprüft, ob es eine bestimmte Datei in einem vorgegebenen Verzeichnis gibt.

```
Function DateiVorhanden(str As String) As Boolean

    DateiVorhanden = False
    If Len(str) > 0 Then DateiVorhanden = (Dir(str) <> "")
    Exit Function

End Function
```

Listing 10.47 Prüft, ob eine bestimmte Datei zur Verfügung steht

Der Funktion wird der zu überprüfende Dateiname inklusive des Pfads zur Prüfung übergeben. Die Funktion Dir liefert ähnlich einem Spiegel den Datei- und Pfadnamen zurück, wenn sie ihn finden kann. Andernfalls liefert diese Funktion einen leeren String zurück.

Prüfen, ob ein vorgegebener Bereich leer ist

Bei der folgenden Funktion aus Listing 10.48 wird geprüft, ob ein bestimmter Bereich Daten enthält.

```
Function BereichLeer(Bereich As Range) As Boolean
    Dim Zelle As Range

    BereichLeer = True

    For Each Zelle In Bereich.Cells
        If Zelle.Value <> "" Then BereichLeer = False: Exit Function
```

Listing 10.48 Prüft, ob ein Bereich leer ist

```
    Next Zelle

End Function
```

Listing 10.48 Prüft, ob ein Bereich leer ist *(Fortsetzung)*

In einer For Each...Next-Schleife wird der übergebene Bereich Zelle für Zelle durchlaufen. Trifft die Verarbeitung auf eine nicht leere Zelle, wird der Wert False an die aufrufende Prozedur übergeben und die Funktion über die Anweisung Exit Function verlassen. Ein möglicher Aufruf, der das Ergebnis in einem Meldungsfeld anzeigt, ist nachfolgend aufgeführt: MsgBox BereichLeer(Tabelle1.Range("A1:D10"))

Prüfen, ob eine Office-Anwendung gestartet ist

Bei der folgenden Funktion aus Listing 10.49 wird geprüft, ob eine bestimmte Office-Anwendung bereits gestartet ist.

```
Public Enum App_Office
    Excel = 1
    Word = 2
    Access = 3
    PowerPoint = 4
    Outlook = 5
End Enum

Function ApplDa(strApp As App_Office) As Boolean
    Dim objOffice As Object
    Dim strOffApp As String

    On Error GoTo Fehler
    ApplDa = True

    Select Case strApp
        Case 1
           strOffApp = "Excel"
        Case 2
           strOffApp = "Word"
        Case 3
           strOffApp = "Access"
        Case 4
           strOffApp = "PowerPoint"
        Case 5
           strOffApp = "Outlook"
    End Select

    Set objOffice = GetObject(, strOffApp & ".Application")
    Exit Function

Fehler:
      ApplDa = False

End Function


Sub Aufruf_Appl()
  MsgBox ApplDa(3) 'Für MS Access
End Sub
```

Listing 10.49 Prüft, ob eine bestimmte Office-Anwendung gestartet ist

Über eine Enum-Anweisung wird eine Liste bereitgestellt. Diese wird dann in der Funktion wie auch in der aufrufenden Prozedur genutzt. Mittels der Methode GetObject wird dabei geprüft, ob die entsprechende Anwendung bereits gestartet ist. Wenn nicht, wird ein Laufzeitfehler erzeugt, der jedoch in der Funktion selbst abgefangen wird.

Prüfen, ob ein Wert mehrfach vorkommt

Bei der folgenden Funktion aus Listing 10.50 wird geprüft, ob ein bestimmter Wert in einem Bereich mehrfach vorkommt.

```
Function DuplettenCheck(strZahl As Long, strTab As String, strBereich As String) As Long

  DuplettenCheck = Application.WorksheetFunction.CountIf _
 (Worksheets(strTab).Range(strBereich), strZahl)

End Function


Sub Aufruf_DuplCheck()

     If DuplettenCheck(5, "Tabelle12", "A1:D10") > 1 Then
      MsgBox "Diese Zahl ist doppelt!", vbInformation
     Else
      MsgBox "Diese Zahl kommt nur einmalig vor!", vbInformation
     End If

End Sub
```

Listing 10.50 Prüft, ob eine Zahl mehrfach in einem Bereich vorkommt

Der Funktion DuplettenCheck werden drei Argumente übergeben. Im ersten Argument wird die zu suchende Zahl übergeben. Im zweiten Argument wird der Name der Tabelle bekannt gegeben, in der der Suchbegriff vermutet wird. Im dritten Argument wird der Bereich angegeben, in dem gesucht werden soll. In der Funktion selbst wird die Tabellenfunktion *ZÄHLWENN* (engl. CountIf) verwendet, die alle Einträge zählt, die mit dem Suchbegriff übereinstimmen.

Kapitel 11

Export von Excel-Mappen und Tabellen

In diesem Kapitel:

In diesem Kapitel werden Lösungen vorgestellt, bei denen die Ausgabe von Daten in Excel-Arbeitsmappen oder/und Excel-Tabellen durchgeführt wird.

ONLINE Die Lösungen zu den folgenden Aufgaben finden Sie in der Datei *Kap11.xlsm*.

Aktive Tabelle als neue Arbeitsmappe ablegen

Beim ersten Beispiel in diesem Kapitel aus Listing 11.1 wird die aktive Tabelle der Mappe in eine neue Arbeitsmappe exportiert.

```
Sub AktivesTabellenblattAlsDatei()

    ActiveSheet.Copy

End Sub
```

Listing 11.1 Aktive Tabelle in neue Arbeitsmappe exportieren

Mithilfe der Methode `Copy` ohne Angabe weiterer Parameter wird die aktive Tabelle in einer neuen Mappe angeboten.

Bestimmte Tabelle als Arbeitsmappe speichern

Die folgende Aufgabe aus Listing 11.2 geht noch einen Schritt weiter. Bei ihr wird eine bestimmte Tabelle exportiert und in einem bestimmten Verzeichnis unter dem Namen *Export.xlsx* abgelegt.

```
Sub BestimmteTabelleInNeueMappeKopieren()

    'Rückfragen in Excel temporär ausschalten
    Application.DisplayAlerts = False

    Tabelle1.Copy
    ActiveWorkbook.SaveAs ThisWorkbook.Path & "\Export.xlsx"
    ActiveWorkbook.Close

    Application.DisplayAlerts = True

End Sub
```

Listing 11.2 Bestimmte Tabelle exportieren und speichern

Im ersten Schritt schalten Sie die Warnmeldungen temporär aus, indem Sie der Eigenschaft DisplayAlerts den Wert False zuweisen. Danach wenden Sie die Methode Copy an, um die *Tabelle1* in eine neue Arbeitsmappe zu kopieren. Die dadurch entstehende neue Arbeitsmappe wird zur aktiven Arbeitsmappe, die Sie mit der Methode SaveAs speichern. Zur Angabe des Speicherverzeichnisses greifen Sie über die Eigenschaft ThisWorkbook und die Eigenschaft Path auf den Pfad zu, in dem auch die Arbeitsmappe mit dem Makro aus Listing 11.2 hinterlegt ist. Danach kommt die Methode Close zum Einsatz, die die aktive Arbeitsmappe schließt.

Vergessen Sie nicht am Ende des Makros die allgemeinen Warnmeldungen wieder einzuschalten, indem Sie der Eigenschaft DisplayAlerts den Wert True zuweisen. Diese Eigenschaft kommt erst dann zum Tragen, wenn Sie das Makro mehrfach laufen lassen. Ohne Ein- und Ausschalten dieser Eigenschaft würde Excel immer fragen, ob die Arbeitsmappe *Export.xlsx* überschrieben werden soll. Wenn Sie diese Eigenschaft vorher ausgeschaltet haben, dann wird diese Mappe immer wieder ohne Rückfrage überschrieben.

Bestimmte Tabellen in einer neuer Mappe ablegen und verlinken

Bei der folgenden Aufgabe sollen aus einer Arbeitsmappe bestimmte Tabellen in eine neue Arbeitsmappe exportiert und auf eine Übersichttabelle mit dem Namen *Inhalt* verlinkt werden.

```
Sub MehrereTabellenExportieren()
 Dim Ziel As Workbook
 Dim Quelle As Workbook
 Dim Blatt As Worksheet
 Dim i As Integer
 Dim Zelle As Range

 Set Quelle = ActiveWorkbook

 i = Application.SheetsInNewWorkbook
 Application.SheetsInNewWorkbook = 1

 Set Ziel = Workbooks.Add
 Ziel.Worksheets(1).Name = "Inhalt"

 For Each Blatt In Quelle.Worksheets

  Select Case Blatt.CodeName
    Case "Tabelle1", "Tabelle3"
      Blatt.Copy After:=Ziel.Worksheets(Ziel.Worksheets.Count)
    Case Else
      'keine Aktion

  End Select

 Next Blatt

 Set Zelle = Ziel.Sheets("Inhalt").Range("A1")
```

Listing 11.3 Mehrere Tabellen in eine bestimmte Mappe exportieren und verlinken

```
    For Each Blatt In Ziel.Worksheets
        If Blatt.Name <> "Inhalt" Then
            Zelle.Value = Blatt.Name
            Zelle.Hyperlinks.Add Zelle, "", _
            Zelle.Value & "!A1"
            Set Zelle = Zelle.Offset(1, 0)
        End If

    Next Blatt

  Ziel.Worksheets(1).Activate

End Sub
```

Listing 11.3 Mehrere Tabellen in eine bestimmte Mappe exportieren und verlinken *(Fortsetzung)*

Im ersten Schritt deklarieren Sie zwei Objektvariablen Quelle und Ziel vom Typ Workbook. Da es in dieser Aufgabe darum geht, Tabellen von einer Mappe in eine andere zu übertragen, ist es zweckmäßig und übersichtlich, wenn man mit sprechenden Objektvariablen arbeitet. Sie weisen nun der Objektvariablen Quelle die aktuell aktive Arbeitsmappe mithilfe der Anweisung Set zu. Danach lesen Sie eine Systemeinstellung von Excel aus. Dabei greifen Sie über die Eigenschaft SheetsInNewWorkbook auf die Standardeinstellung zu, in der festgelegt wird, wie viele Tabellen standardmäßig eingefügt werden, wenn eine neue Arbeitsmappe erstellt wird. Da diese Einstellung vom Anwender verändert werden kann, speichern Sie die aktuell eingestellte Anzahl in der Variablen i ab. Danach ändern Sie die Standardeinstellung auf den Wert 1.

Anschließend wenden Sie die Methode Add an, um die neue Arbeitsmappe, also das Ziel, anzulegen. Gleichzeitig weisen Sie der Objektvariablen Ziel diese neue Mappe mithilfe der Anweisung Set zu. Sie geben der ersten Tabelle dieser Mappe den Namen Inhalt, indem Sie der Eigenschaft Name diesen Namen zuweisen.

Danach setzen Sie eine For Each...Next-Schleife auf, die alle Tabellen der Quellarbeitsmappe abarbeitet. Innerhalb der Schleife fragen Sie mittels der Anweisung Select Case bestimmte Tabellen ab. Hierbei wird der jeweilige Codename der Tabelle abgefragt. Die zu übertragenden Tabellen werden mithilfe der Methode Copy in die Zielarbeitsmappe jeweils an das Ende der Mappe kopiert.

Jetzt soll ein Inhaltsverzeichnis der neuen Tabellen am Ziel in der Tabelle *Inhalt* erstellt werden. Sie verweisen dazu zunächst auf die Zelle *A1* der Tabelle *Inhalt* in der Zielarbeitsmappe, indem Sie diese Zelle der Objektvariablen Zelle zuweisen. In einer weiteren For Each...Next-Schleife werden alle Tabellen der Zielarbeitsmappe mit Ausnahme der Tabelle *Inhalt* nacheinander verarbeitet.

Sie schreiben den Namen der jeweiligen Tabelle in die entsprechende Zelle. Danach wenden Sie die Methode Add an, um dieser Zelle einen Hyperlink hinzuzufügen. Dabei geben Sie als Sprungziel den Namen der jeweiligen Tabelle sowie die Koordinate *A1* bekannt. Achten Sie darauf, dass zwischen dem Tabellennamen und der Zelle das Ausrufezeichen platziert werden muss. Über die Eigenschaft Offset wird die Zielzelle nach jedem Eintrag eine Zelle weiter nach unten versetzt. Die Eigenschaft Offset hat zwei Argumente. Im ersten Argument geben Sie die Verschiebung in Zeilen, im zweiten Argument legen Sie die Verschiebung in Spalten fest. So bedeutet die Anweisung

```
Set Zelle = Zelle.Offset(1, 0)
```

dass die neue Zelle eine Zeile tiefer, jedoch in der gleichen Spalte sein soll.

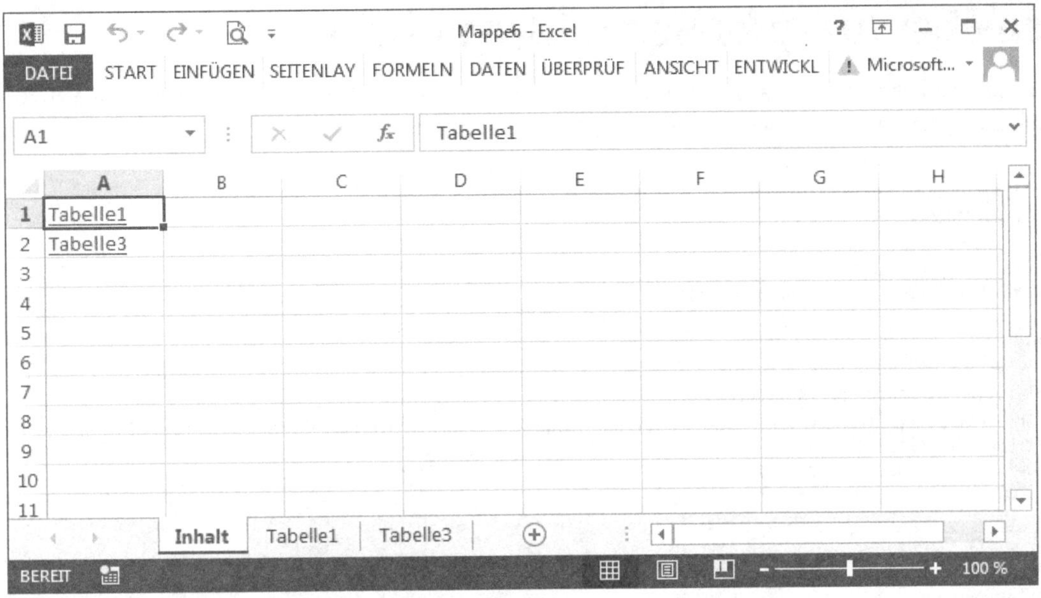

Abbildung 11.1 Die Tabellen wurden exportiert und verlinkt

Tabellen über Array kopieren (statisch)

Bei der folgenden Aufgabe sollen einige Tabellen aus einer Arbeitsmappe herauskopiert und in einer neuen Arbeitsmappe eingefügt werden. Das Makro aus Listing 11.4 löst diese Aufgabe durch Einsatz eines Arrays.

```
Sub TabellenKopierenOhneSelektieren()
 Dim Arr(2)

    Arr(0) = "Tabelle1"
    Arr(1) = "Tabelle2"
    Arr(2) = "Tabelle3"

    ThisWorkbook.Sheets(Arr).Copy

End Sub
```

Listing 11.4 Einige Tabellen über ein Datenfeld kopieren

Sie deklarieren zu Beginn des Makros aus Listing 11.4 ein Datenfeld mit einer Größe von drei Feldern. Da das Datenfeld nullbasiert ist, lautet die Definition Arr(2). Die Befüllung des Datenfelds erfolgt in diesem Beispiel statisch. Sie übergeben dieses gefüllte Datenfeld der Methode Copy.

Tabellen über Array kopieren (dynamisch)

Bei der folgenden Aufgabenstellung aus Listing 11.5 werden bestimmte Tabellen einer Arbeitsmappe zuvor in ein Datenfeld eingelesen und danach in eine neue Arbeitsmappe kopiert.

```
Sub BestimmteTabellenExportierenArray()
  Dim Blatt As Worksheet
  Dim arr()

   On Error GoTo BestimmteTabellenExportierenArray_Error

  ReDim arr(0)

  For Each Blatt In ActiveWorkbook.Worksheets
      If InStr(Blatt.Name, "Tabelle") > 0 Then
          arr(UBound(arr)) = Blatt.Name
          ReDim Preserve arr(UBound(arr) + 1)
      End If
   Next Blatt

 ReDim Preserve arr(UBound(arr) - 1)
  Worksheets(arr).Copy

   On Error GoTo 0
   Exit Sub

BestimmteTabellenExportierenArray_Error:

  MsgBox "Error " & Err.Number & " (" & Err.Description & _
  ") in procedure BestimmteTabellenExportierenArray of Modul mdl_Verarbeitung in Zeile " & Erl

End Sub
```

Listing 11.5 Bestimmte Tabellen in ein Datenfeld übertragen und anschießend kopieren

Sie deklarieren zu Beginn des Makros ein leeres Datenfeld. Zu diesem Zeitpunkt besteht das Array aus einem Feld, welches Sie über die Anweisung ReDim arr(0) festlegen. Danach setzen Sie eine For Each...Next-Schleife auf, um alle Tabellen der Arbeitsmappe zu durchlaufen. Innerhalb der Schleife prüfen Sie, ob im Tabellennamen der jeweiligen Tabelle der Begriff *Tabelle* vorkommt. Wenn ja, dann meldet die Funktion Instr einen Wert größer als 0 zurück.

Nun übertragen Sie den Namen der Tabelle in das Datenfeld. Danach definieren Sie die neue Größe des Datenfelds, indem Sie der bisherigen Größe den Wert 1 hinzufügen. Dazu verwenden Sie die Anweisung ReDim Preserve. Nach dem Schleifenaustritt verkleinern Sie das Datenfeld um den Wert 1 und übergeben das komplette Array an die Methode Copy.

Sie können das Füllen des Arrays sehr schön im Lokalfenster der Entwicklungsumgebung nachverfolgen, wenn Sie das Makro über die Taste F8 Schritt für Schritt ausführen lassen.

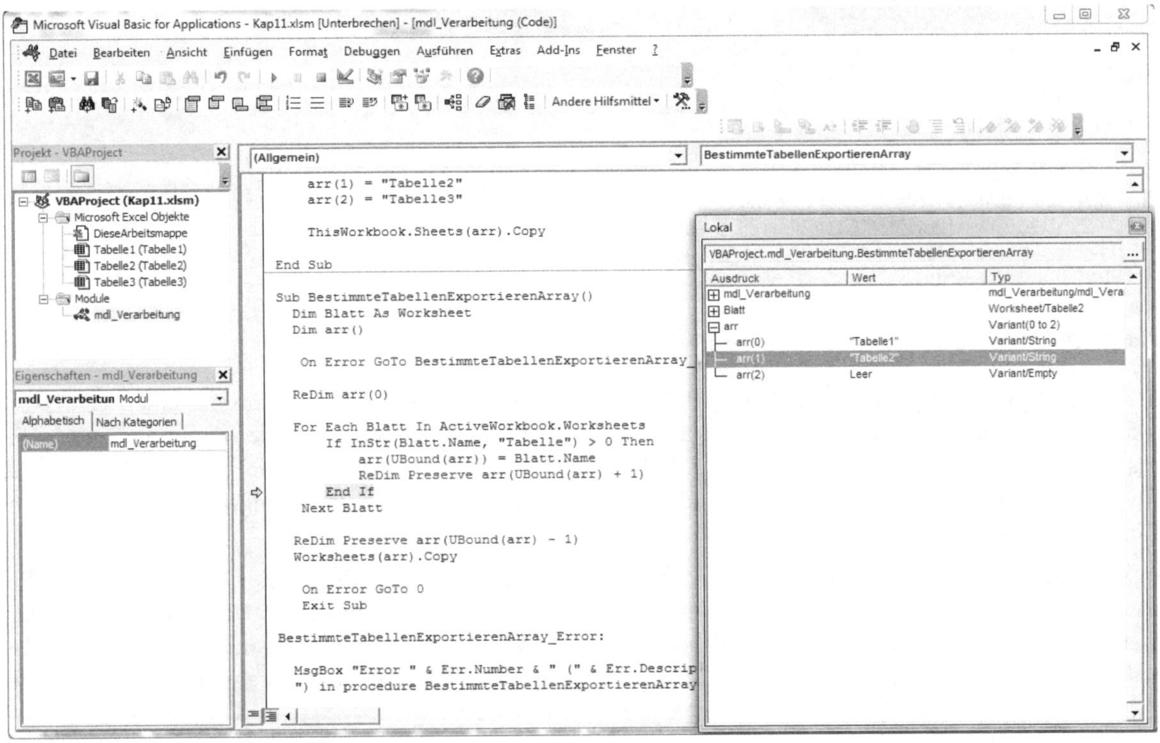

Abbildung 11.2 Das Array wird nach und nach gefüllt

TIPP Möchten Sie die Auswahl der Tabellen dem Anwender überlassen und nur die von ihm festgelegten Tabellen in eine neue Arbeitsmappe übertragen, dann setzen Sie das Makro aus Listing 11.6 ein.

```
Sub SelektierteTabellenInNeueMappeKopieren()
  ActiveWindow.SelectedSheets.Copy
End Sub
```

Listing 11.6 Alle selektierten Tabellen in eine neue Mappe kopieren

Exportieren einer Tabelle in einem Intervall

Bei der folgenden Aufgabe soll eine bestimmte Tabelle zwischen 9 und 20 Uhr jede Stunde neu exportiert werden. Dazu werden die zwei Prozeduren aus Listing 11.7 eingesetzt.

```
Sub Intervall()

    If TimeValue(Now()) < "20:00:00" And TimeValue(Now()) > "9:00:00" Then
        Application.OnTime Now + TimeValue("01:00:00"), "Intervall"
        Call ExportTabelle
    Else
        ThisWorkbook.Close
```

Listing 11.7 Regelmäßig eine Tabelle exportieren und speichern

```
    End If

End Sub

Sub ExportTabelle()

    Tabelle1.Copy
    ActiveWorkbook.SaveAs ThisWorkbook.Path _
     & "\" & Format(Now, "DDMMYYY_hhmm_") & ActiveSheet.Name & ".xlsx"
    ActiveWorkbook.Close

End Sub
```

Listing 11.7 Regelmäßig eine Tabelle exportieren und speichern *(Fortsetzung)*

In der Prozedur Intervall wird ein Zeitfenster definiert, indem der Export jede Stunde einmal laufen soll. Dazu rufen Sie die aktuelle Uhrzeit über die Funktion Now ab und bringen diese mithilfe der Funktion TimeValue in das passende Format. Wird die Bedingung erfüllt, wenden Sie die Methode OnTime an, die eine Prozedur zu einem bestimmten Zeitpunkt aufruft. Sie addieren eine Stunde auf den Ausführungszeitpunkt und rufen danach wiederum die Prozedur Intervall auf.

Danach rufen Sie über die Anweisung Call die Prozedur ExportTabelle auf. Innerhalb dieser Prozedur kommt die Methode Copy zum Einsatz, die *Tabelle1* in eine neue Arbeitsmappe exportiert. Über den Einsatz der Methode SaveAs wird die Mappe anschließend im gleichen Verzeichnis wie die Ausgangsarbeitsmappe (Thisworkbook.Path) mit einem Datums- und Zeitstempel abgelegt. Über die Methode Close wird die neu erstellte Arbeitsmappe dann geschlossen.

Gefilterte Daten in neuer Mappe speichern

Bei der folgenden Aufgabenstellung liegt eine Tabelle wie in Abbildung 11.3 gezeigt vor.

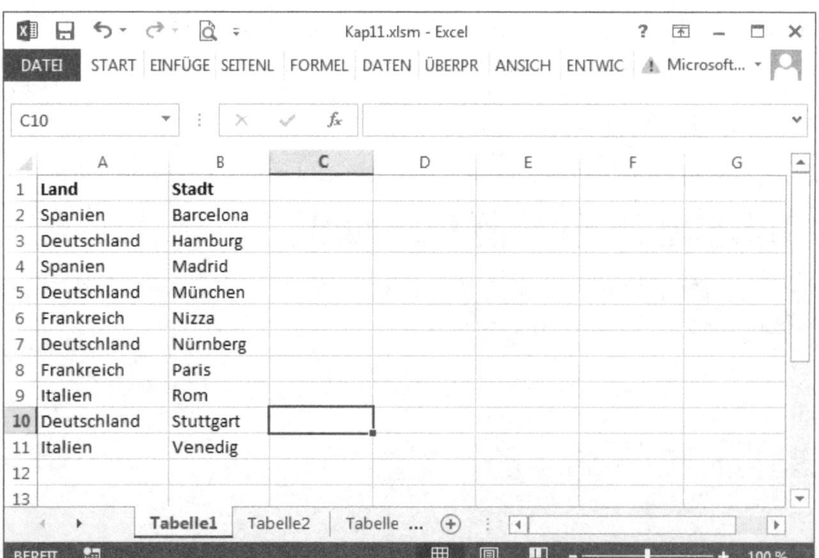

Abbildung 11.3 Eine noch ungefilterte Liste

Sie filtern die Liste, indem Sie alle Datensätze aus Deutschland anzeigen lassen. Danach transferieren Sie die gefilterten Zeilen in eine neue Arbeitsmappe, indem Sie das Makro aus Listing 11.8 starten.

```
Sub GefilterteZeilenInNeueMappeSchreiben()
  Dim ZeileMax As Long

   On Error GoTo GefilterteZeilenInNeueMappeSchreiben_Error

    With Tabelle1
       If Not .AutoFilterMode = True Then
          .Range("A1").AutoFilter
       End If

        ZeileMax = .Cells(.Rows.Count, 1).End(xlUp).Row

        .Range("A:A").AutoFilter Field:=1, Criteria1:="Deutschland"
        .Range("A2:A" & ZeileMax).SpecialCells(xlCellTypeVisible).EntireRow.Copy
         Workbooks.Add
         ActiveSheet.Paste
        .AutoFilterMode = False
         Application.CutCopyMode = False

    End With

   On Error GoTo 0
   Exit Sub

GefilterteZeilenInNeueMappeSchreiben_Error:

  MsgBox "Error " & Err.Number & " (" & Err.Description & _
  ") in procedure GefilterteZeilenInNeueMappeSchreiben of Modul mdl_Verarbeitung in Zeile " & Erl

End Sub
```

Listing 11.8 Alle gefilterten Daten in eine neue Arbeitsmappe übertragen

Sie überprüfen über die Eigenschaft AutoFilterMode im ersten Schritt des Makros aus Listing 11.8, ob der Auto-Filter bereits gesetzt ist. Wenn nicht, dann blenden Sie diesen mithilfe der Methode AutoFilter ein. Danach ermitteln Sie über die Eigenschaft End, über die Konstante xlUp und die Eigenschaft Row die letzte, gefüllte Zeile von *Tabelle1* und speichern diese in der Variablen ZeileMax.

Danach wenden Sie die Methode AutoFilter an, um den Filter zu setzen. Dabei geben Sie im Parameter Field den Wert 1 für die Spalte *A* an. Im Parameter Criteria1 geben Sie das Land Deutschland an. Die Daten werden jetzt gefiltert. Im Anschluss daran rufen Sie die Methode Copy auf, um die sichtbaren Zeilen, die Sie mithilfe der Methode SpecialCells und der Konstanten xlCellTypeVisible ermitteln können, zu kopieren. Sie legen eine neue Arbeitsmappe mit der Methode Add an und rufen danach die Methode Paste auf, um die kopierten Zeilen in die neue Mappe einzufügen. Setzen Sie die Eigenschaft CutCopyMode auf den Wert False, um die Kopierrahmen zu entfernen.

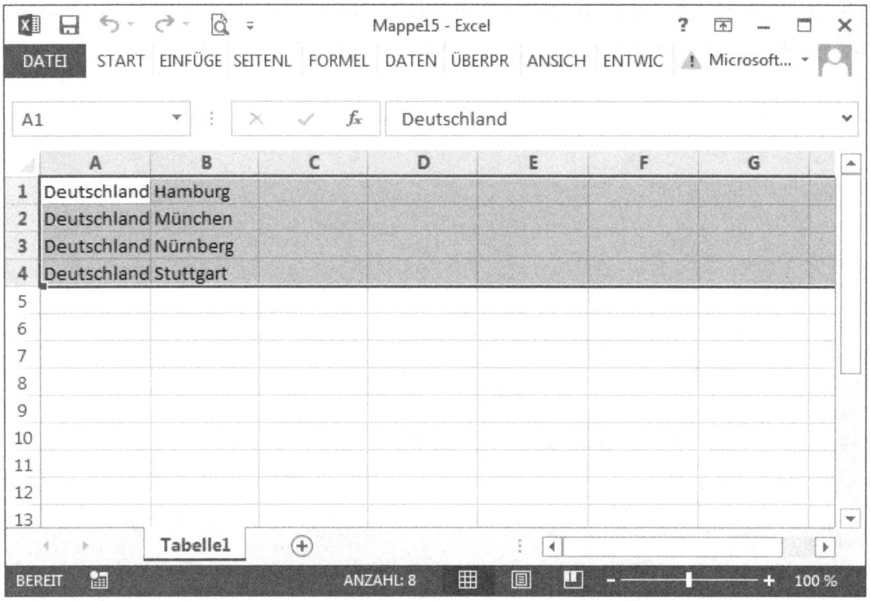

Abbildung 11.4 Alle gefilterten Datensätze wurden in eine neue Mappe exportiert

Alle Tabellen als separate Arbeitsmappen ablegen

Bei der folgenden Aufgabe aus Listing 11.9 werden alle Tabellen der aktiven Arbeitsmappe als separate Excel-Mappen exportiert und gespeichert.

```
Sub AlleTabellenExportieren()
 Dim Blatt As Worksheet

   On Error GoTo AlleTabellenExportieren_Error

 Application.DisplayAlerts = False
 For Each Blatt In ThisWorkbook.Worksheets
   Application.StatusBar = "Tabelle " & Blatt.Name & " wird exportiert"
   Blatt.Copy
   ActiveWorkbook.SaveAs Filename:="C:\Temp\" & Blatt.Name & ".xlsx"
   ActiveWorkbook.Close

 Next Blatt
 Application.DisplayAlerts = True
 Application.StatusBar = False

   On Error GoTo 0
   Exit Sub

AlleTabellenExportieren_Error:

  MsgBox "Error " & Err.Number & " (" & Err.Description & _
  ") in procedure AlleTabellenExportieren of Modul mdl_Verarbeitung in Zeile " & Erl
End Sub
```

Listing 11.9 Alle Tabellen einer Arbeitsmappe exportieren

Sie schalten zunächst Warnmeldungen temporär aus, indem Sie der Eigenschaft DisplayAlerts den Wert False zuweisen. Danach setzen Sie eine For Each...Next-Schleife auf, in der Sie alle Tabellen der Arbeitsmappe nacheinander verarbeiten. Sie informieren den Anwender über den Vorgang, indem Sie in der Statusleiste dokumentieren, welche Tabelle gerade verarbeitet wird. Sie wenden die Methode Copy an, um die jeweilige Tabelle in eine separate Arbeitsmappe zu übertragen. Anschließend speichern Sie diese mithilfe der Methode SaveAs im vorgegebenen Ordner und schließen die jeweilige Mappe über die Methode Close.

Diagrammobjekt als Grafikdatei exportieren

Im folgenden Beispiel liegt eine Tabelle mit einem integrierten Diagrammobjekt wie in Abbildung 11.5 gezeigt vor.

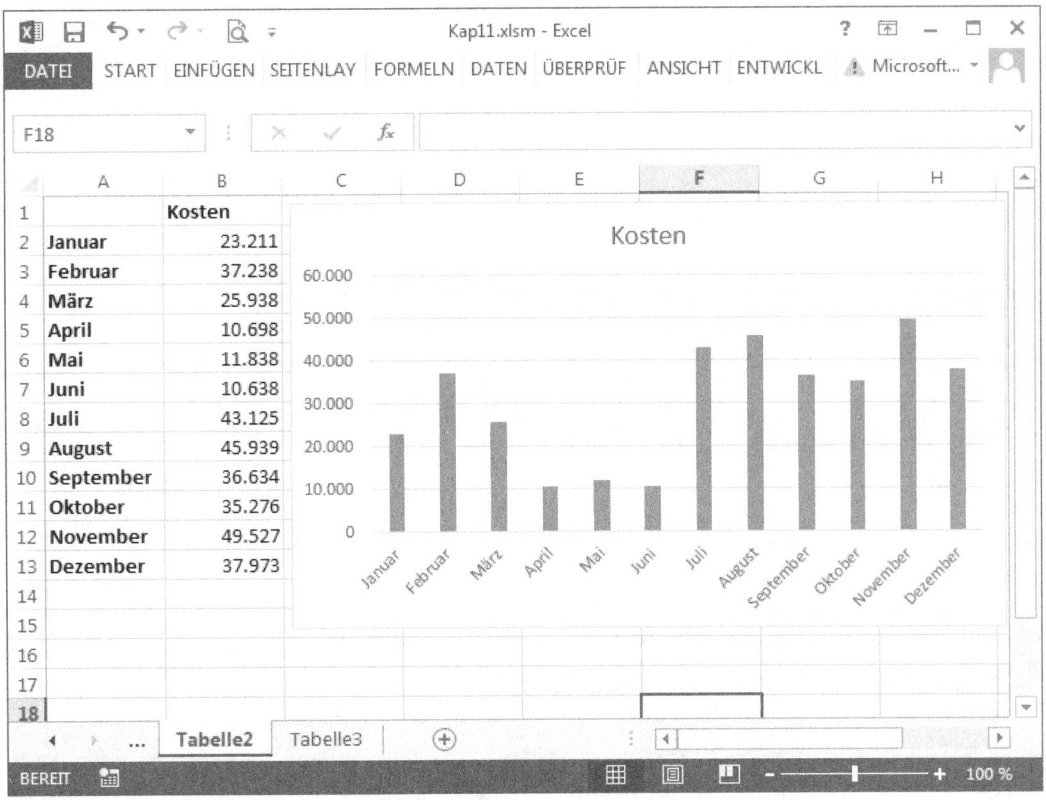

Abbildung 11.5 Die Ausgangssituation – ein Diagrammobjekt mit dem dazugehörenden Datenbereich

Die Aufgabe besteht darin, das in *Tabelle2* befindliche Diagrammobjekt als separate Grafikdatei abzulegen. Die Umsetzung dazu sehen Sie im Makro aus Listing 11.10.

```
Sub DiagrammAlsGIFspeichern()
  Dim MeinDiagramm As Chart

  Set MeinDiagramm = Tabelle2.ChartObjects(1).Chart
  MeinDiagramm.Export Filename:=ThisWorkbook.Path & _
  "\MeinDiagramm1.gif", FilterName:="GIF"

End Sub
```

Listing 11.10 Diagrammobjekt als Grafik abspeichern

Im ersten Schritt des Makros deklarieren Sie eine Objektvariable vom Typ Chart. Danach geben Sie über die Anweisung Set bekannt, auf welcher Tabelle das Diagrammobjekt liegt. Im Anschluss daran kommt die Methode Export zum Einsatz, die das Diagrammobjekt als Grafik abspeichert. Als Speicherort für die Grafik verweisen Sie auf das Verzeichnis der Arbeitsmappe, welches das Makro aus Listing 11.10 enthält.

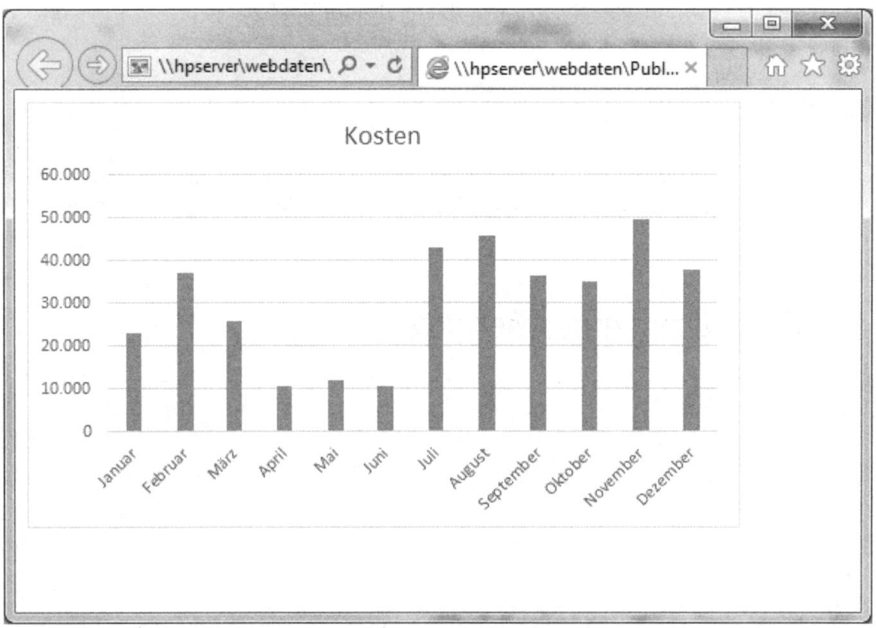

Abbildung 11.6 Das Diagrammobjekt wurde erfolgreich als GIF-Datei gespeichert

Alle Diagramme als Grafiken ablegen

Im folgenden Makro aus Listing 11.11 werden alle in der Arbeitsmappe enthaltenen Diagrammobjekte als separate Grafikdateien gespeichert.

```
Sub DiagrammeAlsGrafikSpeichern()
  Dim Dia As Chart
  Dim Blatt As Worksheet
  Dim e As Integer
```

Listing 11.11 Alle Diagrammobjekte der Arbeitsmappe als Grafiken exportieren

```
    For Each Blatt In ThisWorkbook.Worksheets

        For e = 1 To Blatt.ChartObjects.Count

            Set Dia = Blatt.ChartObjects(e).Chart
            Dia.Export Filename:=ThisWorkbook.Path & "/" & Blatt.ChartObjects(e).Name & _
                ".gif", FilterName:="GIF"
        Next e

    Next Blatt

End Sub
```

Listing 11.11 Alle Diagrammobjekte der Arbeitsmappe als Grafiken exportieren *(Fortsetzung)*

In einer For Each...Next-Schleife arbeiten Sie nacheinander alle Tabellen der Arbeitsmappe ab. Innerhalb der Schleife setzen Sie eine For...Next-Schleife auf, in der Sie alle Diagrammobjekte der jeweiligen Tabelle verarbeiten. Dabei wenden Sie die Methode Export an, um das Diagrammobjekt als Grafik abzulegen.

Bereiche übertragen

Beim folgenden Beispiel soll ein Bereich aus einer Tabelle in eine andere Tabelle übertragen werden. Diese Aufgabe kann entweder direkt über die Copy-Anweisung oder über ein Array gelöst werden. Als Ausgangssituation liegt *Tabelle2* aus Abbildung 11.5 vor.

Normales Kopieren und Einfügen eines Bereichs

Bei der ersten Variante wird der verwendete Bereich von *Tabelle2* über die Methode Copy direkt in *Tabelle3* eingefügt.

```
Sub BereichÜbertragenVar1()
  Dim Bereich As Range
  Dim ZeileMax As Long

  With Tabelle2
    ZeileMax = .Cells(.Rows.Count, 2).End(xlUp).Row
    Set Bereich = .Range("A1:B" & ZeileMax)
    Bereich.Copy Destination:=Tabelle3.Range("A1")
  End With

End Sub
```

Listing 11.12 Bereich übertragen mit dem *Copy*-Befehl

Im Makro aus Listing 11.12 wird zunächst eine Range-Variable deklariert und über die Anweisung Set der dazugehörige Bereich angegeben. Danach kommt die Methode Copy zum Einsatz, die den Bereich kopiert und direkt ab Zelle *A1* von *Tabelle3* einfügt. Bei dieser Methode wird der Bereich 1:1 mit samt der Formatierung übertragen.

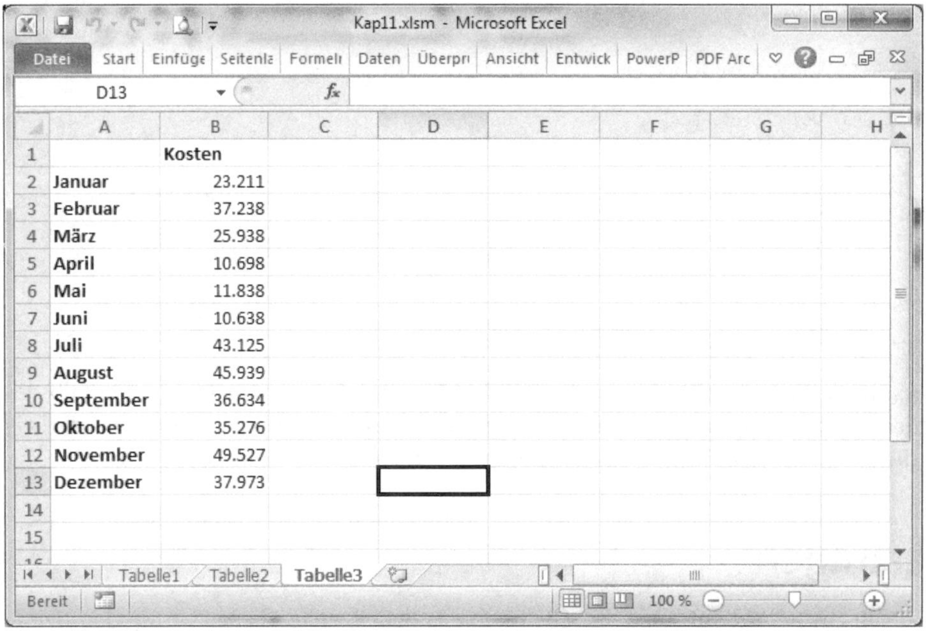

Abbildung 11.7 Die Daten werden 1:1 übertragen

Direktes Übertragen

Eine weitere Möglichkeit, um einen Bereich von einer Tabelle in eine andere zu übertragen, ist die nicht normale Übertragung ohne den Kopierbefehl, sondern über die Eigenschaft Value.

```
Sub BereichÜbertragenVar2()
  Dim Bereich As Range
  Dim Bereich2 As Range
  Dim ZeileMax As Long

  With Tabelle2
    ZeileMax = .Cells(.Rows.Count, 2).End(xlUp).Row
    Set Bereich = .Range("A1:B" & ZeileMax)
    Set Bereich2 = Tabelle3.Range("A1:B" & ZeileMax)
    Bereich2.Value = Bereich.Value
  End With

End Sub
```

Listing 11.13 Das »normale« Übertragen ohne Formatierungen

Über den Einsatz der Eigenschaft Value werden die Inhalte ohne Formatierungen übernommen.

Bereich in Datenfeld und von dort aus in die Tabelle

Bei der letzten Variante aus Listing 11.14 wird der Bereich zunächst in den Arbeitsspeicher befördert. Danach gelangt er von dort direkt in die Zieltabelle.

```
Sub BereichInArrayToTabelle()
  Dim arrQuelle As Variant
  Dim Arr_Max As Long
  Dim Arr_MaxS As Long
  Dim ZeileMax As Long

 'Zielbereich löschen
  Tabelle3.UsedRange.Clear

   With Tabelle2
    ZeileMax = .Cells(.Rows.Count, 2).End(xlUp).Row
    arrQuelle = .Range("A1:B" & ZeileMax)
   End With

  Arr_Max = UBound(arrQuelle, 1)
  Arr_MaxS = UBound(arrQuelle, 2)

  With Tabelle3
   .Range(.Cells(1, 1), .Cells(Arr_Max, Arr_MaxS)) = arrQuelle
  End With

End Sub
```

Listing 11.14 Vom Bereich in das Array und wieder zurück in einen Bereich

Sie löschen zu Beginn des Makros aus Listing 11.14 den benutzten Bereich von *Tabelle3*, indem Sie die Methode Clear einsetzen. Damit wird alles, nämlich Werte und Formatierungen, entfernt. Danach ermitteln Sie die zuletzt gefüllte Zeile von *Tabelle2* und übergeben anschließend den benutzten Bereich direkt in das Datenfeld arrQuelle.

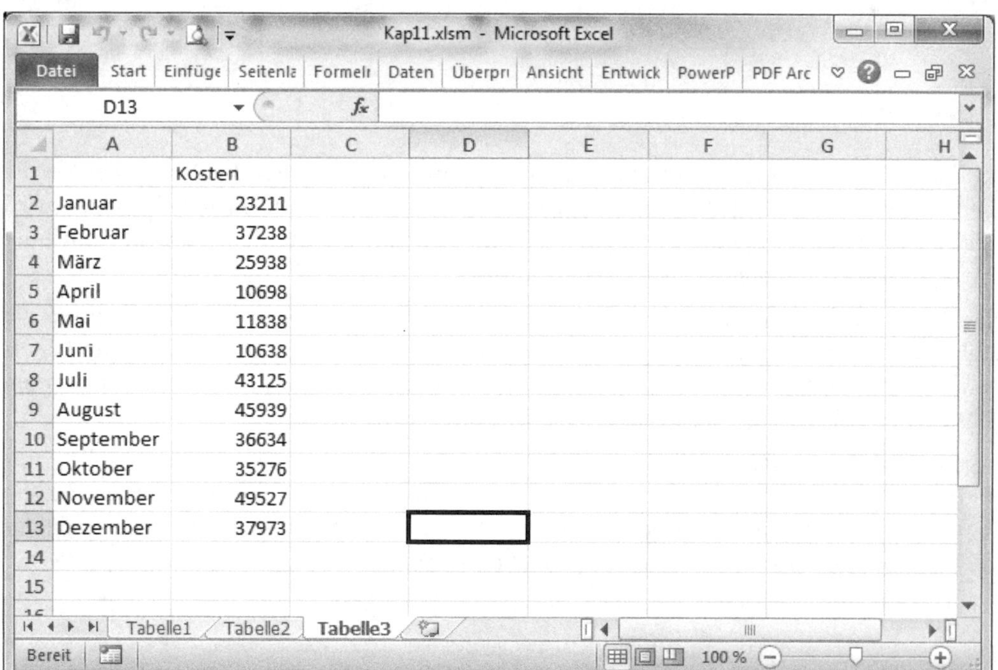

Abbildung 11.8 Die Daten kommen wertetechnisch, aber ohne Formate an

Mithilfe der Anweisung UBound(arrQuelle, 1) ermitteln Sie die Zeilenzahl des Datenfelds. Mithilfe der Anweisung UBound(arrQuelle, 2) ermitteln Sie die Spaltenzahl des Datenfelds. In der Zieltabelle *Tabelle3* muss ein Bereich in genau dieser Größe vorgehalten werden, daher werden die »Eckpunkte« des Datenfelds in den Variablen Arr_Max und Arr_MaxS abgegriffen. Das Array wird danach komplett in den vorher angegebenen Bereich eingefügt.

Gruppierte Tabellen exportieren

Bei der folgenden Aufgabe aus Listing 11.15 werden alle gruppierten Tabellen der aktiven Arbeitsmappe in eine neue Arbeitsmappe gepackt.

```
Sub GruppierteTabellenInNeueMappeTransferieren()
    Dim Ziel As Workbook
    Dim Quelle As Workbook
    Dim iAnzahl As Integer
    Dim Blatt As Worksheet

    Set Quelle = ThisWorkbook
    iAnzahl = Application.SheetsInNewWorkbook
    Application.SheetsInNewWorkbook = 1
    Set Ziel = Workbooks.Add

    Quelle.Activate
    For Each Blatt In ActiveWindow.SelectedSheets
        Blatt.Copy after:=Ziel.Worksheets(Ziel.Worksheets.Count)
    Next Blatt

  Application.SheetsInNewWorkbook = iAnzahl

End Sub
```

Listing 11.15 Alle gruppierten Tabellen in neue Mappe exportieren

Im ersten Schritt deklarieren Sie zwei Objektvariablen vom Typ Workbook. Aus der Quelle, aus der Sie die gruppierten Tabellen entnehmen, wird die gleichnamige Variable deklariert. Die Zielarbeitsmappe wird angelegt, indem Sie die Methode Add auf der Workbooks-Auflistung anwenden. Damit fügen Sie der Auflistung aller geöffneten Arbeitsmappen eine weitere, neue Mappe hinzu.

Bevor Sie jedoch eine neue Arbeitsmappe anlegen, lesen Sie mithilfe der Eigenschaft SheetsInNewWorkbook die Einstellung bezüglich der automatisch mit angelegten Tabellenblättern aus, die standardmäßig beim Erstellen einer Arbeitsmappe zur Verfügung gestellt werden. Da diese vom Anwender selbst eingestellt werden kann, muss die bestehende Einstellung ausgelesen und zwischengespeichert werden.

Nach diesem Vorgang wird die Anzahl der Tabellen auf den Mindestwert 1 gesetzt. Danach werden die gruppierten Tabellen mittels einer For Each...Next-Schleife verarbeitet. Innerhalb der Schleife wenden Sie die Methode Copy an und geben als Ziel die Zielarbeitsmappe an. Bei Schleifenaustritt setzen Sie die Anzahl der vorher veränderten Tabellenanzahl wieder auf den ursprünglichen Wert.

Tabellen aus allen geöffneten Arbeitsmappen kopieren

Bei der folgenden Lösung aus Listing 11.16 werden alle geöffneten Arbeitsmappen abgearbeitet und deren Tabellen 1:1 in eine neue Arbeitsmappe eingefügt.

```
Sub TabellenAusGeöffnetenMappenKopieren()
  Dim Ziel As Workbook
  Dim Mappe As Workbook
  Dim i As Integer
  Dim iAnzahl As Integer

   iAnzahl = Application.SheetsInNewWorkbook
    Application.SheetsInNewWorkbook = 1
    Set Ziel = Workbooks.Add

    For Each Mappe In Application.Workbooks

       If Mappe.Name <> Ziel.Name Then

          With Mappe
              For i = 1 To .Worksheets.Count
                  .Worksheets(i).Copy after:=Ziel.Worksheets(Ziel.Worksheets.Count)
              Next i
          End With

        End If

    Next Mappe

    Application.SheetsInNewWorkbook = iAnzahl

End Sub
```

Listing 11.16 Die Tabellen aller geöffneten Mappen werden exportiert

Zunächst legen Sie eine neue Arbeitsmappe an, indem Sie die Methode Add aufrufen. Die neue Mappe wird der Objektvariablen Ziel zugewiesen, die vom Typ Workbook ist. Danach setzen Sie eine For Each...Next-Schleife auf, die alle geöffneten Arbeitsmappen abarbeitet. Diese werden automatisch in der Auflistung Workbooks zur Verfügung gestellt. Innerhalb dieser Schleife schließen Sie die gerade neu angelegte Arbeitsmappe von der Verarbeitung aus. Alle anderen Arbeitsmappen werden in einer For...Next-Schleife nacheinander verarbeitet. Dabei werden alle Tabellen einer jeden Arbeitsmappe über die Methode Copy in die neue Arbeitsmappe exportiert. Werden gleichnamige Tabellen exportiert, übernimmt Excel automatisch eine eindeutige Benennung, indem nach dem eigentlichen Tabellennamen noch ein Index in Klammern vergeben wird.

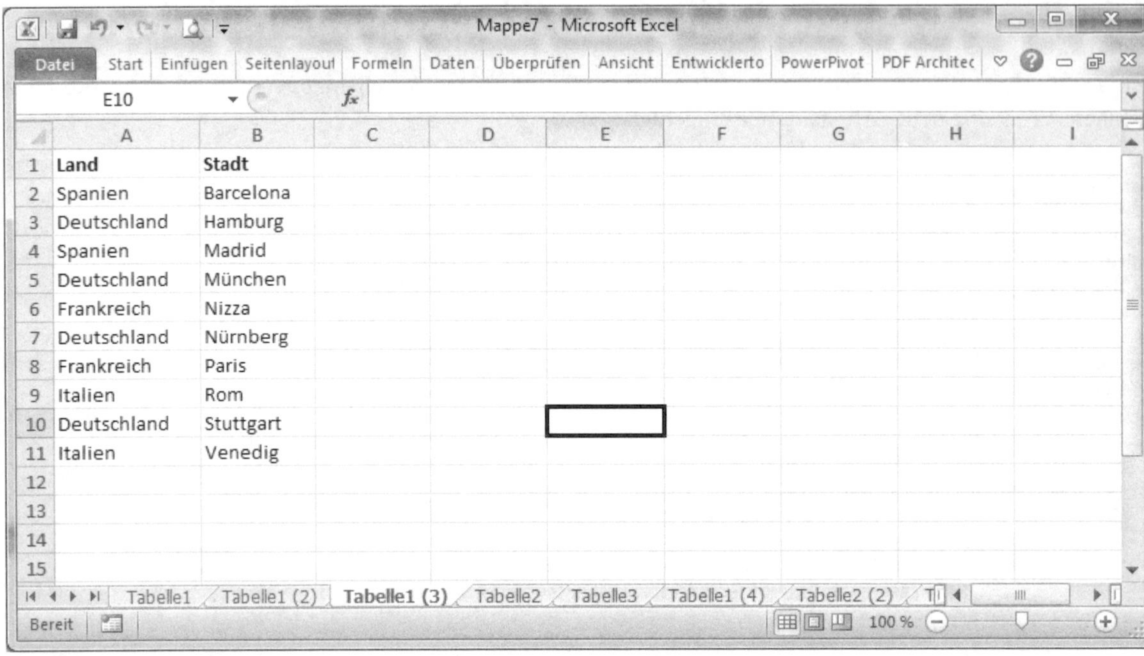

	A	B
1	Land	Stadt
2	Spanien	Barcelona
3	Deutschland	Hamburg
4	Spanien	Madrid
5	Deutschland	München
6	Frankreich	Nizza
7	Deutschland	Nürnberg
8	Frankreich	Paris
9	Italien	Rom
10	Deutschland	Stuttgart
11	Italien	Venedig

Abbildung 11.9 »Doppelte« Tabellen werden automatisch mit einem Index versehen

Eine Tabelle einer Arbeitsmappe austauschen

Im folgenden Beispiel soll die Tabelle *tbl_Report* aus der Arbeitsmappe *Report.xls* ausgetauscht werden.

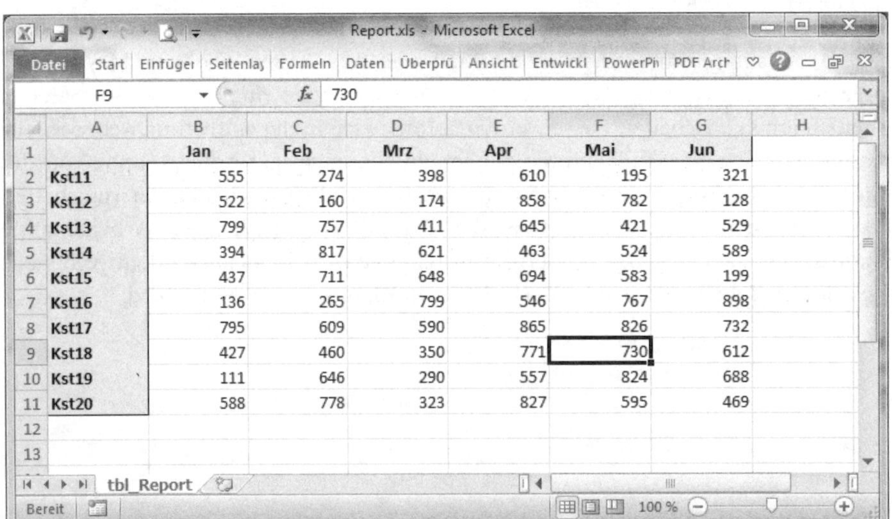

	A	B	C	D	E	F	G
1		Jan	Feb	Mrz	Apr	Mai	Jun
2	Kst11	555	274	398	610	195	321
3	Kst12	522	160	174	858	782	128
4	Kst13	799	757	411	645	421	529
5	Kst14	394	817	621	463	524	589
6	Kst15	437	711	648	694	583	199
7	Kst16	136	265	799	546	767	898
8	Kst17	795	609	590	865	826	732
9	Kst18	427	460	350	771	730	612
10	Kst19	111	646	290	557	824	688
11	Kst20	588	778	323	827	595	469

Abbildung 11.10 Diese Tabelle soll ausgetauscht werden

Um diese Tabellen in der Arbeitsmappe *Report.xls* auszutauschen, wird das Makro aus Listing 11.17 eingesetzt.

```
Function BlattDa(Mappe As Workbook, strTab As String) As Boolean
 Dim Blatt As Worksheet

 For Each Blatt In Mappe.Worksheets

  If Blatt.Name = strTab Then
    BlattDa = True
    Exit For
  End If

 Next Blatt



Sub BestehendeTabelleAustauschen()
  Dim Quelle As Workbook
  Dim Ziel As Workbook
  Dim strTab As String

  Set Quelle = ThisWorkbook
  Set Ziel = Workbooks.Open(Quelle.Path & "\Report.xlsx")
  strTab = "tbl_Report"

  If BlattDa(Ziel, strTab) = True Then
   Application.DisplayAlerts = False
   Ziel.Worksheets(strTab).Delete
   Quelle.Worksheets(strTab).Copy after:=Ziel.Worksheets(Ziel.Worksheets.Count)
   Ziel.Worksheets(strTab).Range("A1").Value = "Stand: " & Date
   Application.DisplayAlerts = True
  End If

  Ziel.Close savechanges:=True

End Sub
```

Listing 11.17 Eine bestehende Tabelle gegen eine andere austauschen

Wenn es darum geht, Daten aus einer Arbeitsmappe in eine andere zu verfrachten, dann empfiehlt es sich aus Gründen der Übersichtlichkeit, zunächst zwei Objektvariablen vom Typ Workbook mit den Namen Quelle und Ziel anzulegen. Danach wird mithilfe der Methode Open die Zielarbeitsmappe geöffnet und in der Objektvariablen Ziel festgehalten. Für unser Beispiel wird vorausgesetzt, dass diese Mappe im gleichen Ordner wie die Quellarbeitsmappe gespeichert ist.

Über die benutzerdefinierte Funktion BlattDa prüfen Sie, ob die auszutauschende Tabelle überhaupt in der Zielarbeitsmappe existiert. Wenn ja, dann liefert diese Funktion den Rückgabewert True an die aufrufende Prozedur zurück. In diesem Fall schalten Sie temporär die Warnmeldungen aus, indem Sie der Eigenschaft DisplayAlerts den Wert False zuweisen, um dann ohne Rückfrage mittels der Methode Delete die »alte« Tabelle aus der Zielarbeitsmappe zu entfernen. Danach wenden Sie die Methode Copy an, um die gewünschte Tabelle aus der Quelle in das Ziel zu übertragen. Sie dokumentieren den Zeitpunkt der Übertragung, indem Sie das aktuelle Tagesdatum über den Einsatz der Funktion Date mittels der Eigenschaft Value in die Zelle *A1* schreiben.

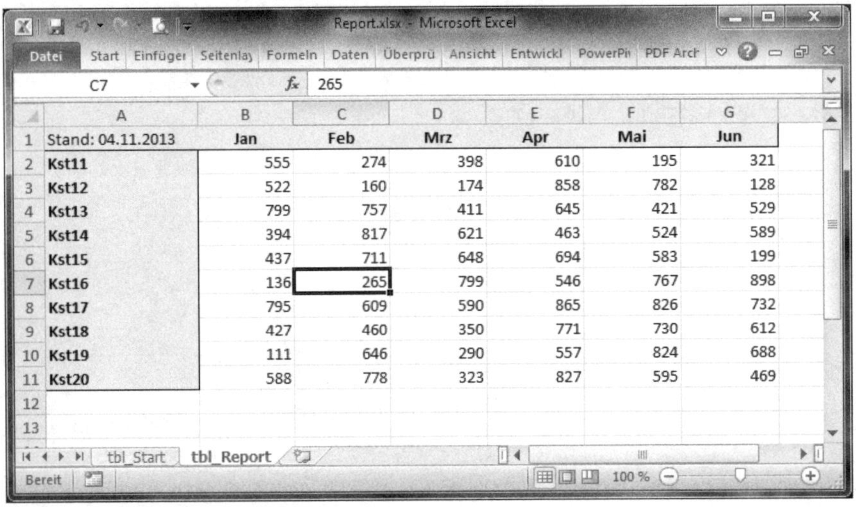

Abbildung 11.11 Die Tabelle wurde ausgetauscht

Bereich mit Formeln übertragen

Bei der folgenden Aufgabenstellung liegt eine Tabelle wie in Abbildung 11.12 gezeigt vor.

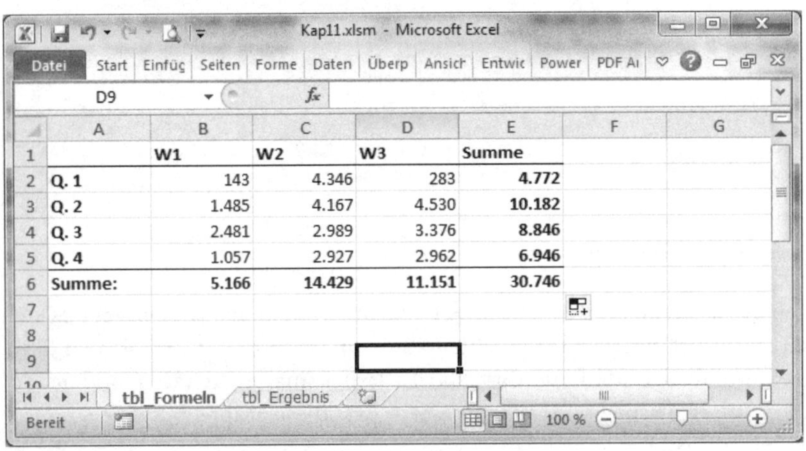

Abbildung 11.12 Eine Quartalsdarstellung mit einigen Formeln

Im Makro aus Listing 11.18 wird der Bereich *A1:E6* der Tabelle *tbl_Formeln* mitsamt seinen enthaltenen Formeln in die Tabelle *tbl_Ergebnis* übertragen.

```
Sub DatenÜbertragenmitFormel()

    tbl_Ergebnis.Range("A1:E6").Formula = tbl_Formeln.Range("A1:E6").Formula

End Sub
```

Listing 11.18 Werte und Formeln werden übertragen

Mithilfe der Eigenschaft Formula werden Formeln automatisch übertragen, wenn welche vorhanden sind.

TIPP Sollen die Formelzellen durch Festwerte überschrieben werden, dann verwenden Sie diese Zeile:

```
tbl_Ergebnis.Range("A1:E6").Value = tbl_Formeln.Range("A1:E6").Value
```

Tabellen und Mappen drucken

Selbstverständlich gehört auch der Ausdruck von Excel-Tabellen in den Exportteil dieses Buchs. Generell wird dabei die Methode PrintOut eingesetzt. Diese Methode hat die folgende Syntax:

```
PrintOut(From, To, Copies, Preview, ActivePrinter, PrintToFile, Collate, PrToFileName, IgnorePrintAreas)
```

Im Parameter From geben Sie die Nummer der ersten Seite an, die gedruckt werden soll. Wenn Sie dieses Argument nicht angeben, beginnt der Druckvorgang am Anfang. Mit dem Parameter To geben Sie die Nummer der letzten Seite an, die gedruckt werden soll. Wenn Sie dieses Argument nicht angeben, endet der Druckvorgang mit der letzten Seite. Der Parameter Copies legt die Anzahl der zu druckenden Kopien fest. Wenn Sie diesen Parameter nicht angeben, wird eine Kopie gedruckt.

Wird der Parameter Preview auf True gesetzt, wird in Microsoft Excel die Seitenansicht aufgerufen, bevor das Objekt gedruckt wird. Wenn dieser Parameter den Wert False aufweist oder nicht angegeben ist, wird das Objekt sofort gedruckt. Mithilfe des Parameters ActivePrinter legen Sie den Namen des aktiven Druckers fest. Wird der Parameter PrintToFile gesetzt, dann wird eine Druckdatei (.xps) erstellt. Wenn PrToFileName nicht angegeben ist, wird der Benutzer in Microsoft Excel zur Eingabe des Namens der Ausgabedatei aufgefordert. Setzen Sie den Parameter Collate auf True, damit bei Mehrfachdruck die Kopien automatisch sortiert werden. Wird der Parameter IgnorePrintAreas auf den Wert True gesetzt, dann werden Druckbereiche ignoriert, und das gesamte Objekt wird gedruckt.

Aktive Tabelle mit Gitternetz ausdrucken

Beim Makro aus Listing 11.19 wird die aktive Tabelle mitsamt den Gitternetzlinien gedruckt.

```
Sub GitternetzlinienDrucken()

    ActiveSheet.PageSetup.PrintGridlines = True
    ActiveSheet.PrintOut

End Sub
```

Listing 11.19 Aktive Tabelle mit Gitternetzlinien ausdrucken

Weisen Sie der Eigenschaft PrintGridlines den Wert True hinzu, um das Gitternetz einzublenden. Wenden Sie dann die Methode PrintOut an, um die Tabelle zu drucken.

Druckeinstellungen für eine Tabelle vornehmen

Vor dem eigentlichen Ausdrucken einer Tabelle sollten einige Druckeinstellungen vorgenommen werden. Im Makro aus Listing 11.20 werden einige Einstellungen bzgl. des Druckbereichs, der Ausrichtung und der Seitenanpassung vorgenommen.

```
Sub DruckeinstellungenVornehmenUndDrucken()

    With Tabelle1.PageSetup
        .CenterHorizontally = True
        .PrintArea = "$A$1:$G$30"
        .PrintTitleRows = "$1:$1"
        .Orientation = xlPortrait
        .FitToPagesWide = 1
        .FitToPagesTall = 1
        .PrintOut
    End With

End Sub
```

Listing 11.20 Druckeinstellungen für eine Tabelle vornehmen

Die Einstellungen bezüglich des Druckens werden über das Objekt PageSetup vorgenommen. Über die Eigenschaft CenterHorizontally wird die Tabelle horizontal auf der Druckseite zentriert. Mithilfe der Eigenschaft PrintArea können Sie den Druckbereich einer Tabelle festlegen. Die Eigenschaft PrintTitleRows legt die Zeilen fest, die auf jeder Druckseite wiederholt werden. Weisen Sie der Eigenschaft Orientation die Konstante xlPortrait zu, um die Seite im Hochformat einzurichten. Die Konstante xlLandscape bringt die Seite in ein Querformat. Die beiden Eigenschaften FitToPagesWide bzw. FitToPagesTall geben die Anzahl der Druckseiten zurück (oder legen diese fest), auf die das Tabellenblatt während des Druckens in der Höhe bzw. Breite skaliert wird. Mithilfe der Methode PrintOut wird die Tabelle gedruckt.

Selektierte Tabellen drucken

Beim folgenden Makro aus Listing 11.21 werden alle vorher selektierten Tabellen doppelt ausgedruckt und der Ausdruck automatisch sortiert.

```
Sub SelektierteTabellenDoppeltDruckenUndSortieren()

    ActiveWindow.SelectedSheets.PrintOut Copies:=2, Collate:=True

End Sub
```

Listing 11.21 Gruppierte Tabellen drucken und sortieren

Die Eigenschaft SelectedSheets gibt eine Auflistung zurück, in der automatisch alle gruppierten Tabellen enthalten sind. Diese werden mithilfe der Methode PrintOut mit Duplikaten gedruckt.

Alle Tabellen einer Mappe drucken

Beim Makro aus Listing 11.22 werden alle Tabellen der aktiven Arbeitsmappe nacheinander gedruckt. Dabei wird jeweils nur die erste Seite jeder Tabelle gedruckt.

```
Sub AlleTabellenDrucken()
  Dim Tabelle As Worksheet

    For Each Tabelle In ActiveWorkbook.Worksheets
        Tabelle.PrintOut From:=1, To:=1
    Next Tabelle

End Sub
```

Listing 11.22 Alle Tabellen drucken

In einer For Each...Next-Schleife werden alle Tabellen der aktiven Arbeitsmappe verarbeitet. Innerhalb der Schleife kommt die Methode PrintOut zum Einsatz, um mithilfe der Parameter From und To jeweils die erste Seite einer jeden Tabelle zu drucken. Sollen die Tabellen in rückwärtiger Folge ausgedruckt werden, dann starten Sie das Makro aus Listing 11.23.

```
Sub VonHintenNachVorneDrucken()
  Dim i As Integer

  For i = Worksheets.Count To 1 Step -1
     Worksheets(i).PrintOut
  Next i

End Sub
```

Listing 11.23 Alle Tabellen einer Mappe in umgekehrter Reihenfolge drucken

Um die Tabellen einer Arbeitsmappe in geänderter Reihenfolge auszudrucken, müssen Sie eine For...Next-Schleife rückwärts laufen lassen. Sie beginnen dabei bei der letzten Tabelle und arbeiten sich von rechts nach links Tabelle für Tabelle nach vorne durch. Beachten Sie dabei, dass Sie bei der Schrittweite der Schleife eine negative Schrittweite angeben müssen. Innerhalb der Schleife wenden Sie die Methode PrintOut an, um die jeweilige Tabelle auszudrucken,

Aktuelle Arbeitsmappe ausdrucken

Beim folgenden Makro aus Listing 11.24 wird die aktuelle Arbeitsmappe mitsamt allen Tabellen nach erfolgter Rückfrage ausgedruckt. Dabei werden auch ausgeblendete Tabellen gedruckt.

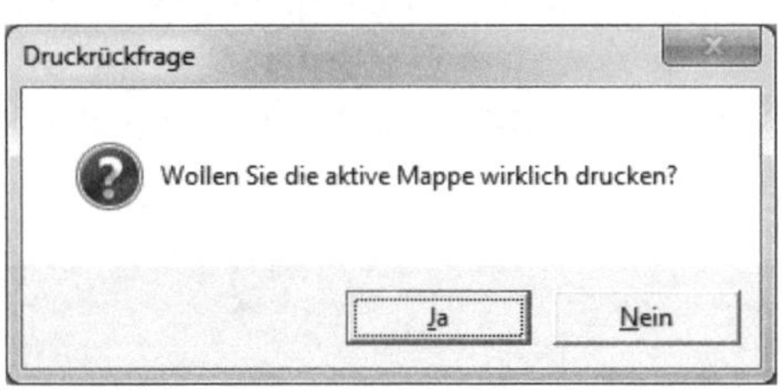

Abbildung 11.13 Die Druckrückfrage muss bestätigt werden

```
Sub ArbeitsmappeNachRückfrageDrucken()

 If MsgBox("Wollen Sie die aktive Mappe wirklich drucken?", vbQuestion + vbYesNo, _
 "Druckrückfrage") = vbYes Then
    ActiveWorkbook.PrintOut
 End If

End Sub
```

Listing 11.24 Arbeitsmappe nach Rückfrage ausdrucken

In einer If-Bedingung im Zusammenspiel mit der Funktion MsgBox zeigen Sie eine Rückfrage am Bildschirm an, die der Anwender bestätigen muss. Klickt der Anwender auf die Schaltfläche *Ja*, dann wird die ganze Arbeitsmappe mithilfe der Methode PrintOut gedruckt.

Alle Arbeitsmappen aus einem Verzeichnis drucken

Beim folgenden Makro aus Listing 11.25 werden alle Arbeitsmappen aus einem Verzeichnis geöffnet, gedruckt und danach wieder geschlossen.

```
Sub AlleMappenEinesVerzeichnissesÖffnenDruckenUndSchließen()
  Dim Mappe As Workbook
  Dim strName As String

  'Pfad anpassen
  strName = Dir(ThisWorkbook.Path & "\*.xls*")

  While strName <> ""
      Set Mappe = Workbooks.Open(Filename:=strFName)
      Mappe.PrintOut
      Mappe.Close
      strName = Dir()
  Wend

End Sub
```

Listing 11.25 Alle Mappen aus einem Verzeichnis drucken

Sie geben zunächst in der Variablen strName den Pfad sowie die zu verarbeitenden Dateien über das Excel-Kürzel *.xls* an und suchen die erste Arbeitsmappe mithilfe der Funktion Dir. In einer While-Schleife verarbeiten Sie danach alle Arbeitsmappen im angegebenen Verzeichnis. Mithilfe der Methode Open werden die einzelnen Arbeitsmappen geöffnet, danach über die Methode PrintOut ausgedruckt und am Ende über die Methode Close wieder geschlossen.

Modul ausdrucken

Um ein Modul aus der Entwicklungsumgebung auszudrucken, muss dieses zunächst in einer Textdatei gespeichert, dann geöffnet und formatiert werden, um schließlich formschön ausgedruckt werden zu können. Sehen Sie sich dazu das Makro aus Listing 11.26 an.

```
Sub ModulDrucken()

    ThisWorkbook.VBProject.VBComponents("mdl_Verarbeitung").Export "Druck.txt"
    Workbooks.OpenText "Druck.txt"

    With ActiveSheet.UsedRange
        .Font.Name = "Arial"
        .PrintOut
    End With

    Application.DisplayAlerts = False
    ActiveWorkbook.Close
    Kill "Druck.txt"
    Application.DisplayAlerts = True

End Sub
```

Listing 11.26 Ein Modul formatiert ausdrucken

Wenden Sie die Methode Export an, um das Modul mit dem Namen *mdl_Verarbeitung* in einer temporären Datei mit dem Namen *Druck.txt* abzulegen. Danach wenden Sie die Methode OpenText an, um die Textdatei mit dem enthaltenen Quellcode direkt in Excel zu öffnen. Sie weisen mithilfe der Eigenschaft Name die Schriftart Arial hinzu und drucken danach den verwendeten Bereich der Tabelle über die Methode PrintOut aus. Schließlich schalten Sie die Warnmeldungen in Excel temporär über die Eigenschaft DisplayAlerts aus, um eine Rückfrage beim Schließen der Arbeitsmappe über die Methode Close zu unterdrücken.

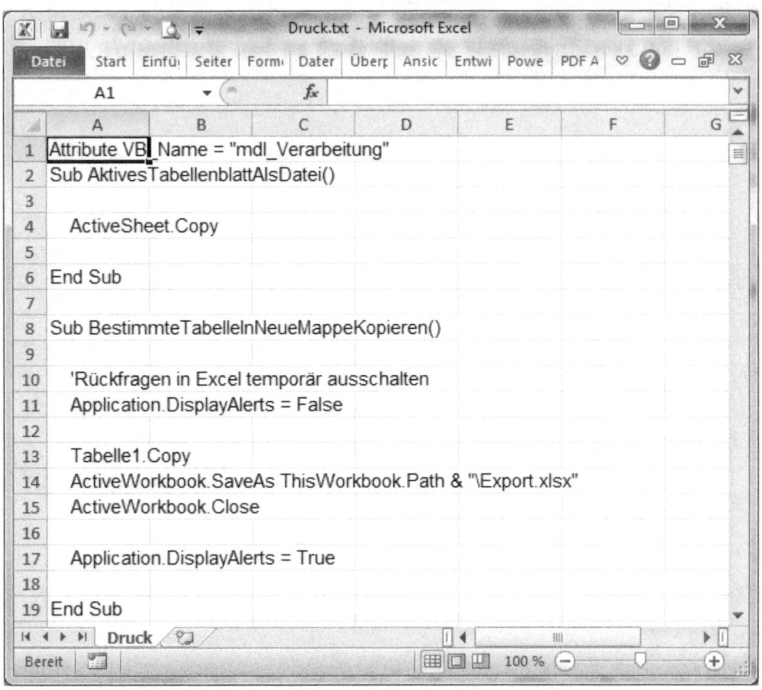

Abbildung 11.14 Das Modul wird eingelesen, formatiert und gedruckt

Das Druckereignis einsetzen

Der Ausdruck aus Excel kann über das Ereignis Workbook_BeforePrint abgefangen werden.

Drucken für bestimmte Anwender deaktivieren

Beim folgenden Ereignismakro aus Listing 11.27 wird die Druckfunktion für alle Anwender außer einem deaktiviert. Um das Ereignis einzustellen, wechseln Sie in die Entwicklungsumgebung und führen im Projekt-Explorer einen Doppelklick auf der Rubrik *DieseArbeitsmappe* aus. Danach stellen Sie das Ereignis Workbook_BeforePrint ein.

```
Private Sub Workbook_BeforePrint(Cancel As Boolean)

    If Environ("Username") = "Bernd Held" Then
        Cancel = False
    Else
        MsgBox "Drucken nicht erlaubt!"
        Cancel = True
    End If

End Sub
```

Listing 11.27 Das Drucken bedingt abschalten

Über die Funktion Environ können Sie über die Konstante Username den angemeldeten Windows-Benutzer abfragen. Setzen Sie den Parameter Cancel auf den Wert True, um den kompletten Druckvorgang abzubrechen.

Kapitel 12

Export in Textdateien

In diesem Kapitel:

In diesem Kapitel werden Lösungen vorgestellt, bei denen Exporte aus Excel-Arbeitsmappen in Textdateien vorgenommen werden.

ONLINE Die Lösungen zu den folgenden Aufgaben finden Sie in der Datei *Kap12.xlsm*.

Textdateien erstellen

Für die Erstellung von Textdateien gibt es einige Möglichkeiten. Excel bietet beispielsweise standardmäßig die Möglichkeit an, Tabellen direkt als Text zu speichern. Eine andere Variante ist, die VBA-Befehle wie im folgenden Abschnitt zu verwenden.

Textdatei über Open, Print und Close erstellen

Die erste Variante nutzt die VBA-Standardfunktionen Open, Print und Close für die Erstellung einer Textdatei. Sehen Sie sich dazu einmal das Makro aus Listing 12.1 an.

```
Sub TextDateiSchreibenV1()

  Open ThisWorkbook.Path & "\Zugriff.txt" For Output As #1
  Print #1, Date
  Close #1

End Sub
```

Listing 12.1 Das aktuelle Datum wird in eine Textdatei geschrieben

Sie legen eine Textdatei automatisch über die Anweisung Open...For Output an. Eine Zeile erfassen Sie über die Anweisung Print. Danach schließen Sie die Datei über die Anweisung Close.

Textdatei über das Filesystem-Objekt erstellen

Etwas komfortabler ist die Nutzung des Filesystem-Objekts für die Erstellung einer Textdatei. Im Makro aus Listing 12.2 wird eine Textdatei angelegt und der Zugriffszeitpunkt dabei festgehalten.

```
Sub TextDateiSchreibenV2()
  Dim fs As Object
  Dim FsDatei As Object

  Set fs = CreateObject("Scripting.FileSystemObject")
  Set FsDatei = fs.CreateTextFile(ThisWorkbook.Path & "\Zugriff.txt", True)
  FsDatei.WriteLine "Zugriff am " & Now
  FsDatei.Close

End Sub
```

Listing 12.2 Eine Textdatei über das *Filesystem*-Objekt erstellen

Zuerst erstellen Sie einen Verweis auf die Bibliothek *Scripting Runtime*. Dazu setzen Sie die Methode CreateObject ein. Danach wenden Sie die Methode CreateTextFile an, um eine Textdatei anzulegen. Sie geben den Pfad- und Dateinamen im ersten Parameter der Methode an. Der zweite Parameter bestimmt, ob die Textdatei, sofern vorhanden, überschrieben werden soll. Wenn ja, dann setzen Sie den Parameter auf True. Mithilfe der Methode WriteLine schreiben Sie danach eine Zeile in dieser Textdatei. Anschließend rufen Sie die Methode Close auf, um die Textdatei wieder zu schließen.

Tabelle als Textdatei abspeichern

Für das Speichern einer Tabelle in eine Textdatei gibt es ebenfalls mehrere Möglichkeiten. Je nachdem, ob Sie die komplette Tabelle oder nur Teile daraus exportieren möchten.

Tabelle Zeile für Zeile exportieren

Bei den folgenden beiden Beispielen gehen wir von der in Abbildung 12.1 gezeigten Ausgangssituation aus. Diese Tabelle soll in eine Textdatei exportiert werden.

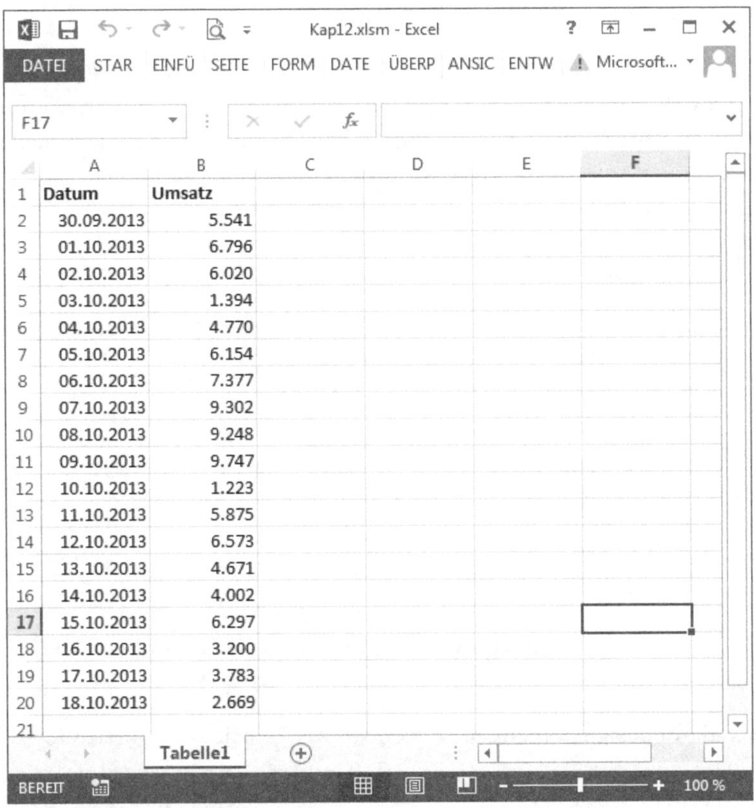

	A	B
1	Datum	Umsatz
2	30.09.2013	5.541
3	01.10.2013	6.796
4	02.10.2013	6.020
5	03.10.2013	1.394
6	04.10.2013	4.770
7	05.10.2013	6.154
8	06.10.2013	7.377
9	07.10.2013	9.302
10	08.10.2013	9.248
11	09.10.2013	9.747
12	10.10.2013	1.223
13	11.10.2013	5.875
14	12.10.2013	6.573
15	13.10.2013	4.671
16	14.10.2013	4.002
17	15.10.2013	6.297
18	16.10.2013	3.200
19	17.10.2013	3.783
20	18.10.2013	2.669

Abbildung 12.1 Eine Liste mit täglichen Umsätzen soll exportiert werden

Sie geben die Spalten *A* und *B* in einer Textdatei mit dem Namen *Export.txt* aus. Dazu setzen Sie das Makro aus Listing 12.3 ein.

```
Sub ExportTabelleV1()
  Dim Zeile As Long
  Dim ZeileMax As Long

    Open ThisWorkbook.Path & "\Export.txt" For Output As #1

    With Tabelle1
    ZeileMax = .UsedRange.Rows.Count

     For Zeile = 1 To ZeileMax

        Print #1, .Cells(Zeile, 1).Value & ";" & .Cells(Zeile, 2).Value

     Next Zeile

    End With
    Close #1

End Sub
```

Listing 12.3 Eine Tabelle Zeile für Zeile in eine Textdatei schreiben

Sie legen die Datei *Export.txt* mithilfe der Anweisung Open an. Danach setzen Sie eine For...Next-Schleife auf, in der Sie alle gefüllten Zeilen von *Tabelle1* abarbeiten. Innerhalb der Schleife kommt die Anweisung Print zum Einsatz, um die Textzeilen zu schreiben. Dazu greifen Sie über die Eigenschaft Value auf die Tabelleninhalte zu. Nach der Schleife wird die Textdatei über die Anweisung Close geschlossen.

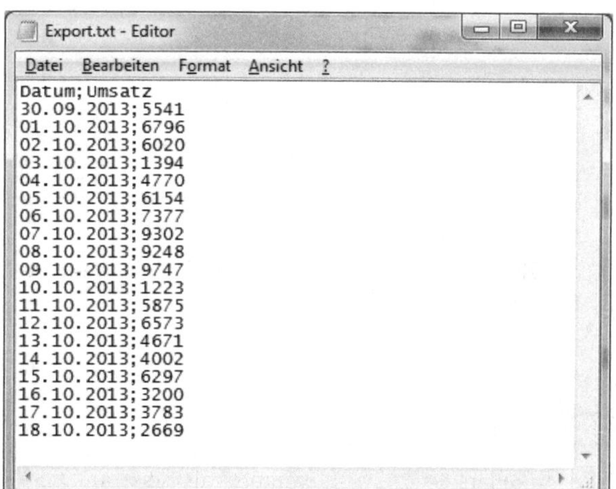

Abbildung 12.2 Die Inhalte der Tabelle wurden in eine Textdatei geschrieben

Selbstverständlich ist diese Variante auch dafür geeignet, nicht alle Zeilen aus der Tabelle zu exportieren.

Tabelle mit SaveAs exportieren

Im folgenden Beispiel wird die Methode SaveAs eingesetzt, um eine Tabelle in einer Textdatei zu speichern. Sehen Sie sich dazu das Makro aus Listing 12.4 an.

```
Sub ExportTabelleV2()

  Application.DisplayAlerts = False

  ActiveSheet.Copy
  ActiveWorkbook.SaveAs Filename:= _
  ThisWorkbook.Path & "\Export2.txt", FileFormat:=xlText, local:=True
  ActiveWorkbook.Close

  Application.DisplayAlerts = True

End Sub
```

Listing 12.4 Eine Tabelle in eine Textdatei exportieren

Sie wenden die Methode Copy an, um die aktive Tabelle zunächst in einer neuen Arbeitsmappe abzulegen. Sie speichern diese mit der Methode SaveAs im Textformat ab und schließen sie mithilfe der Methode Close. Wenn Sie den Parameter Local auf den Wert True setzen, dann orientiert sich Excel beim Export der Daten an den Einstellungen in der Systemsteuerung von Windows.

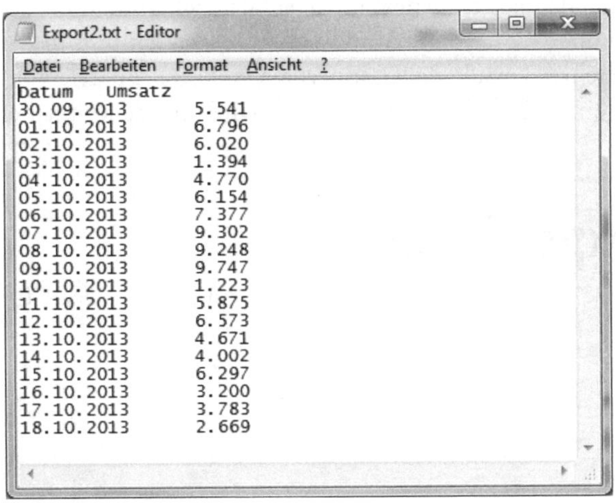

Abbildung 12.3 Die Tabelleninhalte werden in der Textdatei mit Tabstop hinterlegt

Alle Tabellen als CSV exportieren

Bei der folgenden Aufgabe aus Listing 12.5 werden alle Tabellen einer Arbeitsmappe als separate CSV-Dateien exportiert und gespeichert.

```
Sub TabellenAlsTextdateienSpeichern()
  Dim Daten As Range
  Dim Zeile As Range
  Dim Zelle As Range
  Dim s As String
  Dim i As Integer

  For i = 1 To ThisWorkbook.Worksheets.Count
```

Listing 12.5 Alle Tabellen einer Arbeitsmappe als Textdateien ablegen

```
      Set Daten = Worksheets(i).UsedRange

      Open ThisWorkbook.Path & "\Ausgabe" & i & ".csv" _
      For Output As #1

        For Each Zeile In Daten.Rows

            For Each Zelle In Zeile.Cells
                s = s & CStr(Zelle.Text) & ";"
            Next Zelle
            Print #1, s
            s = ""
        Next Zeile

      Close #1

  Next i

End Sub
```

Listing 12.5 Alle Tabellen einer Arbeitsmappe als Textdateien ablegen *(Fortsetzung)*

In einer For...Next-Schleife werden alle Tabellen der Arbeitsmappe nacheinander verarbeitet. Innerhalb der Schleife wird der benutzte Bereich einer jeden Tabelle über die Eigenschaft UsedRange ausgelesen und in der Objektvariablen Daten abgelegt. In einer weiteren Schleife werden alle Zellen innerhalb einer Zeile nacheinander abgearbeitet und in der Variablen s abgelegt. Ist eine Zeile abgearbeitet, dann wird die Zeile mit der Anweisung Print geschrieben.

Aktuelle Tabelle über Array exportieren

Bei der folgenden Aufgabe werden die Daten aus *Tabelle3* in einen Array gelesen und von dort aus Zeile für Zeile in eine Textdatei geschrieben.

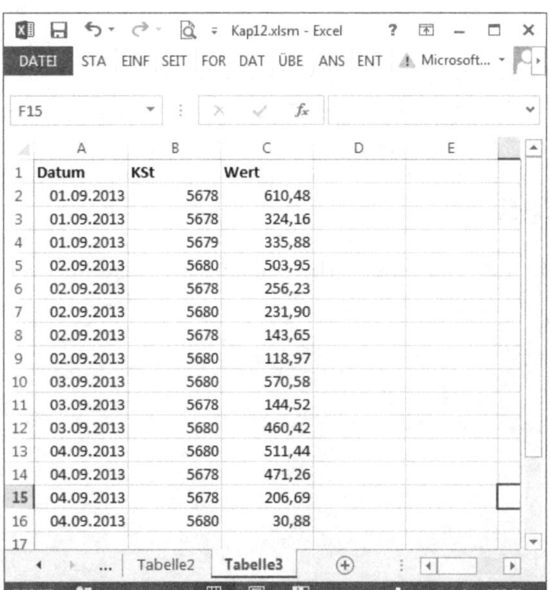

	A	B	C
1	Datum	KSt	Wert
2	01.09.2013	5678	610,48
3	01.09.2013	5678	324,16
4	01.09.2013	5679	335,88
5	02.09.2013	5680	503,95
6	02.09.2013	5678	256,23
7	02.09.2013	5680	231,90
8	02.09.2013	5678	143,65
9	02.09.2013	5680	118,97
10	03.09.2013	5680	570,58
11	03.09.2013	5678	144,52
12	03.09.2013	5680	460,42
13	04.09.2013	5680	511,44
14	04.09.2013	5678	471,26
15	04.09.2013	5678	206,69
16	04.09.2013	5680	30,88

Abbildung 12.4 Diese Tabelle soll in eine Textdatei exportiert werden

Lösen Sie die gestellte Aufgabe, indem Sie das Makro aus Listing 12.6 einsetzen.

```
Sub TextdateiAusgeben()
  Dim fs as Object
  Dim ts As Object
  Dim i As Integer
  Dim P_Array() As String
  Dim AnzSätze As Integer
  Dim AnzSpalten As Integer

    Set fs = CreateObject("Scripting.FileSystemObject")
    Set ts = FSO.CreateTextFile(ThisWorkbook.Path & "\Daten.txt")

    With Tabelle3

      AnzSätze = .UsedRange.Rows.Count
      AnzSpalten = .UsedRange.Columns.Count

      ReDim P_Array(1 To AnzSätze, 1 To AnzSpalten)

      i = 1

      For i = 1 To AnzSätze
          P_Array(i, 1) = Cells(i, 1).Value
          P_Array(i, 2) = Cells(i, 2).Value
          P_Array(i, 3) = Cells(i, 3).Value
          ts.WriteLine P_Array(i, 1) & "; " & _
              P_Array(i, 2) & "; " & P_Array(i, 3)
      Next i

      ts.Close

   End With
 End Sub
```

Listing 12.6 Den Inhalt einer Tabelle in eine Textdatei exportieren

Im ersten Schritt erstellen Sie mithilfe der Methode CreateObject einen Verweis auf die Bibliothek *Scripting Runtime*. Damit haben Sie Zugriff auf die Methode CreateTextFile, um die Textdatei anzulegen. Anschließend ermitteln Sie die Anzahl der verwendeten Zeilen und Spalten des benutzten Bereichs von *Tabelle3*. Diese Größen dienen dazu, das Datenfeld P_Array in der richtigen Größe anzulegen. In einer For...Next-Schleife wird das Datenfeld anschließend befüllt. Jede Zeile des Arrays wird mithilfe der Methode WriteLine in die Textdatei geschrieben. Am Ende wird die Textdatei über die Methode Close geschlossen.

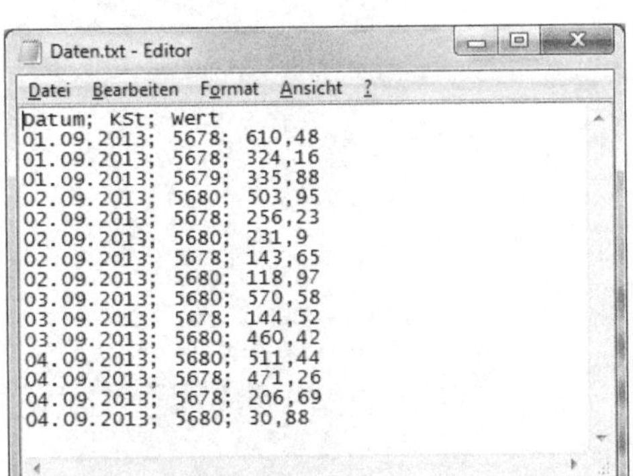


```
Datum; KSt; Wert
01.09.2013; 5678; 610,48
01.09.2013; 5678; 324,16
01.09.2013; 5679; 335,88
02.09.2013; 5680; 503,95
02.09.2013; 5678; 256,23
02.09.2013; 5680; 231,9
02.09.2013; 5678; 143,65
02.09.2013; 5680; 118,97
03.09.2013; 5680; 570,58
03.09.2013; 5678; 144,52
03.09.2013; 5680; 460,42
04.09.2013; 5680; 511,44
04.09.2013; 5678; 471,26
04.09.2013; 5678; 206,69
04.09.2013; 5680; 30,88
```

Abbildung 12.5 Die Textdatei wurde erfolgreich angelegt und befüllt

Alle gefilterten Daten in eine Textdatei schreiben

Bei der folgenden Aufgabe liegt eine Tabelle wie in Abbildung 12.6 gezeigt vor. Die Aufgabe besteht darin, alle sichtbaren Zeilen, also die gefilterten Daten, in eine Textdatei zu überführen.

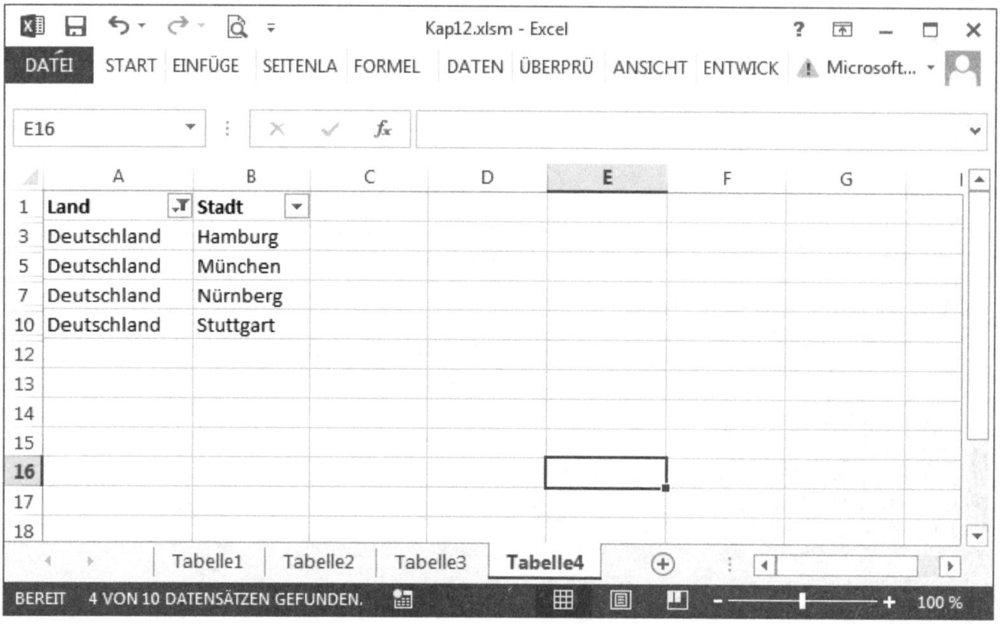

Abbildung 12.6 Alle gefilterten Daten in eine Textdatei überführen

Starten Sie das Makro aus Listing 12.7, um die Aufgabe zu lösen.

```
Sub GefilterteTabelleInTextdateiSpeichern()
  Dim Zeile As Long
  Dim ZeileMax As Long

   With Tabelle4
      ZeileMax = .Cells(Rows.Count, 1).End(xlUp).Row
      Open ThisWorkbook.Path & "\Filter.txt" For Output As #1

      For Zeile = 1 To ZeileMax

       If .Rows(Zeile).Hidden = False Then
          Print #1, .Cells(Zeile, 1).Value; ";"; .Cells(Zeile, 2).Value
       End If

       Next Zeile

      Close #1

   End With

End Sub
```

Listing 12.7 Alle sichtbaren Daten in eine Textdatei exportieren

Bei dieser Art der Verarbeitung wird jede benutzte Zeile von *Tabelle4* über eine For...Next-Schleife verarbeitet. Innerhalb der Schleife prüfen Sie mithilfe der Eigenschaft Hidden, ob die jeweilige Zeile sichtbar ist. Wenn ja, dann setzen Sie die Anweisung Print ein, um die ersten beiden Spalten in die Textdatei zu schreiben. Bei Schleifenaustritt schließen Sie die Textdatei über die Anweisung Close.

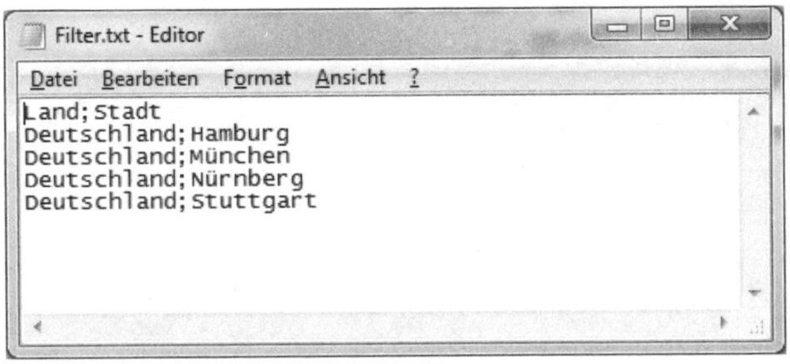

Abbildung 12.7 Alle gefilterten Zeilen wurden in einer Textdatei ausgegeben

Tabellenbereich überwachen und Änderungen dokumentieren

Bei der folgenden Aufgabe soll der Bereich *A1:D10* von *Tabelle5* überwacht werden. Jeder Zugriff auf diesen Bereich soll dabei festgehalten werden. Sehen Sie sich zunächst einmal die Abbildung 12.8 an.

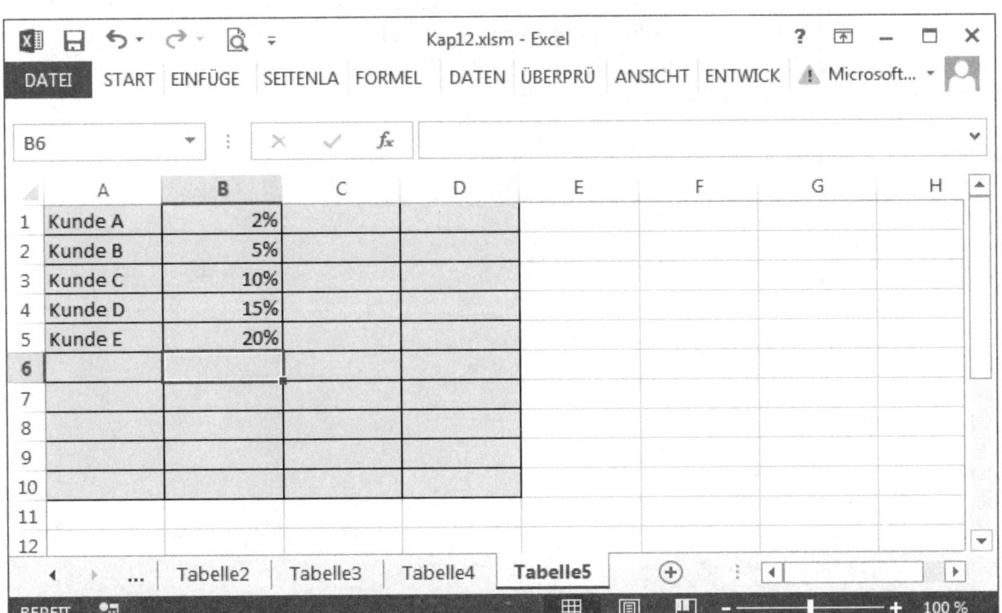

Abbildung 12.8 Alle Änderungen in diesem Bereich sollen dokumentiert werden

Überwachen Sie alle Änderungen, indem Sie den Tabellenreiter mit der rechten Maustaste anklicken und den Befehl *Code anzeigen* aus dem Kontextmenü wählen. Stellen Sie danach das folgende Ereignis wie in Listing 12.8 gezeigt ein.

```
Private Sub Worksheet_Change(ByVal Target As Range)
  Dim i As Integer
  Dim strDatei As String
  Dim Bereich As Range
  Dim zelle As Range

  Set Bereich = Tabelle5.Range("A1:D10")

  If Intersect(Bereich, Target) Is Nothing Then Exit Sub

  For Each zelle In Target.Cells

      i = FreeFile

      strDatei = ThisWorkbook.Path & "\DokuZugriff.txt"

      Open strDatei For Append As #1

      Print #i, zelle.Address & ":" & zelle.Value & " geändert am " & Now & _
                " von " & Environ("username")

      Close #i
  Next zelle

End Sub
```

Listing 12.8 Alle Änderungen im vorgegebenen Bereich werden automatisch dokumentiert

Geben Sie im ersten Schritt des Makros den zu überwachenden Bereich mithilfe der Anweisung Set bekannt. Über die Anweisung Intersect können Sie überprüfen, ob die geänderte Zelle (Target) im Bereich liegt. Wenn ja, dann durchlaufen Sie in einer weiteren Schleife alle veränderten Zellen und speichern die Veränderungen in der Textdatei *DokuZugriff.txt*.

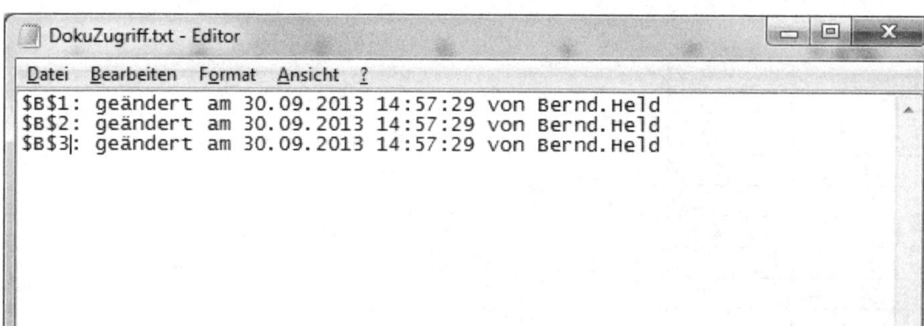

Abbildung 12.9 Alle Änderungen werden dokumentiert

Alle Formeln einer Mappe dokumentieren

Bei der folgenden Lösung aus Listing 12.9 wird eine komplette Arbeitsmappe nach Formeln und Verknüpfungen durchsucht, und die Ergebnisse daraus werden in eine Textdatei mit dem Namen *Formeln.txt* geschrieben.

```
Sub FormelnEinerAbeitsmappeInTextdateiSchreiben()
  Dim Zelle As Range
  Dim Blatt As Worksheet

    Open ThisWorkbook.Path & "\Formeln.txt" For Output As #1

   For Each Blatt In ActiveWorkbook.Worksheets

    For Each Zelle In Blatt.UsedRange
        If Zelle.HasFormula Then Print #1, Blatt.Name; Tab; Zelle.Address; Tab; Zelle.FormulaLocal
    Next Zelle

   Next Blatt

  Close #1

End Sub
```

Listing 12.9 Alle Formeln aus der Arbeitsmappe in eine Textdatei schreiben

Zunächst legen Sie eine neue Textdatei über die Funktion Open an. Danach starten Sie zwei For Each...Next-Schleifen, um in der ersten Schleife alle Tabellen der Arbeitsmappe und in der zweiten Schleife alle verwendeten Zellen der Tabelle abzuarbeiten. Innerhalb der zweiten Schleife prüfen Sie über die Eigenschaft HasFormula, ob die jeweilige Zelle eine Formel enthält. Wenn ja, dann geben Sie mithilfe der Funktion Print den Namen der Tabelle, die Zellenadresse sowie die Formel aus.

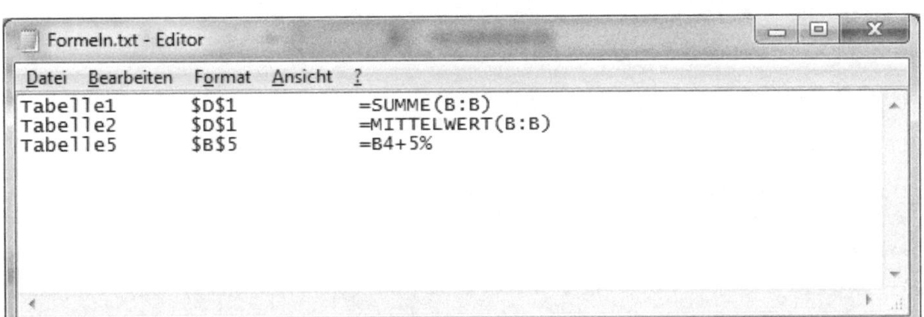

Abbildung 12.10 Eine Dokumentation von verwendeten Formeln der aktiven Arbeitsmappe

Module sichern

Wenn Sie Ihre Programmierung sichern möchten, dann können Sie hin und wieder Ihre Quellcodes in Textdateien ablegen. Dazu können Sie ein Makro, wie beispielsweise das aus Listing 12.9, programmieren, welches das Modul *mdl_Verarbeitung* in der Textdatei *Sicherung.txt* abspeichert.

```
Sub ModulInTextdateiSichern()
    Dim VBKomp As Object
    Dim strExportDatei As String

    strExportDatei = ThisWorkbook.Path & "\Sicherung.txt"

    On Error Resume Next
    Set VBKomp = ThisWorkbook.VBProject.VBComponents("mdl_Verarbeitung")

    With VBKomp
        .Export strExportDatei
    End With

End Sub
```

Listing 12.10 Ein Modul in einer Textdatei sichern

Zunächst legen Sie fest, wie die Textdatei heißen und wo diese gespeichert werden soll. Danach wenden Sie die Methode Export an, um das Modul *mdl_Verarbeitung* in einer Textdatei zu sichern.

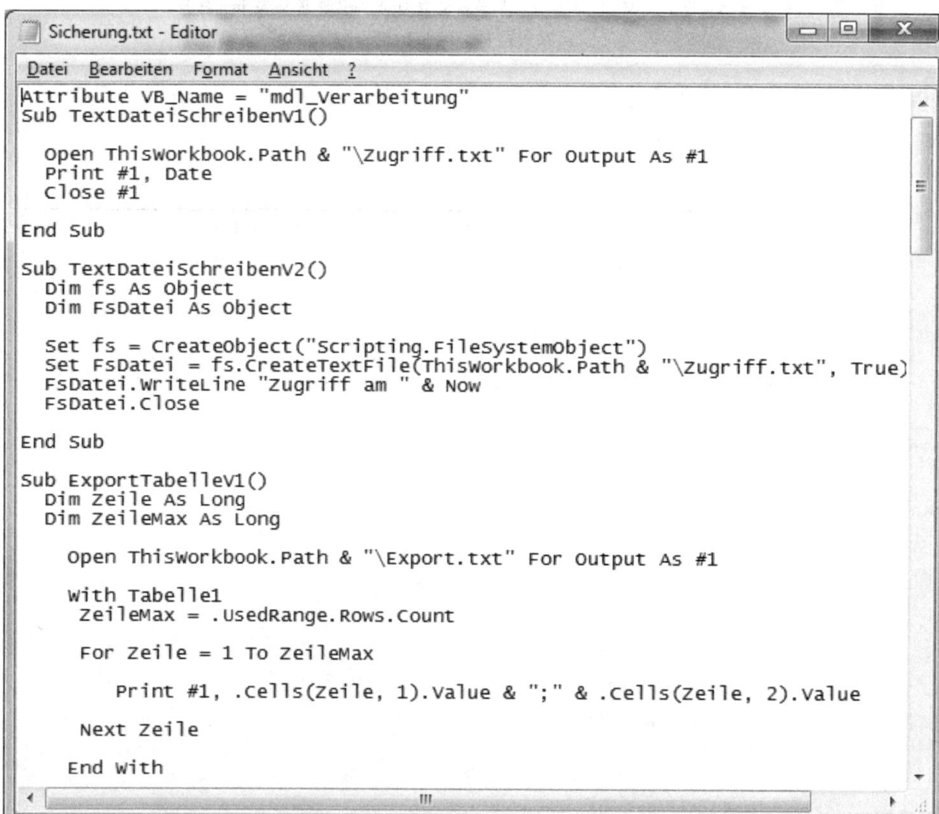


```
Attribute VB_Name = "mdl_Verarbeitung"
Sub TextDateiSchreibenV1()

  Open ThisWorkbook.Path & "\Zugriff.txt" For Output As #1
  Print #1, Date
  Close #1

End Sub

Sub TextDateiSchreibenV2()
  Dim fs As Object
  Dim FsDatei As Object

  Set fs = CreateObject("Scripting.FileSystemObject")
  Set FsDatei = fs.CreateTextFile(ThisWorkbook.Path & "\Zugriff.txt", True)
  FsDatei.WriteLine "Zugriff am " & Now
  FsDatei.Close

End Sub

Sub ExportTabelleV1()
  Dim Zeile As Long
  Dim ZeileMax As Long

    Open ThisWorkbook.Path & "\Export.txt" For Output As #1

    With Tabelle1
     ZeileMax = .UsedRange.Rows.Count

     For Zeile = 1 To ZeileMax

        Print #1, .Cells(Zeile, 1).Value & ";" & .Cells(Zeile, 2).Value

     Next Zeile

    End With
```

Abbildung 12.11 Das Modul *mdl_Verarbeitung* wurde in einer Textdatei gesichert

Kapitel 13

Export/Zusammenspiel mit anderen Office-Anwendungen

In diesem Kapitel:

In diesem Kapitel haben wir eine ganze Reihe von Lösungen zusammengestellt, die genutzt werden können, um Daten von Excel in andere Office-Anwendungen zu exportieren.

ONLINE Die Lösungen zu den folgenden Aufgaben finden Sie in der Datei *Kap13.xlsm*. Für den Abschnitt »Excel im Zusammenspiel mit Access« befinden sich die Quellcodes in der Arbeitsmappe *Termin-Manager-Therapie2013.xls* und der Datenbank *Daten.mdb*. Die Daten zum Abschnitt »Excel im Zusammenspiel mit dem SQL-Server« finden sie in *Bernd SQL Beispiel.xlsm* und das Backup der SQL-Datenbank in *BerndsDatenbank*.

Excel-Daten nach PowerPoint exportieren

Als erste Office-Anwendung werden wir Microsoft PowerPoint in Bezug auf den Export aus Excel heraus betrachten. Wir werden Excel-Bereiche, Grafiken und Diagramme in PowerPoint-Präsentationen exportieren.

Bereich aus Excel in eine neue Präsentation einfügen

Als erste Aufgabe wird ein Bereich einer Tabelle in eine neue PowerPoint-Präsentation eingefügt. Sehen Sie sich dazu die Ausgangssituation aus Abbildung 13.1 an.

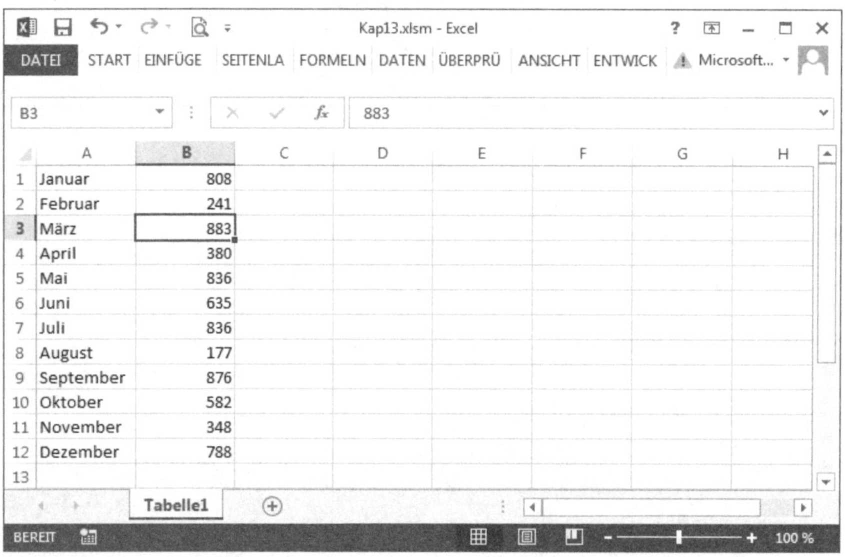

Abbildung 13.1 Der genutzte Bereich der Tabelle soll in eine PowerPoint-Datei

Der Bereich *A1:B12* soll kopiert und als Bild in eine neue PowerPoint-Folie exportiert werden. Dazu setzen Sie das Makro aus Listing 13.1 ein.

```
Sub ExcelBereichNachPowerPointExportieren()
    Dim objPPT As Object
    Dim Folie As Object
```

Listing 13.1 Excel-Bereich als Grafik in eine neue Präsentation einfügen

```
  On Error GoTo ExcelBereichNachPowerPointExportieren_Error

    Set objPPT = CreateObject("PowerPoint.Application")
    objPPT.Visible = True
    objPPT.Presentations.Add
    objPPT.ActivePresentation.Slides.Add 1, 12

    Tabelle1.Range("A1:B12").CopyPicture
    Set Folie = objPPT.ActivePresentation.Slides(1)
    Folie.Shapes.Paste

  On Error GoTo 0
  Exit Sub

ExcelBereichNachPowerPointExportieren_Error:

  MsgBox "Error " & Err.Number & " (" & Err.Description & _
  ") in procedure ExcelBereichNachPowerPointExportieren of Modul mdl_Excel_PPT in Zeile " & Erl

End Sub
```

Listing 13.1 Excel-Bereich als Grafik in eine neue Präsentation einfügen *(Fortsetzung)*

Sie deklarieren zu Beginn des Makros aus Listing 13.1 zwei Objektvariablen für den späteren Einsatz von PowerPoint-Objekten. Danach wenden Sie die Methode CreateObject an, um einen Verweis auf die PowerPoint-Bibliothek zu bekommen. Sie haben jetzt Zugriff auf den kompletten PowerPoint-VBA-Wortschatz. Sie machen die PowerPoint-Anwendung sichtbar, indem Sie der Eigenschaft Visible den Wert True zuweisen.

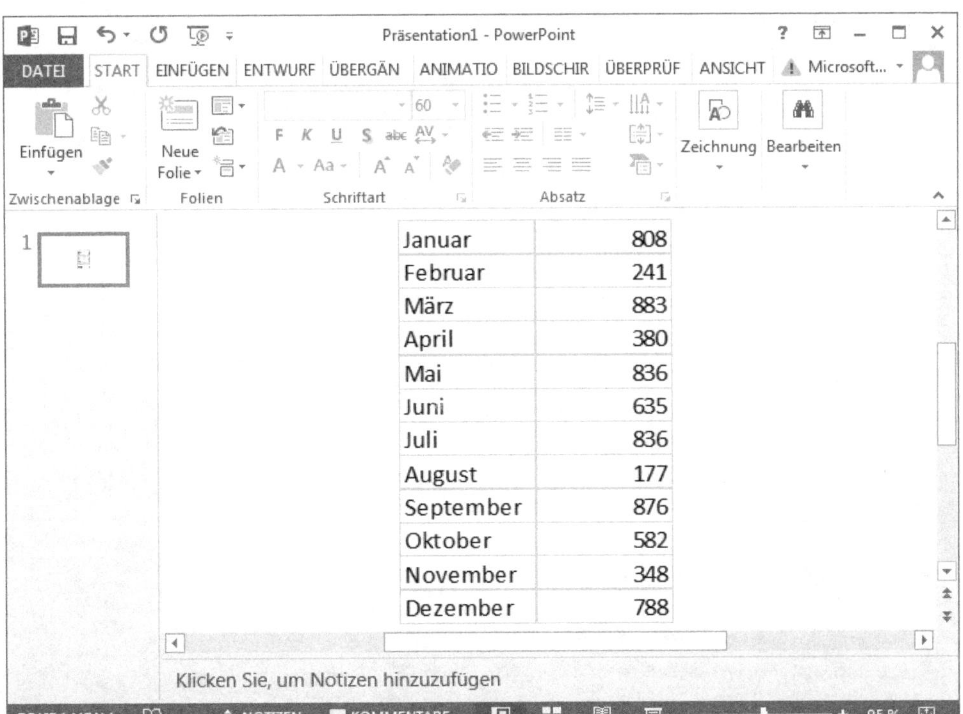

Abbildung 13.2 Der Excel-Bereich wurde als Bild in die Präsentation eingefügt

Im nächsten Schritt fügen Sie eine neue PowerPoint-Präsentation über den Einsatz der Methode Add hinzu. In diese noch leere Präsentation wird über die Methode Add eine neue Folie eingefügt. Dabei geben Sie im zweiten Parameter die zugrunde liegende Präsentationsvorlage bekannt. Der Wert 12 bedeutet hier, dass eine leere Folie eingefügt wird. Danach wird die Methode CopyPicture angewendet, um den Excel-Bereich als Grafik zu kopieren. Am Ende des Makros wird die Einfügestelle in einer Objektvariablen zunächst konkretisiert und daraufhin über den Einsatz der Methode Paste eingefügt.

Bereich aus Excel in eine bestehende Präsentation einfügen

Bei der folgenden Aufgabe soll der Excel-Bereich aus Abbildung 13.1 in eine bestehende Präsentation mit dem Namen *Präsentation.pptx* integriert und auf einer bestimmten Folie an einer bestimmten Stelle positioniert werden. Sehen Sie sich dazu das Makro aus Listing 13.2 an.

```
Sub ExcelBereichInBestehendePräsenation()
    Dim objPPT As Object
    Dim Folie As Object

   On Error GoTo ExcelBereichInBestehendePräsenation_Error

    Set objPPT = CreateObject("PowerPoint.Application")
    objPPT.Visible = True
    objPPT.Presentations.Open ThisWorkbook.Path & "\Präsentation.pptx"

    Tabelle1.Range("A1:B12").CopyPicture
    Set Folie = objPPT.ActivePresentation.Slides(1)

    For i = Folie.Shapes.Count To 1 Step -1
     Folie.Shapes(i).Delete
    Next i

    Folie.Shapes.Paste

    With Folie.Shapes(1)
     .Top = 1
     .Left = 1
    End With

   On Error GoTo 0
   Exit Sub

ExcelBereichInBestehendePräsenation_Error:

  MsgBox "Error " & Err.Number & " (" & Err.Description & _
  ") in procedure ExcelBereichInBestehendePräsenation of Modul mdl_Excel_PPT in Zeile " & Erl

End Sub
```

Listing 13.2 Excel-Bereich in vorhandene PowerPoint-Präsentation einfügen

Sie erstellen mithilfe der Methode CreateObject ein neues PowerPoint-Objekt, indem Sie einen Verweis auf die PowerPoint Bibliothek setzen. Danach weisen Sie der Eigenschaft Visible den Wert True zu, um das neue Anwendungsobjekt anzuzeigen. Über die Methode Open öffnen Sie eine vorhandene PowerPoint-Präsentation, die im gleichen Ordner (Thisworkbook.Path) liegen muss wie auch Ihre Excel-Arbeitsmappe.

Danach setzen Sie die Methode CopyPicture ein, um den vorgegebenen Bereich der Excel-Tabelle zu kopieren. Jetzt geben Sie bekannt, in welche Folie der kopierte Bereich eingefügt werden soll. Dazu weisen Sie der Objektvariablen *Folie* die erste Folie der aktuell geöffneten Präsentation zu. Da es sein kann, dass sich bereits ein altes Bild auf dieser Folie befindet, setzen Sie eine For...Next-Schleife auf, die rückwärts läuft und alle Shape-Objekte auf dieser Folie über den Einsatz der Methode Delete entfernt. Über die Methode Paste wird das Bild direkt in die Folie eingefügt. Anschließend verrücken Sie das Objekt in die linke, obere Ecke, indem Sie den Eigenschaften Top und Left jeweils den Wert 1 zuweisen.

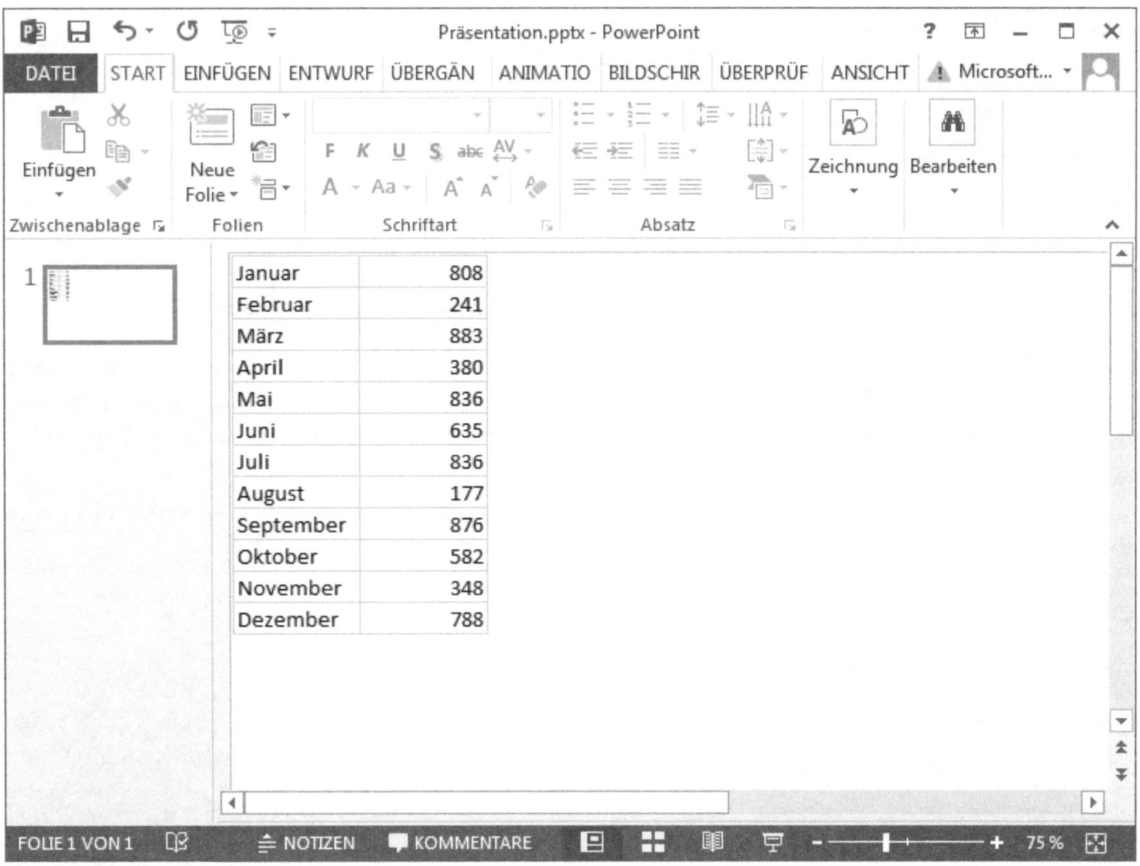

Abbildung 13.3 Der Excel-Bereich wurde oben links in die erste Folie integriert

Excel-Bereich verknüpft in eine neue Präsentation integrieren

Bei der folgenden Aufgabe wird ein Excel-Bereich verknüpft in eine neue Präsentation eingefügt. Dabei stellen wir hier eine Lösung vor, die nach dem Prinzip der frühen Bindung (engl. Early Binding) funktioniert. Vorher binden Sie in der Entwicklungsumgebung die PowerPoint-Bibliothek ein, indem Sie aus dem Menü *Extras* den Befehl *Verweise* auswählen.

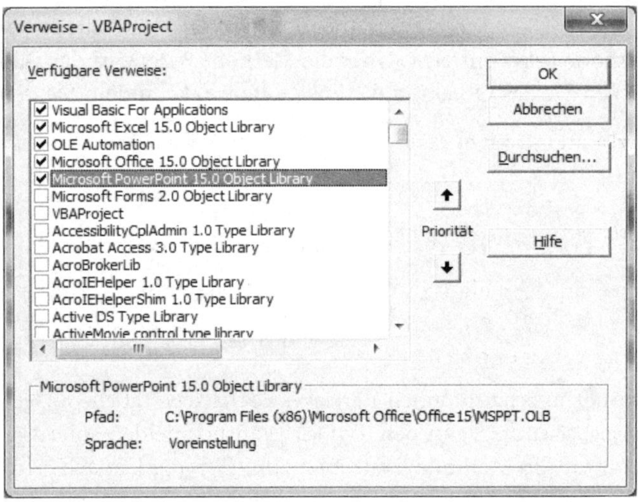

Abbildung 13.4 Die PowerPoint-Bibliothek einbinden

Für unser Beispiel (in dem wir mit Office 2013 arbeiten) aktivieren Sie die Bibliothek *Microsoft PowerPoint 15.0 Object Library* und bestätigen mit *OK*. Sie haben bei dieser Methode den Vorteil, dass Sie beim Editieren der Befehle durch IntelliSense unterstützt werden. IntelliSense zeigt dann zu den einzelnen PowerPoint-Objekten die dazugehörigen Eigenschaften und Methoden in einem Dropdown-Listenfeld an.

Starten Sie das Makro aus Listing 13.3, das den vorher ausgewählten Excel-Bereich kopiert und in einer neuen Präsentation in der ersten Folie einfügt und verknüpft.

```
Sub AusgewähltenBereichVerknüpftInPowerPointEinfügen()
 'Vorher unter Extras/Verweise die Bilbliothek Microsoft PowerPoint aktivieren
  Dim objPPT As PowerPoint.Application
  Dim objPPP As PowerPoint.Presentation
  Dim Folie As PowerPoint.Slide

   On Error GoTo AusgewähltenBereichVerknüpftInPowerPointEinfügen_Error

    If Not TypeName(Selection) = "Range" Then
        MsgBox "Das ist kein Bereich einer Tabelle", vbExclamation
    Else
        Set objPPT = CreateObject("Powerpoint.Application")
        objPPT.Presentations.Add
        Set objPPP = objPPT.ActivePresentation

        Set Folie = objPPP.Slides.Add(1, ppLayoutBlank)
```

Listing 13.3 Einen Excel-Bereich verknüpft in eine Präsentation einfügen

```
        Selection.Copy

        Folie.Shapes.PasteSpecial Link:=True

        Application.CutCopyMode = False

    End If

   On Error GoTo 0
   Exit Sub

AusgewähltenBereichVerknüpftInPowerPointEinfügen_Error:

  MsgBox "Error " & Err.Number & " (" & Err.Description & _
  ") in procedure AusgewähltenBereichVerknüpftInPowerPointEinfügen of Modul mdl_Excel_PPT in Zeile " & Erl

End Sub
```

Listing 13.3 Einen Excel-Bereich verknüpft in eine Präsentation einfügen *(Fortsetzung)*

Sie deklarieren im ersten Schritt des Makros aus Listing 13.3 einige PowerPoint-Variablen. Da Sie bereits vorher den Verweis auf die PowerPoint-Bibliothek gesetzt haben, haben Sie jetzt vollen Zugriff auf alle Eigenschaften und Methoden, die in PowerPoint-VBA zur Verfügung stehen.

Nun muss ermittelt werden, ob der Anwender vorher überhaupt einen Bereich in der Excel-Tabelle ausgewählt hat. Dies geschieht mithilfe der Funktion TypeName, die dann den Typ Range zurückmeldet, sofern es sich um einen Bereich handelt. In diesem Fall kommt die Methode CreateObject zum Einsatz. Danach wird eine neue Präsentation über die Methode Add angelegt. Im Anschluss daran wenden Sie die Methode Add abermals an, um eine neue, leere Folie über die Konstante ppLayoutBlank einzufügen. Über die Funktion Copy wird der Bereich kopiert und mithilfe der Methode PasteSpecial in die Folie eingefügt. Dabei weisen Sie dem Parameter Link den Wert True zu. Am Ende des Makros setzen Sie die Eigenschaft CutCopyMode auf den Wert False, um die Zwischenablage zu leeren und den Laufbalken um den vorher kopierten Bereich zu entfernen.

TIPP Soll ein direkter Zugang von der Excel-Mappe zu einer PowerPoint-Präsentation gelegt werden, dann starten Sie das Makro aus Listing 13.4.

```
Sub PowerPointAlsObjektEinlagern()
 Dim objOle As OLEObject
 Dim strPPT As String

'Pfad zur PowerPoint-Präsentation anpassen
 strPPT = ThisWorkbook.Path & "\Präsentation.pptx"

 Set objOle = Tabelle1.OLEObjects.Add(Filename:=strPPT, Link:=True, DisplayAsIcon:=False)

End Sub
```

Listing 13.4 PowerPoint-Präsentation als Symbol in Excel-Tabelle einlagern

Diagrammobjekte in eine Präsentation exportieren

Bei der folgenden Aufgabe liegen auf einer Tabelle mehrere Diagramme wie in Abbildung 13.5 gezeigt vor.

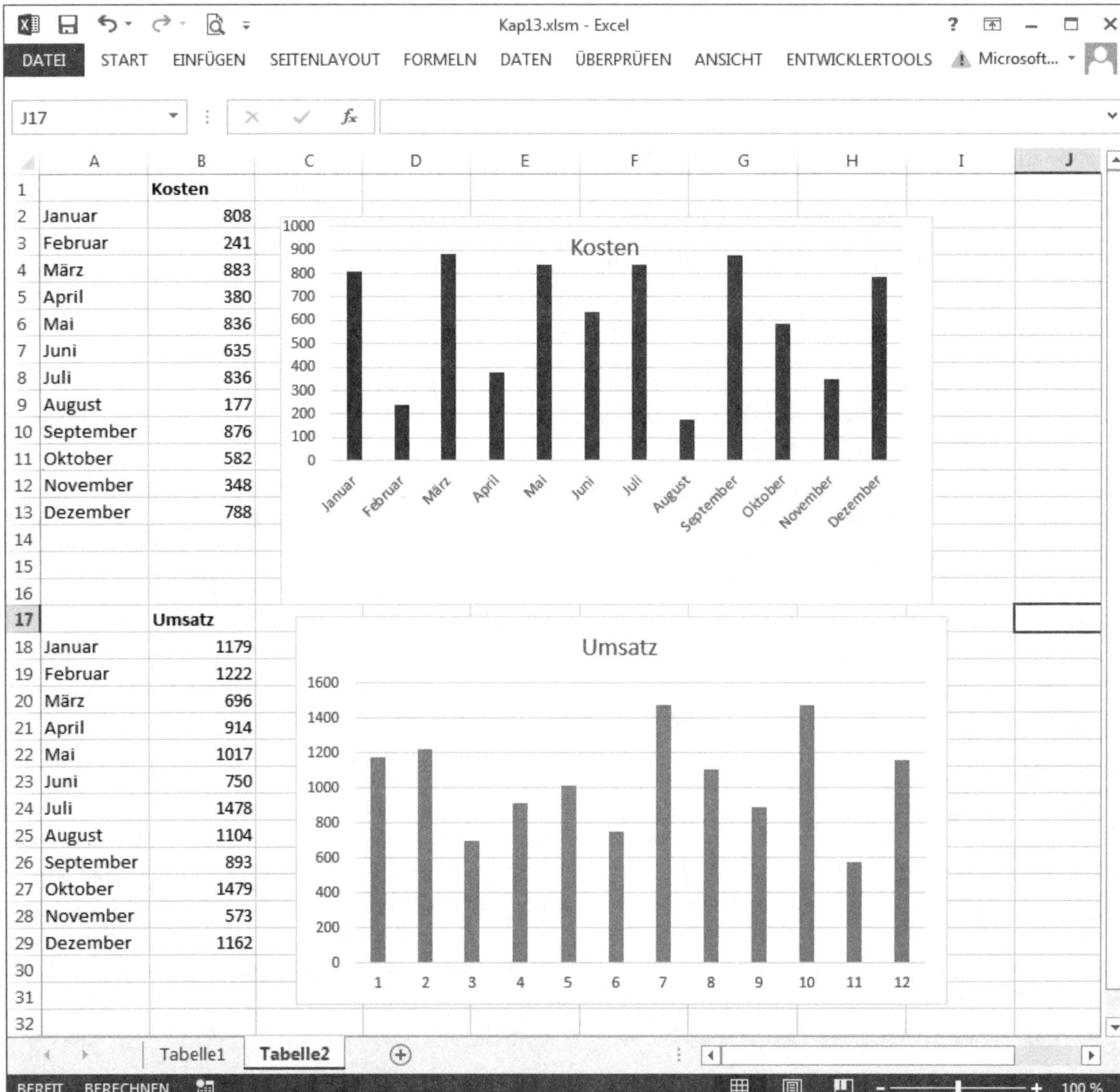

Abbildung 13.5 Diese Diagramme sollen in eine Präsentation eingefügt werden

Sie übertragen die einzelnen Diagrammobjekte auf einzelne Folien einer neuen Präsentation, indem Sie das Makro aus Listing 13.5 starten.

```
Sub GrafikenEinerTabelleNachPowerPointExportieren()
'Vorher unter Extras/Verweise die Bilbliothek Microsoft PowerPoint aktivieren
 Dim shpGrafik As Shape
 Dim PPT As PowerPoint.Application
 Dim iShape As Integer
 Dim i As Integer

 On Error GoTo GrafikenEinerTabelleNachPowerPointExportieren_Error
  iShape = Tabelle2.Shapes.Count

  Set PPT = CreateObject("Powerpoint.Application")
  PPT.Visible = True
  PPT.Presentations.Add

  For i = 1 To iShape
   PPT.ActivePresentation.Slides.Add 1, ppLayoutBlank
  Next i

  i = 1
  For Each shpGrafik In Tabelle2.Shapes
     shpGrafik.CopyPicture
     PPT.ActivePresentation.Slides(i).Shapes.Paste
     i = i + 1
  Next shpGrafik

 On Error GoTo 0
 Exit Sub

GrafikenEinerTabelleNachPowerPointExportieren_Error:

MsgBox "Error " & Err.Number & " (" & Err.Description & _
") in procedure GrafikenEinerTabelleNachPowerPointExportieren of Modul mdl_Excel_PPT in Zeile " & Erl

End Sub
```

Listing 13.5 Diagrammobjekte in einzelnen Folien einer Präsentation ablegen

Im ersten Schritt ermitteln Sie, wie viele Diagrammobjekte sich in *Tabelle2* befinden. Dazu wenden Sie die Funktion Count auf die Shapes-Auflistung an. Darin enthalten sind unter anderem auch Diagrammobjekte. Nach der Anlage einer neuen, noch leeren Präsentation, werden über eine For...Next-Schleife so viele Folien über die Methode Add angelegt, wie Sie gerade Diagrammobjekte gezählt haben. Danach setzen Sie eine For Each...Next-Schleife auf, um alle Shape-Objekte, die sich in *Tabelle2* befinden, abzuarbeiten. Innerhalb dieser Schleife wenden Sie die Methode CopyPicture an, um die Diagrammobjekte zu kopieren. Mithilfe der Methode Paste werden diese dann in die dazugehörige Folie eingefügt.

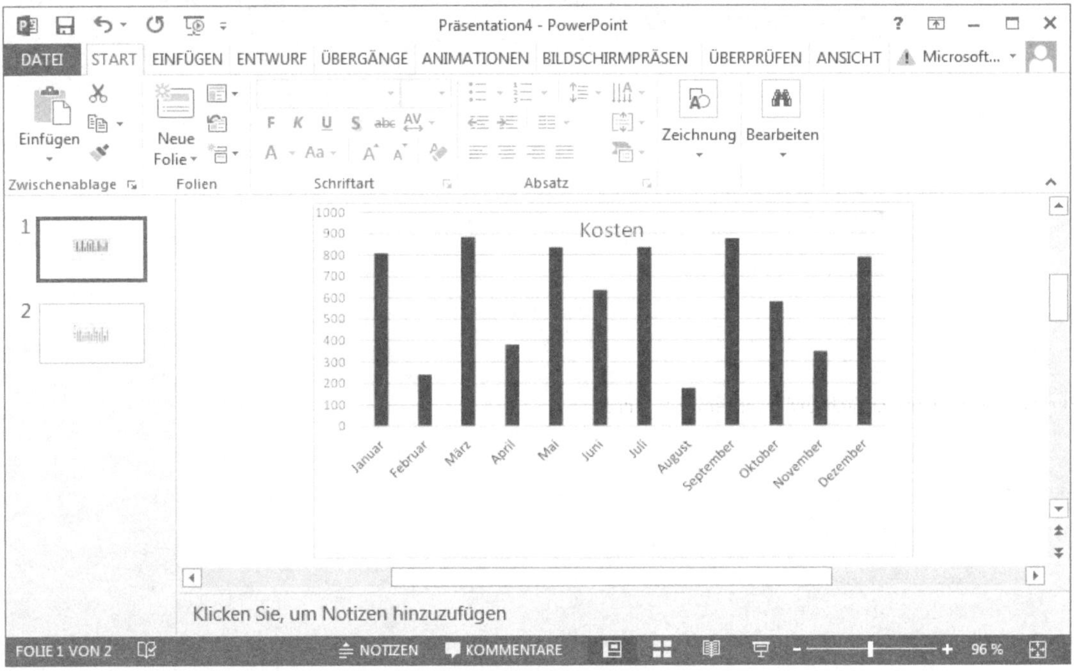

Abbildung 13.6 Die Diagrammobjekte wurden in einzelnen Folien abgelegt

Excel-Daten nach Word exportieren

In diesem Abschnitt werden wir Excel-Daten nach Word überführen. Dazu haben wir einige Aufgabenstellungen aus der Praxis vorbereitet, die Sie auf den nächsten Seiten kennenlernen werden. Binden Sie als Voraussetzung für die Lösung der nachfolgenden Aufgaben die Word-Bibliothek ein, indem Sie in der VBA-Entwicklungsumgebung von Excel aus dem Menü *Extras* den Befehl *Verweise* auswählen.

Abbildung 13.7 Die Word-VBA-Bibliothek einbinden

Aktivieren Sie die Bibliothek *Microsoft Word 15.0 Object Library* (exemplarisch dargestellt für die Version Office 2013) und bestätigen Sie mit *OK*.

Excel-Bereich in Dokument exportieren

In der folgenden Aufgabe wird ein Bereich einer Tabelle 1:1 in ein vorhandenes Word-Dokument exportiert. Starten Sie dazu das Makro aus Listing 13.6.

```
Sub ExcelBereichNachWordTransferieren()
    Dim objWord As Object
    Dim objWordDok As Object
    Dim strDok As String

    On Error GoTo ExcelBereichNachWordTransferieren_Error

    strDok = ThisWorkbook.Path & "\Export.docx"

    Set objWord = CreateObject("Word.Application")
    objWord.Visible = True
    Set objWordDok = objWord.Documents.Open(strDok)

    Tabelle1.Range("A1:B12").Copy
    objWordDok.Range.Paste

    objWordDok.Close savechanges:=True
    objWord.Quit

    Set objWordDok = Nothing
    Set objWord = Nothing
    Application.CutCopyMode = False

    On Error GoTo 0
    Exit Sub

ExcelBereichNachWordTransferieren_Error:

   MsgBox "Error " & Err.Number & " (" & Err.Description & _
   ") in procedure ExcelBereichNachWordTransferieren of Modul mdl_Excel_Word in Zeile " & Erl

End Sub
```

Listing 13.6 Excel-Bereich in vorhandenes Dokument übertragen

Zunächst legen Sie fest, wo das Word-Dokument liegt, in welches Sie die Excel-Daten einfügen möchten. In unserem Beispiel liegt das Dokument mit dem Namen *Export.docx* im gleichen Verzeichnis wie die Excel-Arbeitsmappe *Kap13.xlsm*.

Sie wenden nun die Methode CreateObject an, um ein Word-Objekt zu erzeugen. Danach weisen Sie der Eigenschaft Visible den Wert True zu, um die Word-Applikation anzuzeigen. Mithilfe der Methode Open öffnen Sie das Word-Dokument und weisen dieses Dokument gleichzeitig der Objektvariablen objWordDok hinzu.

Sie kopieren den Bereich, indem Sie die Funktion Copy einsetzen. Die Methode Paste kommt anschließend zum Einsatz, um den gerade kopierten Bereich in das Word-Dokument einzufügen. Sie schließen und speichern das Dokument gleichzeitig, indem Sie bei der Methode Close den Parameter SaveChanges auf den Wert True setzen. Mithilfe der Methode Quit wird die Word-Sitzung direkt im Anschluss beendet.

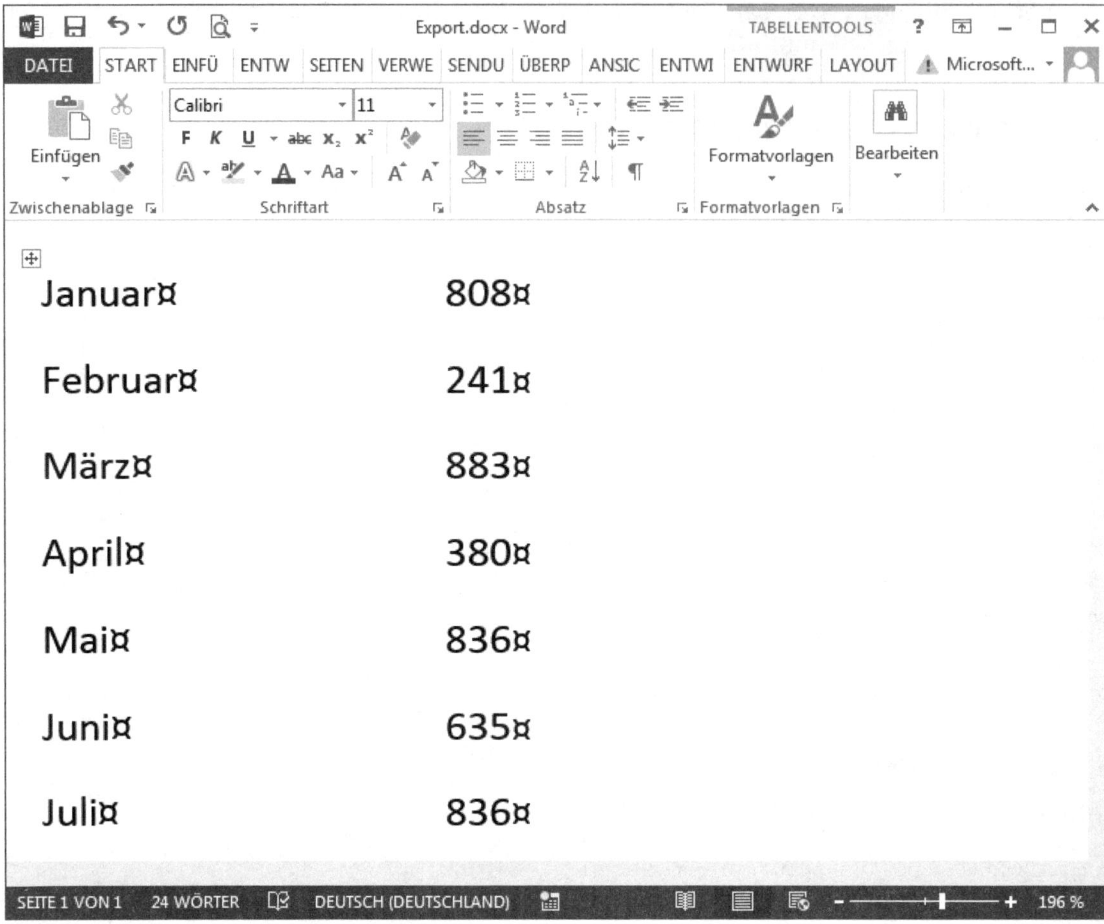

Abbildung 13.8 Die Excel-Tabelle wurde in ein Word-Dokument eingefügt

Excel-Tabelle in ein leeres Dokument überführen

Beim nächsten Beispiel soll eine Excel-Tabelle Zelle für Zelle in ein Word-Dokument exportiert werden. Dafür wird *Tabelle4*, wie in Abbildung 13.9 gezeigt, eingesetzt.

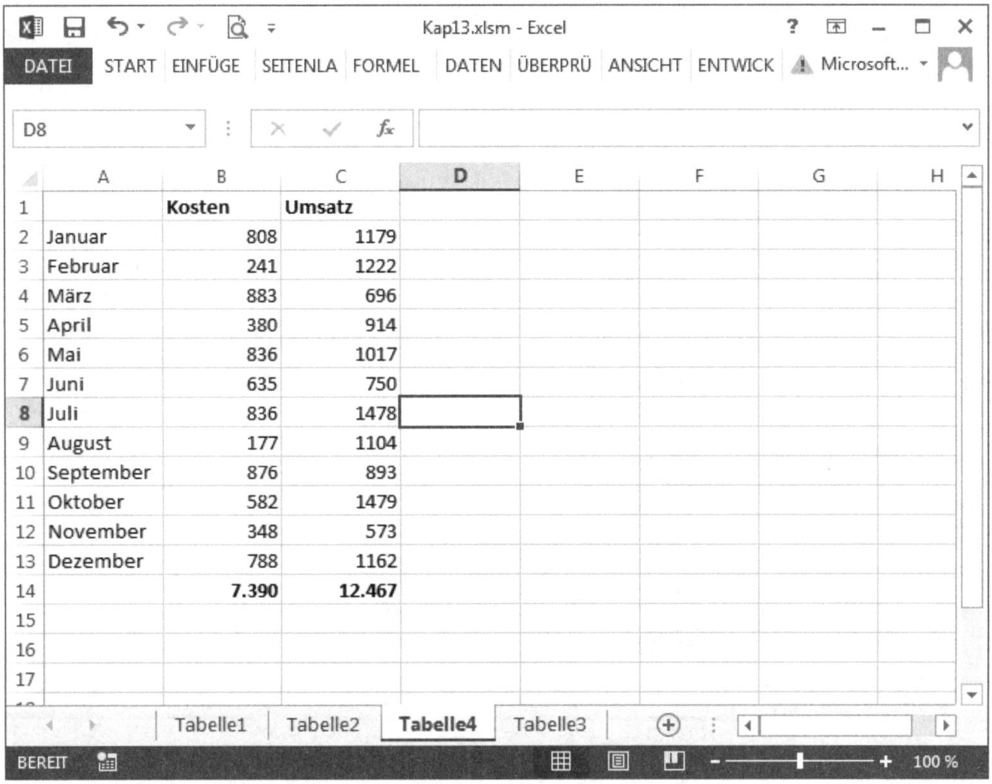

	Kosten	Umsatz
Januar	808	1179
Februar	241	1222
März	883	696
April	380	914
Mai	836	1017
Juni	635	750
Juli	836	1478
August	177	1104
September	876	893
Oktober	582	1479
November	348	573
Dezember	788	1162
	7.390	**12.467**

Abbildung 13.9 Diese Tabelle soll 1:1 in ein Word-Dokument exportiert werden

Lösen Sie diese Aufgabe mit dem Makro aus Listing 13.7.

```
Function WordOffen() As Boolean
    Dim WordApp As Word.Application

    On Error Resume Next
    Set WordApp = GetObject(, "Word.Application")

    If Err.Number = 0 Then
        WordOffen = True
    Else
        WordOffen = False
    End If
End Function


Sub GesamtListeNachWord()
    Dim WordObj As Object
    Dim WordDoc As Object
    Dim WordTab As Object
    Dim Zeile As Long
    Dim Spalte As Long
    Dim ZeileMax As Long
```

Listing 13.7 Excel-Tabelle in eine Word-Tabelle auslagern

```
    Dim SpalteMax As Long

   On Error GoTo GesamtListeNachWord_Error

    With Tabelle4
     ZeileMax = .UsedRange.Rows.Count
     SpalteMax = .UsedRange.Columns.Count
    End With

    If WordOffen = False Then
        Set WordObj = CreateObject("Word.Application")
    Else
        Set WordObj = GetObject("", "Word.Application")
    End If
    WordObj.Visible = True

    Set WordDoc = WordObj.Documents.Add
    WordDoc.PageSetup.Orientation = wdOrientLandscape

    With WordObj.Selection
        .TypeText Text:="Liste: " & ActiveWorkbook.Name
        .TypeParagraph
        .TypeText Text:="vom  " & Format(Now(), "dd-mmm-yyyy")
        .TypeParagraph
    End With

    Set WordTab = WordDoc.Tables.Add(WordObj.Selection.Range, ZeileMax, SpalteMax)

    With WordTab
        For Zeile = 1 To ZeileMax
            For Spalte = 1 To SpalteMax
                .Cell(Zeile, Spalte).Range.InsertAfter Tabelle4.Cells(Zeile, Spalte)
           Next Spalte
        Next Zeile
      .Columns.AutoFit
    End With

    With WordTab
        .Style = "Tabelle 3D-Effekt 1"
        .ApplyStyleHeadingRows = False
        .ApplyStyleLastRow = True
        .ApplyStyleFirstColumn = True
        .ApplyStyleLastColumn = False
    End With

    Set WordObj = Nothing
    Set WordDoc = Nothing
    Set WordTab = Nothing

   On Error GoTo 0
   Exit Sub

GesamtListeNachWord_Error:

  MsgBox "Error " & Err.Number & " (" & Err.Description & _
  ") in procedure GesamtListeNachWord of Modul mdl_Excel_Word in Zeile " & Erl
End Sub
```

Listing 13.7 Excel-Tabelle in eine Word-Tabelle auslagern *(Fortsetzung)*

Im ersten Schritt lesen Sie aus, wie groß der Excel-Bereich in *Tabelle4* ist. Dazu fragen Sie über die Eigenschaft UsedRange den benutzten Bereich der Tabelle ab. Über die Eigenschaften Row und Column extrahieren Sie aus diesem Bereich dann die Anzahl der darin enthaltenen Zeilen und Spalten.

Über eine eigene benutzerdefinierte Funktion ermitteln Sie, ob Microsoft Word bereits gestartet ist. Wenn ja, dann wenden Sie die Methode GetObject an, um sich an diese Sitzung anzudocken. Im anderen Fall kommt die Methode CreateObject zum Einsatz, um eine Word-Sitzung zu erstellen. Danach weisen Sie der Eigenschaft Visible den Wert True zu, um die Applikation anzuzeigen. Anschließend legen Sie ein neues Dokument mithilfe der Methode Add an. Diese Methode wird auf die Documents-Auflistung angewendet. In dieser Auflistung sind bereits alle geöffneten Dokumente enthalten, und Sie fügen ein weiteres über die Methode Add hinzu.

Über die Eigenschaft Orientation definieren Sie, dass das Dokument im Hochformat ausgegeben werden soll. Hierzu wählen Sie für diese Eigenschaft die Konstante wdOrientLandscape. Über die Methode TypeText können Sie in einem Dokument einen Text schreiben. Sie geben die Überschrift für das Dokument im Parameter Text an. Die Methode TypeParagraph fügt einen Zeilenumbruch ein.

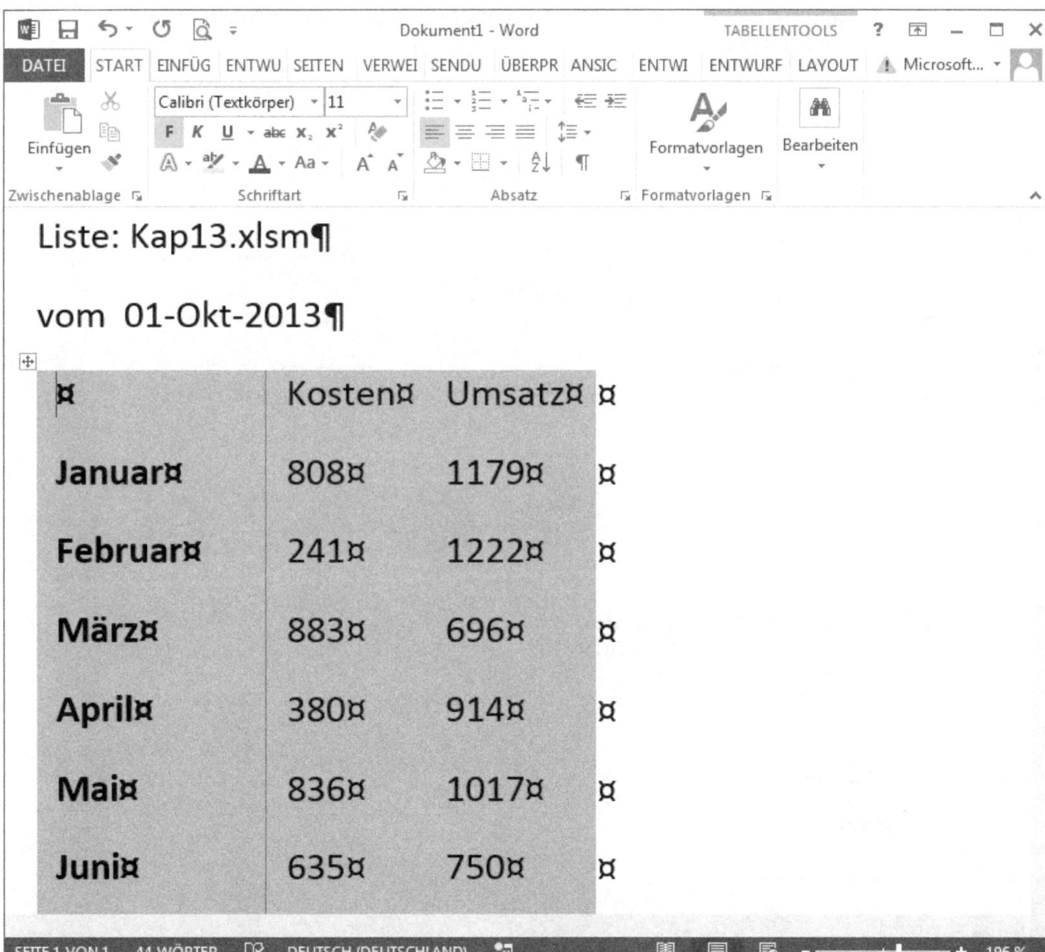

Abbildung 13.10 Die Excel-Tabelle wurde in eine Word-Tabelle exportiert

Mithilfe der Methode Add, welche Sie auf das Objekt Tables anwenden, fügen Sie eine neue Tabelle im Dokument ein. Dabei geben Sie die Anzahl der Zeilen und Spalten bekannt, die Sie vorher ermittelt haben. In zwei For...Next-Schleifen wird der komplette Excel-Bereich Zelle für Zelle abgearbeitet und in die Zellen der Word-Tabellen geschrieben. Dazu kommt die Methode InsertAfter zum Einsatz.

Sie stellen die Spaltenbreiten für die Word-Tabelle optimal ein, indem Sie die Methode AutoFit einsetzen, die es im Übrigen auch in Excel-VBA gibt. Sie haben des Weiteren die Möglichkeit, der Word-Tabelle ein passendes Layout zuzuweisen. Dazu können Sie über die Eigenschaft Styles ein gewünschtes Layout auswählen. Über die Eigenschaften ApplyStyleLastRow bzw. ApplyStyleFirstColumn können Sie der letzten Zeile der Tabelle (der Summenzeile) sowie der ersten Spalte der Tabelle ein gesondertes Format zuweisen. Am Ende des Makros werden die Objektvariablen geleert und aus dem Arbeitsspeicher entfernt, indem Sie diesen Variablen das Schlüsselwort Nothing zuweisen.

Markierten Bereich einer Excel-Tabelle in ein Dokument exportieren

Bei der folgenden Aufgabenstellung soll der markierte Bereich einer Tabelle in ein neues Word-Dokument eingefügt werden. Das Makro für diese Aufgabe finden Sie in Listing 13.8.

```
Sub ExcelDatenNachWord()
  Dim wordObj As Word.Application
  Dim wordDok As Word.document
  Dim wordTab As Word.Table
  Dim zelle As Range
  Dim i As Integer

    If Selection Is Nothing Or Selection.Areas.Count > 1 Then Exit Sub

    On Error Resume Next
    If Not Word.Application Is Nothing Then
        Set wordObj = GetObject(, "word.application")
    End If

    If wordObj Is Nothing Then Set wordObj = New Word.Application

    Set wordDok = wordObj.Documents.Add

    wordObj.Visible = True

    Set wordTab = wordObj.Documents(wordDok).Tables.Add _
     (Range:=wordDok.Range, Numrows:=Selection.Rows.Count, _
      Numcolumns:=Selection.Columns.Count)

    i = 1

    For Each Zeile In wordTab.Rows
        For Each Cell In Zeile.Cells
            Cell.Range = Selection(i)
            i = i + 1
        Next Cell
    Next Zeile
    wordTab.Columns.AutoFit
```

Listing 13.8 Der markierte Bereich einer Tabelle wird in ein neues Word-Dokument überführt

```
    Set wordTab = Nothing
    Set wordDok = Nothing
    Set wordObj = Nothing

End Sub
```

Listing 13.8 Der markierte Bereich einer Tabelle wird in ein neues Word-Dokument überführt *(Fortsetzung)*

Sie prüfen im ersten Schritt des Makros aus Listing 13.8, ob überhaupt ein Bereich in der Tabelle ausgewählt worden ist. Auch darf kein Mehrfachbereich über die Taste [Strg] markiert sein. In einer Mehrfachmarkierung liefert die Funktion Count – auf die Eigenschaft Areas angewendet – einen Wert größer als 1. Liegt eine normale Zellenmarkierung vor, wird versucht, über die Methode GetObject an eine geöffnete Word-Sitzung anzudocken. Misslingt dies, dann wird ein Fehler ausgelöst, den Sie über die Anweisung On Error Resume Next ignorieren, um anschließend die Methode CreateObject aufzurufen und eine Word-Sitzung zu starten.

Über die Methode Add legen Sie eine neue Word-Tabelle an, die so groß ist, dass sie der Markierung des Excel-Bereichs entspricht. In zwei geschachtelten For Each...Next-Schleifen befüllen Sie die Word-Tabelle direkt mit den in Excel markierten Daten. Sie wenden die Methode AutoFit an, um die optimale Spaltenbreite für die Word-Tabelle einzustellen. Am Ende des Makros weisen Sie den Objektvariablen den Wert Nothing zu. Auf diese Weise werden die Variablen aus dem Arbeitsspeicher entfernt.

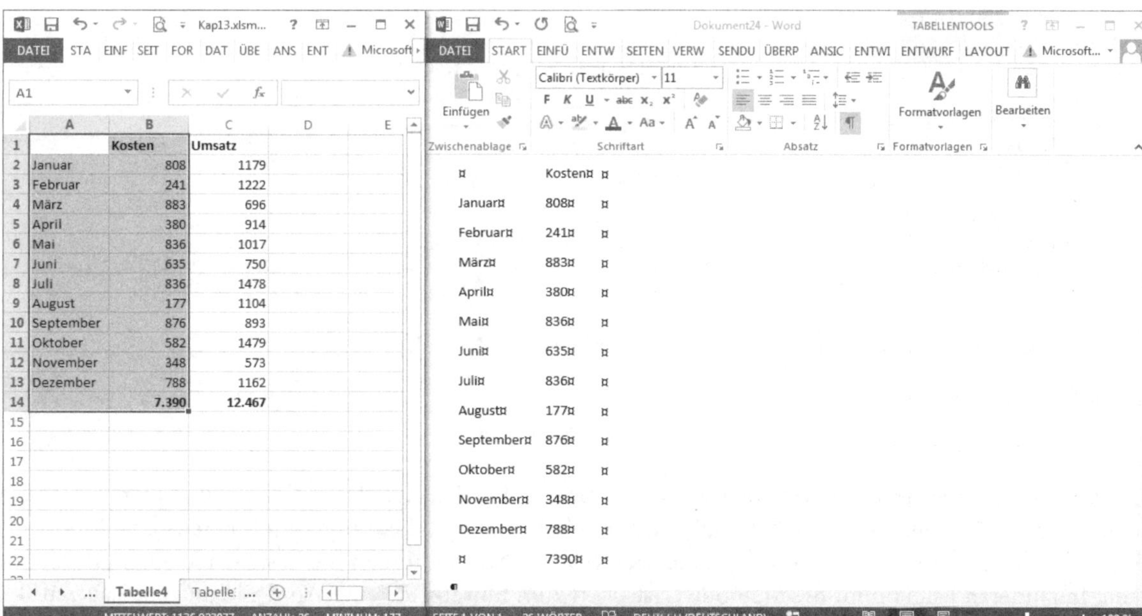

Abbildung 13.11 Der markierte Bereich wurde in ein Word-Dokument eingefügt

Bereich als Grafik an eine bestimmte Stelle eines Dokuments einfügen

Bei der folgenden Aufgabe soll ein Bereich einer Excel-Tabelle in eine Grafik konvertiert und anschließend an eine bestimmte Stelle eines bestehenden Word-Dokuments eingefügt werden. Dazu wird das Dokument *Export.docx* verwendet, in das im Vorfeld eine sogenannte Textmarke eingefügt wurde. Das Makro für diese Aufgabe finden Sie in Listing 13.9.

```
Sub GrafikNachWord()
   Dim wordObj As Object
   Dim WordDoc As Object
   Dim range2 As Word.Range

   On Error GoTo GrafikNachWord_Error

    Tabelle1.Range("A1:B14").CopyPicture Appearance:=xlScreen, Format:=xlPicture

    If WordOffen = False Then
        Set wordObj = CreateObject("Word.Application")
    Else
        Set wordObj = GetObject("", "Word.Application")
    End If

    wordObj.Visible = True

    Set WordDoc = wordObj.Documents.Open(ThisWorkbook.Path & "\Export.docx")

    Set range2 = WordDoc.Bookmarks("POSITION").Range
    range2.Paste

   On Error GoTo 0
   Exit Sub

GrafikNachWord_Error:

  MsgBox "Error " & Err.Number & " (" & Err.Description & _
  ") in procedure GrafikNachWord of Modul mdl_Excel_Word in Zeile " & Erl

End Sub
```

Listing 13.9 Eine Grafik in ein Dokument an der Position einer Textmarke einfügen

Sie verwenden die Methode CopyPicture, um in *Tabelle1* den Bereich *A1:B14* als Grafik zu kopieren. Danach rufen Sie die in Listing 13.7 schon gezeigte Funktion WordOffen auf, die ermittelt, ob bereits eine Word-Sitzung aktiv ist. Wenn ja, dann wenden Sie die Methode GetObject an, um an die bestehende Sitzung anzudocken. Im anderen Fall kommt die Methode CreateObject zum Einsatz, die eine Word-Sitzung zur Laufzeit des Makros erstellt. Über die Methode Open wird ein bestehendes Word-Dokument geöffnet. In diesem Dokument existiert eine Textmarke mit dem Namen *POSITION*. Genau an dieser Textmarke wird nun der Inhalt der Zwischenablage über die Methode Paste eingefügt.

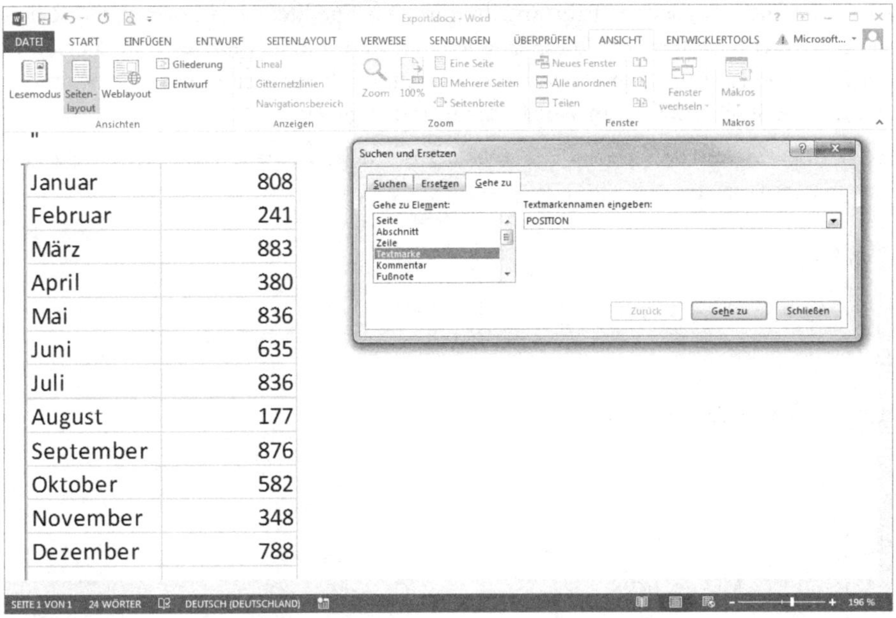

Abbildung 13.12 Die Grafik wurde zu Beginn der Textmarke *POSITION* eingefügt

Über ein Dialogfeld Excel-Daten in eine Word-Vorlage exportieren

Bei der letzten Aufgabe dieses Abschnitts werden Daten aus einem Excel-Dialogfeld in einem Word-Dokument abgelegt, welches aus einer Dokumentvorlage zur Laufzeit des Makros erzeugt wird. Sehen Sie sich vorab einmal das Excel-Dialogfeld aus Abbildung 13.13 an.

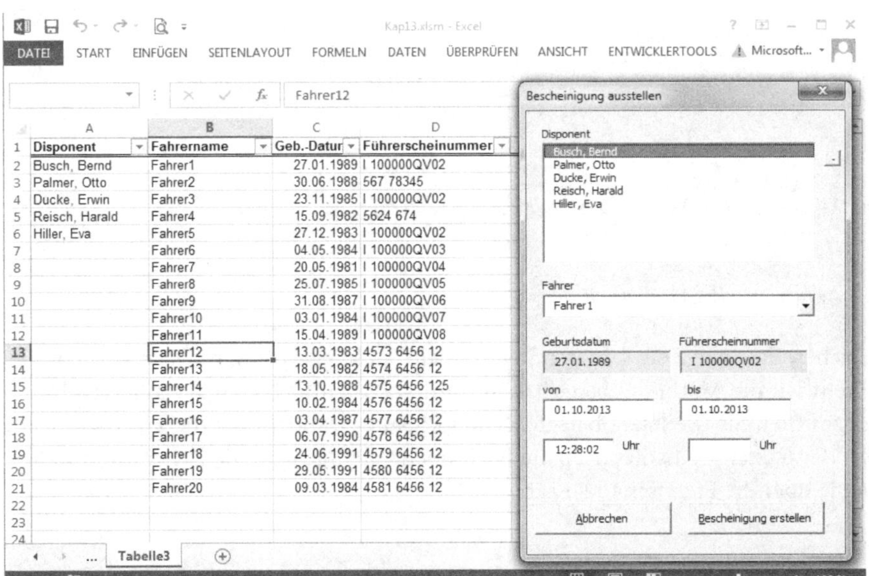

Abbildung 13.13 Die Daten für das Dialogfeld werden aus einer Steuertabelle gespeist

Hintergrund der Aufgabe ist folgender: Bei jedem Fahrtantritt muss ein Spediteur ein Formular mit den wichtigsten Daten zur geplanten Fahrt ausfüllen. Alle diesbezüglichen Daten sind in *Tabelle3* als Steuerinformation hinterlegt. In einem Dialogfeld werden die Daten benutzerfreundlich angezeigt. Nach Auswahl des Spediteurs und des Fahrers wird die Bescheinigung in Word erstellt und abgelegt.

Zunächst einmal muss das Dialogfeld mit den Daten aus *Tabelle3* bestückt werden. Dazu setzen Sie das Ereignis Initialize der Userform frm_Spedition ein.

```
Private Sub UserForm_Initialize()
  Dim Zeile As Long
  Dim ZeileMax As Long

   On Error GoTo UserForm_Initialize_Error

  With Tabelle3
    If .FilterMode = True Then
        .ShowAllData
    End If

   ZeileMax = .Cells(.Rows.Count, "A").End(xlUp).Row

    Me.ListBox1.RowSource = "Tabelle3!A2:A" & ZeileMax
    Me.ListBox1.ListIndex = 0

    ZeileMax = .Cells(.Rows.Count, "B").End(xlUp).Row
    Me.ComboBox1.RowSource = "Tabelle3!B2:B" & ZeileMax
    Me.ComboBox1.ListIndex = 0

    Me.TXT_DatumVon = Date
    Me.TXT_DatumBis = Date
    'Auf die aktuelle Uhrzeit werden 10 Minuten addiert
    Me.TXT_ZeitVon = Time + TimeSerial(0, 10, 0)

  End With

   On Error GoTo 0
   Exit Sub

UserForm_Initialize_Error:

  MsgBox "Error " & Err.Number & " (" & Err.Description & _
  ") in procedure UserForm_Initialize of Formular frm_Spedition in Zeile " & Erl

End Sub
```

Listing 13.10 Daten aus einer Excel-Steuertabelle in eine Userform übertragen

Im ersten Schritt stellen Sie sicher, dass alle Zeilen in der Steuertabelle angezeigt werden. Dazu wenden Sie, sofern ein Datenfilter eingestellt ist, die Methode ShowAllData an, um alle eventuell vorher gefilterten Daten wieder anzuzeigen. Danach ermitteln Sie die letzte belegte Zelle in Spalte *A*, indem Sie die Eigenschaft End einsetzen und ausgehend von der letzten Zelle dieser Spalte nach oben (xlUp) gehen. Die Zeilennummer der letzten befüllten Zelle fragen Sie über die Eigenschaft Row ab.

Sie übergeben alle Disponenten aus dem gefüllten Bereich von Spalte *A*, beginnend mit der zweiten Zeile, an die Eigenschaft RowSource. Damit werden alle Disponenten ins Listenfeld eingefügt. Standardmäßig markieren Sie den ersten Eintrag im Listenfeld, indem Sie der Eigenschaft ListIndex den Wert 0 zuweisen. Analog verfahren Sie auch beim Befüllen der Kombinationsfeldliste für die Fahrer aus dem gefüllten Bereich von Spalte *B*. Die beiden Datumstextfelder belegen Sie mit dem aktuellen Datum vor, indem Sie die Funktion Date abrufen und deren Rückgabewert über die Eigenschaft Value in die Textfelder schreiben.

Im nächsten Schritt müssen wir noch eine Abhängigkeit programmieren: Wählt der Spediteur aus dem Kombinationsfeld einen anderen Fahrer aus, so muss die Führerscheinnummer sowie das Geburtsdatum aktualisiert werden. Dabei wird über den Namen des Fahrers auf *Tabelle3* zugegriffen, und die dazugehörigen Informationen aus den Spalten *C* und *D* werden in die beiden Textfelder *TXT_FNr* und *TXT_Geburtsdatum* eingefügt. Für diesen »gedachten« *SVERWEIS* setzen Sie das Ereignis ComboBox1_Change wie in Listing 13.11 gezeigt ein.

```
Private Sub ComboBox1_Change()
  Dim Treffer As Range

  Set Treffer = Tabelle3.Range("B:B").Find(what:=Me.ComboBox1.Value, lookat:=xlWhole)

  If Not Treffer Is Nothing Then

    Me.TXT_Geburtsdatum.Value = Treffer.Offset(0, 1).Value
    Me.TXT_FNr.Value = Treffer.Offset(0, 2).Value
   Else
    Me.TXT_Geburtsdatum.Value = ""
    Me.TXT_FNr.Value = ""

  End If

End Sub
```

Listing 13.11 Die Fahrerdaten werden synchronisiert

Über eine Direktsuche mithilfe der Methode Find wird der Name des Fahrers in Spalte *C* von *Tabelle3* gesucht. Wird dieser Name gefunden, dann ist die Variable Treffer belegt. Über die Eigenschaft Offset referenzieren Sie die beiden Spalten neben der gefundenen Zelle und übertragen die Information in die beiden Textfelder.

Im nächsten Schritt übertragen Sie alle ausgefüllten Daten aus dem Dialogfeld in ein Word-Dokument, das aus einer Dokumentvorlage erzeugt wurde. Abbildung 13.14 zeigt die hinterlegte Word-Dokumentvorlage.

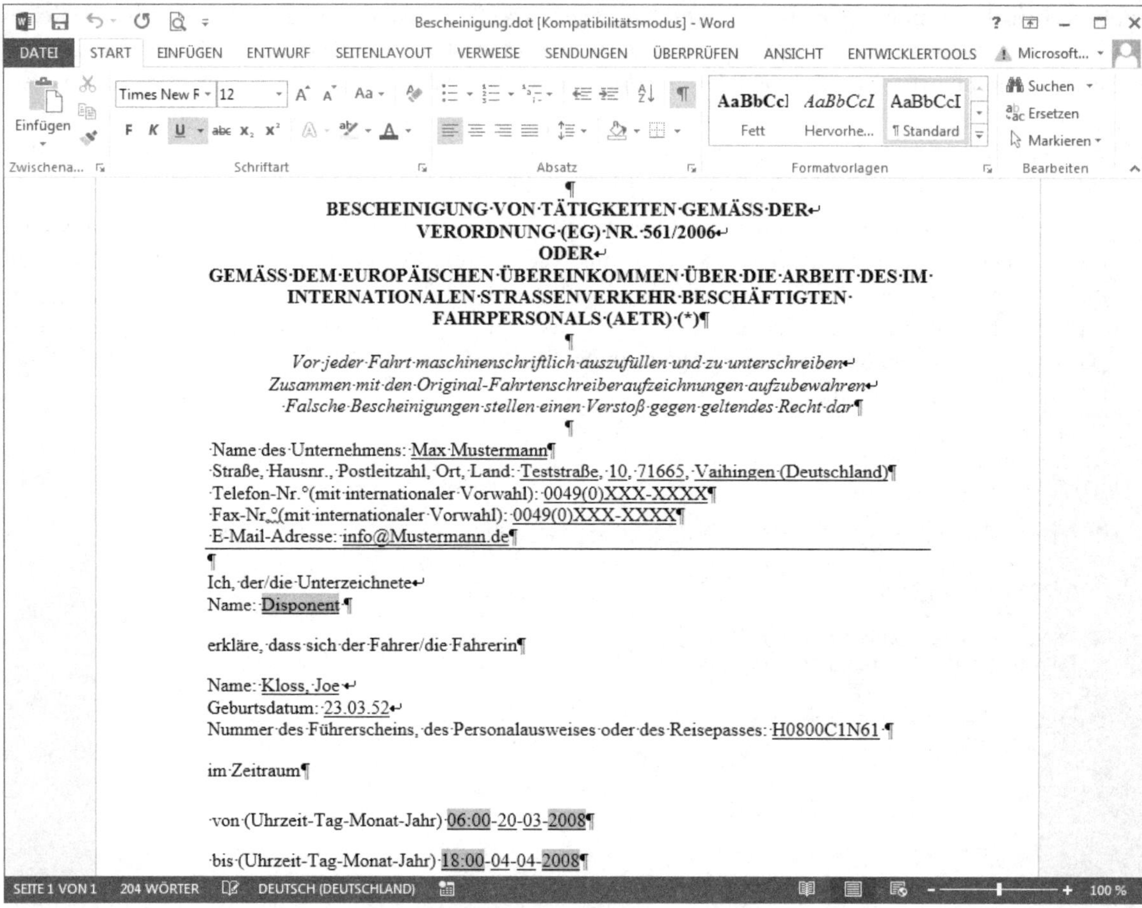

Abbildung 13.14 Diese Dokumentvorlage wird verwendet, um Bescheinigungen zu erstellen

Im Makro aus Listing 13.12 werden alle Daten aus dem Dialogfeld in das Word-Dokument an den Positionen der dafür vorgesehenen Textmarken eingefügt. Danach wird das Dokument ausgedruckt und in einem vorgegebenen Verzeichnis gespeichert.

```
Private Sub Cmd_OK_Click()
  Dim objWord As Object

   On Error GoTo Cmd_OK_Click_Error

  Set objWord = CreateObject("Word.application")

  objWord.Visible = True

  'Auf Basis einer Dokumentvorlage soll ein neues Dokument erstellt werden
  objWord.Documents.Add (ThisWorkbook.Path & "\Bescheinigung.dot")

  'Informationen aus Excel an die Positionen bestimmter Textmarken in Word transportieren
  objWord.activedocument.Bookmarks("Disponent").Range.Text = Me.ListBox1.Value
```

Listing 13.12 Alle Dialogfelddaten werden in das Word-Dokument eingefügt

```
objWord.activedocument.Bookmarks("Fahrer").Range.Text = Me.ComboBox1.Value
objWord.activedocument.Bookmarks("Geburtsdatum").Range.Text = Me.TXT_Geburtsdatum.Value
objWord.activedocument.Bookmarks("Führerscheinnummer").Range.Text = Me.TXT_FNr.Value
objWord.activedocument.Bookmarks("DatumVon").Range.Text = Me.TXT_DatumVon.Value
objWord.activedocument.Bookmarks("DatumBis").Range.Text = Me.TXT_DatumBis.Value

'Dokument im Unterordner Fahrten ablegen
If Dir(ThisWorkbook.Path & "\Fahrten", vbDirectory) = "" Then
 MkDir ThisWorkbook.Path & "\Fahrten"
End If

'Speichern des Dokuments mit Zeitstempel und Fahrername
objWord.activedocument.SaveAs ThisWorkbook.Path & "\Fahrten\" & _
Format(Now, "YYYY.MM.DD_hhmm_") & Me.ComboBox1.Value & ".docx"

'Ausdrucken
objWord.activedocument.PrintOut

'Dokument schließen und Word beenden
objWord.activedocument.Close
objWord.Quit

Unload Me

  On Error GoTo 0
  Exit Sub

Cmd_OK_Click_Error:

  MsgBox "Error " & Err.Number & " (" & Err.Description & _
  ") in procedure Cmd_OK_Click of Formular frm_Spedition in Zeile " & Erl
End Sub
```

Listing 13.12 Alle Dialogfelddaten werden in das Word-Dokument eingefügt *(Fortsetzung)*

Im ersten Schritt des Makros aus Listing 13.12 erstellen Sie eine Word-Sitzung, indem Sie die Methode CreateObject anwenden. Danach erzeugen Sie ein neues Word-Dokument auf Basis der Dokumentvorlage *Bescheinigung.dot*. Dazu geben Sie als Parameter bei der Methode Add den Namen sowie den Pfad zur Word-Dokumentvorlage an. Die einzelnen Textmarken im neu erzeugten Dokument können Sie über die Bookmarks-Auflistung ansprechen. Über die Eigenschaft Text werden diese direkt aus den Dialogfeldsteuerelementen gespeist.

Vor dem Speichern der Bescheinigung prüfen Sie mithilfe der Funktion Dir, ob das Verzeichnis *Fahrten* bereits angelegt ist. Wenn nicht, dann setzen Sie die Anweisung MkDir ein, um das Verzeichnis anzulegen. Im Anschluss daran speichern Sie das Dokument unter dem Namen des Fahrers und versehen es mit einem Datums- und Zeitstempel im vorgesehenen Verzeichnis. Dazu setzen Sie die Methode SaveAs ein.

Mithilfe der Methode PrintOut drucken Sie das Dokument auf dem standardmäßig eingestellten Drucker aus. Danach wenden Sie die Methode Close an, um das Dokument zu schließen. Die Methode Quit beendet die Word-Sitzung.

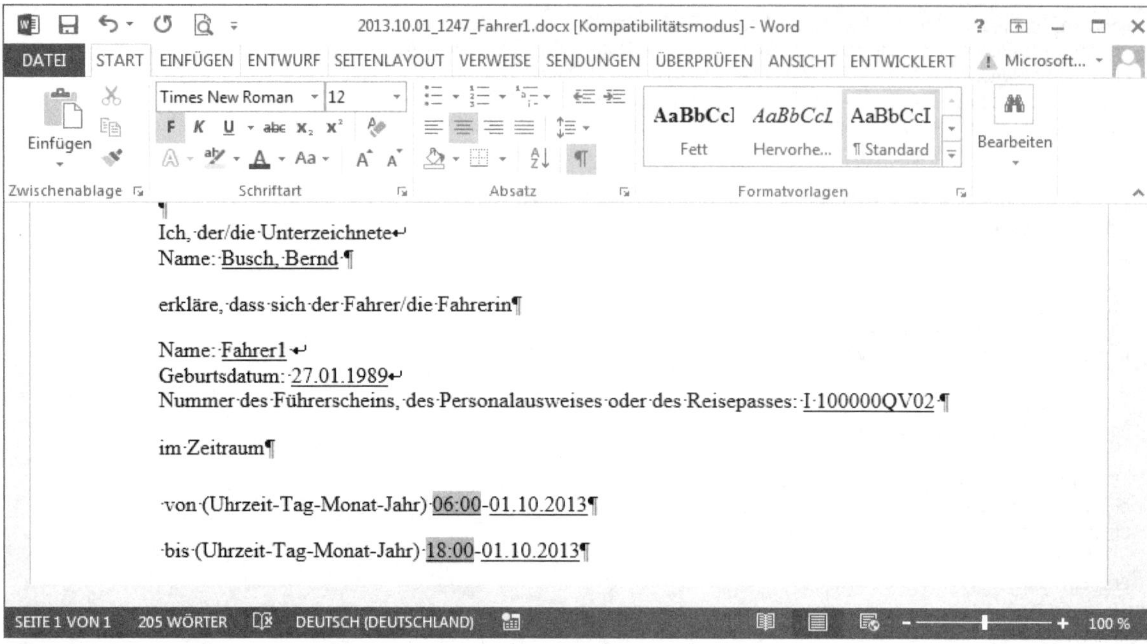

Abbildung 13.15 Die Bescheinigung wurde ausgefüllt, gedruckt und gespeichert

TIPP Möchten Sie vor dem Befüllen einer Textmarke prüfen, ob diese im Dokument überhaupt vorhanden ist, dann können Sie die Funktion Exists nutzen, die von der Bookmarks-Auflistung angeboten wird:

```
If objWord.activedocument.Bookmarks.Exists("Disponent") = True Then
  objWord.activedocument.Bookmarks("Disponent").Range.Text = _
  Me.ListBox1.Value
End If
```

Excel-Daten nach Outlook exportieren

In dieser Rubrik stellen wir Ihnen Lösungen vor, bei denen Daten aus Excel nach Outlook transferiert werden. Dabei werden Sie Kontaktdaten und Termine exportieren und sogar aus Excel heraus E-Mails versenden.

Bevor Sie mit dem Datenaustausch beginnen, binden Sie die Bibliothek für Outlook ein, indem Sie in der VBA-Entwicklungsumgebung von Excel im Menü *Extras* den Befehl *Verweise* auswählen.

Aktivieren Sie die Bibliothek *Microsoft Outlook 15.0 Object Library*, exemplarisch hier für Office 2013, und bestätigen Sie mit *OK*.

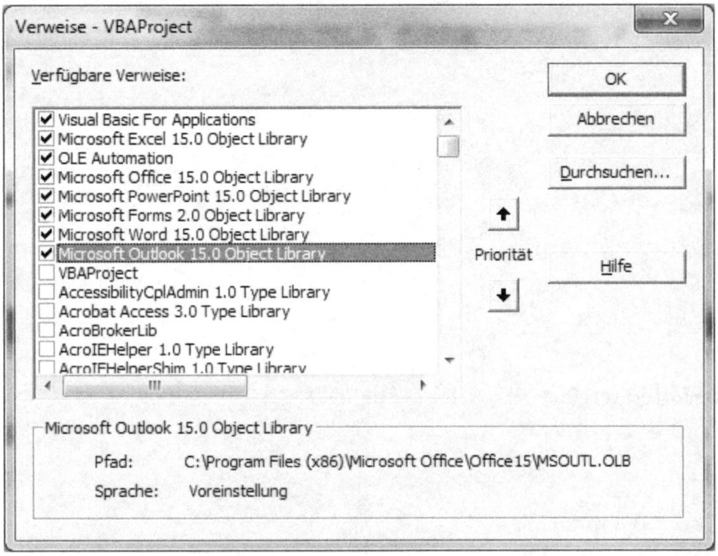

Abbildung 13.16 Die Outlook-VBA-Bibliothek einbinden

Kontaktdaten aus Excel nach Outlook exportieren

Bei dem ersten Beispiel dieses Abschnitts sollen alle Kontaktdaten aus *Tabelle5* in den Kontaktordner von Outlook überführt werden. Sehen Sie sich dazu zuerst die Ausgangssituation aus Abbildung 13.17 an.

Abbildung 13.17 Die Kontaktdaten liegen in einer Tabelle vor

Setzen Sie das Makro aus Listing 13.13 ein, um die Kontaktdaten in den Kontaktordner von Outlook zu exportieren.

```
Sub KontakteNachOutlook()
    'Vorher die Microsoft Outlook-Bibliothek unter Extras/Verweise einbinden
    Dim appOutlook As Outlook.Application
    Dim conoutlook As Outlook.ContactItem
    Dim i As Integer
    Dim tbl As Worksheet

   On Error GoTo KontakteNachOutlook_Error

    i = 2
    Set tbl = Tabelle5
    Set appOutlook = New Outlook.Application

    Do Until tbl.Cells(i, 1).Value = ""

        Set conoutlook = appOutlook.CreateItem(olContactItem)

        With conoutlook
            .LastName = tbl.Cells(i, 1).Value
            .FirstName = tbl.Cells(i, 2).Value
            .BusinessAddressStreet = tbl.Cells(i, 3).Value
            .BusinessAddressPostalCode = tbl.Cells(i, 4).Value
            .BusinessAddressCity = tbl.Cells(i, 5).Value
            .Email1Address = tbl.Cells(i, 6).Value
            .BusinessTelephoneNumber = tbl.Cells(i, 7).Value
            .Subject = "EXCEL"
            .Save
            i = i + 1
        End With
    Loop

    Set conoutlook = Nothing
    Set appOutlook = Nothing

    MsgBox "Transfer beendet! Es wurden " & i - 2 & " Kontakte übertragen!"

   On Error GoTo 0
   Exit Sub

KontakteNachOutlook_Error:

  MsgBox "Error " & Err.Number & " (" & Err.Description & _
  ") in procedure KontakteNachOutlook of Modul mdl_Outlook in Zeile " & Erl

End Sub
```

Listing 13.13 Adressdaten von Excel in den Outlook-Kontaktordner überführen

Sie deklarieren zu Beginn des Makros aus Listing 13.13 einige Outlook-Variablen. Mit der Objektvariablen appOutlook verweisen Sie direkt auf die Outlook-Applikation. Über die Objektvariable Conoutlook vom Typ ContactItem sprechen Sie später einen Outlook-Kontakt an. Um Schreibarbeit zu sparen, weisen Sie der Objektvariablen tbl vom Typ Worksheet den Namen von *Tabelle5* zu. Sie erstellen anschließend eine direkte Verbindung zu Outlook, indem Sie der Variablen appOutlook über das Schlüsselwort New ein Outlook-Objekt zuweisen. Jetzt haben Sie Zugriff auf alle Befehle, die Outlook-VBA zu bieten hat.

Sie setzen dann eine Do Until-Schleife auf, um die Tabelle Zeile für Zeile zu verarbeiten. Innerhalb der Schleife wenden Sie die Methode CreateItem an und übergeben ihr die Konstante olContactItem. Damit weiß Outlook, dass Sie einen neuen, noch leeren Kontakt anlegen wollen. Sie übertragen die Inhalte der Tabelle nun direkt in die dafür angebotenen Eigenschaften. Da diese Eigenschaften selbsterklärend sind, verzichten wir hier auf eine nähere Erläuterung. Die letzte Eigenschaft Subject verwenden wir, um kenntlich zu machen, dass die Kontakte aus Excel nach Outlook importiert wurden.

Nach dem Befüllen des Outlook-Kontakts wenden Sie die Methode Save an, um den Kontakt zu speichern. Am Ende des Makros weisen Sie den beiden Objektvariablen den Wert Nothing zu, um diese aus dem Arbeitsspeicher zu entfernen. Bei diesem Makro ist es empfehlenswert, am Ende der Prozedur eine Meldung am Bildschirm auszugeben, die zum einen über die Fertigstellung und zum anderen über die Anzahl der angelegten Kontakte informiert.

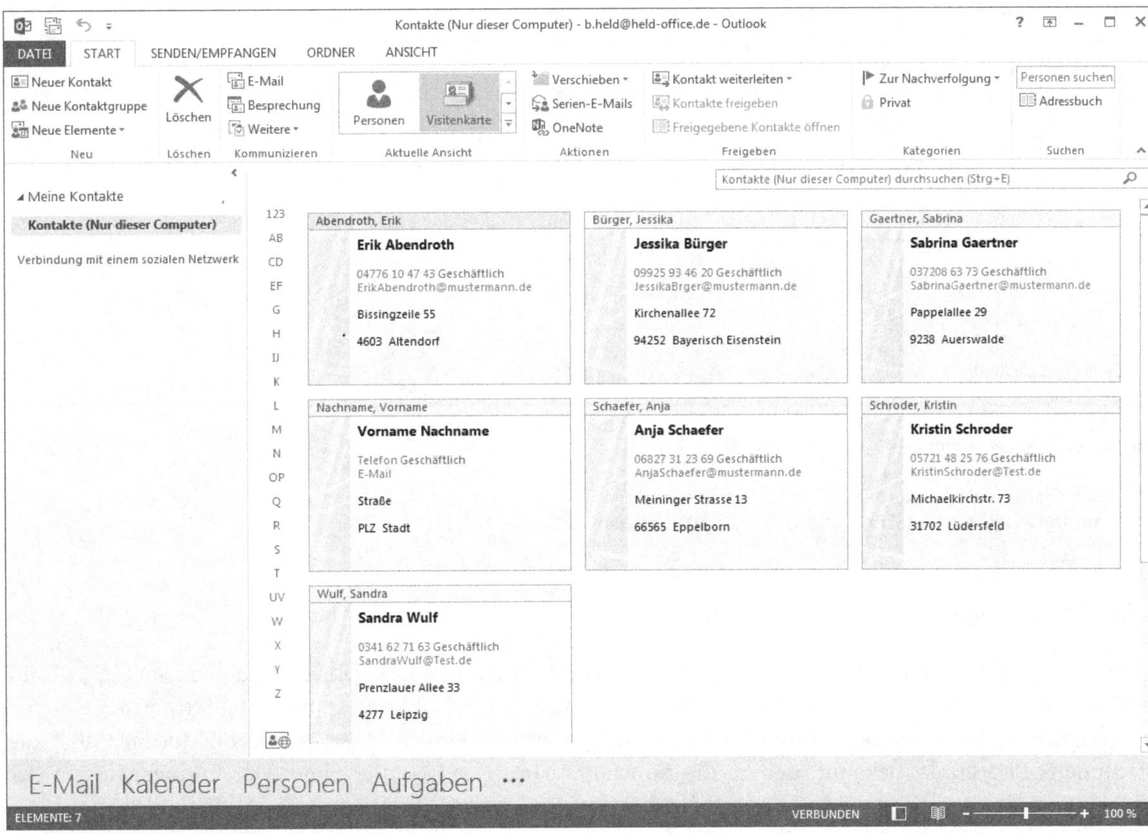

Abbildung 13.18 Die Kontakte wurden erfolgreich angelegt

HINWEIS Wenn Sie das Makro aus Listing 13.13 zweimal hintereinander laufen lassen, dann haben Sie alle Kontakte doppelt in Ihrem Kontaktordner von Outlook. Die Lösung für dieses Problem könnte darin bestehen, vorher alle Kontakte aus dem Kontaktordner zu entfernen und anschließend wieder zu befüllen. Deshalb haben wir in der Eigenschaft Subject eine Identfikation hinterlegt, sodass wir beim Löschen der Kontakte wirklich nur die Einträge entfernen, die vorher aus dieser Excel-Liste kamen.

Das Makro aus Listing 13.14 zeigt, wie alle Kontakte entfernt werden, die in der Eigenschaft Subject das Wort EXCEL enthalten.

```
Sub KontakteEntfernen()
  Dim appOutlook As Outlook.Application
  Dim KontaktOrdner As Outlook.MAPIFolder
  Dim Kontakte As Outlook.Items
  Dim nspOutlookNameSpace As Outlook.Namespace
  Dim lngMax As Long
  Dim lngz As Long

   On Error GoTo KontakteEntfernen_Error

     Set appOutlook = New Outlook.Application

      Set nspOutlookNameSpace = appOutlook.GetNamespace("MAPI")
      Set KontaktOrdner = nspOutlookNameSpace.GetDefaultFolder(olFolderContacts)
      Set Kontakte = KontaktOrdner.Items

      lngMax = Kontakte.Count

      For lngz = lngMax To 1 Step -1

           If Kontakte(lngz).Subject = "EXCEL" Then
              Kontakte(lngz).Delete
           End If

      Next lngz

   On Error GoTo 0
   Exit Sub

KontakteEntfernen_Error:

  MsgBox "Error " & Err.Number & " (" & Err.Description & _
  ") in procedure KontakteEntfernen of Modul mdl_Outlook in Zeile " & Erl

End Sub
```

Listing 13.14 Bestimmte Kontakte aus dem Outlook-Kontaktordner entfernen

Sie deklarieren zu Beginn des Makros aus Listing 13.14 einige Outlook-Objektvariablen, um Zugriff auf Outlook, die Ordner sowie die einzelnen Kontakte zu bekommen. Über die Anweisung Set spezifizieren Sie den Zugriff auf die einzelnen Outlook-Objekte. So geben Sie beispielsweise den Kontaktordner über die Methode GetDefaultFolder bekannt, der sie die Konstante olFolderContacts übergeben: Der Ordner wird in der Objektvariablen KontaktOrdner gespeichert. Er enthält einige Kontakte, die Sie über die Auflistung Items ansprechen und mit der Funktion Count zählen können. Mithilfe einer rückwärts laufenden For...Next-Schleife arbeiten Sie alle Kontakte ab, die sich in dem Standard-Kontaktordner befinden. Innerhalb der Schleife wenden Sie die Methode Delete an, um den jeweiligen Kontakt zu löschen. Sie löschen jedoch nur, wenn in der Subject-Eigenschaft des Kontakts der Begriff EXCEL verzeichnet ist.

Termine aus Excel in den Outlook-Kalender schieben

Bei der folgenden Aufgabenstellung liegen Termine, wie in Abbildung 13.19 gezeigt, in einer Excel-Tabelle vor. Die Aufgabe besteht darin, diese Termine in den Outlook-Kalender zu überführen.

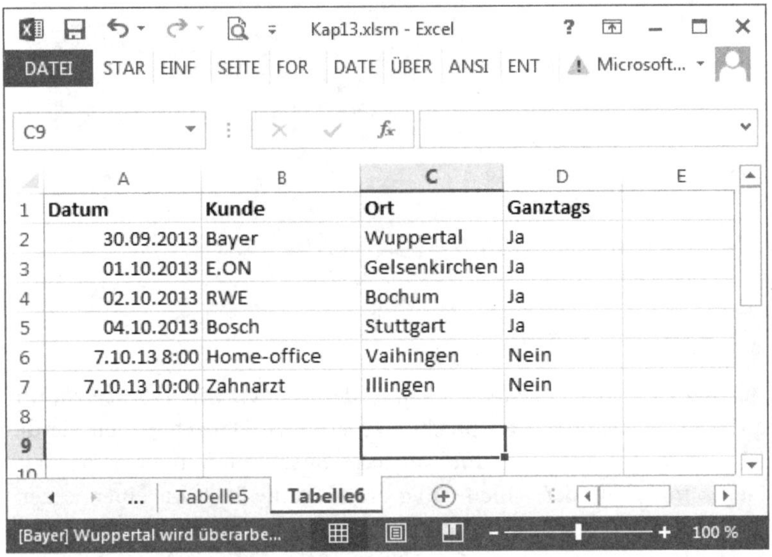

Abbildung 13.19 Diese Termine sollen in den Outlook-Kalender

Starten Sie das Makro aus Listing 13.15, um die Aufgabe zu lösen.

```
Sub TermineVonExcelNachOutlookTransferieren()
  Dim appOutlook As Outlook.Application
  Dim Termin As Outlook.AppointmentItem
  Dim Zeile As Long
  Dim ZeileMax As Long
  Dim tbl As Worksheet
  Dim i As Integer

   On Error GoTo TermineVonExcelNachOutlookTransferieren_Error

    Set tbl = Tabelle6
    ZeileMax = tbl.UsedRange.Rows.Count

    Set appOutlook = New Outlook.Application
    i = 1
    For Zeile = 2 To ZeileMax

        Set Termin = appOutlook.CreateItem(olAppointmentItem)
        With Termin
           .Subject = "[" & tbl.Cells(Zeile, 2).Value & "]" & " " & tbl.Cells(Zeile, 3).Value
            .Start = CDate(tbl.Cells(Zeile, 1).Value)
            .AllDayEvent = True
            .ReminderSet = False
            .Save
            i = i + 1
        End With

    Next Zeile

    MsgBox "Es wurden " & i - 1 & " Termine in den Kalender von Outlook übertragen!"
```

Listing 13.15 Termine von Excel in den Outlook-Kalender überführen

```
    Set Termin = Nothing
    Set outl = Nothing

   On Error GoTo 0
   Exit Sub

TermineVonExcelNachOutlookTransferieren_Error:

  MsgBox "Error " & Err.Number & " (" & Err.Description & _
  ") in procedure TermineVonExcelNachOutlookTransferieren of Modul mdl_Outlook in Zeile " & Erl

End Sub
```

Listing 13.15 Termine von Excel in den Outlook-Kalender überführen *(Fortsetzung)*

Sie weisen zu Beginn des Makros aus Listing 13.15 der Objektvariablen tbl den Namen von *Tabelle6* zu, um diese Tabelle im weiteren Verlauf des Makros etwas kürzer ansprechen zu können. Danach zählen Sie die Anzahl der Zeilen im benutzten Bereich (UsedRange) über die Funktion Count. Sie arbeiten in einer For...Next-Schleife alle Zeilen der Tabelle ab und legen innerhalb der Schleife über die Methode CreateItem einen neuen, noch leeren Termin an. Damit Outlook weiß, dass es einen Termin anlegen soll, setzen Sie die Konstante olAppointmentItem als Parameter für die Methode ein.

In der Eigenschaft Subject legen Sie den Titel für den Termin fest. Hier haben wir zu Beginn des Titels sowie an dessen Ende die eckige Klammer gesetzt. Dies wird später unser Unterscheidungsmerkmal sein, um feststellen zu können, ob die Termine per Makro aus einer Excel-Tabelle stammen. Nach dieser Kennzeichnung verknüpfen Sie die beiden Zellen der Spalten *B* (Firma) und *C* (Ort).

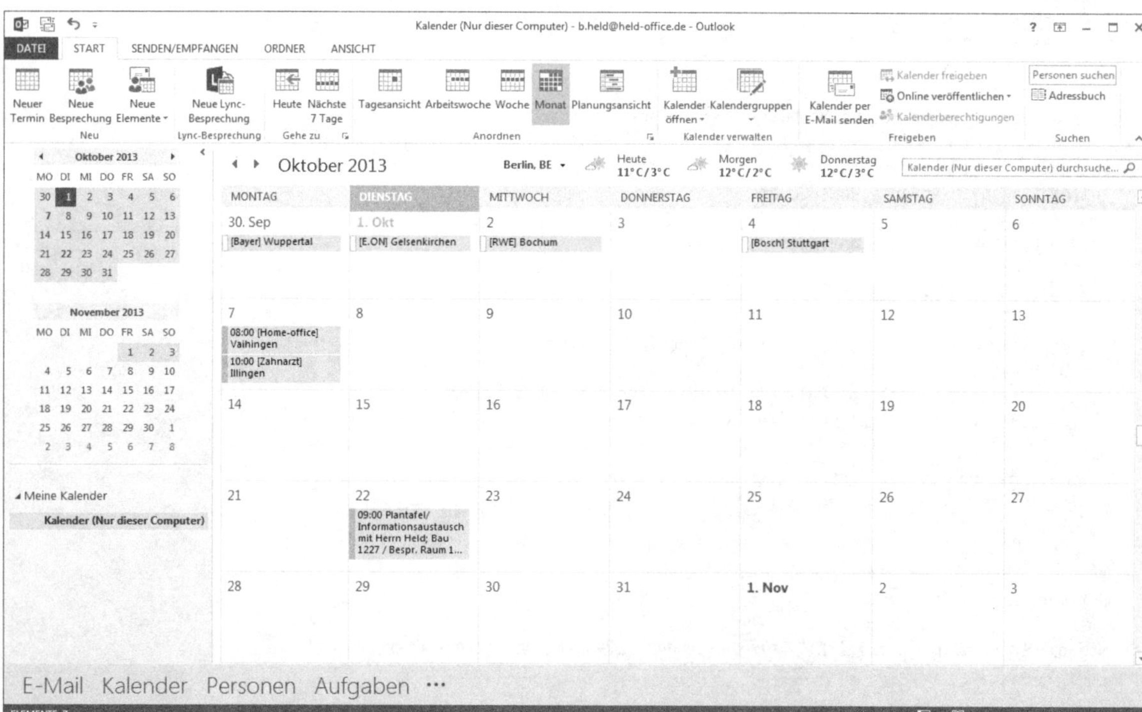

Abbildung 13.20 Alle Termine wurden erfolgreich im Kalender eingefügt

Bei der Eigenschaft Start geben Sie den Startzeitpunkt für den Termin an, den Sie aus Spalte *A* der Tabelle beziehen. Da es sich bei den Terminen um Ganztagestermine handelt, weisen Sie der Eigenschaft AllDayEvent den Wert True hinzu. Die Eigenschaft ReminderSet setzen Sie auf False, wenn Sie keine Benachrichtigung einstellen möchten. Mithilfe der Methode Save wird der Termin endgültig im Outlook-Kalender gespeichert.

TIPP Möchten Sie den Termin mit einer Erinnerungsfunktion ausstatten, dann setzen Sie die Eigenschaft ReminderSet auf den Wert True und geben beispielsweise für die Eigenschaft ReminderMinutesBeforeStart den Wert 60 an, um eine Stunde vor dem eigentlichen Termin eine Erinnerung auszulösen.

Auch bei dieser Aufgabe brauchen Sie ein Makro, welches Ihnen die gerade eingefügten Termine wieder aus dem Kalender löscht, da diese sonst beim nächsten Start des Makros aus Listing 13.15 doppelt angelegt würden. Starten Sie dazu das Makro aus Listing 13.16.

```
Sub OutlookKalenderBereinigen()
  Dim appOutlook As Outlook.Application
  Dim nspOutlookNameSpace As Outlook.Namespace
  Dim TerminOrdner As Outlook.MAPIFolder
  Dim Termine As Outlook.Items
  Dim lngCount As Long
  Dim lngIndex As Long

   On Error GoTo OutlookKalenderBereinigen_Error

    Set appOutlook = New Outlook.Application
    Set nspOutlookNameSpace = appOutlook.GetNamespace("MAPI")
    Set TerminOrdner = nspOutlookNameSpace.GetDefaultFolder(olFolderCalendar)
    Set Termine = TerminOrdner.Items

      lngCount = Termine.Count

      For lngIndex = lngCount To 1 Step -1
           If Left(Termine(lngIndex).Subject, 1) = "[" Then
              Termine(lngIndex).Delete
           End If
      Next lngIndex

   On Error GoTo 0
   Exit Sub

OutlookKalenderBereinigen_Error:

  MsgBox "Error " & Err.Number & " (" & Err.Description & _
  ") in procedure OutlookKalenderBereinigen of Modul mdl_Outlook in Zeile " & Erl

End Sub
```

Listing 13.16 Bestimmte Termine aus dem Outlook-Kalender löschen

Sie deklarieren zu Beginn des Makros aus Listing 13.16 einige Outlook-Objektvariablen, die Sie danach über die Anweisung Set näher spezifizieren. Die Methode GetNamespace richtet eine sogenannte MAPI-Sitzung ein, die für eine Interaktion mit einem Outlook-Datenspeicher (wie z.B. dem Kalender) erforderlich ist. Innerhalb des Kalenders gibt es Kalendereinträge, die Sie über die Funktion Count zählen und in einer anschließenden For...Next-Schleife verarbeiten können.

WICHTIG Achten Sie darauf, dass Sie bei Löschungen aller Art die Schleife immer rückwärts, also in unserem Fall vom letztem bis zum ersten Termin, laufen lassen müssen, da sich mit jedem Löschvorgang die Indizierung der noch vorhandenen Elemente ändert.

Innerhalb der Schleife wenden Sie die Methode Delete an, um den Termin zu entfernen. Dabei prüfen Sie mithilfe der Funktion Left, ob das erste Zeichen in der Eigenschaft Subject einer eckigen Klammer entspricht. Wenn ja, dann löschen Sie den Termin.

Aktive Tabelle aus Excel heraus versenden

Bei der folgenden Lösung soll die aktive Tabelle aus Abbildung 13.21 in eine E-Mail kopiert und gesendet werden.

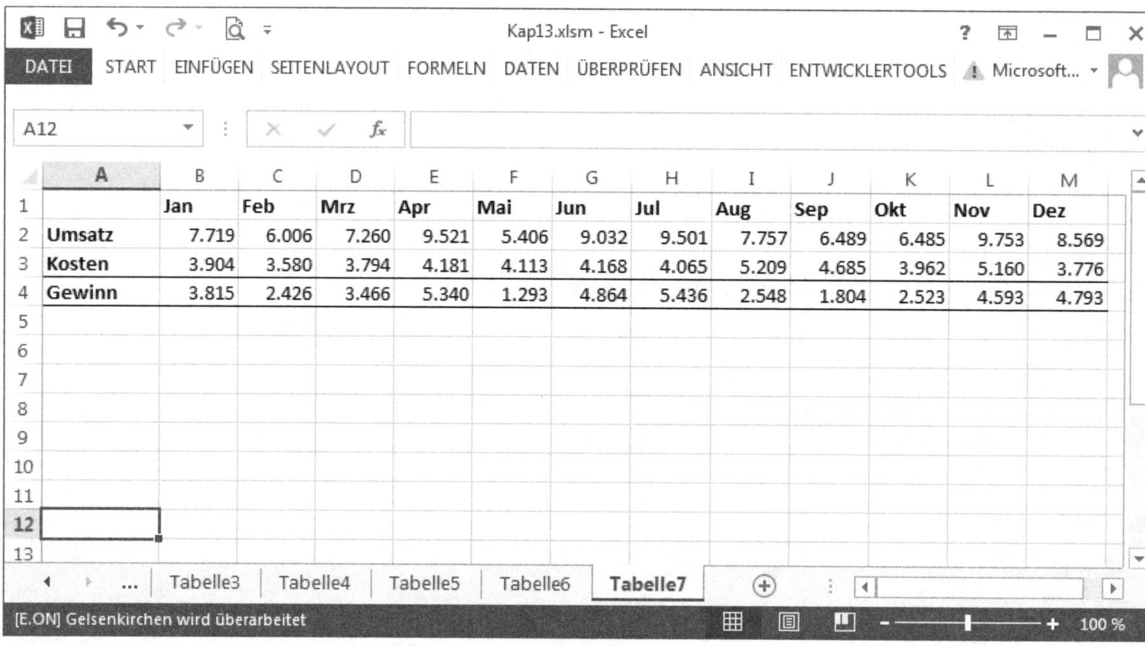

	Jan	Feb	Mrz	Apr	Mai	Jun	Jul	Aug	Sep	Okt	Nov	Dez
Umsatz	7.719	6.006	7.260	9.521	5.406	9.032	9.501	7.757	6.489	6.485	9.753	8.569
Kosten	3.904	3.580	3.794	4.181	4.113	4.168	4.065	5.209	4.685	3.962	5.160	3.776
Gewinn	3.815	2.426	3.466	5.340	1.293	4.864	5.436	2.548	1.804	2.523	4.593	4.793

Abbildung 13.21 Diese Tabelle soll in eine E-Mail transferiert werden

Um diese Aufgabe zu erledigen, starten Sie das Makro aus Listing 13.17.

```
Sub AktuelleTabellePerEMailVersenden()

    ActiveWorkbook.EnvelopeVisible = True

    With ActiveSheet.MailEnvelope
        .Introduction = "Anbei die Lieferung"
        .Item.To = "info@held-office.de"
        .Item.Subject = "Lieferung"
        .Item.Send
```

Listing 13.17 Aktuellen Inhalt der aktiven Tabelle per E-Mail versenden

```
    End With

End Sub
```

Listing 13.17 Aktuellen Inhalt der aktiven Tabelle per E-Mail versenden *(Fortsetzung)*

Über den Einsatz des Objekts MailEnvelope können Sie eine E-Mail versenden. Dabei kann über die Eigenschaft Introduction die Überschrift für den Inhalt der E-Mail festgelegt werden. Über die Eigenschaft To bestimmten Sie, an welchen Adressaten die E-Mail versendet werden soll. In der Eigenschaft Subject legen Sie den Betreff der E-Mail fest. Über die Methode Send wird die E-Mail versendet.

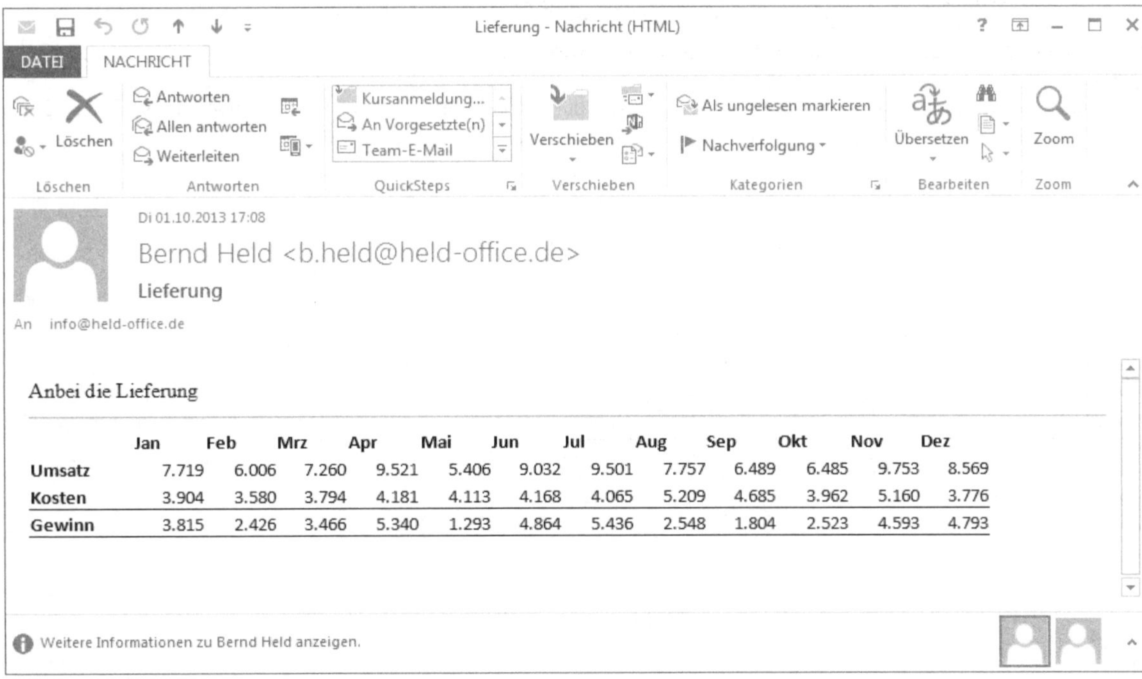

Abbildung 13.22 Der verwendete Bereich der Tabelle wurde per E-Mail zugestellt

Aktive Tabelle als Anhang aus Excel heraus versenden

Bei der folgenden Aufgabe geht es darum, die aktive Tabelle als separate Arbeitsmappe an einen Adressaten per E-Mail zu versenden. Dabei wird die aktive Tabelle temporär gespeichert, dann in eine E-Mail gepackt und versendet. Wie das genau geht, sehen Sie im Makro aus Listing 13.18.

```
Sub TabellenblattAlsSeparateDateiVersenden()

    Application.DisplayAlerts = False
    ActiveSheet.Copy
    ActiveWorkbook.SaveAs ThisWorkbook.Path & "\Anhang.xlsx"
    Application.Dialogs(xlDialogSendMail).Show "info@held-office.de", "Anfrage"
```

Listing 13.18 Aktive Tabelle in Mappe transferieren und in eine E-Mail anfügen

```
    ActiveWorkbook.Close
    Application.DisplayAlerts = True

End Sub
```

Listing 13.18 Aktive Tabelle in Mappe transferieren und in eine E-Mail anfügen *(Fortsetzung)*

Sie schalten zunächst temporär alle Warnmeldungen von Excel aus, indem Sie der Eigenschaft DisplayAlerts den Wert False zuweisen. Danach wenden Sie die Methode Copy an, um die aktive Tabelle als separate Arbeitsmappe auszulagern. Diese Mappe wird über die Methode SaveAs gespeichert und im anschließenden E-Mail-Dialogfeld direkt als Anhang eingefügt. Danach schließen Sie die Mappe über den Einsatz der Methode Close. Vergessen Sie am Ende des Makros nicht, die Warnmeldungen von Excel wieder einzuschalten, indem Sie der Eigenschaft DisplayAlerts den Wert True zuweisen.

TIPP Bei der gerade vorgestellten Lösung verbleibt die temporär erstelle Excel-Arbeitsmappe im Verzeichnis. Diese könnten Sie aber auch nach dem Versenden der E-Mail automatisch über die etwas brutal klingende Anweisung Kill löschen.

```
Kill ThisWorkbook.Path & "\Anhang.xlsx"
```

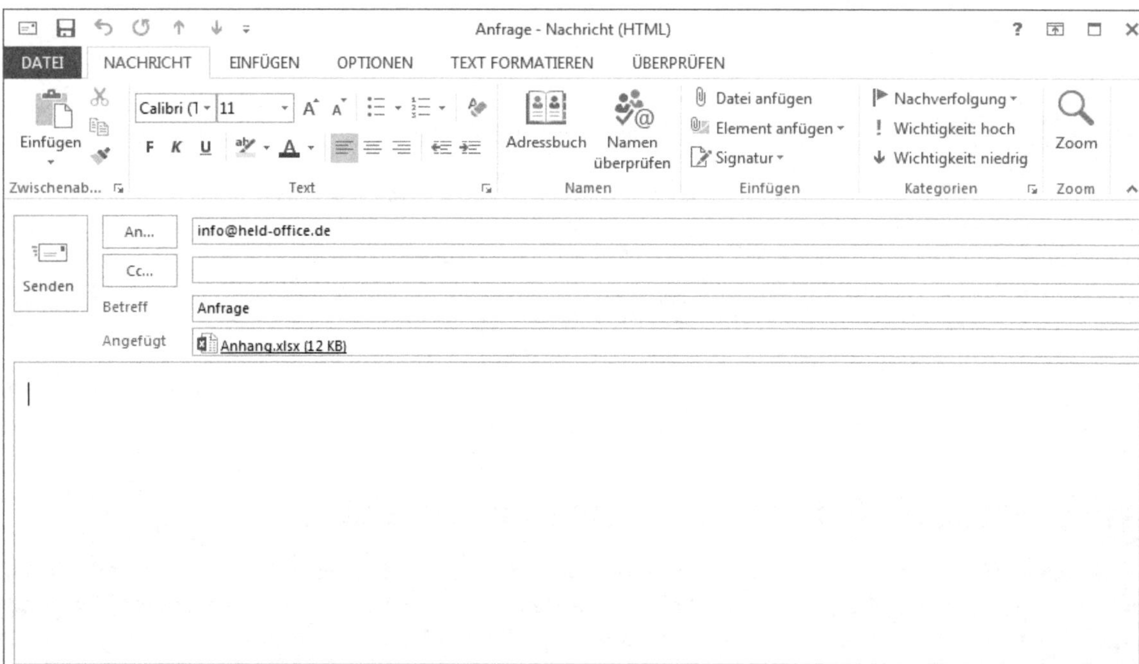

Abbildung 13.23 Die aktuelle Tabelle als neue Arbeitsmappe in eine E-Mail exportieren

Aktive Arbeitsmappe per E-Mail versenden

Bei der folgenden Aufgabe soll die aktive Arbeitsmappe per E-Mail versendet werden. Dabei soll zusätzlich die Signatur aus Outlook geholt und in die E-Mail eingefügt werden.

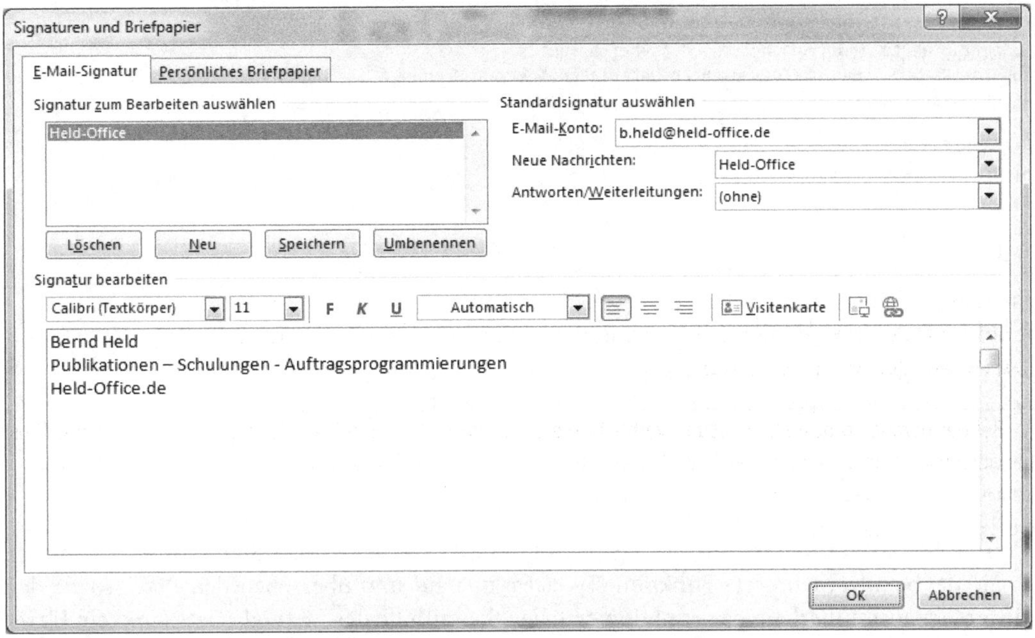

Abbildung 13.24 Die in Outlook hinterlegte Signatur auslesen

Starten Sie das Makro aus Listing 13.19, um die gestellte Aufgabe zu lösen.

```
Function SignaturErmitteln(ByVal strFile As String) As String
  Dim fso As Object
  Dim ts As Object

    Set fso = CreateObject("Scripting.FileSystemObject")
    Set ts = fso.GetFile(strFile).OpenAsTextStream(1, -2)
    SignaturErmitteln = ts.readall

    ts.Close

End Function


Sub EmailmitAktuellerMappeVerschicken()
  Dim outl As Object
  Dim Mail As Object
  Dim intz As Integer
  Dim strSignatur As String

 On Error GoTo EmailmitAktuellerMappeVerschicken_Error

  'Hier anpassen
  strSignature = "C:\Dokumente und Einstellungen\" & Environ("username") & _
      "\Anwendungsdaten\Microsoft\Signatures\Held-Office.txt"

  strSignatur = SignaturErmitteln(strSignature)
  Set outl = CreateObject("Outlook.Application")
  Set Mail = outl.CreateItem(0)
```

Listing 13.19 Aktuelle Arbeitsmappe per E-Mail versenden

```
    Mail.Subject = "Nachricht"
    Mail.Body = "Sehr geehrte Damen und Herren, " & vbLf & vbLf & _
        "anbei übersende ich Ihnen die gewünschten Unterlagen." & vbLf & vbLf & _
        "MfG" & vbLf & strSignatur

    Mail.To = "info@held-office.de"
    Mail.Attachments.Add ThisWorkbook.FullName
    Mail.Display

  On Error GoTo 0
  Exit Sub

EmailmitAktuellerMappeVerschicken_Error:

MsgBox "Error " & Err.Number & " (" & Err.Description & _
") in procedure EmailmitAktuellerMappeVerschicken of Modul mdl_Outlook in Zeile " & Erl

End Sub
```

Listing 13.19 Aktuelle Arbeitsmappe per E-Mail versenden *(Fortsetzung)*

Sie geben im ersten Schritt des Makros aus Listing 13.19 bekannt, wo Ihre E-Mail-Signatur gespeichert ist. Danach rufen Sie die benutzerdefinierte Funktion SignaturErmitteln auf und übergeben den Pfad- sowie den Dateinamen Ihrer Signatur. Innerhalb der Funktion erstellen Sie mithilfe der Methode CreateObject ein FileSystem-Objekt. Danach öffnen Sie die Signaturdatei über die Methode OpenAsTextStream und geben den Inhalt derselben mithilfe der Methode ReadAll an die aufrufende Prozedur in der Variablen strSignatur zurück. Anschließend schließen Sie die Signaturdatei über die Methode Close.

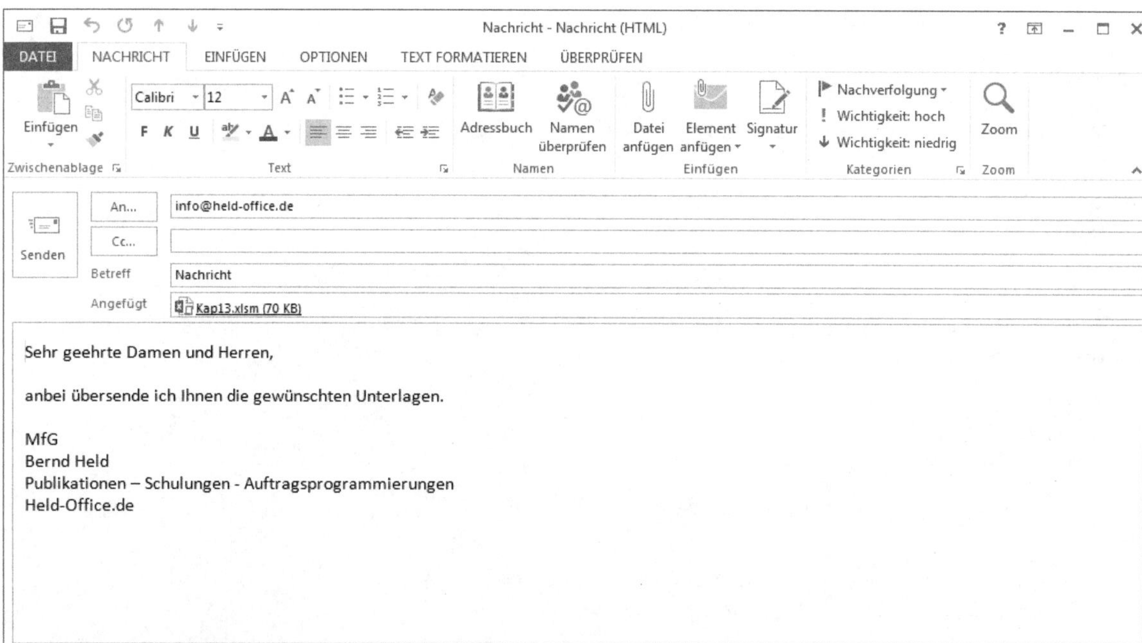

Abbildung 13.25 Die aktuelle Mappe wurde angehängt, und eine Signatur wurde eingefügt

Im Anschluss daran erstellen Sie mithilfe der Methode CreateObject eine Outlook-Sitzung. Über die Methode CreateItem und den Index 0 wird ein neues, noch leeres E-Mail-Objekt eingefügt. Sie geben den Betreff der E-Mail über die Eigenschaft Subject bekannt. Der Eigenschaft Body weisen Sie den eigentlichen Text der E-Mail zu. Mit der Konstanten vbLf können Sie Zeilenumbrüche im Text der E-Mail einfügen. Am Ende des Textes fügen Sie den Inhalt der Variablen strSignatur ein.

Sie geben mithilfe der Eigenschaft To an, welcher Adressat die E-Mail erhalten soll. Über den Einsatz der Methode Add, welche Sie für das Objekt Attachment ausführen lassen, können Sie einen Dateianhang in die E-Mail anfügen. Dazu verweisen Sie auf die Arbeitsmappe, die aktuell geöffnet ist und den Quellcode enthält (Thisworkbook.Fullname). Mithilfe der Methode Display wird die E-Mail am Bildschirm angezeigt.

HINWEIS Im Makro aus Listing 13.19 wird die E-Mail nicht direkt versendet, sondern vorher am Bildschirm angezeigt. Soll die E-Mail direkt versendet werden, dann tauschen Sie die Zeile mit dem Display-Befehl gegen folgende ein:

```
Mail.Send
```

Alle Dokumente aus einem Verzeichnis per E-Mail versenden

Bei der letzten Aufgabenstellung in dieser Rubrik sollen alle Dokumente in einem Verzeichnis als Anhang in einer E-Mail versendet werden. Dazu starten Sie das Makro aus Listing 13.20.

```
Sub EMailVerschickenMitAnhängen()
   'Späte Bindung (Late Binding): Hier braucht die Outlook-Bibliothek nicht vorher eingebunden zu werden
   Dim outObj As Object
   Dim Mail As Object
   Dim i As Integer
   Dim fs As Object
   Dim fVerz As Object
   Dim fDatei As Object
   Dim fDateien As Object

  On Error GoTo EMailVerschickenMitAnhängen_Error

   Set outObj = CreateObject("Outlook.Application")
   Set Mail = outObj.CreateItem(0)
   Set fs = CreateObject("Scripting.FileSystemObject")
   Set fVerz = fs.GetFolder(ThisWorkbook.Path)
   Set fDateien = fVerz.Files

   With Mail
       .Subject = "Anhänge"
       .Body = "Sehr geehrte Damen und Herren " & vbLf & _
           "Bitte prüfen Sie die angehängten Dokumente" & vbLf & _
           "Viele Grüße " & vbLf & Environ("Username")
       .To = "info@Held.office.de"
       .CC = "support@Held-office.de"
   End With

   For Each fDatei In fDateien
    If InStr(fDatei, ".doc") > 0 Then
      Mail.Attachments.Add fVerz & "\" & fDatei.Name
    End If
```

Listing 13.20 Alle Dokumente eines Verzeichnisses per E-Mail versenden

```
    Next fDatei
    Mail.Display

    Set Mail = Nothing
    Set outObj = Nothing

  On Error GoTo 0
  Exit Sub

EMailVerschickenMitAnhängen_Error:

  MsgBox "Error " & Err.Number & " (" & Err.Description & _
  ") in procedure EMailVerschickenMitAnhängen of Modul mdl_Outlook in Zeile " & Erl

End Sub
```

Listing 13.20 Alle Dokumente eines Verzeichnisses per E-Mail versenden *(Fortsetzung)*

Sie erstellen im ersten Schritt des Makros aus Listing 13.20 eine neue Outlook-Sitzung, indem Sie die Methode CreateObject verwenden. Danach setzen Sie die Methode CreateItem mit dem Index 0 ein, um ein neues, noch leeres E-Mail-Objekt anzulegen. Im Anschluss erstellen Sie ein FileSystem-Objekt ebenfalls mit der Methode CreateObject.

Sie ermitteln nun den Pfad der aktuellen Arbeitsmappe und übergeben diesen an die Methode GetFolder. Innerhalb dieses Ordners gibt es Dateien, die alle in der Auflistung Files verzeichnet sind. Mithilfe der Eigenschaft Subject bestimmen Sie den Titel der E-Mail-Nachricht. Über die Eigenschaft Body geben Sie den eigentlichen Nachrichtentext der E-Mail an. Mithilfe der Eigenschaften To und CC bestimmen Sie den Adressaten sowie den Kopieempfänger der E-Mail.

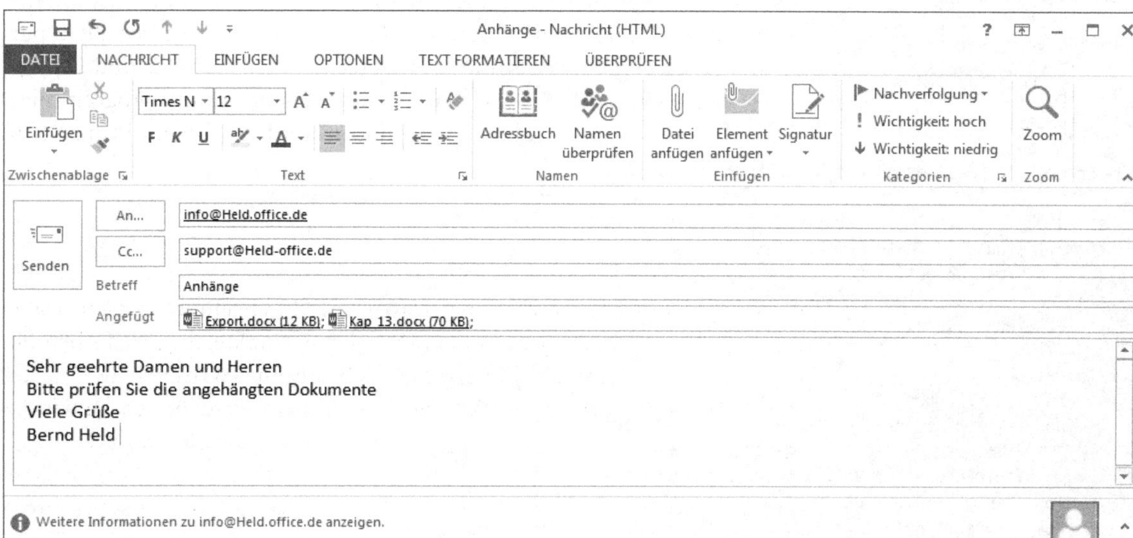

Abbildung 13.26 Alle Dokumente eines Ordners wurden automatisch in eine E-Mail gepackt

In einer anschließenden For Each...Next-Schleife wird die Auflistung Files Datei für Datei durchlaufen. Innerhalb der Schleife prüfen Sie mit der Funktion InStr, ob es sich bei den jeweiligen Dateien auch um Dokumente handelt. Wenn ja, dann liefert diese Funktion die Position des ersten Auftretens der Zeichenfolge .doc im

Pfad- und Dateinamen der jeweiligen Datei. Ist die Rückmeldung größer als 0, handelt es sich um ein Dokument. Packen Sie dieses in den Anhang der E-Mail, indem Sie die Methode Add für das Objekt Attachment einsetzen. Mithilfe der Methode Display zeigen Sie die E-Mail vor dem Versenden am Bildschirm an.

Excel im Zusammenspiel mit Access

In diesem Abschnitt des Buchs möchten wir Ihnen eine Lösung vorstellen, die in jüngster Zeit immer häufiger nachgefragt wird. Dabei handelt es sich um eine Lösung, die Excel als Frontend benutzt und eine Datenbank im Hintergrund als Datenlieferanten verwendet.

Das hier vorgestellte Tool wurde für eine größere Ärztepraxis auf Basis von Excel und Access programmiert. Mit diesem Tool lassen sich die Termine der Therapeuten sowie die Patientendaten schnell und sicher planen. Dabei werden die Stärken beider Office-Anwendungen zweckmäßig genutzt.

Toolfrage und Randbedingungen

Wir sprechen bei diesem Tool von einer Datenmenge pro Jahr von ca. 30.000 zu erfassenden Terminen. Entsprechend dieser großen Datenmenge liegt die richtige Wahl des Tools bei Microsoft Access. Was aber, wenn das Ärztehaus nicht über die entsprechenden Office-Installationen verfügt? Kein Problem, um Microsoft Access nutzen zu können, braucht es keine Voll-Office-Installation. Der Treiber, um Access-Datenbanken auch von Excel aus zu steuern und zu programmieren, wird von Microsoft Windows als sogenannte Runtime zur Verfügung gestellt.

Was spricht sonst noch für den Einsatz einer Datenbank? Nun, stellen Sie sich vor, das Ärztehaus hat zehn Behandlungszimmer mit ebenso vielen Ärzten und jeder Arzt muss zeitnah auf Patienten- und Termindaten zugreifen. Dieser zeitgleiche, parallele Zugriff kann nur mit Microsoft Access zuverlässig und vor allem performant umgesetzt werden. Etwas mehr Sorge bereitet der Einsatz von unterschiedlichsten PCs und Laptops mit unterschiedlichen Windows- und Office-Versionen. Demnach muss auch versionsneutral programmiert und gegebenenfalls noch hier und da etwas nachinstalliert bzw. eingebunden werden. Alles im Prinzip kein Problem, wenn man weiß, wohin man greifen muss.

Anforderungen an das Tool

Die Termin- und Patientenplanung soll zukünftig zentral in einer Datenbank durchgeführt werden. Dabei werden laufend Termine und Patientendaten erfasst. Für jede Behandlung gibt es Punkte, die jeden Abend in einer sogenannten Abendliste pro Therapeut gesammelt, bewertet und abgerechnet werden. Auch in der Vorausplanung soll je Therapeut ein Stundenplan pro Tag zur Verfügung gestellt werden können, in der der Therapeut jederzeit sehen kann, in welches Zimmer welcher Patient zu welcher Uhrzeit kommt. Die Verarbeitungsgeschwindigkeit für das Erfassen, Ändern und Suchen von Terminen soll dabei möglichst schnell sein. Es soll auch ein paralleler Zugriff auf die Patienten- und Termindaten jederzeit möglich sein. Selbstverständlich wird auch Wert auf eine anwenderfreundliche Oberfläche gelegt. Zusatzbeschaffungen wie neue Hardware bzw. die Migration auf eine gemeinsame Office- und eine Windows-Version sind vorgesehen.

Die Umsetzung der Kernfunktionen

Um alle Anforderungen umzusetzen, wurden aufgrund der Hardware- und Softwarearchitektur die Office-Anwendungen Excel und Access präferiert. Dabei erfolgt die Steuerung des Tools über Microsoft Excel. Deshalb wurde zunächst ein Dialogfeld entworfen und programmiert, über das die Therapeuten die Kernfunktionen wie die Neuanlage, Löschung und Änderung von Terminen sowie diverse Suchfunktionen nutzen konnten.

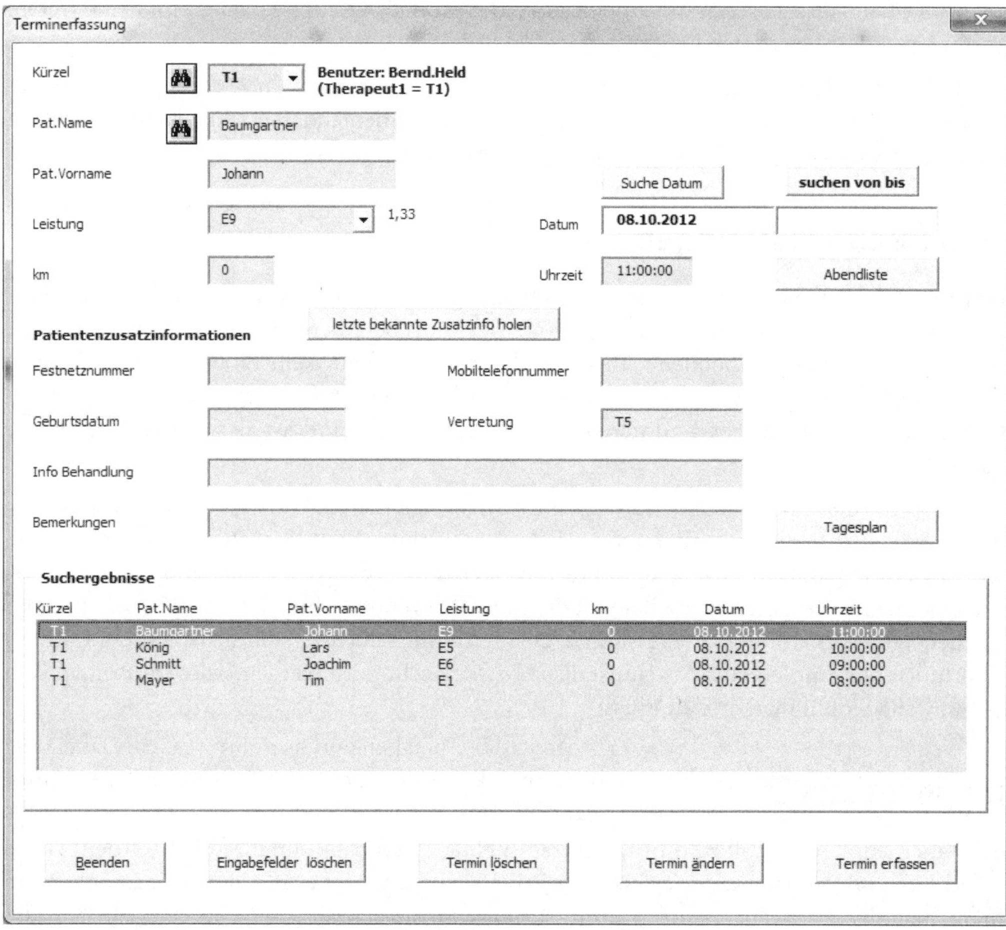

Abbildung 13.27 Das Dialogfeld mit den Kernfunktionen des Tools

Auf den folgenden Seiten werden die Kernfunktionen und der dazu notwendige Quellcode erläutert. Die dazugehörige Datenbank *Daten.mdb* sieht wie folgt aus.

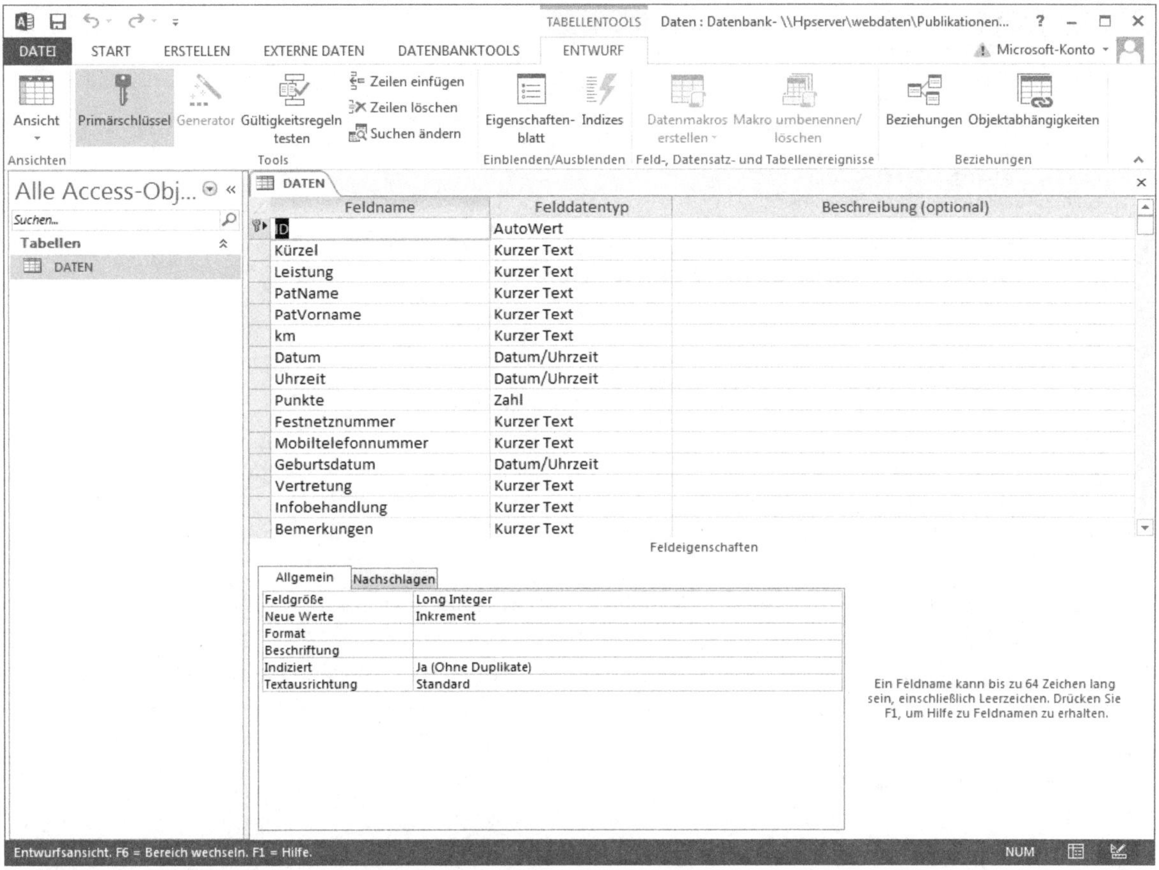

Abbildung 13.28 In dieser Datenbank werden alle Daten gespeichert

Befüllung der Userform mit den wichtigsten Daten

Noch bevor die Userform angezeigt wird, müssen vorbereitende Aufgaben durchgeführt werden. Dabei müssen die beiden Kombinationsfeldlisten aus Steuertabellen befüllt werden, und die Beschriftung der Userform muss komplett im Ereignis Userform_Initialize (Listing 13.21) geschehen.

```
Private Sub UserForm_Initialize()
    Dim i As Integer

     On Error GoTo UserForm_Initialize_Error

   'Titel der UserForm
   frm_Daten.Caption = "Terminerfassung"

   With frm_Daten
    .Label1.Caption = "Kürzel"
    .Label2.Caption = "Pat.Name"
    .Label3.Caption = "Pat.Vorname"
    .Label4.Caption = "Leistung"
```

Listing 13.21 Die Befüllung der Userform

```
    .Label5.Caption = "km"
    .Label6.Caption = "Datum"
    .Label7.Caption = "Uhrzeit"
    .Label19.Caption = "Festnetznummer"
    .Label20.Caption = "Mobiltelefonnummer"
    .Label21.Caption = "Geburtsdatum"
    .Label22.Caption = "Vertretung"
    .Label23.Caption = "Info Behandlung"
    .Label24.Caption = "Bemerkungen"
    .ListBox1.ColumnCount = 8
    .ListBox1.ColumnWidths = "50;100;80;100;50;80;50;0"
    .ComboBox1.SetFocus

   'Labels beschriften
   For i = 11 To 17
    .Controls("Label" & i).Caption = .Controls("Label" & i - 10).Caption
   Next i

    'Ärzte-Combobox füllen
   .ComboBox1.RowSource = "Ärzte!A1:A" & Ärzte.UsedRange.Rows.Count
   .ComboBox1.ListIndex = 0

   'Behandlungskürzel füllen
   .ComboBox2.RowSource = "Einstellungen!A2:A" & Einstellungen.UsedRange.Rows.Count
   .ComboBox2.ListIndex = 0

   .TXT_Datum_Von.Value = Date

   End With

     On Error GoTo 0
     Exit Sub

UserForm_Initialize_Error:

      MsgBox "Fehler " & Err.Number & " (" & Err.Description & _
      ") in prozedur UserForm_Initialize of Formular frm_Daten in Zeile " & Erl

End Sub
```

Listing 13.21 Die Befüllung der Userform *(Fortsetzung)*

Sie geben in der Eigenschaft Caption die Überschrift der Userform bekannt. Danach beschriften Sie die einzelnen Beschriftungsfelder ebenso über die Eigenschaft Caption. Für das Listenfeld, in dem später die Termine angezeigt werden sollen, definieren Sie ein mehrspaltiges Listenfeld (acht Spalten), indem Sie der Eigenschaft ColumnCount den Wert 8 zuweisen. Die Spaltenbreiten legen Sie mit der Eigenschaft ColumnWidths fest. Bei der letzten Breite ist eine 0 angegeben. Dies bedeutet, dass diese Spalte verborgen wird. In diese Spalte schreiben Sie später die eindeutige ID des jeweiligen Datensatzes. Dazu aber später mehr.

Die Überschriften über dem Listenfeld werden aus den ersten sechs Beschriftungsfeldern mittels einer For...Next-Schleife übernommen. Die Befüllung der beiden Kombinationsfeldlisten wird über die Eigenschaft RowSource vorgenommen. Dabei geben Sie die Datenbereiche der Steuertabellen *Ärzte* und *Einstellungen* bekannt. In das Datumstextfeld fügen Sie das aktuelle Tagesdatum über die Funktion Date ein.

Suche nach Therapeut über das Kürzel/den Patientennamen

Im Dialogfeld aus Abbildung 13.27 sehen Sie zwei Symbole mit einem Fernglas. Das erste Symbol stellt die Suche nach Termindaten des ausgewählten Therapeuten dar. Das zweite Symbol sucht anhand der Patienteninformation nach allen dazu passenden Terminen. Bei der ersten Suche werden alle Termine des im obersten Kombinationsfeld eingestellten Therapeuten gesucht. Den notwendigen Quellcode entnehmen Sie dem Makro aus Listing 13.22.

```
Sub Suchen()
 Dim strDB As String
 Dim strTab As String
 Dim objcon As ADODB.Connection
 Dim rst As ADODB.Recordset
 Dim Zeile As Long

 On Error GoTo Suchen_Error

 Call FelderLöschen

frm_Daten.ProgressBar1.Visible = True
strDB = ThisWorkbook.Path & "\Daten.mdb"
strTab = "Daten"

Set objcon = New ADODB.Connection
'Verbindung zur Datenbank wird aufgenommen
objcon.Open "Provider=Microsoft.ACE.OLEDB.12.0;Data Source=" & strDB

Set rst = New ADODB.Recordset
    rst.Open "SELECT * FROM Daten WHERE Kürzel='" _
    & frm_Daten.ComboBox1.Value & "' ORDER By Datum DESC", objcon, adOpenKeyset, adLockOptimistic

  If rst.RecordCount > 0 Then
   frm_Daten.ProgressBar1.Max = rst.RecordCount

   Do Until rst.EOF
     frm_Daten.ListBox1.AddItem rst!Kürzel
     frm_Daten.ListBox1.Column(1, Zeile) = rst!patname
     frm_Daten.ListBox1.Column(2, Zeile) = rst!patvorname
     frm_Daten.ListBox1.Column(3, Zeile) = rst!Leistung
     If rst!km <> "" Then
      frm_Daten.ListBox1.Column(4, Zeile) = rst!km
     End If
     frm_Daten.ListBox1.Column(5, Zeile) = rst!Datum
     frm_Daten.ListBox1.Column(6, Zeile) = rst!Uhrzeit
     frm_Daten.ListBox1.Column(7, Zeile) = rst!ID
     Zeile = Zeile + 1
     frm_Daten.ProgressBar1.Value = Zeile
    rst.MoveNext
   Loop

   'Zusätzlich Ausgabe der gefundenen Daten in eine Tabelle
   'Überschriften holen
    Tabelle1.usedRange.ClearContents
    For i = 0 To rst.Fields.Count - 1
      Tabelle1.Range("A1").Offset(0, i).Value = rst.Fields(i).Name
    Next i
```

Listing 13.22 Die Suche nach Terminen eines Therapeuten

```
    rst.MoveFirst
    Tabelle1.Range("A2").CopyFromRecordset rst
    Else
    MsgBox "Zum Therapeuten " & frm_Daten.ComboBox1.Value & " gibt es keine Einträge!"
   End If

   frm_Daten.ProgressBar1.Visible = False

   On Error GoTo 0
   Exit Sub

Suchen_Error:

    MsgBox "Fehler " & Err.Number & " (" & Err.Description & _
    ") in prozedur Suchen of Modul mdl_Verarbeitung in Zeile " & Erl
End Sub
```

Listing 13.22 Die Suche nach Terminen eines Therapeuten *(Fortsetzung)*

Zunächst einmal wird die Verbindung zur Access-Datenbank *Daten.mdb* über die Methode Open aufgebaut. Dazu werden der Name und der Pfad der Datenbank in der Variablen strDB abgelegt. Den Namen der Datentabelle speichern Sie ebenso in einer Variablen mit dem Namen strTab.

HINWEIS Als Prämisse für dieses Tool wird angenommen, dass die Access-Datenbank im gleichen Verzeichnis liegen muss wie die Excel-Arbeitsmappe. Auf den einzelnen Arbeitsstationen wird in diesem Fall lediglich eine Verknüpfung zur Excel-Arbeitsmappe angelegt, der Rest funktioniert dann wie von selbst.

Jetzt wird ein Recordset über die Anweisung Set angelegt. Danach erfolgt das Öffnen der Datentabelle mithilfe der Methode Open. Beim Öffnen der Datentabelle wird eine SQL-Abfrage ausgeführt, die lediglich die Termine des ausgewählten Therapeuten in einem Recordset zur Verfügung gestellt.

```
"SELECT * FROM Daten WHERE Kürzel='" & frm_Daten.ComboBox1.Value & "' ORDER By Datum DESC", objcon, adOpenKeyset,
adLockOptimistic
```

Die SQL-Anweisung gibt jeden Datensatz der Tabelle *Daten* zurück, dessen Spalte *Kürzel* einen Wert aufweist, der mit der Auswahl im Kombinationslistenfeld des Dialogfelds übereinstimmt, das die Therapeutenkürzel auflistet. Da mehrere Datensätze gefunden werden können, macht es Sinn, diese über den Befehl ORDER BY nach dem Datum absteigend zu sortieren. Als weitere Bestandteile wählen Sie das Verhalten des Zeigers und das Sperrverhalten aus. Sie haben dies bereits im ersten Teil des Buchs gesehen.

Das Recordset wird jetzt kontrolliert. Rein theoretisch könnte es sein, dass keine Datensätze zum eingestellten Arzt gefunden werden können. Daher zählen Sie zunächst über die Funktion RecordCount, ob Termine für den eingestellten Arzt gefunden werden konnten. Wenn ja, dann setzen Sie eine Do...Loop-Schleife ein, die die Zeilen des Recordsets nacheinander abarbeitet. Innerhalb der Schleife wird die Methode MoveNext angewendet, um den Zeiger auf die jeweils nächste Zeile zu setzen. Sie übertragen dann direkt aus der Datenbank die jeweilige Information in das Listenfeld. Dazu können Sie die Kurzschreibform

```
rst!patname
```

verwenden. Wenn Sie möchten, können Sie jedoch ebenfalls die Langschreibweise nutzen:

```
rst.Fields("patname")
```

Beachten Sie, dass Sie die Variable Zeile, die für die Zeile im Listenfeld steht, in der Schleife immer dann um den Wert 1 erhöht wird, wenn ein weiterer Datensatz ins Listenfeld befördert wird. Da der erste Eintrag in einem Listenfeld mit dem Index 0 beginnt, müssen Sie die Variable Zeile zu Beginn des Makros aus Listing 13.22 nicht setzen. Die Schleife wird solange wiederholt, bis die Bedingung EOF (End of File) eintritt.

Zusätzlich werden die Ergebnisse der Suche in *Tabelle1* ausgegeben. Dazu wird *Tabelle1* zunächst über die Methode ClearContents geleert, und anschließend wird die Überschrift der Tabelle über eine Schleife direkt aus der Datenbank geholt. Da Sie bereits vorher das Recordset abgearbeitet haben, steht der Zeiger nun an dessen Ende. Sie wenden daher die Methode MoveFirst an, um den Zeiger wieder am Anfang des Recordsets zu platzieren. Danach können Sie den kompletten Inhalt des Recordsets über die Methode CopyFromRecordset in *Tabelle1* entleeren. Für alle Fälle wurde in dieses Tool auch ein Fortschrittsbalken eingebaut, der dann die Suche begleiten soll, sollte der Suchvorgang einmal etwas länger dauern. Diesem Fortschrittsbalken übergeben Sie dabei jeweils den Wert der Zeile, die Sie gerade abarbeiten.

Mit einem Doppelklick auf den gewünschten Termin im Listenfeld werden die dazugehörigen Daten in die darüberliegenden Textfelder transportiert. Dazu wird das Ereignis ListBox1_DblClick, wie in Listing 13.23 gezeigt, eingesetzt.

```
Private Sub ListBox1_DblClick(ByVal Cancel As MSForms.ReturnBoolean)
  Dim lngID As Long
  Dim strDB As String
  Dim objcon As ADODB.Connection
  Dim rst As ADODB.Recordset
  Dim strTab As String
  Dim i As Integer

  On Error GoTo ListBox1_DblClick_Error

  lngID = Me.ListBox1.Column(7, Me.ListBox1.ListIndex)
  strDB = ThisWorkbook.Path & "\Daten.mdb"
  strTab = "Daten"

    Set objcon = New ADODB.Connection
    objcon.Open "Provider=Microsoft.Jet.OLEDB.4.0;Data Source=" & strDB

    Set rst = New ADODB.Recordset
     rst.Open "SELECT * FROM Daten WHERE ID=" & lngID, objcon, adOpenKeyset, adLockOptimistic

     If rst.RecordCount <> 0 Then

        Me.ComboBox1.Value = rst!Kürzel
        Me.TextBox2.Value = rst!patname
        Me.TextBox3.Value = rst!patvorname
        Me.ComboBox2.Value = rst!Leistung

        If rst!km <> "" Then
          Me.TextBox5.Value = rst!km
         Else
         Me.TextBox5.Value = ""
        End If
```

Listing 13.23 Mit einem Doppelklick auf das Listenfeld werden weitere Daten aus der Datenbank geholt

```
        Me.TXT_Datum_Von.Value = rst!Datum

        If rst!Uhrzeit <> "" Then
         Me.TextBox7.Value = rst!Uhrzeit
         Else
         Me.TextBox7.Value = ""
        End If

        If rst!Festnetznummer <> "" Then
         Me.TextBox8.Value = rst!Festnetznummer
         Else
         Me.TextBox8.Value = ""
        End If

        If rst!Mobiltelefonnummer <> "" Then
         Me.TextBox9.Value = rst!Mobiltelefonnummer
         Else
         Me.TextBox9.Value = ""
        End If

        If rst!Geburtsdatum <> "" Then
         Me.TextBox10.Value = rst!Geburtsdatum
         Else
         Me.TextBox10.Value = ""
        End If

        If rst!Vertretung <> "" Then
         Me.TextBox11.Value = rst!Vertretung
         Else
         Me.TextBox11.Value = ""
        End If

        If rst!Infobehandlung <> "" Then
         Me.TextBox12.Value = rst!Infobehandlung
         Else
         Me.TextBox12.Value = ""
        End If

        If rst!Bemerkungen <> "" Then
         Me.TextBox13.Value = rst!Bemerkungen
         Else
         Me.TextBox13.Value = ""
        End If

     End If

    objcon.Close
    Set objcon = Nothing


   On Error GoTo 0
   Exit Sub

ListBox1_DblClick_Error:

    MsgBox "Fehler " & Err.Number & " (" & Err.Description & _
    ") in prozedur ListBox1_DblClick of Formular frm_Daten in Zeile " & Erl

End Sub
```

Listing 13.23 Mit einem Doppelklick auf das Listenfeld werden weitere Daten aus der Datenbank geholt *(Fortsetzung)*

Schon bei der Suche nach den Terminen wurde neben den Daten des Termins auch dessen eindeutige ID in die letzte Spalte des Listenfelds verdeckt mit eingefügt. Mit diesem Trick gelingt es auf sehr schnelle Art und Weise, den doppelt angeklickten Termin über seine ID schnell in der Datenbank zu finden und in den Textfeldern des Dialogfelds zur Verfügung zu stellen. Sie extrahieren daher diese ID, indem Sie über die Eigenschaft ListIndex auf den aktuell ausgewählten Datensatz im Listenfeld zeigen und über die Eigenschaft Column die Information aus der letzten Spalte des Listenfelds beziehen. Danach bauen Sie die Verbindung zur Datenbank auf und setzen das folgende SQL-Kommando ab, um weitere Daten, passend zur ermittelten ID, aus der Datenbank abzufragen.

```
SELECT * FROM Daten WHERE ID=" & lngID, objcon, adOpenKeyset, adLockOptimistic
```

Sie vergleichen bei dieser SQL-Abfrage die aus dem Listenfeld gezogene ID mit dem Feld *ID* in der Datenbank. Auch bei dieser Abfrage wenden Sie sicherheitshalber die Funktion RecordCount an, um die Anzahl der gefundenen Datensätze zu ermitteln. Hier darf eigentlich nur ein einziger Datensatz gefunden werden, da die ID eindeutig sein soll. Der Doppelklick auf den Datensatz im Listenfeld soll die darüberliegenden restlichen Textfelder direkt aus der Datenbank befüllen. Daher werden die einzelnen Steuerelemente auf der Userform über die Eigenschaft Value direkt befüllt. Nach dem Übertragen aller Daten aus der Datenbank in die Steuerelemente der Userform kann die Verbindung zur Datenbank über die Methode Close wieder geschlossen werden.

Suche nach Datum

In der Userform selbst wird eine Suchfunktion nach Datum angeboten. Bei dieser Suche ist zu beachten, dass das Datum vor der eigentlichen Suche in das richtige Format gebracht werden muss.

Sehen Sie sich die Umsetzung dieser Aufgabe im Makro aus Listing 13.24 an.

```
Sub SuchenDatum()
  Dim strDB As String
  Dim strTab As String
  Dim objcon As ADODB.Connection
  Dim rst As ADODB.Recordset
  Dim Zeile As Long
  Dim strDatum As String

  On Error GoTo SuchenDatum_Error

  frm_Daten.ListBox1.Clear

  strDB = ThisWorkbook.Path & "\Daten.mdb"
  strTab = "Daten"

  Set objcon = New ADODB.Connection
  'Verbindung zur Datenbank wird aufgenommen
  objcon.Open "Provider=Microsoft.ACE.OLEDB.12.0;Data Source=" & strDB
    strDatum = frm_Daten.TXT_Datum_Von.Value
    strDatum = Format(strDatum, "\#yyyy\-mm\-dd\#")

  Set rst = New ADODB.Recordset
      rst.Open "SELECT * FROM Daten WHERE Kürzel='" & frm_Daten.ComboBox1.Value & "'" & _
      " AND Datum=" & strDatum & " ORDER By Datum DESC", objcon, adOpenKeyset, adLockOptimistic
```

Listing 13.24 Die Suche nach Terminen zu einem bestimmten Datum

```
    Do Until rst.EOF
      frm_Daten.ListBox1.AddItem rst!Kürzel
      frm_Daten.ListBox1.Column(1, Zeile) = rst!patname
      frm_Daten.ListBox1.Column(2, Zeile) = rst!patvorname
      frm_Daten.ListBox1.Column(3, Zeile) = rst!Leistung
      If rst!km <> "" Then
       frm_Daten.ListBox1.Column(4, Zeile) = rst!km
      End If
      frm_Daten.ListBox1.Column(5, Zeile) = rst!Datum
      frm_Daten.ListBox1.Column(6, Zeile) = rst!Uhrzeit
      frm_Daten.ListBox1.Column(7, Zeile) = rst!ID
      Zeile = Zeile + 1
     rst.MoveNext
    Loop

    On Error GoTo 0
    Exit Sub

SuchenDatum_Error:

     MsgBox "Fehler " & Err.Number & " (" & Err.Description & _
     ") in prozedur SuchenDatum of Modul mdl_Verarbeitung in Zeile " & Erl

End Sub
```

Listing 13.24 Die Suche nach Terminen zu einem bestimmten Datum *(Fortsetzung)*

Beim Makro aus Listing 13.24 gibt es bezüglich des Ablaufs keine großen Unterschiede zur Suche nach dem Therapeutenkürzel aus Listing 13.22. Eine Ausnahme bildet jedoch die Formatierung des Datums.

```
strDatum = frm_Daten.TXT_Datum_Von.Value
strDatum = Format(strDatum, "\#yyyy\-mm\-dd\#")
```

Dabei wird der Inhalt des Textfelds TXT_Datum_Von erst einmal in eine String-Variable befördert. Danach wird das Datum mithilfe der Funktion Format so definiert, dass zuerst das Jahr, dann der Monat und anschließend der Tag angegeben ist. Nur dann funktioniert die anschließende Suche. Die dann folgende SQL-Anweisung muss zwei Bedingungen unter einen Hut bringen:

```
SELECT * FROM Daten WHERE Kürzel='" & frm_Daten.ComboBox1.Value & "'" & _
      " AND Datum=" & strDatum & " ORDER By Datum DESC
```

Die erste Bedingung lautet, dass das Therapeutenkürzel passen muss, und die zweite Bedingung erwartet eine Übereinstimmung zwischen Termin und eingegebenem Datum. Treffen beide Bedingungen zu, dann befinden sich Datensätze im Recordset, die Sie über eine Do...Until-Scheife nacheinander abarbeiten. Innerhalb der Schleife wird das Listenfeld mit Daten direkt aus der Datenbank befüllt.

WICHTIG Bitte in der Schleife nicht den Einsatz der Methode MoveNext vergessen, da Sie sonst eine Endlosschleife produzieren. Diese Methode sorgt dafür, dass bei jedem Schleifendurchlauf der Zeiger auf den nächsten Datensatz im Recordset zeigt.

Termine erfassen

Mit einem Klick auf die Schaltfläche *Termin erfassen* wird die folgende Prozedur aus Listing 13.25 ausgelöst.

```
Private Sub cmdNeu_Click()
'Datensatz anlegen
  Dim strDB As String
  Dim objcon As ADODB.Connection
  Dim rst As ADODB.Recordset
  Dim strTab As String

   On Error GoTo cmdNeu_Click_Error

  If Me.TextBox2.Value = "" Then
   MsgBox "Bitte erfassen Sie zunächst den Patientennamen!" & vbLf & _
   " bzw. führen Sie einen Doppelklick auf den bereits erfassten Kunden durch.", vbInformation
   Me.TextBox2.SetFocus
   Exit Sub
  End If

    strDB = ThisWorkbook.Path & "\Daten.mdb"
    strTab = "Daten"

     Set objcon = New ADODB.Connection
     objcon.Open "Provider=Microsoft.Jet.OLEDB.4.0;Data Source=" & strDB

       Set rst = New ADODB.Recordset
       rst.Open "Daten", objcon, adOpenKeyset, adLockOptimistic

        rst.AddNew
        rst.Fields("Kürzel") = Me.ComboBox1.Value
        rst.Fields("PAtname") = Me.TextBox2.Value
        rst.Fields("patvorname") = Me.TextBox3.Value
        rst.Fields("Leistung") = Me.ComboBox2.Value

        If Me.TextBox5.Value <> "" Then
           rst.Fields("km") = Me.TextBox5.Value
        End If

        rst.Fields("Datum") = Me.TXT_Datum_Von.Value

        If Me.TextBox7.Value <> "" Then
         rst.Fields("Uhrzeit") = Me.TextBox7.Value
        End If
        rst.Fields("Festnetznummer") = Me.TextBox8.Value
        rst.Fields("Mobiltelefonnummer") = Me.TextBox9.Value
        If rst.Fields("Geburtsdatum") <> "" Then
         rst.Fields("Geburtsdatum") = Me.TextBox10.Value
        End If
        rst.Fields("Vertretung") = Me.TextBox11.Value
        rst.Fields("InfoBehandlung") = Me.TextBox12.Value
        rst.Fields("Bemerkungen") = Me.TextBox13.Value

        rst.Update

        Me.ListBox1.AddItem Me.ComboBox1.Value, 0
        Me.ListBox1.Column(1, 0) = Me.TextBox2.Value
        Me.ListBox1.Column(2, 0) = Me.TextBox3.Value
        Me.ListBox1.Column(3, 0) = Me.ComboBox2.Value
        Me.ListBox1.Column(4, 0) = Me.TextBox5.Value
        Me.ListBox1.Column(5, 0) = Me.TXT_Datum_Von.Value
        Me.ListBox1.Column(6, 0) = Me.TextBox7.Value
```

Listing 13.25 Einen neuen Termin in der Datenbank anlegen

```
      Me.ListBox1.Column(7, 0) = rst.Fields("ID")
      Me.ListBox1.ListIndex = 0

     objcon.Close
    Set objcon = Nothing

  On Error GoTo 0
  Exit Sub

cmdNeu_Click_Error:

  MsgBox Err.Number
  MsgBox "Error " & Err.Number & " (" & Err.Description & _
  ") in procedure cmdNeu_Click of Formular frm_Daten in Zeile " & Erl

End Sub
```

Listing 13.25 Einen neuen Termin in der Datenbank anlegen *(Fortsetzung)*

Nachdem die Verbindung zur Access-Datenbank hergestellt und die entsprechende Datentabelle im Hintergrund geöffnet ist, wird mittels der Methode AddNew ein neuer, noch leerer Datensatz in der Datenbanktabelle erzeugt. Danach werden die einzelnen Felder der Datenbank über die ausgefüllten Textfelder des Dialogfelds »gefüttert«. Die Methode Update sorgt anschließend dafür, dass der Termin in der Datenbank gespeichert wird.

Änderung von Terminen

Um einen Termin ändern zu können, muss der gewünschte Termin mittels der vorher beschriebenen Suchfunktionen zur Anzeige gebracht werden. Nach einem Doppelklick auf den zu ändernden Termin können Änderungen in den Textfeldern vorgenommen werden. Anschließend erfolgt der Klick auf die Schaltfläche *Termin ändern*. Dadurch kommt folgende Prozedur aus Listing 13.26 zum Einsatz:

```
Private Sub cmdÄndern_Click()
'Datensatz ändern
  Dim lngID As Long
  Dim strDB As String
  Dim objcon As ADODB.Connection
  Dim rst As ADODB.Recordset
  Dim strTab As String

   On Error GoTo cmdÄndern_Click_Error

  If Me.ListBox1.ListIndex >= 0 Then

  lngID = Me.ListBox1.Column(7, Me.ListBox1.ListIndex)

    strDB = ThisWorkbook.Path & "\Daten.mdb"
    strTab = "Daten"

      Set objcon = New ADODB.Connection
      objcon.Open "Provider=Microsoft.Jet.OLEDB.4.0;Data Source=" & strDB

       Set rst = New ADODB.Recordset
       rst.Open "SELECT * FROM Daten WHERE ID=" & lngID, objcon, adOpenKeyset, adLockOptimistic
```

Listing 13.26 Einen Termin in der Datenbank ändern

```
        rst!patname = Me.TextBox2.Value
        rst!patvorname = Me.TextBox3.Value
        rst!Leistung = Me.ComboBox2.Value

        If Me.TextBox5.Value <> "" Then
           rst!km = Me.TextBox5.Value
        End If

        rst!Datum = Me.TXT_Datum_Von.Value

        If Me.TextBox7.Value <> "" Then
         rst!Uhrzeit = Me.TextBox7.Value
        Else
         rst!Uhrzeit = "00:00:00"
        End If

        rst!Festnetznummer = Me.TextBox8.Value
        rst!Mobiltelefonnummer = Me.TextBox9.Value

        If Me.TextBox10.Value <> "" Then
         rst!Geburtsdatum = Me.TextBox10.Value
        End If

        rst!Vertretung = Me.TextBox11.Value
        rst!Infobehandlung = Me.TextBox12.Value
        rst!Bemerkungen = Me.TextBox13.Value

        rst.Update

       'Listenfeld aktualisieren
        Me.ListBox1.Column(0, Me.ListBox1.ListIndex) = Me.ComboBox1.Value
        Me.ListBox1.Column(1, Me.ListBox1.ListIndex) = Me.TextBox2.Value
        Me.ListBox1.Column(2, Me.ListBox1.ListIndex) = Me.TextBox3.Value
        Me.ListBox1.Column(3, Me.ListBox1.ListIndex) = Me.ComboBox2.Value
        Me.ListBox1.Column(4, Me.ListBox1.ListIndex) = Me.TextBox5.Value
        Me.ListBox1.Column(5, Me.ListBox1.ListIndex) = Me.TXT_Datum_Von.Value
        Me.ListBox1.Column(6, Me.ListBox1.ListIndex) = Me.TextBox7.Value
        Me.ListBox1.Column(7, Me.ListBox1.ListIndex) = rst.Fields("ID")

      objcon.Close
      Set objcon = Nothing

    Else
    MsgBox "Bitte markieren Sie zunächst den zu ändernden Satz im Listenfeld!", vbInformation
End If

   On Error GoTo 0
   Exit Sub

cmdÄndern_Click_Error:

    MsgBox "Fehler " & Err.Number & " (" & Err.Description & _
    ") in prozedur cmdÄndern_Click of Formular frm_Daten in Zeile " & Erl

End Sub
```

Listing 13.26 Einen Termin in der Datenbank ändern *(Fortsetzung)*

Über eine SQL-Anweisung wird der zu ändernde Datensatz in der Datenbank gefunden. Danach werden alle Felder der Datenbank durch den Inhalt der Textfelder des Dialogfelds überschrieben. Auch hier kommt die Methode Update zum Einsatz, um die Änderung dauerhaft in der Datenbank abzulegen. Im Anschluss daran müssen die geänderten Daten im Listenfeld aktualisiert werden. Diese Daten werden aus den darüberliegenden Elementen des Dialogfelds geholt.

Termin löschen

Um einen Termin löschen zu können, muss dieser vorher gesucht und im Listenfeld doppelt angeklickt werden. Danach erfolgt ein Klick auf die Schaltfläche *Termin löschen*. Dieser Klick startet folgende Prozedur aus Listing 13.27.

```
Private Sub cmdLöschen_Click()
  Dim lngID As Long
  Dim strDB As String
  Dim objcon As ADODB.Connection
  Dim rst As ADODB.Recordset

   On Error GoTo cmdLöschen_Click_Error

  If Me.ListBox1.ListIndex >= 0 Then

  lngID = Me.ListBox1.Column(7)

  If MsgBox("Wollen Sie wirklich diesen Termin löschen?", vbYesNo + vbQuestion) = vbYes Then
    strDB = ThisWorkbook.Path & "\Daten.mdb"

     Set objcon = New ADODB.Connection
      objcon.Open "Provider=Microsoft.Jet.OLEDB.4.0;Data Source=" & strDB

       Set rst = New ADODB.Recordset
       rst.Open "DELETE * FROM Daten WHERE ID=" & lngID, objcon, adOpenKeyset, adLockOptimistic
       objcon.Close
       Set objcon = Nothing

      'Löche Datensatz aus Listenfeld
      Me.ListBox1.RemoveItem (Me.ListBox1.ListIndex)

    End If
    Else
    MsgBox "Bitte markieren Sie zunächst den zu löschenden Datensatz im Listenfeld!", vbInformation
End If

   On Error GoTo 0
   Exit Sub

cmdLöschen_Click_Error:

    MsgBox "Fehler " & Err.Number & " (" & Err.Description & _
    ") in prozedur cmdLöschen_Click of Formular frm_Daten in Zeile " & Erl

End Sub
```

Listing 13.27 Einen Datensatz aus der Datenbank löschen

Der zu löschende Termin wird mittels der eindeutigen ID des Termins in der Datenbank gefunden. Die Methode Delete löscht danach diesen Termin. Der gelöschte Termin muss anschließend noch aus dem Listenfeld des Dialogfelds entfernt werden. Hierfür wird die Methode RemoveItem eingesetzt.

Felder löschen

Diese Funktion wird den Therapeuten bereitgestellt, um sehr schnell alle Felder im Dialogfeld zu initialisieren. Die Prozedur sieht wie folgt aus:

```
Sub FelderLöschen()
 Dim obj As Control

   On Error GoTo FelderLöschen_Error

  For Each obj In frm_Daten.Controls

  If TypeName(obj) = "TextBox" Then
     obj.Value = ""

   End If

  Next obj

  frm_Daten.ListBox1.Clear

   On Error GoTo 0
   Exit Sub

FelderLöschen_Error:

    MsgBox "Fehler " & Err.Number & " (" & Err.Description & _
    ") in prozedur FelderLöschen of Modul mdl_Verarbeitung in Zeile " & Erl

End Sub
```

Listing 13.28 Alle Felder in der Userform leeren

Über die Methode Clear kann das Listenfeld im Dialogfeld gelöscht werden. In einer Schleife werden alle Textfelder des Dialogfelds geleert, indem alle Steuerelemente des Dialogfelds abgearbeitet werden. Dabei kann über die Funktion TypeName festgestellt werden, ob es sich bei dem jeweiligen Steuerelement tatsächlich um ein Textfeld handelt. Nur dann wird eine leere Zeichenfolge an das jeweilige Textfeld übergeben.

Tagesplan erstellen

Bei dieser Funktion werden alle Termine eines Therapeuten für einen bestimmten Tag gleich einem »Stundenplan« in eine übersichtliche Excel-Tabelle gestellt. Dazu wird der nachfolgende Code aus Listing 13.29 eingesetzt.

```
Private Sub cmd_TP_Click()
'Tagesplan erstellen
  Dim zz As Long
  Dim zzmax As Long
  Dim strName As String
```

Listing 13.29 Den Tagesplan erstellen

```
Dim objcon As ADODB.Connection
Dim rst As ADODB.Recordset
Dim strTab As String
Dim strDatum As String
Dim strDB As String

On Error GoTo cmd_TP_Click_Error

zz = 2

Tagesplan.Range("A2:G25").ClearContents
Tagesplan.Range("I2:N25").ClearContents

If Me.ComboBox1.Value = "" Then
 MsgBox "Bitte zuerst einen Therapeuten auswählen!", vbInformation
Exit Sub
End If

 'Datum als String wandeln
    strDatum = frm_Daten.TXT_Datum_Von.Value
    strDatum = Format(strDatum, "\#yyyy\-mm\-dd\#")

    strDB = ThisWorkbook.Path & "\Daten.mdb"
    strTab = "Daten"

    Set objcon = New ADODB.Connection
    objcon.Open "Provider=Microsoft.Jet.OLEDB.4.0;Data Source=" & strDB

    Set rst = New ADODB.Recordset
    rst.Open "SELECT * FROM Daten WHERE Kürzel='" & frm_Daten.ComboBox1.Value & "' AND Datum=" & _
    strDatum & " ORDER By Datum DESC", objcon, adOpenKeyset, adLockOptimistic

    Do Until rst.EOF

     Tagesplan.Cells(zz, 1).Value = rst!Kürzel
     Tagesplan.Cells(zz, 2).Value = rst!Datum
     Tagesplan.Cells(zz, 3).Value = rst!Uhrzeit
     Tagesplan.Cells(zz, 4).Value = rst!patname
     Tagesplan.Cells(zz, 5).Value = rst!patvorname
     Tagesplan.Cells(zz, 6).Value = rst!Leistung
     Tagesplan.Cells(zz, 7).Value = rst!km
     Tagesplan.Cells(zz, 9).Value = rst!Festnetznummer
     Tagesplan.Cells(zz, 10).Value = rst!Mobiltelefonnummer
     Tagesplan.Cells(zz, 11).Value = rst!Geburtsdatum
     Tagesplan.Cells(zz, 12).Value = rst!Vertretung
     Tagesplan.Cells(zz, 13).Value = rst!Infobehandlung
     Tagesplan.Cells(zz, 14).Value = rst!Bemerkungen

     zz = zz + 1

     rst.MoveNext

    Loop

    objcon.Close
    Set objcon = Nothing
```

Listing 13.29 Den Tagesplan erstellen *(Fortsetzung)*

```
  zzmax = Tagesplan.Range("A28").End(xlUp).Row

      Tagesplan.Range("A1:N" & zzmax).Sort Key1:=Tagesplan.Range("B2"), _
      Order1:=xlAscending, Key2:=Tagesplan.Range( _
          "C2"), Order2:=xlAscending, Header:=xlGuess, OrderCustom:=1, MatchCase _
          :=False, Orientation:=xlTopToBottom
  Tagesplan.Activate
  Unload Me

   On Error GoTo 0
   Exit Sub

cmd_TP_Click_Error:

    MsgBox "Fehler " & Err.Number & " (" & Err.Description & _
    ") in prozedur cmd_TP_Click of Formular frm_Daten in Zeile " & Erl

End Sub
```

Listing 13.29 Den Tagesplan erstellen *(Fortsetzung)*

Nachdem der Zugriff auf die Access-Datenbank hergestellt ist, werden mittels einer SQL-Anweisung nur die Termine des vorher eingestellten Therapeuten zu einem bestimmten Termin zur Verfügung gestellt und in die Tabelle *Tagesplan* geschrieben.

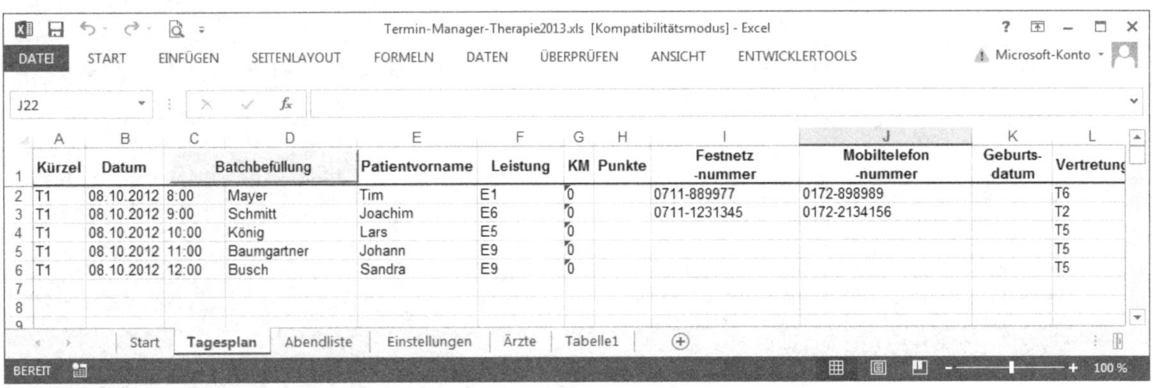

Kürzel	Datum	Batchbefüllung		Patientvorname	Leistung	KM	Punkte	Festnetz -nummer	Mobiltelefon -nummer	Geburts-datum	Vertretung
T1	08.10.2012	8:00	Mayer	Tim	E1	0		0711-889977	0172-898989		T6
T1	08.10.2012	9:00	Schmitt	Joachim	E6	0		0711-1231345	0172-2134156		T2
T1	08.10.2012	10:00	König	Lars	E5	0					T5
T1	08.10.2012	11:00	Baumgartner	Johann	E9	0					T5
T1	08.10.2012	12:00	Busch	Sandra	E9	0					T5

Abbildung 13.29 Alle Termine des Therapeuten T1 an einem bestimmten Tag

Abendliste erstellen

Die Abendliste stellt mit das Wichtigste im Tool überhaupt dar. Mithilfe der Abendliste, die pro Therapeut jeden Abend erstellt wird, erfolgt die Leistungsabrechnung mit den Therapeuten sowie der Krankenkasse. Diese Funktion sieht wie folgt aus:

```
Private Sub cmd_LE_Click()
'Abendliste erstellen
  Dim zz As Long
  Dim zzmax As Long
  Dim strName As String
  Dim strDB As String
```

Listing 13.30 Die Abendliste für einen Arzt erstellen

```
Dim objcon As ADODB.Connection
Dim rst As ADODB.Recordset
Dim strTab As String
Dim strDatum As String

On Error GoTo cmd_LE_Click_Error

zz = 2

Abendliste.Unprotect
Abendliste.Range("A2:G25").ClearContents

If Me.ComboBox1.Value = "" Then
 MsgBox "Bitte zuerst einen Therapeuten auswählen!", vbInformation
Exit Sub
End If

strDB = ThisWorkbook.Path & "\Daten.mdb"
  strTab = "Daten"

    Set objcon = New ADODB.Connection
    objcon.Open "Provider=Microsoft.Jet.OLEDB.4.0;Data Source=" & strDB

 'Datum in String umwandeln
    strDatum = frm_Daten.TXT_Datum_Von.Value
    strDatum = Format(strDatum, "\#yyyy\-mm\-dd\#")

   Set rst = New ADODB.Recordset
   rst.Open "SELECT * FROM Daten WHERE Kürzel='" & frm_Daten.ComboBox1.Value & "' AND Datum=" & strDatum & _
   ORDER By Datum DESC", objcon, adOpenKeyset, adLockOptimistic

    Do Until rst.EOF

     Abendliste.Cells(zz, 1).Value = rst!Kürzel
     Abendliste.Cells(zz, 2).Value = rst!Datum
     Abendliste.Cells(zz, 3).Value = rst!Uhrzeit
     Abendliste.Cells(zz, 4).Value = rst!patname
     Abendliste.Cells(zz, 5).Value = rst!patvorname
     Abendliste.Cells(zz, 6).Value = rst!Leistung
     Abendliste.Cells(zz, 7).Value = rst!km
     zz = zz + 1

     rst.MoveNext

    Loop

    objcon.Close
    Set objcon = Nothing

   Abendliste.Activate
   zzmax = Abendliste.Range("A28").End(xlUp).Row

    Abendliste.Range("A1:G" & zzmax).Sort Key1:=Abendliste.Range("B2"), _
    Order1:=xlAscending, Key2:=Abendliste.Range( _
        "C2"), Order2:=xlAscending, Header:=xlGuess, OrderCustom:=1, MatchCase _
        :=False, Orientation:=xlTopToBottom
```

Listing 13.30 Die Abendliste für einen Arzt erstellen *(Fortsetzung)*

```
    Unload Me
    Abendliste.Protect

   On Error GoTo 0
   Exit Sub

cmd_LE_Click_Error:

    MsgBox "Fehler " & Err.Number & " (" & Err.Description & _
    ") in prozedur cmd_LE_Click of Formular frm_Daten in Zeile " & Erl

End Sub
```

Listing 13.30 Die Abendliste für einen Arzt erstellen *(Fortsetzung)*

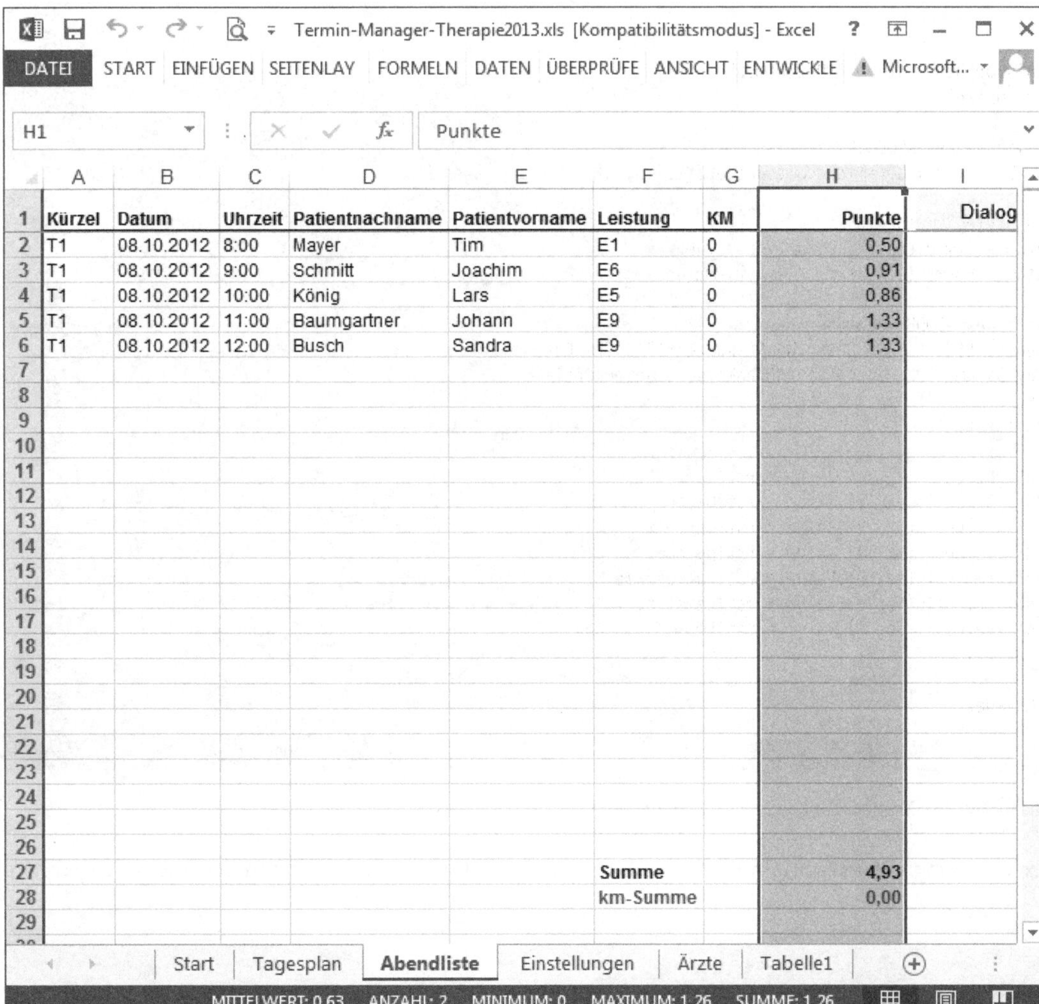

Abbildung 13.30 Die Abendliste mit den erzielten Punkten des Therapeuten T1

Excel im Zusammenspiel mit SQL Server

Immer populärer wird auch der Austausch von Daten aus Excel mit SQL Server. Auf den folgenden Seiten lernen Sie, wie Sie SQL Server als Backend nutzen und Daten mit Excel austauschen können. Dazu haben wir Ihnen ein Tool gestrickt, mit dem Sie Postleitzahlendaten über ein Excel-Dialogfeld aus SQL-Datenbanken importieren, exportieren und abfragen können.

Die Voraussetzungen

Zunächst liegen drei SQL Server-Datenbanken vor.

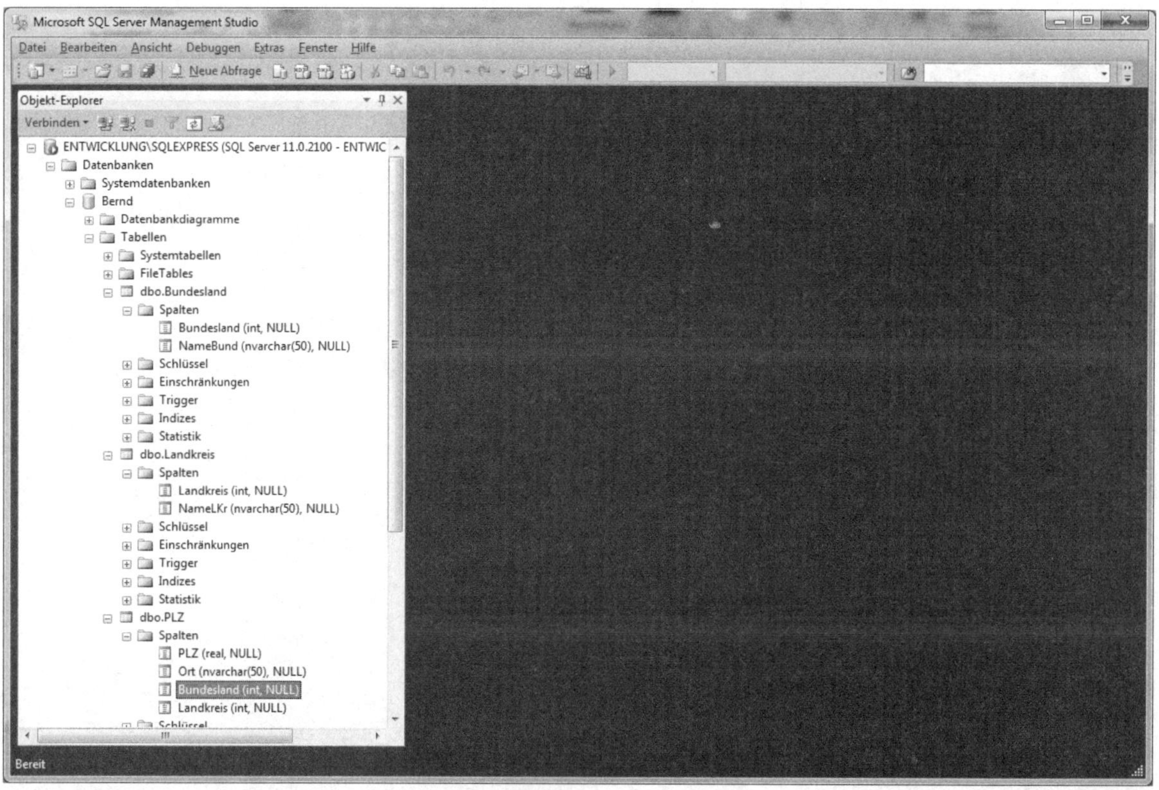

Abbildung 13.31 Die drei Datenbanken *Bundesland*, *Landkreis* und *PLZ*

Über ein Excel-Dialogfeld als Frontend können die Daten in SQL Server bearbeitet und zur Anzeige gebracht werden.

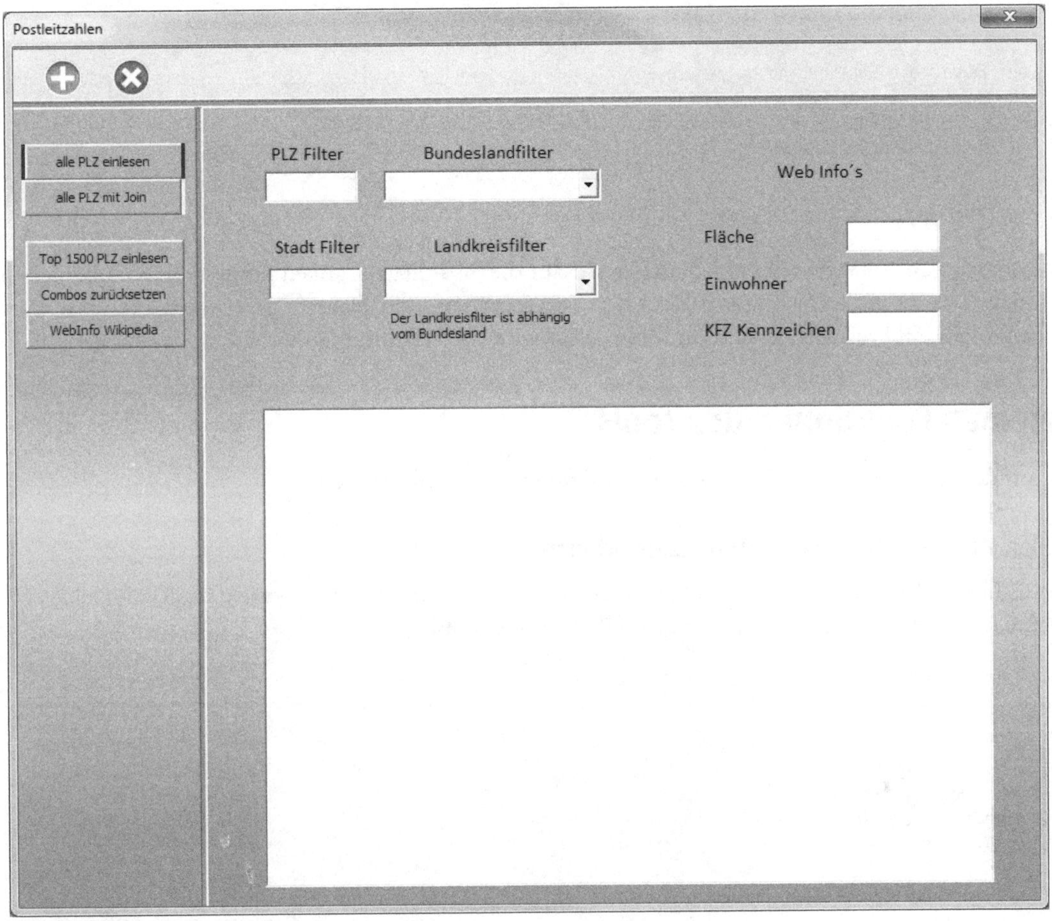

Abbildung 13.32 Über das Excel-Dialogfeld die SQL-Datenbanken steuern

HINWEIS Im Excel-Tool muss in der Entwicklungsumgebung unter *Extras/Verweise* die ADO-Bibliothek eingebunden sein.

Verbindung zu SQL Server herstellen

Zunächst einmal muss in Excel die Verbindung zu SQL Server hergestellt werden. Dazu können Sie die Funktion aus Listing 13.31 verwenden.

```
'Funktion um die SQL-Verbindung per Windowsanmeldung zu erstellen
Function VerbindungherstellenWindowsAnmeldung(ByVal Server As String, ByVal Database As String, _
    ByVal Username As String, ByVal Password As String) As String

VerbindungherstellenWindowsAnmeldung = "Provider=SQLOLEDB.1;Data Source=" & Server _
          & ";Initial Catalog=" & Database _
          & ";Integrated Security=SSPI;Persist Security Info=True;"
```

Listing 13.31 Die Verbindung zu SQL Server wird hergestellt

```
End Function

'Hier bitte bei Bedarf die SQL-Verbindung verwenden
Function VerbindungWindows() As String
  VerbindungWindows = VerbindungherstellenWindowsAnmeldung("ENTWICKLUNG\SQLEXPRESS", _
  "Bernd", "NT Service\MSSQL$SQLEXPRESS", "")
End Function
```

Listing 13.31 Die Verbindung zu SQL Server wird hergestellt *(Fortsetzung)*

Die Verbindung zu SQL Server wird bei jedem Zugriff auf die SQL-Datenbanken hergestellt. Sie übergeben der Funktion VerbindungherstellenWindowsAnmeldung den Servernamen, den Namen der Datenbank, den User sowie gegebenenfalls ein Passwort. In der Funktion selbst wird die Verbindung mit SQL Server hergestellt.

Die einzelnen Funktionen des Tools

Lernen Sie auf den nächsten Seiten die einzelnen Funktionen des Tools kennen.

Postleitzahlen einlesen und in Excel zur Anzeige bringen

Im Makro aus Listing 13.32 werden alle Postleitzahlen von Deutschland in das Listenfeld des Dialogfelds eingelesen. Dabei wird die SQL Server-Datenbanktabelle *PLZ* angezapft.

```
Dim arrb()
Dim a As Long

Private Sub alle_PLZ_lesen_Click()
  Dim cnn As New ADODB.Connection
  Dim rst As New ADODB.Recordset
  Dim strAbfrage As String

   On Error GoTo alle_PLZ_lesen_Click_Error

  PLZ_List.Clear

  cnn.Open VerbindungWindows
  strAbfrage = "SELECT * FROM PLZ"

  rst.Open strAbfrage, cnn, adOpenStatic
  a = 0
  For i = 1 To rst.RecordCount
      a = a + 1
      ReDim Preserve arrb(0 To 3, 1 To a)

            If Len(rst![PLZ]) = 4 Then
                arrb(0, a) = "0" & rst![PLZ]
            Else
                arrb(0, a) = rst![PLZ]
            End If

            arrb(1, a) = rst![Ort]
            arrb(2, a) = rst![Bundesland]
            arrb(3, a) = rst![Landkreis]
```

Listing 13.32 Alle Postleitzahlen von Deutschland einlesen

```
        rst.MoveNext

      Next i

  If a > 0 Then

    PLZ_List.Column = arrb

  End If

  With PLZ_List
      .ColumnCount = 5
      .ColumnWidths = "50;150;80;150"
  End With

  Erase arrb
  Einträge = rst.RecordCount & " Einträge gefunden!"
  Set rst = Nothing

   On Error GoTo 0
   Exit Sub

alle_PLZ_lesen_Click_Error:

  MsgBox "Error " & Err.Number & " (" & Err.Description & _
  ") in procedure alle_PLZ_lesen_Click of Formular frm_Postleitzahlen in Zeile " & Erl

End Sub
```

Listing 13.32 Alle Postleitzahlen von Deutschland einlesen *(Fortsetzung)*

Sie stellen im ersten Schritt des Makros aus Listing 13.32 über die Funktion VerbindungWindows sicher, dass die Verbindung zu SQL Server existent ist. Danach leeren Sie das Listenfeld PLZ_List über die Methode Clear. Anschließend setzen Sie die SQL-Abfrage auf und speichern diese in der Variablen strAbfrage. Dann wenden Sie die Methode Open an und übergeben dieser Methode die gerade erstellte SQL-Anweisung.

Nun befinden sich alle gefundenen Daten im Recordset rst. Über eine For...Next-Schleife wird der Inhalt des Recordsets in ein Array eingelesen. Dabei wird das Array Zeile für Zeile aufgebaut. Sollte die Länge der Postleitzahl vier Zeichen betragen, dann fügen Sie eine führende Null hinzu. Über die Methode MoveNext wird jeweils zum nächsten Datensatz im Recordset gesprungen.

Nach Schleifenaustritt wird der Inhalt des Arrays über die Eigenschaft Column in einem Schritt an das Listenfeld übergeben. Die Anzahl der Spalten sowie die Spaltenbreiten werden über die Eigenschaften ColumnCount und ColumnWidth eingestellt. Über die Anweisung Erase wird das Array gelöscht. Die Anzahl der gefundenen Datensätze können Sie über die Eigenschaft RecordCount ermitteln und in einem Beschriftungsfeld der Userform ausgeben.

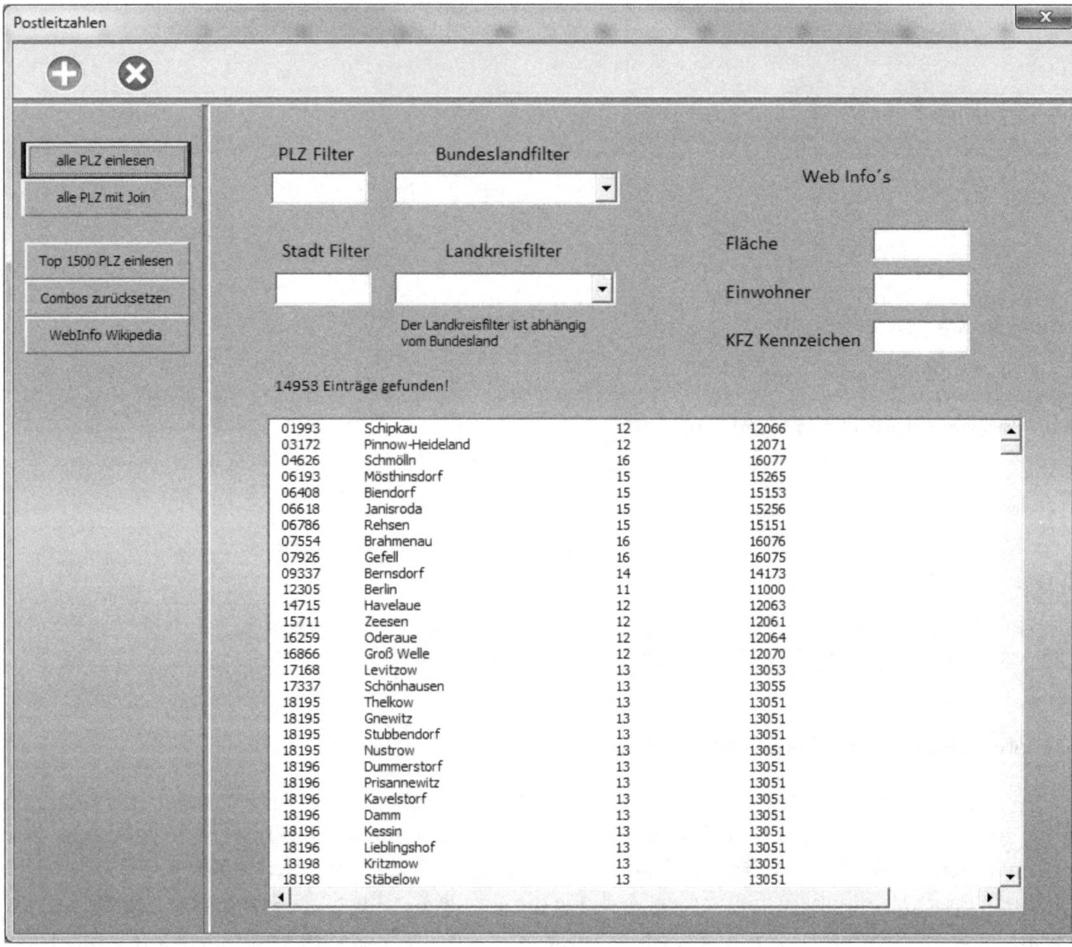

Abbildung 13.33 Die Daten wurden zusammengestellt und in dem Listenfeld ausgegeben

Wenn Sie Abbildung 13.33 betrachten, werden Sie feststellen, dass in den Spalten 3 und 4 des Listenfelds Schlüssel für das Bundesland sowie den Landkreis ausgegeben wurden. Die Datenbank PLZ enthält nur diese Schlüssel. Über einen sogenannten JOIN können Sie anhand dieser Schlüssel in die verknüpften Datenbanken *Bundesland* und *Landkreis* gelangen und die eigentlichen Informationen extrahieren. Sehen Sie sich dazu das Makro aus Listing 13.33 an.

```
Dim arrb()
Dim a As Long

Sub PLZ_Join()
  Dim cnn As New ADODB.Connection
  Dim rst As New ADODB.Recordset
  Dim strAbfrage As String
```

Listing 13.33 Die Daten werden aus unterschiedlichen Datenbanken geholt

```
 On Error GoTo PLZ_Join_Error
 frm_Postleitzahlen.PLZ_List.Clear

 cnn.Open VerbindungWindows

 strAbfrage = "SELECT PLZ, Ort,Bundesland.NameBund,Landkreis.NameLkr" _
            & " FROM PLZ  " _
            & " RIGHT JOIN Landkreis" _
            & " ON Landkreis.Landkreis = PLZ.Landkreis " _
            & " RIGHT JOIN Bundesland" _
            & " ON Bundesland.Bundesland = PLZ.Bundesland "

 rst.Open strAbfrage, cnn, adOpenStatic
 a = 0
 For i = 1 To rst.RecordCount
     a = a + 1
     ReDim Preserve arrb(0 To 3, 1 To a)

             If Len(rst![PLZ]) = 4 Then
                 arrb(0, a) = "0" & rst![PLZ]
             Else
                 arrb(0, a) = rst![PLZ]
             End If

             arrb(1, a) = rst![Ort]
             arrb(2, a) = rst![NameBund]
             arrb(3, a) = rst![NameLkr]

         rst.MoveNext

     Next i

 If a > 0 Then
     frm_Postleitzahlen.PLZ_List.Column = arrb
 End If

 With frm_Postleitzahlen.PLZ_List
   .ColumnCount = 5
   .ColumnWidths = "50;120;120;150"
 End With

 Erase arrb

 frm_Postleitzahlen.Einträge = rst.RecordCount & " Einträge gefunden!"

 Set rst = Nothing


  On Error GoTo 0
  Exit Sub

PLZ_Join_Error:

 MsgBox "Error " & Err.Number & " (" & Err.Description & _
 ") in procedure PLZ_Join of Modul Einlesen_zweiJoins_Listbox in Zeile " & Erl

End Sub
```

Listing 13.33 Die Daten werden aus unterschiedlichen Datenbanken geholt *(Fortsetzung)*

Das Makro aus Listing 13.33 entspricht zu weiten Teilen dem Makro aus Listing 13.32. Der einzige Unterschied ist die SQL-Anweisung.

```
strAbfrage = "SELECT PLZ, Ort,Bundesland.NameBund,Landkreis.NameLkr" _
          & " FROM PLZ.PLZ  " _
          & " Right JOIN Landkreis" _
          & " ON Landkreis.Landkreis = PLZ.Landkreis " _
          & " Right JOIN Bundesland" _
          & " ON Bundesland.Bundesland = PLZ.Bundesland "
```

Die beiden ersten Datenfelder *PLZ* und *Ort* stammen aus der Datenbank *PLZ*. Die Felder *NameBund* und *NameLkr* stammen aus den Datenbanken *Bundesland* und *Landkreis*. Über die Schlüssel *Landkreis* und *Bundesland* werden die Daten mithilfe der Anweisung RIGHT JOIN aus den Datenbanken extrahiert.

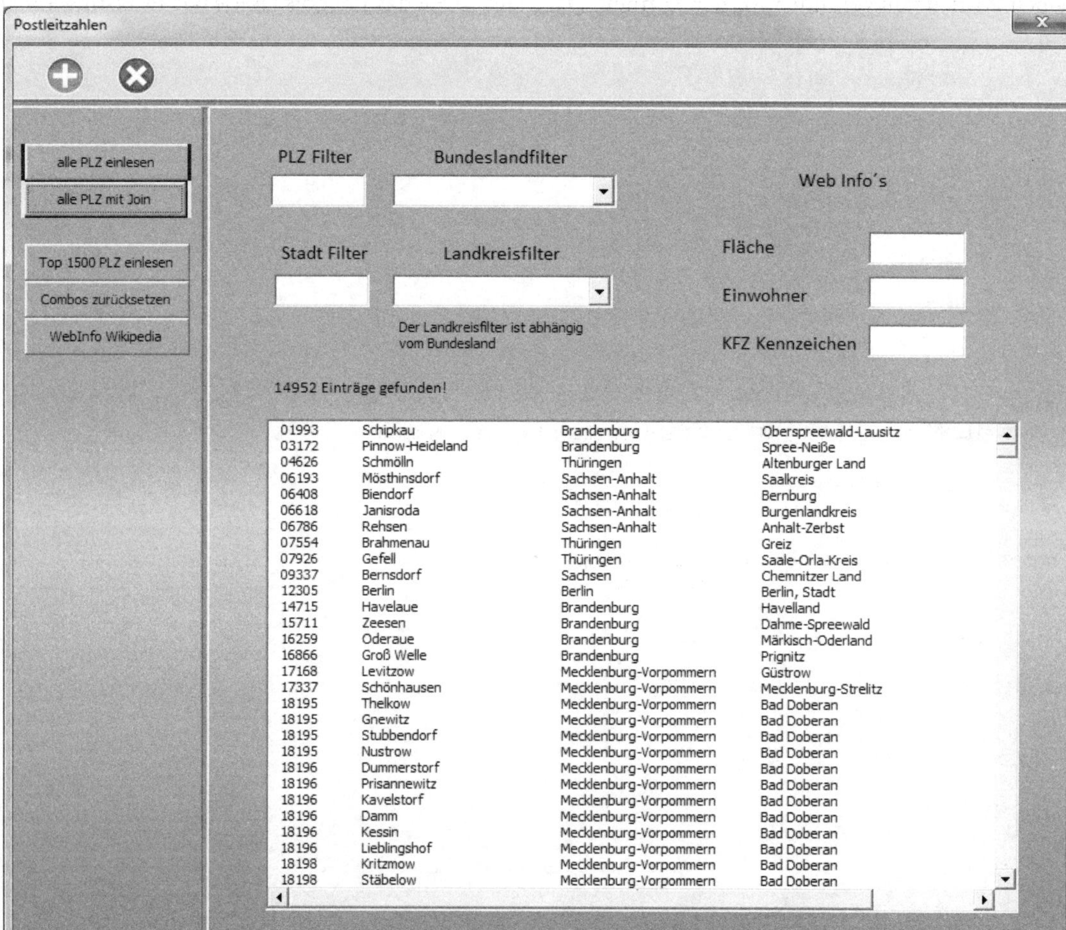

Abbildung 13.34 Alle Informationen sind im Listenfeld verfügbar

TIPP Sollen nur die ersten 1500 Postleitzahlen ausgelesen werden, dann verwenden Sie die SQL-Anweisung TOP.

```
strAbfrage = "SELECT TOP 1500 PLZ, Ort,Bundesland.NameBund,Landkreis.NameLkr" _
            & " FROM PLZ  " _
            & " Right JOIN Landkreis" _
            & " ON Landkreis.Landkreis = PLZ.Landkreis " _
            & " Right JOIN Bundesland" _
            & " ON Bundesland.Bundesland = PLZ.Bundesland "
```

Eine teilqualifizierte Suche durchführen

Wenn Sie im Textfeld *TextBox1* einen Teil einer Postleitzahl erfassen, soll eine sofortige, teilqualifizierte Suche stattfinden. Dabei sollen die ersten 200 Einträge im Listenfeld ausgegeben werden, die anhand der teilweise eingegebenen Postleitzahl gefunden werden können. Dazu stellen Sie das Ereignis Change wie in Listing 13.34 gezeigt ein.

```
Dim arrb()
Dim a As Long

Private Sub TextBox1_Change()
  Dim cnn As New ADODB.Connection
  Dim rst As New ADODB.Recordset
  Dim strAbfrage As String

   On Error GoTo TextBox1_Change_Error
  PLZ_List.Clear

  'PLZ-Filter: die ersten 200 Treffer werden angezeigt
  cnn.Open VerbindungWindows
  strAbfrage = "SELECT Top 200 PLZ, Ort,Bundesland.NameBund,Landkreis.NameLkr" _
             & " FROM PLZ  " _
             & " RIGHT JOIN Landkreis" _
             & " ON Landkreis.Landkreis = PLZ.Landkreis " _
              & " RIGHT JOIN Bundesland" _
             & " ON Bundesland.Bundesland = PLZ.Bundesland " _
             & " WHERE PLZ LIKE '" & Me.TextBox1 & "%'"

  rst.Open strAbfrage, cnn, adOpenStatic
  a = 0

  For i = 1 To rst.RecordCount
      a = a + 1
      ReDim Preserve arrb(0 To 3, 1 To a)

          If Len(rst![PLZ]) = 4 Then
              arrb(0, a) = "0" & rst![PLZ]
          Else
              arrb(0, a) = rst![PLZ]
          End If

          arrb(1, a) = rst![Ort]
          arrb(2, a) = rst![NameBund]
          arrb(3, a) = rst![NameLkr]
```

Listing 13.34 Direkt bei der Eingabe eine sofortige Suche ansteuern

```
        rst.MoveNext

    Next i

  If a > 0 Then
    PLZ_List.Column = arrb
  End If
    With PLZ_List
      .ColumnCount = 5
      .ColumnWidths = "50;120;120;150"
    End With

  Erase arrb

  Einträge = rst.RecordCount & " Einträge gefunden!"
  Set rst = Nothing

   On Error GoTo 0
   Exit Sub

TextBox1_Change_Error:

  MsgBox "Error " & Err.Number & " (" & Err.Description & _
  ") in procedure TextBox1_Change of Formular frm_Postleitzahlen in Zeile " & Erl

End Sub
```

Listing 13.34 Direkt bei der Eingabe eine sofortige Suche ansteuern *(Fortsetzung)*

Mithilfe der SQL-Anweisung LIKE können Sie eine teilqualifizierte Suche durchführen.

WICHTIG

```
& " WHERE Ort like '" & TextBox2 & "%'"
```

mit diesem:

```
& " WHERE Ort like ' %" & TextBox2 & "'"
```

Das Prozentzeichen gilt als Platzhalter, und je nachdem wo es platziert ist, filtert SQL Server die Position der Suchzeichenfolge. Wenn Sie das Prozentzeichen ganz weglassen, so werden nur genaue Werte angezeigt.

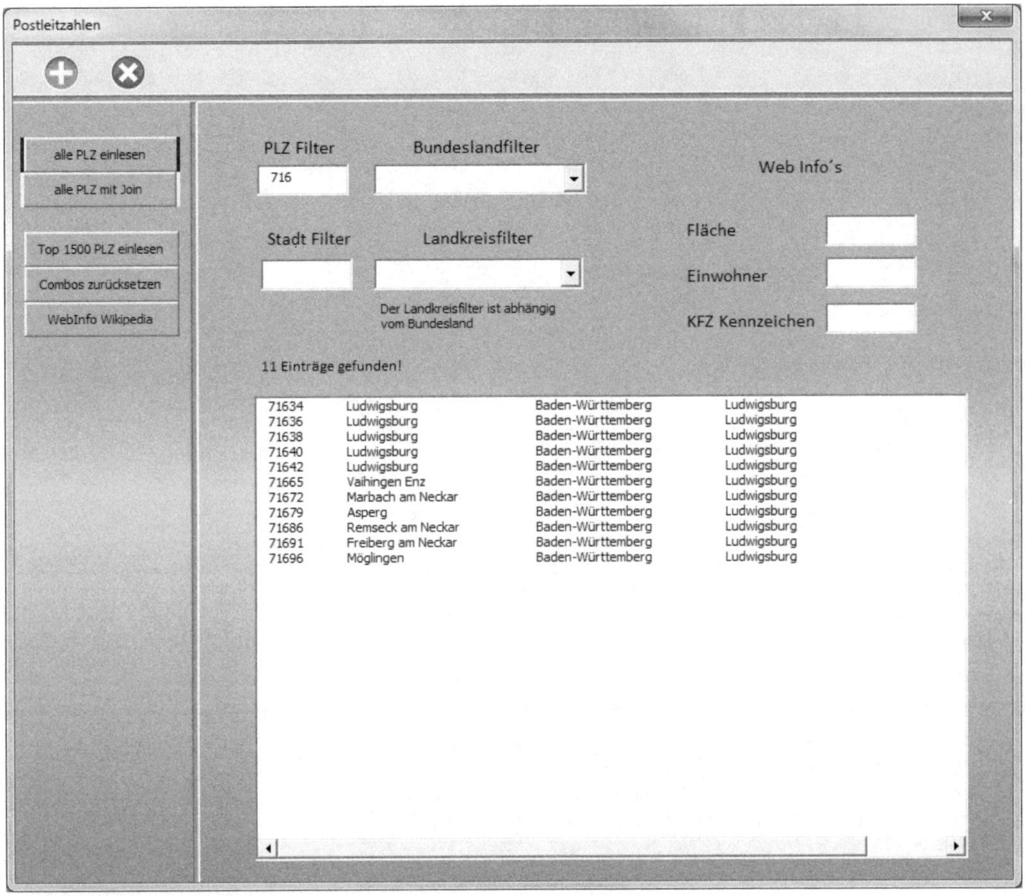

Abbildung 13.35 Alle Orte, die mit der Zeichenfolge 716 beginnen, werden angezeigt

Weitere Daten hinzufügen oder ändern

Über das Dialogfeld *frm_PLZ_hinzufügen* können Sie weitere neue Postleitzahlen hinzufügen oder bestehende Daten ändern.

Abbildung 13.36 Datensatz ändern

Schauen Sie sich dazu die Umsetzung aus Listing 13.35 an.

```
Sub Datenbankerweitern()
  Dim spalte As Integer
  Dim nSQL As String
  Dim cnn As New ADODB.Connection
  Dim rst As New ADODB.Recordset
  Dim strAbfrage As String

   On Error GoTo Datenbankerweitern_Error

  cnn.Open VerbindungWindows

  strAbfrage = "SELECT PLZ FROM dbo.PLZ  " _
        & " WHERE PLZ = '" & frm_PLZ_hinzufügen.PLZ_hinzu & "'"

  rst.Open strAbfrage, cnn, adOpenStatic

  If rst.RecordCount > 0 Then

      If MsgBox(frm_PLZ_hinzufügen.PLZ_hinzu & " ist bereits in der Datenbank vorhanden. " & _
      vbLf & "Möchten Sie den Datensatz aktualisieren? Diese Aktion kann nicht rückgängig gemacht werden!", _
      vbInformation + vbOKCancel, "Postleitzahl schon vorhanden, aktualisieren?") = vbCancel Then
          MsgBox "Der Vorgang wurde abgebrochen!", vbInformation + vbOKOnly, "Abbruch"
          Exit Sub
      Else

          nSQL = "UPDATE dbo.PLZ " _
                  & "SET Ort" & "='" & frm_PLZ_hinzufügen.Ort_hinzu & "'," _
                  & "Bundesland" & "='" & frm_PLZ_hinzufügen.BLSchlüssel & "'," _
                  & "Landkreis" & "='" & frm_PLZ_hinzufügen.LkrSchlüssel & "'" _
                  & "WHERE PLZ = '" & frm_PLZ_hinzufügen.PLZ_hinzu & "'"

          cnn.Execute nSQL

          MsgBox "Der Datensatz wurde geändert!", vbInformation + vbOKOnly, "Vorgang abgeschlossen"
          Exit Sub
      End If
  End If

  Spalte1 = "PLZ"
  Wert1 = frm_PLZ_hinzufügen.PLZ_hinzu

  Spalte2 = "Ort"
  Wert2 = frm_PLZ_hinzufügen.Ort_hinzu

  Spalte3 = "Bundesland"
  Wert3 = frm_PLZ_hinzufügen.BLSchlüssel

  Spalte4 = "Landkreis"
  Wert4 = frm_PLZ_hinzufügen.LkrSchlüssel

  Set cnn = CreateObject("ADODB.Connection")
  cnn.Open VerbindungWindows

  nSQL = "INSERT INTO dbo.PLZ " _
        & "(" & Spalte1 & " ," & Spalte2 & " ," & Spalte3 & " ," & Spalte4 & ")" _
```

Listing 13.35 Einen Datensatz hinzufügen oder ändern

```
        & "VALUES('" & Wert1 & "' ,'" & Wert2 & "' ,'" & Wert3 & "' ,'" & Wert4 & "')"


  cnn.Execute nSQL

  MsgBox frm_PLZ_hinzufügen.PLZ_hinzu & " " & frm_PLZ_hinzufügen.Ort_hinzu & _
  " wurde erfolgreich gespeichert!", vbInformation + vbOKOnly, "Vorgang abgeschlossen!"

   On Error GoTo 0
   Exit Sub

Datenbankerweitern_Error:

 MsgBox "Error " & Err.Number & " (" & Err.Description & _
  ") in procedure Datenbankerweitern of Modul Einfügen in Zeile " & Erl

End Sub
```

Listing 13.35 Einen Datensatz hinzufügen oder ändern *(Fortsetzung)*

Sie bilden im ersten Schritt des Makros aus Listing 13.35 die SQL-Anweisung, über die Sie in der Datenbank *PLZ* nach der gewünschten Postleitzahl suchen möchten. Über die Methode Open wird diese SQL-Anweisung übergeben. Danach steht das Suchergebnis im Recordset zur Verfügung. Ist die Anzahl der gefundenen Datensätze nicht 0, dann existiert zu der eingegebenen Postleitzahl bereits ein bzw. mehrere Datensätze. In diesem Fall setzen Sie über MsgBox eine Rückfrage auf. Wird diese bestätigt, wenden Sie die SQL-Anweisung UPDATE an, um den bestehenden Datensatz zu aktualisieren.

Ist die eingegebene Postleitzahl in der Datenbank noch nicht vorhanden, dann muss der Datensatz eingefügt werden. Dazu sammeln Sie zunächst einmal alle Werte, die in den Textfeldern sowie in den Kombinationsfeldlisten stehen und packen diese in die Variablen Wert1 bis Wert4.

Danach stellen Sie mithilfe der Methode CreateObject eine ADODB-Verbindung her. Über die SQL-Anweisung INSERT INTO fügen Sie den neuen Datensatz der Datenbank *PLZ* an. Dazu übergeben Sie den einzelnen Feldern die Inhalte der Variablen Wert1 bis Wert4.

Damit die Schlüsselbegriffe für das Bundesland und den Landkreis richtig geschrieben werden, müssen Sie die beiden Change-Ereignisse, wie in Listing 13.36 gezeigt, noch einfügen.

```
Private Sub Bundesland_Change()
  Dim rst As New ADODB.Recordset
  Dim strAbfrage As String
  Dim cnn As New ADODB.Connection

  cnn.Open VerbindungWindows
        strAbfrage = "SELECT Bundesland" _
              & " FROM Bundesland " _
              & " WHERE NameBund LIKE '" & frm_PLZ_hinzufügen.Bundesland & "'"

      rst.Open strAbfrage, cnn, adOpenStatic

  frm_PLZ_hinzufügen.BLSchlüssel = rst![Bundesland]

  Call CombosLandkreis_plz_hinzufügen
End Sub
```

Listing 13.36 Die jeweiligen Schlüssel zur Verfügung stellen

```
Private Sub Landkreis_Change()
  Dim rst As New ADODB.Recordset
  Dim strAbfrage As String
  Dim cnn As New ADODB.Connection

  cnn.Open VerbindungWindow
      strAbfrage = "SELECT Landkreis" _
              & " FROM Landkreis " _
              & " WHERE NameLkr LIKE '" & frm_PLZ_hinzufügen.Landkreis & "'"

      rst.Open strAbfrage, cnn, adOpenStatic

  frm_PLZ_hinzufügen.LkrSchlüssel = rst![Landkreis]
End Sub
```

Listing 13.36 Die jeweiligen Schlüssel zur Verfügung stellen *(Fortsetzung)*

Über das Ereignis Bundesland_Change wird der Schlüssel für das ausgewählte Bundesland aus der Datenbank *Bundesland* geholt. Über das Ereignis Landkreis_Change wird der Schlüssel für den ausgewählten Landkreis aus der Datenbank *Landkreis* geholt. Es gibt eine Abhängigkeit zwischen der Kombinationsfeldliste *Bundesland* und dem Kombinationsfeld *Landkreis*. Daher wird die Prozedur CombosLandkreis_PLZ_hinzufügen aus Listing 13.37 aufgerufen.

```
Sub CombosLandkreis_plz_hinzufügen()
'Combobox abhängig vom Bundesland
  Dim rst As New ADODB.Recordset
  Dim rst2 As New ADODB.Recordset
  Dim strAbfrage As String
  Dim cnn As New ADODB.Connection
  Dim arrArray As Variant

  cnn.Open VerbindungWindows

  a = 0

      strAbfrage = "SELECT NameBund,Bundesland" _
              & " FROM Bundesland " _
              & " WHERE NameBund LIKE '" & frm_PLZ_hinzufügen.Bundesland & "'"

      rst2.Open strAbfrage, cnn, adOpenStatic

  a = 0
  strAbfrage = "SELECT DISTINCT Landkreis.NameLkr " _
            & " FROM Landkreis  " _
            & " RIGHT JOIN PLZ" _
            & " ON Landkreis.Landkreis = PLZ.Landkreis " _
            & " WHERE Bundesland = " & rst2![Bundesland] & ""

                rst.Open strAbfrage, cnn, adOpenStatic

      arrArray = rst.GetRows()
      frm_PLZ_hinzufügen.Landkreis.Column = arrArray

End Sub
```

Listing 13.37 Die abhängigen Landkreise des eingestellten Bundeslands zusammenstellen

Über die SQL-Anweisung SELECT DISTINCT wird eine unikate Liste aus den Landkreisschlüsseln erzeugt. Zu diesen Schlüsseln werden anschließend die dazugehörigen Landkreise mittels einer RIGHT JOIN Anweisung geholt, sofern das Bundesland übereinstimmt.

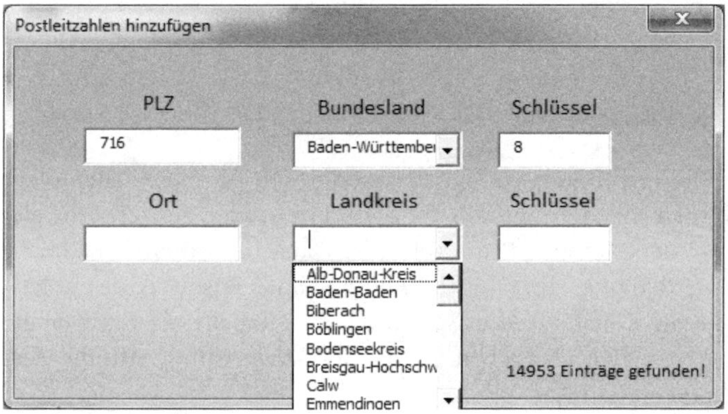

Abbildung 13.37 Die Dropdown-Listenfelder *Bundesland* und *Landkreis* müssen synchronisiert werden

SQL-Daten in Tabelle einlesen

Beim nächsten Beispiel aus Listing 13.38 wird die Datenbank *PLZ* in die Tabelle Import eingelesen.

```
Sub ImportPLZ()
  Dim strCon As String
  Dim strquery As String
  Dim target As Range

  strCon = VerbindungWindows()

  strquery = "SELECT * FROM dbo.PLZ"

  Set target = ThisWorkbook.Sheets("Import").Cells(1, 1)

  Importieren strCon, strquery, target

End Sub


Function Importieren(ByVal strCon As String, ByVal query As String, _
    ByVal target As Range)
  Dim StrAddress As String
  Dim ws As Worksheet

    Set ws = target.Worksheet

    StrAddress = target.Cells(1, 1).Address
    If Not target.ListObject Is Nothing Then
        target.ListObject.Delete
    End If

        With ws.ListObjects.Add(SourceType:=0, Source:=Array("OLEDB;" & strCon), _
            Destination:=Range(StrAddress))
```

Listing 13.38 Die SQL-Datentabelle *PLZ* wird in eine Tabelle eingelesen

```
            With .QueryTable
                .CommandType = xlCmdSql
                .CommandText = query
                .Refresh
            End With
        End With

End Function
```

Listing 13.38 Die SQL-Datentabelle *PLZ* wird in eine Tabelle eingelesen *(Fortsetzung)*

Die Funktion Importieren erwartet als Argumente die Verbindung zu SQL Server, die SQL-Abfragezeichenfolge und die Zielzelle, ab der die Daten eingefügt werden sollen. Innerhalb der Funktion werden zunächst die als ListObject vorliegenden Daten der Tabelle mithilfe der Methode Delete gelöscht. Danach wird eine ListObject-Tabelle über die Methode Add eingefügt. Dabei werden über das Objekt QueryTable einige Eigenschaften angegeben. In der Eigenschaft CommandType geben Sie die Konstante xlCmdSql an, da diese Tabelle auf Basis einer SQL-Abfrage erstellt wird. In der Eigenschaft CommandText übergeben Sie die SQL-Anweisung. Mithilfe der Methode Refresh wird die Abfrage durchgeführt und aktualisiert.

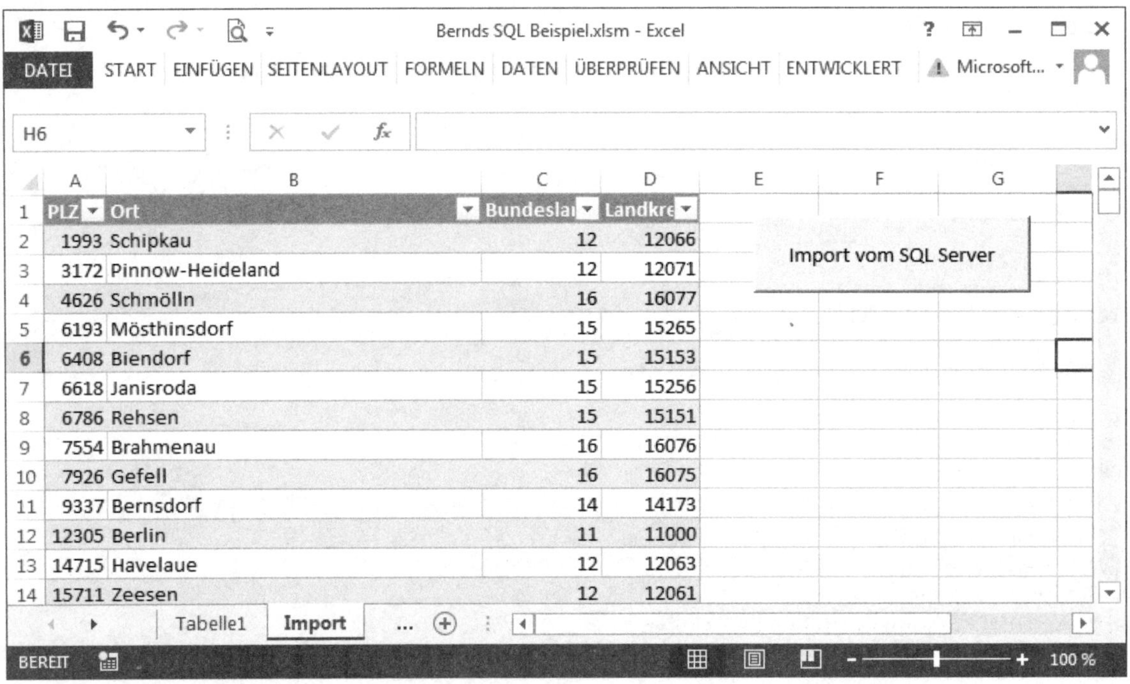

Abbildung 13.38 Die Daten wurden aus der SQL-Datenbank gezogen

Dieselbe Importfunktion können Sie auch zum Auslesen der Landkreise verwenden (siehe Listing 13.39).

```
Sub ImportLKR()
  Dim conString As String
  Dim strquery As String
  Dim target As Range

    conString = VerbindungWindows()
    strquery = "SELECT * FROM dbo.Landkreis"
    Set target = ThisWorkbook.Sheets("ImportLandkreise").Cells(1, 1)
    Importieren conString, strquery, target
End Sub
```

Listing 13.39 Die Landkreise aus der Datentabelle *Landkreis* auslesen

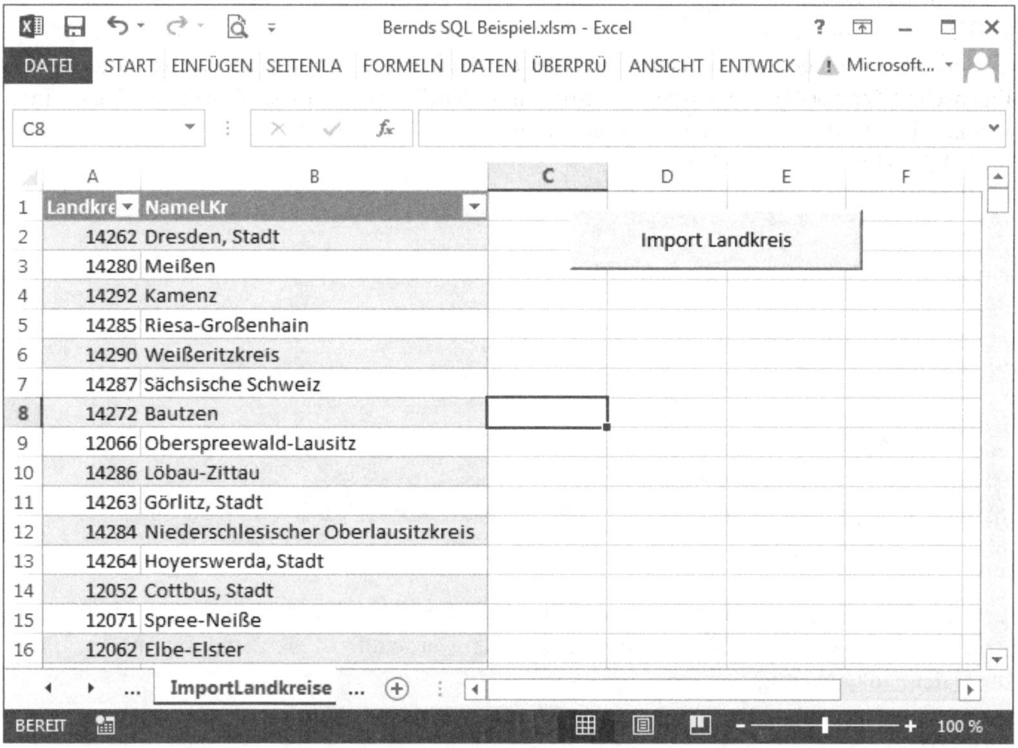

Abbildung 13.39 Alle Landkreise aus der SQL Server-Tabelle *Landkreise* auslesen

SQL-Datenbank über eine Excel-Tabelle befüllen

Beim folgenden Beispiel aus Listing 13.40 wird die Tabelle *tbl_Export* in die SQL-Datentabelle *PLZ* eingelesen, sofern die Datensätze nicht bereits in der Datenbank enthalten sind.

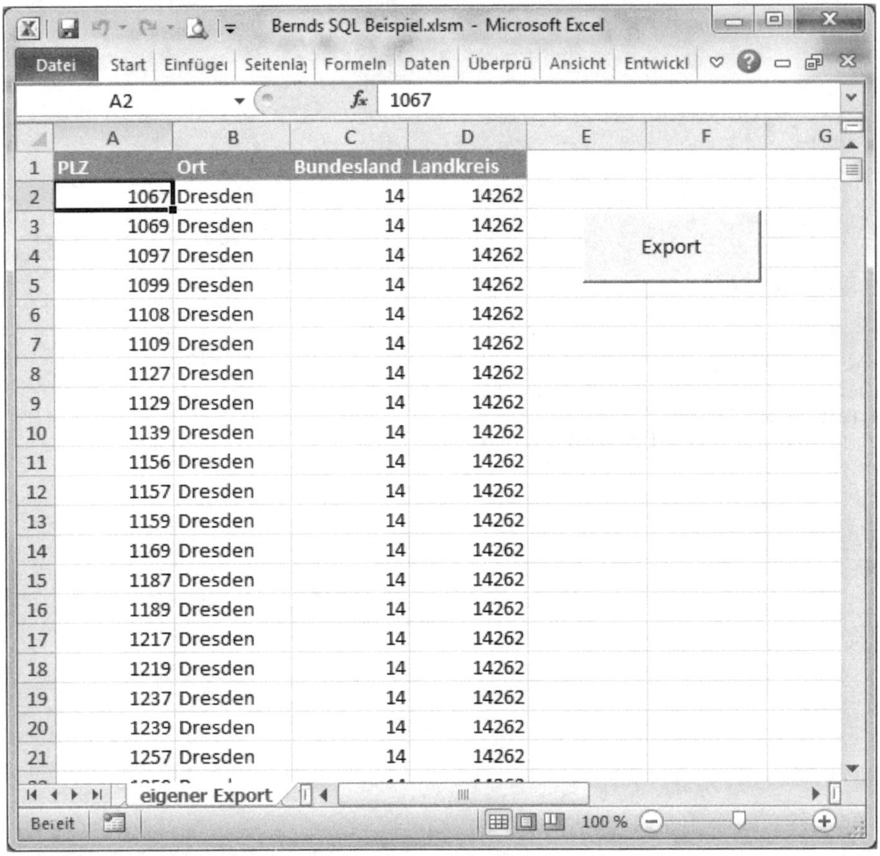

Abbildung 13.40 Diese Daten sollen in die SQL-Datenbank

Im Makro aus Listing 13.40 soll geprüft werden, ob sich die Daten bereits in der Datenbank befinden. Wenn ja, dann soll die dazugehörige Postleitzahl in Spalte *K* geschrieben werden. Existieren neue Datensätze, dann sollen diese in die Datenbank eingefügt werden.

```
Sub Export_aus_Tabelle()
    Dim nSQL As String
    Dim cnn As New ADODB.Connection
    Dim rst As New ADODB.Recordset
    Dim strAbfrage As String
    Dim Zeile As Long
    Dim i_SchonDa As Integer
    Dim Wert1 As String, Wert2 As String, Wert3 As String, Wert4 As String
    Dim Spalte1 As String, Spalte2 As String, Spalte3 As String, Spalte4 As String

   On Error GoTo Export_aus_Tabelle_Error

    With tbl_Export
        'Ausgabebereich der Duplikate wird gelöscht
        .Range("K:K").Delete
        'Zähler der Duplikate zurücksetzen
```

Listing 13.40 Datensätze werden nach erfolgter Prüfung in die SQL-Datenbank geschrieben

```
i_SchonDa = 0

cnn.Open VerbindungWindows

For Zeile = 2 To UsedRange.Rows.Count
   'Prüfung, ob Ort schon vorhanden ist. ACHTUNG hier müssen Ort und PLZ geprüft werden,
   'da es Postleitzahlen mit mehreren Orten gibt.
      strAbfrage = "SELECT PLZ, Ort" _
          & " From dbo.PLZ  " _
          & " WHERE PLZ like '" & .Cells(Zeile, 1) & "' and Ort like '" & .Cells(Zeile, 2) & "'"

      rst.Open strAbfrage, cnn, adOpenStatic

If rst.RecordCount > 0 Then
    'Duplikatzähler schrittweise erhöhen
    i_SchonDa = i_SchonDa + 1
    'Ausgabe des Duplikats in die Tabelle
    letzteZeile = .Cells(.Rows.Count, 11).End(xlUp).row + 1
    .Cells(letzteZeile, 11) = rst![PLZ]
    'Zurücksetzen des Recordsets
    Set rst = Nothing
Else
    'Einfügen des Datensatzes
    Spalte1 = "PLZ"
    Wert1 = .Cells(Zeile, 1)

    Spalte2 = "Ort"
    Wert2 = .Cells(Zeile, 2)

    Spalte3 = "Bundesland"
    Wert3 = .Cells(Zeile, 3)

    Spalte4 = "Landkreis"
    Wert4 = .Cells(Zeile, 4)

    Set cnn = CreateObject("ADODB.Connection")
    cnn.Open VerbindungWindows

    nSQL = "INSERT INTO dbo.PLZ " _
            & "(" & Spalte1 & " ," & Spalte2 & " ," & Spalte3 & " ," & Spalte4 & ")" _
            & "VALUES('" & Wert1 & "' ,'" & Wert2 & "' ,'" & Wert3 & "' ,'" & Wert4 & "')"
                          '
    cnn.Execute nSQL
    Set rst = Nothing

End If

DoEvents

'Beschriftung der ProgressBar
UF_Export.Show
UF_Export.LabelProgress.Width = (Zeile - 1) / (UsedRange.Rows.Count) * 300
UF_Export.Exportfortschritt.Caption = "Export zu " & _
Format(Zeile / (UsedRange.Rows.Count) * 100, "#") & "% verarbeitet!"
UF_Export.ExportDuplikate.Caption = i_SchonDa & " Duplikate gefunden!"
UF_Export.ExportiertMenge.Caption = "Datensätze exportiert: " & Zeile - 1 - i_SchonDa
```

Listing 13.40 Datensätze werden nach erfolgter Prüfung in die SQL-Datenbank geschrieben *(Fortsetzung)*

```
            If UF_Export.LabelProgress.Width < 150 Then
                UF_Export.LabelProgress.BackColor = &HFF&
            ElseIf UF_Export.LabelProgress.Width < 250 Then
                UF_Export.LabelProgress.BackColor = &H80FF&
            Else
                UF_Export.LabelProgress.BackColor = &H80FF80
            End If

        Next Zeile

    End With

   On Error GoTo 0
   Exit Sub

Export_aus_Tabelle_Error:

    MsgBox "Error " & Err.Number & " (" & Err.Description & _
    ") in procedure Export_aus_Tabelle of VBA Dokument tbl_Export in Zeile " & Erl
End Sub
```

Listing 13.40 Datensätze werden nach erfolgter Prüfung in die SQL-Datenbank geschrieben *(Fortsetzung)*

Sie löschen im ersten Schritt des Makros aus Listing 13.40 die Spalte *K* mithilfe der Methode Delete. Danach stellen Sie die Verbindung zu SQL Server her. In einer For...Next-Schleife arbeiten Sie sich Zeile für Zeile von oben nach unten in der Tabelle *tbl_Export* durch. Innerhalb der Schleife basteln Sie die SQL-Abfrage, um zu ermitteln, ob die entsprechende Postleitzahl sowie der dazugehörige Ort bereits in der SQL-Datenbank enthalten sind.

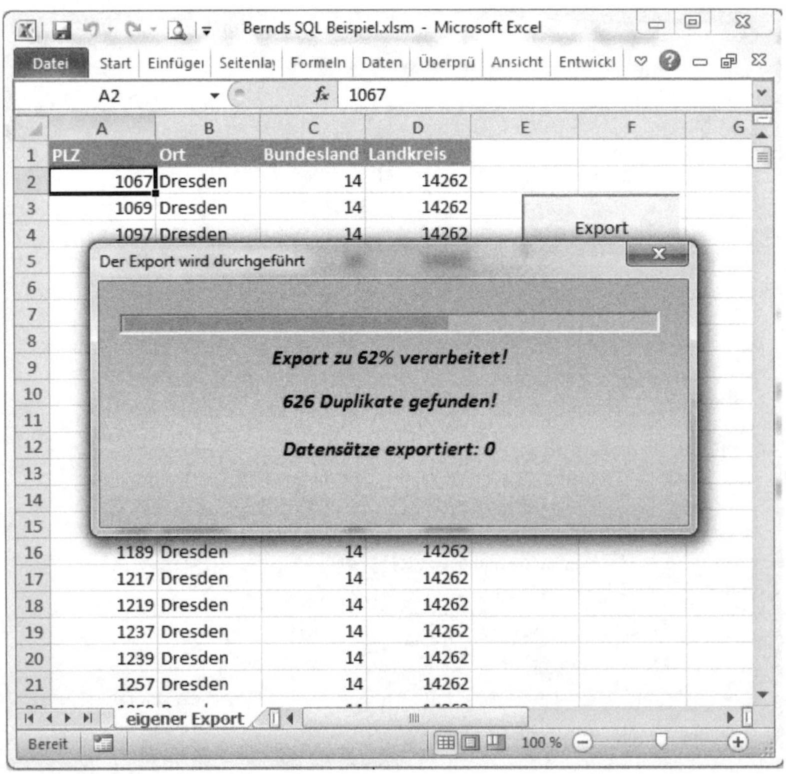

Abbildung 13.41 Das Einspielen der Daten wird durch einen Verlaufsbalken visualisiert

Sie übergeben diese SQL-Anweisung an die Methode Open. Dadurch wird ein Recordset erstellt. Wenn dieses größer Null ist, dann ist der untersuchte Datensatz bereits in der Datenbank vorhanden. In diesem Fall schreiben Sie die Postleitzahl direkt aus dem Recordset in Spalte *K*. Andernfalls, wenn es sich also um einen neuen Datensatz handelt, sammeln Sie die Informationen und die Feldnamen in den Variablen Spalte1 bis Spalte4 und Wert1 bis Wert4. Danach erstellen Sie mithilfe der Methode CreateObject eine neue Verbindung und wenden die SQL-Anweisung INSERT INTO über die Methode Execute an, um den neuen Datensatz der Datenbank anzufügen.

Über Wikipedia aktuelle Daten zu einem Ort abfragen

Bei der letzten Aufgabenstellung werden über den Internetanbieter Wikipedia zu einem Ort die Fläche, die Einwohnerzahl sowie das Autokennzeichen abgefragt. Schauen Sie sich dazu einmal zu einer beliebigen Stadt die Wikipedia-Seite an.

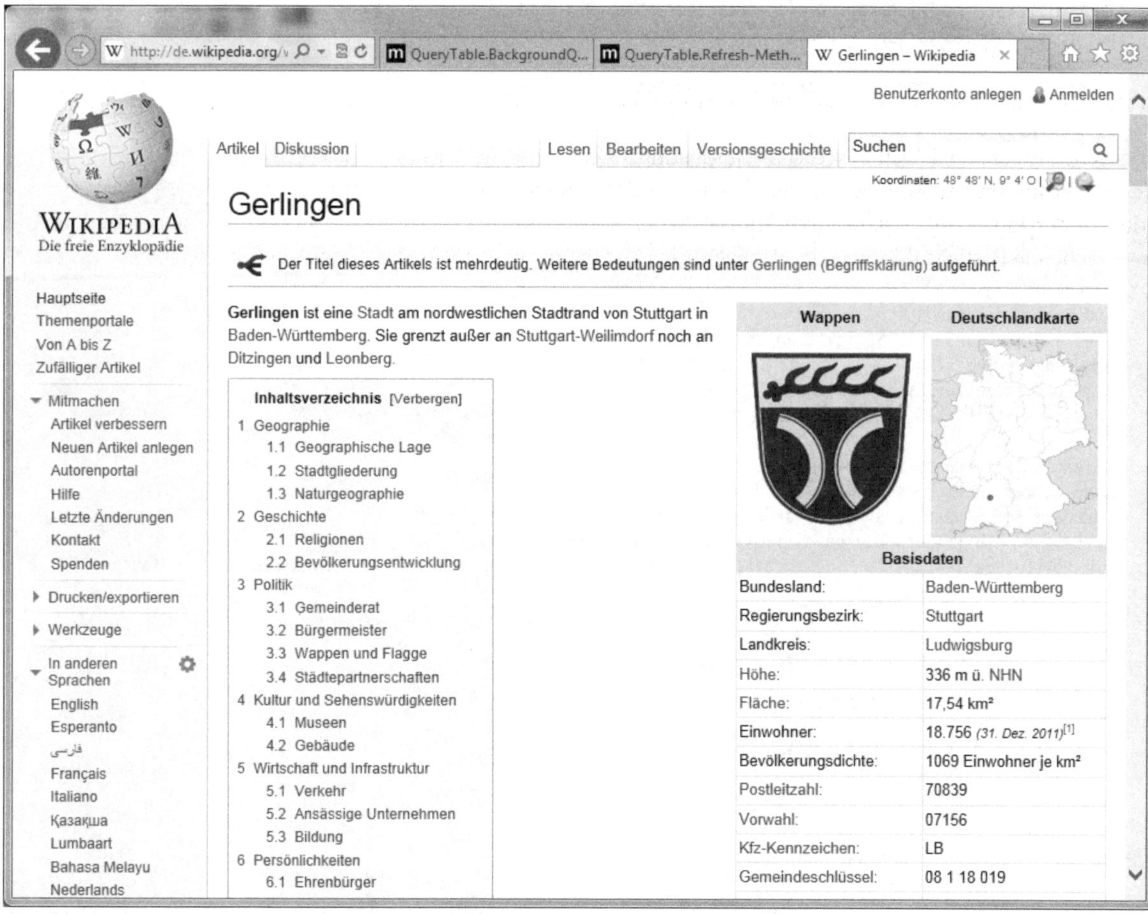

Abbildung 13.42 Typische Informationen zu einer Stadt

Über das Makro aus Listing 13.41 werden einige Felder aus dieser Seite ausgelesen und in der Userform angezeigt.

```
Sub WebInfoWiki()
 Dim IEApp As Object
 Dim IEDocument As Object
 Dim StrText As String
 Dim sTable As String
 Dim Fläche As String
 Dim anfang As String
 Dim Ende As String
 Dim SucheBeginn As Long
 Dim SucheEnde As Long

 On Error GoTo fehler

   Set IEApp = CreateObject("InternetExplorer.Application")
   IEApp.Visible = False

   IEApp.navigate "http://de.wikipedia.org/wiki/" &
   frm_Postleitzahlen.PLZ_List.List(frm_Postleitzahlen.PLZ_List.ListIndex, 1)
   Do: Loop Until IEApp.Busy = False

  StrText = IEApp.document.DocumentElement.innertext
   anfang = "Fläche"
   Ende = "Einwohner"
   SucheBeginn = InStr(1, StrText, anfang, vbTextCompare) + 1
   SucheEnde = InStr(SucheBeginn, StrText, Ende, vbTextCompare) - 1
   frm_Postleitzahlen.Fläche = _
    Mid(StrText, SucheBeginn + Len(anfang), SucheEnde - SucheBeginn - Len(anfang) - 1)

   anfang = "Einwohner"
   Ende = "Bevölkerungsdichte"
   SucheBeginn = InStr(1, StrText, anfang, vbTextCompare)
   SucheEnde = InStr(SucheBeginn, StrText, Ende, vbTextCompare)
   frm_Postleitzahlen.Einwohner = _
    Mid(StrText, SucheBeginn + Len(anfang) + 1, SucheEnde - SucheBeginn - Len(anfang) - 22)

   anfang = "Kfz-Kennzeichen"
   Ende = "Gemeindeschlüssel"
   SucheBeginn = InStr(1, StrText, anfang, vbTextCompare) + 1
   SucheEnde = InStr(SucheBeginn, StrText, Ende, vbTextCompare) - 2
   frm_Postleitzahlen.KFZ  = Mid(StrText, SucheBeginn + Len(anfang), SucheEnde - SucheBeginn - Len(anfang))

Exit Sub

fehler:
  MsgBox "Keine Daten gefunden!"
  frm_Postleitzahlen.Fläche = ""
  frm_Postleitzahlen.Einwohner.Value = ""
  frm_Postleitzahlen.KFZ.Value = ""

End Sub
```

Listing 13.41 Informationen über eine Stadt direkt aus einer Internetseite lesen

Sie erstellen im ersten Schritt des Makros aus Listing 13.41 mithilfe der Methode CreateObject einen Verweis auf das InternetExplorer-Objekt. Da die Internetsitzung im Hintergrund bleiben soll, weisen Sie der Eigenschaft Visible den Wert False zu. Sie rufen die gewünschte Städteseite auf, indem Sie der Methode Navigate die eingegebene Postleitzahl übergeben. Diese finden Sie in der ersten Spalte des Listenfelds. Sie rufen den kompleten Text der Internetseite über die Eigenschaft Innertext ab und weisen ihn der Variablen StrText zu.

Anschließend suchen Sie in der in Abbildung 13.42 gezeigten Internetseite nach dem Text *Fläche*. Über die Funktion InStr ermitteln Sie den Beginn der Flächeninformation. Zu dieser Position im Text addieren Sie den Wert 1, um die eigentliche Fläche zu erhalten. In einer zweiten Suche suchen Sie nach dem Ende dieser Angabe. Dabei suchen Sie nach dem Text *Einwohner*, der direkt an die Flächeninformation angrenzt. Von dieser ermittelten Position subrahieren Sie den Wert 1, um die tatsächliche Flächengröße über die Funktion Mid zu erhalten. Analog dazu verfahren Sie auch für die Einwohnerzahlen und das KFZ-Kennzeichen.

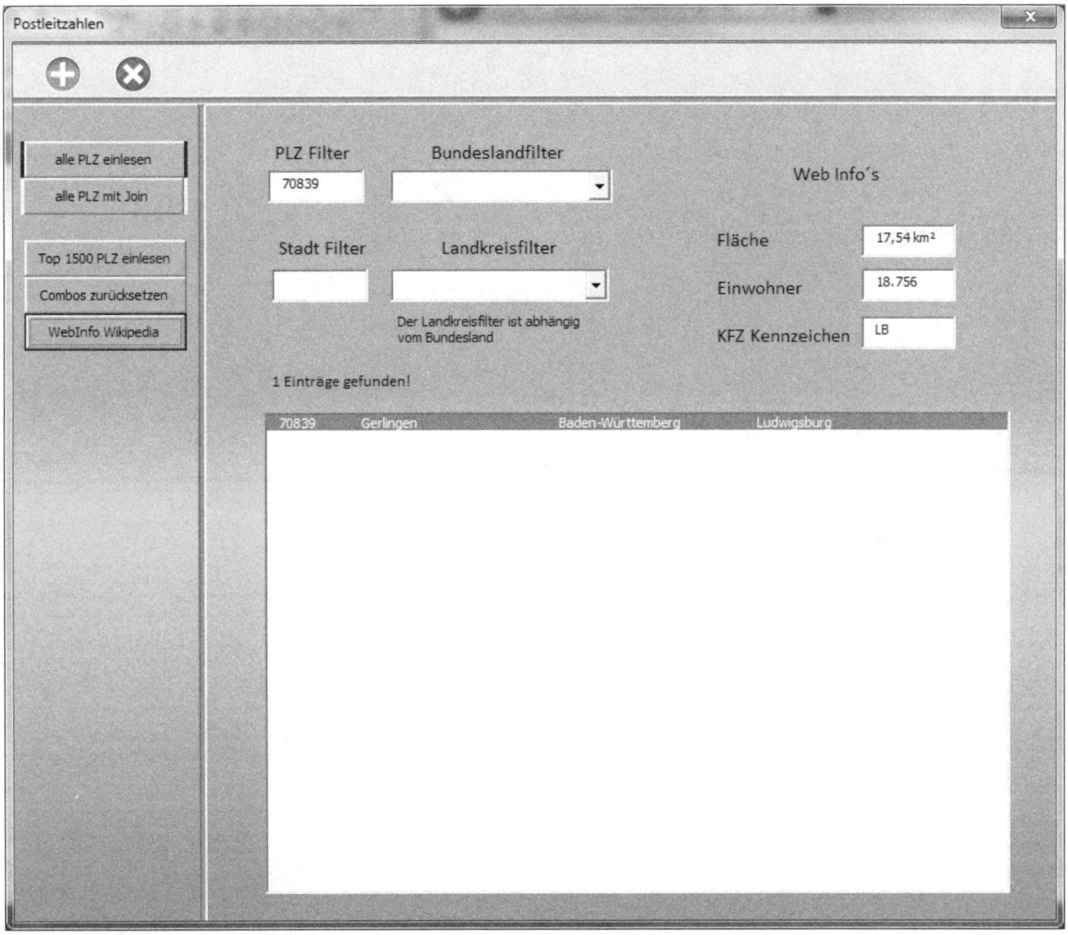

Abbildung 13.43 Alle Informationen sind in der Userform angekommen

Kapitel 14

Export via PDF und XML

In diesem Kapitel:

Mit Excel und VBA ist es möglich, zwei sehr beliebte Dokumentformate aus fast jedem beliebigen Excel-Element zu generieren. Die Rede ist von PDF und XML. Die folgenden Abschnitte verraten Ihnen, welche Schritte hierzu notwendig sind.

ONLINE Die Lösungen zu den folgenden Aufgaben finden Sie in der Datei *Kap14.xlsm*.

Der Export über PDF

Bei der Erstellung von PDF-Dateien aus Excel-Arbeitsmappen können Sie entweder auf Nicht-Microsoft-Produkte, meist Shareware, oder auf den integrierten PDF-Konverter von Microsoft zurückgreifen, der seit der Excel-Version 2007 standardmäßig zur Verfügung steht.

Erstellen von PDF-Dateien über Nicht-Microsoft-Anbieter

In vielen Ausgangsanwendungen können Sie den Befehl *Drucken* in Verbindung mit einem PDF-Drucker verwenden, um eine Datei in ein PDF-Dokument zu konvertieren. Dazu sollten Sie zunächst prüfen, ob Sie nicht schon einen PDF-Drucker wie Adobe Reader oder PDF Creator installiert haben. Für diese Aufgabe können Sie das Makro aus Listing 14.1 nutzen, das Ihnen alle installierten Drucker in einer Tabelle ausgibt.

```
Sub DruckerAusgeben()
    Dim DruckerListe() As String
    Dim strStandarddrucker As String
    Dim iDRucker As Integer

    strStandarddrucker = Application.ActivePrinter
    Application.SendKeys "{home}{enter}"
    Application.Dialogs(xlDialogPrinterSetup).Show
    iDRucker = 0

    Do
        iDRucker = iDRucker + 1
        ReDim Preserve DruckerListe(1 To iDRucker)
        DruckerListe(iDRucker) = Application.ActivePrinter
        Application.SendKeys "{down}{enter}"
        Application.Dialogs(xlDialogPrinterSetup).Show
    Loop Until DruckerListe(iDRucker) = Application.ActivePrinter

    Application.ActivePrinter = strStandarddrucker
    Tabelle1.Range("A1").Resize(iDRucker) = Application.Transpose(DruckerListe)

End Sub
```

Listing 14.1 Alle Drucker in eine Tabelle auslesen

Das Makro aus Listing 14.1 arbeitet mit einem kleinen Trick. Es ruft das Druckeinstellungendialogfeld auf und stellt nacheinander die dort auffindbaren Drucker in eine Tabelle ein. Dabei werden die Druckernamen in ein Datenfeld geschrieben, welches am Ende in *Tabelle1* gedreht und entleert wird.

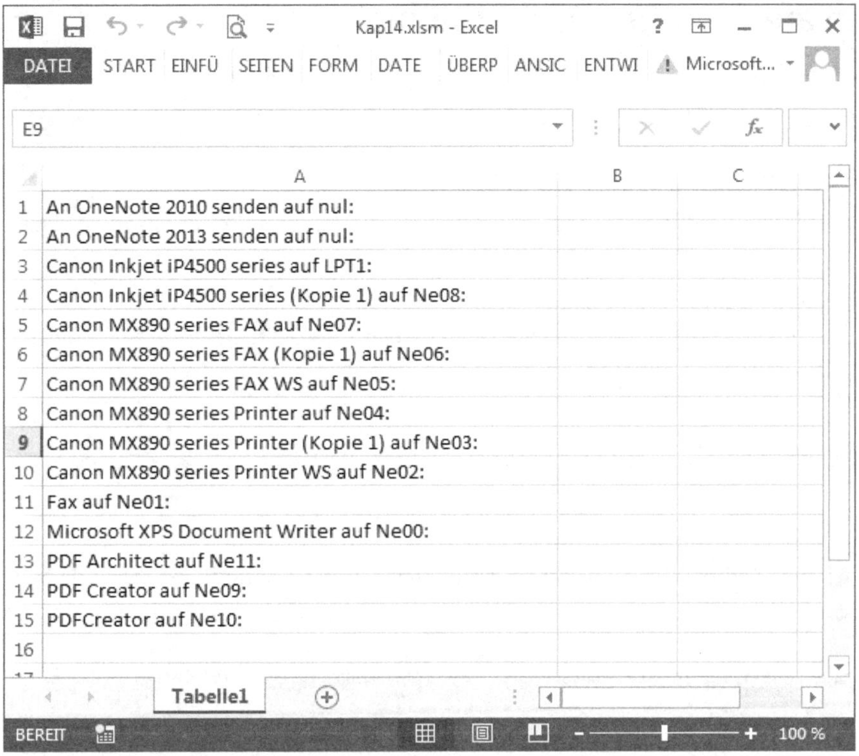

Abbildung 14.1 Alle Drucker auf einen Blick

In den letzten drei Zeilen von Abbildung 14.1 sind die für das System des Autors dieses Buches verfügbaren PDF-Drucker abgebildet. Diese werden im Makro aus Listing 14.2 genutzt, um die Arbeitsmappe im PDF-Format abzuspeichern.

```
Sub MappeAlsPdfAusgeben()
Dim strPrinter As String

   strPrinter = Application.ActivePrinter
   Application.ActivePrinter = "PDF Creator auf Ne09:"
   ActiveWorkbook.PrintOut Copies:=1, ActivePrinter:="PDF Creator auf Ne09", Collate:=True
   Application.ActivePrinter = strPrinter

End Sub
```

Listing 14.2 Die aktuelle Arbeitsmappe als PDF speichern

Da der Standarddrucker für den PDF-Druck umgestellt werden muss, merken Sie sich den aktuell eingestellten Drucker, indem Sie die Eigenschaft ActivePrinter abfragen. Danach wenden Sie die Methode PrintOut an, um die Arbeitsmappe auszugeben. Dabei legen Sie den PDF-Drucker fest. Am Ende des Makros stellen Sie sicher, dass der Standarddrucker wieder eingestellt wird.

PDF-Erstellung direkt aus Excel heraus durchführen

Seit Excel 2007 gibt es eine in Excel integrierte Möglichkeit, um Excel-Tabellen direkt aus der Anwendung heraus als PDF abzuspeichern. Hierzu steht die Methode ExportAsFixedFormat zur Verfügung.

Aktive Arbeitsmappe als PDF ausgeben

Im folgenden Beispiel aus Listing 14.3 wird die aktuelle Arbeitsmappe direkt aus Excel in eine PDF-Datei geschrieben.

```
Sub TabelleAlsPDFExportieren()

 ActiveWorkbook.ExportAsFixedFormat Type:=xlTypePDF, _
 Filename:="Beispiel.pdf", Quality:=xlQualityStandard, _
 OpenAfterPublish:=True

End Sub
```

Listing 14.3 Die aktuelle Mappe als PDF abspeichern

Im Makro aus Listing 14.3 wird die Methode ExportAsFixedFormat eingesetzt. Diese Methode hat folgende Syntax:

```
ExportAsFixedFormat(Typ, Dateiname, Qualität, IncludeDocProperties, IgnorePrintAreas, From, To, OpenAfterPublish,
FixedFormatExtClassPtr)
```

Im Parameter Typ können Sie entweder den Typ xlTypePDF oder xlTypeXPS einsetzen. Im Parameter Filename geben Sie den gewünschten Namen inklusive des Pfades bekannt. Der Parameter Quality legt die Qualität des »Ausdrucks« fest. Dieser kann beispielsweise über die Konstante xlQualityMinimum auf ein Minimum gesetzt werden.

Über den Parameter IncludeDocProperties haben Sie die Möglichkeit, die Dokumenteigenschaften der Arbeitsmappe in das PDF-Dokument zu übernehmen. Sollen die Druckbereiche der Arbeitsmappe auch beim PDF-Druck Beachtung finden, dann weisen Sie dem Parameter IgnorePrintAreas den Wert True zu. Über die Angaben From und To können Sie angeben, welche Seiten Sie ausgeben möchten. Über den Parameter OpenAfterPublish können Sie bestimmen, ob das Dokument nach der Erstellung geöffnet werden soll.

Alle Tabellen separat als PDF ausgeben

Im folgenden Beispiel aus Listing 14.4 sollen alle Tabellen einer Arbeitsmappe als PDF ausgegeben werden.

```
Sub TabellenAlsPDFAusgeben()
    Dim strName As String
    Dim Blatt As Worksheet

    For Each Blatt In Worksheets

            strName = ThisWorkbook.Path & "\" & Blatt.Name & ".pdf"
            If Dir(strName) <> "" Then
              Kill strName
            End If
```

Listing 14.4 Alle Tabellen als separate PDFs ablegen

```
        Blatt.ExportAsFixedFormat Type:=xlTypePDF, Filename:=strName, _
        Quality:=xlQualityStandard, IncludeDocProperties:=True, _
        IgnorePrintAreas:=False, OpenAfterPublish:=False

    Next Blatt

End Sub
```

Listing 14.4 Alle Tabellen als separate PDFs ablegen *(Fortsetzung)*

In einer For Each...Next-Schleife werden alle Tabellen der Arbeitsmappe nacheinander abgearbeitet. In der Schleife selbst werden die einzelnen Tabellen zwischengespeichert und danach über die Methode ExportAsFixedFormat in einzelne PDFs exportiert. Über die Anweisung Kill werden bereits bestehende temporäre Dateien zunächst gelöscht.

Erstellen einer XML-Datei aus einer Excel-Tabelle

XML-Dateien werden immer wichtiger in der Datenverarbeitung. Gerade für die Weiterverwendung im Web sind diese genormten Datenformate unverzichtbar, auch immer mehr Desktop-Anwendungen legen ihre Daten in diesem Format ab. Im ersten Teil des Buches haben Sie bereits gelernt, wie Sie Daten aus XML-Dateien einlesen können. Dafür gibt es die Bibliothek Microsoft XML, die umfangreiche Funktionalitäten für die Arbeit mit XML-Dateien zur Verfügung stellt.

Da wir der Einfachheit halber in den folgenden Beispielen mit der frühen Bindung (Early Binding) arbeiten, achten Sie bitte darauf, dass Sie einen entsprechenden Verweis auf diese Bibliothek setzen.

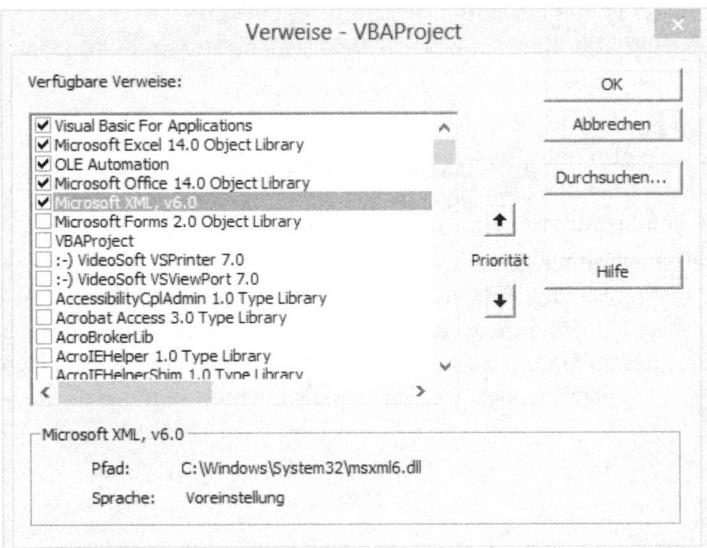

Abbildung 14.2 Setzen des Verweises auf die Bibliothek *Microsoft XML*

Nun können Sie beim Coding auf die Unterstützung durch IntelliSense zurückgreifen.

Eine neue XML-Datei erstellen

In den meisten Praxisfällen muss eine XML-Datei aus bestimmten Daten komplett neu erstellt werden. Es gibt ein bestimmtes Schema, nach dem eine solche Datei aufgebaut sein soll. Die zu exportierenden Daten müssen dieses Schema befolgen. Für unser Beispiel soll die folgende Liste mit Kundendaten in ein XML-Format gebracht werden. Sie finden sie in der Begleitdatei in *Tabelle 2*.

	A	B	C	D	E	F
1	Kundennummer	Name	Vorname	Mail dienstlich	Mail privat	Geburtsdatum
2	1001	Faber	Peter	pefab@example.com	PeterFaber@example.com	19.06.1970
3	1002	Grunwald	Karin		KarinGrunwald@example.com	28.01.1964
4	1003	Schmidt	Steffen	stsch@example.com	SteffenSchmidt@example.com	01.04.1992
5	1004	Weiss	Yvonne	yvwei@example.com		09.11.1982
6	1005	Reinhard	Kristin	krrei@example.com	KristinReinhard@example.com	29.09.1965
7						

Abbildung 14.3 Die zu exportierende Kundenliste

Das Schema, in dem die XML-Datei erstellt werden soll, sieht folgendermaßen aus:

```
<Kundenliste>
  <Kunde>
    <Kundennummer>1001</Kundennummer>
    <Name>
      <Vorname>Max</Vorname>
      <Nachname>Muster</Nachname>
    </Name>
    <Kontakt>
      <Mail Typ="privat">max@example.com</Mail>
      <Mail Typ="dienstlich">mm@example.com</Mail>
    </Kontakt>
    <Geburtsdatum>01/01/1970</Geburtsdatum>
  </Kunde>
</Kundenliste>
```

Abbildung 14.4 Das Schema, nach dem die XML-Datei erstellt werden soll

Jede XML-Datei hat ein sogenanntes *Root-Element*, unter dem die einzelnen Zweige folgen. In unserem Fall ist das das Element Kundenliste, dass ein oder mehrere Kunde-Elemente enthält. Um die typischen Herausforderungen beim Erstellen einer XML-Datei zu verdeutlichen, wurden die Daten weiter verzweigt und auch Attribute (bei den Telefonnummern) mit eingefügt. Unsere Beispieltabelle enthält fünf Kunden, es sollen also am Ende auch fünf Kunde-Zweige in der XML-Datei angelegt werden. Schauen wir uns nun den notwendigen Code einmal an.

```
Sub XMLDateiErstellen()
    Dim Zeile As Long
    Dim objDOMDOC As New MSXML2.DOMDocument60
    Dim objKunde As MSXML2.IXMLDOMNode
    Dim objKundenListe As MSXML2.IXMLDOMNode
    Dim objKnoten As MSXML2.IXMLDOMNode
    Dim objMail As MSXML2.IXMLDOMElement

    With objDOMDOC
        Set objKundenListe = .appendChild(.createElement("Kundenliste"))
        For Zeile = 2 To 6
            'Neuer Kunde
            Set objKunde = objKundenListe.appendChild(.createElement("Kunde"))
            'Kundennummer
            objKunde.appendChild(.createElement("Kundennummer")).Text = _
                Tabelle2.Range("A" & Zeile).Value
            'Name
            Set objKnoten = objKunde.appendChild(.createElement("Name"))
            'Vorname
            objKnoten.appendChild(.createElement("Vorname")).Text = _
                Tabelle2.Range("C" & Zeile).Value
            'Nachname
            objKnoten.appendChild(.createElement("Nachname")).Text = _
                Tabelle2.Range("B" & Zeile).Value
            'Kontakt
            Set objKnoten = objKunde.appendChild(.createElement("Kontakt"))
            'Mail dienstlich
            If Tabelle2.Range("D" & Zeile).Value <> "" Then
                Set objMail = objKnoten.appendChild(.createElement("Mail"))
                objMail.Text = Tabelle2.Range("D" & Zeile).Value
                objMail.setAttribute "Typ", "dienstlich"
            End If
            'Mail privat
            If Tabelle2.Range("E" & Zeile).Value <> "" Then
                Set objMail = objKnoten.appendChild(.createElement("Mail"))
                objMail.Text = Tabelle2.Range("E" & Zeile).Value
                objMail.setAttribute "Typ", "privat"
            End If
            'Geburtsdatum
            objKunde.appendChild(.createElement("Geburtsdatum")).Text = _
                Tabelle2.Range("F" & Zeile).Value

        Next Zeile
        .Save ThisWorkbook.Path & "\Kunden.xml"

    End With

End Sub
```

Listing 14.5 Erstellen einer XML-Datei nach dem vorgegebenen Schema

Da wir mit mehreren Ebenen arbeiten, werden mehrere Objektvariablen für die einzelnen Knotenebenen benötigt. Die Klasse, aus der diese Variablen erstellt werden heißt IXMLDOMNode. Sie repräsentiert einen Knoten in der XML-Datei mit dem kompletten Inhalt – das können auch weitere Unterknoten sein. Die Variable objKundenListe stellt hier das Root-Element dar. Hier wird für jeden einzelnen Datensatz ein neues Element angehängt. Diese neu angehängten Elemente müssen dann mit Daten – und Unterelementen – gefüllt werden, weshalb wir dafür auch eine Objektvariable benötigen. Diese haben wir hier mit objKunde benannt.

In den Unterzweigen Name und Kontakt gibt es noch eine weitere Ebene mit Unterelementen, für die wir noch eine dritte Variable anlegen. Den Namen halten wir hier etwas universeller: objKnoten. Für die einzelnen Mail-Zweige brauchen wir ein weiteres Objekt: IXMLDOMElement. Es lässt sich hervorragen für Knoten verwenden, die ein Attribut, wie hier den Mailtyp, aufweisen. Dafür stellt es eine eigene Methode zur Verfügung, die weiter unten noch erläutert wird. Das wichtigste Objekt überhaupt ist – wie schon beim Import von XML-Daten – DOMDocument60. Es stellt die benötigten Methoden zum Erstellen der einzelnen Zweige zur Verfügung.

Nach dem Deklarieren der benötigten Variablen wird nun die neue XML-Datei angelegt. Dafür arbeiten wir mit dem DOMDocument-Objekt. Zuerst erstellen wir das Root-Element. Dafür kommen zwei Methoden des DOMDocument-Objekts zum Einsatz. Die Methode createElement erstellt hier ein neues Element. Sie bekommt den Namen des Elementes – hier Kundenliste – übergeben.

Das neue Element ist nun zwar erstellt, aber noch nicht dem DOMDocument-Objekt als Zweig zugewiesen. Dafür gibt es die Methode appendChild, die als Parameter ein Element vom Typ IXMLDOMNode erwartet und diesen als Root-Element dem DOMDocument-Objekt zuweist. Der Parameter wird direkt aus dem Rückgabewert von createElement entnommen. Alternativ können Sie auch eine Objektvariable zwischenschalten, der Sie zuerst das Ergebnis von appendChild zuweisen und die Sie dann beim Aufruf von appendChild als Parameter verwenden.

Nachdem nun das Root-Element angelegt ist, wird es mit den einzelnen Zweigen füllt. Dafür wird eine Schleife aufgesetzt – hier eine, die statisch die Zeilen 2 bis 6 abarbeitet. Da jede Zeile einem neuen Kunde-Zweig entspricht, wird zuerst ein neuer entsprechender Zweig unter dem Root-Element angelegt. Die Vorgehensweise ist ähnlich, wie beim Erstellen des Root-Elementes: Die createElement-Methode unseres DOMDocument-Objekts erstellt den Zweig. Angehängt wird er aber nun unterhalb des Root-Elementes, das durch unsere Variable objKundenListe repräsentiert wird. Deshalb wird hier die Methode appendChild nicht über das DOMDocument-Objekt, sondern über das Root-Element aufgerufen. Das Objekt IXMLDOMNode hat dafür eine eigene appendChild-Methode. Auf diese Weise können Sie eine XML-Datei Ebene für Ebene verschachteln, indem Sie neue Knoten immer unter der letzten angelegten Ebene anhängen.

Der neu angehängte Knoten wird der Objektvariablen objKunde zugewiesen, um darunter nun weitere Zweige mit den einzelnen Daten anzuhängen. Der erste ist die Kundennummer. Dafür wird auch wieder wie gehabt vorgegangen: Erstellen des Elementes mithilfe der createElement-Methode des DOMDocument-Objekts und anhängen unterhalb des Kunde-Zweigs durch einen Aufruf seiner appendChild-Methode.

Diese Methode gibt den angehängten Zweig als IXMLDOMNode zurück. Mit diesem Rückgabewert können Sie direkt weiterarbeiten. In unserem Fall wird das genutzt, um einen Text – also den Wert zwischen den beiden XML-Tags – zuzuweisen. Die Eigenschaft Text von IXMLDOMNode ist dafür zuständig. Der Wert dafür kommt aus der Tabelle mit den Kundendaten.

Der nächste Knoten enthält noch eine weitere Ebene: Name soll die Elemente Vorname und Nachname aufweisen. Darum müssen wir diesmal das Ergebnis von appendChild einer weiteren Objektvariablen zuweisen, um darunter weitere Elemente anzulegen. Für diese beiden Elemente entspricht die Vorgehensweise dann wieder der, die wir bereits für die Kundennummer genutzt haben.

Der nächste Zweig unter Kunde ist Kontakt, der genauso wie der Zweig Name angelegt und der Variablen objKnoten zugewiesen wird. Für die einzelne E-Mail-Adresse wird geprüft, ob in der Tabelle in der entsprechenden Spalte ein Wert enthalten ist. Falls nicht, wird auch kein Element in der XML-Datei dafür angelegt. Um den Adresstyp als Attribut zuzuweisen, greifen wir auf eine Methode der Klasse IXMLDOMElement zurück, weshalb wir diesmal den Rückgabewert von appendChild einer Objektvariablen dieses Typs zuweisen. Anschließend wird der Text zugewiesen – auch IXMLDOMElement weist diese Eigenschaft auf – und über die Methode setAttribute das Attribut Typ mit dem Wert privat oder dienstlich zugewiesen. Zuletzt fehlt noch das Geburtsdatum, bei dem die Vorgehensweise wieder der gleicht, die für die Kundennummer genutzt wurde.

Nachdem die Schleife abgearbeitet ist und alle Kunde-Elemente angelegt sind, wird das DOMDocument-Objekt als XML-Datei gespeichert. Dafür ist die Save-Methode zuständig, die als Parameter noch den Pfad inklusive Dateinamen mitbekommt. Als Ergebnis finden Sie dann die XML-Datei im angegebenen Pfad. Wenn Sie diese mit dem Internet Explorer öffnen, wird sie schön übersichtlich dargestellt. Beim Öffnen mit dem Editor wird das lesen etwas schwierig, da in einer XML-Datei üblicherweise keine Zeilenumbrüche enthalten sind.

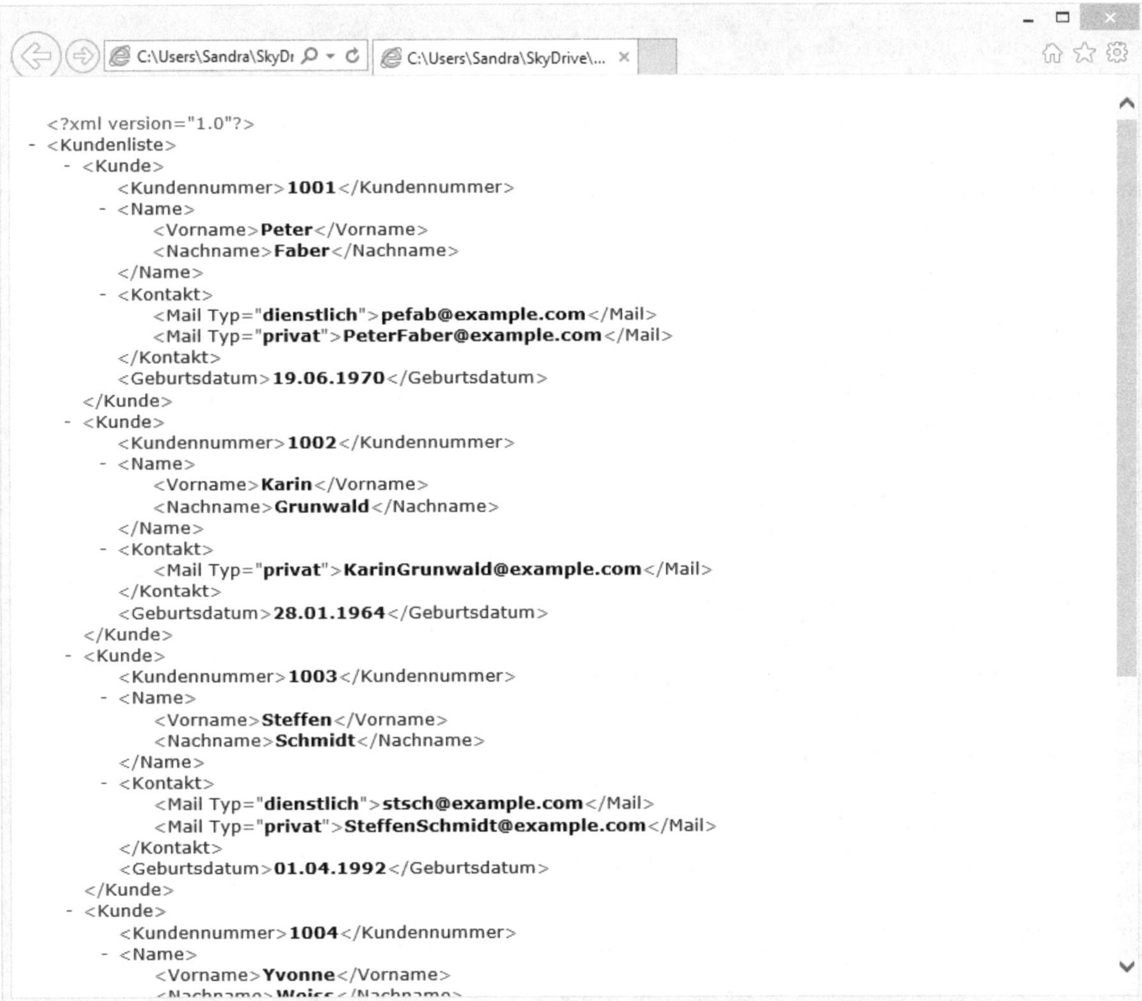

```
<?xml version="1.0"?>
- <Kundenliste>
  - <Kunde>
      <Kundennummer>1001</Kundennummer>
    - <Name>
        <Vorname>Peter</Vorname>
        <Nachname>Faber</Nachname>
      </Name>
    - <Kontakt>
        <Mail Typ="dienstlich">pefab@example.com</Mail>
        <Mail Typ="privat">PeterFaber@example.com</Mail>
      </Kontakt>
      <Geburtsdatum>19.06.1970</Geburtsdatum>
    </Kunde>
  - <Kunde>
      <Kundennummer>1002</Kundennummer>
    - <Name>
        <Vorname>Karin</Vorname>
        <Nachname>Grunwald</Nachname>
      </Name>
    - <Kontakt>
        <Mail Typ="privat">KarinGrunwald@example.com</Mail>
      </Kontakt>
      <Geburtsdatum>28.01.1964</Geburtsdatum>
    </Kunde>
  - <Kunde>
      <Kundennummer>1003</Kundennummer>
    - <Name>
        <Vorname>Steffen</Vorname>
        <Nachname>Schmidt</Nachname>
      </Name>
    - <Kontakt>
        <Mail Typ="dienstlich">stsch@example.com</Mail>
        <Mail Typ="privat">SteffenSchmidt@example.com</Mail>
      </Kontakt>
      <Geburtsdatum>01.04.1992</Geburtsdatum>
    </Kunde>
  - <Kunde>
      <Kundennummer>1004</Kundennummer>
    - <Name>
        <Vorname>Yvonne</Vorname>
```

Abbildung 14.5 Die erstellte XML-Datei

Eine bestehende XML-Datei erweitern

Es gibt auch Fälle, in denen bereits bestehende XML-Dateien um neue Datensätze erweitert werden müssen. Ein solches Beispiel finden Sie in *Tabelle3*. Dort gibt es zwei neue Kunden, die nun in der im vorangegangenen Beispiel erstellten Datei ergänzt werden sollen.

	A	B	C	D	E	F
1	Kundennummer	Name	Vorname	Mail dienstlich	Mail privat	Geburtsdatum
2	1006	Lehmann	Mike	mileh@example.com		08.06.1985
3	1007	Weiß	Angelika	anwei@example.com		08.12.1988
4						
5						

Abbildung 14.6 Die neu einzufügenden Kundendaten

Die erweiterte XML-Datei soll dann unter einem neuen Namen gespeichert werden. Der Code gleicht im Großen und Ganzen dem aus dem vorangegangenen Beispiel.

```
Sub XMLErweitern()
    Dim Zeile As Long
    Dim objDOMDOC As New MSXML2.DOMDocument60
    Dim objKunde As MSXML2.IXMLDOMNode
    Dim objKundenListe As MSXML2.IXMLDOMNode
    Dim objKnoten As MSXML2.IXMLDOMNode
    Dim objMail As MSXML2.IXMLDOMElement

    With objDOMDOC
        .Load ThisWorkbook.Path & "\Kunden.xml"
        Set objKundenListe = .SelectSingleNode("Kundenliste")
        For Zeile = 2 To 3
            'Neuer Kunde
            Set objKunde = objKundenListe.appendChild(.createElement("Kunde"))
            'Kundennummer
            objKunde.appendChild(.createElement("Kundennummer")).Text = _
                Tabelle3.Range("A" & Zeile).Value
            'Name
            Set objKnoten = objKunde.appendChild(.createElement("Name"))
            'Vorname
            objKnoten.appendChild(.createElement("Vorname")).Text = _
                Tabelle3.Range("C" & Zeile).Value
            'Nachname
            objKnoten.appendChild(.createElement("Nachname")).Text = _
                Tabelle3.Range("B" & Zeile).Value
            'Kontakt
            Set objKnoten = objKunde.appendChild(.createElement("Kontakt"))
            'Mail dienstlich
            If Tabelle3.Range("D" & Zeile).Value <> "" Then
                Set objMail = objKnoten.appendChild(.createElement("Mail"))
                objMail.Text = Tabelle3.Range("D" & Zeile).Value
                objMail.setAttribute "Typ", "dienstlich"
            End If
            'Mail privat
            If Tabelle3.Range("E" & Zeile).Value <> "" Then
                Set objMail = objKnoten.appendChild(.createElement("Mail"))
```

Listing 14.6 Anfügen neuer Datensätze an eine bestehende XML-Datei

```
                objMail.Text = Tabelle3.Range("E" & Zeile).Value
                objMail.setAttribute "Typ", "privat"
            End If
            'Geburtsdatum
            objKunde.appendChild(.createElement("Geburtsdatum")).Text = _
                Tabelle3.Range("F" & Zeile).Value

        Next Zeile
        .Save ThisWorkbook.Path & "\KundenAktuell.xml"
    End With

End Sub
```

Listing 14.6 Anfügen neuer Datensätze an eine bestehende XML-Datei *(Fortsetzung)*

Die Deklaration der Variablen bleibt gleich. Statt eine komplett neue XML-Datei anzulegen soll nun aber eine bestehende erweitert werden. Dafür muss sie in unser DOMDocument-Objekt geladen und dort erweitert werden. Dafür zuständig ist die Methode Load, die den Pfad einer bestehenden XML-Datei als Parameter bekommt und deren Inhalt dann in den Arbeitsspeicher lädt.

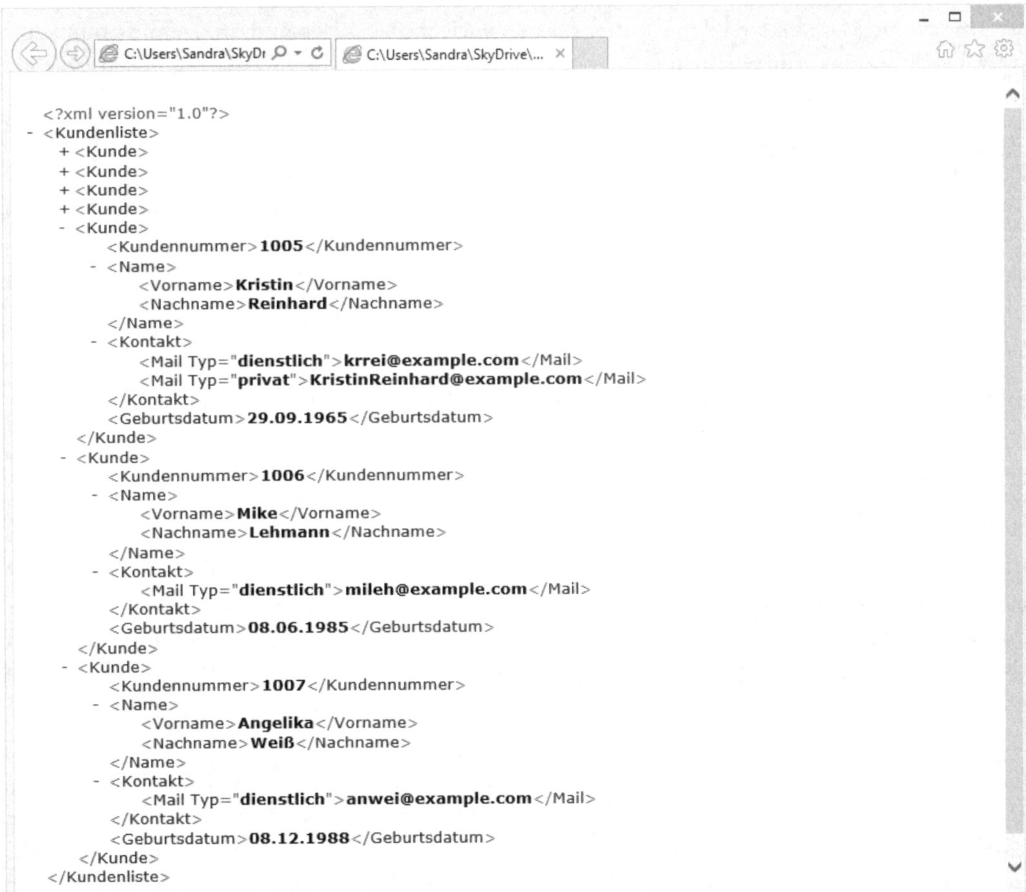

Abbildung 14.7 Die erweiterte XML-Datei

Da in dieser XML-Datei schon ein Root-Element vom Typ Kundenliste existiert, dürfen wir hier kein neues anlegen, sondern müssen innerhalb dieses existenten Elements weitere Kunde-Zweige erstellen. Dafür wird die Variable objKundenListe mit dem bestehenden Kundenliste-Element gefüllt. Das geschieht über einen Aufruf der Methode SelectSingleNode, die zum DOMDocument-Objekt gehört. Mithilfe dieser Methode kann ein einzelner Zweig genau adressiert und ausgewählt werden. Über die Angabe eines Pfades könnten Sie auch einen beliebigen Unterzweig auswählen. Wie Sie das bewerkstelligen, erfahren Sie im nächsten Beispiel.

Nachdem nun das Root-Element ausgewählt ist, wird es der Variablen objKundenListe zugewiesen. Die Vorgehensweise innerhalb der Schleife entspricht der des vorherigen Beispiels. Beim Speichern wird diesmal ein anderer Dateiname angegeben. Dadurch wird eine neue XML-Datei erzeugt – oder ggf. eine schon bestehende Datei überschrieben – und die ursprüngliche XML-Datei bleibt unverändert erhalten.

Im Abbildung 14.7 sehen Sie die Darstellung der neuen erweiterten XML-Datei im Internet-Explorer. Die ersten vier der bereits bestehenden Kundenzweige wurden minimiert, und Sie erkennen die unten neu angehängten Zweige.

Daten einzelner Zweige ändern

Was passiert, wenn sich die Mailadressen der Kunden aus den vorigen Beispielen ändern. Es muss nun keine neue XML-Datei erstellt, und es müssen auch keine neuen Datensätze angehängt werden, sondern es sollen lediglich die Werte einzelner Zweige aktualisiert werden.

In unserem vorliegenden Beispiel sollen die dienstlichen E-Mail-Adressen aller Kunden aktualisiert und gegebenenfalls als neues Element in der XML-Datei ergänzt werden, sofern es dort noch keine dienstliche E-Mail-Adresse gibt. Wir haben in unserem Beispiel dafür nur eine einfache Liste mit den Kundennummern und den neuen E-Mail-Adressen vorliegen.

	A	B
1	Kundennummer	Mail dienstlich
2	1006	ml@example.com
3	1007	aw@example.com
4	1001	pf@example.com
5	1002	gk@example.com
6	1003	ss@example.com
7	1004	yw@example.com
8	1005	kr@example.com

Abbildung 14.8 Die Liste mit den zu aktualisierenden Kundendaten

Diesmal müssen wir etwas anders vorgehen. Wir haben generell zwei Möglichkeiten: Entweder erstellen wir eine Schleife, die durch alle Kunde-Elemente der XML-Datei iteriert und die Kundennummer sowie die zugehörige E-Mail-Adresse in der Excel-Datei sucht, oder wir durchsuchen die XML-Datei. Wir nutzen hier die zweite Variante, um das Prinzip des Suchens eines bestimmten Knotens anhand seines Inhalts zu verdeutlichen.

Diesmal werden nicht ganz so viele Variablen benötigt. Wir brauchen zuerst wieder eine Zählvariable für die Schleife, die die Mailliste durchläuft. Danach wird erneut ein Objekt vom Typ DOMDocument60 angelegt sowie zwei weitere Objektvariablen für einen einzelnen Kunde-Zweig und einen Mail-Zweig. Da die gegebenenfalls neu anzulegende E-Mail-Adresse auch hier mit einem Attribut Typ ausgestattet werden muss, wählen wir für sie als Typ wieder IXMLDOMElement da wir dann die Methode setAttribute verwenden können.

```
Sub XMLAktualisieren()
    Dim Zeile As Long
    Dim objDOMDOC As New MSXML2.DOMDocument60
    Dim objKunde As MSXML2.IXMLDOMNode
    Dim objMail As MSXML2.IXMLDOMElement

    With objDOMDOC
        .Load ThisWorkbook.Path & "\KundenAktuell.xml"
        For Zeile = 2 To 8
            'Kunde wählen
            Set objKunde = .SelectSingleNode("Kundenliste/Kunde[Kundennummer=" & Tabelle4.Range("A" & _
            Zeile).Value & "]")
            'Prüfen, ob Kundennummer gefunden
            If Not objKunde Is Nothing Then
                'Zweig mit dienstlicher E-Mail-Adresse selektieren
                Set objMail = objKunde.SelectSingleNode("./Kontakt/Mail[@Typ='dienstlich']")
                If Not objMail Is Nothing Then
                    objMail.Text = Tabelle4.Range("B" & Zeile).Value
                Else
                    'Neu anlegen
                    Set objMail = objKunde.SelectSingleNode(".//Kontakt").appendChild(.createElement("Mail"))
                    objMail.Text = Tabelle4.Range("B" & Zeile).Value
                    objMail.setAttribute "Typ", "dienstlich"
                End If
            End If
        Next Zeile
        .Save ThisWorkbook.Path & "\KundenNeu.xml"
    End With

End Sub
```

Listing 14.7 Aktualisieren der Mailadressen bestimmter Kunden

Zuerst wird die bestehende XML-Datei geladen. Wir arbeiten hier mit *KundenAktuell.xml* weiter. Danach kommt auch schon die Schleife. Über einen XPath-Ausdruck im Parameter der Methode SelectSingleNode wird der Kunde-Zweig ausgewählt, der im Unterzweig Kundennummer den Wert aus Spalte *A* unserer Tabelle aufweist – also die gerade aktuelle Kundennummer.

HINWEIS Nähere Informationen zum Thema XPath erhalten Sie im ersten Kapitel.

Wurde kein Kunde-Zweig mit der angegebenen Kundennummer gefunden, liefert die Methode Nothing zurück. In diesem Fall wird hier einfach zur nächsten Zeile übergegangen. Sie könnten gegebenenfalls im Else-Zweig noch eine Warnmeldung ausgeben oder auch den Kunden neu in der XML-Datei anlegen.

Wenn der Kunde-Zweig selektiert und in der Variablen objKunde gespeichert ist, muss das eventuell schon vorhandene Mail-Element ausgewählt werden. Und zwar das, welches im Attribut Typ den Wert dienstlich aufweist. Das Attribut wird in XPath mit einem @-Zeichen dargestellt. Mit dem vor dem Pfad eingefügten Punkt und Slash wird vom aufrufenden Zweig aus – also von objKunde aus – nach unten referenziert.

Auch hier wird anschließend wieder geprüft, ob ein entsprechendes Element gefunden wurde. Falls ja, wird einfach dessen Text-Eigenschaft aktualisiert. Wurde kein Mail-Element mit dem Typ dienstlich gefunden, wird es analog zu der in den vorangegangenen Beispielen verwendeten Vorgehensweise angelegt.

ACHTUNG Wir gehen hier davon aus, dass laut Schema immer ein Zweig Kontakt im Element Kunde enthalten ist. Wenn dies im Praxisfall nicht sichergestellt ist, müssen Sie zuerst prüfen, ob dieser Zweig noch angelegt werden muss.

Nachdem alle Zeilen abgearbeitet wurden, wird wieder unter einem neuen Namen gespeichert. In Abbildung 14.9 sehen Sie die Darstellung der aktualisierten XML-Datei im Internet Explorer.

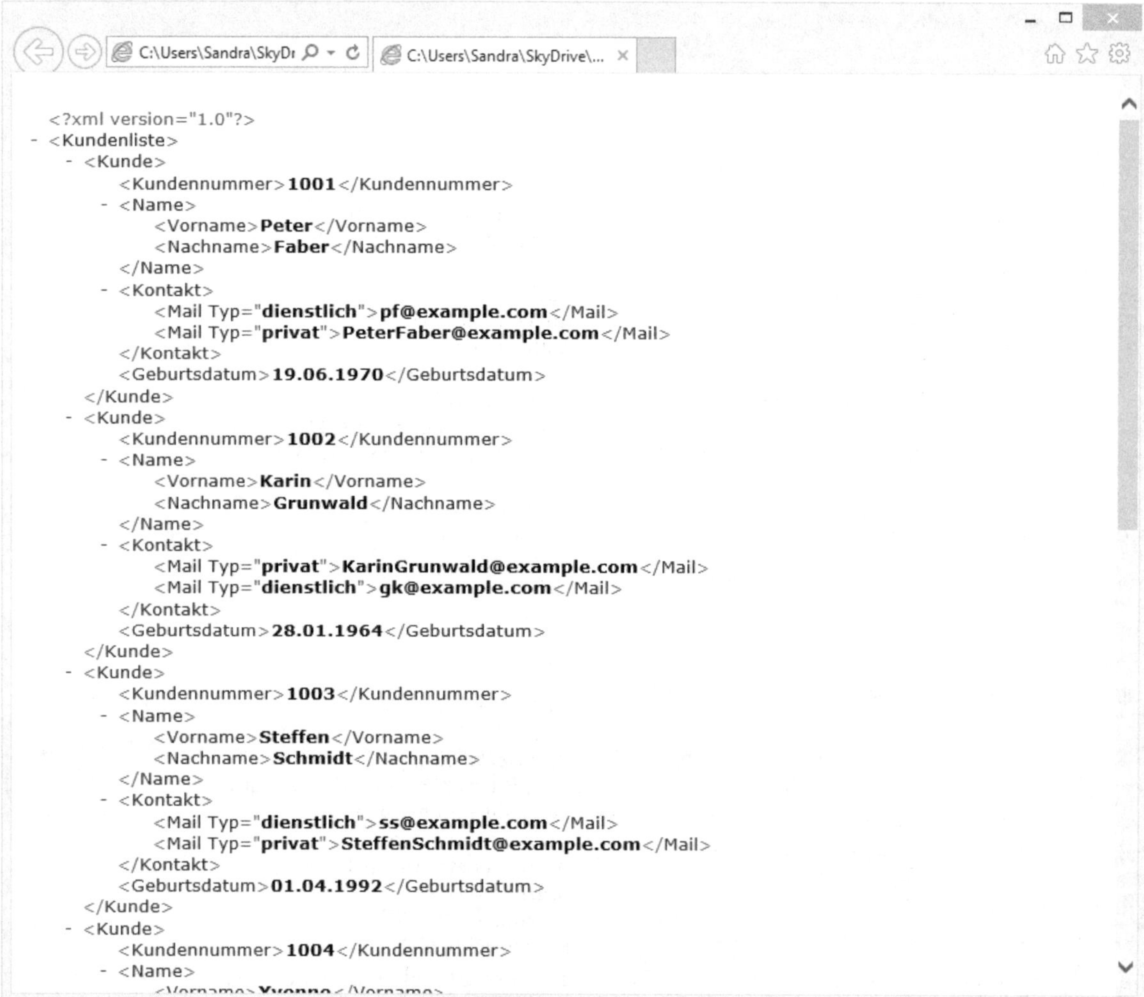


```
<?xml version="1.0"?>
- <Kundenliste>
  - <Kunde>
      <Kundennummer>1001</Kundennummer>
    - <Name>
        <Vorname>Peter</Vorname>
        <Nachname>Faber</Nachname>
      </Name>
    - <Kontakt>
        <Mail Typ="dienstlich">pf@example.com</Mail>
        <Mail Typ="privat">PeterFaber@example.com</Mail>
      </Kontakt>
      <Geburtsdatum>19.06.1970</Geburtsdatum>
    </Kunde>
  - <Kunde>
      <Kundennummer>1002</Kundennummer>
    - <Name>
        <Vorname>Karin</Vorname>
        <Nachname>Grunwald</Nachname>
      </Name>
    - <Kontakt>
        <Mail Typ="privat">KarinGrunwald@example.com</Mail>
        <Mail Typ="dienstlich">gk@example.com</Mail>
      </Kontakt>
      <Geburtsdatum>28.01.1964</Geburtsdatum>
    </Kunde>
  - <Kunde>
      <Kundennummer>1003</Kundennummer>
    - <Name>
        <Vorname>Steffen</Vorname>
        <Nachname>Schmidt</Nachname>
      </Name>
    - <Kontakt>
        <Mail Typ="dienstlich">ss@example.com</Mail>
        <Mail Typ="privat">SteffenSchmidt@example.com</Mail>
      </Kontakt>
      <Geburtsdatum>01.04.1992</Geburtsdatum>
    </Kunde>
  - <Kunde>
      <Kundennummer>1004</Kundennummer>
    - <Name>
```

Abbildung 14.9 Die XML-Datei mit den aktualisierten und ergänzten E-Mail-Adressen

Stichwortverzeichnis

A

B

C

D

E

F

K

L

M

S